2020 年版
中国科技期刊引证报告（核心版）
自然科学卷

中国科技核心期刊（中国科技论文统计源期刊）

中国科学技术信息研究所

科学技术文献出版社
SCIENTIFIC AND TECHNICAL DOCUMENTATION PRESS
·北 京·

图书在版编目(CIP)数据

2020年版中国科技期刊引证报告：核心版. 自然科学卷 / 中国科学技术信息研究所编著.—北京：科学技术文献出版社，2020.12（2022.7重印）

ISBN 978-7-5189-7494-8

Ⅰ. ① 2… Ⅱ. ①中… Ⅲ. ①自然科学—科技期刊—期刊索引—中国—2020 Ⅳ. ① Z89：N55

中国版本图书馆 CIP 数据核字(2020)第 253941 号

2020 年版中国科技期刊引证报告（核心版）自然科学卷

策划编辑：周国臻　　责任编辑：崔灵菲　　责任编辑：张永霞　　责任出版：张志平

出 版 者　科学技术文献出版社
地　　址　北京市复兴路 15 号　邮编　100038
编 务 部　（010）58882938，58882087（传真）
发 行 部　（010）58882868，58882870（传真）
邮 购 部　（010）58882873
网　　址　www.stdp.com.cn
发 行 者　科学技术文献出版社发行　全国各地新华书店经销
印 刷 者　北京虎彩文化传播有限公司
版　　次　2020 年 12 月第 1 版　2022 年 7 月第 2 次印刷
开　　本　787×1092　1/16
字　　数　660 千
印　　张　28.75
书　　号　ISBN　978-7-5189-7494-8
定　　价　180.00 元

2020年版中国科技期刊引证报告（核心版）

自然科学卷

主任编委　戴国强

副主任编委　郭铁成　张玉华　潘云涛　曾建勋　郑彦宁

主　　编　潘云涛　马　峥

编写人员　俞征鹿　盖双双　田瑞强　焦一丹　程　铭
杨佳琳　贾晓莹　赵新月　翟丽华　王海燕
杨　帅　宋　扬　张贵兰　李曼迪　胡志宇
郑楚华　崔怡文

本书受国家科技统计专项工作“中国科技论文统计”资助。

通信地址：北京市海淀区复兴路15号　100038
中国科学技术信息研究所　科学计量与评价研究中心
网　　址：www.istic.ac.cn
电　　话：010-58882027，58882537，58882539，58882552
传　　真：010-58882028
电子信箱：cstpcd@istic.ac.cn

前　言

1987 年，中国科学技术信息研究所（ISTIC）受科技部（原国家科委）的委托，开始对中国科技人员在国内外发表论文的数量和被引用情况进行统计分析，并利用统计数据建立了中国科技论文与引文数据库（CSTPCD）。这项工作开展后受到了社会各界的普遍重视和广泛好评。30 多年来，中国科学技术信息研究所通过艰苦繁杂的劳动，积累了大量的宝贵数据，为科技部等各级管理部门、高等院校、科研机构、期刊编辑部和科研工作者提供了各类论文统计基础数据和期刊评估指标。

《中国科技期刊引证报告》（CJCR）的研制出版始于 1997 年，是一种专门用于期刊引用分析研究的重要检索评价工具。利用 CJCR 所提供的统计数据，可以清楚地了解期刊引用和被引用的情况，以及进行引用效率、引用网络、期刊自引等统计分析。同时，利用 CJCR 中的期刊评价指标，还可以方便地定量评价期刊的相互影响和相互作用，正确评估某种期刊在科学交流体系中的作用和地位。自 CJCR 问世以来，在开展科研管理和科学评价期刊方面一直发挥着巨大的作用。

《中国科技期刊引证报告》选用的“中国科技核心期刊（中国科技论文统计源期刊）”是在经过严格的定量和定性分析的基础上选取的各个学科的重要科技期刊。《2020 年版中国科技期刊引证报告（核心版）自然科学卷》中收录自然科学与工程技术领域期刊共 2070 种。“中国科技核心期刊（中国科技论文统计源期刊）”上刊发的论文构成了中国科技论文与引文数据库（CSTPCD），即中国科学技术信息研究所每年进行中国科技论文统计与分析的数据库。该数据库的统计结果编入国家统计局和科技部编制的《中国科技统计年鉴》，统计结果被科技管理部门和学术界广泛应用。

中国科学技术信息研究所在与国际评价机制接轨的同时，充分利用长期积累的科技论文和期刊评价工作经验和丰富数据，选择了总被引频次、影响因子等重要的期刊科学计量指标进行统计和分析，同时注意结合中国科技期刊发展的实际情况，创新了基金论文比、地区分布数、机构分布数、他引率、离均差率等多种期刊评价指标。《中国科技期刊引证报告》从一个角度反映出我国学术期刊取得的长足进步。期刊的发展带动了相关的指标和评价体系研究工作的不断进步，我们将研究成果应用在《中国科技期刊引证报告》中，适时进行指标的增补和修正。《2020 年版中国科技期刊引证报告（核心版）自然科学卷》中使用了 25 项科学计量指标，并发布 200 多幅插图。

读者可以看到，每一年的《中国科技期刊引证报告》都有新的变化和进步。我们衷心希望《中国科技期刊引证报告》能成为广大读者开展工作时检索查询的友好助手和得力工具，并愿为大家奉献一份独一无二的科技期刊分析与评价报告。

考虑到我国英文科技期刊的特点和发展状况，为了更加科学准确地评价我国科技期刊的学术质量和影响状况，同时也为了促进我国英文版科技期刊的繁荣发展，根据同类比较的统计分析和评价原则，《2020 年版中国科技期刊引证报告（核心版）》仍将中国科技核心期刊中以中文出版的期刊和以英文出版的期刊列入不同的表格分别统计。

《中国科技期刊引证报告》的出版，是我国科技界和知识界的一件大事。这些丰富和适用的期刊评价指标使我国的广大科技工作者、期刊编辑部和科研管理部门能够科学快速、准确地选择和利用期刊，为科技期刊出版单位和科研人员客观地了解期刊的学术影响力，提供公正、合理、科学、客观的评价依据。同时，也为决策管理部门科学地评价我国科学活动的宏观水平、微观绩效，以及建立科学交流传播机制积累基础数据。多年来，《中国科技期刊引证报告》已经为国家期刊奖的评定，中国科协、国家自然科学基金委员会、中国科学院和地方省市和行业机构的期刊管理部门提供了大量的各类评估数据，大大提高了我国科技期刊科学管理的水平，促进我国科技期刊评价管理工作进一步向科学化、定量化和规范化方向发展。同时，《中国科技期刊引证报告》的发行，也有力地填补了我国关于期刊评价数据的空白。

在整个编写过程中，我们力求严格规范，细致准确，精益求精。但由于一些实际情况，例如期刊的更名合并、期刊引用文献著录不规范等，给我们的统计、分析与编辑工作带来很大困难。因此错误和疏漏在所难免，诚望广大读者不吝赐教，批评指正。

中国科学技术信息研究所

2020 年 12 月

2019 年中国科技核心期刊（中国科技论文统计源期刊）*主要计量指标分布情况

指标	平均值	统计数字
核心总被引频次	1429 次/刊	≥2000 次的期刊共有 439 种，≥10000 次的期刊共有 21 种
核心影响因子	0.740	≥1.000 的期刊共有 502 种，≥2.000 的期刊共有 83 种
核心即年指标	0.113	≥0.100 的期刊共有 1022 种，≥0.500 的期刊共有 48 种
基金论文比	0.64	≥0.80 的期刊共有 801 种，≥0.95 的期刊共有 157 种
海外论文比	0.03	≥0.2 的期刊共有 94 种（其中 87 种是英文期刊） 1006 种期刊无海外论文
核心他引率	0.82	≥0.95 的期刊共有 288 种
篇均作者数	4.5 人/篇	≥5 人/篇的期刊共有 634 种
篇均引文数	23.2 条/篇	≥20 条/篇的期刊共有 1415 种，≥50 条/篇的期刊共有 114 种
综合评价总分	41.2 分	≥50 分的期刊共有 540 种

* 中国科技核心期刊（中国科技论文统计源期刊）包括 1946 种中文期刊和 124 种英文期刊。

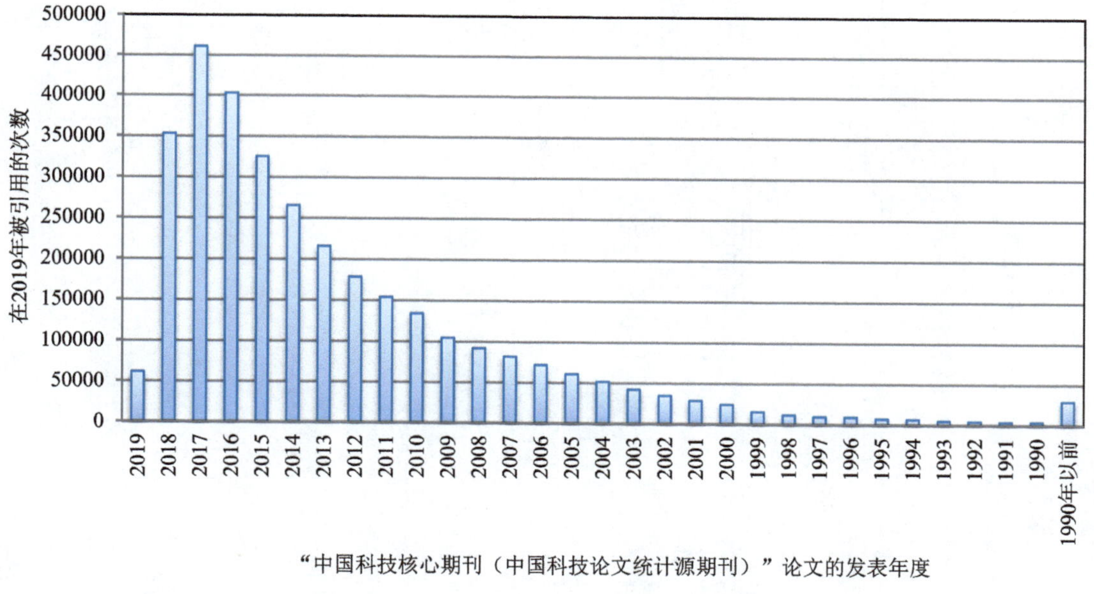

2019 年被引用的“中国科技核心期刊（中国科技论文统计源期刊）”论文的发表时间分布图

说明：图中被引用次数统计来源为《2019 年度中国科技论文与引文数据库》（CSTPCD 2019）。柱状图示分别表示“中国科技核心期刊（中国科技论文统计源期刊）”各年度发表的论文在 2019 年被引用的次数。

目 录

1　编制说明

《2020年版中国科技期刊引证报告（核心版）自然科学卷》以中国科技论文与引文数据库（CSTPCD）为基础，采用科学客观的研究方法与评价方式，遴选中国自然科学领域各个学科分类的重要期刊作为统计来源期刊。《2020年版中国科技期刊引证报告（核心版）自然科学卷》收录了在中国（不含港澳台地区）正式出版的1946种中文期刊和124种英文期刊，共2070种中国科技核心期刊（中国科技论文统计源期刊）。自然科学卷与社会科学卷收录的期刊范围有少量重复。

1.1　总体设计说明

《2020年版中国科技期刊引证报告（核心版）自然科学卷》包括4个主要部分：

（1）期刊指标总表：期刊被引用指标和期刊来源指标；

（2）各学科期刊指标：各学科期刊整体情况和期刊在学科内相对位置的主要指标和图表；

（3）期刊综合评价指标：综合评价总分、核心影响因子和核心总被引频次的总排名；

（4）中国科技核心期刊（中国科技论文统计源期刊）名录和变更情况。

这4个部分独立成系统，又互相联系，构成《2020年版中国科技期刊引证报告（核心版）自然科学卷》的综合评价指标体系，从各个角度对期刊进行统计描述和分析评价。根据这些数据，读者可以对期刊的学术水平、学科地位、编辑状况、交流范围，以及读者满意程度有一个客观、概括的了解。在内容组织和编排上，设计了多角度、多层次查询和评价期刊的丰富功能，图文并茂，可以满足读者在多样化的评估、管理和研究工作中的不同需求。

1.2　各类统计表格的编排

《2020年版中国科技期刊引证报告（核心版）自然科学卷》采用了多种形式的排序格式，包括全部期刊名称字顺排序、学科内期刊名称排序、全部期刊综合评价总分排序和来源期刊总目录等，以帮助读者综合全面地评价分析期刊，迅速有效地检索出所需要的期刊统计信息。

（1）期刊被引用计量指标和来源指标是本报告的主体部分，分为4个主表：

·“表4–1　2019年中国科技核心期刊（中文）被引用指标刊名字顺索引”包含中文期刊被引用方面的9项指标数据。全表按照期刊名称汉语拼音字顺排列。

·“表4–2　2019年中国科技核心期刊（中文）来源指标刊名字顺索引”包含中文期刊来源文献方面的10项指标数据。全表按照期刊名称汉语拼音字顺排列。

·“表5–1　2019年中国科技核心期刊（英文）被引用指标刊名字顺索引”包含英文期刊被引用方面的9项指标数据。全表按照期刊名称英文字母顺序排列。

·“表5–2　2019年中国科技核心期刊（英文）来源指标刊名字顺索引”包含英文期刊来

源文献方面的10项指标数据。全表按照期刊名称英文字母顺序排列。

（2）各学科分类期刊计量指标情况是本报告的另一个重要组成部分，包括 1 个学科分类主表，以及112个学科分类的数据分表和图表，其编排格式和指标如下：

·各学科分类期刊指标整体情况——各学科期刊数、核心总被引频次平均值和中值，以及核心影响因子的平均值和中值。用于了解由于学科差异所导致的各个学科指标差异的整体情况。

·各个学科分类期刊核心总被引频次和核心影响因子离均差率的分布散点图——根据各个学科分类中，核心期刊总被引频次和核心影响因子数值相对于学科平均水平的距离，分别计算每个期刊核心总被引频次和核心影响因子的“离均差率”，并分别作为横坐标和纵坐标位置绘制各个学科的核心总被引频次和核心影响因子离均差率的分布散点图。通过核心总被引频次和核心影响因子离均差率的分布散点图，可以了解整个学科期刊的指标分布情况和期刊绝对影响能力（核心总被引频次方面）和相对影响效率（核心影响因子方面）的平衡程度。

·各个学科分类期刊基于互引网络的引证关系示意图——根据各个学科中所收录的期刊相互引用次数的统计数据，计算期刊之间的相似性距离的归一化矩阵，并利用 Pajek 绘图软件，以图形方式显示学科内不同期刊之间的引用强度和相似性。图中每个节点代表一个期刊，节点面积表示期刊被引用次数的大小，节点之间的连线粗细程度表示期刊引用关系相似程度。为了使图示更加清晰，节点之间联系较弱的连线没有显示。通过互引网络的引证关系示意图，可以清晰地看到学科内期刊相互之间的联系与聚合状态。

·各学科分类期刊主要指标与排名——分别列出各学科分类中，按期刊名称排序的112个数据分表，分表列出了各学科期刊的核心总被引频次和核心影响因子的数值与在学科内的排位，以及核心总被引频次和核心影响因子的离均差率。同时还排出了各个期刊的综合评价总分和在学科中的排名，便于读者评价和查询期刊。

（3）综合评价总分排名表——将中国科技核心期刊按综合评价总分排序，并列出了各期刊核心影响因子和核心总被引频次的数值及在全部期刊中的排序，可以大致了解期刊学术质量和影响在全国范围内所处的综合排名。被引用计量指标显示期刊被读者使用和重视的程度及在科学交流中的地位和作用，是评价期刊影响的重要依据和客观标准。综合评价总分是对期刊整体状况的一个综合描述。根据中国科学技术信息研究所研制的中国科技期刊综合评价指标体系，计算多项科学计量指标，采用层次分析法确定重要指标的权重，分学科对每种期刊进行综合评定，计算出每个期刊的综合评价总分。

（4）刊名目录和变更情况——“中国科技核心期刊（中文）目录”和“中国科技核心期刊（英文）目录”包括将收录的期刊编码（CODE）、刊名、学科分类和主编姓名，按期刊名称排序——中文期刊按汉语拼音字顺排列，英文期刊按英文字母顺序排列。期刊的变更情况是指与上一年度引证报告相比，收录期刊名称的变化情况和下一年度新入选的核心期刊名称。期刊改名后，按新刊名计算被引用指标；原刊名被引用数据计入新刊名的统计指标中。新入选的自然科学领域中国科技核心期刊（中国科技论文统计源期刊）的各项指标会在下一年度的统计分析中体现。

1.3 期刊评价指标

为了全面、准确、公正、客观地评价和利用期刊，《2020 年版中国科技期刊引证报告（核心版）自然科学卷》借鉴国际通用评价体系，并在此基础上，结合我国期刊的实际情况，设计计算了 25 项学术计量指标，基本涵盖和描述了期刊的各个方面。计算各项指标的数据范围仅为正式刊期中的数据，“增刊”等正刊以外的数据未予以计入。这些指标包括：

（1）期刊被引用计量指标

核心总被引频次、核心影响因子、核心即年指标、核心他引率、核心引用刊数、核心开放因子、核心扩散因子、核心权威因子和核心被引半衰期。

（2）期刊来源计量指标

来源文献量、文献选出率、AR 论文量、平均引文数、平均作者数、地区分布数、机构分布数、海外论文比、基金论文比和引用半衰期。

（3）学科分类内期刊计量指标

综合评价总分、学科扩散指标、学科影响指标、红点指标、核心总被引频次（数值、排名与离均差率）和核心影响因子（数值、排名与离均差率）。

此外，报告还分别计算了期刊综合评价总分、核心总被引频次和核心影响因子在其所在学科分类内和全部自然科学领域“中国科技核心期刊（中国科技论文统计源期刊）”中的排名。

《2020 年版中国科技期刊引证报告（核心版）自然科学卷》引用部分指标是采用中国科技论文引文数据库（CSTPCD）2458 种自然科学和社会科学期刊作为统计源，而《2020 年版中国科技期刊引证报告（扩刊版）》是采用 6000 多种期刊作为数据源，因此“影响因子”等引用部分指标数值会有所不同。为了方便读者使用，从 2012 年版开始，《中国科技期刊引证报告（核心版）自然科学卷》以“核心影响因子”和“核心总被引频次”等名称来替代以前出版的“核心版”报告中相应的“影响因子”和“总被引频次”等指标，与“扩刊版”报告中的“扩展影响因子”和“扩展总被引频次”等指标加以区别。尽管指标名称有所改变，但是相关指标与往年出版的“核心版”报告计算方法仍然保持一致。

1.4 期刊的学科分类

学科是随着科学技术的发展而不断融合、衍生和变化的。一些交叉领域的期刊，刊载内容是跨学科的科研成果。《2020 年版中国科技期刊引证报告（核心版）自然科学卷》根据每个期刊刊载论文的主要分布领域，将覆盖多学科和跨学科内容的期刊复分归入 2 个或 3 个学科分类类别。依据《学科分类与代码》（GB/T 13745—2009）和《中国图书资料分类法（第四版）》的学科分类原则，同时考虑到我国科技期刊的实际分布情况，《2020 年版中国科技期刊引证报告（核心版）自然科学卷》将来源期刊分别归类到 112 个学科类别（表 1）。

表 1　学科分类表

领域	学科分类		
自然科学综合	· 自然科学综合	· 自然科学综合大学学报	· 自然科学师范大学学报
理学	· 数学 · 信息科学与系统科学 · 力学 · 物理学 · 化学 · 天文学	· 地球科学综合 · 大气科学 · 地球物理学 · 地理学 · 地质学 · 海洋科学、水文学	· 生物学基础学科 · 生态学 · 植物学 · 昆虫学、动物学 · 微生物学、病毒学 · 心理学
农学	· 农业综合 · 农业大学学报 · 农艺学 · 园艺学	· 土壤学 · 植物保护学 · 林学 · 畜牧、兽医科学	· 草原学 · 水产学
医学	· 医学综合 · 基础医学 · 医药大学学报 · 临床医学综合 · 临床诊断学 · 保健医学 · 内科学综合 · 心血管病学 · 呼吸病学、结核病学 · 消化病学 · 血液病学、肾脏病学 · 内分泌病学与代谢病学、风湿病学 · 感染性疾病学、传染病学 · 外科学综合	· 普通外科学、胸外科学、心血管外科学 · 泌尿外科学 · 骨外科学 · 烧伤外科学、整形外科学 · 妇产科学 · 儿科学 · 眼科学 · 耳鼻咽喉科学 · 口腔医学 · 皮肤病学 · 性医学 · 神经病学、精神病学 · 核医学、医学影像学 · 肿瘤学	· 护理学 · 预防医学与公共卫生学综合 · 流行病学、环境医学 · 优生学、计划生育学 · 卫生管理学、健康教育学 · 军事医学与特种医学 · 药学 · 中医学 · 中医药大学学报 · 中西医结合医学 · 中药学 · 针灸、中医骨伤
工程技术	· 工程与技术科学基础学科 · 工程技术大学学报 · 信息与系统科学相关工程与技术 · 生物工程 · 农业工程 · 生物医学工程学 · 测绘科学技术 · 材料科学综合 · 金属材料 · 矿山工程技术 · 冶金工程技术 · 机械工程设计 · 机械制造工艺与设备	· 动力工程 · 电气工程 · 能源科学综合 · 石油天然气工程 · 核科学技术 · 电子技术 · 光电子学与激光技术 · 通信技术 · 计算机科学技术 · 化学工程综合 · 高聚物工程 · 精细化学工程 · 应用化学工程 · 仪器仪表技术	· 兵器科学与技术 · 纺织科学技术 · 食品科学技术 · 建筑科学与技术 · 土木工程 · 水利工程 · 交通运输工程 · 公路运输 · 铁路运输 · 水路运输 · 航空、航天科学技术 · 环境科学技术及资源科学技术 · 安全科学技术
管理	· 管理学		

2 使用说明

《中国科技期刊引证报告》是用于中国科技期刊分析与评价的科学计量工具。报告可用于定量分析和科学评价期刊的学术特征和学科地位，较为客观地反映期刊发展的趋势和规律，为科研管理和决策提供依据。因此，本报告在期刊分析评价和科学计量学研究与应用等方面具有其他检索评价工具无法取代的独特功能。正确使用和充分开发本报告，可以使其成为科研工作者、期刊编辑部、图书情报人员、科研管理人员和科学计量学家的得力助手和有效工具。

2.1 主要功能

《中国科技期刊引证报告》应用引文分析方法及各种量化指标，可以清楚地表明：

· 某一学科领域内，哪些期刊学术影响力较大；

· 某一学科领域内，期刊之间指标分布情况和互引关系分布情况如何；

· 某一种期刊被引用了多少次；

· 某一种期刊出版后多久被引用；

· 某一种期刊引用其他期刊多少次；

· 某一种期刊的各项学术指标在学科中所处的位置。

根据使用者的工作性质，本报告可以给使用者不同的有益提示。例如：

· 帮助科研人员发表论文时，选择相关领域的最适合的期刊，提高论文的知名度和影响力；

· 帮助期刊编辑与同类刊物相比较并评估自刊的地位，从而确定编辑和出版策略；

· 帮助科研管理人员科学地评价管理期刊，为开展期刊评比和择优资助提供决策依据；

· 帮助图书情报人员更有效地管理馆藏期刊文献，合理运用有限的预算订购重要期刊；

· 帮助科学计量学家开展相关的期刊评价与分析研究，以及进行学科的科学评估。

2.2 查阅方法

2.2.1 查询期刊指标

在报告的第 4、第 5 部分，包括 4 个表格：“表 4-1　2019 年中国科技核心期刊（中文）被引用指标刊名字顺索引”“表 4-2　2019 年中国科技核心期刊（中文）来源指标刊名字顺索引”“表 5-1　2019 年中国科技核心期刊（英文）被引用指标刊名字顺索引”和“表 5-2　2019 年中国科技核心期刊（英文）来源指标刊名字顺索引”。这 4 个表格分别按照期刊名称的汉语拼音字顺和英文字母顺序排列，列出了期刊的多项科学计量指标。

2.2.2 期刊在学科领域内学术指标位置

如果读者希望了解某一个期刊在其所属学科领域中的位置，可查询“表 9–1　2019 年中国科技核心期刊（中文）目录”和“表 9–2　2019 年中国科技核心期刊（英文）目录”，找到该刊所在的分类。再到“表 6　2019 年各学科分类期刊数量、核心总被引频次和核心影响因子”中检索到这一分类的具体位置，也就是在第 7 部分中相应的表格。在第 7 部分各学科分类的插图和数据表中，可以进一步查阅该刊在期刊核心总被引频次和核心影响因子的分类排序，以及综合评价总分的数值，还可以对照各学科平均总被引频次和平均影响因子，以及离均差率分布图，了解期刊在学科中的具体位置，了解学科在期刊群的互引关系。在使用时需要考虑指标分布的整体情况及其由于学科不同所造成的指标差异。

2.2.3 期刊在所有期刊中的学术指标位置

根据查询所得的期刊综合评价指标，可以在“表 8　2019 年中国科技核心期刊综合评价总分排名”中检索出该期刊在全部期刊中的学术指标位置。同时还可以检索出中国科技核心期刊的核心总被引频次总排序和核心影响因子总排序及各期刊在全国期刊中的排位。

2.3 评价方法

利用《中国科技期刊引证报告（核心版）》评价期刊有两种方式，即单一指标评价和综合指标评价。具体方法分述如下。

2.3.1 单一指标评价

单一指标评价主要是指按照影响因子和总被引频次这两个国际通行评价指标，对期刊进行评价。这时可通过期刊的核心影响因子排序表和核心总被引频次排序表确定该期刊在同类期刊中所处的位置，从而对该期刊的学术影响力和学科地位进行评价和评估。还可以通过核心影响因子总排序表和核心总被引频次总排序表在不同学科领域中进行横向比较，确定该期刊的位置。单一指标评价也可以通过期刊来源指标刊名字顺索引表对期刊的编辑状况、交流范围、论文质量和老化速率等进行统计、分析、比较和评估。

2.3.2 综合指标评价

由于期刊评价工作是一项非常复杂的工作，涉及领域广，学科差异大，因此单一指标往往难以全面、准确地评价期刊的学术水平和学科地位，这时一般需要通过综合指标评价，以使期刊评价更加客观、全面和准确。要进行期刊的综合指标评价，首先需要建立期刊综合评价指标体系，利用数学方法确定各指标的权重值，然后求出综合指标排序值，最终得到期刊指标的综合排序。

这种期刊评价方法已被广泛地推广和使用，1999 年中国科学技术信息研究所在国内首先提出了中国科技期刊综合评价指标体系。根据这一指标体系，计算得出的综合评价总分，即是一种综合评价的结果。中国科学技术信息研究所在每年的中国科技论文统计结果发布中提出的“百种中国杰出学术期刊”，就是利用几个主要学术指标通过隶属度转换、加权评分，最终得出每一种期刊的综合指标排序值，完成对期刊的评价。

3 名词解释

核心总被引频次：期刊自创刊以来所登载的全部论文在统计当年被引用的总次数，可以显示该期刊被使用和受重视的程度，以及在科学交流中的绝对影响力的大小。

核心影响因子：期刊评价前两年发表论文的篇均被引用的次数，用于测度期刊学术影响力。

$$核心影响因子=\frac{该期刊前两年发表论文在统计当年被引用的总次数}{该期刊前两年发表论文总数}$$

核心即年指标：期刊当年发表的论文在当年被引用的情况，表征期刊即时反应速率的指标。

$$核心即年指标=\frac{该期刊当年发表论文的被引用次数}{该期刊当年发表论文总数}$$

核心他引率：期刊总被引频次中，被其他刊引用次数所占的比例，测度期刊学术传播能力。

$$核心他引率=\frac{被其他刊引用的次数}{该期刊被引用的总次数}$$

核心引用刊数：引用被评价期刊的期刊数，反映被评价期刊被使用的范围。

核心开放因子：期刊被引用次数的一半所分布的最小施引期刊数量，体现学术影响的集中度。

核心扩散因子：期刊当年每被引 100 次所涉及的期刊数，测度期刊学术传播范围。

$$核心扩散因子=\frac{总被引频次涉及的期刊数\times 100}{总被引频次}$$

学科扩散指标：在统计源期刊范围内，引用该刊的期刊数量与其所在学科全部期刊数量之比。

$$学科扩散指标=\frac{引用期刊数}{所在学科期刊数}$$

学科影响指标：指期刊所在学科内，引用该刊的期刊数占全部期刊数量的比例。

$$学科影响指标=\frac{所在学科内引用被评价期刊的数量}{所在学科期刊数}$$

核心权威因子：利用 PageRank 算法计算出来的来源期刊在统计当年的 PageRank 值。与其他单纯计算被引次数的指标不同的是，权威因子考虑了不同引用之间的重要性区别，重要的引用被赋予更高的权值，因此能更好地反映期刊的权威性。

核心被引半衰期：指该期刊在统计当年被引用的全部次数中，较新一半是在多长一段时间内发表的。被引半衰期是测度期刊老化速度的一种指标，通常不是针对个别文献或某一组文献，而是对某一学科或专业领域的文献的总和而言。

来源文献量：指符合统计来源论文选取原则的文献的数量。在期刊发表的全部内容中，只有报道科学发现和技术创新成果的学术技术类文献用于作为中国科技论文统计工作的数据来源。

文献选出率：指来源文献量与期刊全年发表的所有文献总量之比，用于反映期刊发表内容中，报道学术技术类成果的比例。

AR 论文量：指期刊所发表的文献中，文献类型为学术性论文（Article）和综述评论性论文（Review）的论文数量，用于反映期刊发表的内容中学术性成果的数量。

平均引文数：指来源期刊每一篇论文平均引用的参考文献数。论文所引用的全部参考文献数是衡量该期刊科学交流程度和吸收外部信息能力的一个指标。

平均作者数：指来源期刊每一篇论文平均拥有的作者数，是衡量该期刊科学生产能力的一个指标。

地区分布数：指来源期刊登载论文所涉及的地区数，按全国 31 个省、自治区和直辖市计（不含港、澳、台地区）。这是衡量期刊论文覆盖面和全国影响力大小的一个指标。

机构分布数：指来源期刊论文的作者所涉及的机构数。这是衡量期刊科学生产能力的另一个指标。

海外论文比：指来源期刊中，海外作者发表论文占全部论文的比例。这是衡量期刊国际交流程度的一个指标。

基金论文比：指来源期刊中，国家、省部级以上及其他各类重要基金资助的论文占全部论文的比例。这是衡量期刊论文学术质量的重要指标。

引用半衰期：指该期刊引用的全部参考文献中，较新一半是在多长一段时间内发表的。通过这个指标可以反映出作者利用文献的新颖度。

离均差率：指期刊的某项指标与其所在学科的平均值之间的差距与平均值的比例。通过这项指标可以反映期刊的单项指标在学科内的相对位置。

$$\text{某项指标的离均差率}=\frac{\text{被评价期刊的指标}-\text{所在学科内该项指标的平均值}}{\text{所在学科内该项指标的平均值}}$$

红点指标：指该期刊发表的论文中，关键词与其所在学科排名前1%的高频关键词重合的论文所占的比例。通过这个指标可以反映出期刊论文与学科研究热点的重合度。

综合评价总分：根据中国科技期刊综合评价指标体系，计算多项科学计量指标，采用层次分析法确定重要指标的权重，分学科对每种期刊进行综合评定，计算出每个期刊的综合评价总分。

综合评价总分是根据科学计量学原理，系统性地综合考虑被评价期刊的各影响力指标（核心总被引频次、核心影响因子、核心他引率、基金论文比、引文率等）在其所在学科中的相对位置，并按照一定的权重系数将这些指标进行综合集成。

具体的算法如下：

$$\text{综合评价总分}=\sum_{i=1}^{n}\mu_i k_i$$

其中，μ 为各指标的权重系数，k 为影响力指标的相对位置的得分。k 的计算公式如下：

$$k=\frac{x-x_{\min}}{x_{\max}-x_{\min}}$$

其中，x 为影响力指标的得分，比如，对于总被引频次指标来说就是该刊的总被引频次。$x_{\max}$ 为该刊所在学科的影响力指标的最大值，比如，对于总被引频次指标来说就是该刊所在学科期刊的总被引频次的最大值。$x_{\min}$ 为该刊所在学科的影响力指标的最小值，比如，对于总被引频次指标来说就是该刊所在学科期刊的总被引频次的最小值。

各影响力指标对期刊的作用不是同等重要的。因此，不同的指标被赋予了不同的权重系数 μ，权重系数是采用专家打分和层次分析法确定的。在《2020年版中国科技期刊引证报告（核心版）自然科学卷》中，权重系数总和为100，即综合评价总分在0至100之间。数值越大，说明该期刊的综合学术质量和影响力越高。

根据综合评价指标体系的设计原理，综合评价总分已经屏蔽了各个学科之间总体指标背景值的差异，可以进行跨学科比较。

中国科学技术信息研究所每年定期出版《中国科技期刊引证报告》，公布中国科技论文引文数据库（CSTPCD）收录的中国科技论文统计源期刊的多项科学计量指标。从 1999 年开始，中国科学技术信息研究所就开始以这些指标为基础，研制发布了“中国科技期刊综合评价指标体系”，采用层次分析法，由专家打分确定了重要指标的权重，并分学科对每种期刊进行了综合评定。并且从 2002 年开始应用于“中国百种杰出学术期刊”的评价中。其后随着研究的深入，又不断开发出新的评估和计量指标。10 多年以来，根据各界对评价结果的反馈，先后召开了 20 余次由科学计量学专家、自然科学学术领域科学家、科技与期刊管理部门专家学者共同参与的专家研讨会，对指标的设置和权重进行了更新和调整，从而形成了目前这一套日臻完善的科技期刊评价体系和方法。

4 2019 年中国科技核心期刊（中文）指标

表 4-1 2019 年中国科技核心期刊（中文）被引用指标刊名字顺索引

CODE	刊名	核心总被引频次	核心影响因子	核心即年指标	核心他引率	核心引用刊数	核心开放因子	核心扩散因子	核心权威因子	核心被引半衰期
E626	CT 理论与应用研究	284	0.390	0.023	0.83	140	20	49.30	26.00	4.7
G549	癌变·畸变·突变	356	0.459	0.231	0.92	204	49	57.30	29.16	5.0
A003	安徽大学学报自然科学版	227	0.270	0.022	0.90	161	48	70.93	24.50	6.0
M031	安徽工业大学学报自然科学版	128	0.099	0.000	0.80	83	19	64.84	13.71	7.1
H002	安徽农业大学学报	856	0.536	0.047	0.95	287	46	33.53	69.58	6.4
A009	安徽师范大学学报自然科学版	224	0.242	0.029	0.90	168	56	75.00	22.40	8.0
G012	安徽医科大学学报	1534	0.578	0.068	0.90	473	66	30.83	125.06	3.8
G786	安徽医学	1658	0.662	0.104	0.83	405	39	24.43	136.39	3.5
Q906	安徽医药	2810	0.652	0.069	0.79	520	43	18.51	225.44	4.0
G013	安徽中医药大学学报	889	0.623	0.088	0.95	196	21	22.05	66.51	5.8
Z549	安全与环境学报	2379	0.792	0.160	0.81	561	34	23.58	230.06	4.7
H340	桉树科技	134	0.392	0.026	0.72	46	4	34.33	11.41	5.8
R024	半导体光电	493	0.402	0.039	0.87	156	14	31.64	52.75	4.1
R063	半导体技术	369	0.302	0.056	0.76	135	13	36.59	41.30	5.6
G741	蚌埠医学院学报	1073	0.354	0.023	0.95	363	61	33.83	87.73	3.6
U521	包装与食品机械	546	1.101	0.167	0.74	114	6	20.88	48.16	3.9
U645	保鲜与加工	893	0.805	0.068	0.74	156	5	17.47	68.47	4.7
E045	暴雨灾害	814	1.201	0.145	0.66	93	4	11.43	69.85	5.6
N017	爆破	713	0.830	0.114	0.65	110	3	15.43	77.78	5.3
N012	爆破器材	215	0.273	0.087	0.73	66	6	30.70	23.84	5.7
N006	爆炸与冲击	1526	0.956	0.083	0.77	236	9	15.47	167.11	7.4
H128	北方水稻	262	0.216	0.043	0.82	79	10	30.15	20.37	6.9
A652	北华大学学报自然科学版	409	0.415	0.055	0.90	225	42	55.01	35.10	3.7
G002	北京大学学报医学版	1392	0.779	0.067	0.96	498	82	35.78	118.16	5.1
A005	北京大学学报自然科学版	1317	0.757	0.061	0.97	496	81	37.66	124.76	6.9
J030	北京工业大学学报	1284	0.710	0.060	0.92	504	73	39.25	134.68	4.9
Y001	北京航空航天大学学报	2037	0.737	0.069	0.91	464	49	22.78	223.82	5.8
T020	北京化工大学学报自然科学版	413	0.321	0.018	0.92	219	46	53.03	43.56	8.4
X014	北京交通大学学报	577	0.478	0.038	0.93	265	50	45.93	61.52	6.3
G500	北京口腔医学	378	0.612	0.038	0.79	108	9	28.57	34.69	4.3
N001	北京理工大学学报	1387	0.598	0.048	0.87	443	52	31.94	150.76	6.2
H025	北京林业大学学报	2227	1.047	0.130	0.88	353	20	15.85	187.73	7.1
H263	北京农学院学报	367	0.465	0.148	0.92	175	30	47.68	29.30	5.7
G004	北京生物医学工程	389	0.517	0.167	0.84	170	16	43.70	36.02	4.7
A010	北京师范大学学报自然科学版	707	0.575	0.029	0.97	324	58	45.83	65.69	7.6
G016	北京医学	1348	0.547	0.088	0.81	397	47	29.45	110.75	3.8
R018	北京邮电大学学报	437	0.536	0.048	0.91	189	31	43.25	47.06	4.2
G620	北京中医药	1953	0.627	0.082	0.85	236	15	12.08	144.38	5.6

表 4-1 2019 年中国科技核心期刊（中文）被引用指标刊名字顺索引（续）

CODE	刊名	核心总被引频次	核心影响因子	核心即年指标	核心他引率	核心引用刊数	核心开放因子	核心扩散因子	核心权威因子	核心被引半衰期
G017	北京中医药大学学报	2511	1.047	0.098	0.93	301	18	11.99	187.13	8.0
N101	变压器	1045	1.073	0.117	0.42	94	1	9.00	103.70	3.8
G410	标记免疫分析与临床	1459	0.841	0.065	0.86	348	31	23.85	119.30	3.0
T098	表面技术	1875	0.837	0.096	0.72	265	8	14.13	211.94	3.2
E135	冰川冻土	3200	1.181	0.097	0.78	374	23	11.69	286.42	8.0
N008	兵工学报	2292	0.832	0.077	0.82	351	20	15.31	255.82	5.4
R730	兵工自动化	823	0.473	0.012	0.75	205	8	24.91	91.39	5.2
N085	兵器材料科学与工程	622	0.382	0.099	0.89	169	17	27.17	69.79	6.6
T094	兵器装备工程学报	1296	0.586	0.047	0.72	268	10	20.68	144.61	3.2
G018	病毒学报	667	0.636	0.172	0.94	193	22	28.94	54.16	5.0
C060	波谱学杂志	243	0.712	0.073	0.55	98	4	40.33	24.13	6.1
A808	渤海大学学报自然科学版	88	0.157	0.000	0.83	66	22	75.00	9.76	6.3
M005	材料保护	1221	0.412	0.024	0.75	225	7	18.43	138.22	7.1
M103	材料导报	4179	0.707	0.069	0.92	612	41	14.64	464.21	5.7
Y007	材料工程	2040	1.014	0.134	0.82	327	16	16.03	230.14	5.5
M010	材料开发与应用	408	0.272	0.009	0.85	165	23	40.44	45.83	7.6
M008	材料科学与工程学报	1037	0.405	0.028	0.71	286	18	27.58	115.72	7.8
M006	材料科学与工艺	559	0.440	0.131	0.97	194	23	34.70	62.28	8.7
N026	材料热处理学报	1784	0.543	0.110	0.83	217	6	12.16	198.27	5.5
M009	材料研究学报	657	0.561	0.050	0.81	198	15	30.14	73.65	5.5
K512	采矿与安全工程学报	2564	1.271	0.115	0.86	153	5	5.97	245.72	6.2
H009	蚕业科学	703	0.460	0.008	0.63	168	7	23.90	60.42	7.0
H525	草地学报	2557	1.296	0.250	0.75	253	5	9.89	200.03	5.7
H234	草业科学	3753	1.406	0.121	0.79	345	10	9.19	296.78	5.9
H527	草业学报	4798	1.787	0.162	0.87	349	14	7.27	378.59	5.7
H538	草原与草坪	607	0.725	0.055	0.87	137	7	22.57	47.73	7.0
E616	测绘地理信息	571	0.519	0.078	0.57	146	3	25.57	58.34	3.6
E543	测绘工程	672	0.552	0.111	0.90	202	14	30.06	67.81	4.5
E600	测绘科学	2359	0.809	0.160	0.87	438	18	18.57	236.75	4.7
E615	测绘科学技术学报	686	0.571	0.062	0.79	177	9	25.80	70.44	5.7
E510	测绘通报	2436	0.929	0.127	0.73	347	6	14.24	246.50	4.1
E152	测绘学报	3207	2.253	0.220	0.84	353	8	11.01	326.24	4.9
L017	测井技术	773	0.296	0.008	0.73	121	9	15.65	74.73	9.1
Y022	测控技术	1460	0.616	0.089	0.65	289	7	19.79	157.07	3.8
R711	测试技术学报	263	0.279	0.040	0.93	141	30	53.61	28.30	7.2
H001	茶叶科学	1014	1.049	0.117	0.90	193	14	19.03	79.17	6.9
X036	长安大学学报自然科学版	814	0.552	0.086	0.93	223	20	27.40	86.82	7.8
N056	长春理工大学学报自然科学版	532	0.446	0.024	0.61	197	11	37.03	57.62	4.6
G992	长春中医药大学学报	1987	0.729	0.124	0.92	273	16	13.74	148.41	4.4
W010	长江科学院院报	1732	0.577	0.109	0.76	331	16	19.11	165.99	5.1
Z029	长江流域资源与环境	3436	1.615	0.180	0.89	453	35	13.18	316.03	5.3
G264	肠外与肠内营养	869	1.234	0.143	0.88	266	34	30.61	70.84	4.4
N024	车用发动机	265	0.280	0.000	0.75	92	11	34.72	29.87	6.0

表 4-1　2019 年中国科技核心期刊（中文）被引用指标刊名字顺索引（续）

CODE	刊名	核心总被引频次	核心影响因子	核心即年指标	核心他引率	核心引用刊数	核心开放因子	核心扩散因子	核心权威因子	核心被引半衰期
E113	沉积学报	3155	1.135	0.200	0.91	211	20	6.69	286.96	10.8
E102	成都理工大学学报自然科学版	877	0.500	0.052	0.94	184	21	20.98	81.25	8.0
G670	成都医学院学报	525	0.517	0.113	0.96	253	46	48.19	42.63	3.6
V050	城市规划	2647	1.202	0.135	0.88	265	7	10.01	284.94	6.6
V028	城市规划学刊	2019	2.025	0.235	0.89	198	6	9.81	216.49	6.3
X043	城市轨道交通研究	835	0.203	0.032	0.71	175	7	20.96	91.07	5.3
X046	城市交通	399	0.390	0.107	0.76	112	10	28.07	43.06	6.4
J021	重庆大学学报自然科学版	1096	0.564	0.048	0.91	471	78	42.97	113.69	8.2
X029	重庆交通大学学报自然科学版	867	0.421	0.063	0.74	286	19	32.99	91.85	5.6
N757	重庆理工大学学报自然科学版	868	0.538	0.036	0.76	323	22	37.21	91.84	3.0
A512	重庆师范大学学报自然科学版	352	0.316	0.040	0.87	205	39	58.24	34.74	4.6
G186	重庆医科大学学报	1073	0.514	0.069	0.96	438	87	40.82	87.87	4.3
G225	重庆医学	6780	0.763	0.101	0.96	714	76	10.53	554.28	3.6
R559	重庆邮电大学学报自然科学版	491	0.759	0.070	0.93	163	19	33.20	52.54	3.8
L508	储能科学与技术	470	0.775	0.123	0.67	138	8	29.36	51.14	3.0
G432	川北医学院学报	654	0.495	0.049	0.88	278	45	42.51	53.66	3.4
N060	传感技术学报	2183	1.041	0.092	0.81	366	15	16.77	232.30	4.5
R532	传感器与微系统	2241	0.661	0.115	0.64	419	11	18.70	238.78	4.2
G458	传染病信息	687	1.324	0.191	0.81	252	28	36.68	56.40	3.5
X010	船舶工程	613	0.287	0.020	0.81	161	7	26.26	68.49	4.9
X633	船舶力学	931	0.354	0.034	0.86	168	9	18.05	103.94	7.7
X635	船海工程	575	0.237	0.036	0.79	147	9	25.57	63.98	5.8
G322	创伤外科杂志	911	0.676	0.119	0.86	257	33	28.21	76.34	3.3
G085	创伤与急危重病医学	285	0.671	0.087	0.92	126	12	44.21	23.39	2.5
G552	磁共振成像	779	0.879	0.109	0.83	207	10	26.57	66.96	3.4
E144	大地测量与地球动力学	1392	0.458	0.057	0.83	218	11	15.66	140.77	6.1
E146	大地构造与成矿学	1591	0.917	0.615	0.93	130	13	8.17	144.63	8.7
R051	大电机技术	286	0.254	0.034	0.57	74	4	25.87	30.15	7.3
H038	大豆科学	1300	0.672	0.211	0.82	208	14	16.00	101.39	7.9
U512	大连工业大学学报	294	0.301	0.053	0.87	161	29	54.76	27.34	6.2
X024	大连海事大学学报	404	0.507	0.014	0.92	171	21	42.33	44.34	6.9
H005	大连海洋大学学报	941	0.941	0.098	0.77	162	10	17.22	77.90	6.0
X001	大连交通大学学报	359	0.296	0.029	0.81	157	23	43.73	38.76	5.1
J024	大连理工大学学报	707	0.568	0.034	0.97	356	79	50.35	74.53	9.8
G020	大连医科大学学报	403	0.359	0.040	0.98	243	67	60.30	33.05	4.5
E109	大气科学	3284	1.594	0.235	0.89	233	9	7.10	284.46	11.3
E091	大气科学学报	1329	1.379	0.311	0.69	199	5	14.97	114.99	6.5
S055	大数据	136	0.417	0.302	0.84	86	19	63.24	14.86	2.8
S086	单片机与嵌入式系统应用	446	0.284	0.051	0.81	119	9	26.68	47.38	3.8
H040	淡水渔业	925	0.751	0.047	0.84	143	12	15.46	75.49	7.6
N004	弹道学报	437	0.408	0.047	0.89	112	10	25.63	49.36	8.9
T941	当代化工	1579	0.416	0.060	0.61	343	9	21.72	169.40	3.7
Y503	导弹与航天运载技术	492	0.284	0.027	0.85	136	17	27.64	55.44	7.3

表 4-1 2019 年中国科技核心期刊（中文）被引用指标刊名字顺索引（续）

CODE	刊名	核心总被引频次	核心影响因子	核心即年指标	核心他引率	核心引用刊数	核心开放因子	核心扩散因子	核心权威因子	核心被引半衰期
Y563	导航定位与授时	361	1.226	0.136	0.53	79	2	21.88	42.87	2.5
Y585	导航与控制	178	0.466	0.117	0.84	83	13	46.63	19.93	2.7
N019	低温工程	248	0.222	0.028	0.89	97	14	39.11	27.36	8.7
C055	低温物理学报	109	0.210	0.000	0.78	52	7	47.71	12.25	5.0
E133	地层学杂志	897	0.544	0.054	0.91	96	10	10.70	80.10	12.3
E130	地理科学	6102	2.890	0.241	0.89	542	23	8.88	585.04	5.6
E584	地理科学进展	5088	3.261	0.269	0.93	539	27	10.59	489.59	5.8
E639	地理空间信息	748	0.301	0.035	0.74	225	11	30.08	74.54	4.1
E315	地理信息世界	411	0.459	0.035	0.82	134	8	32.60	41.34	4.2
E305	地理学报	11280	5.794	0.556	0.92	660	22	5.85	1065.72	7.2
E310	地理研究	7286	3.926	0.538	0.89	594	20	8.15	706.08	5.8
E527	地理与地理信息科学	1537	1.154	0.108	0.85	358	33	23.29	147.42	6.9
E024	地球化学	1763	0.905	0.019	0.97	217	17	12.31	158.94	15.2
E570	地球环境学报	181	0.417	0.085	0.85	99	20	54.70	16.38	3.9
E142	地球科学	3301	1.754	0.461	0.78	282	16	8.54	299.48	5.5
E115	地球科学进展	3513	1.280	0.198	0.93	527	57	15.00	315.53	10.1
E004	地球科学与环境学报	719	1.072	0.304	0.94	201	24	27.96	65.81	6.0
E153	地球物理学报	7537	1.210	0.342	0.75	424	8	5.63	717.97	7.0
E308	地球物理学进展	3344	0.865	0.140	0.76	316	10	9.45	317.71	6.4
E656	地球信息科学学报	1992	1.866	0.297	0.80	376	24	18.88	189.41	3.8
E300	地球学报	2284	1.462	0.955	0.92	270	14	11.82	207.32	9.2
E549	地球与环境	1030	0.951	0.106	0.93	296	34	28.74	91.05	7.1
V031	地下空间与工程学报	1835	0.676	0.072	0.77	265	15	14.44	185.30	6.7
E357	地学前缘	5288	1.515	0.227	0.94	362	21	6.85	480.23	9.4
S741	地域研究与开发	1969	1.204	0.213	0.67	291	11	14.78	195.53	5.3
E306	地震	467	0.406	0.045	0.83	72	6	15.42	46.44	9.9
E150	地震地质	1565	0.928	0.074	0.84	148	8	9.46	149.71	11.4
E307	地震工程学报	1150	1.003	0.113	0.68	178	7	15.48	116.48	4.7
E118	地震工程与工程振动	1713	0.523	0.041	0.85	212	12	12.38	181.09	10.8
E143	地震学报	1107	0.392	0.092	0.92	126	6	11.38	109.29	13.1
E112	地震研究	680	0.970	0.013	0.76	109	6	16.03	67.99	6.7
E362	地质科技情报	1960	0.743	0.104	0.79	270	19	13.78	179.55	6.8
E139	地质科学	1613	0.593	0.114	0.92	144	14	8.93	145.72	14.3
E026	地质力学学报	739	1.131	0.165	0.80	172	16	23.27	69.14	6.5
E009	地质论评	3171	1.626	0.435	0.89	236	14	7.44	286.54	10.7
E127	地质通报	3946	0.749	0.169	0.91	273	12	6.92	357.67	8.9
E010	地质学报	6001	1.903	0.577	0.87	282	13	4.70	542.73	9.1
E151	地质与勘探	2053	1.581	0.180	0.69	196	6	9.55	193.70	8.2
E525	地质与资源	377	0.277	0.035	0.90	94	12	24.93	34.79	7.7
E132	地质找矿论丛	486	0.386	0.072	0.91	94	9	19.34	45.44	10.0
G005	第二军医大学学报	1407	0.810	0.076	0.96	525	99	37.31	115.72	4.1
G021	第三军医大学学报	2327	0.761	0.127	0.95	619	99	26.60	191.40	4.7
E301	第四纪研究	2701	2.119	0.081	0.65	290	10	10.74	244.14	9.4

表 4-1 2019 年中国科技核心期刊（中文）被引用指标刊名字顺索引（续）

CODE	刊名	核心总被引频次	核心影响因子	核心即年指标	核心他引率	核心引用刊数	核心开放因子	核心扩散因子	核心权威因子	核心被引半衰期
R007	电波科学学报	530	0.266	0.018	0.86	162	21	30.57	57.76	7.6
R003	电池	403	0.535	0.038	0.69	113	4	28.04	44.65	6.0
Z015	电镀与环保	290	0.265	0.043	0.84	86	4	29.66	32.63	6.0
T508	电镀与精饰	469	0.436	0.063	0.77	120	4	25.59	53.28	6.2
T598	电镀与涂饰	732	0.433	0.061	0.66	133	3	18.17	84.54	4.8
R010	电工电能新技术	1024	1.569	0.145	0.67	159	8	15.53	105.82	3.4
R043	电工技术学报	10582	2.527	0.300	0.74	419	8	3.96	1086.43	4.2
R740	电光与控制	1071	0.580	0.123	0.77	232	17	21.66	118.54	4.9
N067	电焊机	684	0.223	0.021	0.73	138	4	20.18	76.67	5.6
D036	电化学	301	0.437	0.069	0.65	105	6	34.88	33.88	5.9
R088	电机与控制学报	1818	1.047	0.180	0.80	256	10	14.08	195.15	5.3
R045	电机与控制应用	765	0.638	0.076	0.65	160	4	20.92	82.58	3.4
N027	电加工与模具	261	0.259	0.024	0.80	72	8	27.59	28.63	7.0
R011	电力电子技术	977	0.313	0.040	0.81	162	14	16.58	103.48	4.9
R769	电力工程技术	938	2.261	0.212	0.75	87	4	9.28	92.59	2.3
A199	电力建设	1589	1.323	0.284	0.88	243	14	15.29	161.44	3.9
R654	电力科学与技术学报	483	0.777	0.202	0.59	106	4	21.95	49.28	4.0
N102	电力系统保护与控制	9158	3.312	0.349	0.69	331	7	3.61	915.67	3.6
R071	电力系统及其自动化学报	1698	1.341	0.138	0.80	202	11	11.90	172.06	3.4
S019	电力系统自动化	15229	3.651	0.551	0.74	351	5	2.30	1512.65	4.5
R745	电力信息与通信技术	1025	0.940	0.363	0.66	114	4	11.12	103.85	2.9
R750	电力需求侧管理	412	1.050	0.223	0.57	75	2	18.20	42.06	2.9
R090	电力自动化设备	5071	2.179	0.262	0.72	261	6	5.15	505.74	4.1
R044	电气传动	613	0.430	0.093	0.79	154	12	25.12	65.85	4.4
R428	电气工程学报	129	0.275	0.000	0.95	75	19	58.14	13.57	3.5
R058	电气自动化	365	0.257	0.054	0.87	134	21	36.71	38.14	3.9
R039	电网技术	12644	3.215	0.472	0.81	388	7	3.07	1260.28	4.6
R116	电网与清洁能源	1120	1.052	0.053	0.82	189	9	16.88	112.85	3.5
R684	电信科学	923	0.716	0.161	0.68	192	6	20.80	98.45	3.2
R754	电讯技术	763	0.519	0.054	0.70	178	10	23.33	84.21	4.6
R019	电源技术	1607	0.324	0.049	0.69	296	14	18.42	174.70	4.4
R055	电子测量技术	1964	0.693	0.073	0.66	321	5	16.34	209.21	3.3
R021	电子测量与仪器学报	2052	1.300	0.159	0.84	338	9	16.47	217.69	3.5
R067	电子技术应用	1436	0.664	0.129	0.71	274	9	19.08	154.72	3.4
R036	电子科技大学学报	767	0.624	0.036	0.94	310	43	40.42	82.58	5.3
R512	电子器件	741	0.446	0.046	0.78	186	10	25.10	79.83	3.6
R724	电子设计工程	2931	0.677	0.077	0.75	372	8	12.69	310.64	3.0
R001	电子显微学报	566	0.832	0.069	0.59	213	9	37.63	54.70	6.0
R006	电子学报	3537	1.085	0.080	0.85	453	29	12.81	385.69	5.5
R022	电子与信息学报	3024	1.063	0.086	0.85	381	24	12.60	328.39	4.2
R020	电子元件与材料	559	0.232	0.070	0.76	172	19	30.77	62.94	5.4
J023	东北大学学报自然科学版	1390	0.349	0.034	0.94	478	61	34.39	148.22	6.5
H262	东北林业大学学报	2329	0.768	0.159	0.92	372	25	15.97	195.84	6.6

表 4-1　2019 年中国科技核心期刊（中文）被引用指标刊名字顺索引（续）

CODE	刊名	核心总被引频次	核心影响因子	核心即年指标	核心他引率	核心引用刊数	核心开放因子	核心扩散因子	核心权威因子	核心被引半衰期
H006	东北农业大学学报	1429	0.742	0.140	0.94	347	43	24.28	114.41	7.6
H227	东北农业科学	768	0.851	0.088	0.69	176	14	22.92	59.99	6.4
A030	东北师大学报自然科学版	384	0.292	0.058	0.92	251	64	65.36	38.86	8.1
L004	东北石油大学学报	881	1.285	0.260	0.74	184	10	20.89	85.19	5.8
U014	东华大学学报自然科学版	368	0.217	0.020	0.88	168	17	45.65	44.22	6.7
G057	东南大学学报医学版	923	0.769	0.041	0.92	324	31	35.10	75.34	3.6
J028	东南大学学报自然科学版	1246	0.426	0.031	0.96	459	74	36.84	133.57	7.2
G944	东南国防医药	688	0.632	0.120	0.68	224	16	32.56	56.89	4.0
P003	动力工程学报	1230	0.782	0.039	0.81	244	7	19.84	132.45	6.3
P018	动力学与控制学报	315	0.623	0.037	0.63	97	4	30.79	35.38	4.0
F043	动物学杂志	886	0.398	0.032	0.90	194	16	21.90	74.60	10.6
G775	动物医学进展	1324	0.446	0.061	0.89	317	21	23.94	104.55	5.5
F231	动物营养学报	4000	1.220	0.297	0.78	301	5	7.53	306.68	3.9
X034	都市快轨交通	474	0.339	0.054	0.75	103	3	21.73	51.98	5.7
G542	毒理学杂志	470	0.445	0.027	0.94	228	40	48.51	38.13	6.1
T241	断块油气田	1581	1.446	0.151	0.68	151	6	9.55	150.44	4.9
G920	儿科药学杂志	892	0.566	0.077	0.67	216	16	24.22	71.14	4.0
C071	发光学报	758	0.611	0.131	0.73	164	5	21.64	79.66	3.5
G199	发育医学电子杂志	122	0.532	0.183	0.61	54	5	44.26	11.15	2.7
G874	法医学杂志	508	0.274	0.104	0.67	150	3	29.53	53.40	6.4
U013	纺织高校基础科学学报	227	0.583	0.178	0.79	65	3	28.63	25.85	3.1
U053	纺织学报	1944	0.753	0.085	0.61	215	3	11.06	263.51	5.2
G608	放射学实践	1915	0.970	0.103	0.78	299	8	15.61	165.37	4.3
Y571	飞航导弹	973	0.577	0.106	0.71	161	6	16.55	110.88	5.0
Y006	飞行力学	532	0.347	0.073	0.83	134	16	25.19	59.19	7.1
K002	非金属矿	702	0.482	0.149	0.77	164	8	23.36	75.56	5.6
D022	分析测试学报	2375	1.255	0.228	0.82	365	11	15.37	200.11	4.9
D005	分析化学	3193	1.169	0.188	0.88	539	19	16.88	278.25	6.2
D026	分析科学学报	771	0.602	0.067	0.85	250	18	32.43	67.38	4.9
D004	分析试验室	1916	0.911	0.107	0.76	308	10	16.08	167.04	4.9
D062	分析仪器	410	0.360	0.024	0.92	190	25	46.34	37.35	5.7
D015	分子催化	514	1.175	0.355	0.67	119	6	23.15	56.74	5.8
D035	分子科学学报	169	0.335	0.086	0.73	91	15	53.85	16.30	3.9
Q931	分子影像学杂志	127	0.250	0.032	0.98	94	31	74.02	10.59	2.8
G556	分子诊断与治疗杂志	314	0.744	0.186	0.89	137	17	43.63	26.11	3.4
H845	分子植物育种	2636	0.666	0.097	0.77	261	16	9.90	203.75	3.1
V052	粉煤灰综合利用	232	0.187	0.020	0.80	75	5	32.33	25.23	6.1
M105	粉末冶金工业	650	1.000	0.118	0.50	104	2	16.00	78.32	4.8
M039	粉末冶金技术	351	0.445	0.028	0.68	87	6	24.79	40.71	7.0
V048	风景园林	555	0.745	0.196	0.66	85	2	15.32	58.26	3.3
Q006	辐射防护	344	0.377	0.083	0.84	100	6	29.07	34.71	7.6
Q005	辐射研究与辐射工艺学报	192	0.538	0.098	0.75	99	15	51.56	17.70	5.0
H268	福建农林大学学报自然科学版	664	0.469	0.057	0.92	238	38	35.84	54.18	7.8

表 4-1　2019 年中国科技核心期刊（中文）被引用指标刊名字顺索引（续）

CODE	刊名	核心总被引频次	核心影响因子	核心即年指标	核心他引率	核心引用刊数	核心开放因子	核心扩散因子	核心权威因子	核心被引半衰期
H265	福建农业学报	1016	0.452	0.025	0.90	252	30	24.80	80.53	5.6
A078	福建师范大学学报自然科学版	290	0.295	0.063	0.94	205	60	70.69	28.81	8.0
G024	福建医科大学学报	298	0.404	0.021	0.97	207	58	69.46	24.48	4.6
A029	福州大学学报自然科学版	373	0.245	0.036	0.93	237	55	63.54	38.08	6.4
M003	腐蚀科学与防护技术	869	0.633	0.053	0.87	173	7	19.91	97.56	9.3
M505	腐蚀与防护	1153	0.510	0.109	0.81	210	8	18.21	129.07	6.8
G068	复旦学报医学版	659	0.613	0.079	0.98	349	87	52.96	54.40	4.8
A001	复旦学报自然科学版	402	0.362	0.033	0.95	296	95	73.63	46.14	6.7
Y019	复合材料学报	2659	0.982	0.172	0.70	392	14	14.74	303.93	4.5
B029	复杂系统与复杂性科学	288	0.505	0.056	0.89	132	21	45.83	31.05	5.9
G957	腹部外科	319	0.591	0.111	0.91	129	18	40.44	27.37	3.2
G338	腹腔镜外科杂志	1034	0.843	0.152	0.80	194	15	18.76	89.92	3.3
A034	甘肃科学学报	222	0.149	0.038	0.93	160	49	72.07	21.42	5.4
H844	甘蔗糖业	282	0.272	0.078	0.78	77	7	27.30	22.19	7.2
Q956	肝癌电子杂志	56	0.421	0.025	0.77	34	8	60.71	4.86	2.7
G879	肝胆外科杂志	597	0.554	0.031	0.90	188	21	31.49	50.95	4.6
G690	肝胆胰外科杂志	738	0.978	0.166	0.80	188	15	25.47	63.36	3.6
G803	肝脏	1071	0.538	0.047	0.79	271	24	25.30	86.41	3.5
H045	干旱地区农业研究	2916	0.939	0.075	0.91	299	25	10.25	235.01	7.2
E048	干旱气象	1503	1.472	0.125	0.70	189	5	12.57	127.94	4.6
E020	干旱区地理	2023	1.063	0.144	0.85	341	26	16.86	177.61	6.7
E105	干旱区研究	2370	1.816	0.167	0.81	331	20	13.97	200.78	5.6
M050	钢铁	1856	1.407	0.388	0.68	162	3	8.73	210.13	5.0
M013	钢铁钒钛	440	0.354	0.028	0.67	74	5	16.82	49.29	5.3
M019	钢铁研究学报	1105	0.693	0.153	0.75	160	4	14.48	123.67	6.6
D020	高等学校化学学报	2009	0.690	0.108	0.83	456	37	22.70	204.15	6.3
B002	高等学校计算数学学报	51	0.190	0.000	0.92	34	10	66.67	5.63	8.3
R038	高电压技术	8421	2.158	0.290	0.70	446	5	5.30	842.67	4.7
T001	高分子材料科学与工程	1964	0.629	0.079	0.86	315	16	16.04	226.72	5.9
T002	高分子通报	1220	0.730	0.063	0.90	320	28	26.23	136.13	6.7
D021	高分子学报	1296	1.043	0.216	0.82	254	16	19.60	146.14	5.1
A080	高技术通讯	459	0.403	0.034	0.83	232	40	50.54	47.91	5.5
T078	高科技纤维与应用	282	0.207	0.038	0.90	88	11	31.21	34.49	8.8
E358	高校地质学报	1462	0.753	0.053	0.96	195	18	13.34	133.12	11.8
T016	高校化学工程学报	939	0.596	0.032	0.76	266	18	28.33	99.28	5.8
B003	高校应用数学学报	112	0.110	0.000	0.88	51	10	45.54	12.09	7.8
R037	高压电器	2701	0.653	0.055	0.58	209	3	7.74	268.70	4.9
C056	高压物理学报	374	0.402	0.016	0.83	119	10	31.82	39.92	6.8
E005	高原气象	3376	2.090	0.132	0.77	218	8	6.46	290.34	7.3
V021	给水排水	1555	0.457	0.062	0.82	262	8	16.85	153.06	6.2
N105	工程爆破	419	0.400	0.075	0.70	80	3	19.09	45.69	7.0
E360	工程地质学报	2294	1.464	0.136	0.77	290	15	12.64	221.99	6.1
S712	工程管理学报	435	0.400	0.078	0.69	141	5	32.41	47.31	3.9

表 4-1　2019 年中国科技核心期刊（中文）被引用指标刊名字顺索引（续）

CODE	刊名	核心总被引频次	核心影响因子	核心即年指标	核心他引率	核心引用刊数	核心开放因子	核心扩散因子	核心权威因子	核心被引半衰期
V030	工程勘察	876	0.337	0.062	0.76	211	17	24.09	86.53	7.3
V033	工程抗震与加固改造	474	0.318	0.030	0.86	105	9	22.15	50.37	6.9
M030	工程科学学报	1589	0.769	0.083	0.92	382	29	24.04	172.16	6.5
J051	工程科学与技术	1348	0.856	0.097	0.93	475	68	35.24	136.80	6.2
C002	工程力学	4575	1.165	0.167	0.79	410	20	8.96	490.79	6.6
C073	工程热物理学报	2217	0.378	0.044	0.88	398	26	17.95	240.54	7.0
N590	工程设计学报	404	0.516	0.010	0.93	168	25	41.58	43.34	4.9
B031	工程数学学报	198	0.198	0.017	0.97	119	28	60.10	21.34	10.0
T003	工程塑料应用	1565	0.664	0.135	0.71	200	4	12.78	187.30	4.5
N064	工具技术	926	0.291	0.042	0.76	174	10	18.79	101.11	5.6
K018	工矿自动化	1236	0.916	0.183	0.65	168	4	13.59	122.05	4.0
T563	工业催化	550	0.278	0.034	0.81	125	8	22.73	60.72	6.4
J057	工业工程	313	0.305	0.000	0.84	140	21	44.73	34.22	5.8
N110	工业工程与管理	746	0.674	0.113	0.78	208	16	27.88	83.42	4.8
P009	工业加热	163	0.120	0.000	0.83	78	9	47.85	18.37	6.9
V010	工业建筑	1527	0.356	0.050	0.84	259	17	16.96	163.66	6.7
P005	工业炉	93	0.078	0.000	0.74	34	4	36.56	10.89	7.9
Z013	工业水处理	1641	0.615	0.083	0.82	297	14	18.10	169.72	5.7
G025	工业卫生与职业病	474	0.423	0.083	0.89	98	5	20.68	41.00	5.0
N037	工业仪表与自动化装置	337	0.351	0.093	0.90	149	17	44.21	35.82	3.6
Z032	工业用水与废水	590	0.614	0.040	0.56	144	3	24.41	61.81	5.9
G207	公共卫生与预防医学	1312	1.241	0.113	0.75	245	8	18.67	109.60	3.2
X579	公路	1600	0.254	0.038	0.77	261	11	16.31	171.30	6.0
N039	功能材料	1952	0.410	0.062	0.90	465	45	23.82	215.88	5.6
D503	功能高分子学报	422	0.960	0.055	0.67	131	10	31.04	47.94	5.8
R095	供用电	923	1.596	0.393	0.65	76	3	8.23	90.83	2.4
E601	古地理学报	1499	1.274	0.157	0.91	145	17	9.67	135.79	8.0
E304	古脊椎动物学报	210	0.188	0.050	0.85	37	4	17.62	21.84	24.3
E022	古生物学报	775	0.396	0.273	0.85	85	5	10.97	67.89	19.9
G478	骨科	251	0.512	0.073	0.83	112	16	44.62	20.80	3.2
R047	固体电子学研究与进展	161	0.191	0.011	0.72	51	5	31.68	18.57	4.8
Y013	固体火箭技术	838	0.438	0.085	0.77	160	7	19.09	97.53	7.5
C103	固体力学学报	439	0.569	0.089	0.93	189	32	43.05	47.43	8.5
W007	管理工程学报	1278	1.024	0.314	0.95	258	19	20.19	147.53	5.7
W018	管理科学	1262	2.056	0.099	0.84	221	18	17.51	151.65	5.0
W008	管理科学学报	2053	1.947	0.228	0.86	304	15	14.81	241.09	5.6
W025	管理评论	3402	1.789	0.209	0.77	387	17	11.38	405.34	4.0
S744	管理世界	11942	3.090	0.914	0.97	487	41	4.08	1496.06	6.6
S745	管理现代化	335	0.300	0.100	0.89	166	30	49.55	38.57	3.6
W016	管理学报	2452	1.534	0.286	0.82	302	14	12.32	292.35	4.6
H226	灌溉排水学报	2103	1.609	0.296	0.65	239	5	11.36	174.17	4.3
R026	光电工程	974	0.879	0.094	0.83	213	16	21.87	103.73	5.6
R082	光电子技术	133	0.305	0.019	0.77	68	12	51.13	14.29	5.5

表 4-1 2019 年中国科技核心期刊（中文）被引用指标刊名字顺索引（续）

CODE	刊名	核心总被引频次	核心影响因子	核心即年指标	核心他引率	核心引用刊数	核心开放因子	核心扩散因子	核心权威因子	核心被引半衰期
C091	光谱学与光谱分析	4688	0.790	0.086	0.93	730	51	15.57	432.06	5.5
C097	光散射学报	217	0.481	0.060	0.86	97	12	44.70	20.82	4.8
N015	光学技术	693	0.665	0.114	0.83	204	17	29.44	73.90	7.3
N033	光学精密工程	3992	1.618	0.155	0.79	413	12	10.35	426.25	4.5
C050	光学学报	4778	1.659	0.279	0.76	462	3	9.67	495.64	3.6
R097	光学与光电技术	300	0.272	0.030	0.75	101	7	33.67	31.80	6.0
C037	光子学报	1677	0.689	0.128	0.82	307	9	18.31	176.69	4.8
R547	广东电力	1554	1.637	0.265	0.70	148	4	9.52	153.77	2.6
H272	广东海洋大学学报	496	0.543	0.121	0.81	145	15	29.23	42.21	6.8
H228	广东农业科学	2944	0.511	0.112	0.85	443	32	15.05	237.29	6.7
G027	广东药学院学报	683	0.382	0.024	0.97	257	35	37.63	53.16	5.4
A042	广西大学学报自然科学版	586	0.264	0.009	0.85	292	53	49.83	61.21	4.2
A535	广西科学	358	0.387	0.057	0.82	164	24	45.81	30.88	5.6
H364	广西林业科学	382	0.409	0.083	0.75	104	10	27.23	31.94	5.8
A062	广西师范大学学报自然科学版	258	0.344	0.043	0.79	151	29	58.53	25.55	5.9
G028	广西医科大学学报	1244	0.562	0.073	0.91	413	58	33.20	101.52	3.2
G816	广西医学	1654	0.446	0.038	0.94	486	75	29.38	134.54	3.4
F028	广西植物	1265	0.706	0.125	0.92	249	26	19.68	101.68	6.4
G030	广州中医药大学学报	1568	0.985	0.198	0.94	281	21	17.92	117.54	4.4
V572	规划师	1788	1.066	0.168	0.72	202	6	11.30	190.94	4.0
T004	硅酸盐通报	2586	0.512	0.039	0.74	390	14	15.08	282.39	4.5
T005	硅酸盐学报	2186	0.752	0.065	0.87	374	14	17.11	240.84	7.5
M048	贵金属	305	0.468	0.032	0.66	81	5	26.56	34.13	7.0
A077	贵州大学学报自然科学版	254	0.252	0.023	0.85	154	32	60.63	27.26	5.1
H275	贵州农业科学	2108	0.387	0.056	0.90	388	36	18.41	169.65	6.2
A527	贵州师范大学学报自然科学版	489	0.857	0.122	0.77	197	21	40.29	44.96	3.5
G031	贵州医科大学学报	741	0.467	0.037	0.92	318	54	42.91	60.13	3.4
M033	桂林理工大学学报	562	0.521	0.085	0.74	204	13	36.30	54.39	5.4
A040	国防科技大学学报	819	0.463	0.056	0.90	278	40	33.94	90.27	6.0
G495	国际病毒学杂志	345	0.775	0.047	0.96	103	12	29.86	28.69	3.1
V529	国际城市规划	1134	1.266	0.257	0.89	163	8	14.37	122.54	5.2
G936	国际儿科学杂志	613	0.484	0.077	0.84	226	26	36.87	50.46	3.5
G497	国际放射医学核医学杂志	153	0.212	0.067	0.80	81	16	52.94	13.38	4.8
G659	国际妇产科学杂志	791	0.705	0.071	0.96	272	39	34.39	64.47	4.1
G498	国际骨科学杂志	500	0.665	0.091	0.97	193	32	38.60	41.64	5.3
G938	国际呼吸杂志	1219	0.587	0.038	0.84	314	36	25.76	98.59	3.7
G362	国际检验医学杂志	3422	0.547	0.082	0.87	529	48	15.46	280.38	3.7
G997	国际口腔医学杂志	621	0.593	0.059	0.95	203	16	32.69	55.32	4.7
G496	国际老年医学杂志	211	0.401	0.050	0.72	104	16	49.29	16.94	4.0
G930	国际流行病学传染病学杂志	262	0.388	0.061	0.90	137	24	52.29	21.57	4.2
G975	国际麻醉学与复苏杂志	804	0.569	0.053	0.73	226	19	28.11	66.22	3.9
G349	国际泌尿系统杂志	496	0.300	0.026	0.88	201	31	40.52	40.90	3.8
G983	国际免疫学杂志	364	0.430	0.077	0.74	174	25	47.80	29.39	3.8

表 4-1　2019 年中国科技核心期刊（中文）被引用指标刊名字顺索引（续）

CODE	刊名	核心总被引频次	核心影响因子	核心即年指标	核心他引率	核心引用刊数	核心开放因子	核心扩散因子	核心权威因子	核心被引半衰期
G939	国际脑血管病杂志	828	0.655	0.157	0.64	205	10	24.76	68.60	4.7
G415	国际内分泌代谢杂志	347	0.310	0.066	0.98	202	52	58.21	28.05	6.1
G426	国际神经病学神经外科学杂志	614	0.713	0.070	0.85	238	36	38.76	50.33	3.9
S157	国际生殖健康/计划生育杂志	501	0.736	0.071	0.96	188	26	37.52	40.78	4.2
B525	国际输血及血液学杂志	212	0.245	0.021	0.95	123	26	58.02	17.60	4.7
G954	国际外科学杂志	551	0.471	0.052	0.88	233	45	42.29	46.62	3.6
G660	国际消化病杂志	487	0.936	0.082	0.94	216	34	44.35	39.00	3.7
G940	国际心血管病杂志	406	0.544	0.072	0.97	208	45	51.23	32.66	4.5
Q911	国际眼科杂志	2133	0.589	0.151	0.75	296	14	13.88	179.46	3.7
G933	国际药学研究杂志	716	0.539	0.014	0.96	293	47	40.92	56.60	4.3
G661	国际医学放射学杂志	582	0.890	0.169	0.82	183	12	31.44	49.92	3.7
G934	国际中医中药杂志	717	0.352	0.101	0.87	170	15	23.71	54.41	4.0
G937	国际肿瘤学杂志	394	0.231	0.036	0.94	209	47	53.05	32.38	3.8
E578	国土资源科技管理	238	0.338	0.032	0.92	125	22	52.52	23.07	6.7
E591	国土资源遥感	1241	1.101	0.152	0.86	292	25	23.53	117.26	5.6
R683	国外电子测量技术	1151	0.738	0.081	0.81	203	3	17.64	123.15	3.5
H028	果树学报	2824	1.350	0.158	0.85	217	15	7.68	219.22	6.9
T008	过程工程学报	853	0.466	0.099	0.92	272	33	31.89	90.15	6.9
X025	哈尔滨工程大学学报	1530	0.604	0.052	0.89	431	50	28.17	167.32	5.1
J003	哈尔滨工业大学学报	2163	0.676	0.104	0.94	618	85	28.57	229.49	6.9
J013	哈尔滨理工大学学报	550	0.466	0.057	0.73	217	18	39.45	59.36	4.6
G033	哈尔滨医科大学学报	436	0.378	0.006	0.97	268	73	61.47	35.61	5.0
J055	海军工程大学学报	489	0.296	0.025	0.93	189	22	38.65	53.98	6.9
Y029	海军航空工程学院学报	306	0.301	0.029	0.92	130	17	42.48	33.81	6.8
G899	海军医学杂志	559	0.429	0.043	0.84	211	20	37.75	47.49	4.3
A012	海南大学学报自然科学版	200	0.300	0.019	0.94	131	35	65.50	18.17	10.6
G416	海南医学院学报	2707	0.816	0.069	0.99	440	48	16.25	217.86	3.1
L037	海相油气地质	504	0.831	0.000	0.94	91	14	18.06	45.77	8.6
E651	海洋测绘	675	0.460	0.036	0.72	126	6	18.67	69.52	6.7
E569	海洋地质前沿	631	0.535	0.034	0.87	155	13	24.56	58.13	6.3
E155	海洋地质与第四纪地质	1564	0.745	0.073	0.83	196	14	12.53	141.90	10.1
E131	海洋工程	926	0.552	0.078	0.85	191	21	20.63	97.14	9.0
E312	海洋湖沼通报	620	0.338	0.048	0.93	187	22	30.16	55.06	8.7
Z010	海洋环境科学	1196	0.676	0.100	0.91	285	25	23.83	108.20	7.3
E564	海洋技术学报	468	0.326	0.030	0.89	188	25	40.17	47.15	6.2
E145	海洋科学	1526	0.348	0.017	0.88	325	21	21.30	134.10	9.0
E006	海洋科学进展	545	0.802	0.061	0.92	189	18	34.68	49.83	9.6
E311	海洋通报	995	0.767	0.080	0.85	277	21	27.84	92.42	8.6
E003	海洋学报	2088	0.875	0.178	0.86	341	19	16.33	191.32	9.2
E149	海洋学研究	322	0.347	0.024	0.94	147	23	45.65	29.53	9.9
H284	海洋渔业	676	0.821	0.090	0.86	113	8	16.72	56.73	6.6
E008	海洋与湖沼	1880	0.697	0.078	0.89	275	15	14.63	163.39	9.4
E108	海洋预报	393	0.435	0.032	0.68	99	6	25.19	37.30	7.5

表 4-1　2019 年中国科技核心期刊（中文）被引用指标刊名字顺索引（续）

CODE	刊名	核心总被引频次	核心影响因子	核心即年指标	核心他引率	核心引用刊数	核心开放因子	核心扩散因子	核心权威因子	核心被引半衰期
L586	含能材料	999	0.529	0.060	0.70	102	3	10.21	115.51	6.4
N076	焊接	666	0.328	0.040	0.76	94	4	14.11	74.85	7.1
N624	焊接技术	526	0.160	0.021	0.77	108	5	20.53	58.90	5.9
N021	焊接学报	2685	0.716	0.072	0.73	205	4	7.64	299.30	6.8
A191	杭州师范大学学报自然科学版	198	0.221	0.049	0.90	138	39	69.70	20.94	4.9
Y556	航空兵器	384	0.665	0.122	0.71	113	9	29.43	43.80	4.8
Y027	航空材料学报	931	1.029	0.143	0.89	202	14	21.70	105.36	6.7
Y017	航空动力学报	2875	0.595	0.084	0.78	294	8	10.23	320.15	6.9
Y554	航空发动机	483	0.239	0.019	0.82	139	9	28.78	53.98	6.8
Y031	航空计算技术	510	0.301	0.064	0.72	158	10	30.98	56.72	4.7
Y012	航空精密制造技术	266	0.210	0.022	0.96	121	19	45.49	29.20	8.9
Y002	航空学报	3687	1.065	0.182	0.84	433	24	11.74	412.61	5.9
Y014	航空制造技术	1745	0.538	0.034	0.83	282	21	16.16	194.77	5.8
Y034	航天返回与遥感	504	0.549	0.051	0.70	120	8	23.81	54.30	5.9
Y015	航天控制	369	0.400	0.000	0.83	122	16	33.06	41.29	6.6
Y033	航天器工程	669	0.504	0.095	0.81	186	14	27.80	73.92	6.3
Y032	航天器环境工程	494	0.260	0.069	0.84	153	16	30.97	55.33	6.8
G034	航天医学与医学工程	445	0.575	0.106	0.66	151	10	33.93	44.12	6.3
T057	合成材料老化与应用	327	0.313	0.043	0.88	119	14	36.39	38.05	4.5
D602	合成化学	365	0.211	0.028	0.71	125	10	34.25	38.29	5.0
T505	合成树脂及塑料	506	0.518	0.089	0.77	99	5	19.57	60.63	4.7
T067	合成纤维	307	0.207	0.064	0.77	86	5	28.01	39.75	5.9
T065	合成纤维工业	383	0.400	0.066	0.56	80	2	20.89	50.57	6.9
T018	合成橡胶工业	396	0.350	0.111	0.79	94	5	23.74	47.58	8.7
J053	合肥工业大学学报自然科学版	879	0.262	0.017	0.87	422	78	48.01	92.25	5.9
A031	河北大学学报自然科学版	266	0.325	0.020	0.88	187	54	70.30	26.51	5.8
K032	河北工程大学学报自然科学版	159	0.119	0.000	0.92	120	41	75.47	15.81	7.2
J017	河北工业大学学报	240	0.152	0.011	0.96	182	62	75.83	25.30	7.5
J019	河北工业科技	237	0.377	0.197	0.79	151	33	63.71	24.28	5.0
J058	河北科技大学学报	276	0.350	0.167	0.81	155	26	56.16	28.20	5.2
H244	河北农业大学学报	945	0.562	0.052	0.89	256	34	27.09	75.86	9.2
A076	河北师范大学学报自然科学版	167	0.123	0.013	0.95	133	50	79.64	17.55	9.3
G035	河北医科大学学报	1574	0.850	0.141	0.74	378	33	24.02	129.09	3.4
G641	河北医学	1913	0.550	0.048	0.95	392	46	20.49	154.97	3.5
G898	河北医药	3215	0.549	0.069	0.93	507	53	15.77	259.50	3.6
G384	河北中医	1870	0.592	0.065	0.95	237	18	12.67	139.57	4.8
G301	河北中医药学报	380	0.593	0.046	0.96	114	17	30.00	28.34	3.8
W012	河海大学学报自然科学版	1091	1.128	0.167	0.89	294	22	26.95	104.65	8.7
A067	河南大学学报自然科学版	334	0.450	0.068	0.74	190	33	56.89	33.78	5.1
U004	河南工业大学学报自然科学版	677	0.512	0.023	0.86	147	9	21.71	52.49	6.3
J014	河南科技大学学报自然科学版	378	0.550	0.093	0.72	191	30	50.53	37.91	4.3
A011	河南科学	564	0.229	0.054	0.86	344	74	60.99	53.10	5.0
K526	河南理工大学学报自然科学版	499	0.342	0.051	0.85	200	18	40.08	48.82	5.4

表 4-1　2019 年中国科技核心期刊（中文）被引用指标刊名字顺索引（续）

CODE	刊名	核心总被引频次	核心影响因子	核心即年指标	核心他引率	核心引用刊数	核心开放因子	核心扩散因子	核心权威因子	核心被引半衰期
H011	河南农业大学学报	950	0.715	0.107	0.86	261	25	27.47	76.88	7.2
H356	河南农业科学	2373	0.933	0.180	0.88	313	21	13.19	186.23	5.3
A058	河南师范大学学报自然科学版	430	0.511	0.202	0.83	232	40	53.95	41.29	4.5
Q004	核动力工程	706	0.193	0.021	0.83	175	8	24.79	80.99	7.9
Q002	核化学与放射化学	247	0.377	0.045	0.69	77	5	31.17	27.13	7.5
Q001	核技术	568	0.339	0.073	0.69	172	7	30.28	62.00	6.5
C092	核聚变与等离子体物理	142	0.245	0.034	0.58	43	3	30.28	17.62	5.6
Q009	核科学与工程	363	0.162	0.020	0.77	98	5	27.00	42.08	9.1
H042	核农学报	3355	1.720	0.312	0.80	338	21	10.07	261.57	4.3
A084	黑龙江大学自然科学学报	236	0.248	0.010	0.91	160	42	67.80	23.70	6.3
K505	黑龙江科技大学学报	252	0.288	0.044	0.76	114	13	45.24	25.70	4.8
R535	红外技术	909	0.658	0.045	0.80	231	14	25.41	97.20	4.8
C035	红外与毫米波学报	665	0.458	0.107	0.87	230	20	34.59	67.32	7.4
R084	红外与激光工程	3071	0.871	0.075	0.75	336	8	10.94	327.23	4.4
A039	湖北大学学报自然科学版	215	0.262	0.027	0.93	169	62	78.60	22.41	5.1
H203	湖北农业科学	3404	0.313	0.034	0.91	546	46	16.04	276.07	5.4
G334	湖北中医药大学学报	915	0.664	0.044	0.87	198	19	21.64	68.70	4.0
E111	湖泊科学	2814	1.742	0.367	0.83	307	15	10.91	250.76	6.8
A028	湖南大学学报自然科学版	1187	0.523	0.024	0.78	406	43	34.20	129.60	5.3
K016	湖南科技大学学报自然科学版	269	0.197	0.015	0.95	158	31	58.74	27.24	8.2
H060	湖南农业大学学报自然科学版	883	0.508	0.009	0.92	237	28	26.84	70.31	7.9
G548	湖南师范大学学报医学版	947	0.600	0.045	0.77	274	27	28.93	76.97	3.1
A055	湖南师范大学自然科学学报	227	0.410	0.024	0.89	160	47	70.48	20.70	5.0
G041	湖南中医药大学学报	1947	0.884	0.167	0.83	318	18	16.33	146.93	3.7
G987	护理学报	3139	1.074	0.203	0.75	323	6	10.29	251.75	3.8
G503	护理学杂志	6491	1.230	0.170	0.74	407	5	6.27	520.64	4.0
G654	护理研究	6132	0.737	0.118	0.87	450	12	7.34	495.52	3.9
G734	护士进修杂志	2970	0.564	0.071	0.83	333	10	11.21	239.74	4.1
H665	花生学报	394	0.794	0.173	0.78	85	7	21.57	30.25	6.2
E141	华北地震科学	184	0.368	0.000	0.82	44	7	23.91	18.23	9.2
R046	华北电力大学学报	459	0.424	0.061	0.91	181	24	39.43	48.17	6.1
H032	华北农学报	2153	1.017	0.182	0.95	258	22	11.98	167.84	7.2
X003	华东交通大学学报	363	0.528	0.035	0.74	182	26	50.14	38.99	3.9
T021	华东理工大学学报自然科学版	485	0.332	0.023	0.83	252	44	51.96	51.58	7.0
A054	华东师范大学学报自然科学版	403	0.266	0.009	0.95	253	68	62.78	42.72	7.0
E103	华南地震	270	0.622	0.048	0.80	63	6	23.33	26.67	7.0
G340	华南国防医学杂志	592	0.384	0.062	0.87	240	37	40.54	48.82	4.0
J004	华南理工大学学报自然科学版	1168	0.316	0.023	0.93	482	80	41.27	122.01	7.3
H013	华南农业大学学报	1048	0.881	0.202	0.95	291	43	27.77	85.44	6.9
A052	华南师范大学学报自然科学版	417	0.372	0.000	0.76	231	43	55.40	41.76	5.1
G525	华南预防医学	655	0.736	0.052	0.94	182	14	27.79	54.75	4.3
A021	华侨大学学报自然科学版	359	0.350	0.074	0.66	187	23	52.09	39.26	4.7
G043	华西口腔医学杂志	862	0.794	0.123	0.93	196	13	22.74	77.91	4.9

表 4-1　2019 年中国科技核心期刊（中文）被引用指标刊名字顺索引（续）

CODE	刊名	核心总被引频次	核心影响因子	核心即年指标	核心他引率	核心引用刊数	核心开放因子	核心扩散因子	核心权威因子	核心被引半衰期
G044	华西药学杂志	1088	0.617	0.104	0.78	246	18	22.61	83.99	5.9
G294	华西医学	1397	0.536	0.125	0.94	426	68	30.49	114.13	4.1
G077	华中科技大学学报医学版	650	0.636	0.093	0.94	329	77	50.62	52.80	4.4
J033	华中科技大学学报自然科学版	1514	0.618	0.058	0.91	513	77	33.88	163.61	6.0
H003	华中农业大学学报	1209	0.977	0.140	0.90	293	38	24.23	96.87	7.6
A004	华中师范大学学报自然科学版	438	0.356	0.039	0.94	271	67	61.87	45.05	5.4
Z009	化工环保	721	0.749	0.108	0.78	200	17	27.74	75.74	5.0
T006	化工机械	323	0.164	0.012	0.87	135	21	41.80	35.39	7.3
T101	化工进展	4033	0.879	0.089	0.82	553	31	13.71	428.32	4.8
T532	化工科技	284	0.269	0.021	0.83	151	26	53.17	30.61	6.6
T146	化工设备与管道	255	0.321	0.040	0.75	81	4	31.76	28.85	5.0
T007	化工学报	4426	0.812	0.090	0.80	589	28	13.31	471.95	5.5
T009	化学反应工程与工艺	232	0.202	0.000	0.93	106	15	45.69	25.28	8.1
D604	化学分析计量	547	0.404	0.044	0.78	185	10	33.82	48.95	4.9
T025	化学工程	691	0.327	0.028	0.85	244	25	35.31	72.94	7.5
T567	化学工程师	518	0.225	0.065	0.93	236	38	45.56	51.61	5.3
T076	化学工业与工程	345	0.399	0.048	0.94	180	30	52.17	36.14	8.7
D506	化学进展	1678	0.767	0.138	0.92	473	50	28.19	171.17	7.6
D011	化学试剂	759	0.458	0.124	0.57	192	4	25.30	75.44	4.0
D018	化学通报	693	0.440	0.112	0.89	302	45	43.58	69.56	6.3
D030	化学学报	1778	1.748	0.201	0.79	380	21	21.37	182.53	6.6
D501	化学研究	305	0.469	0.050	0.80	152	22	49.84	30.41	4.4
D037	化学研究与应用	1079	0.506	0.077	0.67	300	16	27.80	106.03	4.7
T931	化学与粘合	334	0.267	0.065	0.93	135	14	40.42	37.98	7.0
T553	化学与生物工程	646	0.323	0.076	0.96	287	54	44.43	57.39	6.4
Z017	环境保护科学	508	0.341	0.016	0.94	227	37	44.69	47.92	6.1
Z005	环境工程	2036	0.777	0.084	0.85	428	25	21.02	199.85	3.9
Z550	环境工程技术学报	365	0.696	0.156	0.87	155	19	42.47	35.08	3.6
Z021	环境工程学报	4986	0.805	0.239	0.91	573	22	11.49	483.43	4.7
D024	环境化学	2971	1.090	0.152	0.86	481	23	16.19	270.12	5.1
Z500	环境技术	266	0.283	0.022	0.88	117	13	43.98	27.53	5.9
Z554	环境监测管理与技术	702	1.020	0.137	0.65	195	9	27.78	66.00	4.7
Z506	环境科技	362	0.488	0.056	0.72	149	14	41.16	34.74	5.4
Z004	环境科学	12057	2.256	0.587	0.81	746	15	6.19	1086.12	5.1
Z003	环境科学学报	7171	1.466	0.256	0.91	715	25	9.97	653.67	5.3
Z002	环境科学研究	3234	1.288	0.301	0.89	535	23	16.54	295.36	5.9
Z521	环境科学与管理	1503	0.255	0.025	0.91	447	42	29.74	143.00	6.1
Z025	环境科学与技术	3355	0.727	0.077	0.94	623	38	18.57	313.33	6.7
H049	环境昆虫学报	1020	0.591	0.583	0.84	157	7	15.39	80.92	4.6
Z035	环境卫生工程	271	0.175	0.023	0.61	83	4	30.63	26.38	6.2
G971	环境卫生学杂志	617	0.813	0.018	0.83	215	14	34.85	52.32	5.3
Z019	环境污染与防治	1708	0.699	0.063	0.90	422	27	24.71	162.29	5.8
Z031	环境与健康杂志	1874	0.505	0.033	0.83	395	18	21.08	162.10	6.5

表 4-1 2019 年中国科技核心期刊（中文）被引用指标刊名字顺索引（续）

CODE	刊名	核心总被引频次	核心影响因子	核心即年指标	核心他引率	核心引用刊数	核心开放因子	核心扩散因子	核心权威因子	核心被引半衰期
G882	环境与职业医学	1299	1.069	0.154	0.87	281	12	21.63	110.95	4.0
G656	环球中医药	1958	0.647	0.097	0.86	244	16	12.46	145.06	3.7
M631	黄金	755	0.325	0.037	0.76	126	9	16.69	78.84	6.8
Y040	火箭推进	515	0.632	0.131	0.67	95	4	18.45	58.79	5.6
N005	火力与指挥控制	1890	0.600	0.037	0.71	265	7	14.02	210.93	4.4
N007	火炸药学报	816	0.442	0.028	0.68	91	3	11.15	94.69	8.0
X011	机车电传动	410	0.219	0.030	0.67	110	7	26.83	45.06	5.8
N069	机床与液压	2610	0.344	0.021	0.79	349	13	13.37	279.82	5.1
N672	机电工程	965	0.609	0.108	0.92	292	28	30.26	103.19	4.2
S004	机器人	1552	1.653	0.182	0.91	283	29	18.23	166.34	5.9
N040	机械传动	1369	0.429	0.045	0.68	207	8	15.12	146.54	4.4
M004	机械工程材料	932	0.356	0.047	0.86	217	16	23.28	104.17	7.1
N051	机械工程学报	9188	1.279	0.130	0.88	611	29	6.65	995.07	6.2
N050	机械科学与技术	1595	0.539	0.113	0.90	354	29	22.19	173.08	6.2
N057	机械强度	1152	0.537	0.062	0.72	263	16	22.83	125.42	6.3
N047	机械设计	1310	0.519	0.048	0.70	264	9	20.15	140.02	5.4
N054	机械设计与研究	1200	0.699	0.095	0.54	238	3	19.83	128.23	4.9
N028	机械设计与制造	3194	0.328	0.031	0.75	440	14	13.78	343.56	5.9
N063	机械设计与制造工程	481	0.225	0.024	0.93	204	27	42.41	52.03	4.3
N053	机械与电子	409	0.273	0.068	0.91	183	29	44.74	43.71	4.6
N515	机械制造与自动化	637	0.204	0.020	0.82	234	27	36.73	68.93	5.2
G003	基础医学与临床	979	0.435	0.063	0.95	406	75	41.47	79.43	3.9
H245	基因组学与应用生物学	2673	0.613	0.061	0.95	500	7	18.71	207.78	3.7
R025	激光技术	1007	0.985	0.083	0.70	190	4	18.87	106.44	4.0
F045	激光生物学报	338	0.370	0.050	0.92	204	50	60.36	28.23	5.9
R514	激光与光电子学进展	2944	1.291	0.260	0.60	355	3	12.06	303.90	2.4
R521	激光与红外	1433	0.662	0.028	0.78	258	8	18.00	152.41	4.8
R028	激光杂志	964	0.351	0.056	0.83	298	26	30.91	98.35	3.6
E116	吉林大学学报地球科学版	1982	0.670	0.140	0.89	329	25	16.60	183.54	7.4
J042	吉林大学学报工学版	1401	0.511	0.028	0.85	405	46	28.91	149.52	5.5
A035	吉林大学学报理学版	596	0.418	0.041	0.77	220	19	36.91	62.68	3.9
R586	吉林大学学报信息科学版	276	0.415	0.020	0.82	135	21	48.91	29.47	4.1
G014	吉林大学学报医学版	931	0.663	0.035	0.95	371	61	39.85	75.66	4.1
H243	吉林农业大学学报	1179	1.095	0.143	0.76	294	28	24.94	93.96	7.0
G719	吉林中医药	2541	0.911	0.152	0.86	290	16	11.41	188.85	4.5
E007	极地研究	255	0.388	0.042	0.78	98	13	38.43	24.41	7.5
G452	疾病监测	1950	1.468	0.246	0.87	238	11	12.21	163.78	4.2
G439	脊柱外科杂志	451	0.758	0.057	0.73	115	7	25.50	38.09	4.6
N014	计量学报	869	1.023	0.211	0.43	165	1	18.99	92.56	3.5
S050	计算机测量与控制	2454	0.388	0.052	0.83	404	19	16.46	264.18	4.4
S049	计算机仿真	4029	0.614	0.023	0.79	531	19	13.18	432.04	4.0
S013	计算机辅助设计与图形学学报	1813	0.891	0.108	0.86	351	24	19.36	193.26	4.7
S012	计算机工程	3602	0.844	0.128	0.87	565	20	15.69	383.52	4.9

表 4-1　2019 年中国科技核心期刊（中文）被引用指标刊名字顺索引（续）

CODE	刊名	核心总被引频次	核心影响因子	核心即年指标	核心他引率	核心引用刊数	核心开放因子	核心扩散因子	核心权威因子	核心被引半衰期
S034	计算机工程与科学	1273	0.654	0.037	0.93	327	19	25.69	136.35	3.9
S022	计算机工程与设计	2564	0.643	0.085	0.92	475	24	18.53	271.96	4.5
S025	计算机工程与应用	5765	0.875	0.207	0.86	717	30	12.44	613.18	4.6
S030	计算机集成制造系统	3022	1.305	0.178	0.72	348	14	11.52	328.94	5.0
S520	计算机技术与发展	1674	0.546	0.079	0.82	413	20	24.67	177.65	4.3
S006	计算机科学	3398	0.757	0.092	0.92	532	24	15.66	363.53	4.2
S085	计算机科学与探索	683	0.912	0.135	0.90	194	12	28.40	73.06	2.8
S509	计算机系统应用	1278	0.506	0.078	0.86	354	26	27.70	135.45	3.5
S018	计算机学报	3615	2.786	0.324	0.96	498	24	13.78	389.01	4.9
S021	计算机研究与发展	2792	1.591	0.221	0.91	431	22	15.44	300.71	4.4
S029	计算机应用	3780	1.069	0.184	0.91	547	20	14.47	403.25	3.7
S016	计算机应用研究	4940	0.962	0.323	0.85	621	23	12.57	528.12	3.9
S009	计算机应用与软件	2060	0.422	0.058	0.85	430	24	20.87	217.73	4.3
S048	计算机与数字工程	901	0.287	0.039	0.90	288	28	31.96	96.30	4.0
S500	计算机与现代化	700	0.409	0.045	0.76	227	16	32.43	73.78	4.6
S014	计算机与应用化学	503	0.234	0.000	0.87	233	33	46.32	50.63	6.8
S507	计算技术与自动化	197	0.244	0.000	0.92	132	34	67.01	20.86	5.0
C003	计算力学学报	806	0.603	0.009	0.82	275	32	34.12	86.38	7.4
B014	计算数学	115	0.246	0.100	0.89	62	12	53.91	12.83	8.7
C094	计算物理	475	0.497	0.024	0.59	160	8	33.68	53.82	6.5
A656	济南大学学报自然科学版	190	0.249	0.022	0.92	133	38	70.00	19.52	5.9
G292	寄生虫与医学昆虫学报	136	0.481	0.000	0.87	42	4	30.88	12.08	6.6
A045	暨南大学学报自然科学与医学版	363	0.512	0.014	0.93	245	64	67.49	30.85	5.3
H240	家畜生态学报	846	0.466	0.072	0.86	158	7	18.68	65.86	5.3
G638	检验医学	1280	0.843	0.038	0.88	349	37	27.27	104.88	3.9
V051	建筑材料学报	1825	0.794	0.083	0.90	244	13	13.37	197.88	6.9
V057	建筑钢结构进展	257	0.444	0.023	0.81	67	6	26.07	27.89	6.0
V523	建筑节能	558	0.230	0.019	0.66	138	5	24.73	62.32	4.3
V014	建筑结构	1845	0.232	0.155	0.66	192	5	10.41	199.32	6.8
V044	建筑结构学报	3344	1.073	0.201	0.84	231	9	6.91	360.88	6.8
V005	建筑科学	1116	0.464	0.039	0.84	250	15	22.40	121.22	5.4
V013	建筑科学与工程学报	499	0.527	0.048	0.88	147	18	29.46	53.60	5.6
V047	建筑学报	722	0.337	0.069	0.89	140	8	19.39	80.54	7.5
Y522	舰船电子工程	905	0.214	0.016	0.80	218	14	24.09	100.19	5.7
Y564	舰船科学技术	1467	0.532	0.050	0.82	304	17	20.72	162.87	4.5
G453	江苏大学学报医学版	410	0.651	0.026	0.97	187	25	45.61	33.51	3.5
J035	江苏大学学报自然科学版	644	0.685	0.094	0.93	298	45	46.27	67.56	5.3
X015	江苏科技大学学报自然科学版	375	0.286	0.009	0.67	166	12	44.27	40.79	4.9
H700	江苏农业科学	5968	0.559	0.068	0.84	636	39	10.66	487.64	3.7
H199	江苏农业学报	1720	1.189	0.081	0.92	285	26	16.57	135.77	5.4
G397	江苏中医药	1810	0.576	0.067	0.97	214	18	11.82	133.85	5.5
H283	江西农业大学学报	1407	0.709	0.069	0.92	308	35	21.89	113.30	7.6
H701	江西农业学报	1759	0.619	0.073	0.92	347	30	19.73	141.39	6.4

表 4-1　2019 年中国科技核心期刊（中文）被引用指标刊名字顺索引（续）

CODE	刊名	核心总被引频次	核心影响因子	核心即年指标	核心他引率	核心引用刊数	核心开放因子	核心扩散因子	核心权威因子	核心被引半衰期
A112	江西师范大学学报自然科学版	314	0.357	0.030	0.86	189	37	60.19	35.11	5.6
X020	交通信息与安全	552	0.764	0.084	0.73	176	16	31.88	59.39	5.2
X672	交通运输工程学报	1034	0.888	0.088	0.92	267	26	25.82	111.50	7.4
X685	交通运输系统工程与信息	1295	0.872	0.067	0.85	257	21	19.85	139.08	4.5
X516	交通运输研究	261	0.190	0.107	0.87	120	18	45.98	27.57	7.3
L587	节能技术	433	0.478	0.076	0.68	131	5	30.25	46.58	5.8
W567	节水灌溉	1436	0.675	0.112	0.71	246	6	17.13	122.21	4.5
K553	洁净煤技术	687	0.645	0.078	0.81	163	14	23.73	72.29	4.8
V049	结构工程师	559	0.297	0.005	0.77	138	9	24.69	60.06	5.9
G869	结直肠肛门外科	454	0.471	0.124	0.79	142	14	31.28	36.89	3.4
G316	解放军护理杂志	2464	0.840	0.072	0.91	320	10	12.99	199.56	4.2
G187	解放军医学院学报	1188	0.608	0.053	0.85	440	66	37.04	98.22	4.0
G048	解放军医学杂志	1560	1.383	0.155	0.89	434	53	27.82	128.24	4.2
G671	解放军医药杂志	1592	1.037	0.116	0.90	378	34	23.74	130.01	3.1
G315	解放军医院管理杂志	1216	0.535	0.070	0.81	189	12	15.54	103.24	4.0
G961	解放军预防医学杂志	1178	0.608	0.033	0.89	347	37	29.46	97.99	2.8
G507	解剖科学进展	433	0.553	0.030	0.71	188	19	43.42	35.65	3.1
G049	解剖学报	503	0.558	0.040	0.73	205	22	40.76	41.78	5.1
G358	解剖学研究	329	0.415	0.032	0.76	146	16	44.38	27.30	4.1
G050	解剖学杂志	642	0.528	0.061	0.73	225	16	35.05	54.99	4.3
G886	介入放射学杂志	1840	1.049	0.150	0.71	328	23	17.83	155.79	4.1
N048	金刚石与磨料磨具工程	344	0.259	0.019	0.63	82	5	23.84	38.81	8.2
M051	金属功能材料	405	0.951	0.203	0.74	98	2	24.20	48.05	4.7
K022	金属矿山	2631	0.596	0.113	0.75	295	8	11.21	276.10	6.0
N083	金属热处理	2430	0.567	0.106	0.58	206	2	8.48	268.10	4.8
M012	金属学报	2784	1.223	0.174	0.88	249	12	8.94	310.67	7.9
E599	经济地理	7081	2.367	0.277	0.87	522	20	7.37	721.57	5.1
H333	经济动物学报	268	0.521	0.104	0.66	85	7	31.72	21.63	5.6
S759	经济管理	2003	1.709	0.301	0.86	306	31	15.28	246.58	4.9
S762	经济理论与经济管理	1022	1.146	0.088	0.97	251	45	24.56	126.87	5.2
H266	经济林研究	1166	1.325	0.208	0.81	188	13	16.12	93.19	5.1
S773	经济与管理研究	880	0.951	0.237	0.96	242	38	27.50	108.04	4.2
G953	精神医学杂志	470	0.461	0.035	0.85	170	20	36.17	38.29	4.6
T102	精细化工	1328	0.694	0.149	0.79	289	24	21.76	137.21	4.9
T955	精细化工中间体	242	0.230	0.029	0.65	94	7	38.84	24.33	6.9
T542	精细石油化工	318	0.255	0.020	0.92	128	19	40.25	34.27	7.3
G677	颈腰痛杂志	808	0.553	0.043	0.66	162	10	20.05	64.78	3.8
Z553	净水技术	553	0.370	0.043	0.79	166	10	30.02	54.10	4.5
G553	局解手术学杂志	647	0.500	0.098	0.84	274	45	42.35	54.22	3.5
T512	聚氨酯工业	442	0.677	0.173	0.51	83	2	18.78	55.86	5.4
R016	绝缘材料	952	0.644	0.103	0.54	139	2	14.60	103.41	4.7
G052	军事医学	717	0.421	0.037	0.84	308	42	42.96	60.42	4.5
F018	菌物学报	1357	1.071	0.129	0.75	228	14	16.80	106.47	5.3

表 4-1　2019 年中国科技核心期刊（中文）被引用指标刊名字顺索引（续）

CODE	刊名	核心总被引频次	核心影响因子	核心即年指标	核心他引率	核心引用刊数	核心开放因子	核心扩散因子	核心权威因子	核心被引半衰期
C325	菌物研究	290	1.263	0.250	0.86	103	12	35.52	22.75	5.3
M018	勘察科学技术	219	0.184	0.012	0.91	113	25	51.60	21.58	8.9
Q933	康复学报	242	0.665	0.087	0.70	88	9	36.36	18.78	3.2
A645	科技导报	2129	0.738	0.084	0.96	931	196	43.73	209.49	5.4
S812	科技管理研究	3469	0.625	0.082	0.75	517	19	14.90	390.39	3.9
R588	科技进步与对策	3521	0.871	0.217	0.82	424	10	12.04	412.23	4.5
A083	科技通报	1166	0.298	0.028	0.92	492	55	42.20	115.43	3.8
S816	科学管理研究	736	0.582	0.118	0.89	188	9	25.54	84.58	4.9
A537	科学技术与工程	6204	0.564	0.068	0.69	977	43	15.75	632.18	3.9
A075	科学通报	7055	0.836	0.309	0.97	1122	70	15.90	648.41	10.0
W514	科学学研究	4246	1.778	0.236	0.92	439	12	10.34	501.04	5.4
S818	科学学与科学技术管理	2876	1.551	0.099	0.93	330	11	11.47	341.28	5.9
W531	科研管理	3654	1.781	0.194	0.86	333	11	9.11	434.25	5.0
L516	可再生能源	1852	1.002	0.132	0.74	380	19	20.52	187.15	4.3
E140	空间科学学报	337	0.279	0.054	0.74	123	16	36.50	36.03	7.5
Y051	空间控制技术与应用	171	0.229	0.062	0.87	78	14	45.61	19.08	5.5
J059	空军工程大学学报自然科学版	395	0.393	0.051	0.89	160	21	40.51	43.64	5.6
Q907	空军医学杂志	416	0.688	0.032	0.82	149	16	35.82	34.94	3.3
Y016	空气动力学学报	1017	0.753	0.336	0.75	182	7	17.90	114.05	7.1
S503	控制工程	1631	0.566	0.057	0.73	349	21	21.40	175.71	3.9
R060	控制理论与应用	2011	0.842	0.083	0.80	365	27	18.15	217.86	5.5
S001	控制与决策	3873	1.435	0.189	0.89	503	33	12.99	421.03	5.1
G672	口腔材料器械杂志	161	0.434	0.044	0.73	58	7	36.02	15.26	4.2
G894	口腔颌面修复学杂志	288	0.535	0.067	0.84	92	9	31.94	26.30	4.3
G390	口腔疾病防治	473	0.649	0.128	0.84	132	12	27.91	42.46	3.1
G594	口腔生物医学	101	0.340	0.059	1.00	66	16	65.35	8.99	3.7
G325	口腔医学	793	0.523	0.040	0.85	205	13	25.85	70.95	4.0
G266	口腔医学研究	1203	0.689	0.090	0.76	236	10	19.62	109.07	3.6
K525	矿产保护与利用	608	0.803	0.096	0.71	121	5	19.90	65.35	4.0
V054	矿产勘查	635	0.471	0.082	0.56	126	3	19.84	62.09	4.1
K025	矿产与地质	615	0.191	0.045	0.83	101	6	16.42	58.38	11.2
K004	矿产综合利用	628	0.460	0.010	0.87	114	7	18.15	67.88	5.5
E106	矿床地质	2613	1.058	0.230	0.90	123	8	4.71	238.49	10.5
K014	矿山机械	844	0.258	0.053	0.76	176	7	20.85	86.99	6.5
E350	矿物学报	1189	0.894	0.136	0.92	208	13	17.49	110.27	10.4
E354	矿物岩石	913	0.705	0.060	0.92	175	17	19.17	84.42	12.1
E504	矿物岩石地球化学通报	1394	0.934	0.164	0.87	230	14	16.50	126.80	7.0
M101	矿冶	558	0.427	0.063	0.87	135	8	24.19	60.91	6.8
M045	矿冶工程	1159	0.696	0.054	0.75	201	7	17.34	125.98	6.2
K554	矿业安全与环保	976	0.755	0.100	0.65	117	2	11.99	92.52	5.1
K010	矿业研究与开发	1079	0.587	0.071	0.62	179	4	16.59	112.26	4.2
F015	昆虫学报	2002	0.892	0.114	0.88	221	9	11.04	159.71	8.5
J020	昆明理工大学学报自然科学版	364	0.210	0.035	0.92	233	55	64.01	36.54	6.7

表 4-1　2019 年中国科技核心期刊（中文）被引用指标刊名字顺索引（续）

CODE	刊名	核心总被引频次	核心影响因子	核心即年指标	核心他引率	核心引用刊数	核心开放因子	核心扩散因子	核心权威因子	核心被引半衰期
G053	昆明医科大学学报	1180	0.498	0.041	0.82	403	52	34.15	96.76	3.9
G395	兰州大学学报医学版	311	0.629	0.059	0.81	183	37	58.84	25.27	3.7
A016	兰州大学学报自然科学版	1074	0.717	0.062	0.82	413	52	38.45	101.23	7.2
J008	兰州理工大学学报	651	0.343	0.022	0.80	283	39	43.47	69.36	6.2
G628	老年医学与保健	404	0.491	0.104	0.74	189	29	46.78	32.57	2.8
R096	雷达科学与技术	382	0.423	0.035	0.75	105	9	27.49	42.65	4.8
R758	雷达学报	480	1.549	0.192	0.75	107	6	22.29	52.84	3.0
T010	离子交换与吸附	276	0.374	0.000	0.88	131	23	47.46	28.70	8.8
M001	理化检验化学分册	1575	0.603	0.060	0.84	293	10	18.60	142.22	5.2
C101	力学季刊	391	0.451	0.047	0.69	156	13	39.90	42.30	6.7
C001	力学学报	1656	1.988	0.298	0.63	322	10	19.44	179.91	4.8
C104	力学与实践	662	0.405	0.050	0.67	243	18	36.71	69.99	8.3
G580	立体定向和功能性神经外科杂志	166	0.229	0.070	0.76	81	11	48.80	13.87	4.1
U055	粮食与饲料工业	981	0.399	0.109	0.93	170	11	17.33	75.67	7.4
U626	粮油食品科技	682	0.565	0.091	0.93	161	9	23.61	52.73	5.8
C032	量子电子学报	359	0.511	0.052	0.65	106	4	29.53	38.08	4.2
K008	辽宁工程技术大学学报自然科学版	876	0.245	0.011	0.93	291	29	33.22	87.56	6.9
H261	辽宁农业科学	491	0.277	0.122	0.87	147	17	29.94	38.64	9.1
G850	辽宁中医药大学学报	4156	0.746	0.157	0.92	383	21	9.22	310.57	4.3
G646	辽宁中医杂志	5489	0.823	0.108	0.92	393	17	7.16	407.55	4.9
U037	林产工业	823	1.172	0.363	0.35	100	1	12.15	86.72	2.5
T017	林产化学与工业	658	0.652	0.067	0.86	233	31	35.41	59.47	7.0
H740	林业工程学报	1070	0.837	0.123	0.87	261	19	24.39	93.44	5.3
H280	林业科学	4560	1.097	0.118	0.92	389	19	8.53	380.25	8.3
H281	林业科学研究	2066	1.164	0.062	0.88	234	14	11.33	169.09	8.7
H102	林业调查规划	428	0.212	0.000	0.81	151	16	35.28	36.64	6.4
T231	磷肥与复肥	453	0.241	0.036	0.69	123	8	27.15	41.01	7.5
G880	临床超声医学杂志	944	0.611	0.147	0.86	249	26	26.38	79.60	3.6
G607	临床儿科杂志	1469	0.642	0.035	0.96	360	46	24.51	120.74	5.3
G276	临床耳鼻咽喉头颈外科杂志	2244	0.684	0.104	0.83	352	12	15.69	193.30	4.1
G271	临床放射学杂志	2395	0.691	0.030	0.86	352	11	14.70	206.24	4.2
Q908	临床肺科杂志	2819	0.766	0.117	0.90	411	44	14.58	228.56	3.6
G501	临床肝胆病杂志	3720	1.766	0.387	0.78	450	28	12.10	303.27	3.0
G291	临床骨科杂志	973	0.946	0.079	0.70	180	8	18.50	81.71	3.1
G664	临床和实验医学杂志	3102	0.784	0.108	0.81	520	42	16.76	252.28	3.3
G345	临床急诊杂志	756	0.800	0.311	0.77	256	29	33.86	61.96	2.8
G204	临床检验杂志	1047	0.750	0.084	0.87	332	31	31.71	86.40	3.7
G310	临床精神医学杂志	713	0.587	0.016	0.91	214	26	30.01	59.59	6.8
G881	临床军医杂志	1475	0.705	0.071	0.93	395	56	26.78	120.55	3.2
G287	临床口腔医学杂志	859	0.611	0.144	0.74	179	7	20.84	78.07	4.0
G222	临床麻醉学杂志	2560	1.201	0.108	0.87	370	35	14.45	210.51	4.0
G317	临床泌尿外科杂志	1259	0.833	0.108	0.69	231	7	18.35	108.51	4.1
G257	临床内科杂志	935	0.716	0.071	0.77	292	29	31.23	75.34	3.6

表 4-1　2019 年中国科技核心期刊（中文）被引用指标刊名字顺索引（续）

CODE	刊名	核心总被引频次	核心影响因子	核心即年指标	核心他引率	核心引用刊数	核心开放因子	核心扩散因子	核心权威因子	核心被引半衰期
G230	临床皮肤科杂志	1078	0.292	0.034	0.78	214	5	19.85	88.08	6.9
G309	临床神经病学杂志	721	0.582	0.054	0.90	260	43	36.06	58.25	4.5
G802	临床神经外科杂志	410	0.534	0.068	0.78	148	14	36.10	34.81	3.8
G423	临床肾脏病杂志	532	0.706	0.117	0.80	177	21	33.27	42.68	3.0
G797	临床输血与检验	513	0.488	0.037	0.77	134	4	26.12	43.24	3.5
G256	临床外科杂志	1226	0.840	0.132	0.79	335	37	27.32	103.80	3.3
G942	临床误诊误治	1304	0.609	0.120	0.84	345	28	26.46	107.50	3.7
G855	临床消化病杂志	411	0.461	0.020	0.96	185	36	45.01	32.78	4.3
Q909	临床小儿外科杂志	645	0.564	0.100	0.66	169	7	26.20	56.05	3.9
G261	临床心血管病杂志	1320	0.896	0.205	0.68	283	15	21.44	106.38	3.4
G293	临床血液学杂志	771	0.691	0.096	0.57	201	3	26.07	64.87	3.0
Q913	临床眼科杂志	450	0.470	0.048	0.94	143	15	31.78	38.29	3.9
G673	临床药物治疗杂志	592	0.568	0.029	0.95	239	33	40.37	46.87	3.0
G350	临床与病理杂志	1009	0.431	0.046	0.96	415	81	41.13	82.48	3.4
G274	临床与实验病理学杂志	1937	0.803	0.075	0.66	374	12	19.31	164.54	4.1
Q910	临床肿瘤学杂志	1328	0.741	0.102	0.93	385	66	28.99	108.91	4.7
G491	岭南心血管病杂志	455	0.402	0.081	0.95	184	32	40.44	36.66	3.7
N023	流体机械	1497	1.344	0.135	0.75	244	8	16.30	161.47	4.4
H748	麦类作物学报	2523	1.064	0.069	0.83	223	14	8.84	195.51	6.6
T060	煤化工	264	0.268	0.039	0.87	84	10	31.82	28.37	7.0
K558	煤矿安全	2409	0.486	0.059	0.61	185	3	7.68	228.83	4.4
K517	煤矿机械	2227	0.290	0.091	0.53	241	2	10.82	222.32	5.6
K504	煤矿开采	649	0.423	0.070	0.92	84	5	12.94	61.87	5.6
K038	煤炭工程	1880	0.529	0.115	0.68	217	3	11.54	181.16	4.4
K005	煤炭科学技术	4524	1.587	0.259	0.76	271	4	5.99	430.69	4.5
K017	煤炭学报	9705	2.189	0.312	0.84	475	7	4.89	931.66	5.8
D027	煤炭转化	585	0.685	0.027	0.81	129	8	22.05	62.39	7.8
K009	煤田地质与勘探	1594	0.963	0.141	0.77	218	5	13.68	148.99	5.9
R119	密码学报	144	0.522	0.061	0.79	56	8	38.89	15.63	3.2
U036	棉纺织技术	690	0.337	0.063	0.49	73	1	10.58	99.51	5.0
H037	棉花学报	1034	1.596	0.113	0.86	147	8	14.22	81.07	8.0
G056	免疫学杂志	992	1.111	0.214	0.76	313	33	31.55	78.89	3.5
B017	模糊系统与数学	465	0.228	0.037	0.73	145	9	31.18	50.12	7.8
N107	模具技术	170	0.314	0.038	0.79	41	4	24.12	19.95	5.3
S015	模式识别与人工智能	987	1.199	0.067	0.91	291	28	29.48	105.52	5.0
T077	膜科学与技术	554	0.354	0.033	0.78	148	10	26.71	58.33	6.3
N084	摩擦学学报	1254	1.168	0.099	0.80	233	11	18.58	138.88	7.1
U533	木材工业	433	0.591	0.359	0.74	71	4	16.40	41.43	7.0
A013	南昌大学学报理科版	301	0.306	0.038	0.70	161	20	53.49	27.86	5.3
G047	南昌大学学报医学版	532	0.361	0.022	0.95	290	69	54.51	43.08	5.6
R117	南方电网技术	1047	0.981	0.028	0.86	121	7	11.56	104.01	4.0
V089	南方建筑	331	0.512	0.063	0.72	73	4	22.05	36.41	3.6
H069	南方农业学报	2401	1.107	0.184	0.90	353	20	14.70	190.37	4.3

表 4-1 2019 年中国科技核心期刊（中文）被引用指标刊名字顺索引（续）

CODE	刊名	核心总被引频次	核心影响因子	核心即年指标	核心他引率	核心引用刊数	核心开放因子	核心扩散因子	核心权威因子	核心被引半衰期
H068	南方水产科学	1000	1.166	0.149	0.82	137	11	13.70	81.94	5.4
G023	南方医科大学学报	2208	0.936	0.127	0.96	655	106	29.66	181.61	5.0
A025	南京大学学报自然科学版	618	0.422	0.027	0.96	342	78	55.34	64.98	6.9
T011	南京工业大学学报自然科学版	485	0.321	0.068	0.85	238	42	49.07	51.68	7.4
Y026	南京航空航天大学学报	854	0.528	0.017	0.93	338	49	39.58	93.64	7.7
N011	南京理工大学学报自然科学版	725	0.813	0.062	0.77	267	26	36.83	78.76	6.0
H033	南京林业大学学报自然科学版	1618	0.868	0.149	0.89	314	21	19.41	137.13	6.4
H021	南京农业大学学报	1481	0.906	0.122	0.95	311	40	21.00	118.02	7.0
A061	南京师大学报自然科学版	287	0.249	0.023	0.97	213	70	74.22	27.83	7.4
E120	南京信息工程大学学报自然科学版	217	0.439	0.010	0.85	145	37	66.82	20.99	4.5
G058	南京医科大学学报自然科学版	949	0.340	0.019	0.80	383	56	40.36	78.90	4.5
R008	南京邮电大学学报自然科学版	253	0.397	0.011	0.97	137	28	54.15	27.10	4.3
G059	南京中医药大学学报	1379	1.048	0.161	0.96	228	23	16.53	102.79	5.6
A008	南开大学学报自然科学版	213	0.166	0.000	0.96	159	53	74.65	20.76	6.4
S776	南开管理评论	2981	3.153	0.234	0.94	263	23	8.82	371.83	5.3
W590	南水北调与水利科技	1075	0.821	0.106	0.84	262	14	24.37	99.33	4.8
G288	脑与神经疾病杂志	528	0.537	0.090	0.97	226	45	42.80	42.98	3.3
G662	内科急危重症杂志	614	0.706	0.074	0.77	239	32	38.93	49.83	3.6
G523	内科理论与实践	191	0.218	0.026	0.97	135	40	70.68	15.29	6.0
A026	内蒙古大学学报自然科学版	309	0.234	0.010	0.88	174	32	56.31	30.01	9.8
A111	内蒙古师范大学学报自然科学汉文版	204	0.120	0.021	0.89	140	38	68.63	19.95	6.2
G513	内蒙古医科大学学报	396	0.446	0.033	0.86	210	40	53.03	32.04	4.0
R533	内燃机工程	586	0.431	0.082	0.78	133	12	22.70	65.05	5.7
P004	内燃机学报	684	0.747	0.041	0.78	130	8	19.01	76.74	6.9
T501	能源化工	212	0.227	0.022	0.86	105	17	49.53	22.70	5.4
W002	泥沙研究	1021	0.593	0.100	0.84	162	12	15.87	94.61	10.6
U504	酿酒科技	2245	0.625	0.097	0.70	155	3	6.90	167.05	6.8
A506	宁波大学学报理工版	225	0.200	0.033	0.83	140	29	62.22	20.73	6.6
A110	宁夏大学学报自然科学版	136	0.185	0.000	0.97	113	45	83.09	14.85	7.0
G665	宁夏医科大学学报	908	0.318	0.032	0.97	359	71	39.54	73.82	3.9
H071	农产品质量与安全	442	0.905	0.330	0.74	115	4	26.02	35.18	3.0
H105	农学学报	847	0.644	0.113	0.89	241	29	28.45	68.65	3.8
T034	农药	1762	0.781	0.116	0.79	239	12	13.56	144.47	6.4
T924	农药科学与管理	521	0.288	0.056	0.91	136	14	26.10	42.45	7.4
H404	农药学学报	993	0.915	0.274	0.85	208	17	20.95	80.06	6.0
H072	农业工程	400	0.174	0.021	0.82	167	16	41.75	33.96	4.1
H279	农业工程学报	19953	2.116	0.295	0.82	889	24	4.46	1709.64	5.5
Z008	农业环境科学学报	5834	1.669	0.214	0.90	477	27	8.18	491.91	6.4
H278	农业机械学报	7693	1.597	0.249	0.87	709	27	9.22	691.57	4.9
H286	农业生物技术学报	1192	0.812	0.107	0.85	245	25	20.55	92.95	4.7
H222	农业现代化研究	1343	1.260	0.216	0.89	298	30	22.19	120.42	5.1
H773	农业资源与环境学报	767	1.351	0.188	0.95	239	30	31.16	64.27	4.7
V032	暖通空调	1446	0.424	0.055	0.69	196	4	13.55	162.07	6.9

表 4-1 2019 年中国科技核心期刊（中文）被引用指标刊名字顺索引（续）

CODE	刊名	核心总被引频次	核心影响因子	核心即年指标	核心他引率	核心引用刊数	核心开放因子	核心扩散因子	核心权威因子	核心被引半衰期
H219	排灌机械工程学报	1189	0.880	0.183	0.86	233	11	19.60	113.78	4.5
U602	皮革科学与工程	379	0.449	0.091	0.60	73	2	19.26	48.47	6.7
U604	皮革与化工	147	0.337	0.091	0.83	51	4	34.69	17.12	7.6
G595	器官移植	342	0.736	0.754	0.80	112	9	32.75	29.66	2.9
E021	气候变化研究进展	1103	1.121	0.173	0.93	253	30	22.94	99.04	6.6
E361	气候与环境研究	1251	0.722	0.113	0.94	218	17	17.43	109.62	9.7
Y504	气体物理	45	0.273	0.000	0.73	22	3	48.89	5.15	3.1
E352	气象	4041	1.904	0.236	0.76	275	7	6.81	348.47	7.3
E566	气象科技	1687	0.908	0.078	0.75	246	9	14.58	151.84	6.2
E359	气象科学	1227	0.784	0.067	0.79	193	9	15.73	106.93	8.1
E001	气象学报	3236	1.638	0.359	0.89	249	9	7.69	280.50	11.0
E521	气象与环境科学	854	1.468	0.219	0.62	140	3	16.39	72.74	4.2
E633	气象与环境学报	1156	1.707	0.168	0.63	217	6	18.77	100.84	4.9
X532	汽车安全与节能学报	284	0.568	0.068	0.93	117	17	41.20	30.98	5.1
X018	汽车工程	1792	0.787	0.083	0.86	277	19	15.46	194.18	5.9
X500	汽车工程学报	162	0.250	0.000	0.94	82	18	50.62	17.71	5.3
X013	汽车技术	616	0.591	0.118	0.83	168	19	27.27	67.25	5.5
P001	汽轮机技术	388	0.308	0.024	0.66	101	4	26.03	42.50	6.7
Y009	强度与环境	295	0.318	0.140	0.73	96	8	32.54	33.30	7.6
C007	强激光与粒子束	1392	0.290	0.065	0.77	240	10	17.24	152.63	6.2
X021	桥梁建设	982	1.016	0.198	0.60	107	3	10.90	106.85	4.5
G061	青岛大学医学院学报	394	0.247	0.017	0.89	229	54	58.12	31.99	4.3
T012	青岛科技大学学报自然科学版	249	0.327	0.080	0.75	124	14	49.80	26.46	4.9
U535	轻工机械	291	0.368	0.026	0.92	139	19	47.77	31.41	5.2
J001	清华大学学报自然科学版	2235	0.757	0.163	0.98	768	125	34.36	241.41	9.4
D002	燃料化学学报	1695	0.739	0.117	0.81	229	10	13.51	182.20	6.4
P011	燃烧科学与技术	516	0.629	0.026	0.85	147	15	28.49	55.60	7.3
E563	热带地理	919	0.865	0.096	0.93	299	40	32.54	89.69	6.6
E642	热带海洋学报	742	0.629	0.063	0.94	193	21	26.01	67.19	9.4
H516	热带农业科学	1025	0.451	0.024	0.85	244	22	23.80	82.37	5.7
E110	热带气象学报	1432	1.243	0.299	0.76	154	7	10.75	124.70	8.1
H415	热带生物学报	272	0.411	0.029	0.94	129	27	47.43	21.65	5.4
F228	热带亚热带植物学报	697	0.670	0.054	0.95	198	29	28.41	56.10	8.2
G609	热带医学杂志	1509	0.699	0.059	0.72	326	16	21.60	124.14	3.7
H223	热带作物学报	2220	0.693	0.097	0.87	312	24	14.05	175.62	5.6
T105	热固性树脂	341	0.463	0.115	0.87	100	12	29.33	40.06	6.8
N071	热加工工艺	3942	0.329	0.043	0.68	300	7	7.61	438.42	5.0
C134	热科学与技术	259	0.280	0.054	0.70	110	11	42.47	28.89	6.2
R501	热力发电	1644	1.030	0.125	0.71	223	5	13.56	174.91	4.3
P006	热能动力工程	903	0.509	0.028	0.66	210	7	23.26	97.68	5.7
T013	人工晶体学报	1071	0.353	0.027	0.73	252	14	23.53	119.69	4.5
N106	人类工效学	239	0.203	0.000	0.79	121	17	50.63	25.68	6.6
F041	人类学学报	503	0.481	0.080	0.63	76	3	15.11	59.67	14.6

表 4-1　2019 年中国科技核心期刊（中文）被引用指标刊名字顺索引（续）

CODE	刊名	核心总被引频次	核心影响因子	核心即年指标	核心他引率	核心引用刊数	核心开放因子	核心扩散因子	核心权威因子	核心被引半衰期
W555	人民黄河	1652	0.391	0.070	0.80	294	14	17.80	152.23	5.9
W504	人民长江	2277	0.500	0.075	0.69	340	8	14.93	212.87	5.9
T070	日用化学工业	591	0.475	0.038	0.80	174	13	29.44	56.16	5.5
H097	乳业科学与技术	261	0.594	0.050	0.90	67	7	25.67	20.08	6.5
S011	软件学报	3529	1.979	0.166	0.94	450	20	12.75	379.75	5.1
N029	润滑与密封	1720	0.534	0.035	0.73	287	14	16.69	189.30	6.9
R086	三峡大学学报自然科学版	337	0.259	0.039	0.91	184	36	54.60	33.01	6.0
D012	色谱	2693	1.786	0.289	0.83	333	10	12.37	223.08	5.2
H382	森林工程	486	0.687	0.167	0.88	189	17	38.89	44.89	4.6
H051	森林与环境学报	735	1.057	0.190	0.85	170	16	23.13	61.72	6.5
E635	沙漠与绿洲气象	777	1.173	0.094	0.58	99	2	12.74	65.33	4.6
H070	山地农业生物学报	548	0.615	0.144	0.77	193	22	35.22	43.80	6.5
E101	山地学报	1335	1.045	0.098	0.90	294	34	22.02	119.39	8.6
G742	山东大学耳鼻喉眼学报	526	0.623	0.082	0.75	176	16	33.46	44.66	3.5
J022	山东大学学报工学版	470	0.455	0.049	0.91	245	51	52.13	49.63	5.6
A020	山东大学学报理学版	490	0.301	0.032	0.85	256	43	52.24	52.20	5.8
G062	山东大学学报医学版	829	0.577	0.062	0.93	398	77	48.01	68.14	3.9
A141	山东科技大学学报自然科学版	415	0.557	0.145	0.87	188	26	45.30	41.08	6.2
A637	山东科学	280	0.291	0.067	0.90	189	49	67.50	25.20	5.1
H031	山东农业大学学报自然科学版	615	0.269	0.013	0.96	296	55	48.13	52.37	7.8
H804	山东农业科学	1812	0.547	0.069	0.90	309	29	17.05	142.90	5.3
G511	山东医药	6885	0.729	0.075	0.96	690	67	10.02	557.19	3.6
G063	山东中医药大学学报	1011	0.572	0.115	0.96	161	17	15.92	74.62	6.4
G574	山东中医杂志	1507	0.607	0.089	0.95	230	20	15.26	112.31	5.1
A014	山西大学学报自然科学版	252	0.261	0.032	0.93	184	58	73.02	26.69	6.1
H393	山西农业大学学报自然科学版	547	0.405	0.051	0.97	201	33	36.75	43.95	5.5
H390	山西农业科学	2119	0.742	0.174	0.69	317	12	14.96	167.09	4.3
G064	山西医科大学学报	850	0.408	0.055	0.95	386	80	45.41	69.34	4.1
U025	陕西科技大学学报	372	0.269	0.070	0.92	229	47	61.56	36.99	4.6
H217	陕西农业科学	942	0.278	0.017	0.89	231	20	24.52	74.69	5.8
A066	陕西师范大学学报自然科学版	422	0.342	0.071	0.92	274	65	64.93	45.49	6.9
G725	陕西中医	3582	0.816	0.127	0.83	299	14	8.35	266.27	4.1
V088	上海城市规划	440	0.554	0.035	0.85	87	6	19.77	47.33	3.9
A056	上海大学学报自然科学版	310	0.341	0.018	0.94	218	63	70.32	33.38	5.9
U528	上海纺织科技	381	0.166	0.021	0.75	68	4	17.85	51.12	5.7
X038	上海海事大学学报	222	0.329	0.025	0.84	99	15	44.59	24.79	5.3
H292	上海海洋大学学报	1118	0.830	0.118	0.85	187	11	16.73	92.67	7.5
Y555	上海航天	365	0.458	0.067	0.79	140	18	38.36	40.52	4.8
X006	上海交通大学学报	1763	0.448	0.030	0.95	590	81	33.47	190.70	7.7
H022	上海交通大学学报农业科学版	489	0.376	0.045	0.89	218	38	44.58	39.72	8.3
G066	上海交通大学学报医学版	1225	0.493	0.033	0.98	493	99	40.24	101.06	4.7
M021	上海金属	271	0.243	0.025	0.78	72	6	26.57	30.48	7.1
G283	上海口腔医学	622	0.571	0.023	0.92	176	15	28.30	55.71	4.6

表 4-1 2019 年中国科技核心期刊（中文）被引用指标刊名字顺索引（续）

CODE	刊名	核心总被引频次	核心影响因子	核心即年指标	核心他引率	核心引用刊数	核心开放因子	核心扩散因子	核心权威因子	核心被引半衰期
H282	上海农业学报	660	0.355	0.048	0.94	211	31	31.97	52.41	6.6
G069	上海医学	681	0.491	0.042	0.97	332	76	48.75	55.66	5.7
G596	上海针灸杂志	2624	0.936	0.151	0.86	200	11	7.62	196.83	4.9
G946	上海中医药大学学报	915	0.638	0.167	0.95	192	20	20.98	68.72	6.1
G389	上海中医药杂志	2469	0.729	0.217	0.94	276	19	11.18	182.93	6.7
A515	深圳大学学报理工版	253	0.269	0.020	0.91	173	47	68.38	25.69	6.0
G329	神经疾病与精神卫生	393	0.257	0.027	0.85	167	24	42.49	32.26	4.2
G070	神经解剖学杂志	421	0.447	0.066	0.89	196	35	46.56	33.52	3.8
G319	神经损伤与功能重建	662	0.600	0.105	0.81	245	34	37.01	54.02	3.4
A074	沈阳大学学报自然科学版	268	0.543	0.064	0.42	98	1	36.57	32.47	3.6
J052	沈阳工业大学学报	676	0.892	0.070	0.78	243	20	35.95	73.17	4.4
V011	沈阳建筑大学学报自然科学版	562	0.390	0.036	0.86	234	33	41.64	59.29	7.1
H024	沈阳农业大学学报	1107	0.742	0.108	0.92	294	39	26.56	89.74	9.7
A586	沈阳师范大学学报自然科学版	210	0.223	0.056	0.73	130	25	61.90	20.47	6.2
G071	沈阳药科大学学报	1035	0.522	0.054	0.93	294	23	28.41	80.76	7.4
G202	肾脏病与透析肾移植杂志	741	0.805	0.119	0.94	241	30	32.52	59.67	5.1
F203	生理科学进展	620	0.717	0.032	0.99	327	72	52.74	49.55	5.7
F001	生理学报	482	0.667	0.069	0.94	256	58	53.11	39.08	5.3
F042	生命的化学	595	0.473	0.042	0.91	318	67	53.45	47.70	5.8
F215	生命科学	1067	0.668	0.072	0.99	500	102	46.86	86.72	5.4
F046	生命科学研究	330	0.349	0.082	0.98	213	54	64.55	26.70	5.4
N759	生命科学仪器	168	0.220	0.053	0.95	124	40	73.81	14.30	8.8
Z034	生态毒理学报	1201	0.792	0.029	0.83	305	20	25.40	104.90	4.3
H784	生态环境学报	5893	1.617	0.188	0.92	568	39	9.64	504.08	6.7
Z512	生态科学	1172	0.918	0.079	0.91	336	44	28.67	100.64	4.7
Z014	生态学报	25080	2.675	0.494	0.87	716	33	2.85	2115.28	6.5
Z028	生态学杂志	7879	1.644	0.312	0.89	549	34	6.97	659.50	6.4
Z023	生态与农村环境学报	1705	1.495	0.201	0.86	363	30	21.29	147.00	4.8
H080	生物安全学报	286	0.779	0.077	0.80	93	9	32.52	22.73	4.7
F049	生物多样性	2794	1.640	0.434	0.87	348	21	12.46	232.87	6.7
F003	生物工程学报	1049	0.650	0.099	0.90	333	36	31.74	86.20	6.3
G401	生物骨科材料与临床研究	371	0.640	0.059	0.81	147	17	39.62	31.48	3.3
F016	生物化学与生物物理进展	702	0.436	0.090	0.96	378	85	53.85	57.82	7.6
F229	生物技术	500	0.335	0.050	0.97	243	49	48.60	40.11	9.6
F214	生物技术进展	374	0.826	0.195	0.95	195	37	52.14	30.12	3.6
F205	生物技术通报	1837	0.706	0.135	0.94	414	44	22.54	146.73	4.6
F224	生物技术通讯	533	0.325	0.014	0.97	293	68	54.97	43.29	7.3
F204	生物加工过程	305	0.656	0.031	0.92	149	18	48.85	24.92	4.3
F213	生物学杂志	697	0.408	0.077	0.91	282	45	40.46	57.02	5.9
G006	生物医学工程学杂志	791	0.483	0.097	0.90	374	49	47.28	73.73	5.5
G332	生物医学工程研究	221	0.511	0.000	0.76	122	19	55.20	20.92	3.5
G603	生物医学工程与临床	295	0.355	0.007	0.92	170	35	57.63	25.18	3.8
F044	生物资源	454	1.067	0.065	0.98	197	31	43.39	36.00	8.2

表 4-1 2019 年中国科技核心期刊（中文）被引用指标刊名字顺索引（续）

CODE	刊名	核心总被引频次	核心影响因子	核心即年指标	核心他引率	核心引用刊数	核心开放因子	核心扩散因子	核心权威因子	核心被引半衰期
G624	生殖医学杂志	1325	1.089	0.097	0.75	241	10	18.19	108.43	3.6
C033	声学技术	589	0.431	0.050	0.87	197	15	33.45	64.00	6.9
C054	声学学报	1177	0.660	0.096	0.67	187	4	15.89	134.90	9.4
E302	湿地科学	1312	1.438	0.208	0.74	242	15	18.45	115.23	4.8
E636	湿地科学与管理	225	0.571	0.044	0.83	87	9	38.67	20.29	4.3
A615	石河子大学学报自然科学版	455	0.378	0.009	0.91	228	40	50.11	37.66	7.0
T933	石化技术与应用	255	0.203	0.019	0.82	81	7	31.76	28.59	6.8
X042	石家庄铁道大学学报自然科学版	178	0.180	0.000	0.67	78	7	43.82	19.43	5.6
L016	石油地球物理勘探	2385	1.659	0.119	0.65	145	3	6.08	220.01	6.6
L015	石油化工	1167	0.469	0.030	0.84	218	12	18.68	129.28	6.7
L034	石油化工高等学校学报	408	0.628	0.074	0.81	126	11	30.88	43.23	4.7
L021	石油化工设备技术	165	0.182	0.000	0.88	74	12	44.85	18.38	8.1
L019	石油机械	1328	0.577	0.063	0.65	180	5	13.55	136.37	5.8
L031	石油勘探与开发	5269	3.637	0.891	0.91	240	15	4.55	489.72	6.9
L043	石油科学通报	90	0.495	0.077	0.93	49	11	54.44	8.88	2.9
L030	石油炼制与化工	1216	0.623	0.100	0.64	144	4	11.84	137.29	6.2
E126	石油实验地质	2064	2.381	0.259	0.84	133	10	6.44	187.91	6.1
L005	石油物探	1333	1.399	0.418	0.67	119	3	8.93	123.57	5.8
L028	石油学报	5707	3.439	0.272	0.85	309	16	5.41	534.74	7.3
L012	石油学报石油加工	874	0.587	0.033	0.80	155	8	17.73	96.12	5.3
L006	石油与天然气地质	3259	1.972	0.675	0.88	161	15	4.94	298.19	7.3
L008	石油钻采工艺	1390	1.071	0.127	0.82	153	6	11.01	137.59	6.7
L025	石油钻探技术	1428	1.500	0.298	0.73	155	5	10.85	140.88	5.5
U049	食品安全质量检测学报	3562	0.868	0.147	0.66	404	6	11.34	281.75	2.9
F257	实验动物科学	512	0.489	0.059	0.75	175	13	34.18	40.27	6.3
G387	实验动物与比较医学	204	0.288	0.014	0.88	111	19	54.41	16.37	6.0
C009	实验力学	714	0.532	0.008	0.75	243	19	34.03	76.36	7.6
Y018	实验流体力学	583	0.400	0.024	0.85	168	13	28.82	64.40	7.5
A115	实验室研究与探索	3022	0.447	0.030	0.39	451	1	14.92	299.36	4.7
G534	实用放射学杂志	2863	0.705	0.024	0.64	321	4	11.21	247.66	4.2
G586	实用妇产科杂志	2022	0.989	0.147	0.97	338	36	16.72	165.60	4.2
G746	实用肝脏病杂志	1503	1.304	0.112	0.75	296	16	19.69	121.61	3.2
G457	实用骨科杂志	1158	0.680	0.067	0.83	212	15	18.31	96.40	3.6
G224	实用口腔医学杂志	1061	0.787	0.034	0.73	199	7	18.76	97.13	4.6
G700	实用老年医学	808	0.441	0.067	0.92	289	44	35.77	65.03	3.4
G652	实用皮肤病学杂志	334	0.395	0.012	0.82	130	10	38.92	27.35	4.0
G469	实用器官移植电子杂志	192	0.480	0.099	0.78	69	5	35.94	16.71	2.9
G766	实用心脑肺血管病杂志	1829	0.905	0.162	0.91	363	34	19.85	146.09	3.5
G834	实用药物与临床	1339	0.645	0.087	0.95	346	36	25.84	105.78	3.7
G324	实用医学杂志	6524	1.040	0.162	0.86	697	62	10.68	533.99	3.7
G760	实用医院临床杂志	1250	0.556	0.072	0.92	405	60	32.40	102.58	3.4
G768	实用预防医学	2768	1.193	0.161	0.75	454	14	16.40	229.76	3.6
G856	实用肿瘤学杂志	358	0.747	0.176	0.83	185	35	51.68	29.51	2.9

表 4-1　2019 年中国科技核心期刊（中文）被引用指标刊名字顺索引（续）

CODE	刊名	核心总被引频次	核心影响因子	核心即年指标	核心他引率	核心引用刊数	核心开放因子	核心扩散因子	核心权威因子	核心被引半衰期
G890	实用肿瘤杂志	731	0.899	0.257	0.77	264	36	36.11	60.15	3.9
U005	食品工业科技	11390	0.935	0.244	0.83	585	8	5.14	877.76	4.8
U006	食品科学	18820	1.656	0.296	0.86	682	8	3.62	1446.62	5.7
A117	食品科学技术学报	601	1.366	0.152	0.91	146	7	24.29	46.27	3.6
U617	食品研究与开发	5548	0.812	0.154	0.87	483	9	8.71	430.69	4.2
U035	食品与发酵工业	4889	1.116	0.224	0.79	364	6	7.45	372.23	4.8
U641	食品与发酵科技	627	0.455	0.055	0.95	139	7	22.17	48.14	5.5
U547	食品与机械	2644	0.770	0.086	0.84	349	8	13.20	206.88	4.3
U029	食品与生物技术学报	1370	0.464	0.042	0.83	277	8	20.22	106.34	6.5
G748	食品与药品	547	0.551	0.041	0.97	210	28	38.39	42.41	5.7
H838	食用菌学报	551	0.569	0.057	0.87	114	10	20.69	42.86	7.8
E363	世界地震工程	629	0.401	0.000	0.88	147	14	23.37	66.47	9.1
E548	世界地质	790	0.442	0.034	0.82	171	14	21.65	72.69	7.0
G906	世界科学技术-中医药现代化	2167	0.663	0.029	0.91	324	18	14.95	163.09	5.0
G485	世界临床药物	634	0.653	0.063	0.95	291	53	45.90	50.15	4.2
G484	世界中西医结合杂志	2388	0.729	0.053	0.94	288	18	12.06	178.79	4.3
G483	世界中医药	3610	1.001	0.108	0.92	362	22	10.03	273.20	3.3
Q957	首都公共卫生	435	0.784	0.155	0.89	136	12	31.26	36.80	3.6
A023	首都师范大学学报自然科学版	260	0.203	0.032	0.88	182	52	70.00	27.09	8.5
G073	首都医科大学学报	1066	0.932	0.131	0.92	389	58	36.49	86.51	4.2
F033	兽类学报	627	0.561	0.143	0.65	101	4	16.11	52.71	12.4
R005	数据采集与处理	655	0.527	0.025	0.85	234	27	35.73	70.09	4.4
W009	数理统计与管理	838	0.964	0.219	0.74	327	29	39.02	93.06	5.4
B015	数学的实践与认识	1892	0.242	0.027	0.80	557	48	29.44	199.85	4.9
B007	数学进展	208	0.139	0.015	0.95	66	11	31.73	25.14	7.6
B004	数学年刊 A	130	0.120	0.000	0.93	54	11	41.54	15.32	12.0
C036	数学物理学报	251	0.267	0.015	0.77	87	11	34.66	28.59	7.1
B006	数学学报	312	0.128	0.035	0.91	79	11	25.32	36.48	10.9
B012	数学杂志	142	0.092	0.023	0.92	81	18	57.04	15.64	4.8
H008	水产学报	2644	1.099	0.212	0.87	231	12	8.74	216.95	7.3
Z016	水处理技术	1804	0.634	0.081	0.81	297	12	16.46	182.53	5.1
X533	水道港口	458	0.506	0.044	0.66	95	3	20.74	46.53	5.9
P007	水电能源科学	2238	0.477	0.040	0.81	379	12	16.93	212.72	5.0
W004	水动力学研究与进展 A	797	0.391	0.021	0.94	236	30	29.61	81.32	10.1
W013	水科学进展	2900	1.775	0.281	0.90	338	21	11.66	263.83	8.3
R050	水力发电	828	0.292	0.066	0.82	200	9	24.15	80.00	6.5
R049	水力发电学报	1846	1.010	0.154	0.87	286	11	15.49	175.72	6.0
R587	水利经济	385	0.882	0.186	0.63	89	2	23.12	36.82	3.3
W011	水利水电技术	1332	0.654	0.052	0.85	275	12	20.65	126.23	4.8
W502	水利水电科技进展	933	1.088	0.287	0.84	207	12	22.19	88.42	6.0
W006	水利水运工程学报	545	0.568	0.055	0.84	146	13	26.79	53.26	6.1
W003	水利学报	4805	1.877	0.250	0.90	487	19	10.14	450.81	9.3
F010	水生生物学报	1996	0.925	0.132	0.87	238	16	11.92	165.44	7.8

表 4-1　2019 年中国科技核心期刊（中文）被引用指标刊名字顺索引（续）

CODE	刊名	核心总被引频次	核心影响因子	核心即年指标	核心他引率	核心引用刊数	核心开放因子	核心扩散因子	核心权威因子	核心被引半衰期
H850	水生态学杂志	1045	0.803	0.060	0.91	195	21	18.66	88.88	7.9
H015	水土保持通报	2675	0.882	0.090	0.90	368	27	13.76	230.28	5.9
H287	水土保持学报	6114	1.723	0.217	0.88	401	21	6.56	508.33	6.9
H056	水土保持研究	3929	1.475	0.240	0.91	416	29	10.59	339.02	4.9
E540	水文	920	0.655	0.030	0.92	193	17	20.98	83.52	8.3
E154	水文地质工程地质	1841	1.061	0.230	0.82	309	24	16.78	174.50	7.8
N907	水下无人系统学报	316	0.556	0.020	0.73	97	7	30.70	35.47	7.0
X528	水运工程	1120	0.261	0.018	0.56	192	2	17.14	117.37	6.1
R566	水资源保护	1231	1.732	0.297	0.76	235	10	19.09	114.48	4.2
W570	水资源与水工程学报	1380	0.849	0.073	0.77	319	18	23.12	127.07	4.5
U056	丝绸	488	0.404	0.040	0.51	69	2	14.14	68.92	5.1
G045	四川大学学报医学版	1014	0.649	0.122	0.96	441	92	43.49	83.46	4.8
A006	四川大学学报自然科学版	734	0.600	0.081	0.75	311	38	42.37	79.86	4.2
F027	四川动物	745	0.442	0.074	0.85	206	19	27.65	62.51	7.9
Z007	四川环境	603	0.458	0.038	0.69	205	15	34.00	56.87	5.5
A033	四川师范大学学报自然科学版	257	0.207	0.016	0.75	141	20	54.86	26.46	5.3
G575	四川医学	1189	0.454	0.043	0.97	403	76	33.89	97.00	4.3
G745	四川中医	3532	0.569	0.059	0.82	273	14	7.73	260.97	3.9
H862	饲料工业	1668	0.507	0.070	0.87	221	6	13.25	128.62	6.7
H864	饲料研究	976	0.369	0.080	0.79	148	4	15.16	74.51	5.9
T106	塑料	954	0.811	0.095	0.72	156	3	16.35	113.09	4.4
T014	塑料工业	1722	0.736	0.152	0.77	213	4	12.37	205.39	3.9
T536	塑料科技	1042	0.652	0.167	0.77	167	4	16.03	123.81	4.1
T079	塑料助剂	204	0.234	0.018	0.90	68	7	33.33	23.21	8.4
T580	塑性工程学报	957	0.803	0.067	0.58	164	3	17.14	105.79	4.1
X634	隧道建设	1120	0.823	0.100	0.61	181	3	16.16	116.87	4.0
R652	太赫兹科学与电子信息学报	434	0.330	0.034	0.61	127	6	29.26	47.85	4.1
L009	太阳能学报	2255	0.475	0.037	0.76	437	23	19.38	233.92	5.9
J011	太原理工大学学报	516	0.308	0.047	0.95	282	63	54.65	52.80	7.2
M544	钛工业进展	356	0.505	0.058	0.84	88	9	24.72	39.36	7.9
T500	弹性体	427	0.440	0.031	0.78	101	7	23.65	51.63	6.2
T015	炭素技术	262	0.179	0.078	0.71	115	15	43.89	29.76	7.5
N043	探测与控制学报	424	0.406	0.047	0.76	146	14	34.43	46.90	4.7
V531	陶瓷学报	352	0.314	0.020	0.60	106	3	30.11	40.70	4.8
H041	特产研究	329	0.674	0.047	0.90	167	32	50.76	25.54	6.6
L505	特种油气藏	1800	1.560	0.156	0.76	140	8	7.78	171.86	4.8
N065	特种铸造及有色合金	1121	0.366	0.053	0.57	126	2	11.24	123.97	5.4
A041	天津大学学报	994	0.545	0.119	0.92	414	78	41.65	104.39	7.2
U017	天津工业大学学报	280	0.389	0.024	0.79	133	20	47.50	32.06	5.2
U031	天津科技大学学报	251	0.283	0.026	0.96	159	37	63.35	22.85	6.6
A504	天津师范大学学报自然科学版	203	0.337	0.024	0.82	112	21	55.17	20.94	4.6
G076	天津医药	1166	0.524	0.060	0.95	448	75	38.42	94.78	4.0
G626	天津中医药	1320	0.672	0.126	0.91	215	19	16.29	98.12	5.3

表 4-1 2019 年中国科技核心期刊（中文）被引用指标刊名字顺索引（续）

CODE	刊名	核心总被引频次	核心影响因子	核心即年指标	核心他引率	核心引用刊数	核心开放因子	核心扩散因子	核心权威因子	核心被引半衰期
G914	天津中医药大学学报	580	0.683	0.067	0.91	160	21	27.59	43.61	4.8
T611	天然产物研究与开发	2679	0.994	0.201	0.88	406	22	15.15	208.23	5.5
L518	天然气地球科学	3032	1.355	0.215	0.84	178	14	5.87	277.72	5.4
L029	天然气工业	4904	2.459	0.315	0.85	316	15	6.44	469.75	6.7
T074	天然气化工	368	0.221	0.027	0.78	95	7	25.82	40.39	5.9
L507	天然气与石油	491	0.419	0.048	0.62	103	3	20.98	52.42	6.0
E023	天文学报	151	0.310	0.070	0.85	64	10	42.38	15.95	5.4
E114	天文学进展	83	0.131	0.000	0.80	41	8	49.40	8.83	12.5
X521	铁道工程学报	1052	0.411	0.060	0.87	231	14	21.96	110.51	5.8
X007	铁道科学与工程学报	1087	0.475	0.035	0.77	248	18	22.82	115.81	3.8
X005	铁道学报	2004	0.688	0.100	0.82	303	16	15.12	214.64	6.5
G238	听力学及言语疾病杂志	864	0.562	0.083	0.78	165	5	19.10	76.72	5.5
R065	通信学报	1909	1.242	0.120	0.89	312	21	16.34	206.44	4.3
G965	同济大学学报医学版	455	0.512	0.137	0.77	240	45	52.75	37.36	3.9
J032	同济大学学报自然科学版	2348	0.484	0.013	0.95	575	58	24.49	248.20	8.0
Q003	同位素	182	0.351	0.121	0.57	55	3	30.22	19.71	7.3
N061	图学学报	565	0.582	0.044	0.83	217	30	38.41	60.42	4.4
T103	涂料工业	789	0.520	0.058	0.78	162	12	20.53	91.00	5.9
V029	土木工程学报	3820	1.227	0.089	0.95	333	24	8.72	406.37	8.2
V035	土木工程与管理学报	485	0.559	0.077	0.83	184	22	37.94	51.72	3.6
V019	土木与环境工程学报（中英文）	646	0.426	0.015	0.92	245	38	37.93	67.70	7.9
H043	土壤	3077	1.509	0.060	0.87	347	23	11.28	253.33	6.8
H057	土壤通报	3575	1.167	0.073	0.94	378	28	10.57	295.36	9.0
H012	土壤学报	5473	2.542	0.812	0.93	435	21	7.95	451.25	8.5
H048	土壤与作物	289	1.051	0.135	0.79	115	14	39.79	23.14	3.6
Y025	推进技术	1689	0.519	0.089	0.64	202	4	11.96	192.51	5.8
S795	外国经济与管理	1277	1.292	0.242	0.90	222	15	17.38	156.23	5.3
G601	外科理论与实践	399	0.352	0.018	0.90	159	22	39.85	34.10	5.7
G996	皖南医学院学报	351	0.350	0.023	0.93	203	44	57.83	28.82	3.6
S017	网络新媒体技术	131	0.277	0.017	0.72	65	9	49.62	14.23	5.5
S082	网络与信息安全学报	157	0.366	0.015	0.89	81	18	51.59	17.03	3.0
R070	微波学报	444	0.439	0.036	0.73	117	9	26.35	49.90	5.3
G866	微创泌尿外科杂志	290	0.544	0.036	0.89	95	11	32.76	24.81	3.7
R057	微电机	604	0.333	0.014	0.73	136	4	22.52	65.96	5.7
R064	微电子学	298	0.219	0.018	0.80	101	8	33.89	33.08	5.2
R004	微电子学与计算机	1077	0.507	0.081	0.87	250	17	23.21	115.97	4.0
R098	微纳电子技术	320	0.339	0.087	0.79	168	25	52.50	35.36	4.6
F004	微生物学报	1799	0.809	0.133	0.94	401	43	22.29	145.55	7.4
F206	微生物学免疫学进展	345	0.441	0.073	0.90	141	21	40.87	28.03	5.0
F011	微生物学通报	2819	1.082	0.159	0.90	488	38	17.31	229.05	5.7
F225	微生物学杂志	726	0.645	0.046	0.93	278	38	38.29	58.19	7.0
G651	微生物与感染	193	0.564	0.038	0.95	132	36	68.39	15.92	4.3
R085	微特电机	643	0.348	0.096	0.74	145	6	22.55	70.08	4.7

表 4-1 2019 年中国科技核心期刊（中文）被引用指标刊名字顺索引（续）

CODE	刊名	核心总被引频次	核心影响因子	核心即年指标	核心他引率	核心引用刊数	核心开放因子	核心扩散因子	核心权威因子	核心被引半衰期
E052	微体古生物学报	430	0.375	0.053	0.82	70	6	16.28	37.86	14.3
S033	微型电脑应用	327	0.228	0.034	0.74	146	13	44.65	34.71	3.1
G210	微循环学杂志	255	0.470	0.024	0.94	147	32	57.65	20.30	5.0
S813	卫生软科学	544	0.505	0.143	0.81	147	13	27.02	46.57	3.6
G079	卫生研究	1458	0.688	0.079	0.93	399	27	27.37	122.18	6.7
G800	胃肠病学	1309	1.017	0.060	0.96	317	42	24.22	103.29	5.0
G326	胃肠病学和肝病学杂志	1556	0.720	0.087	0.89	381	47	24.49	125.05	4.0
G702	温州医科大学学报	548	0.481	0.095	0.80	257	40	46.90	45.04	3.7
D003	无机材料学报	1115	0.544	0.068	0.89	270	20	24.22	124.52	6.5
D023	无机化学学报	1253	0.627	0.147	0.71	257	15	20.51	137.49	5.2
T072	无机盐工业	1061	0.528	0.075	0.66	227	10	21.39	116.44	5.2
N044	无损检测	700	0.339	0.029	0.76	198	17	28.29	75.88	6.8
W014	武汉大学学报工学版	929	0.409	0.063	0.95	349	45	37.57	91.98	8.3
A024	武汉大学学报理学版	389	0.419	0.125	0.96	257	65	66.07	38.79	6.7
E107	武汉大学学报信息科学版	3432	1.066	0.211	0.82	477	9	13.90	348.26	6.2
G038	武汉大学学报医学版	627	0.400	0.118	0.96	319	71	50.88	51.25	4.3
M032	武汉科技大学学报自然科学版	245	0.296	0.027	0.95	155	39	63.27	26.40	6.6
X017	武汉理工大学学报交通科学与工程版	899	0.533	0.240	0.78	285	27	31.70	97.66	5.0
J018	武汉理工大学学报信息与管理工程版	361	0.305	0.082	0.83	193	34	53.46	38.41	5.8
G771	武警后勤学院学报医学版	386	0.156	0.000	0.92	188	29	48.70	31.59	5.1
G707	武警医学	820	0.392	0.057	0.78	310	42	37.80	67.58	3.8
D001	物理化学学报	1849	0.598	0.383	0.86	384	30	20.77	200.18	6.1
C006	物理学报	6859	0.773	0.131	0.79	744	34	10.85	746.01	5.9
C509	物理与工程	153	0.167	0.084	0.51	64	2	41.83	18.88	4.9
E136	物探化探计算技术	412	0.205	0.009	0.88	118	9	28.64	39.26	8.5
E138	物探与化探	1459	0.562	0.012	0.79	206	7	14.12	138.72	7.8
R009	西安电子科技大学学报自然科学版	859	0.805	0.178	0.73	216	19	25.15	94.23	4.0
U030	西安工程大学学报	622	1.061	0.265	0.73	151	3	24.28	71.27	3.0
J036	西安工业大学学报	318	0.169	0.035	0.93	182	33	57.23	34.23	5.7
V018	西安建筑科技大学学报自然科学版	525	0.250	0.015	0.93	229	31	43.62	55.49	7.6
X030	西安交通大学学报	1994	0.772	0.105	0.89	520	56	26.08	213.96	5.8
G081	西安交通大学学报医学版	911	0.833	0.262	0.95	379	71	41.60	73.65	3.8
A150	西安科技大学学报	806	0.796	0.153	0.71	209	8	25.93	78.41	4.8
J002	西安理工大学学报	390	0.491	0.027	0.81	218	36	55.90	40.39	6.7
L010	西安石油大学学报自然科学版	705	0.502	0.026	0.93	184	21	26.10	68.89	8.1
R671	西安邮电大学学报	264	0.333	0.019	0.79	130	19	49.24	28.65	4.1
A032	西北大学学报自然科学版	686	0.415	0.071	0.93	335	61	48.83	68.14	8.8
E125	西北地质	900	0.651	0.052	0.83	124	9	13.78	82.86	8.5
Y023	西北工业大学学报	804	0.479	0.042	0.93	286	45	35.57	89.04	6.3
H224	西北林学院学报	2641	1.085	0.122	0.76	337	19	12.76	220.18	5.6
H018	西北农林科技大学学报自然科学版	3149	0.848	0.344	0.97	471	55	14.96	254.58	7.2
H288	西北农业学报	2425	0.848	0.143	0.92	313	34	12.91	190.99	7.3
A022	西北师范大学学报自然科学版	269	0.212	0.024	0.94	182	48	67.66	25.71	5.5

表 4-1 2019 年中国科技核心期刊（中文）被引用指标刊名字顺索引（续）

CODE	刊名	核心总被引频次	核心影响因子	核心即年指标	核心他引率	核心引用刊数	核心开放因子	核心扩散因子	核心权威因子	核心被引半衰期
G792	西北药学杂志	1091	0.844	0.066	0.68	253	12	23.19	84.58	3.9
F020	西北植物学报	4299	1.040	0.107	0.94	359	30	8.35	340.70	8.2
H385	西部林业科学	712	0.758	0.075	0.82	181	15	25.42	58.71	4.8
V573	西部人居环境学刊	262	0.670	0.056	0.73	50	3	19.08	28.58	2.7
G588	西部医学	1543	0.601	0.057	0.88	405	45	26.25	125.46	3.7
G699	西部中医药	1964	0.540	0.048	0.72	279	11	14.21	147.75	4.1
J045	西华大学学报自然科学版	234	0.266	0.048	0.83	151	34	64.53	23.69	4.9
H004	西南大学学报自然科学版	1772	0.601	0.155	0.89	491	44	27.71	153.74	5.8
G312	西南国防医药	1118	0.354	0.047	0.94	389	62	34.79	91.98	3.7
X032	西南交通大学学报	1415	0.862	0.089	0.89	388	38	27.42	150.88	5.8
H270	西南林业大学学报	958	0.945	0.105	0.83	214	14	22.34	80.58	3.8
A060	西南民族大学学报自然科学版	324	0.276	0.084	0.94	203	46	62.65	31.60	5.5
H061	西南农业学报	2959	0.767	0.095	0.91	347	29	11.73	232.86	5.4
A064	西南师范大学学报自然科学版	1011	0.366	0.042	0.77	380	30	37.59	94.41	4.6
L002	西南石油大学学报自然科学版	1244	0.704	0.092	0.88	185	14	14.87	120.30	7.6
M041	稀土	859	0.523	0.045	0.72	163	8	18.98	91.92	6.3
M029	稀有金属	1382	0.955	0.158	0.84	225	15	16.28	153.24	6.0
M052	稀有金属材料与工程	2926	0.430	0.047	0.84	307	11	10.49	327.69	6.3
S505	系统仿真技术	114	0.323	0.000	0.96	86	29	75.44	12.26	4.5
S003	系统仿真学报	2878	0.535	0.060	0.92	553	55	19.21	310.83	8.4
B028	系统工程	1364	0.408	0.074	0.96	384	34	28.15	152.00	6.5
B025	系统工程理论与实践	4536	1.239	0.120	0.87	641	26	14.13	502.78	6.4
B018	系统工程学报	941	0.908	0.058	0.82	241	13	25.61	105.94	6.3
R059	系统工程与电子技术	3042	0.909	0.135	0.87	431	28	14.17	335.53	5.5
B027	系统管理学报	1061	0.842	0.091	0.78	244	11	23.00	120.81	5.2
B021	系统科学与数学	533	0.413	0.021	0.80	186	18	34.90	59.38	5.2
G188	细胞与分子免疫学杂志	1355	0.722	0.086	0.91	422	58	31.14	108.86	4.2
A063	厦门大学学报自然科学版	579	0.340	0.044	0.95	345	84	59.59	58.20	9.2
V087	现代城市研究	1045	0.595	0.072	0.79	186	9	17.80	111.46	4.6
E027	现代地质	2069	0.939	0.169	0.86	249	21	12.03	188.79	8.8
R089	现代电力	426	0.847	0.230	0.89	124	14	29.11	43.37	4.4
R748	现代电子技术	3211	0.565	0.081	0.84	438	13	13.64	343.14	3.6
Y561	现代防御技术	627	0.447	0.014	0.82	139	10	22.17	70.78	5.5
U634	现代纺织技术	203	0.265	0.053	0.83	53	4	26.11	27.40	5.1
G300	现代妇产科进展	1282	0.783	0.125	0.92	315	36	24.57	105.05	3.8
T063	现代化工	1718	0.462	0.082	0.87	410	30	23.86	180.27	4.2
N100	现代科学仪器	321	0.046	0.007	0.93	192	41	59.81	29.76	9.5
G321	现代口腔医学杂志	328	0.337	0.056	0.90	120	15	36.59	29.58	6.8
R087	现代雷达	880	0.394	0.019	0.73	153	10	17.39	97.95	6.1
G438	现代临床护理	846	0.612	0.114	0.83	187	9	22.10	68.14	3.8
G798	现代泌尿生殖肿瘤杂志	209	0.405	0.035	0.85	94	14	44.98	17.59	3.7
G341	现代泌尿外科杂志	903	0.675	0.077	0.87	220	15	24.36	76.22	3.7
G067	现代免疫学	360	0.653	0.069	0.88	191	42	53.06	28.70	3.9

表 4-1　2019 年中国科技核心期刊（中文）被引用指标刊名字顺索引（续）

CODE	刊名	核心总被引频次	核心影响因子	核心即年指标	核心他引率	核心引用刊数	核心开放因子	核心扩散因子	核心权威因子	核心被引半衰期
H417	现代农药	375	0.398	0.052	0.85	114	11	30.40	31.32	5.8
F250	现代生物医学进展	4731	0.558	0.015	0.92	761	66	16.09	383.62	3.7
U010	现代食品科技	3985	0.946	0.118	0.92	405	8	10.16	307.68	4.8
T929	现代塑料加工应用	317	0.402	0.078	0.87	74	5	23.34	37.98	5.2
X673	现代隧道技术	1046	0.515	0.094	0.75	163	6	15.58	108.85	5.6
G451	现代消化及介入诊疗	1092	0.696	0.048	0.68	239	16	21.89	87.49	3.4
G223	现代医学	968	0.530	0.022	0.85	307	25	31.71	78.68	3.2
C093	现代应用物理	87	0.268	0.031	0.85	39	6	44.83	9.63	3.6
G963	现代预防医学	6712	1.153	0.134	0.79	671	19	10.00	559.00	3.8
N111	现代制造工程	877	0.322	0.009	0.84	240	17	27.37	94.90	5.5
G951	现代中西医结合杂志	6010	0.756	0.080	0.93	527	35	8.77	465.46	3.8
G486	现代中药研究与实践	659	0.562	0.050	0.96	189	26	28.68	50.12	5.9
G896	现代中医临床	634	0.886	0.186	0.85	128	14	20.19	46.96	4.7
G826	现代肿瘤医学	3330	0.617	0.102	0.88	517	61	15.53	272.86	3.4
T073	香料香精化妆品	402	0.335	0.028	0.84	128	17	31.84	33.64	6.6
A018	湘潭大学自然科学学报	208	0.282	0.076	0.95	135	31	64.90	21.66	4.2
T064	橡胶工业	798	0.670	0.133	0.57	142	2	17.79	97.01	4.9
T953	消防科学与技术	1599	0.517	0.063	0.31	190	1	11.88	161.24	4.0
Q937	消化肿瘤杂志电子版	190	0.670	0.043	0.77	100	18	52.63	15.87	3.4
P010	小型内燃机与车辆技术	115	0.094	0.009	0.74	57	7	49.57	12.75	6.6
S027	小型微型计算机系统	1783	0.727	0.044	0.75	295	12	16.55	192.02	3.5
G817	协和医学杂志	498	1.593	0.322	0.84	260	54	52.21	41.53	2.4
G083	心肺血管病杂志	1088	0.794	0.114	0.69	283	19	26.01	88.57	3.5
S918	心理科学	1889	0.557	0.042	0.89	364	14	19.27	226.25	8.9
S919	心理科学进展	2912	0.897	0.130	0.89	480	17	16.48	341.69	6.8
E046	心理学报	2860	1.223	0.256	0.92	420	18	14.69	342.43	8.5
G476	心脑血管病防治	605	0.568	0.419	0.93	236	42	39.01	48.47	3.3
G419	心血管病学进展	865	0.702	0.090	0.87	262	36	30.29	69.18	3.9
G578	心血管康复医学杂志	636	0.611	0.046	0.88	214	28	33.65	51.00	3.7
G260	心脏杂志	424	0.367	0.065	0.91	197	37	46.46	34.00	3.9
E159	新疆地质	743	0.379	0.117	0.85	111	13	14.94	67.74	10.3
H908	新疆农业大学学报	400	0.246	0.045	0.96	156	27	39.00	32.27	8.9
H276	新疆农业科学	1637	0.506	0.031	0.87	264	27	16.13	129.10	6.6
L007	新疆石油地质	1638	1.411	0.214	0.79	138	11	8.42	151.33	7.4
G980	新疆医科大学学报	1160	0.530	0.086	0.85	417	62	35.95	94.64	3.7
G328	新乡医学院学报	1006	0.814	0.157	0.86	306	31	30.42	81.34	2.9
V056	新型建筑材料	1168	0.402	0.015	0.67	195	5	16.70	129.30	5.5
M102	新型炭材料	404	0.486	0.000	0.79	151	17	37.38	45.28	7.0
G721	新医学	749	0.595	0.066	0.77	299	37	39.92	60.58	4.6
R034	信号处理	1036	0.810	0.078	0.73	230	14	22.20	112.21	4.5
S081	信息安全学报	61	0.521	0.045	0.95	37	9	60.66	6.56	2.6
R519	信息技术	844	0.346	0.081	0.75	259	13	30.69	90.28	3.6
S046	信息网络安全	707	0.916	0.167	0.69	153	10	21.64	77.85	3.2

表 4-1　2019 年中国科技核心期刊（中文）被引用指标刊名字顺索引（续）

CODE	刊名	核心总被引频次	核心影响因子	核心即年指标	核心他引率	核心引用刊数	核心开放因子	核心扩散因子	核心权威因子	核心被引半衰期
S002	信息与控制	769	1.181	0.121	0.82	252	19	32.77	82.22	4.4
A510	信阳师范学院学报自然科学版	292	0.491	0.091	0.61	131	6	44.86	28.90	3.1
G565	徐州医学院学报	296	0.171	0.005	0.94	183	43	61.82	24.28	4.0
H023	畜牧兽医学报	1870	0.821	0.093	0.83	223	8	11.93	144.69	5.1
H218	畜牧与兽医	1122	0.353	0.069	0.91	214	12	19.07	87.67	4.8
G627	循证医学	287	0.290	0.038	0.99	181	48	63.07	23.63	6.8
R069	压电与声光	722	0.435	0.051	0.80	210	19	29.09	79.05	4.9
N052	压力容器	910	0.993	0.144	0.61	133	3	14.62	102.01	5.4
E047	亚热带资源与环境学报	262	0.521	0.102	0.87	121	22	46.18	22.88	6.2
U562	烟草科技	2090	1.025	0.200	0.70	221	6	10.57	169.14	7.0
E053	岩矿测试	1280	1.146	0.152	0.79	243	8	18.98	119.52	7.1
E157	岩石矿物学杂志	1463	0.844	0.171	0.92	170	10	11.62	132.65	9.2
C005	岩石力学与工程学报	11119	1.998	0.290	0.92	447	17	4.02	1102.95	9.5
E309	岩石学报	10544	1.877	0.559	0.83	195	8	1.85	942.29	9.0
V574	岩土工程技术	180	0.243	0.025	0.77	91	17	50.56	17.99	9.2
V037	岩土工程学报	6925	1.341	0.194	0.91	374	20	5.40	696.42	8.5
C004	岩土力学	9747	1.431	0.299	0.84	457	21	4.69	976.73	7.4
E163	岩性油气藏	1501	2.114	0.505	0.65	126	7	8.39	139.40	4.3
S821	研究与发展管理	1062	1.686	0.122	0.92	192	9	18.08	127.10	5.0
E500	盐湖研究	354	0.379	0.000	0.79	110	10	31.07	34.93	9.9
T054	盐科学与化工	373	0.249	0.046	0.57	108	3	28.95	39.23	5.2
G962	眼科	388	0.393	0.052	0.90	119	8	30.67	33.59	5.0
G554	眼科新进展	1430	0.842	0.065	0.87	233	10	16.29	120.27	3.8
J025	燕山大学学报	362	0.646	0.181	0.80	179	28	49.45	40.05	4.3
H016	扬州大学学报农业与生命科学版	430	0.515	0.050	0.83	154	19	35.81	33.50	6.8
A514	扬州大学学报自然科学版	129	0.193	0.029	0.90	97	33	75.19	13.99	6.6
S031	遥测遥控	186	0.343	0.029	0.86	92	17	49.46	20.38	5.3
Z543	遥感技术与应用	1525	1.034	0.139	0.86	339	31	22.23	141.54	6.0
S024	遥感信息	915	0.711	0.073	0.93	275	29	30.05	87.22	6.2
Z006	遥感学报	2247	1.842	0.262	0.93	382	31	17.00	211.10	6.9
G403	药物不良反应杂志	707	0.596	0.275	0.88	185	14	26.17	55.52	6.0
G087	药物分析杂志	3104	1.072	0.164	0.88	348	15	11.21	241.70	5.4
G877	药物流行病学杂志	658	0.565	0.092	0.90	187	14	28.42	51.70	3.9
G836	药物评价研究	1560	0.921	0.162	0.88	326	20	20.90	119.57	2.9
G514	药物生物技术	472	0.558	0.025	0.82	219	35	46.40	37.18	4.8
G977	药学服务与研究	433	0.357	0.051	0.92	177	21	40.88	34.09	5.3
G440	药学实践杂志	563	0.578	0.078	0.98	217	31	38.54	43.80	4.9
G008	药学学报	3240	1.387	0.351	0.86	483	19	14.91	250.72	5.9
G527	药学与临床研究	629	0.541	0.111	0.98	243	38	38.63	49.44	4.7
M023	冶金分析	1083	0.704	0.164	0.61	132	2	12.19	105.97	5.2
M047	冶金能源	172	0.160	0.011	0.84	73	8	42.44	19.57	8.5
C503	液晶与显示	660	0.819	0.081	0.67	134	4	20.30	71.12	3.8
N079	液压气动与密封	784	0.368	0.027	0.58	137	2	17.47	83.65	4.8

表 4-1　2019 年中国科技核心期刊（中文）被引用指标刊名字顺索引（续）

CODE	刊名	核心总被引频次	核心影响因子	核心即年指标	核心他引率	核心引用刊数	核心开放因子	核心扩散因子	核心权威因子	核心被引半衰期
N035	液压与气动	1453	0.920	0.081	0.62	193	2	13.28	154.59	4.6
G605	医疗卫生装备	1760	0.614	0.138	0.74	311	3	17.67	158.32	4.1
G482	医学动物防制	1015	0.431	0.099	0.77	203	8	20.00	86.53	4.0
G333	医学分子生物学杂志	279	0.456	0.031	0.99	131	13	46.95	22.92	3.7
G281	医学研究生学报	1965	1.248	0.285	0.75	480	30	24.43	162.25	3.7
G480	医学研究杂志	1629	0.445	0.030	0.95	515	84	31.61	132.20	4.1
G265	医学影像学杂志	2548	0.648	0.028	0.75	357	11	14.01	218.69	3.8
G964	医学与社会	1464	0.862	0.102	0.70	230	10	15.71	125.18	3.7
G308	医学与哲学	2830	0.682	0.186	0.76	494	18	17.46	241.81	4.2
G860	医学综述	4935	0.731	0.111	0.97	707	77	14.33	397.86	4.0
G844	医药导报	1839	0.775	0.148	0.88	390	26	21.21	143.58	4.5
G088	医用生物力学	608	0.897	0.029	0.66	187	6	30.76	55.27	4.7
N074	仪表技术与传感器	1381	0.606	0.048	0.81	290	16	21.00	146.85	4.1
N066	仪器仪表学报	4691	1.903	0.280	0.79	539	21	11.49	499.66	4.5
F024	遗传	1690	1.153	0.375	0.87	428	36	25.33	135.33	7.9
G455	疑难病杂志	1554	1.072	0.221	0.80	334	23	21.49	124.17	3.1
T104	印染助剂	366	0.307	0.033	0.73	104	6	28.42	44.94	5.9
G089	营养学报	1364	0.792	0.050	0.95	397	34	29.11	108.41	8.1
D014	影像科学与光化学	127	0.356	0.015	0.94	84	21	66.14	13.31	3.5
G649	影像诊断与介入放射学	372	0.567	0.041	0.91	144	17	38.71	31.96	4.1
B008	应用概率统计	136	0.153	0.000	0.96	78	16	57.35	15.06	10.4
C109	应用光学	903	0.817	0.079	0.70	196	6	21.71	96.22	5.2
E123	应用海洋学学报	568	0.652	0.108	0.89	178	20	31.34	50.66	8.7
T949	应用化工	1709	0.481	0.060	0.86	426	39	24.93	173.64	4.1
D016	应用化学	807	0.383	0.083	0.88	289	41	35.81	83.87	6.9
A580	应用基础与工程科学学报	877	0.625	0.066	0.87	365	53	41.62	85.10	6.2
R033	应用激光	597	0.525	0.034	0.85	157	8	26.30	64.31	4.5
X693	应用科技	286	0.305	0.061	0.90	177	43	61.89	30.42	5.8
A015	应用科学学报	301	0.523	0.050	0.91	184	46	61.13	31.58	5.5
F035	应用昆虫学报	1933	0.622	0.256	0.83	231	9	11.95	154.00	8.3
C008	应用力学学报	965	0.663	0.063	0.67	270	17	27.98	104.02	4.7
E122	应用气象学报	2449	2.605	0.190	0.79	262	8	10.70	212.69	9.0
Z018	应用生态学报	14071	2.293	0.331	0.90	591	32	4.20	1162.14	7.2
C052	应用声学	538	0.526	0.051	0.87	207	22	38.48	59.47	6.6
B011	应用数学	138	0.190	0.028	0.80	63	7	45.65	15.42	5.3
B020	应用数学和力学	650	0.643	0.074	0.75	268	24	41.23	70.09	5.8
B001	应用数学学报	267	0.246	0.030	0.94	108	19	40.45	29.34	6.9
F100	应用与环境生物学报	2171	1.192	0.205	0.89	396	43	18.24	179.12	6.5
M014	硬质合金	310	0.405	0.095	0.60	65	3	20.97	35.74	6.8
L027	油气储运	1621	0.887	0.215	0.55	215	2	13.26	173.42	5.2
L504	油气地质与采收率	1740	2.241	0.596	0.81	160	8	9.20	165.33	5.0
L033	油田化学	1039	0.789	0.029	0.70	115	5	11.07	108.91	6.6
K020	铀矿冶	210	0.193	0.017	0.69	47	2	22.38	23.32	9.2

表 4-1　2019 年中国科技核心期刊（中文）被引用指标刊名字顺索引（续）

CODE	刊名	核心总被引频次	核心影响因子	核心即年指标	核心他引率	核心引用刊数	核心开放因子	核心扩散因子	核心权威因子	核心被引半衰期
T916	有机硅材料	381	0.527	0.105	0.61	89	5	23.36	46.37	5.6
D025	有机化学	1553	0.785	0.169	0.59	231	3	14.87	158.40	4.0
M036	有色金属工程	680	0.482	0.049	0.85	199	12	29.26	73.05	7.2
M504	有色金属科学与工程	712	0.796	0.097	0.69	177	7	24.86	76.93	5.1
K013	有色金属矿山部分	378	0.375	0.162	0.73	82	4	21.69	39.95	5.2
K580	有色金属选矿部分	694	0.718	0.064	0.75	59	3	8.50	75.77	5.5
M020	有色金属冶炼部分	888	0.605	0.162	0.59	112	4	12.61	100.10	4.8
H998	渔业科学进展	1193	1.000	0.172	0.76	167	9	14.00	99.33	6.1
H220	渔业现代化	485	0.571	0.104	0.75	117	12	24.12	40.57	6.2
Y020	宇航材料工艺	640	0.366	0.036	0.88	203	25	31.72	73.77	8.4
Y008	宇航计测技术	240	0.176	0.028	0.78	109	12	45.42	26.36	6.5
Y024	宇航学报	2186	1.003	0.118	0.73	291	16	13.31	246.36	7.7
H909	玉米科学	2190	0.968	0.168	0.86	191	14	8.72	170.19	8.4
G479	预防医学	1826	1.037	0.240	0.72	322	12	17.63	151.92	3.2
G518	预防医学情报杂志	1028	0.685	0.086	0.84	218	10	21.21	86.48	3.3
H039	园艺学报	4374	1.059	0.131	0.91	259	17	5.92	341.95	8.0
C108	原子核物理评论	135	0.149	0.000	0.70	52	5	38.52	14.09	6.0
Q008	原子能科学技术	1026	0.338	0.026	0.74	243	8	23.68	116.57	5.7
A038	云南大学学报自然科学版	555	0.462	0.044	0.74	263	34	47.39	52.71	5.1
A654	云南民族大学学报自然科学版	185	0.269	0.036	0.81	110	22	59.46	17.08	4.8
H269	云南农业大学学报	1082	0.525	0.045	0.95	266	34	24.58	86.46	7.9
A053	云南师范大学学报自然科学版	196	0.377	0.037	0.81	122	24	62.24	17.71	5.2
G090	云南中医学院学报	610	0.424	0.047	0.94	168	22	27.54	45.45	5.1
B013	运筹学学报	92	0.294	0.059	0.76	57	11	61.96	10.10	3.9
B522	运筹与管理	1290	0.649	0.069	0.81	271	14	21.01	143.83	4.5
H989	杂草学报	438	1.000	0.045	0.76	87	7	19.86	34.37	7.6
H293	杂交水稻	710	0.380	0.042	0.72	102	6	14.37	55.19	7.7
E148	灾害学	1475	1.364	0.179	0.81	321	26	21.76	139.88	5.1
Y057	载人航天	396	0.347	0.075	0.73	133	8	33.59	44.40	4.3
U643	造纸科学与技术	182	0.247	0.051	0.67	83	8	45.60	18.42	5.2
C100	噪声与振动控制	1005	0.401	0.018	0.78	264	22	26.27	109.33	5.5
M043	轧钢	671	0.794	0.149	0.46	53	1	7.90	76.84	4.4
T569	粘接	441	0.385	0.033	0.76	104	4	23.58	53.04	4.9
Y521	战术导弹技术	504	0.737	0.196	0.82	104	7	20.63	57.57	4.7
R081	照明工程学报	488	0.678	0.085	0.40	105	1	21.52	55.42	3.5
A017	浙江大学学报工学版	2008	0.643	0.069	0.95	613	91	30.53	211.68	6.4
A002	浙江大学学报理学版	488	0.467	0.111	0.91	297	74	60.86	46.63	6.2
H035	浙江大学学报农业与生命科学版	886	0.573	0.091	0.98	292	45	32.96	71.94	9.5
G091	浙江大学学报医学版	438	0.513	0.000	0.99	287	83	65.53	36.06	4.8
J016	浙江工业大学学报	671	0.605	0.043	0.62	286	23	42.62	68.74	5.2
H019	浙江农林大学学报	1239	0.986	0.151	0.88	286	25	23.08	103.55	6.3
H201	浙江农业学报	1577	0.655	0.125	0.92	349	41	22.13	126.53	4.9
G810	浙江医学	1531	0.479	0.059	0.93	462	72	30.18	124.98	3.1

表 4-1 2019 年中国科技核心期刊（中文）被引用指标刊名字顺索引（续）

CODE	刊名	核心总被引频次	核心影响因子	核心即年指标	核心他引率	核心引用刊数	核心开放因子	核心扩散因子	核心权威因子	核心被引半衰期
G092	浙江中医药大学学报	1440	0.710	0.054	0.91	257	18	17.85	107.55	5.5
G093	针刺研究	2047	2.038	0.260	0.75	208	7	10.16	152.29	4.9
G488	针灸临床杂志	2416	0.926	0.090	0.89	202	12	8.36	180.00	4.9
N086	真空	266	0.146	0.050	0.64	92	6	34.59	30.20	9.4
C038	真空与低温	199	0.278	0.029	0.82	97	17	48.74	22.40	6.5
G259	诊断病理学杂志	727	0.394	0.049	0.86	235	25	32.32	61.77	4.7
G615	诊断学理论与实践	383	0.413	0.038	0.94	210	52	54.83	31.62	4.9
Y010	振动测试与诊断	1053	0.596	0.022	0.81	241	17	22.89	113.62	5.3
Y004	振动工程学报	1142	0.578	0.024	0.90	260	23	22.77	123.71	6.6
N030	振动与冲击	6885	0.883	0.035	0.76	548	27	7.96	745.82	5.2
E316	震灾防御技术	311	0.402	0.034	0.78	84	7	27.01	31.35	5.2
J012	郑州大学学报工学版	488	0.557	0.031	0.77	235	34	48.16	51.64	5.6
A019	郑州大学学报理学版	257	0.594	0.037	0.74	148	26	57.59	29.31	3.7
G036	郑州大学学报医学版	865	0.744	0.071	0.90	341	51	39.42	71.38	4.1
G835	职业卫生与应急救援	454	0.478	0.073	0.79	96	3	21.15	39.76	3.7
G884	职业与健康	3087	0.633	0.073	0.69	408	9	13.22	260.52	3.7
H577	植物保护	2836	1.120	1.363	0.86	243	16	8.57	222.95	5.5
H014	植物保护学报	1890	1.153	0.159	0.82	191	12	10.11	147.64	5.7
H052	植物病理学报	1190	0.885	0.108	0.92	187	22	15.71	92.90	9.7
H584	植物检疫	637	0.309	0.134	0.66	113	5	17.74	50.42	8.0
F008	植物科学学报	1074	1.000	0.094	0.94	256	28	23.84	86.22	7.6
F038	植物生理学报	3584	1.230	0.144	0.91	297	28	8.29	281.53	8.0
F009	植物生态学报	5105	2.004	0.130	0.95	343	17	6.72	417.58	9.5
F023	植物学报	1677	1.400	0.136	0.93	287	31	17.11	132.77	10.5
F050	植物研究	1190	0.901	0.096	0.89	226	21	18.99	95.72	7.3
H238	植物遗传资源学报	2348	1.788	0.536	0.79	186	12	7.92	180.10	5.6
H890	植物营养与肥料学报	6170	2.610	0.216	0.90	282	21	4.57	488.70	6.9
Z551	植物资源与环境学报	628	0.735	0.016	0.91	187	30	29.78	50.49	7.2
N091	指挥控制与仿真	601	0.362	0.062	0.88	141	9	23.46	67.04	5.4
U011	制冷学报	688	0.617	0.038	0.63	138	5	20.06	72.93	5.8
U640	制冷与空调(四川)	217	0.175	0.015	0.71	77	5	35.48	23.88	5.3
N046	制造技术与机床	1003	0.296	0.026	0.75	168	5	16.75	109.43	5.2
S023	制造业自动化	1222	0.290	0.025	0.85	295	25	24.14	131.85	5.3
C034	质谱学报	627	1.000	0.161	0.89	192	19	30.62	52.70	5.7
R072	智慧电力	1468	2.246	0.519	0.69	113	3	7.70	144.99	2.3
S052	智能系统学报	673	0.784	0.221	0.88	242	33	35.96	72.01	4.0
G007	中草药	11160	2.169	0.364	0.80	594	17	5.32	847.17	4.2
G520	中成药	5185	1.036	0.148	0.89	481	23	9.28	394.44	4.9
G546	中国 CT 和 MRI 杂志	2244	1.023	0.061	0.59	280	4	12.48	192.49	3.0
Q940	中国癌症防治杂志	241	0.578	0.031	0.88	150	32	62.24	19.81	2.9
G538	中国癌症杂志	1498	1.876	0.246	0.97	388	66	25.90	124.21	3.9
G985	中国艾滋病性病	2086	1.353	0.110	0.70	191	6	9.16	173.21	3.3
G129	中国安全科学学报	3067	0.980	0.084	0.78	494	13	16.11	314.22	5.9

表 4-1 2019 年中国科技核心期刊（中文）被引用指标刊名字顺索引（续）

CODE	刊名	核心总被引频次	核心影响因子	核心即年指标	核心他引率	核心引用刊数	核心开放因子	核心扩散因子	核心权威因子	核心被引半衰期
Z552	中国安全生产科学技术	2241	0.923	0.166	0.74	384	9	17.14	227.73	4.4
F048	中国比较医学杂志	1068	0.679	0.112	0.78	322	24	30.15	85.19	4.4
N103	中国表面工程	764	0.786	0.019	0.88	145	8	18.98	85.77	5.7
G750	中国病案	1507	0.658	0.072	0.51	233	2	15.46	127.17	3.5
G769	中国病毒病杂志	513	1.314	0.060	0.94	192	28	37.43	42.13	3.5
G096	中国病理生理杂志	2335	0.979	0.146	0.85	494	53	21.16	185.54	4.3
G339	中国病原生物学杂志	1457	0.901	0.067	0.75	309	10	21.21	120.83	4.0
M053	中国材料进展	799	0.477	0.091	0.95	255	27	31.91	89.12	6.3
H213	中国草地学报	1673	1.449	0.258	0.78	194	5	11.60	130.42	7.4
N830	中国测试	899	0.495	0.076	0.84	338	37	37.60	91.14	3.7
G097	中国超声医学杂志	2367	1.053	0.127	0.76	326	16	13.77	201.31	4.1
G529	中国卒中杂志	1044	0.835	0.048	0.91	282	41	27.01	84.83	3.6
G901	中国当代儿科杂志	1678	1.059	0.177	0.93	407	50	24.26	138.44	4.1
H939	中国稻米	954	0.704	0.114	0.80	146	8	15.30	74.81	4.8
E654	中国地质	3224	2.374	0.275	0.90	256	14	7.94	294.35	7.5
E604	中国地质灾害与防治学报	797	0.575	0.109	0.87	202	21	25.35	76.57	8.5
R040	中国电机工程学报	21334	2.756	0.222	0.85	583	10	2.73	2162.93	5.4
R511	中国电力	2431	1.167	0.135	0.74	276	10	11.35	249.98	4.0
G234	中国动脉硬化杂志	1366	0.904	0.168	0.88	335	39	24.52	108.97	4.0
H891	中国动物传染病学报	315	0.425	0.063	0.70	77	5	24.44	25.23	5.5
G825	中国儿童保健杂志	1939	0.691	0.102	0.82	341	25	17.59	167.94	4.5
G270	中国耳鼻咽喉颅底外科杂志	534	0.695	0.041	0.70	162	8	30.34	46.56	3.9
G543	中国耳鼻咽喉头颈外科	895	0.620	0.103	0.83	236	13	26.37	76.82	4.6
G100	中国法医学杂志	593	0.216	0.006	0.74	131	3	22.09	63.83	5.8
G290	中国防痨杂志	1670	0.894	0.318	0.63	198	6	11.86	137.83	4.4
V023	中国非金属矿工业导刊	326	0.236	0.078	0.80	117	7	35.89	33.73	7.9
G320	中国肺癌杂志	1443	1.730	0.261	0.95	360	50	24.95	118.83	3.6
G402	中国分子心脏病学杂志	256	0.286	0.027	0.92	159	38	62.11	20.75	5.2
V568	中国粉体技术	360	0.335	0.074	0.92	197	42	54.72	37.26	5.6
G587	中国辐射卫生	933	0.828	0.124	0.50	141	1	15.11	84.89	3.7
M007	中国腐蚀与防护学报	782	0.530	0.067	0.91	155	7	19.82	87.81	8.4
G456	中国妇产科临床杂志	808	0.740	0.119	0.95	252	37	31.19	66.32	3.6
G475	中国肝脏病杂志电子版	332	0.587	0.036	0.83	145	16	43.67	26.78	4.3
G631	中国感染控制杂志	1659	1.354	0.156	0.89	315	25	18.99	136.58	3.4
G337	中国感染与化疗杂志	1594	2.699	0.120	0.92	298	25	18.70	129.44	3.3
X035	中国港湾建设	365	0.209	0.035	0.65	100	2	27.40	39.18	5.0
V036	中国给水排水	3228	0.483	0.051	0.77	363	9	11.25	316.07	6.2
N089	中国工程机械学报	336	0.388	0.029	0.94	146	24	43.45	36.09	5.8
N754	中国工程科学	1505	0.920	0.192	0.98	667	136	44.32	148.91	7.7
G244	中国工业医学杂志	735	0.528	0.053	0.85	150	4	20.41	62.91	4.8
G102	中国公共卫生	4159	1.159	0.304	0.86	646	29	15.53	351.08	5.0
X031	中国公路学报	2556	1.305	0.137	0.85	338	19	13.22	272.96	4.9
G103	中国骨伤	2028	1.126	0.373	0.76	286	15	14.10	165.82	4.4

表 4-1　2019 年中国科技核心期刊（中文）被引用指标刊名字顺索引（续）

CODE	刊名	核心总被引频次	核心影响因子	核心即年指标	核心他引率	核心引用刊数	核心开放因子	核心扩散因子	核心权威因子	核心被引半衰期
G249	中国骨与关节损伤杂志	2505	0.918	0.058	0.72	237	11	9.46	209.45	3.6
G857	中国骨与关节杂志	742	0.702	0.106	0.94	217	29	29.25	61.71	3.6
G663	中国骨质疏松杂志	2931	1.563	0.148	0.78	387	29	13.20	234.01	3.8
W021	中国管理科学	3277	1.713	0.154	0.80	406	12	12.39	376.64	4.5
N104	中国惯性技术学报	1037	0.943	0.089	0.77	193	15	18.61	115.39	5.1
C099	中国光学	907	1.595	0.115	0.86	183	6	20.18	96.31	4.4
G637	中国国境卫生检疫杂志	256	0.260	0.055	0.71	82	5	32.03	22.64	5.1
H215	中国果树	785	0.550	0.112	0.81	136	11	17.32	60.99	6.3
L013	中国海上油气	1321	0.849	0.132	0.82	171	14	12.94	126.35	6.0
E313	中国海洋大学学报自然科学版	1283	0.372	0.052	0.95	380	32	29.62	115.08	8.4
L026	中国海洋平台	256	0.134	0.000	0.81	80	8	31.25	27.91	9.8
G104	中国海洋药物	422	0.427	0.091	0.87	157	20	37.20	33.57	8.0
X039	中国航海	415	0.398	0.020	0.78	107	8	25.78	48.14	5.9
G973	中国呼吸与危重监护杂志	782	0.685	0.057	0.94	270	42	34.53	63.30	4.9
G417	中国护理管理	3681	1.650	0.139	0.90	283	7	7.69	296.91	3.9
Z030	中国环境监测	1547	1.110	0.058	0.87	309	18	19.97	141.69	5.8
Z001	中国环境科学	7424	1.799	0.279	0.76	683	12	9.20	682.64	4.6
N059	中国机械工程	3895	0.739	0.100	0.89	513	26	13.17	421.21	6.4
A079	中国基础科学	247	0.385	0.000	0.99	178	55	72.06	24.24	8.6
R066	中国激光	4063	1.421	0.282	0.78	342	5	8.42	427.71	4.4
R013	中国激光医学杂志	251	0.632	0.045	0.77	106	10	42.23	21.84	3.9
G852	中国急救复苏与灾害医学杂志	1044	0.559	0.061	0.53	209	3	20.02	88.25	3.4
G241	中国急救医学	1424	0.780	0.048	0.89	342	37	24.02	116.25	4.2
G192	中国脊柱脊髓杂志	1900	1.166	0.051	0.91	262	15	13.79	158.58	5.4
G105	中国寄生虫学与寄生虫病杂志	1222	1.563	0.304	0.62	136	2	11.13	103.06	4.5
G560	中国计划生育和妇产科	740	0.583	0.081	0.91	219	26	29.59	60.73	3.2
G907	中国计划生育学杂志	1034	0.818	0.058	0.83	251	21	24.27	84.81	3.7
G787	中国健康教育	1962	1.014	0.163	0.85	273	12	13.91	165.41	4.3
N108	中国舰船研究	508	0.516	0.065	0.73	140	6	27.56	57.70	5.0
T075	中国胶粘剂	584	0.474	0.112	0.72	123	5	21.06	70.15	5.7
G233	中国矫形外科杂志	3245	0.922	0.067	0.88	354	22	10.91	269.72	4.4
G239	中国介入心脏病学杂志	911	1.064	0.197	0.81	207	19	22.72	73.94	3.7
G206	中国介入影像与治疗学	853	1.067	0.141	0.85	259	24	30.36	72.58	3.3
G323	中国康复	1039	0.965	0.129	0.80	238	16	22.91	84.26	4.3
G400	中国康复理论与实践	2613	1.135	0.127	0.85	394	23	15.08	211.66	4.8
G106	中国康复医学杂志	3564	1.303	0.155	0.90	433	28	12.15	288.61	4.8
G107	中国抗生素杂志	1158	0.874	0.170	0.80	327	30	28.24	94.21	4.2
A098	中国科技论坛	1592	0.832	0.146	0.88	294	12	18.47	182.79	4.8
A108	中国科学 地球科学	4952	2.242	0.535	0.92	454	29	9.17	451.36	9.2
A106	中国科学 化学	1203	0.595	0.153	0.95	442	63	36.74	116.25	9.4
A109	中国科学 技术科学	1256	0.740	0.264	0.92	471	72	37.50	132.51	6.1
A107	中国科学 生命科学	1084	0.801	0.336	0.95	448	74	41.33	88.54	5.2
A105	中国科学 数学	309	0.108	0.033	0.96	161	33	52.10	34.19	11.4

表 4-1 2019 年中国科技核心期刊（中文）被引用指标刊名字顺索引（续）

CODE	刊名	核心总被引频次	核心影响因子	核心即年指标	核心他引率	核心引用刊数	核心开放因子	核心扩散因子	核心权威因子	核心被引半衰期
A103	中国科学 物理学力学天文学	604	0.454	0.126	0.87	258	36	42.72	64.76	5.7
Z317	中国科学 信息科学	786	0.631	0.120	0.95	307	51	39.06	84.73	4.5
A081	中国科学基金	505	0.772	0.253	0.79	212	17	41.98	52.25	4.8
A007	中国科学技术大学学报	495	0.373	0.000	0.96	314	78	63.43	51.54	7.9
A102	中国科学院大学学报	508	0.519	0.038	0.92	298	73	58.66	48.81	6.0
A636	中国科学院院刊	1699	1.832	0.320	0.96	604	73	35.55	166.50	3.7
Y003	中国空间科学技术	421	0.472	0.125	0.68	125	7	29.69	47.18	6.5
G441	中国口腔颌面外科杂志	411	0.555	0.066	0.87	140	15	34.06	36.62	4.9
K030	中国矿业	1712	0.577	0.088	0.82	330	16	19.28	174.30	4.9
K015	中国矿业大学学报	2966	1.993	0.320	0.87	411	12	13.86	286.25	6.4
U001	中国粮油学报	2784	0.883	0.067	0.88	292	9	10.49	214.92	6.1
G447	中国临床保健杂志	750	0.638	0.084	0.86	279	44	37.20	60.19	3.5
G108	中国临床解剖学杂志	1039	0.681	0.083	0.86	260	19	25.02	88.81	6.7
G536	中国临床神经科学	501	0.500	0.143	0.78	220	29	43.91	40.67	4.6
G794	中国临床神经外科杂志	871	0.572	0.156	0.68	229	15	26.29	74.12	3.4
G221	中国临床心理学杂志	2725	1.159	0.189	0.74	344	8	12.62	269.29	5.9
G754	中国临床研究	1524	0.586	0.053	0.93	406	55	26.64	123.70	3.3
G870	中国临床药理学与治疗学	1575	0.885	0.278	0.89	365	32	23.17	122.54	4.7
G109	中国临床药理学杂志	3629	0.958	0.087	0.89	495	40	13.64	287.21	3.3
G544	中国临床药学杂志	321	0.431	0.017	0.92	137	19	42.68	25.06	5.1
G814	中国临床医生杂志	2215	1.097	0.145	0.85	436	37	19.68	178.38	2.9
G974	中国临床医学	746	0.601	0.058	0.92	346	73	46.38	61.06	3.9
G304	中国临床医学影像杂志	1257	0.701	0.086	0.95	286	27	22.75	107.06	3.9
G110	中国麻风皮肤病杂志	793	0.393	0.034	0.83	211	13	26.61	64.00	4.6
H212	中国麻业科学	378	0.650	0.070	0.65	79	5	20.90	31.40	8.6
G613	中国慢性病预防与控制	1562	0.971	0.115	0.86	351	27	22.47	128.13	4.0
G598	中国媒介生物学及控制杂志	1490	0.991	0.235	0.64	114	2	7.65	135.71	5.2
K037	中国煤炭地质	759	0.376	0.079	0.79	142	6	18.71	71.59	6.3
G582	中国煤炭工业医学杂志	818	0.330	0.034	0.91	293	36	35.82	66.17	4.3
G428	中国美容医学	2060	0.589	0.109	0.61	315	4	15.29	178.50	4.4
G297	中国美容整形外科杂志	984	0.808	0.100	0.75	163	3	16.57	86.93	3.5
K036	中国锰业	271	0.167	0.013	0.76	92	7	33.95	28.73	4.0
H211	中国棉花	820	0.532	0.100	0.64	98	3	11.95	64.49	5.8
G111	中国免疫学杂志	2131	1.061	0.097	0.77	453	45	21.26	170.66	3.4
K550	中国钼业	296	0.221	0.038	0.57	78	3	26.35	34.28	9.1
G303	中国男科学杂志	642	0.560	0.029	0.88	170	12	26.48	52.56	5.0
H273	中国南方果树	1029	0.439	0.075	0.82	153	11	14.87	80.18	5.6
G422	中国脑血管病杂志	990	1.545	0.126	0.92	263	38	26.57	81.25	3.5
G277	中国内镜杂志	1701	1.031	0.101	0.90	323	39	18.99	142.06	3.7
R524	中国能源	409	0.514	0.286	0.83	161	19	39.36	43.06	4.3
U609	中国酿造	3691	1.152	0.204	0.71	287	5	7.78	277.42	4.8
W005	中国农村水利水电	1770	0.435	0.048	0.81	330	12	18.64	160.30	5.3
H958	中国农学通报	10080	0.656	0.100	0.91	688	47	6.83	813.42	7.1

表 4-1 2019 年中国科技核心期刊（中文）被引用指标刊名字顺索引（续）

CODE	刊名	核心总被引频次	核心影响因子	核心即年指标	核心他引率	核心引用刊数	核心开放因子	核心扩散因子	核心权威因子	核心被引半衰期
H027	中国农业大学学报	2163	1.055	0.119	0.94	446	46	20.62	182.14	5.1
H567	中国农业科技导报	1393	0.861	0.188	0.95	349	46	25.05	113.02	5.4
H030	中国农业科学	12159	2.302	0.295	0.94	530	33	4.36	958.41	7.1
H210	中国农业气象	1767	1.529	0.235	0.87	252	21	14.26	145.93	7.5
H221	中国农业资源与区划	2315	1.254	0.144	0.67	318	10	13.74	208.45	3.1
G311	中国皮肤性病学杂志	1509	0.466	0.050	0.80	291	12	19.28	122.21	4.9
U020	中国皮革	609	0.234	0.040	0.64	95	2	15.60	76.09	8.3
G226	中国普通外科杂志	2082	1.421	0.183	0.78	343	24	16.47	177.28	3.6
G269	中国普外基础与临床杂志	1435	0.712	0.344	0.72	307	21	21.39	122.57	4.0
G776	中国全科医学	7106	1.448	0.226	0.89	684	60	9.63	581.06	3.7
H081	中国热带农业	373	0.259	0.060	0.90	88	7	23.59	29.48	6.0
G629	中国热带医学	1766	0.930	0.193	0.80	341	12	19.31	146.86	4.0
Z546	中国人口资源与环境	4915	2.148	0.379	0.91	500	28	10.17	512.05	5.2
G112	中国人兽共患病学报	1262	0.766	0.075	0.90	237	16	18.78	104.66	5.7
U052	中国乳品工业	997	0.688	0.137	0.86	127	6	12.74	75.85	6.0
S825	中国软科学	3997	1.988	0.200	0.92	520	36	13.01	468.32	5.7
E124	中国沙漠	3323	1.513	0.268	0.82	355	17	10.68	282.58	7.5
G366	中国社会医学杂志	687	0.573	0.094	0.84	217	21	31.59	58.10	4.4
G114	中国神经精神疾病杂志	1137	0.740	0.145	0.86	320	42	28.14	94.09	5.1
G242	中国神经免疫学和神经病学杂志	483	0.603	0.024	0.89	209	37	43.27	38.83	4.6
H555	中国生态农业学报	4248	2.112	0.359	0.93	389	31	9.16	345.56	6.6
H044	中国生物防治学报	1304	1.223	0.296	0.82	185	14	14.19	102.81	5.0
F255	中国生物工程杂志	951	0.513	0.109	0.96	371	53	39.01	77.44	6.1
F002	中国生物化学与分子生物学报	757	0.596	0.103	0.92	347	65	45.84	61.02	4.8
G115	中国生物医学工程学报	545	0.654	0.035	0.90	248	32	45.50	52.59	5.3
G258	中国生物制品学杂志	793	0.377	0.063	0.84	247	29	31.15	64.11	4.9
G715	中国生育健康杂志	373	0.475	0.093	0.92	175	34	46.92	31.02	3.4
L001	中国石油大学学报自然科学版	1927	0.958	0.064	0.86	294	20	15.26	188.02	7.9
L532	中国石油勘探	1451	3.553	0.576	0.70	113	6	7.79	132.13	3.6
F047	中国实验动物学报	714	0.827	0.119	0.93	248	26	34.73	56.68	4.7
G604	中国实验方剂学杂志	11576	2.120	0.627	0.79	589	14	5.09	866.26	4.1
G883	中国实验血液学杂志	1487	0.791	0.085	0.80	322	27	21.65	122.61	3.7
G853	中国实验诊断学	2444	0.596	0.057	0.95	528	63	21.60	199.40	3.7
G273	中国实用儿科杂志	1654	1.096	0.262	0.88	366	33	22.13	135.46	4.5
G228	中国实用妇科与产科杂志	2899	2.019	0.410	0.81	379	26	13.07	237.81	3.4
G305	中国实用护理杂志	2890	0.634	0.045	0.86	333	11	11.52	232.74	4.2
G867	中国实用口腔科杂志	780	0.719	0.109	0.81	170	9	21.79	71.29	3.9
G267	中国实用内科杂志	2103	1.392	0.096	0.97	495	84	23.54	168.99	4.5
G272	中国实用外科杂志	3976	2.301	0.422	0.85	428	26	10.76	338.97	4.0
U635	中国食品添加剂	1574	0.684	0.081	0.92	284	10	18.04	122.93	5.5
G429	中国食品卫生杂志	1397	1.117	0.181	0.91	227	7	16.25	112.82	5.1
U007	中国食品学报	3743	1.076	0.150	0.93	384	8	10.26	288.69	4.9
U563	中国食物与营养	1555	0.745	0.122	0.91	361	20	23.22	121.93	6.2

表 4-1 2019 年中国科技核心期刊（中文）被引用指标刊名字顺索引（续）

CODE	刊名	核心总被引频次	核心影响因子	核心即年指标	核心他引率	核心引用刊数	核心开放因子	核心扩散因子	核心权威因子	核心被引半衰期
H317	中国兽药杂志	625	0.455	0.158	0.87	172	12	27.52	49.76	6.4
H326	中国兽医科学	1019	0.642	0.149	0.74	159	6	15.60	80.60	4.8
H225	中国兽医学报	1696	0.799	0.086	0.71	207	6	12.21	131.78	3.6
H207	中国蔬菜	1443	0.447	0.082	0.84	197	18	13.65	112.97	7.1
G796	中国输血杂志	1988	0.632	0.042	0.56	224	2	11.27	169.86	4.8
G926	中国数字医学	1511	0.575	0.060	0.76	241	6	15.95	131.52	3.5
H290	中国水产科学	1824	0.887	0.119	0.89	186	12	10.20	150.84	8.0
H020	中国水稻科学	1584	1.645	0.161	0.93	193	18	12.18	123.68	8.7
W557	中国水利水电科学研究院学报	341	0.410	0.016	0.91	137	17	40.18	32.05	6.3
H295	中国水土保持科学	1214	0.921	0.036	0.91	241	15	19.85	102.91	7.1
T022	中国塑料	1145	0.677	0.137	0.80	183	4	15.98	135.13	4.8
G211	中国糖尿病杂志	1963	0.945	0.090	0.96	414	63	21.09	157.19	5.1
G521	中国疼痛医学杂志	1747	1.058	0.175	0.73	323	27	18.49	139.31	4.2
G444	中国体外循环杂志	291	0.531	0.022	0.79	111	15	38.14	23.91	4.6
U501	中国调味品	2564	0.876	0.336	0.55	213	2	8.31	190.50	4.0
X004	中国铁道科学	1380	0.747	0.084	0.82	262	15	18.99	146.99	7.8
G437	中国听力语言康复科学杂志	260	0.352	0.050	0.71	75	4	28.85	23.42	4.3
R083	中国图象图形学报	2145	1.494	0.187	0.89	414	30	19.30	225.17	5.6
H350	中国土地科学	2290	2.284	0.295	0.82	294	15	12.84	224.16	5.0
H233	中国土壤与肥料	2093	1.444	0.124	0.89	257	22	12.28	166.95	6.5
G373	中国微创外科杂志	2207	1.087	0.195	0.84	366	40	16.58	187.21	3.8
G959	中国微侵袭神经外科杂志	709	0.620	0.070	0.70	182	9	25.67	61.05	4.1
G517	中国微生态学杂志	1903	0.784	0.093	0.87	454	47	23.86	150.83	4.3
S725	中国卫生经济	2141	1.101	0.167	0.77	248	8	11.58	186.03	4.4
G253	中国卫生统计	2344	0.967	0.051	0.86	482	26	20.56	199.93	4.9
G540	中国卫生信息管理杂志	780	1.049	0.212	0.67	121	4	15.51	67.96	3.4
G716	中国卫生政策研究	1267	1.192	0.056	0.87	215	10	16.97	110.02	4.2
G752	中国卫生质量管理	865	0.723	0.042	0.74	148	9	17.11	73.00	3.5
G541	中国卫生资源	679	1.133	0.058	0.94	157	12	23.12	58.22	3.8
K035	中国钨业	369	0.322	0.053	0.67	86	4	23.31	40.23	7.4
M022	中国稀土学报	872	1.059	0.053	0.72	212	9	24.31	91.87	6.6
F025	中国细胞生物学学报	853	0.473	0.065	0.94	383	76	44.90	68.39	5.2
G841	中国现代普通外科进展	945	0.568	0.121	0.82	246	23	26.03	79.95	3.5
G623	中国现代神经疾病杂志	842	0.797	0.104	0.95	309	55	36.70	68.67	4.1
G885	中国现代手术学杂志	260	0.477	0.021	0.93	141	34	54.23	21.90	3.6
G237	中国现代医学杂志	3664	0.753	0.088	0.97	626	77	17.09	298.98	3.6
G849	中国现代应用药学	2194	1.048	0.184	0.78	389	14	17.73	169.85	3.5
G377	中国现代中药	1859	0.908	0.144	0.82	309	16	16.62	141.18	3.9
G284	中国消毒学杂志	1533	0.655	0.136	0.61	258	4	16.83	129.30	3.9
G765	中国小儿急救医学	768	0.540	0.130	0.78	212	18	27.60	63.42	4.2
G845	中国小儿血液与肿瘤杂志	194	0.343	0.032	0.86	104	24	53.61	16.09	4.2
G298	中国斜视与小儿眼科杂志	240	0.376	0.018	0.81	65	5	27.08	21.00	6.0
G117	中国心理卫生杂志	2613	0.905	0.199	0.90	412	19	15.77	232.51	8.0

表 4-1　2019 年中国科技核心期刊（中文）被引用指标刊名字顺索引（续）

CODE	刊名	核心总被引频次	核心影响因子	核心即年指标	核心他引率	核心引用刊数	核心开放因子	核心扩散因子	核心权威因子	核心被引半衰期
G718	中国心血管病研究	908	0.577	0.141	0.69	221	11	24.34	73.52	3.6
G380	中国心血管杂志	747	1.321	0.831	0.88	278	42	37.22	60.50	2.8
G203	中国心脏起搏与心电生理杂志	520	0.507	0.069	0.72	151	12	29.04	42.13	4.5
G250	中国新药与临床杂志	1011	0.827	0.181	0.86	288	27	28.49	79.89	4.7
G747	中国新药杂志	2999	0.798	0.163	0.88	493	27	16.44	236.90	4.8
G727	中国性科学	1714	0.563	0.039	0.66	272	13	15.87	140.79	3.4
G232	中国胸心血管外科临床杂志	941	0.713	0.100	0.83	268	29	28.48	78.55	3.8
G118	中国修复重建外科杂志	2133	1.392	0.216	0.75	322	11	15.10	182.10	3.9
H294	中国畜牧兽医	2838	0.907	0.207	0.75	310	7	10.92	219.63	4.7
H242	中国畜牧杂志	1823	0.541	0.108	0.87	219	6	12.01	141.16	5.9
G908	中国学校卫生	3355	0.890	0.115	0.71	304	6	9.06	297.51	4.3
G464	中国血管外科杂志电子版	246	0.631	0.029	0.85	121	21	49.19	20.55	3.6
G675	中国血吸虫病防治杂志	1585	1.202	0.584	0.53	127	2	8.01	133.45	4.9
G633	中国血液净化	1158	0.717	0.095	0.81	225	17	19.43	93.86	4.9
G119	中国循环杂志	3546	2.758	1.183	0.89	483	43	13.62	286.40	3.1
G756	中国循证儿科杂志	702	0.993	0.073	0.96	263	41	37.46	58.40	4.8
G645	中国循证心血管医学杂志	1735	0.819	0.090	0.87	346	33	19.94	139.25	3.2
G396	中国循证医学杂志	1993	1.268	0.269	0.88	461	45	23.13	160.61	5.3
H208	中国烟草科学	1487	1.378	0.275	0.85	158	9	10.63	117.27	7.2
U647	中国烟草学报	1268	1.057	0.179	0.85	181	9	14.27	101.77	6.7
E303	中国岩溶	1268	1.178	0.115	0.68	205	11	16.17	112.34	8.2
G619	中国眼耳鼻喉科杂志	378	0.527	0.093	0.94	142	20	37.57	32.10	3.8
G318	中国药房	7213	1.097	0.172	0.89	636	31	8.82	564.55	3.7
G120	中国药科大学学报	720	0.610	0.111	0.92	259	30	35.97	56.67	7.5
G121	中国药理学通报	3537	1.423	0.276	0.83	530	34	14.98	274.27	4.4
G122	中国药理学与毒理学杂志	913	0.559	0.053	0.98	316	47	34.61	71.88	4.7
G878	中国药师	2563	0.652	0.093	0.83	409	22	15.96	199.64	3.8
G913	中国药事	1007	0.537	0.058	0.89	219	14	21.75	79.53	5.2
G220	中国药物化学杂志	314	0.294	0.014	0.95	128	17	40.76	25.51	9.3
G227	中国药物警戒	1095	0.679	0.139	0.78	220	13	20.09	85.50	5.2
G248	中国药物依赖性杂志	324	0.435	0.039	0.86	133	18	41.05	27.38	5.4
G713	中国药物应用与监测	513	0.704	0.159	0.77	151	10	29.43	40.36	4.6
G009	中国药学杂志	3391	0.924	0.104	0.91	491	23	14.48	263.69	6.2
G755	中国药业	2913	0.521	0.071	0.76	465	23	15.96	227.78	4.6
M628	中国冶金	989	1.211	0.326	0.66	100	2	10.11	113.05	2.9
G809	中国医刊	1572	0.809	0.084	0.87	418	33	26.59	128.30	3.5
G123	中国医科大学学报	1224	0.704	0.043	0.99	435	76	35.54	100.32	3.9
G124	中国医疗器械杂志	495	0.588	0.081	0.89	159	6	32.12	44.88	4.5
G679	中国医疗设备	2277	0.697	0.085	0.63	358	3	15.72	202.56	3.8
G306	中国医师进修杂志	962	0.495	0.080	0.74	305	31	31.70	79.00	4.4
G313	中国医师杂志	1350	0.470	0.043	0.75	389	38	28.81	111.37	3.4
G236	中国医学计算机成像杂志	654	0.798	0.042	0.88	200	13	30.58	56.29	4.1
G125	中国医学科学院学报	998	0.849	0.080	0.99	458	113	45.89	82.49	5.2

表 4-1　2019 年中国科技核心期刊（中文）被引用指标刊名字顺索引（续）

CODE	刊名	核心总被引频次	核心影响因子	核心即年指标	核心他引率	核心引用刊数	核心开放因子	核心扩散因子	核心权威因子	核心被引半衰期
G471	中国医学前沿杂志电子版	1554	0.645	0.086	0.89	393	52	25.29	124.94	4.2
G622	中国医学物理学杂志	697	0.461	0.086	0.87	257	17	36.87	62.66	3.7
G127	中国医学影像技术	3031	1.189	0.125	0.86	413	17	13.63	261.14	4.3
G193	中国医学影像学杂志	1511	0.953	0.066	0.83	312	16	20.65	129.51	4.1
S591	中国医学装备	1704	0.682	0.086	0.71	327	5	19.19	149.20	3.2
G519	中国医药	2000	1.003	0.240	0.81	310	10	15.50	160.76	2.8
G644	中国医药导报	5457	0.660	0.070	0.89	694	61	12.72	436.69	3.5
T019	中国医药工业杂志	1037	0.437	0.082	0.91	249	20	24.01	85.12	5.2
G531	中国医药生物技术	290	0.571	0.080	0.98	190	53	65.52	23.76	4.1
Q918	中国医院	1663	0.861	0.211	0.80	184	10	11.06	141.36	3.8
G454	中国医院管理	3353	1.743	0.287	0.76	313	9	9.33	285.98	3.6
G243	中国医院药学杂志	3462	0.902	0.127	0.91	509	29	14.70	270.80	4.1
G625	中国医院用药评价与分析	1107	0.375	0.065	0.86	279	24	25.20	86.52	3.3
G314	中国疫苗和免疫	1434	1.303	0.166	0.71	132	6	9.21	119.97	4.7
G130	中国应用生理学杂志	738	0.943	0.079	0.69	249	25	33.74	59.14	4.1
G706	中国优生与遗传杂志	1810	0.523	0.044	0.70	306	13	16.91	150.85	3.8
H205	中国油料作物学报	1562	1.274	0.066	0.87	207	14	13.25	121.50	7.1
U032	中国油脂	2271	0.782	0.130	0.71	285	5	12.55	178.40	5.2
M028	中国有色金属学报	3308	0.701	0.049	0.82	360	14	10.88	364.47	6.9
H099	中国预防兽医学报	988	0.634	0.057	0.81	136	5	13.77	77.69	4.8
G753	中国预防医学杂志	1114	0.694	0.104	0.91	305	25	27.38	92.63	4.4
V039	中国园林	2007	0.823	0.091	0.65	208	4	10.36	201.63	5.6
X012	中国造船	608	0.481	0.029	0.90	131	7	21.55	68.16	7.0
U033	中国造纸学报	213	0.312	0.020	0.73	83	7	38.97	22.39	7.9
H204	中国沼气	524	0.476	0.059	0.70	116	8	22.14	45.36	5.5
G600	中国针灸	4862	1.566	0.206	0.88	269	12	5.53	362.68	6.0
H067	中国真菌学杂志	390	0.631	0.068	0.82	145	17	37.18	31.64	4.4
G945	中国职业医学	1360	1.555	0.172	0.71	207	3	15.22	117.53	3.6
G347	中国中西医结合耳鼻咽喉科杂志	416	0.475	0.015	0.86	139	19	33.41	33.68	4.2
G843	中国中西医结合急救杂志	1079	0.878	0.135	0.82	255	19	23.63	84.79	4.1
G757	中国中西医结合皮肤性病学杂志	685	0.590	0.072	0.91	175	19	25.55	53.44	4.1
G846	中国中西医结合肾病杂志	2078	0.628	0.040	0.75	274	15	13.19	158.40	4.9
G758	中国中西医结合外科杂志	817	0.548	0.032	0.87	251	31	30.72	64.28	4.5
G528	中国中西医结合消化杂志	1460	1.217	0.175	0.85	224	18	15.34	110.07	3.6
G182	中国中西医结合杂志	4336	1.253	0.249	0.95	421	21	9.71	325.65	6.6
G132	中国中药杂志	13040	2.178	0.597	0.84	679	17	5.21	986.96	5.0
G240	中国中医骨伤科杂志	1381	0.735	0.144	0.79	204	15	14.77	106.04	4.4
G632	中国中医基础医学杂志	3456	0.617	0.048	0.93	294	15	8.51	256.59	5.8
G524	中国中医急症	3977	0.773	0.073	0.87	315	18	7.92	297.66	4.3
G749	中国中医眼科杂志	543	0.378	0.188	0.72	129	8	23.76	42.36	5.4
G832	中国中医药信息杂志	2837	0.791	0.200	0.94	358	24	12.62	212.85	5.7
G642	中国肿瘤	2299	2.611	0.821	0.91	478	61	20.79	188.95	3.4
G133	中国肿瘤临床	2245	1.414	0.176	0.97	450	74	20.04	185.56	4.0

表 4-1　2019 年中国科技核心期刊（中文）被引用指标刊名字顺索引（续）

CODE	刊名	核心总被引频次	核心影响因子	核心即年指标	核心他引率	核心引用刊数	核心开放因子	核心扩散因子	核心权威因子	核心被引半衰期
G255	中国肿瘤生物治疗杂志	738	0.854	0.260	0.80	273	36	36.99	60.20	2.7
G576	中国肿瘤外科杂志	315	0.545	0.138	0.83	171	37	54.29	26.49	3.3
G667	中国综合临床	681	0.406	0.048	0.96	269	46	39.50	55.57	4.4
G299	中国组织工程研究	7141	0.819	0.191	0.88	831	67	11.64	595.12	5.1
G134	中国组织化学与细胞化学杂志	333	0.402	0.061	0.86	168	32	50.45	27.01	4.5
G502	中华保健医学杂志	601	0.662	0.085	0.95	266	54	44.26	48.63	3.8
G135	中华病理学杂志	1479	0.822	0.169	0.88	362	32	24.48	125.19	4.8
G195	中华超声影像学杂志	1614	0.820	0.059	0.83	312	18	19.33	137.06	4.8
G136	中华传染病杂志	937	0.588	0.230	0.87	257	32	27.43	76.69	4.6
G408	中华创伤骨科杂志	1851	1.221	0.162	0.85	226	13	12.21	156.00	4.5
G137	中华创伤杂志	1448	0.863	0.159	0.86	276	23	19.06	121.97	4.5
G098	中华地方病学杂志	1339	1.110	0.153	0.47	184	1	13.74	112.25	4.2
G138	中华儿科杂志	3901	1.541	0.627	0.95	489	37	12.54	322.28	6.0
G139	中华耳鼻咽喉头颈外科杂志	2313	1.002	0.221	0.90	345	12	14.92	198.58	5.7
G743	中华耳科学杂志	1129	0.929	0.082	0.67	181	5	16.03	100.22	4.0
G140	中华放射学杂志	2997	1.566	0.251	0.88	372	11	12.41	258.47	5.4
G141	中华放射医学与防护杂志	1036	0.891	0.224	0.83	203	9	19.59	91.11	4.0
G251	中华放射肿瘤学杂志	1084	0.738	0.092	0.86	223	14	20.57	93.23	3.8
G474	中华肺部疾病杂志电子版	654	0.558	0.162	0.77	227	25	34.71	53.04	3.7
G286	中华风湿病学杂志	1314	0.353	0.029	0.93	324	49	24.66	104.64	8.7
G142	中华妇产科杂志	3131	1.823	0.175	0.96	401	34	12.81	257.31	4.8
G689	中华妇幼临床医学杂志电子版	616	0.684	0.134	0.87	228	33	37.01	51.41	4.2
G262	中华肝胆外科杂志	1518	1.277	0.156	0.76	258	15	17.00	131.02	3.7
G231	中华肝脏病杂志	2311	1.510	0.591	0.88	377	28	16.31	187.97	4.6
G054	中华肝脏外科手术学电子杂志	328	0.592	0.162	0.85	109	13	33.23	28.28	3.1
G235	中华高血压杂志	2094	0.901	0.112	0.84	387	41	18.48	168.35	5.6
G143	中华骨科杂志	2985	1.747	0.265	0.85	302	15	10.12	250.22	5.3
G648	中华骨与关节外科杂志	810	0.996	0.138	0.84	211	18	26.05	67.37	3.5
G728	中华骨质疏松和骨矿盐疾病杂志	749	2.092	0.073	0.94	264	34	35.25	60.68	3.1
G691	中华关节外科杂志电子版	814	0.715	0.096	0.79	192	13	23.59	67.47	4.6
G335	中华航海医学与高气压医学杂志	580	1.096	0.314	0.43	110	1	18.97	53.07	3.1
G144	中华航空航天医学杂志	203	0.167	0.000	0.85	47	4	23.15	17.95	10.8
G145	中华核医学与分子影像杂志	923	0.812	0.257	0.71	194	9	21.02	80.79	4.0
G146	中华护理杂志	7736	2.942	0.266	0.87	463	7	5.99	622.32	4.8
G555	中华急诊医学杂志	2432	1.258	0.206	0.78	399	27	16.41	199.27	3.8
G302	中华疾病控制杂志	2874	1.612	0.225	0.85	429	14	14.93	240.29	3.8
G055	中华肩肘外科电子杂志	223	1.010	0.036	0.60	48	3	21.52	19.79	3.1
G174	中华检验医学杂志	1536	1.031	0.166	0.86	355	29	23.11	126.84	4.7
G751	中华健康管理学杂志	590	0.924	0.181	0.72	200	16	33.90	49.01	3.9
G147	中华结核和呼吸杂志	3951	1.634	0.270	0.94	454	43	11.49	319.67	6.0
G060	中华结直肠疾病电子杂志	505	1.195	0.156	0.89	157	12	31.09	42.60	2.7
Q905	中华解剖与临床杂志	338	0.428	0.134	0.79	144	24	42.60	28.75	3.8
G159	中华精神科杂志	813	0.979	0.250	0.89	247	28	30.38	66.78	7.3

表 4-1　2019 年中国科技核心期刊（中文）被引用指标刊名字顺索引（续）

CODE	刊名	核心总被引频次	核心影响因子	核心即年指标	核心他引率	核心引用刊数	核心开放因子	核心扩散因子	核心权威因子	核心被引半衰期
G579	中华口腔医学研究杂志电子版	211	0.482	0.000	0.91	84	11	39.81	19.03	5.1
G148	中华口腔医学杂志	1092	0.812	0.089	0.90	228	13	20.88	99.38	6.0
G280	中华口腔正畸学杂志	205	0.402	0.028	0.94	56	8	27.32	19.03	5.9
G149	中华劳动卫生职业病杂志	1302	0.540	0.075	0.72	229	4	17.59	110.89	5.2
G639	中华老年多器官疾病杂志	755	0.789	0.198	0.84	269	38	35.63	61.12	3.0
Q949	中华老年骨科与康复电子杂志	181	0.893	0.031	0.81	81	11	44.75	14.90	2.7
G833	中华老年口腔医学杂志	281	0.518	0.090	0.81	105	10	37.37	25.16	4.0
G876	中华老年心脑血管病杂志	2003	0.873	0.179	0.95	361	51	18.02	160.94	3.8
G150	中华老年医学杂志	1682	0.821	0.114	0.86	408	45	24.26	136.43	3.8
G692	中华临床感染病杂志	511	0.834	0.480	0.94	212	36	41.49	41.91	4.1
G693	中华临床免疫和变态反应杂志	308	0.530	0.012	0.94	170	41	55.19	24.92	4.4
G824	中华临床营养杂志	463	0.815	0.078	0.87	194	31	41.90	37.78	5.4
G152	中华流行病学杂志	4786	1.786	0.434	0.91	571	26	11.93	400.31	5.0
G153	中华麻醉学杂志	1653	0.558	0.038	0.84	318	29	19.24	135.71	4.4
G154	中华泌尿外科杂志	2313	1.505	0.205	0.72	298	7	12.88	198.55	4.3
G282	中华男科学杂志	1696	1.035	0.083	0.78	288	11	16.98	138.65	4.7
G155	中华内分泌代谢杂志	1842	0.947	0.096	0.96	431	66	23.40	149.63	5.6
G736	中华内分泌外科杂志	326	0.449	0.025	0.88	157	29	48.16	27.76	3.6
G156	中华内科杂志	3547	2.195	0.299	0.97	545	89	15.37	287.18	6.0
G157	中华皮肤科杂志	1442	0.635	0.109	0.89	285	14	19.76	117.17	5.6
G461	中华普通外科学文献电子版	406	0.732	0.155	0.84	175	23	43.10	34.71	3.6
G254	中华普通外科杂志	1910	0.931	0.118	0.82	318	23	16.65	164.05	4.0
G462	中华普外科手术学杂志电子版	815	1.355	0.137	0.54	153	3	18.77	72.92	2.9
G158	中华器官移植杂志	531	0.453	0.045	0.81	151	7	28.44	46.42	5.3
G473	中华腔镜泌尿外科杂志电子版	520	0.810	0.124	0.71	109	5	20.96	45.08	3.9
G463	中华腔镜外科杂志电子版	447	0.892	0.104	0.81	131	16	29.31	38.51	3.5
G526	中华全科医师杂志	932	0.595	0.214	0.83	317	35	34.01	76.36	3.9
G515	中华全科医学	3285	0.969	0.106	0.94	531	59	16.16	266.74	3.5
G505	中华乳腺病杂志电子版	347	0.650	0.029	0.78	142	21	40.92	28.94	4.3
G900	中华烧伤杂志	974	0.907	0.203	0.71	196	6	20.12	82.27	3.8
Q950	中华神经创伤外科电子杂志	187	0.472	0.074	0.81	98	17	52.41	15.72	2.9
G197	中华神经科杂志	4251	1.965	0.140	0.94	433	46	10.19	341.48	4.8
G160	中华神经外科杂志	2010	0.915	0.163	0.79	298	14	14.83	172.12	4.5
G446	中华神经医学杂志	1237	0.805	0.103	0.87	314	36	25.38	102.86	4.1
G065	中华肾病研究电子杂志	172	0.432	0.039	0.98	101	25	58.72	13.58	4.2
G161	中华肾脏病杂志	1348	0.891	0.168	0.86	310	29	23.00	108.55	5.3
G737	中华生物医学工程杂志	231	0.333	0.020	0.82	134	29	58.01	19.09	3.9
G072	中华生殖与避孕杂志	1255	1.139	0.062	0.84	259	16	20.64	101.30	3.8
G162	中华实验和临床病毒学杂志	552	0.635	0.093	0.85	180	25	32.61	45.58	4.2
G703	中华实验和临床感染病杂志电子版	532	0.585	0.085	0.89	215	31	40.41	43.50	4.3
G163	中华实验外科杂志	1931	0.407	0.095	0.78	446	47	23.10	160.61	4.1
G773	中华实验眼科杂志	1056	0.677	0.171	0.76	190	5	17.99	90.87	4.1
G875	中华实用儿科临床杂志	3063	1.001	0.088	0.84	453	32	14.79	252.77	4.2

表 4-1　2019 年中国科技核心期刊（中文）被引用指标刊名字顺索引（续）

CODE	刊名	核心总被引频次	核心影响因子	核心即年指标	核心他引率	核心引用刊数	核心开放因子	核心扩散因子	核心权威因子	核心被引半衰期
G367	中华实用诊断与治疗杂志	2222	1.083	0.164	0.67	448	24	20.16	182.08	3.6
G848	中华手外科杂志	1662	0.902	0.046	0.51	140	2	8.42	141.94	6.5
G506	中华损伤与修复杂志电子版	448	0.545	0.100	0.81	161	18	35.94	37.42	4.8
G739	中华糖尿病杂志	1681	2.430	0.290	0.89	379	45	22.55	135.59	3.2
G164	中华外科杂志	3084	1.932	0.333	0.96	483	59	15.66	260.97	5.1
G165	中华微生物学和免疫学杂志	620	0.582	0.033	0.84	223	26	35.97	50.75	4.5
G116	中华危重病急救医学	2572	1.742	0.231	0.80	408	28	15.86	209.18	4.1
G761	中华危重症医学杂志电子版	394	0.754	0.083	0.71	173	18	43.91	31.98	3.6
G296	中华围产医学杂志	1163	0.779	0.190	0.87	253	25	21.75	96.78	4.2
G740	中华卫生杀虫药械	677	0.394	0.052	0.51	75	2	11.08	63.60	5.3
G793	中华胃肠外科杂志	2784	1.560	0.260	0.86	363	27	13.04	234.36	3.8
G166	中华物理医学与康复杂志	2008	0.946	0.100	0.78	319	15	15.89	162.10	4.9
G470	中华细胞与干细胞杂志电子版	93	0.301	0.079	0.92	69	23	74.19	7.76	3.1
G167	中华显微外科杂志	1967	1.548	0.182	0.47	156	1	7.93	170.22	4.2
G847	中华现代护理杂志	5246	1.005	0.065	0.58	354	3	6.75	418.11	3.3
G285	中华消化内镜杂志	1544	0.871	0.064	0.85	263	18	17.03	127.65	4.5
G978	中华消化外科杂志	2591	2.409	0.369	0.90	331	22	12.77	221.12	3.3
G168	中华消化杂志	1735	0.982	0.141	0.92	353	41	20.35	139.43	5.5
G169	中华小儿外科杂志	1244	0.619	0.037	0.76	239	15	19.21	107.59	5.2
G892	中华心律失常学杂志	525	0.736	0.381	0.66	127	6	24.19	43.09	4.0
G170	中华心血管病杂志	4686	2.050	0.289	0.95	463	47	9.88	376.00	5.6
G082	中华新生儿科杂志	602	0.755	0.115	0.85	170	21	28.24	49.87	4.4
G263	中华行为医学与脑科学杂志	1728	1.085	0.338	0.73	336	19	19.44	143.96	4.9
G171	中华胸心血管外科杂志	778	0.490	0.049	0.86	213	27	27.38	65.00	4.9
G172	中华血液学杂志	1692	1.023	0.205	0.83	333	30	19.68	139.61	4.3
G191	中华眼底病杂志	738	0.585	0.102	0.83	132	6	17.89	63.55	4.2
G075	中华眼科医学杂志电子版	114	0.455	0.088	0.89	65	15	57.02	9.50	3.7
G173	中华眼科杂志	1909	0.963	0.212	0.87	259	7	13.57	164.67	5.9
G873	中华眼视光学与视觉科学杂志	661	0.590	0.095	0.66	103	2	15.58	58.70	4.6
S590	中华医学教育探索杂志	698	0.379	0.017	0.66	147	5	21.06	59.50	4.1
Q920	中华医学超声杂志电子版	950	0.427	0.048	0.91	239	24	25.16	80.58	5.1
G705	中华医学教育杂志	593	0.426	0.167	0.70	123	5	20.74	50.73	4.2
G307	中华医学科研管理杂志	300	0.458	0.058	0.58	70	3	23.33	26.77	3.9
G489	中华医学美学美容杂志	623	0.720	0.149	0.62	78	2	12.52	55.98	4.0
G915	中华医学图书情报杂志	456	0.356	0.092	0.79	142	13	31.14	41.92	3.9
G175	中华医学遗传学杂志	1097	0.624	0.055	0.70	220	6	20.05	92.78	4.7
G176	中华医学杂志	7354	1.233	0.165	0.93	726	108	9.87	610.21	4.6
G194	中华医院感染学杂志	9229	1.109	0.166	0.82	607	34	6.58	755.73	3.6
G591	中华医院管理杂志	1770	1.129	0.162	0.73	211	7	11.92	150.40	4.1
G610	中华胰腺病杂志	390	0.403	0.080	0.86	162	26	41.54	32.37	4.7
G897	中华移植杂志电子版	166	0.540	0.179	0.81	74	10	44.58	14.41	3.9
G177	中华预防医学杂志	2865	1.909	0.603	0.84	491	24	17.14	238.50	4.4
G178	中华整形外科杂志	963	0.701	0.063	0.75	176	4	18.28	84.56	4.7

表 4-1　2019 年中国科技核心期刊（中文）被引用指标刊名字顺索引（续）

CODE	刊名	核心总被引频次	核心影响因子	核心即年指标	核心他引率	核心引用刊数	核心开放因子	核心扩散因子	核心权威因子	核心被引半衰期
G859	中华中医药学刊	6507	1.083	0.131	0.91	477	21	7.33	487.60	4.6
G910	中华中医药杂志	10902	1.353	0.168	0.78	515	14	4.72	806.19	3.8
G858	中华肿瘤防治杂志	2176	1.046	0.070	0.83	432	46	19.85	179.91	3.8
G179	中华肿瘤杂志	2175	2.045	1.135	0.93	436	64	20.05	181.14	3.7
G472	中华疝和腹壁外科杂志电子版	468	0.690	0.068	0.70	101	5	21.58	41.48	3.7
Q954	中华重症医学电子杂志	81	0.338	0.015	0.89	58	18	71.60	6.71	2.8
G039	中南大学学报医学版	1217	0.709	0.043	0.96	495	97	40.67	99.79	4.8
K001	中南大学学报自然科学版	3570	0.600	0.050	0.92	674	75	18.88	371.80	6.1
H053	中南林业科技大学学报	2536	1.486	0.263	0.83	367	16	14.47	212.76	4.9
A550	中南民族大学学报自然科学版	256	0.424	0.036	0.69	143	21	55.86	23.72	3.7
G599	中南药学	1562	0.642	0.101	0.79	318	19	20.36	120.55	3.9
G682	中南医学科学杂志	543	0.570	0.035	0.85	262	43	48.25	44.21	3.5
G180	中日友好医院学报	326	0.424	0.082	0.97	201	54	61.66	26.42	3.9
G181	中山大学学报医学科学版	796	0.716	0.054	0.96	420	92	52.76	66.61	4.9
A036	中山大学学报自然科学版	1005	0.545	0.027	0.91	509	103	50.65	99.38	9.0
X539	中外公路	1209	0.419	0.047	0.63	193	3	15.96	130.43	4.8
S020	中文信息学报	1226	0.923	0.041	0.79	187	11	15.25	136.15	5.2
G842	中西医结合肝病杂志	609	0.556	0.035	0.88	179	23	29.39	46.90	4.9
G597	中西医结合心脑血管病杂志	3889	0.637	0.045	0.87	396	27	10.18	299.53	3.6
R775	中兴通讯技术	172	0.503	0.284	0.87	86	14	50.00	18.64	2.8
G183	中药材	5035	0.827	0.119	0.94	511	26	10.15	384.12	5.8
G564	中药新药与临床药理	1501	1.100	0.109	0.92	286	26	19.05	113.84	5.7
G685	中医学报	3043	0.809	0.113	0.90	322	17	10.58	226.80	4.0
G681	中医药导报	3104	0.543	0.058	0.82	368	17	11.86	232.27	3.7
G812	中医药学报	1585	0.782	0.124	0.98	265	23	16.72	118.81	5.2
G010	中医杂志	6850	1.376	0.207	0.94	369	16	5.39	506.40	5.6
G184	肿瘤	916	0.804	0.058	0.91	341	61	37.23	74.82	4.9
Q929	肿瘤代谢与营养电子杂志	299	0.719	0.078	0.74	118	10	39.46	24.25	3.3
G185	肿瘤防治研究	950	0.668	0.050	0.94	342	61	36.00	78.29	4.2
G412	肿瘤学杂志	664	0.497	0.108	0.96	280	53	42.17	54.95	3.5
G522	肿瘤研究与临床	699	0.666	0.071	0.59	198	7	28.33	59.38	3.4
G196	肿瘤药学	354	0.471	0.040	0.81	178	31	50.28	28.54	2.9
G838	肿瘤影像学	242	0.648	0.042	0.91	108	14	44.63	20.88	3.4
G695	肿瘤预防与治疗	431	1.345	0.153	0.61	166	10	38.52	36.74	2.7
H103	种子	2168	0.585	0.059	0.68	227	9	10.47	167.87	6.0
G094	中风与神经疾病杂志	996	0.454	0.080	0.92	307	48	30.82	79.99	3.9
N022	轴承	650	0.243	0.033	0.65	135	6	20.77	70.92	6.9
H026	竹子学报	295	0.331	0.032	0.74	82	8	27.80	25.06	10.7
N075	铸造	1061	0.496	0.107	0.63	134	2	12.63	117.77	7.0
G407	转化医学杂志	224	0.412	0.053	0.93	148	42	66.07	18.49	3.7
N034	装备环境工程	793	0.412	0.073	0.70	182	7	22.95	89.64	5.5
N990	装甲兵工程学院学报	297	0.222	0.033	0.91	132	17	44.44	32.83	5.5
Z022	资源科学	5756	2.410	0.420	0.92	572	29	9.94	535.78	5.8

表 4-1 2019 年中国科技核心期刊（中文）被引用指标刊名字顺索引（续）

CODE	刊名	核心总被引频次	核心影响因子	核心即年指标	核心他引率	核心引用刊数	核心开放因子	核心扩散因子	核心权威因子	核心被引半衰期
R737	自动化技术与应用	618	0.239	0.028	0.83	196	15	31.72	65.59	3.8
S026	自动化学报	4006	2.349	0.480	0.87	568	36	14.18	430.02	4.4
N013	自动化仪表	868	0.597	0.040	0.65	233	10	26.84	93.59	3.8
S501	自动化与仪表	483	0.335	0.095	0.87	173	18	35.82	52.09	3.8
R611	自动化与仪器仪表	1370	0.403	0.056	0.65	246	3	17.96	146.13	2.8
A905	自然杂志	519	0.483	0.033	1.00	337	90	64.93	50.16	9.1
E137	自然灾害学报	2088	0.908	0.078	0.84	411	35	19.68	195.06	8.2
Z012	自然资源学报	5871	2.835	0.436	0.90	527	29	8.98	527.43	6.8
G229	卒中与神经疾病	461	0.449	0.067	0.97	211	43	45.77	37.01	3.8
N088	组合机床与自动化加工技术	1653	0.519	0.048	0.75	241	7	14.58	178.40	4.2
G701	组织工程与重建外科杂志	357	0.487	0.078	0.94	145	17	40.62	30.94	3.8
L018	钻井液与完井液	1127	0.939	0.174	0.63	83	3	7.36	113.36	5.5
G720	遵义医学院学报	444	0.523	0.037	0.70	216	30	48.65	36.23	4.3
H034	作物学报	5984	1.651	0.366	0.94	284	19	4.75	465.08	9.1
H410	作物研究	794	0.574	0.091	0.90	188	19	23.68	62.40	5.8
H202	作物杂志	1762	1.252	0.134	0.90	215	17	12.20	137.00	5.4

表 4-2　2019 年中国科技核心期刊（中文）来源指标刊名字顺索引

CODE	刊名	来源文献量	文献选出率	AR论文量	平均引文数	平均作者数	地区分布数	机构分布数	海外论文比	基金论文比	引用半衰期
E626	CT 理论与应用研究	86	0.93	86	21.9	4.6	17	68	0.00	0.38	5.8
G549	癌变・畸变・突变	91	0.96	89	23.9	5.2	22	55	0.00	0.75	5.8
A003	安徽大学学报自然科学版	93	1.00	92	21.1	3.1	19	59	0.01	0.95	7.0
M031	安徽工业大学学报自然科学版	64	0.97	62	16.1	3.9	7	15	0.00	0.73	5.9
H002	安徽农业大学学报	169	0.96	168	26.1	5.6	25	77	0.00	0.81	7.5
A009	安徽师范大学学报自然科学版	102	0.99	101	17.2	2.9	17	57	0.02	0.91	8.6
G012	安徽医科大学学报	413	1.00	403	14.0	5.2	23	121	0.00	0.98	4.8
G786	安徽医学	393	0.90	226	15.0	4.0	17	189	0.00	0.35	4.0
Q906	安徽医药	679	1.00	534	17.0	3.8	28	407	0.00	0.30	4.8
G013	安徽中医药大学学报	137	0.96	107	15.9	4.6	14	43	0.00	0.66	5.4
Z549	安全与环境学报	307	0.92	301	21.4	4.1	29	169	0.01	0.70	6.7
H340	桉树科技	39	0.91	38	27.0	5.0	5	19	0.00	0.79	9.6
R024	半导体光电	179	1.00	161	15.0	4.2	22	90	0.01	0.69	6.6
R063	半导体技术	162	0.97	146	15.7	4.9	23	77	0.01	0.65	5.6
G741	蚌埠医学院学报	486	0.98	325	15.0	4.0	23	226	0.00	0.40	5.0
U521	包装与食品机械	90	1.00	71	18.2	3.9	22	65	0.00	0.61	5.0
U645	保鲜与加工	190	0.97	190	24.5	4.4	29	127	0.00	0.62	8.0
E045	暴雨灾害	76	0.93	76	39.7	3.9	18	50	0.00	0.89	9.8
N017	爆破	88	0.98	87	28.5	4.6	17	54	0.00	0.77	5.7
N012	爆破器材	69	0.99	69	16.8	4.4	14	35	0.01	0.26	8.5
N006	爆炸与冲击	206	1.00	206	20.2	4.7	24	77	0.01	0.72	9.6
H128	北方水稻	117	0.96	37	5.7	3.7	12	68	0.01	0.26	8.3
A652	北华大学学报自然科学版	164	1.00	153	16.6	4.2	18	71	0.01	0.88	5.9
G002	北京大学学报医学版	193	0.93	189	20.3	6.1	14	33	0.02	0.50	7.1
A005	北京大学学报自然科学版	131	1.00	131	29.2	4.2	13	34	0.05	0.86	8.8
J030	北京工业大学学报	150	1.00	146	24.6	4.2	13	28	0.01	0.99	7.2
Y001	北京航空航天大学学报	290	0.97	285	20.7	4.1	22	94	0.02	0.76	7.3
T020	北京化工大学学报自然科学版	109	0.98	105	14.8	3.9	12	28	0.00	0.68	7.0
X014	北京交通大学学报	105	0.94	103	18.5	4.0	20	43	0.01	0.93	6.3
G500	北京口腔医学	80	0.90	67	20.3	4.2	11	25	0.03	0.50	7.7
N001	北京理工大学学报	208	0.96	203	12.5	4.2	21	91	0.01	0.78	6.3
H025	北京林业大学学报	193	0.98	193	35.5	5.1	20	30	0.01	0.92	8.9
H263	北京农学院学报	88	0.97	84	19.1	5.3	3	8	0.00	0.77	8.2
G004	北京生物医学工程	96	0.84	92	21.6	4.3	14	47	0.02	0.72	5.8
A010	北京师范大学学报自然科学版	104	0.93	103	26.4	4.3	19	34	0.04	0.88	8.6
G016	北京医学	342	0.93	145	14.4	4.3	23	151	0.00	0.26	5.0
R018	北京邮电大学学报	124	0.99	119	14.7	3.7	20	61	0.01	0.89	4.6
G620	北京中医药	294	0.83	177	14.2	4.4	19	97	0.00	0.49	6.6

表 4-2 2019 年中国科技核心期刊（中文）来源指标刊名字顺索引（续）

CODE	刊名	来源文献量	文献选出率	AR论文量	平均引文数	平均作者数	地区分布数	机构分布数	海外论文比	基金论文比	引用半衰期
G017	北京中医药大学学报	164	0.99	160	16.8	5.6	22	58	0.01	0.91	6.3
N101	变压器	231	0.94	173	8.4	4.2	29	148	0.01	0.10	7.0
G410	标记免疫分析与临床	492	0.98	445	16.0	4.1	29	310	0.00	0.34	4.1
T098	表面技术	510	0.98	510	29.7	4.9	29	218	0.04	0.81	6.6
E135	冰川冻土	154	0.94	154	35.5	5.0	23	77	0.03	0.81	8.8
N008	兵工学报	298	1.00	295	19.2	4.4	22	95	0.00	0.68	6.8
R730	兵工自动化	257	1.00	220	11.4	3.5	23	114	0.00	0.18	8.2
N085	兵器材料科学与工程	171	0.97	165	17.4	4.3	25	93	0.01	0.71	7.1
T094	兵器装备工程学报	572	0.99	539	13.7	3.7	24	171	0.00	0.38	6.9
G018	病毒学报	128	0.94	128	29.2	6.0	25	80	0.02	0.77	6.7
C060	波谱学杂志	55	0.98	55	30.5	5.0	13	33	0.07	0.60	7.6
A808	渤海大学学报自然科学版	56	0.93	54	20.7	3.6	8	10	0.02	0.95	6.5
M005	材料保护	380	0.98	365	17.2	4.4	28	243	0.00	0.45	7.8
M103	材料导报	649	1.00	629	38.7	4.8	30	236	0.01	0.87	7.1
Y007	材料工程	247	0.98	247	30.7	5.0	26	132	0.00	0.76	6.4
M010	材料开发与应用	111	0.95	109	11.6	3.7	16	37	0.00	0.20	9.2
M008	材料科学与工程学报	177	0.97	177	22.5	4.4	27	103	0.00	0.81	7.9
M006	材料科学与工艺	84	0.97	84	20.9	4.5	19	59	0.00	0.77	6.0
N026	材料热处理学报	291	1.00	291	20.9	4.9	27	126	0.00	0.77	7.1
M009	材料研究学报	119	1.00	119	24.8	5.4	26	79	0.03	0.86	7.7
K512	采矿与安全工程学报	157	1.00	157	20.0	4.9	16	44	0.01	0.98	7.7
H009	蚕业科学	130	0.96	130	25.9	6.1	18	46	0.02	0.89	9.3
H525	草地学报	228	1.00	228	33.7	5.7	25	75	0.01	0.87	8.6
H234	草业科学	330	0.90	329	37.7	5.3	30	132	0.01	0.86	8.6
H527	草业学报	234	0.97	233	37.9	6.1	26	71	0.01	0.86	8.9
H538	草原与草坪	91	0.92	91	27.9	5.4	16	35	0.00	0.76	9.0
E616	测绘地理信息	180	0.99	130	15.2	3.3	23	90	0.01	0.84	6.4
E543	测绘工程	90	1.00	89	14.4	3.5	21	55	0.00	0.69	6.4
E600	测绘科学	362	1.00	360	18.9	4.0	27	135	0.01	0.77	6.8
E615	测绘科学技术学报	113	0.94	113	17.2	4.2	19	45	0.00	0.80	5.9
E510	测绘通报	408	1.00	390	16.9	3.8	28	225	0.00	0.66	5.4
E152	测绘学报	159	0.77	159	33.3	4.2	21	59	0.03	0.92	6.7
L017	测井技术	122	0.95	120	12.9	4.9	16	54	0.00	0.48	9.8
Y022	测控技术	336	0.97	284	13.2	3.4	26	158	0.00	0.54	5.2
R711	测试技术学报	100	0.94	80	11.9	3.5	15	42	0.02	0.47	6.2
H001	茶叶科学	77	0.89	75	32.8	6.0	19	41	0.00	0.78	7.4
X036	长安大学学报自然科学版	81	0.93	81	25.8	4.2	16	30	0.02	0.98	7.0
N056	长春理工大学学报自然科学版	169	0.99	144	13.0	3.8	7	17	0.01	0.80	5.5
G992	长春中医药大学学报	340	0.96	200	17.6	3.8	23	113	0.00	0.84	5.0
W010	长江科学院院报	339	0.94	338	18.0	4.0	28	148	0.01	0.84	9.3
Z029	长江流域资源与环境	289	0.99	289	32.4	4.3	23	118	0.01	0.95	6.5
G264	肠外与肠内营养	84	0.88	69	20.1	3.8	20	63	0.00	0.37	5.1
N024	车用发动机	87	1.00	86	15.6	4.4	21	47	0.03	0.57	7.4

表 4-2　2019 年中国科技核心期刊（中文）来源指标刊名字顺索引（续）

CODE	刊名	来源文献量	文献选出率	AR论文量	平均引文数	平均作者数	地区分布数	机构分布数	海外论文比	基金论文比	引用半衰期
E113	沉积学报	110	0.97	110	41.9	5.7	23	55	0.02	0.92	10.5
E102	成都理工大学学报自然科学版	77	1.00	76	30.3	5.5	14	36	0.03	0.92	10.2
G670	成都医学院学报	186	0.99	171	18.0	4.3	16	79	0.00	0.55	4.7
V050	城市规划	185	0.88	158	20.7	3.0	17	71	0.03	0.49	10.6
V028	城市规划学刊	81	0.86	81	27.9	2.8	11	29	0.04	0.53	9.2
X043	城市轨道交通研究	498	0.94	434	6.9	2.7	26	201	0.00	0.17	6.6
X046	城市交通	103	0.87	96	12.5	3.1	11	53	0.10	0.26	5.6
J021	重庆大学学报自然科学版	147	0.95	146	19.1	4.2	21	67	0.01	0.89	6.3
X029	重庆交通大学学报自然科学版	253	1.00	253	15.5	3.5	27	113	0.01	0.74	7.8
N757	重庆理工大学学报自然科学版	417	1.00	397	16.2	3.4	28	193	0.01	0.88	5.5
A512	重庆师范大学学报自然科学版	126	0.99	125	20.4	3.7	18	40	0.00	0.94	8.7
G186	重庆医科大学学报	320	0.96	298	21.7	5.1	26	104	0.01	0.61	5.8
G225	重庆医学	890	0.78	735	18.9	4.6	31	495	0.00	0.66	4.7
R559	重庆邮电大学学报自然科学版	114	0.96	102	18.6	3.5	21	48	0.00	0.94	4.8
L508	储能科学与技术	163	0.95	157	27.4	5.2	25	101	0.03	0.73	4.2
G432	川北医学院学报	267	1.00	198	16.4	3.7	24	189	0.00	0.58	3.6
N060	传感技术学报	306	1.00	283	17.7	4.2	28	153	0.01	0.82	5.1
R532	传感器与微系统	537	1.00	379	12.5	3.7	27	184	0.01	0.72	6.3
G458	传染病信息	136	0.95	98	22.4	4.5	22	85	0.00	0.51	3.9
X010	船舶工程	300	0.91	292	11.7	3.7	15	104	0.00	0.42	6.7
X633	船舶力学	147	0.95	147	17.3	4.0	16	54	0.02	0.68	11.7
X635	船海工程	221	0.99	209	8.1	3.3	12	74	0.00	0.29	6.4
G322	创伤外科杂志	210	0.79	174	17.5	4.4	24	168	0.00	0.24	4.2
G085	创伤与急危重病医学	126	0.98	45	15.9	4.0	21	87	0.00	0.26	3.7
G552	磁共振成像	183	0.84	179	25.0	4.9	24	101	0.01	0.69	5.0
E144	大地测量与地球动力学	245	0.95	241	13.6	4.0	28	109	0.00	0.85	9.3
E146	大地构造与成矿学	78	0.94	78	64.8	6.5	16	36	0.03	0.81	12.5
R051	大电机技术	88	0.98	85	15.1	4.4	21	64	0.01	0.33	7.7
H038	大豆科学	142	0.98	133	25.6	5.8	26	80	0.01	0.85	8.0
U512	大连工业大学学报	95	0.91	91	13.5	4.8	5	7	0.00	0.78	7.4
X024	大连海事大学学报	70	1.00	70	20.1	3.8	7	12	0.01	0.89	5.8
H005	大连海洋大学学报	123	1.00	123	31.0	6.2	17	42	0.00	0.89	8.5
X001	大连交通大学学报	140	0.99	134	10.5	3.4	11	23	0.00	0.70	6.6
J024	大连理工大学学报	88	0.99	87	17.6	4.1	19	33	0.01	0.98	7.6
G020	大连医科大学学报	101	0.79	101	23.7	4.0	15	46	0.00	0.37	5.4
E109	大气科学	98	1.00	98	37.5	4.4	18	36	0.03	0.96	11.1
E091	大气科学学报	90	0.99	90	33.1	3.9	13	30	0.00	0.93	9.7
S055	大数据	53	0.98	52	28.2	4.1	17	41	0.02	0.77	4.5
S086	单片机与嵌入式系统应用	256	0.76	126	9.4	3.0	28	165	0.01	0.26	4.8
H040	淡水渔业	106	1.00	106	25.7	6.4	17	47	0.00	0.75	9.7
N004	弹道学报	64	0.96	62	11.5	3.4	13	28	0.00	0.47	8.1
T941	当代化工	732	0.96	700	14.2	3.7	30	313	0.01	0.40	7.3
Y503	导弹与航天运载技术	146	0.96	142	10.2	4.3	10	35	0.00	0.12	9.1

表 4-2 2019 年中国科技核心期刊（中文）来源指标刊名字顺索引（续）

CODE	刊名	来源文献量	文献选出率	AR论文量	平均引文数	平均作者数	地区分布数	机构分布数	海外论文比	基金论文比	引用半衰期
Y563	导航定位与授时	110	0.95	107	18.8	4.2	17	63	0.00	0.64	5.7
Y585	导航与控制	94	0.97	93	14.9	4.2	13	49	0.00	0.57	6.8
N019	低温工程	72	0.97	71	9.2	4.5	19	42	0.01	0.72	8.7
C055	低温物理学报	58	1.00	56	26.1	4.9	14	39	0.02	0.64	8.4
E133	地层学杂志	37	0.82	37	42.1	5.7	14	29	0.03	0.95	14.5
E130	地理科学	216	0.99	216	33.3	3.6	26	100	0.05	0.97	7.1
E584	地理科学进展	171	0.97	170	49.1	3.5	24	65	0.06	0.95	7.4
E639	地理空间信息	423	0.97	269	11.0	3.3	28	217	0.00	0.55	7.2
E315	地理信息世界	143	0.99	141	17.7	3.9	25	89	0.03	0.63	6.2
E305	地理学报	178	0.85	178	46.4	4.2	24	71	0.03	0.96	8.1
E310	地理研究	225	0.95	224	39.3	3.4	26	87	0.04	0.95	7.3
E527	地理与地理信息科学	120	0.90	120	28.8	3.9	22	70	0.01	0.95	6.9
E024	地球化学	53	0.95	53	46.8	5.3	15	22	0.04	0.98	10.8
E570	地球环境学报	59	0.89	58	37.3	4.4	15	31	0.03	0.83	9.4
E142	地球科学	321	0.96	321	67.7	5.6	27	88	0.01	0.93	10.0
E115	地球科学进展	121	0.88	120	58.7	4.4	21	67	0.05	0.88	9.0
E004	地球科学与环境学报	56	0.90	56	49.1	5.4	14	29	0.02	0.98	10.7
E153	地球物理学报	380	0.97	380	54.3	4.9	27	119	0.04	0.97	10.3
E308	地球物理学进展	322	1.00	322	45.1	4.6	26	165	0.02	0.83	8.9
E656	地球信息科学学报	182	0.95	182	31.3	4.1	25	84	0.01	0.93	6.2
E300	地球学报	66	0.97	66	81.9	5.7	11	33	0.02	0.83	12.0
E549	地球与环境	104	0.98	104	34.4	5.1	23	58	0.00	0.94	8.7
V031	地下空间与工程学报	237	0.99	235	17.5	3.8	26	139	0.00	0.82	8.6
E357	地学前缘	163	0.95	163	49.3	5.7	22	62	0.02	0.96	10.4
S741	地域研究与开发	188	1.00	188	26.0	3.2	27	127	0.01	0.89	6.7
E306	地震	66	0.99	66	29.5	4.4	21	35	0.02	0.83	11.8
E150	地震地质	95	0.98	95	42.7	5.4	19	40	0.03	0.92	11.6
E307	地震工程学报	231	0.98	224	16.3	3.3	26	154	0.01	0.91	5.9
E118	地震工程与工程振动	148	0.97	147	18.8	3.6	22	71	0.02	0.97	9.1
E143	地震学报	65	0.93	65	37.9	4.2	20	38	0.00	0.92	11.0
E112	地震研究	79	0.91	79	24.1	4.2	20	43	0.01	0.91	9.9
E362	地质科技情报	193	0.97	193	35.7	5.4	23	81	0.01	0.87	9.8
E139	地质科学	79	0.98	79	49.3	5.9	20	42	0.05	0.99	12.9
E026	地质力学学报	97	0.95	96	44.2	5.2	18	56	0.03	0.91	11.7
E009	地质论评	115	0.88	114	83.5	5.3	24	71	0.03	0.81	11.8
E127	地质通报	195	0.97	194	40.5	6.0	27	100	0.01	0.96	13.3
E010	地质学报	213	0.95	211	93.0	6.2	23	75	0.01	0.89	11.1
E151	地质与勘探	128	1.00	128	60.0	5.1	26	90	0.00	0.80	8.7
E525	地质与资源	86	1.00	85	18.0	4.4	21	55	0.00	0.81	11.0
E132	地质找矿论丛	83	0.95	83	22.1	4.1	22	61	0.00	0.65	11.4
G005	第二军医大学学报	237	0.94	231	23.2	5.3	18	72	0.00	0.67	5.4
G021	第三军医大学学报	377	0.94	376	21.3	5.7	22	88	0.00	0.63	5.0
E301	第四纪研究	136	0.96	132	60.2	5.2	25	62	0.07	0.95	10.4

表 4-2 2019 年中国科技核心期刊（中文）来源指标刊名字顺索引（续）

CODE	刊名	来源文献量	文献选出率	AR论文量	平均引文数	平均作者数	地区分布数	机构分布数	海外论文比	基金论文比	引用半衰期
R007	电波科学学报	109	0.94	102	16.3	4.2	22	63	0.00	0.70	9.2
R003	电池	131	0.90	101	10.2	3.5	27	102	0.00	0.56	5.0
Z015	电镀与环保	138	1.00	56	6.1	3.1	25	87	0.00	0.38	8.5
T508	电镀与精饰	112	0.99	105	13.3	3.8	22	74	0.00	0.38	7.4
T598	电镀与涂饰	264	0.94	228	12.7	4.1	25	186	0.02	0.30	6.9
R010	电工电能新技术	124	0.98	119	21.3	4.8	21	66	0.01	0.77	5.1
R043	电工技术学报	524	0.96	503	24.0	4.4	27	130	0.01	0.87	5.1
R740	电光与控制	260	0.97	243	13.8	3.5	21	106	0.00	0.60	6.4
N067	电焊机	340	0.94	308	9.3	3.9	24	182	0.00	0.23	8.0
D036	电化学	72	0.90	72	45.5	4.4	19	50	0.01	0.86	5.4
R088	电机与控制学报	189	0.99	187	18.4	4.1	24	77	0.03	0.97	6.9
R045	电机与控制应用	224	1.00	205	14.5	3.5	26	127	0.01	0.56	6.0
N027	电加工与模具	83	0.88	79	13.9	4.1	12	43	0.02	0.69	7.1
R011	电力电子技术	425	1.00	297	5.4	3.4	26	194	0.00	0.58	5.8
R769	电力工程技术	156	0.98	147	22.4	4.6	24	85	0.01	0.76	4.9
A199	电力建设	176	0.96	172	22.4	4.9	25	69	0.01	0.86	3.8
R654	电力科学与技术学报	109	0.96	105	17.9	4.8	24	68	0.01	0.70	6.2
N102	电力系统保护与控制	565	1.00	537	23.9	4.9	29	246	0.01	0.91	4.3
R071	电力系统及其自动化学报	260	0.96	252	17.8	4.5	28	123	0.02	0.57	5.8
S019	电力系统自动化	603	0.99	584	26.4	5.0	26	134	0.04	0.87	4.2
R745	电力信息与通信技术	157	0.96	138	18.0	4.3	27	102	0.01	0.16	4.1
R750	电力需求侧管理	103	0.97	98	11.7	4.3	17	64	0.00	0.73	3.9
R090	电力自动化设备	385	0.98	375	20.1	4.8	25	107	0.01	0.83	4.9
R044	电气传动	226	0.98	202	12.3	3.5	26	168	0.00	0.57	6.2
R428	电气工程学报	71	1.00	67	14.7	3.6	24	56	0.00	0.27	6.4
R058	电气自动化	204	1.00	141	10.6	3.7	27	132	0.01	0.21	5.9
R039	电网技术	551	0.99	541	24.8	5.0	24	138	0.02	0.81	4.5
R116	电网与清洁能源	151	1.00	143	19.5	4.8	26	99	0.00	0.74	3.3
R684	电信科学	218	1.00	198	17.1	3.6	16	112	0.01	0.51	3.6
R754	电讯技术	240	0.99	216	14.5	3.0	24	101	0.00	0.52	5.5
R019	电源技术	571	0.98	404	11.9	3.9	30	292	0.01	0.51	6.0
R055	电子测量技术	735	0.98	617	16.4	3.1	30	303	0.00	0.30	5.1
R021	电子测量与仪器学报	320	0.96	308	18.3	3.5	26	167	0.02	0.86	4.3
R067	电子技术应用	342	0.99	248	11.4	3.5	27	204	0.00	0.40	5.2
R036	电子科技大学学报	139	1.00	131	20.2	3.9	22	63	0.00	0.85	6.1
R512	电子器件	305	0.98	219	13.5	3.6	27	167	0.00	0.59	6.0
R724	电子设计工程	980	1.00	708	17.1	2.9	31	477	0.00	0.36	3.7
R001	电子显微学报	102	0.73	95	22.9	4.5	22	54	0.01	0.76	7.5
R006	电子学报	350	1.00	332	20.5	4.1	28	181	0.02	0.90	6.3
R022	电子与信息学报	405	1.00	374	18.6	4.0	23	129	0.01	0.86	4.5
R020	电子元件与材料	199	1.00	172	18.2	4.1	24	123	0.01	0.75	6.1
J023	东北大学学报自然科学版	322	1.00	315	13.1	3.6	11	13	0.01	0.99	7.7
H262	东北林业大学学报	258	0.98	247	24.5	4.6	28	77	0.01	0.88	8.2

表 4-2　2019 年中国科技核心期刊（中文）来源指标刊名字顺索引（续）

CODE	刊名	来源文献量	文献选出率	AR论文量	平均引文数	平均作者数	地区分布数	机构分布数	海外论文比	基金论文比	引用半衰期
H006	东北农业大学学报	129	1.00	129	20.9	6.1	10	23	0.00	0.98	7.7
H227	东北农业科学	136	0.96	121	18.6	5.4	23	74	0.01	0.88	6.5
A030	东北师大学报自然科学版	103	0.99	100	16.3	3.4	18	57	0.00	0.99	8.8
L004	东北石油大学学报	73	0.87	72	28.8	5.2	16	34	0.03	0.96	7.5
U014	东华大学学报自然科学版	151	0.96	147	15.6	3.7	11	28	0.01	0.72	8.7
G057	东南大学学报医学版	219	0.97	209	20.3	4.6	23	114	0.00	0.61	4.9
J028	东南大学学报自然科学版	163	0.99	162	19.8	4.1	17	45	0.01	0.97	6.7
G944	东南国防医药	166	0.95	92	19.7	4.4	19	82	0.00	0.28	4.8
P003	动力工程学报	152	0.93	148	15.6	4.4	17	51	0.01	0.62	6.6
P018	动力学与控制学报	81	1.00	81	19.4	3.0	21	45	0.00	0.88	10.3
F043	动物学杂志	125	0.84	99	21.8	5.5	29	90	0.02	0.81	10.3
G775	动物医学进展	309	0.86	302	19.7	6.6	29	118	0.00	0.79	4.8
F231	动物营养学报	660	1.00	660	36.1	6.0	31	133	0.01	0.85	8.2
X034	都市快轨交通	149	0.89	149	10.6	2.7	20	72	0.00	0.36	5.9
G542	毒理学杂志	112	0.97	101	19.8	6.0	25	83	0.01	0.61	6.2
T241	断块油气田	172	0.98	166	19.1	4.5	21	85	0.01	0.77	6.6
G920	儿科药学杂志	234	0.93	176	20.0	3.6	26	128	0.00	0.18	5.4
C071	发光学报	199	0.98	193	23.9	5.4	29	112	0.01	0.92	5.8
G199	发育医学电子杂志	60	0.91	58	27.9	4.0	18	44	0.00	0.67	5.5
G874	法医学杂志	183	0.98	111	17.5	5.2	24	94	0.00	0.50	7.5
U013	纺织高校基础科学学报	73	0.97	72	20.8	3.5	10	17	0.04	0.73	5.6
U053	纺织学报	355	0.99	349	16.8	4.2	23	73	0.03	0.83	6.4
G608	放射学实践	291	0.94	244	17.9	4.8	27	184	0.01	0.33	5.3
Y571	飞航导弹	217	0.95	209	12.1	3.1	17	76	0.00	0.18	5.1
Y006	飞行力学	110	0.95	107	13.0	3.6	17	41	0.00	0.55	8.0
K002	非金属矿	175	1.00	101	10.9	4.8	24	78	0.00	0.79	6.4
D022	分析测试学报	241	0.98	240	27.1	5.5	28	190	0.02	0.80	5.6
D005	分析化学	245	0.90	242	35.9	5.6	28	163	0.03	0.94	5.7
D026	分析科学学报	149	0.96	149	23.8	5.1	27	113	0.03	0.75	6.6
D004	分析试验室	281	0.98	276	21.1	5.0	29	212	0.00	0.74	5.1
D062	分析仪器	165	0.99	132	11.2	4.3	25	125	0.00	0.26	7.4
D015	分子催化	62	0.93	62	36.8	5.2	20	40	0.00	0.90	7.5
D035	分子科学学报	81	0.93	78	23.5	4.7	19	61	0.00	0.84	7.6
Q931	分子影像学杂志	124	0.97	103	26.0	4.6	20	89	0.01	0.33	5.2
G556	分子诊断与治疗杂志	102	0.92	102	21.5	4.2	21	90	0.00	0.54	3.7
H845	分子植物育种	1099	0.98	1098	22.3	5.7	30	315	0.01	0.83	8.4
V052	粉煤灰综合利用	147	0.95	130	12.1	2.4	23	92	0.00	0.33	6.3
M105	粉末冶金工业	102	0.85	94	14.2	3.6	24	76	0.00	0.43	6.8
M039	粉末冶金技术	71	0.95	71	20.4	4.6	20	53	0.01	0.52	7.4
V048	风景园林	199	0.83	181	23.0	2.6	17	78	0.20	0.53	8.7
Q006	辐射防护	72	0.88	72	13.4	5.3	17	38	0.00	0.24	9.9
Q005	辐射研究与辐射工艺学报	41	0.82	40	24.4	5.0	11	30	0.00	0.76	6.3
H268	福建农林大学学报自然科学版	123	1.00	119	26.6	5.9	15	35	0.04	0.83	8.0

表 4-2 2019 年中国科技核心期刊（中文）来源指标刊名字顺索引（续）

CODE	刊名	来源文献量	文献选出率	AR论文量	平均引文数	平均作者数	地区分布数	机构分布数	海外论文比	基金论文比	引用半衰期
H265	福建农业学报	199	0.98	199	24.8	5.7	22	64	0.00	0.94	7.6
A078	福建师范大学学报自然科学版	95	0.94	95	21.1	4.0	11	27	0.01	0.96	8.3
G024	福建医科大学学报	94	0.94	82	17.4	4.4	13	37	0.00	0.57	5.4
A029	福州大学学报自然科学版	140	0.98	137	16.2	3.5	14	40	0.01	0.98	6.4
M003	腐蚀科学与防护技术	95	0.90	95	23.8	5.0	22	83	0.00	0.53	8.0
M505	腐蚀与防护	175	0.98	172	15.8	4.4	25	137	0.00	0.38	8.5
G068	复旦学报医学版	139	0.97	133	23.6	4.4	6	30	0.01	0.62	6.1
A001	复旦学报自然科学版	92	0.95	85	26.2	3.9	14	29	0.03	0.76	8.4
Y019	复合材料学报	337	0.96	335	25.3	4.7	29	161	0.01	0.86	7.0
B029	复杂系统与复杂性科学	36	0.92	36	28.3	3.2	15	26	0.00	0.92	6.8
G957	腹部外科	108	0.98	96	22.6	4.9	24	75	0.00	0.44	5.5
G338	腹腔镜外科杂志	191	0.75	153	18.0	4.6	26	158	0.00	0.27	4.6
A034	甘肃科学学报	158	1.00	155	13.5	2.6	20	79	0.00	0.43	6.0
H844	甘蔗糖业	64	0.93	64	12.0	5.5	8	23	0.00	0.45	7.3
Q956	肝癌电子杂志	40	0.82	24	17.7	2.5	5	18	0.00	0.45	4.3
G879	肝胆外科杂志	130	0.92	88	17.8	3.8	20	78	0.00	0.22	4.5
G690	肝胆胰外科杂志	151	0.74	130	21.0	4.4	25	105	0.00	0.34	5.2
G803	肝脏	466	0.86	177	11.0	3.6	29	305	0.00	0.24	4.0
H045	干旱地区农业研究	228	0.99	228	28.5	5.2	25	100	0.00	0.92	8.2
E048	干旱气象	120	0.94	120	28.1	4.7	27	97	0.00	0.88	7.2
E020	干旱区地理	160	0.98	160	27.9	4.6	21	88	0.01	0.93	7.8
E105	干旱区研究	180	0.99	180	32.0	5.0	17	74	0.03	0.94	8.0
M050	钢铁	214	0.95	213	21.0	4.6	21	67	0.02	0.76	6.2
M013	钢铁钒钛	176	0.97	175	12.7	3.6	21	78	0.00	0.56	7.6
M019	钢铁研究学报	144	0.92	143	21.3	4.9	19	47	0.00	0.79	8.4
D020	高等学校化学学报	343	0.98	342	31.2	5.5	29	181	0.02	0.93	6.5
B002	高等学校计算数学学报	29	0.88	29	16.3	2.6	16	19	0.00	0.76	12.0
R038	高电压技术	500	1.00	489	25.3	5.2	27	146	0.00	0.79	5.7
T001	高分子材料科学与工程	340	1.00	340	16.2	5.1	28	147	0.01	0.81	6.9
T002	高分子通报	143	0.96	140	34.2	4.5	27	91	0.01	0.65	5.5
D021	高分子学报	125	0.97	123	47.3	5.2	21	55	0.01	0.86	5.7
A080	高技术通讯	149	0.94	139	19.4	3.9	22	58	0.02	0.95	6.3
T078	高科技纤维与应用	53	0.77	51	14.4	3.3	16	40	0.00	0.08	4.1
E358	高校地质学报	94	1.00	94	41.9	4.9	19	50	0.00	0.85	12.1
T016	高校化学工程学报	189	0.99	189	26.6	4.7	25	83	0.01	0.86	6.8
B003	高校应用数学学报	49	1.00	49	17.9	2.6	19	40	0.00	0.90	12.2
R037	高压电器	452	0.99	437	21.9	5.4	29	215	0.01	0.50	7.8
C056	高压物理学报	124	0.99	124	28.5	4.5	20	55	0.02	0.78	11.6
E005	高原气象	121	0.98	121	35.3	4.6	20	53	0.02	0.97	8.7
V021	给水排水	321	0.96	282	7.8	3.7	28	186	0.01	0.29	7.4
N105	工程爆破	93	0.94	93	9.9	3.9	22	63	0.00	0.27	6.5
E360	工程地质学报	162	0.98	162	43.1	4.6	26	70	0.02	0.86	7.7
S712	工程管理学报	166	0.98	166	16.7	2.9	23	80	0.02	0.73	5.1

表 4-2　2019 年中国科技核心期刊（中文）来源指标刊名字顺索引（续）

CODE	刊名	来源文献量	文献选出率	AR论文量	平均引文数	平均作者数	地区分布数	机构分布数	海外论文比	基金论文比	引用半衰期
V030	工程勘察	162	0.93	162	12.9	3.3	24	120	0.01	0.38	8.1
V033	工程抗震与加固改造	134	0.95	132	12.1	3.6	26	90	0.00	0.61	9.9
M030	工程科学学报	180	0.96	179	29.3	4.5	21	58	0.03	0.89	6.4
J051	工程科学与技术	165	0.97	161	20.0	4.3	24	84	0.02	0.92	7.8
C002	工程力学	317	0.96	314	27.4	3.9	26	103	0.02	0.95	8.5
C073	工程热物理学报	428	1.00	423	17.3	4.3	24	122	0.03	0.93	8.9
N590	工程设计学报	96	0.94	88	18.6	3.9	20	60	0.00	0.93	7.1
B031	工程数学学报	58	0.97	57	18.1	2.7	21	48	0.00	0.69	11.9
T003	工程塑料应用	342	0.93	307	20.1	4.5	27	201	0.00	0.53	4.2
N064	工具技术	356	0.92	262	10.8	3.7	23	154	0.00	0.55	7.9
K018	工矿自动化	202	0.81	180	16.4	3.3	20	71	0.00	0.81	5.1
T563	工业催化	177	0.97	163	21.0	4.6	25	103	0.00	0.41	7.8
J057	工业工程	96	0.94	93	20.4	3.1	22	55	0.01	0.95	6.5
N110	工业工程与管理	150	0.99	148	22.0	3.0	18	63	0.01	0.88	6.3
P009	工业加热	125	0.97	70	8.6	2.2	20	71	0.00	0.18	7.0
V010	工业建筑	420	0.97	412	14.7	3.8	28	177	0.02	0.80	8.6
P005	工业炉	79	0.68	52	6.6	2.8	19	62	0.00	0.13	7.7
Z013	工业水处理	300	0.85	274	15.7	4.6	29	202	0.00	0.56	6.5
G025	工业卫生与职业病	132	0.82	81	8.7	3.3	24	114	0.00	0.12	4.2
N037	工业仪表与自动化装置	107	0.58	78	10.9	3.2	22	79	0.00	0.39	6.0
Z032	工业用水与废水	125	1.00	99	13.6	3.6	24	104	0.00	0.32	6.6
G207	公共卫生与预防医学	212	1.00	173	17.4	5.0	24	130	0.01	0.45	3.3
X579	公路	738	0.98	682	9.7	3.0	31	364	0.00	0.37	8.0
N039	功能材料	434	0.98	433	25.6	4.8	30	217	0.01	0.88	6.2
D503	功能高分子学报	91	0.93	86	32.9	4.0	17	39	0.01	0.80	5.8
R095	供用电	163	0.98	159	22.3	4.9	24	103	0.05	0.68	3.7
E601	古地理学报	70	0.91	70	58.3	5.9	17	35	0.03	0.97	11.3
E304	古脊椎动物学报	20	1.00	20	44.7	4.8	2	4	0.25	0.95	15.4
E022	古生物学报	44	0.86	43	44.0	3.9	13	22	0.05	0.86	20.5
G478	骨科	110	0.94	103	19.9	5.2	19	72	0.00	0.53	5.8
R047	固体电子学研究与进展	87	0.92	64	11.5	3.9	18	40	0.01	0.49	7.4
Y013	固体火箭技术	130	0.99	130	16.7	4.6	17	48	0.01	0.33	10.0
C103	固体力学学报	45	0.87	45	44.7	3.9	15	32	0.02	0.87	7.4
W007	管理工程学报	102	0.98	102	37.5	2.9	20	58	0.03	0.98	11.1
W018	管理科学	71	0.99	71	50.4	3.0	17	46	0.01	0.94	6.2
W008	管理科学学报	101	0.89	93	35.2	2.8	20	59	0.06	0.90	9.4
W025	管理评论	301	0.99	301	41.8	2.9	27	130	0.02	0.93	7.9
S744	管理世界	162	0.88	162	57.2	2.7	19	60	0.07	0.79	10.5
S745	管理现代化	180	1.00	139	15.8	2.4	22	80	0.00	0.97	7.2
W016	管理学报	203	1.00	203	29.9	3.0	24	95	0.05	0.96	8.1
H226	灌溉排水学报	213	0.92	212	25.6	5.2	26	91	0.00	0.83	6.9
R026	光电工程	127	1.00	124	23.7	4.5	21	76	0.01	0.83	7.5
R082	光电子技术	54	0.93	46	12.3	4.3	12	32	0.00	0.26	6.1

表 4-2 2019 年中国科技核心期刊（中文）来源指标刊名字顺索引（续）

CODE	刊名	来源文献量	文献选出率	AR论文量	平均引文数	平均作者数	地区分布数	机构分布数	海外论文比	基金论文比	引用半衰期
C091	光谱学与光谱分析	628	0.97	627	16.1	5.4	31	306	0.03	0.92	5.6
C097	光散射学报	50	0.93	50	24.0	4.5	18	41	0.00	0.76	5.8
N015	光学技术	132	1.00	125	17.8	4.3	23	74	0.01	0.72	5.8
N033	光学精密工程	296	0.98	288	20.1	4.5	26	152	0.01	0.88	5.3
C050	光学学报	599	1.00	586	22.8	4.9	26	217	0.01	0.90	6.3
R097	光学与光电技术	99	1.00	94	12.3	3.3	17	61	0.04	0.40	7.9
C037	光子学报	297	0.99	290	21.9	5.2	26	140	0.02	0.89	6.2
R547	广东电力	230	0.99	225	24.5	4.8	26	119	0.00	0.51	4.1
H272	广东海洋大学学报	99	0.94	99	29.1	5.5	8	24	0.00	0.78	8.8
H228	广东农业科学	267	0.97	267	27.9	5.3	27	132	0.01	0.82	5.9
G027	广东药学院学报	166	0.91	161	18.9	5.0	12	73	0.00	0.63	5.3
A042	广西大学学报自然科学版	219	0.97	212	17.1	4.3	26	85	0.00	0.98	7.0
A535	广西科学	88	0.90	83	24.9	4.6	10	39	0.03	0.86	7.1
H364	广西林业科学	108	0.97	103	17.3	5.6	14	39	0.01	0.85	8.1
A062	广西师范大学学报自然科学版	92	0.96	89	20.9	4.3	17	41	0.00	1.00	7.6
G028	广西医科大学学报	466	0.97	440	16.8	4.3	24	241	0.00	0.53	4.4
G816	广西医学	840	0.98	592	18.6	4.3	29	395	0.00	0.55	5.1
F028	广西植物	192	0.99	187	27.2	5.1	29	108	0.02	0.95	9.6
G030	广州中医药大学学报	389	0.91	387	16.9	4.2	26	148	0.01	0.57	6.4
V572	规划师	321	0.95	318	16.9	2.9	24	145	0.03	0.50	6.4
T004	硅酸盐通报	640	0.99	640	19.8	4.6	30	240	0.00	0.80	6.8
T005	硅酸盐学报	248	0.99	248	27.5	5.2	29	135	0.01	0.90	7.4
M048	贵金属	63	1.00	63	19.8	5.2	17	36	0.00	0.73	8.8
A077	贵州大学学报自然科学版	132	0.96	126	15.3	3.5	14	35	0.00	0.86	6.4
H275	贵州农业科学	427	0.99	398	19.8	5.4	31	232	0.00	0.67	7.7
A527	贵州师范大学学报自然科学版	115	0.98	112	22.6	3.9	22	52	0.01	0.85	7.4
G031	贵州医科大学学报	296	0.96	294	20.3	5.2	18	109	0.00	0.78	4.6
M033	桂林理工大学学报	130	0.98	128	23.1	4.6	20	46	0.02	0.99	8.7
A040	国防科技大学学报	162	1.00	151	17.0	4.1	16	45	0.00	0.79	8.0
G495	国际病毒学杂志	107	0.89	98	13.3	6.1	24	69	0.00	0.54	5.0
V529	国际城市规划	109	0.81	107	36.0	2.3	14	52	0.24	0.50	10.1
G936	国际儿科学杂志	221	0.93	194	28.6	1.7	23	89	0.00	0.39	5.5
G497	国际放射医学核医学杂志	89	0.84	85	23.7	4.7	21	65	0.06	0.44	5.1
G659	国际妇产科学杂志	169	0.98	142	24.3	3.6	23	91	0.01	0.33	4.1
G498	国际骨科学杂志	77	0.88	73	27.4	3.8	16	49	0.00	0.38	4.4
G938	国际呼吸杂志	371	0.97	354	26.6	4.0	29	236	0.01	0.37	5.5
G362	国际检验医学杂志	807	1.00	651	17.7	4.2	30	538	0.00	0.42	4.2
G997	国际口腔医学杂志	119	0.97	119	34.3	3.5	23	55	0.00	0.74	6.0
G496	国际老年医学杂志	101	0.94	79	16.7	3.6	19	76	0.02	0.39	4.4
G930	国际流行病学传染病学杂志	114	0.94	94	17.7	4.6	21	87	0.00	0.40	4.3
G975	国际麻醉学与复苏杂志	243	0.94	225	23.1	4.2	26	140	0.01	0.49	5.9
G349	国际泌尿系统杂志	345	0.99	227	18.6	3.8	27	254	0.00	0.24	5.6
G983	国际免疫学杂志	130	0.96	130	24.6	3.7	24	81	0.02	0.62	4.8

表 4-2　2019 年中国科技核心期刊（中文）来源指标刊名字顺索引（续）

CODE	刊名	来源文献量	文献选出率	AR论文量	平均引文数	平均作者数	地区分布数	机构分布数	海外论文比	基金论文比	引用半衰期
G939	国际脑血管病杂志	166	0.89	162	36.5	4.6	22	107	0.01	0.41	5.3
G415	国际内分泌代谢杂志	91	0.88	84	26.3	3.9	22	62	0.00	0.57	5.0
G426	国际神经病学神经外科学杂志	157	0.96	141	22.3	4.0	26	113	0.00	0.46	4.7
S157	国际生殖健康/计划生育杂志	99	0.85	94	26.2	3.8	22	63	0.00	0.45	4.2
B525	国际输血及血液学杂志	94	0.96	94	32.2	3.4	23	60	0.00	0.50	4.9
G954	国际外科学杂志	194	0.98	176	23.7	4.4	25	128	0.00	0.38	4.7
G660	国际消化病杂志	97	0.98	90	23.9	3.4	22	73	0.00	0.32	4.5
G940	国际心血管病杂志	83	0.85	69	22.5	4.6	21	69	0.00	0.63	5.1
Q911	国际眼科杂志	516	0.95	398	22.4	4.0	29	365	0.03	0.32	5.2
G933	国际药学研究杂志	141	0.92	140	25.7	5.0	28	99	0.01	0.66	4.9
G661	国际医学放射学杂志	130	0.99	125	25.7	3.7	22	88	0.01	0.40	4.1
G934	国际中医中药杂志	318	0.93	253	14.0	3.7	29	213	0.03	0.37	5.1
G937	国际肿瘤学杂志	168	0.96	142	23.8	4.1	27	127	0.00	0.46	3.2
E578	国土资源科技管理	62	0.97	62	25.0	2.9	21	42	0.00	0.71	6.1
E591	国土资源遥感	132	0.99	132	23.3	4.5	23	88	0.01	0.89	7.4
R683	国外电子测量技术	357	0.98	285	16.0	3.1	27	144	0.00	0.26	5.4
H028	果树学报	196	0.96	183	33.9	6.4	26	71	0.01	0.83	8.1
T008	过程工程学报	151	0.96	150	28.0	4.9	25	70	0.02	0.91	7.4
X025	哈尔滨工程大学学报	306	1.00	302	17.5	3.9	21	108	0.02	0.92	7.7
J003	哈尔滨工业大学学报	318	0.97	312	21.4	4.0	24	110	0.01	0.84	7.4
J013	哈尔滨理工大学学报	140	0.99	134	20.1	3.9	11	18	0.02	0.96	6.6
G033	哈尔滨医科大学学报	159	0.98	132	13.3	4.4	11	40	0.01	0.52	5.5
J055	海军工程大学学报	119	0.96	116	10.3	3.7	5	10	0.00	0.60	8.1
Y029	海军航空工程学院学报	69	0.92	67	19.2	3.4	14	27	0.00	0.45	7.0
G899	海军医学杂志	188	0.87	87	11.3	3.9	21	129	0.00	0.15	5.1
A012	海南大学学报自然科学版	52	0.96	50	18.2	3.8	5	12	0.00	0.88	6.4
G416	海南医学院学报	393	0.95	390	20.7	4.4	28	271	0.00	0.68	3.3
L037	海相油气地质	41	0.93	41	27.6	6.3	17	31	0.00	0.93	8.3
E651	海洋测绘	111	0.94	109	13.8	3.9	14	52	0.00	0.61	8.1
E569	海洋地质前沿	116	0.98	113	21.0	5.0	11	39	0.02	0.80	10.0
E155	海洋地质与第四纪地质	109	0.96	109	46.4	5.7	16	53	0.05	0.75	12.3
E131	海洋工程	102	0.99	101	18.8	4.4	15	50	0.05	0.80	9.4
E312	海洋湖沼通报	125	0.95	125	27.2	4.7	16	57	0.00	0.81	10.7
Z010	海洋环境科学	140	1.00	140	25.2	4.7	14	71	0.00	0.82	9.2
E564	海洋技术学报	100	0.94	96	15.9	4.6	17	66	0.01	0.70	7.8
E145	海洋科学	174	0.99	171	31.6	4.9	15	85	0.02	0.90	9.4
E006	海洋科学进展	66	0.94	65	32.6	5.2	12	29	0.02	0.92	10.0
E311	海洋通报	88	1.00	88	27.8	4.4	15	47	0.02	0.74	8.4
E003	海洋学报	174	0.94	171	39.2	5.3	14	77	0.04	0.83	10.3
E149	海洋学研究	41	0.91	41	27.4	4.9	10	28	0.05	0.83	9.3
H284	海洋渔业	78	1.00	78	32.9	6.0	12	27	0.00	0.82	10.2
E008	海洋与湖沼	141	0.97	141	35.6	5.0	12	47	0.01	0.90	10.3
E108	海洋预报	62	0.97	62	20.0	4.3	14	40	0.00	0.85	9.3

表 4-2 2019 年中国科技核心期刊（中文）来源指标刊名字顺索引（续）

CODE	刊名	来源文献量	文献选出率	AR论文量	平均引文数	平均作者数	地区分布数	机构分布数	海外论文比	基金论文比	引用半衰期
L586	含能材料	149	0.85	145	23.6	5.2	14	36	0.01	0.58	9.0
N076	焊接	151	0.91	143	15.2	4.2	24	104	0.01	0.48	7.0
N624	焊接技术	382	0.96	215	7.0	3.6	28	243	0.00	0.14	8.6
N021	焊接学报	332	0.97	329	12.8	4.2	25	109	0.02	0.76	6.8
A191	杭州师范大学学报自然科学版	103	0.93	99	19.9	4.2	9	25	0.00	0.79	8.8
Y556	航空兵器	90	0.97	84	17.7	3.7	14	42	0.01	0.31	5.7
Y027	航空材料学报	70	1.00	70	32.5	5.0	15	38	0.01	0.61	7.0
Y017	航空动力学报	297	0.96	297	21.5	4.2	24	76	0.01	0.62	9.5
Y554	航空发动机	107	0.95	107	17.8	3.4	13	38	0.00	0.73	11.4
Y031	航空计算技术	187	0.98	164	10.0	3.1	15	44	0.00	0.70	6.0
Y012	航空精密制造技术	90	0.93	69	6.9	3.3	17	45	0.00	0.17	9.5
Y002	航空学报	292	0.96	292	30.9	4.4	20	94	0.00	0.66	8.0
Y014	航空制造技术	264	0.90	251	20.9	4.2	20	100	0.00	0.56	6.8
Y034	航天返回与遥感	78	0.79	76	24.1	4.3	12	32	0.00	0.58	8.2
Y015	航天控制	77	0.96	74	13.1	3.8	17	44	0.00	0.30	6.1
Y033	航天器工程	116	0.91	113	11.7	4.6	11	35	0.01	0.37	7.6
Y032	航天器环境工程	102	0.99	101	15.8	5.1	15	43	0.01	0.50	9.9
G034	航天医学与医学工程	85	0.93	84	24.2	5.4	13	40	0.02	0.65	7.3
T057	合成材料老化与应用	207	0.90	180	12.3	3.2	23	122	0.00	0.20	7.3
D602	合成化学	177	0.93	175	21.8	4.7	29	111	0.02	0.86	7.5
T505	合成树脂及塑料	135	0.90	120	14.9	3.4	23	96	0.00	0.29	6.9
T067	合成纤维	156	0.92	114	9.9	3.8	19	70	0.00	0.22	7.3
T065	合成纤维工业	106	0.91	99	14.8	4.4	17	51	0.00	0.40	8.5
T018	合成橡胶工业	90	0.78	89	14.8	4.5	17	47	0.00	0.47	8.3
J053	合肥工业大学学报自然科学版	286	0.99	274	15.7	3.7	22	63	0.00	0.84	8.4
A031	河北大学学报自然科学版	99	1.00	97	19.8	4.4	10	33	0.00	0.96	7.5
K032	河北工程大学学报自然科学版	103	0.92	67	10.0	2.8	15	43	0.02	0.85	7.1
J017	河北工业大学学报	90	1.00	86	15.7	3.8	8	19	0.00	0.81	7.5
J019	河北工业科技	71	0.92	69	18.4	4.1	10	25	0.01	0.89	5.3
J058	河北科技大学学报	72	0.96	70	24.9	4.2	12	22	0.03	0.96	5.0
H244	河北农业大学学报	135	0.96	132	21.2	5.3	16	36	0.00	0.87	7.1
A076	河北师范大学学报自然科学版	78	0.93	77	18.4	3.3	18	55	0.00	0.87	7.8
G035	河北医科大学学报	362	0.99	329	17.7	4.5	21	143	0.00	0.47	3.4
G641	河北医学	546	1.00	509	9.2	3.7	28	366	0.00	0.87	3.2
G898	河北医药	927	0.94	817	17.9	4.1	28	487	0.00	0.27	4.2
G384	河北中医	372	0.91	365	22.1	4.3	26	234	0.00	0.67	4.9
G301	河北中医药学报	109	0.99	63	14.4	4.6	13	49	0.00	0.77	5.5
W012	河海大学学报自然科学版	84	0.90	83	22.1	4.3	13	28	0.00	0.89	7.8
A067	河南大学学报自然科学版	88	1.00	88	25.1	4.5	12	29	0.00	0.97	6.5
U004	河南工业大学学报自然科学版	128	0.96	128	21.0	4.4	16	29	0.00	0.81	7.0
J014	河南科技大学学报自然科学版	108	0.96	101	17.4	3.9	21	37	0.00	1.00	5.4
A011	河南科学	312	0.96	309	21.3	3.7	17	129	0.00	0.90	7.4
K526	河南理工大学学报自然科学版	138	0.99	134	19.2	3.9	20	56	0.01	0.98	7.7

表 4-2 2019 年中国科技核心期刊（中文）来源指标刊名字顺索引（续）

CODE	刊名	来源文献量	文献选出率	AR论文量	平均引文数	平均作者数	地区分布数	机构分布数	海外论文比	基金论文比	引用半衰期
H011	河南农业大学学报	140	1.00	139	24.6	5.6	20	60	0.01	0.82	6.8
H356	河南农业科学	289	0.99	289	26.8	5.9	29	127	0.01	0.83	6.9
A058	河南师范大学学报自然科学版	109	0.92	107	23.4	3.8	21	56	0.00	0.94	7.0
Q004	核动力工程	238	0.98	224	8.0	4.9	20	71	0.01	0.24	10.3
Q002	核化学与放射化学	67	0.97	67	34.6	5.0	12	27	0.01	0.43	8.5
Q001	核技术	151	0.82	137	16.9	5.8	20	64	0.00	0.83	7.9
C092	核聚变与等离子体物理	58	1.00	54	13.4	5.4	9	23	0.00	0.53	9.8
Q009	核科学与工程	151	0.96	147	11.3	4.2	18	69	0.01	0.33	9.8
H042	核农学报	292	0.99	292	36.5	6.0	28	114	0.02	0.88	6.9
A084	黑龙江大学自然科学学报	104	0.98	103	18.1	3.4	19	44	0.02	0.98	7.0
K505	黑龙江科技大学学报	135	0.97	131	13.4	3.4	11	34	0.00	0.60	5.9
R535	红外技术	179	1.00	172	15.3	4.4	24	114	0.00	0.53	7.3
C035	红外与毫米波学报	122	0.98	119	20.6	5.6	19	67	0.04	0.87	8.3
R084	红外与激光工程	494	0.99	475	19.2	4.9	26	208	0.01	0.84	6.4
A039	湖北大学学报自然科学版	110	0.99	107	16.2	4.3	15	35	0.01	0.74	8.0
H203	湖北农业科学	1068	0.99	902	15.8	4.5	31	499	0.00	0.59	7.8
G334	湖北中医药大学学报	205	0.94	103	15.7	3.8	20	114	0.00	0.83	5.0
E111	湖泊科学	158	0.96	158	43.2	5.7	25	86	0.01	0.97	9.1
A028	湖南大学学报自然科学版	208	1.00	203	19.3	4.2	16	44	0.01	0.97	7.5
K016	湖南科技大学学报自然科学版	67	1.00	66	18.6	3.7	19	40	0.00	0.90	7.3
H060	湖南农业大学学报自然科学版	114	1.00	114	21.6	5.6	17	47	0.00	0.87	7.6
G548	湖南师范大学学报医学版	355	1.00	261	15.6	3.3	25	270	0.00	0.10	3.9
A055	湖南师范大学自然科学学报	82	0.95	82	22.6	4.2	20	48	0.00	0.96	6.4
G041	湖南中医药大学学报	317	0.94	292	18.1	4.7	21	111	0.00	0.86	5.1
G987	护理学报	458	0.98	334	18.7	4.3	28	248	0.00	0.34	4.6
G503	护理学杂志	777	0.98	504	19.5	4.7	30	334	0.02	0.38	4.9
G654	护理研究	1100	0.99	748	22.7	4.0	29	487	0.01	0.44	5.5
G734	护士进修杂志	631	0.98	360	16.0	3.8	29	358	0.00	0.46	5.2
H665	花生学报	52	1.00	48	20.2	7.1	10	26	0.04	0.88	7.7
E141	华北地震科学	53	0.93	53	14.8	4.2	19	29	0.00	0.92	7.9
R046	华北电力大学学报	82	1.00	81	21.3	4.0	8	16	0.01	0.79	5.2
H032	华北农学报	181	1.00	181	28.8	6.5	23	82	0.00	0.91	6.7
X003	华东交通大学学报	113	0.97	111	15.8	3.3	16	30	0.02	0.77	6.2
T021	华东理工大学学报自然科学版	128	0.99	128	20.4	3.5	6	7	0.01	0.68	7.9
A054	华东师范大学学报自然科学版	111	0.96	109	23.4	3.5	20	52	0.03	0.86	8.1
E103	华南地震	83	0.97	82	13.9	3.3	18	56	0.01	0.57	6.8
G340	华南国防医学杂志	227	0.95	179	20.7	4.5	23	115	0.01	0.36	4.3
J004	华南理工大学学报自然科学版	213	0.94	212	22.1	4.0	19	56	0.01	0.99	6.9
H013	华南农业大学学报	114	0.97	113	38.2	5.6	14	30	0.00	0.96	7.6
A052	华南师范大学学报自然科学版	114	0.98	108	22.8	3.8	14	36	0.02	0.99	7.3
G525	华南预防医学	155	0.98	106	14.9	4.6	21	120	0.01	0.25	3.8
A021	华侨大学学报自然科学版	122	0.98	117	19.5	3.6	14	27	0.02	0.99	6.2
G043	华西口腔医学杂志	114	0.90	113	26.6	5.0	21	52	0.01	0.65	7.0

表 4-2 2019 年中国科技核心期刊（中文）来源指标刊名字顺索引（续）

CODE	刊名	来源文献量	文献选出率	AR论文量	平均引文数	平均作者数	地区分布数	机构分布数	海外论文比	基金论文比	引用半衰期
G044	华西药学杂志	144	0.96	118	12.8	4.9	25	95	0.02	0.49	6.3
G294	华西医学	265	0.99	240	27.4	4.6	22	97	0.02	0.64	4.9
G077	华中科技大学学报医学版	150	0.96	141	24.8	5.3	22	82	0.01	0.72	5.7
J033	华中科技大学学报自然科学版	274	1.00	260	15.3	3.6	24	100	0.00	0.97	6.6
H003	华中农业大学学报	121	0.97	121	26.7	5.1	16	29	0.01	0.99	7.5
A004	华中师范大学学报自然科学版	128	0.96	127	21.0	3.7	25	81	0.01	0.96	5.9
Z009	化工环保	120	0.95	120	21.3	4.3	24	87	0.00	0.61	5.7
T006	化工机械	165	0.99	126	9.7	3.8	22	99	0.00	0.36	8.4
T101	化工进展	616	0.98	615	39.9	4.9	29	212	0.01	0.85	6.3
T532	化工科技	96	1.00	94	19.2	4.4	16	37	0.00	0.72	6.8
T146	化工设备与管道	99	0.99	90	9.2	2.5	20	75	0.00	0.21	11.7
T007	化工学报	522	0.97	520	35.8	4.8	29	173	0.02	0.91	6.9
T009	化学反应工程与工艺	59	0.97	59	20.7	4.5	16	36	0.02	0.61	7.8
D604	化学分析计量	182	0.98	164	19.6	4.3	26	142	0.00	0.34	7.0
T025	化学工程	178	1.00	174	14.8	4.4	24	101	0.01	0.63	7.6
T567	化学工程师	278	0.99	220	13.0	3.3	27	120	0.00	0.38	6.1
T076	化学工业与工程	63	0.98	62	24.7	4.6	17	43	0.00	0.57	6.9
D506	化学进展	138	0.99	138	95.6	4.7	25	97	0.04	0.93	5.4
D011	化学试剂	249	0.94	242	20.6	4.9	30	166	0.00	0.65	6.6
D018	化学通报	178	0.95	175	31.1	4.4	27	129	0.00	0.78	6.4
D030	化学学报	139	0.98	137	61.0	4.8	23	92	0.04	0.94	5.1
D501	化学研究	101	0.95	99	25.4	4.7	19	42	0.01	0.75	5.9
D037	化学研究与应用	339	1.00	338	19.6	4.7	30	209	0.01	0.77	6.5
T931	化学与粘合	123	1.00	97	14.8	4.3	19	63	0.00	0.20	7.1
T553	化学与生物工程	171	1.00	165	16.5	4.8	25	109	0.01	0.53	7.9
Z017	环境保护科学	127	0.97	126	19.1	4.0	26	83	0.02	0.51	5.9
Z005	环境工程	439	0.86	432	23.5	5.1	27	252	0.01	0.77	6.5
Z550	环境工程技术学报	109	0.95	108	26.3	5.2	17	56	0.01	0.79	6.9
Z021	环境工程学报	343	0.97	340	28.0	5.3	28	165	0.01	0.81	6.4
D024	环境化学	329	0.99	319	33.0	5.6	29	195	0.01	0.86	7.4
Z500	环境技术	186	0.90	174	8.7	3.2	24	122	0.00	0.09	6.9
Z554	环境监测管理与技术	102	0.99	88	17.2	4.6	27	86	0.00	0.85	6.6
Z506	环境科技	90	0.97	88	17.3	4.0	14	58	0.00	0.60	5.6
Z004	环境科学	647	0.98	647	36.3	6.1	29	236	0.01	0.94	6.2
Z003	环境科学学报	477	1.00	476	34.2	5.7	29	209	0.04	0.94	6.7
Z002	环境科学研究	249	0.96	249	39.0	5.6	27	139	0.02	0.89	7.0
Z521	环境科学与管理	477	0.97	467	7.9	2.2	30	325	0.01	0.26	2.8
Z025	环境科学与技术	403	1.00	403	29.2	5.0	31	257	0.00	0.83	7.0
H049	环境昆虫学报	180	0.99	179	28.8	5.8	27	91	0.01	0.85	9.1
Z035	环境卫生工程	133	0.98	109	11.3	3.3	20	76	0.01	0.31	7.0
G971	环境卫生学杂志	112	0.90	109	19.8	5.5	26	65	0.01	0.35	5.8
Z019	环境污染与防治	288	0.98	286	23.6	5.0	28	179	0.02	0.85	6.8
Z031	环境与健康杂志	274	0.98	206	19.8	5.8	29	161	0.01	0.68	6.8

表 4-2 2019 年中国科技核心期刊（中文）来源指标刊名字顺索引（续）

CODE	刊名	来源文献量	文献选出率	AR论文量	平均引文数	平均作者数	地区分布数	机构分布数	海外论文比	基金论文比	引用半衰期
G882	环境与职业医学	188	0.98	183	28.9	5.5	25	86	0.01	0.72	5.4
G656	环球中医药	514	0.93	262	17.0	4.3	26	173	0.01	0.52	6.5
M631	黄金	218	1.00	181	9.2	3.5	20	111	0.02	0.32	9.3
Y040	火箭推进	84	0.99	84	16.5	3.8	7	23	0.00	0.40	9.8
N005	火力与指挥控制	428	0.99	405	13.1	3.5	25	141	0.00	0.51	7.1
N007	火炸药学报	108	0.96	108	19.0	5.5	13	30	0.02	0.57	9.0
X011	机车电传动	199	0.99	175	8.9	3.4	20	76	0.01	0.29	7.9
N069	机床与液压	945	0.98	807	11.3	3.4	29	455	0.00	0.61	7.3
N672	机电工程	250	1.00	229	13.9	3.7	24	147	0.00	0.81	6.1
S004	机器人	88	0.99	87	25.3	4.3	18	48	0.05	0.93	5.9
N040	机械传动	380	0.99	357	13.3	3.8	27	186	0.01	0.72	7.4
M004	机械工程材料	193	0.97	192	16.0	4.5	26	135	0.03	0.63	8.2
N051	机械工程学报	610	0.97	599	24.6	4.5	26	172	0.03	0.91	7.0
N050	机械科学与技术	283	0.96	276	17.6	3.8	25	132	0.00	0.83	6.9
N057	机械强度	241	1.00	234	14.8	3.8	26	137	0.01	0.75	8.4
N047	机械设计	289	0.95	265	15.2	3.7	27	168	0.01	0.64	7.1
N054	机械设计与研究	262	0.98	242	16.1	3.8	24	128	0.01	0.75	6.6
N028	机械设计与制造	802	1.00	702	10.7	3.3	27	291	0.01	0.72	8.2
N063	机械设计与制造工程	336	1.00	251	10.3	2.9	29	174	0.00	0.32	5.5
N053	机械与电子	207	0.95	162	10.6	3.2	22	111	0.00	0.40	5.8
N515	机械制造与自动化	348	1.00	247	10.7	3.4	25	124	0.01	0.47	8.0
G003	基础医学与临床	363	0.92	330	13.0	4.7	28	216	0.00	0.57	4.3
H245	基因组学与应用生物学	869	0.99	869	19.4	4.4	31	471	0.01	0.53	7.9
R025	激光技术	156	0.96	151	21.0	4.2	25	97	0.00	0.72	6.4
F045	激光生物学报	80	0.98	80	30.6	5.4	15	38	0.01	0.84	7.0
R514	激光与光电子学进展	776	1.00	763	26.3	4.3	28	306	0.01	0.86	5.7
R521	激光与红外	249	0.98	236	14.2	4.2	25	125	0.00	0.47	7.0
R028	激光杂志	502	0.99	397	17.2	2.8	29	297	0.01	0.76	3.6
E116	吉林大学学报地球科学版	157	0.99	157	32.1	4.7	20	77	0.01	0.97	10.9
J042	吉林大学学报工学版	252	1.00	245	17.7	4.5	22	73	0.02	0.98	7.1
A035	吉林大学学报理学版	243	0.97	234	14.7	3.2	25	106	0.00	0.99	6.8
R586	吉林大学学报信息科学版	101	0.98	95	16.2	3.3	16	41	0.00	0.70	4.6
G014	吉林大学学报医学版	258	0.99	257	23.1	5.5	26	94	0.01	0.98	4.3
H243	吉林农业大学学报	112	0.97	112	27.9	5.4	9	29	0.01	0.88	8.1
G719	吉林中医药	428	0.95	336	22.7	3.9	27	159	0.00	0.88	5.6
E007	极地研究	48	0.86	45	28.7	3.9	13	29	0.02	0.77	9.6
G452	疾病监测	224	0.86	200	15.4	6.1	26	102	0.00	0.46	5.3
G439	脊柱外科杂志	88	1.00	86	23.8	4.9	22	76	0.02	0.36	6.3
N014	计量学报	185	0.98	179	15.1	4.4	24	83	0.01	0.79	6.7
S050	计算机测量与控制	718	1.00	569	13.3	3.4	28	366	0.00	0.41	5.9
S049	计算机仿真	1188	0.99	1171	11.6	2.5	31	501	0.00	0.48	3.9
S013	计算机辅助设计与图形学学报	241	1.00	237	24.6	4.1	25	130	0.05	0.93	6.4
S012	计算机工程	608	0.98	562	19.2	3.4	29	236	0.01	0.93	5.3

表 4-2 2019 年中国科技核心期刊（中文）来源指标刊名字顺索引（续）

CODE	刊名	来源文献量	文献选出率	AR论文量	平均引文数	平均作者数	地区分布数	机构分布数	海外论文比	基金论文比	引用半衰期
S034	计算机工程与科学	300	0.98	284	23.0	3.5	29	131	0.01	0.76	5.6
S022	计算机工程与设计	602	0.99	570	14.5	3.3	29	212	0.01	0.81	4.0
S025	计算机工程与应用	944	0.99	917	21.9	3.3	29	320	0.01	0.88	5.4
S030	计算机集成制造系统	314	1.00	299	24.4	4.3	25	140	0.02	0.89	5.5
S520	计算机技术与发展	493	0.98	463	16.5	2.9	30	214	0.00	0.94	6.1
S006	计算机科学	607	0.98	587	24.4	3.5	27	215	0.02	0.86	5.8
S085	计算机科学与探索	193	0.89	189	28.5	3.5	27	94	0.03	0.65	6.0
S509	计算机系统应用	476	0.98	463	15.9	3.1	26	201	0.01	0.54	5.1
S018	计算机学报	173	1.00	166	45.4	4.5	22	93	0.06	0.97	6.7
S021	计算机研究与发展	222	0.98	210	35.1	4.2	29	112	0.04	0.96	5.3
S029	计算机应用	599	1.00	570	20.9	3.6	30	228	0.01	0.87	4.9
S016	计算机应用研究	836	1.00	778	19.8	3.2	29	261	0.01	0.90	5.8
S009	计算机应用与软件	667	0.98	631	16.7	3.0	30	372	0.01	0.74	5.0
S048	计算机与数字工程	638	0.98	608	16.4	2.8	30	253	0.00	0.46	7.2
S500	计算机与现代化	264	0.96	254	23.6	3.1	28	156	0.01	0.66	5.0
S014	计算机与应用化学	105	1.00	97	19.9	4.3	22	71	0.00	0.65	8.7
S507	计算技术与自动化	124	1.00	110	13.4	3.2	24	86	0.00	0.44	5.2
C003	计算力学学报	117	1.00	116	20.2	3.6	26	70	0.02	0.91	10.1
B014	计算数学	30	0.94	30	27.4	2.6	13	27	0.10	0.87	10.3
C094	计算物理	83	0.93	83	25.9	3.6	20	53	0.00	0.78	11.1
A656	济南大学学报自然科学版	91	1.00	87	18.3	4.0	20	51	0.02	0.98	7.0
G292	寄生虫与医学昆虫学报	38	0.95	38	29.0	5.3	16	29	0.03	0.74	8.8
A045	暨南大学学报自然科学与医学版	72	1.00	71	22.8	4.7	15	48	0.01	0.81	5.5
H240	家畜生态学报	223	0.95	197	25.5	5.6	31	99	0.00	0.77	7.7
G638	检验医学	234	0.84	176	13.2	4.6	24	176	0.00	0.37	5.4
V051	建筑材料学报	144	0.98	143	17.3	4.1	25	76	0.02	0.90	7.9
V057	建筑钢结构进展	86	0.99	83	17.1	3.9	21	46	0.02	0.80	8.9
V523	建筑节能	363	0.92	343	11.3	3.3	28	165	0.01	0.41	6.7
V014	建筑结构	563	0.95	423	10.4	3.9	27	224	0.02	0.34	8.7
V044	建筑结构学报	264	0.98	263	24.2	4.1	23	87	0.02	0.95	9.1
V005	建筑科学	281	0.99	277	14.1	3.8	27	115	0.03	0.73	7.8
V013	建筑科学与工程学报	83	0.93	82	25.0	4.0	21	42	0.00	0.93	8.6
V047	建筑学报	204	0.94	167	13.9	2.1	16	83	0.13	0.38	24.7
Y522	舰船电子工程	552	0.98	468	13.3	2.6	24	194	0.00	0.22	8.0
Y564	舰船科学技术	403	0.98	381	11.0	3.6	17	133	0.00	0.32	8.7
G453	江苏大学学报医学版	116	1.00	106	16.6	5.4	11	43	0.00	0.55	4.8
J035	江苏大学学报自然科学版	117	1.00	116	14.6	4.2	18	45	0.00	0.95	5.2
X015	江苏科技大学学报自然科学版	112	0.96	107	17.8	3.9	8	22	0.00	0.76	6.9
H700	江苏农业科学	1843	1.00	1661	23.2	4.8	31	686	0.00	0.87	8.3
H199	江苏农业学报	209	1.00	206	30.3	5.9	28	105	0.01	0.89	6.9
G397	江苏中医药	356	0.94	95	10.4	3.3	24	163	0.00	0.40	6.3
H283	江西农业大学学报	144	1.00	144	27.1	6.0	22	63	0.00	0.97	7.6
H701	江西农业学报	302	1.00	301	21.6	5.4	26	160	0.00	0.70	7.3

表 4-2　2019 年中国科技核心期刊（中文）来源指标刊名字顺索引（续）

CODE	刊名	来源文献量	文献选出率	AR论文量	平均引文数	平均作者数	地区分布数	机构分布数	海外论文比	基金论文比	引用半衰期
A112	江西师范大学学报自然科学版	100	0.96	99	23.1	3.8	17	50	0.01	0.98	7.8
X020	交通信息与安全	107	0.94	107	22.2	3.7	20	47	0.02	0.96	5.1
X672	交通运输工程学报	102	0.94	102	32.8	4.1	17	37	0.04	0.99	6.3
X685	交通运输系统工程与信息	210	0.97	210	10.5	3.5	25	83	0.03	0.90	5.6
X516	交通运输研究	75	0.91	75	19.9	3.3	10	30	0.00	0.63	4.0
L587	节能技术	92	0.79	88	14.9	3.9	20	68	0.01	0.47	6.0
W567	节水灌溉	276	0.98	271	18.9	4.3	29	132	0.00	0.86	6.9
K553	洁净煤技术	141	0.97	141	25.9	4.6	22	83	0.01	0.74	7.0
V049	结构工程师	195	0.98	184	12.9	3.1	27	104	0.00	0.52	9.0
G869	结直肠肛门外科	137	0.84	128	19.6	4.2	21	106	0.00	0.35	5.0
G316	解放军护理杂志	277	0.98	231	18.2	4.2	28	168	0.01	0.40	4.9
G187	解放军医学院学报	263	0.94	240	24.7	5.1	26	97	0.00	0.46	4.5
G048	解放军医学杂志	174	0.95	172	27.9	6.2	25	116	0.01	0.67	4.8
G671	解放军医药杂志	327	0.97	300	21.5	4.7	25	211	0.00	0.89	3.4
G315	解放军医院管理杂志	344	0.95	184	11.5	3.9	27	185	0.00	0.26	4.7
G961	解放军预防医学杂志	1023	0.97	47	7.6	3.7	30	645	0.00	0.83	3.3
G507	解剖科学进展	197	0.99	159	16.3	4.4	13	57	0.00	0.84	4.8
G049	解剖学报	149	0.96	145	21.0	5.1	27	108	0.01	0.77	5.7
G358	解剖学研究	155	0.92	90	12.9	4.1	25	112	0.00	0.37	4.0
G050	解剖学杂志	180	0.87	101	14.5	5.2	29	121	0.00	0.61	5.8
G886	介入放射学杂志	234	0.83	216	18.2	5.6	26	144	0.00	0.38	5.4
N048	金刚石与磨料磨具工程	108	0.95	106	18.5	4.8	17	57	0.00	0.63	8.4
M051	金属功能材料	59	0.79	57	20.2	5.2	15	39	0.00	0.54	8.2
K022	金属矿山	408	0.98	404	17.9	4.2	29	179	0.01	0.70	6.9
N083	金属热处理	593	0.97	545	14.2	4.3	30	300	0.01	0.56	7.5
M012	金属学报	161	0.99	161	38.4	5.2	24	60	0.04	0.93	8.7
E599	经济地理	328	0.98	328	31.4	3.3	28	147	0.02	0.91	6.8
H333	经济动物学报	48	0.89	45	24.5	5.2	14	24	0.00	0.77	8.5
S759	经济管理	143	0.97	143	53.2	2.3	17	58	0.01	0.85	9.0
S762	经济理论与经济管理	91	0.92	90	34.4	2.3	18	44	0.01	0.71	10.0
H266	经济林研究	120	1.00	120	27.3	5.7	26	68	0.00	0.91	6.8
S773	经济与管理研究	118	1.00	118	34.7	2.2	19	59	0.03	0.71	8.7
G953	精神医学杂志	114	0.93	92	25.1	4.6	18	67	0.00	0.48	6.0
T102	精细化工	376	1.00	376	26.9	4.8	29	183	0.01	0.83	6.4
T955	精细化工中间体	104	0.95	81	15.7	4.8	20	64	0.00	0.48	7.0
T542	精细石油化工	101	0.94	99	17.1	4.5	24	65	0.00	0.54	7.3
G677	颈腰痛杂志	207	0.65	65	9.3	3.2	20	164	0.00	0.07	3.6
Z553	净水技术	281	0.98	258	16.2	3.8	24	164	0.02	0.43	7.4
G553	局解手术学杂志	246	1.00	223	22.5	5.1	24	152	0.00	0.57	4.1
T512	聚氨酯工业	81	0.96	50	9.4	4.1	19	64	0.01	0.32	6.4
R016	绝缘材料	195	0.94	194	19.5	5.5	26	122	0.00	0.47	7.7
G052	军事医学	187	0.98	170	20.0	5.5	25	87	0.01	0.58	5.4
F018	菌物学报	201	0.94	200	45.4	5.3	27	96	0.01	0.80	6.9

表 4-2　2019 年中国科技核心期刊（中文）来源指标刊名字顺索引（续）

CODE	刊名	来源文献量	文献选出率	AR论文量	平均引文数	平均作者数	地区分布数	机构分布数	海外论文比	基金论文比	引用半衰期
C325	菌物研究	32	0.91	32	47.4	3.9	12	22	0.00	0.88	9.1
M018	勘察科学技术	84	0.98	74	8.9	3.1	21	59	0.00	0.24	8.1
Q933	康复学报	69	0.90	68	24.8	4.8	16	46	0.04	0.84	6.3
A645	科技导报	368	0.81	317	19.4	2.6	24	225	0.08	0.45	5.3
S812	科技管理研究	861	1.00	861	25.0	2.8	29	363	0.02	0.85	6.2
R588	科技进步与对策	471	0.83	471	31.2	2.6	28	198	0.01	0.90	6.9
A083	科技通报	529	0.96	502	13.2	3.0	31	333	0.00	0.46	6.9
S816	科学管理研究	187	0.99	179	13.4	2.1	29	133	0.01	0.72	5.4
A537	科学技术与工程	1984	0.99	1937	18.2	3.9	31	691	0.01	0.75	6.6
A075	科学通报	391	0.92	347	47.8	4.3	29	208	0.04	0.73	6.4
W514	科学学研究	246	1.00	242	25.1	2.5	23	101	0.00	0.87	8.8
S818	科学学与科学技术管理	121	0.99	121	48.4	2.9	18	57	0.03	0.93	8.3
W531	科研管理	319	0.96	318	28.7	2.4	28	152	0.02	0.92	9.8
L516	可再生能源	288	1.00	284	13.6	4.6	29	159	0.01	0.85	5.0
E140	空间科学学报	93	0.59	93	21.1	4.5	16	53	0.06	0.75	11.3
Y051	空间控制技术与应用	65	0.93	63	18.9	3.6	11	20	0.00	0.55	6.9
J059	空军工程大学学报自然科学版	99	0.97	95	21.3	3.8	10	23	0.00	0.74	6.6
Q907	空军医学杂志	156	0.92	82	15.0	4.3	22	93	0.00	0.33	4.7
Y016	空气动力学学报	116	0.93	116	28.4	3.9	16	43	0.03	0.73	11.1
S503	控制工程	369	1.00	346	17.0	3.2	28	212	0.00	0.79	7.2
R060	控制理论与应用	229	0.94	224	25.1	3.6	22	109	0.01	0.86	6.3
S001	控制与决策	344	1.00	332	24.0	3.5	24	161	0.02	0.92	6.1
G672	口腔材料器械杂志	45	1.00	45	22.4	3.1	11	29	0.00	0.51	5.4
G894	口腔颌面修复学杂志	75	0.88	67	18.6	3.7	15	47	0.00	0.43	4.8
G390	口腔疾病防治	149	0.95	145	27.2	3.8	25	81	0.01	0.90	4.1
G594	口腔生物医学	51	0.98	47	26.4	3.9	12	28	0.00	0.80	6.2
G325	口腔医学	248	0.95	234	28.1	4.3	25	109	0.00	0.57	5.7
G266	口腔医学研究	268	0.94	218	18.2	4.2	29	132	0.01	0.66	4.9
K525	矿产保护与利用	167	0.99	167	29.5	4.3	21	73	0.00	0.74	6.3
V054	矿产勘查	426	0.99	407	14.8	4.0	30	207	0.00	0.38	10.0
K025	矿产与地质	156	1.00	156	17.4	4.4	25	84	0.01	0.61	10.8
K004	矿产综合利用	195	1.00	187	14.5	4.1	30	109	0.00	0.50	8.2
E106	矿床地质	87	0.96	87	86.5	6.2	20	42	0.07	0.93	10.5
K014	矿山机械	226	0.94	157	7.3	2.9	24	131	0.00	0.22	6.6
E350	矿物学报	81	0.98	81	34.6	5.6	24	45	0.00	0.93	12.0
E354	矿物岩石	50	0.94	50	24.0	5.2	16	29	0.00	0.80	13.1
E504	矿物岩石地球化学通报	116	0.83	115	57.7	5.0	23	67	0.02	0.94	10.9
M101	矿冶	126	1.00	117	11.5	3.8	19	59	0.02	0.44	7.8
M045	矿冶工程	204	0.95	177	11.2	4.2	24	95	0.00	0.58	6.2
K554	矿业安全与环保	150	0.98	146	16.3	3.0	18	64	0.00	0.73	5.9
K010	矿业研究与开发	367	0.87	344	13.4	3.9	27	149	0.00	0.72	5.9
F015	昆虫学报	149	1.00	149	40.2	5.6	24	76	0.04	0.92	9.1
J020	昆明理工大学学报自然科学版	115	0.95	113	22.3	4.2	14	36	0.00	0.94	7.0

表 4-2 2019 年中国科技核心期刊（中文）来源指标刊名字顺索引（续）

CODE	刊名	来源文献量	文献选出率	AR论文量	平均引文数	平均作者数	地区分布数	机构分布数	海外论文比	基金论文比	引用半衰期
G053	昆明医科大学学报	364	0.99	352	18.5	5.2	17	106	0.00	0.70	5.1
G395	兰州大学学报医学版	102	0.97	101	25.0	5.1	14	43	0.01	0.63	4.7
A016	兰州大学学报自然科学版	113	0.93	111	26.5	4.6	15	40	0.01	0.93	8.4
J008	兰州理工大学学报	179	0.98	175	15.1	3.6	16	35	0.00	0.91	7.9
G628	老年医学与保健	230	0.96	190	18.0	4.2	18	116	0.01	0.40	4.5
R096	雷达科学与技术	114	1.00	104	12.5	3.3	16	48	0.01	0.53	4.9
R758	雷达学报	73	1.00	72	35.2	4.0	11	31	0.01	0.95	6.4
T010	离子交换与吸附	58	0.97	58	19.4	4.7	19	46	0.00	0.86	6.5
M001	理化检验化学分册	282	0.97	245	17.3	4.5	29	229	0.00	0.43	7.4
C101	力学季刊	86	0.96	85	21.8	3.1	21	50	0.01	0.90	10.1
C001	力学学报	171	0.96	171	39.5	3.6	19	80	0.01	0.94	8.0
C104	力学与实践	120	0.80	110	13.3	3.0	19	69	0.00	0.50	8.9
G580	立体定向和功能性神经外科杂志	71	0.80	69	17.4	4.8	19	50	0.00	0.25	3.7
U055	粮食与饲料工业	137	0.93	105	14.5	4.7	24	100	0.00	0.40	7.3
U626	粮油食品科技	99	0.93	96	17.7	5.1	20	54	0.02	0.58	7.2
C032	量子电子学报	115	0.97	112	17.1	4.2	22	65	0.00	0.83	7.0
K008	辽宁工程技术大学学报自然科学版	95	1.00	93	15.9	3.5	14	36	0.00	0.87	7.3
H261	辽宁农业科学	156	0.99	71	9.7	3.5	13	66	0.00	0.63	6.4
G850	辽宁中医药大学学报	712	0.98	563	24.5	4.1	28	223	0.00	0.71	5.3
G646	辽宁中医杂志	753	0.96	450	20.9	4.7	30	250	0.00	0.84	6.1
U037	林产工业	204	0.69	157	16.3	3.1	27	99	0.01	0.70	4.8
T017	林产化学与工业	104	0.98	104	23.0	5.0	19	43	0.02	0.91	6.3
H740	林业工程学报	146	0.97	146	24.5	4.8	20	43	0.05	0.99	5.6
H280	林业科学	245	1.00	245	34.5	5.2	26	78	0.01	0.92	9.5
H281	林业科学研究	130	1.00	130	31.0	5.7	21	40	0.01	0.88	8.9
H102	林业调查规划	251	0.97	248	12.3	3.1	23	142	0.00	0.29	9.3
T231	磷肥与复肥	196	0.87	67	7.3	3.4	21	109	0.01	0.21	7.5
G880	临床超声医学杂志	224	0.57	120	11.2	4.2	24	155	0.00	0.33	5.2
G607	临床儿科杂志	231	0.97	187	18.6	4.8	25	104	0.00	0.32	6.2
G276	临床耳鼻咽喉头颈外科杂志	279	0.90	232	18.3	4.9	26	152	0.01	0.43	6.1
G271	临床放射学杂志	508	0.90	486	16.6	5.2	30	295	0.00	0.29	6.3
Q908	临床肺科杂志	528	0.87	465	18.6	3.7	28	371	0.00	0.27	4.4
G501	临床肝胆病杂志	473	0.73	416	28.8	4.3	30	238	0.00	0.60	4.5
G291	临床骨科杂志	229	0.72	112	8.0	4.5	25	203	0.00	0.16	4.4
G664	临床和实验医学杂志	798	0.97	700	16.4	4.2	26	427	0.00	0.77	3.7
G345	临床急诊杂志	190	0.85	172	19.2	4.1	23	147	0.00	0.27	4.3
G204	临床检验杂志	226	0.99	173	16.1	5.2	27	154	0.00	0.53	4.0
G310	临床精神医学杂志	123	0.84	55	16.7	5.1	18	70	0.00	0.46	6.8
G881	临床军医杂志	518	0.96	98	13.3	4.3	28	298	0.00	0.38	3.8
G287	临床口腔医学杂志	195	0.91	136	18.3	3.6	26	131	0.01	0.44	5.8
G222	临床麻醉学杂志	306	0.92	199	14.3	4.7	30	200	0.01	0.29	4.4
G317	临床泌尿外科杂志	222	0.87	181	19.5	5.7	26	154	0.00	0.40	5.0
G257	临床内科杂志	182	0.61	84	17.0	4.3	29	144	0.01	0.33	5.0

表 4-2　2019 年中国科技核心期刊（中文）来源指标刊名字顺索引（续）

CODE	刊名	来源文献量	文献选出率	AR论文量	平均引文数	平均作者数	地区分布数	机构分布数	海外论文比	基金论文比	引用半衰期
G230	临床皮肤科杂志	238	0.93	75	11.4	4.2	27	156	0.01	0.14	7.7
G309	临床神经病学杂志	112	0.68	95	23.1	4.5	26	86	0.00	0.44	5.7
G802	临床神经外科杂志	117	0.92	110	20.9	6.4	26	88	0.00	0.73	5.4
G423	临床肾脏病杂志	179	0.84	167	22.5	4.2	28	143	0.00	0.37	5.4
G797	临床输血与检验	188	0.99	133	16.1	3.9	23	145	0.00	0.38	4.9
G256	临床外科杂志	302	0.82	118	13.9	3.9	26	201	0.00	0.16	4.4
G942	临床误诊误治	300	0.92	291	24.4	4.4	29	183	0.00	0.70	3.8
G855	临床消化病杂志	102	0.94	72	17.2	3.9	23	86	0.00	0.18	5.9
Q909	临床小儿外科杂志	209	0.88	199	20.1	4.9	24	81	0.00	0.61	6.6
G261	临床心血管病杂志	239	0.90	213	19.7	5.1	29	172	0.00	0.45	4.3
G293	临床血液学杂志	229	0.83	164	16.2	4.2	25	142	0.00	0.26	4.1
Q913	临床眼科杂志	126	0.80	87	13.5	3.8	21	95	0.00	0.25	6.6
G673	临床药物治疗杂志	240	0.96	214	18.0	3.8	25	116	0.01	0.20	4.6
G350	临床与病理杂志	478	1.00	472	23.3	3.5	27	290	0.00	0.34	4.7
G274	临床与实验病理学杂志	454	0.93	192	12.8	4.8	30	297	0.01	0.40	4.8
Q910	临床肿瘤学杂志	187	0.80	168	16.9	4.7	28	156	0.00	0.24	3.7
G491	岭南心血管病杂志	149	0.79	139	17.3	4.4	23	105	0.01	0.30	4.9
N023	流体机械	192	1.00	182	16.3	4.3	24	96	0.01	0.67	6.2
H748	麦类作物学报	189	0.85	189	27.9	6.6	21	75	0.01	0.89	9.1
T060	煤化工	102	0.92	82	6.8	2.9	21	84	0.00	0.15	6.8
K558	煤矿安全	748	0.98	691	13.5	3.0	23	243	0.00	0.52	6.5
K517	煤矿机械	744	1.00	114	5.6	2.4	26	270	0.00	0.32	5.3
K504	煤矿开采	43	0.98	39	21.1	3.6	9	22	0.00	0.77	7.4
K038	煤炭工程	452	0.96	401	12.7	2.8	22	197	0.00	0.45	5.9
K005	煤炭科学技术	432	0.98	428	22.5	3.9	25	150	0.01	0.90	5.9
K017	煤炭学报	420	0.97	419	26.8	4.9	21	97	0.01	0.97	6.6
D027	煤炭转化	75	1.00	75	23.2	4.8	17	34	0.00	0.83	6.7
K009	煤田地质与勘探	198	0.99	196	20.4	4.2	22	74	0.01	0.85	6.9
R119	密码学报	66	1.00	56	28.2	3.7	13	43	0.03	0.85	7.5
U036	棉纺织技术	240	0.90	186	8.1	3.2	21	120	0.00	0.35	6.6
H037	棉花学报	53	0.90	53	31.6	6.6	11	18	0.00	0.83	8.7
G056	免疫学杂志	173	0.93	173	22.9	5.2	29	127	0.01	0.66	4.7
B017	模糊系统与数学	107	1.00	107	17.5	2.3	25	72	0.00	0.83	9.8
N107	模具技术	79	0.93	50	6.0	2.3	17	57	0.00	0.13	6.6
S015	模式识别与人工智能	120	0.90	120	26.0	3.7	22	73	0.03	0.98	4.6
T077	膜科学与技术	122	0.96	122	23.5	4.9	21	80	0.00	0.79	6.2
N084	摩擦学学报	91	0.98	91	27.4	5.0	20	48	0.00	0.95	7.8
U533	木材工业	78	0.87	75	13.5	4.5	14	22	0.00	0.81	7.1
A013	南昌大学学报理科版	104	1.00	102	19.4	4.0	18	40	0.00	0.93	6.7
G047	南昌大学学报医学版	134	0.85	124	20.0	4.8	18	72	0.00	0.49	4.2
R117	南方电网技术	144	0.94	138	19.3	5.4	22	77	0.02	0.39	5.4
V089	南方建筑	126	0.99	123	21.7	2.5	17	51	0.08	0.61	7.2
H069	南方农业学报	376	1.00	376	27.2	6.3	26	169	0.01	0.98	6.3

表 4-2　2019 年中国科技核心期刊（中文）来源指标刊名字顺索引（续）

CODE	刊名	来源文献量	文献选出率	AR论文量	平均引文数	平均作者数	地区分布数	机构分布数	海外论文比	基金论文比	引用半衰期
H068	南方水产科学	94	0.99	94	35.4	6.5	13	28	0.01	0.85	7.2
G023	南方医科大学学报	228	0.98	227	31.9	6.1	23	103	0.00	0.87	4.8
A025	南京大学学报自然科学版	110	1.00	108	22.8	4.1	21	61	0.01	0.92	7.7
T011	南京工业大学学报自然科学版	117	0.99	115	18.9	4.2	5	17	0.01	0.85	8.1
Y026	南京航空航天大学学报	117	0.94	116	19.8	3.9	16	53	0.00	0.51	8.7
N011	南京理工大学学报自然科学版	113	1.00	109	18.2	3.6	20	68	0.01	0.80	6.3
H033	南京林业大学学报自然科学版	174	0.98	172	29.0	5.1	25	49	0.01	0.91	9.2
H021	南京农业大学学报	147	0.97	147	28.6	5.9	13	26	0.01	0.95	7.2
A061	南京师大学报自然科学版	87	1.00	85	21.0	3.5	17	55	0.01	0.92	7.5
E120	南京信息工程大学学报自然科学版	102	0.89	95	23.2	3.6	19	65	0.04	0.88	5.0
G058	南京医科大学学报自然科学版	376	0.94	330	18.0	5.2	23	114	0.01	0.71	4.7
R008	南京邮电大学学报自然科学版	89	0.95	78	19.6	3.4	7	12	0.00	0.97	4.1
G059	南京中医药大学学报	155	0.96	135	19.7	4.9	16	58	0.01	0.82	6.0
A008	南开大学学报自然科学版	109	0.99	104	20.4	3.6	18	49	0.02	0.70	11.6
S776	南开管理评论	107	0.91	107	55.8	3.0	22	61	0.03	0.96	10.1
W590	南水北调与水利科技	151	0.97	151	25.7	4.7	29	83	0.00	0.92	6.5
G288	脑与神经疾病杂志	189	0.95	167	22.2	4.4	21	90	0.01	0.58	5.5
G662	内科急危重症杂志	148	0.93	74	16.7	3.9	19	100	0.00	0.32	4.9
G523	内科理论与实践	77	0.90	67	23.3	4.7	16	42	0.00	0.39	4.5
A026	内蒙古大学学报自然科学版	96	0.91	94	23.3	3.7	13	40	0.00	0.84	8.6
A111	内蒙古师范大学学报自然科学汉文版	95	0.99	92	18.7	2.9	23	48	0.00	0.96	10.4
G513	内蒙古医科大学学报	211	0.99	96	13.4	3.7	20	94	0.00	0.36	4.6
R533	内燃机工程	85	0.99	83	18.5	4.8	18	34	0.02	0.72	6.6
P004	内燃机学报	73	1.00	73	18.1	4.9	18	35	0.01	0.88	6.9
T501	能源化工	91	0.83	90	15.6	2.9	17	46	0.00	0.31	7.3
W002	泥沙研究	70	0.93	70	20.1	3.5	18	38	0.00	0.96	10.9
U504	酿酒科技	299	0.88	271	13.8	4.6	26	161	0.00	0.27	6.7
A506	宁波大学学报理工版	121	0.95	118	19.6	4.0	8	20	0.00	0.86	7.9
A110	宁夏大学学报自然科学版	74	0.97	73	15.3	2.9	15	52	0.04	0.86	8.8
G665	宁夏医科大学学报	156	0.48	139	16.5	4.8	14	41	0.01	0.63	4.8
H071	农产品质量与安全	100	0.89	97	24.0	4.9	22	56	0.01	0.80	5.1
H105	农学学报	213	0.99	210	28.8	4.7	27	144	0.00	0.62	7.0
T034	农药	250	0.98	155	16.0	5.4	30	155	0.00	0.54	6.9
T924	农药科学与管理	124	0.65	118	7.6	4.2	22	66	0.00	0.21	5.7
H404	农药学学报	106	0.99	106	41.2	5.5	26	57	0.01	0.88	7.2
H072	农业工程	426	0.94	237	10.5	3.2	30	231	0.00	0.33	5.7
H279	农业工程学报	911	1.00	905	34.2	5.4	31	262	0.03	0.93	5.8
Z008	农业环境科学学报	323	0.96	323	37.1	5.8	28	148	0.01	0.93	6.9
H278	农业机械学报	579	1.00	577	29.4	5.1	28	132	0.05	0.97	5.6
H286	农业生物技术学报	233	1.00	233	32.4	6.6	28	80	0.00	0.92	8.0
H222	农业现代化研究	116	0.99	116	30.5	3.4	28	68	0.03	0.97	5.1
H773	农业资源与环境学报	101	1.00	101	32.3	5.5	26	66	0.00	0.89	7.2
V032	暖通空调	290	0.96	257	12.7	3.8	23	138	0.02	0.55	7.3

表 4-2 2019 年中国科技核心期刊（中文）来源指标刊名字顺索引（续）

CODE	刊名	来源文献量	文献选出率	AR论文量	平均引文数	平均作者数	地区分布数	机构分布数	海外论文比	基金论文比	引用半衰期
H219	排灌机械工程学报	175	0.96	174	15.0	4.4	24	70	0.02	0.93	7.3
U602	皮革科学与工程	88	0.85	85	16.3	3.6	16	37	0.01	0.44	6.4
U604	皮革与化工	44	0.77	39	14.1	3.7	12	28	0.00	0.23	6.3
G595	器官移植	65	0.56	61	25.5	5.9	18	41	0.03	0.97	4.5
E021	气候变化研究进展	75	0.87	75	30.9	4.9	14	39	0.05	0.84	5.8
E361	气候与环境研究	62	1.00	62	35.7	4.4	10	25	0.02	0.95	11.1
Y504	气体物理	39	1.00	39	28.6	4.1	11	24	0.05	0.62	10.6
E352	气象	165	0.98	165	29.5	4.6	27	83	0.01	0.92	8.4
E566	气象科技	129	0.96	129	23.6	4.1	28	99	0.00	0.78	8.3
E359	气象科学	89	1.00	89	26.1	4.2	15	39	0.00	0.96	9.8
E001	气象学报	78	0.96	78	38.6	4.6	12	37	0.09	0.97	10.6
E521	气象与环境科学	73	0.94	73	27.7	4.4	24	59	0.00	0.89	6.8
E633	气象与环境学报	101	0.97	101	23.9	5.0	28	85	0.00	0.87	7.1
X532	汽车安全与节能学报	59	1.00	59	27.4	4.0	15	35	0.07	0.75	5.8
X018	汽车工程	205	0.97	205	15.8	4.2	23	76	0.01	0.85	7.1
X500	汽车工程学报	66	0.93	66	13.9	3.8	14	43	0.03	0.52	7.6
X013	汽车技术	136	0.92	135	13.4	3.9	21	75	0.01	0.58	5.9
P001	汽轮机技术	127	1.00	97	9.7	4.1	21	67	0.00	0.29	7.6
Y009	强度与环境	57	0.97	57	14.4	4.3	7	19	0.00	0.49	9.8
C007	强激光与粒子束	231	0.97	194	14.7	5.2	19	73	0.01	0.65	8.2
X021	桥梁建设	121	0.99	121	10.6	2.9	19	63	0.01	0.41	3.2
G061	青岛大学医学院学报	181	0.99	160	27.3	4.6	15	63	0.00	0.71	4.9
T012	青岛科技大学学报自然科学版	100	0.94	98	17.7	3.5	8	14	0.00	0.92	6.1
U535	轻工机械	116	0.99	104	12.8	3.6	10	27	0.00	0.47	6.6
J001	清华大学学报自然科学版	135	1.00	129	21.8	4.0	20	41	0.02	0.85	8.0
D002	燃料化学学报	179	1.00	179	30.0	5.5	24	87	0.02	0.82	6.5
P011	燃烧科学与技术	78	0.96	78	18.4	4.8	14	35	0.04	0.87	8.5
E563	热带地理	94	0.97	93	41.1	4.0	17	52	0.05	0.86	7.0
E642	热带海洋学报	64	0.98	64	33.2	4.6	11	28	0.05	0.94	10.4
H516	热带农业科学	248	0.97	246	20.7	4.9	18	106	0.00	0.65	7.5
E110	热带气象学报	77	0.99	77	32.9	4.0	12	42	0.01	0.90	9.1
H415	热带生物学报	69	0.99	69	20.9	5.3	11	22	0.00	0.84	8.3
F228	热带亚热带植物学报	92	0.99	88	37.9	5.3	16	49	0.04	0.85	8.3
G609	热带医学杂志	391	1.00	359	17.9	4.7	27	268	0.00	0.39	3.7
H223	热带作物学报	341	0.99	339	28.2	6.1	21	106	0.00	0.84	7.9
T105	热固性树脂	78	0.93	76	17.1	4.0	20	54	0.00	0.51	6.1
N071	热加工工艺	1291	1.00	1044	12.0	3.8	30	511	0.00	0.54	8.3
C134	热科学与技术	74	0.91	74	17.0	4.2	18	51	0.00	0.70	8.5
R501	热力发电	272	0.99	267	18.2	4.7	24	114	0.00	0.44	5.8
P006	热能动力工程	285	0.94	282	18.5	3.6	22	110	0.02	0.63	8.4
T013	人工晶体学报	370	0.97	363	22.6	4.9	30	194	0.00	0.81	6.8
N106	人类工效学	87	0.96	82	19.1	3.7	19	48	0.00	0.53	7.7
F041	人类学学报	50	0.93	50	43.1	4.1	15	26	0.18	0.80	14.6

表 4-2 2019 年中国科技核心期刊（中文）来源指标刊名字顺索引（续）

CODE	刊名	来源文献量	文献选出率	AR论文量	平均引文数	平均作者数	地区分布数	机构分布数	海外论文比	基金论文比	引用半衰期
W555	人民黄河	398	0.87	386	14.1	3.9	27	166	0.01	0.69	8.7
W504	人民长江	469	0.96	467	19.1	3.7	27	238	0.00	0.70	7.6
T070	日用化学工业	132	0.90	130	20.1	4.2	24	80	0.00	0.54	7.3
H097	乳业科学与技术	60	0.50	59	32.6	4.7	13	29	0.00	0.60	6.1
S011	软件学报	229	0.95	221	47.9	4.3	25	104	0.07	0.95	6.5
N029	润滑与密封	284	0.93	278	15.7	4.3	28	146	0.00	0.75	8.1
R086	三峡大学学报自然科学版	129	0.99	127	14.2	4.4	16	33	0.00	0.99	7.0
D012	色谱	190	0.97	189	27.6	5.4	27	131	0.02	0.70	5.1
H382	森林工程	108	0.95	108	20.8	4.2	12	34	0.03	0.84	6.2
H051	森林与环境学报	100	1.00	97	26.1	4.7	20	42	0.01	0.91	7.5
E635	沙漠与绿洲气象	117	0.95	117	22.8	4.7	26	83	0.00	0.74	8.0
H070	山地农业生物学报	97	1.00	95	22.7	5.0	6	24	0.00	0.72	7.4
E101	山地学报	92	0.98	92	29.7	4.0	19	53	0.00	0.96	7.2
G742	山东大学耳鼻喉眼学报	183	0.93	167	21.5	3.9	24	110	0.00	0.22	6.0
J022	山东大学学报工学版	102	0.99	101	22.4	3.9	19	62	0.01	0.77	6.2
A020	山东大学学报理学版	188	0.99	184	17.3	2.8	27	95	0.01	0.89	8.9
G062	山东大学学报医学版	243	0.98	229	29.1	4.5	21	105	0.01	0.56	5.1
A141	山东科技大学学报自然科学版	83	1.00	83	19.0	4.3	8	18	0.02	0.90	6.7
A637	山东科学	104	0.98	98	18.4	4.5	7	40	0.00	0.82	6.3
H031	山东农业大学学报自然科学版	238	1.00	204	14.1	3.3	28	150	0.02	0.54	6.9
H804	山东农业科学	393	0.99	371	21.0	6.6	22	94	0.01	0.83	7.8
G511	山东医药	1125	0.99	738	20.0	4.4	30	584	0.00	0.53	4.5
G063	山东中医药大学学报	122	0.87	116	18.5	3.6	15	62	0.02	0.61	6.6
G574	山东中医杂志	247	0.89	221	17.6	3.7	21	97	0.01	0.61	6.6
A014	山西大学学报自然科学版	125	1.00	122	22.1	3.4	18	45	0.01	0.90	7.0
H393	山西农业大学学报自然科学版	98	0.89	98	22.9	5.6	14	29	0.01	0.89	6.8
H390	山西农业科学	499	0.98	433	22.1	5.1	24	105	0.01	0.69	7.8
G064	山西医科大学学报	326	0.93	317	17.9	4.9	26	144	0.00	0.67	4.7
U025	陕西科技大学学报	172	0.98	170	20.5	4.6	8	16	0.01	0.94	6.2
H217	陕西农业科学	360	0.97	176	11.7	3.9	22	157	0.00	0.37	8.0
A066	陕西师范大学学报自然科学版	98	0.92	97	24.5	3.6	20	53	0.01	0.98	8.2
G725	陕西中医	511	0.98	242	17.3	3.5	28	261	0.00	0.61	3.8
V088	上海城市规划	115	0.79	115	18.1	2.6	16	59	0.06	0.41	6.6
A056	上海大学学报自然科学版	109	0.93	109	21.9	3.8	9	18	0.01	0.84	8.4
U528	上海纺织科技	233	0.75	150	11.7	3.6	21	88	0.01	0.52	6.8
X038	上海海事大学学报	80	0.96	80	15.7	3.2	9	11	0.00	0.70	6.0
H292	上海海洋大学学报	110	0.96	109	30.3	4.8	7	22	0.01	0.87	9.5
Y555	上海航天	120	0.94	120	19.9	4.4	13	56	0.00	0.53	7.4
X006	上海交通大学学报	200	0.94	194	15.4	4.0	18	51	0.05	0.88	6.5
H022	上海交通大学学报农业科学版	112	0.96	112	20.7	5.1	10	26	0.00	0.75	6.8
G066	上海交通大学学报医学版	246	0.90	244	26.5	5.0	16	54	0.02	0.83	5.7
M021	上海金属	119	1.00	119	14.4	4.3	17	51	0.00	0.49	9.4
G283	上海口腔医学	132	0.94	124	19.3	4.2	21	76	0.00	0.41	6.5

表 4-2 2019 年中国科技核心期刊（中文）来源指标刊名字顺索引（续）

CODE	刊名	来源文献量	文献选出率	AR论文量	平均引文数	平均作者数	地区分布数	机构分布数	海外论文比	基金论文比	引用半衰期
H282	上海农业学报	145	1.00	144	21.4	5.4	17	58	0.03	0.88	7.8
G069	上海医学	167	0.81	124	17.5	4.0	20	81	0.01	0.31	5.8
G596	上海针灸杂志	299	0.98	284	25.6	4.0	28	221	0.00	0.53	4.8
G946	上海中医药大学学报	102	0.96	99	23.9	5.0	8	28	0.00	0.96	5.5
G389	上海中医药杂志	235	0.77	189	18.5	4.4	23	95	0.00	0.76	5.7
A515	深圳大学学报理工版	102	0.99	97	21.2	4.5	22	53	0.00	0.94	5.9
G329	神经疾病与精神卫生	224	0.89	221	26.9	4.0	24	112	0.00	0.46	5.3
G070	神经解剖学杂志	121	0.99	121	25.6	5.5	25	74	0.00	0.88	3.7
G319	神经损伤与功能重建	219	0.93	82	17.9	4.3	24	155	0.01	0.28	5.0
A074	沈阳大学学报自然科学版	94	1.00	88	14.3	3.4	23	49	0.00	0.79	6.7
J052	沈阳工业大学学报	128	1.00	121	11.9	3.2	22	67	0.00	0.92	4.4
V011	沈阳建筑大学学报自然科学版	137	0.94	136	19.8	3.6	17	31	0.00	1.00	7.3
H024	沈阳农业大学学报	102	0.91	102	28.1	5.8	10	25	0.00	0.92	7.5
A586	沈阳师范大学学报自然科学版	107	1.00	102	17.8	3.4	9	21	0.03	0.96	6.6
G071	沈阳药科大学学报	168	0.99	168	19.3	4.8	22	70	0.00	0.48	6.9
G202	肾脏病与透析肾移植杂志	118	0.94	101	20.8	3.8	17	59	0.00	0.42	5.8
F203	生理科学进展	94	0.92	90	30.1	3.7	25	67	0.01	0.84	4.6
F001	生理学报	101	0.96	100	56.6	4.8	25	76	0.02	0.52	7.6
F042	生命的化学	192	0.96	190	40.4	4.0	26	115	0.00	0.79	5.3
F215	生命科学	152	0.88	151	60.3	3.7	25	107	0.01	0.88	5.5
F046	生命科学研究	73	0.94	72	38.0	5.1	22	53	0.00	0.81	6.7
N759	生命科学仪器	57	0.90	57	27.0	3.8	14	30	0.02	0.70	6.1
Z034	生态毒理学报	174	0.98	173	41.2	5.4	26	123	0.01	0.87	7.1
H784	生态环境学报	287	0.96	287	38.7	5.3	30	186	0.01	0.94	6.8
Z512	生态科学	177	1.00	177	31.5	4.9	29	116	0.02	0.92	8.8
Z014	生态学报	899	1.00	899	41.1	5.3	31	269	0.02	0.95	7.8
Z028	生态学杂志	459	1.00	459	40.5	5.4	29	195	0.00	0.92	8.0
Z023	生态与农村环境学报	204	1.00	204	31.1	5.0	31	138	0.00	0.92	7.4
H080	生物安全学报	52	0.93	48	28.2	5.9	17	36	0.02	0.85	8.2
F049	生物多样性	152	0.90	148	40.8	5.3	29	90	0.05	0.78	8.3
F003	生物工程学报	212	0.94	212	47.4	5.2	27	113	0.01	0.89	6.5
G401	生物骨科材料与临床研究	102	0.82	80	16.1	5.4	24	79	0.00	0.33	5.6
F016	生物化学与生物物理进展	111	0.88	111	53.5	5.2	24	88	0.02	0.91	6.6
F229	生物技术	101	1.00	100	25.3	5.2	25	80	0.01	0.73	4.3
F214	生物技术进展	82	0.95	82	37.0	5.2	23	46	0.00	0.88	6.8
F205	生物技术通报	347	0.99	346	36.6	5.3	30	201	0.00	0.81	7.0
F224	生物技术通讯	144	0.99	142	25.9	5.1	26	76	0.00	0.74	6.4
F204	生物加工过程	96	0.93	96	37.4	4.5	16	49	0.00	0.78	7.4
F213	生物学杂志	182	0.98	140	24.1	4.4	28	108	0.00	0.79	6.9
G006	生物医学工程学杂志	144	0.99	144	24.9	4.5	25	79	0.02	0.98	5.0
G332	生物医学工程研究	99	0.96	97	15.3	4.6	21	58	0.02	0.79	4.9
G603	生物医学工程与临床	149	0.92	134	18.5	4.3	23	113	0.00	0.30	4.7
F044	生物资源	77	0.93	77	30.7	5.1	18	56	0.01	0.71	7.5

表 4-2　2019 年中国科技核心期刊（中文）来源指标刊名字顺索引（续）

CODE	刊名	来源文献量	文献选出率	AR论文量	平均引文数	平均作者数	地区分布数	机构分布数	海外论文比	基金论文比	引用半衰期
G624	生殖医学杂志	278	0.96	265	21.6	4.7	28	144	0.01	0.44	5.3
C033	声学技术	121	0.95	112	14.5	3.6	22	82	0.02	0.63	8.6
C054	声学学报	115	0.91	114	24.7	4.3	19	47	0.03	0.81	10.5
E302	湿地科学	96	1.00	96	28.5	5.3	24	70	0.02	0.80	7.5
E636	湿地科学与管理	68	0.99	53	14.5	4.5	22	56	0.00	0.50	7.3
A615	石河子大学学报自然科学版	113	0.95	111	23.3	5.4	14	23	0.00	0.84	7.1
T933	石化技术与应用	103	0.94	80	12.3	3.8	20	58	0.00	0.17	7.4
X042	石家庄铁道大学学报自然科学版	79	0.96	79	13.0	3.1	10	19	0.00	0.57	6.9
L016	石油地球物理勘探	160	0.96	160	26.8	4.6	20	67	0.01	0.82	9.0
L015	石油化工	202	0.98	202	22.4	4.3	23	95	0.00	0.53	7.7
L034	石油化工高等学校学报	95	0.99	95	19.8	3.9	15	41	0.00	0.81	7.5
L021	石油化工设备技术	89	0.91	71	5.5	2.2	20	57	0.01	0.09	8.4
L019	石油机械	252	0.95	244	14.4	4.7	17	97	0.01	0.78	7.4
L031	石油勘探与开发	119	0.93	119	33.6	6.4	14	45	0.11	0.90	7.8
L043	石油科学通报	39	0.85	39	29.8	4.7	3	8	0.08	0.82	8.2
L030	石油炼制与化工	241	0.92	238	13.0	3.9	26	100	0.00	0.40	8.8
E126	石油实验地质	116	0.91	116	27.4	5.0	15	57	0.00	0.96	7.3
L005	石油物探	98	0.99	98	26.1	3.8	18	42	0.01	0.88	8.4
L028	石油学报	136	0.91	135	35.9	6.1	17	56	0.04	0.97	7.1
L012	石油学报石油加工	153	0.96	152	24.8	4.9	21	51	0.01	0.86	7.9
L006	石油与天然气地质	126	0.93	126	32.5	5.9	15	53	0.05	0.96	7.5
L008	石油钻采工艺	126	0.99	124	17.1	4.7	15	66	0.01	0.65	6.8
L025	石油钻探技术	121	0.97	120	18.3	4.1	16	66	0.01	0.82	5.8
U049	食品安全质量检测学报	1370	0.99	1358	26.0	4.8	30	629	0.00	0.43	6.1
F257	实验动物科学	101	1.00	98	16.5	5.6	23	70	0.00	0.50	8.0
G387	实验动物与比较医学	74	0.77	72	20.8	5.2	20	56	0.01	0.69	6.4
C009	实验力学	123	1.00	123	18.2	4.5	20	60	0.00	0.85	9.1
Y018	实验流体力学	82	0.95	82	28.1	4.5	16	36	0.01	0.70	9.9
A115	实验室研究与探索	806	0.98	695	15.9	3.6	31	321	0.01	0.66	5.3
G534	实用放射学杂志	575	0.93	425	14.6	4.7	30	330	0.00	0.22	5.0
G586	实用妇产科杂志	245	0.90	154	13.7	3.8	27	112	0.01	0.24	5.3
G746	实用肝脏病杂志	224	0.96	208	21.8	4.0	28	173	0.00	0.64	4.1
G457	实用骨科杂志	300	0.96	208	17.6	4.7	30	224	0.00	0.27	6.2
G224	实用口腔医学杂志	205	0.94	167	16.5	4.3	27	124	0.00	0.46	7.0
G700	实用老年医学	314	0.91	244	16.8	4.1	28	201	0.00	0.29	5.0
G652	实用皮肤病学杂志	81	0.66	48	18.1	4.3	17	58	0.00	0.23	5.4
G469	实用器官移植电子杂志	101	0.70	63	26.6	4.3	15	46	0.00	0.53	7.7
G766	实用心脑肺血管病杂志	303	0.89	294	22.5	4.0	26	225	0.00	0.45	4.2
G834	实用药物与临床	310	0.97	279	20.5	4.1	26	206	0.00	0.33	4.4
G324	实用医学杂志	845	0.98	791	19.9	5.1	30	412	0.00	0.70	3.3
G760	实用医院临床杂志	497	0.96	277	15.8	3.7	18	231	0.00	0.23	3.9
G768	实用预防医学	441	0.99	265	15.2	4.9	31	296	0.00	0.37	4.7
G856	实用肿瘤学杂志	108	0.85	108	22.0	3.8	21	48	0.00	0.39	4.6

表 4-2 2019 年中国科技核心期刊（中文）来源指标刊名字顺索引（续）

CODE	刊名	来源文献量	文献选出率	AR 论文量	平均引文数	平均作者数	地区分布数	机构分布数	海外论文比	基金论文比	引用半衰期
G890	实用肿瘤杂志	113	0.93	104	21.4	4.1	24	91	0.00	0.42	4.5
U005	食品工业科技	1429	0.94	1427	31.5	5.6	31	512	0.01	0.74	6.3
U006	食品科学	1177	1.00	1175	37.4	5.8	30	274	0.01	0.90	6.6
A117	食品科学技术学报	92	0.93	92	25.6	5.1	23	60	0.00	0.88	6.1
U617	食品研究与开发	907	0.96	904	23.3	4.9	31	450	0.01	0.63	6.6
U035	食品与发酵工业	1028	0.98	1028	29.7	5.5	31	269	0.00	0.77	6.0
U641	食品与发酵科技	164	0.98	144	16.3	4.7	25	85	0.01	0.43	6.7
U547	食品与机械	511	0.99	498	24.5	4.9	30	235	0.01	0.80	5.6
U029	食品与生物技术学报	261	0.95	261	22.8	5.2	26	67	0.01	0.90	9.4
G748	食品与药品	121	0.95	110	15.5	4.6	19	73	0.00	0.34	6.0
H838	食用菌学报	70	1.00	70	27.6	6.5	19	38	0.04	0.74	7.0
E363	世界地震工程	101	0.97	101	20.0	4.0	22	57	0.02	0.81	9.6
E548	世界地质	118	0.95	118	25.6	4.6	16	41	0.01	0.81	10.9
G906	世界科学技术-中医药现代化	416	0.97	415	29.9	5.5	30	190	0.03	0.88	5.8
G485	世界临床药物	159	0.97	157	25.7	3.8	19	96	0.00	0.49	4.6
G484	世界中西医结合杂志	397	0.89	369	18.2	4.3	26	226	0.01	0.61	5.5
G483	世界中医药	722	0.96	706	21.4	4.6	29	372	0.01	0.80	4.3
Q957	首都公共卫生	103	0.96	48	12.0	4.9	11	41	0.01	0.29	5.0
A023	首都师范大学学报自然科学版	93	0.92	85	18.0	3.1	15	40	0.00	0.51	7.9
G073	首都医科大学学报	160	0.88	160	21.6	5.1	11	45	0.00	0.81	5.0
F033	兽类学报	77	0.93	75	48.3	6.1	26	56	0.05	0.86	11.3
R005	数据采集与处理	119	0.95	112	20.1	3.5	22	73	0.01	0.86	6.6
W009	数理统计与管理	96	1.00	96	23.4	2.6	21	57	0.01	0.85	9.7
B015	数学的实践与认识	922	1.00	919	15.0	2.9	29	460	0.01	0.73	8.3
B007	数学进展	67	0.99	65	21.3	1.9	20	49	0.01	0.90	15.3
B004	数学年刊 A	35	0.90	35	16.2	2.3	16	29	0.00	0.86	14.8
C036	数学物理学报	137	0.99	137	19.7	2.4	28	104	0.03	0.91	11.0
B006	数学学报	85	0.93	85	19.3	2.2	22	62	0.02	0.93	13.9
B012	数学杂志	88	0.97	88	16.8	2.2	25	66	0.02	0.72	12.3
H008	水产学报	222	0.99	222	39.5	6.0	20	57	0.02	0.90	9.0
Z016	水处理技术	346	0.97	333	19.2	4.6	28	203	0.02	0.79	6.2
X533	水道港口	113	0.93	113	12.5	3.6	16	51	0.01	0.85	9.4
P007	水电能源科学	602	1.00	561	7.7	3.9	30	244	0.00	0.67	7.1
W004	水动力学研究与进展 A	95	1.00	95	19.2	3.6	18	46	0.01	0.84	9.2
W013	水科学进展	89	0.99	89	29.2	4.5	19	43	0.07	1.00	7.8
R050	水力发电	319	0.96	305	10.9	3.7	29	136	0.00	0.58	8.0
R049	水力发电学报	162	0.93	162	26.4	4.4	19	50	0.02	0.88	8.7
R587	水利经济	86	0.89	85	18.6	3.1	13	30	0.00	0.78	5.5
W011	水利水电技术	325	0.97	321	21.7	4.2	28	153	0.02	0.89	7.9
W502	水利水电科技进展	87	0.94	87	24.6	4.2	17	40	0.01	0.89	8.4
W006	水利水运工程学报	91	0.95	91	17.0	4.4	18	37	0.03	0.98	7.9
W003	水利学报	148	0.94	148	30.1	4.4	17	49	0.01	0.95	8.2
F010	水生生物学报	159	1.00	159	34.3	6.2	22	75	0.01	0.84	10.0

表 4-2　2019 年中国科技核心期刊（中文）来源指标刊名字顺索引（续）

CODE	刊名	来源文献量	文献选出率	AR论文量	平均引文数	平均作者数	地区分布数	机构分布数	海外论文比	基金论文比	引用半衰期
H850	水生态学杂志	100	1.00	100	27.2	5.2	23	77	0.01	0.80	10.5
H015	水土保持通报	289	1.00	288	24.5	4.6	30	159	0.01	0.91	7.1
H287	水土保持学报	322	1.00	322	27.2	5.8	28	115	0.00	0.96	6.6
H056	水土保持研究	342	0.98	342	25.5	4.5	28	173	0.01	0.90	6.9
E540	水文	100	0.99	100	15.5	4.3	24	70	0.03	0.73	9.4
E154	水文地质工程地质	135	0.99	134	19.9	4.6	22	63	0.00	0.85	8.3
N907	水下无人系统学报	101	0.94	96	17.9	3.8	15	45	0.01	0.56	8.0
X528	水运工程	453	0.98	448	8.2	3.2	20	115	0.00	0.22	7.8
R566	水资源保护	101	0.96	98	26.5	4.3	21	55	0.00	0.85	6.1
W570	水资源与水工程学报	233	1.00	233	21.8	4.2	23	104	0.01	0.90	6.3
U056	丝绸	199	1.00	191	16.9	3.2	21	74	0.02	0.67	8.3
G045	四川大学学报医学版	180	0.85	160	18.8	6.0	14	48	0.00	0.72	5.8
A006	四川大学学报自然科学版	186	0.97	184	18.6	3.8	24	68	0.01	0.81	8.0
F027	四川动物	94	0.81	94	29.1	6.0	21	55	0.01	0.71	10.1
Z007	四川环境	183	0.99	180	17.8	3.6	21	95	0.00	0.41	6.9
A033	四川师范大学学报自然科学版	125	0.93	123	19.4	2.7	23	76	0.00	0.98	10.5
G575	四川医学	325	0.98	265	15.9	3.9	21	168	0.00	0.22	4.4
G745	四川中医	869	0.95	413	14.3	3.2	28	488	0.00	0.38	3.9
H862	饲料工业	273	1.00	269	26.5	5.2	31	138	0.02	0.64	8.0
H864	饲料研究	389	1.00	287	21.7	4.8	31	233	0.00	0.60	6.6
T106	塑料	179	0.98	154	20.2	4.1	27	121	0.01	0.48	6.2
T014	塑料工业	415	0.92	383	14.9	4.2	29	231	0.01	0.47	5.7
T536	塑料科技	312	0.94	277	14.7	4.2	29	202	0.01	0.46	6.3
T079	塑料助剂	57	0.80	53	11.2	3.5	15	49	0.04	0.11	9.6
T580	塑性工程学报	268	0.98	264	16.6	4.5	25	117	0.01	0.82	7.4
X634	隧道建设	250	0.86	249	15.4	3.4	27	140	0.01	0.34	5.6
R652	太赫兹科学与电子信息学报	207	0.95	172	14.9	4.0	22	120	0.00	0.49	7.1
L009	太阳能学报	481	0.98	474	23.4	4.5	27	176	0.01	0.83	7.1
J011	太原理工大学学报	127	0.96	126	18.5	4.1	10	32	0.02	0.93	7.3
M544	钛工业进展	52	0.88	50	14.8	5.0	12	33	0.00	0.62	6.9
T500	弹性体	96	1.00	91	16.1	4.4	18	46	0.00	0.39	7.3
T015	炭素技术	64	0.52	61	19.8	4.8	22	52	0.00	0.66	6.6
N043	探测与控制学报	129	0.98	128	13.6	3.5	19	44	0.00	0.42	7.3
V531	陶瓷学报	147	0.92	143	18.2	4.5	24	85	0.01	0.73	8.7
H041	特产研究	106	0.97	95	18.8	6.1	4	15	0.00	0.58	6.7
L505	特种油气藏	180	0.99	180	21.8	4.1	21	69	0.01	0.95	6.6
N065	特种铸造及有色合金	357	0.99	277	13.8	4.4	28	187	0.00	0.55	7.7
A041	天津大学学报	160	0.95	153	20.1	4.6	14	28	0.01	0.93	7.0
U017	天津工业大学学报	83	1.00	78	22.0	3.9	3	7	0.00	0.99	7.2
U031	天津科技大学学报	78	1.00	78	21.9	4.6	3	5	0.00	0.79	8.4
A504	天津师范大学学报自然科学版	82	0.99	79	21.2	3.8	14	22	0.01	0.90	7.8
G076	天津医药	281	0.99	264	20.0	4.6	26	146	0.00	0.62	3.7
G626	天津中医药	269	0.88	193	17.3	4.5	18	103	0.00	0.63	5.3

表 4-2 2019 年中国科技核心期刊（中文）来源指标刊名字顺索引（续）

CODE	刊名	来源文献量	文献选出率	AR论文量	平均引文数	平均作者数	地区分布数	机构分布数	海外论文比	基金论文比	引用半衰期
G914	天津中医药大学学报	134	0.89	96	18.7	4.6	16	49	0.00	0.59	6.5
T611	天然产物研究与开发	309	1.00	309	21.5	5.5	30	190	0.01	0.87	6.1
L518	天然气地球科学	177	0.89	177	30.3	6.1	22	72	0.02	0.92	7.9
L029	天然气工业	216	0.94	213	23.4	5.5	21	94	0.02	0.86	6.0
T074	天然气化工	149	0.97	137	18.2	4.6	27	79	0.01	0.57	7.4
L507	天然气与石油	126	0.86	125	20.1	4.0	18	69	0.02	0.74	7.0
E023	天文学报	57	0.90	50	26.9	3.9	14	29	0.07	0.81	10.4
E114	天文学进展	34	0.92	34	54.7	3.6	8	13	0.06	0.82	9.7
X521	铁道工程学报	216	0.98	216	7.6	3.1	17	49	0.00	0.37	7.5
X007	铁道科学与工程学报	400	0.98	399	16.0	3.7	25	107	0.01	0.85	6.6
X005	铁道学报	230	0.92	230	18.8	3.9	22	47	0.00	0.84	7.7
G238	听力学及言语疾病杂志	157	0.91	124	19.3	4.7	25	103	0.06	0.43	7.2
R065	通信学报	242	1.00	216	25.8	4.1	28	119	0.02	0.95	4.9
G965	同济大学学报医学版	139	0.96	137	21.9	4.4	5	39	0.00	0.88	4.9
J032	同济大学学报自然科学版	239	0.96	235	18.6	3.6	16	33	0.04	0.89	7.8
Q003	同位素	58	0.95	58	23.3	4.6	12	32	0.00	0.40	8.9
N061	图学学报	159	0.99	152	18.0	3.8	26	93	0.03	0.86	5.3
T103	涂料工业	172	0.91	171	14.9	4.5	23	122	0.00	0.32	6.5
V029	土木工程学报	146	0.94	146	23.2	4.2	20	53	0.01	0.93	9.2
V035	土木工程与管理学报	183	0.98	180	18.0	3.3	23	90	0.04	0.81	6.4
V019	土木与环境工程学报（中英文）	132	0.98	132	22.0	4.3	23	63	0.01	0.94	0.0
H043	土壤	166	0.98	166	34.9	5.5	27	103	0.01	0.88	8.4
H057	土壤通报	206	0.97	206	31.5	5.3	29	121	0.00	0.86	8.0
H012	土壤学报	138	0.98	138	36.1	5.6	28	78	0.03	0.96	7.5
H048	土壤与作物	52	0.98	52	41.1	5.8	14	28	0.02	0.94	9.4
Y025	推进技术	326	1.00	326	22.7	4.4	20	72	0.01	0.57	12.0
S795	外国经济与管理	124	1.00	124	36.7	2.7	24	68	0.07	0.94	7.9
G601	外科理论与实践	114	0.93	101	25.2	4.0	14	54	0.00	0.32	5.4
G996	皖南医学院学报	172	0.96	104	12.6	5.1	7	41	0.00	0.62	4.7
S017	网络新媒体技术	60	0.87	56	18.0	3.0	10	26	0.00	0.58	7.0
S082	网络与信息安全学报	66	0.99	57	19.5	3.8	14	36	0.00	0.82	4.9
R070	微波学报	112	0.99	89	13.0	3.7	22	67	0.00	0.61	7.0
G866	微创泌尿外科杂志	84	0.94	79	18.4	5.8	23	63	0.00	0.32	4.5
R057	微电机	207	0.98	180	11.8	3.5	25	147	0.01	0.49	6.9
R064	微电子学	168	1.00	155	11.6	4.3	21	66	0.01	0.86	7.4
R004	微电子学与计算机	246	0.95	205	9.9	3.4	27	121	0.00	0.77	5.5
R098	微纳电子技术	150	0.98	145	22.1	4.5	18	69	0.00	0.77	5.9
F004	微生物学报	210	0.96	209	35.0	5.3	30	127	0.01	0.92	7.6
F206	微生物学免疫学进展	96	0.79	95	23.5	4.2	19	50	0.00	0.48	4.8
F011	微生物学通报	345	0.97	343	38.3	5.4	30	187	0.01	0.86	7.1
F225	微生物学杂志	109	0.96	107	32.8	5.0	27	73	0.01	0.90	6.7
G651	微生物与感染	53	0.87	52	34.1	4.2	13	30	0.04	0.72	6.4
R085	微特电机	208	0.98	178	12.7	3.6	26	133	0.00	0.49	7.2

表 4-2　2019 年中国科技核心期刊（中文）来源指标刊名字顺索引（续）

CODE	刊名	来源文献量	文献选出率	AR论文量	平均引文数	平均作者数	地区分布数	机构分布数	海外论文比	基金论文比	引用半衰期
E052	微体古生物学报	38	0.88	38	62.4	4.9	15	24	0.03	0.92	18.2
S033	微型电脑应用	533	0.98	226	9.5	2.0	27	208	0.00	0.29	3.9
G210	微循环学杂志	83	0.95	72	17.9	3.5	13	52	0.00	0.25	4.5
S813	卫生软科学	237	0.98	223	14.6	4.1	28	130	0.01	0.66	4.2
G079	卫生研究	190	0.97	180	19.5	5.9	25	86	0.00	0.62	5.6
G800	胃肠病学	168	0.98	149	24.0	4.0	27	107	0.00	0.36	5.1
G326	胃肠病学和肝病学杂志	321	1.00	268	22.9	4.4	29	174	0.00	0.41	4.8
G702	温州医科大学学报	199	0.98	180	16.7	4.6	5	67	0.01	0.47	5.8
D003	无机材料学报	191	1.00	190	32.9	5.5	24	111	0.04	0.72	6.2
D023	无机化学学报	272	0.98	272	35.4	5.6	30	159	0.02	0.92	5.5
T072	无机盐工业	255	0.91	222	14.7	4.4	30	147	0.00	0.47	6.7
N044	无损检测	205	0.95	172	7.3	3.8	26	145	0.01	0.35	8.0
W014	武汉大学学报工学版	158	1.00	157	17.4	4.1	22	76	0.02	0.76	8.4
A024	武汉大学学报理学版	80	1.00	76	25.6	4.0	16	44	0.01	0.94	5.6
E107	武汉大学学报信息科学版	246	0.99	246	20.9	4.3	20	96	0.03	0.93	7.9
G038	武汉大学学报医学版	211	1.00	198	15.7	4.5	21	89	0.00	0.48	5.0
M032	武汉科技大学学报自然科学版	75	1.00	75	14.1	4.2	8	15	0.01	1.00	6.7
X017	武汉理工大学学报交通科学与工程版	221	0.97	220	12.7	3.7	23	69	0.00	0.68	6.8
J018	武汉理工大学学报信息与管理工程版	110	0.95	110	16.3	2.8	15	44	0.00	0.65	5.6
G771	武警后勤学院学报医学版	159	0.61	140	19.0	3.7	24	88	0.00	0.27	4.2
G707	武警医学	333	0.99	208	15.6	4.0	31	149	0.00	0.17	4.7
D001	物理化学学报	201	0.97	132	37.3	3.6	22	80	0.05	0.62	5.6
C006	物理学报	796	0.99	786	38.5	4.9	31	300	0.03	0.91	7.3
C509	物理与工程	131	0.96	116	9.0	3.0	24	83	0.02	0.34	8.9
E136	物探化探计算技术	113	1.00	113	15.9	4.2	21	62	0.01	0.80	11.3
E138	物探与化探	169	0.99	169	22.8	4.6	28	104	0.01	0.79	9.9
R009	西安电子科技大学学报自然科学版	157	0.93	144	15.7	3.8	23	67	0.00	0.90	3.3
U030	西安工程大学学报	113	0.98	105	21.1	3.5	16	32	0.01	0.95	3.9
J036	西安工业大学学报	113	0.88	109	14.4	3.5	3	13	0.00	0.81	7.2
V018	西安建筑科技大学学报自然科学版	132	0.96	131	16.9	3.8	19	56	0.01	0.93	8.1
X030	西安交通大学学报	276	0.96	266	20.0	4.5	23	86	0.01	0.95	6.5
G081	西安交通大学学报医学版	195	0.98	194	18.8	5.9	23	73	0.00	0.83	5.4
A150	西安科技大学学报	144	0.96	141	24.3	4.2	11	36	0.00	0.92	6.6
J002	西安理工大学学报	75	0.93	74	16.8	4.0	11	16	0.00	0.96	6.2
L010	西安石油大学学报自然科学版	114	1.00	110	17.2	4.3	18	48	0.00	0.87	8.6
R671	西安邮电大学学报	106	0.95	98	17.4	3.1	9	15	0.01	0.84	4.3
A032	西北大学学报自然科学版	112	0.95	112	32.0	4.2	17	50	0.00	0.96	7.9
E125	西北地质	97	0.96	97	26.5	4.8	16	47	0.00	0.84	10.8
Y023	西北工业大学学报	168	0.99	165	16.1	4.0	18	41	0.02	0.74	7.4
H224	西北林学院学报	246	1.00	245	26.5	4.9	29	93	0.00	0.84	8.1
H018	西北农林科技大学学报自然科学版	218	0.95	218	30.4	5.8	28	77	0.00	0.90	8.6
H288	西北农业学报	252	1.00	252	27.2	5.8	29	122	0.00	0.88	8.0
A022	西北师范大学学报自然科学版	124	0.95	123	21.5	3.2	26	57	0.00	0.97	8.0

表 4-2 2019 年中国科技核心期刊（中文）来源指标刊名字顺索引（续）

CODE	刊名	来源文献量	文献选出率	AR论文量	平均引文数	平均作者数	地区分布数	机构分布数	海外论文比	基金论文比	引用半衰期
G792	西北药学杂志	198	0.98	187	22.8	4.6	28	128	0.01	0.59	5.0
F020	西北植物学报	272	1.00	259	31.9	5.1	29	113	0.00	0.84	8.8
H385	西部林业科学	147	0.97	147	24.2	5.3	26	77	0.00	0.82	8.7
V573	西部人居环境学刊	90	0.97	89	25.8	2.6	20	43	0.07	0.82	6.5
G588	西部医学	420	0.98	408	24.7	4.7	26	237	0.00	0.73	4.3
G699	西部中医药	521	0.98	270	18.1	3.6	27	296	0.00	0.48	5.5
J045	西华大学学报自然科学版	104	1.00	100	17.8	3.8	15	52	0.09	0.64	7.3
H004	西南大学学报自然科学版	232	1.00	231	20.4	4.3	29	111	0.00	0.97	8.0
G312	西南国防医药	425	0.85	90	10.6	4.0	28	253	0.00	0.19	4.2
X032	西南交通大学学报	168	0.99	168	20.3	4.4	21	53	0.02	0.90	8.7
H270	西南林业大学学报	152	0.97	152	27.5	5.1	24	58	0.00	0.87	7.7
A060	西南民族大学学报自然科学版	95	0.95	94	21.6	3.9	16	39	0.00	0.81	7.9
H061	西南农业学报	461	0.99	460	23.1	6.4	31	179	0.01	0.83	8.2
A064	西南师范大学学报自然科学版	307	0.99	299	14.8	2.9	27	166	0.01	0.78	6.3
L002	西南石油大学学报自然科学版	120	1.00	119	25.3	4.3	16	50	0.01	0.87	7.5
M041	稀土	112	0.96	112	22.6	4.8	22	56	0.00	0.76	8.0
M029	稀有金属	171	1.00	170	27.9	4.9	22	76	0.01	0.95	7.3
M052	稀有金属材料与工程	600	1.00	598	24.4	5.3	29	193	0.03	0.88	8.0
S505	系统仿真技术	56	0.97	49	8.9	2.7	15	37	0.00	0.41	5.9
S003	系统仿真学报	332	0.98	319	17.3	3.6	25	169	0.02	0.72	6.7
B028	系统工程	94	0.94	94	26.1	3.0	21	65	0.01	0.88	6.0
B025	系统工程理论与实践	275	0.96	275	29.9	3.1	25	138	0.02	0.95	7.5
B018	系统工程学报	69	0.92	69	27.6	2.8	22	43	0.00	1.00	8.2
R059	系统工程与电子技术	386	0.97	370	26.1	3.9	20	85	0.02	0.83	5.0
B027	系统管理学报	132	0.97	132	28.3	2.8	18	70	0.01	0.95	9.0
B021	系统科学与数学	142	0.82	141	27.1	2.9	26	97	0.01	0.89	7.9
G188	细胞与分子免疫学杂志	185	0.94	184	29.5	5.5	29	117	0.00	0.82	2.2
A063	厦门大学学报自然科学版	135	0.92	133	22.6	3.9	19	40	0.01	0.86	8.0
V087	现代城市研究	209	0.95	207	25.2	2.8	23	103	0.07	0.72	7.7
E027	现代地质	124	0.96	124	38.0	5.6	28	68	0.02	0.92	11.7
R089	现代电力	74	0.93	71	17.7	4.7	18	39	0.00	0.64	4.7
R748	现代电子技术	1006	1.00	742	11.7	2.9	30	416	0.00	0.76	4.3
Y561	现代防御技术	141	1.00	132	16.6	3.4	16	52	0.00	0.19	7.2
U634	现代纺织技术	113	1.00	105	13.9	3.5	17	48	0.00	0.43	7.3
G300	现代妇产科进展	248	0.92	157	20.9	4.2	25	144	0.00	0.43	5.3
T063	现代化工	613	0.97	582	19.2	4.3	30	275	0.00	0.61	5.8
N100	现代科学仪器	279	1.00	212	9.3	1.9	28	162	0.00	0.11	3.6
G321	现代口腔医学杂志	72	0.72	44	15.5	4.6	17	49	0.01	0.43	6.3
R087	现代雷达	214	0.97	192	12.4	3.3	23	90	0.00	0.28	9.1
G438	现代临床护理	185	0.92	183	22.4	4.2	23	124	0.00	0.38	4.3
G798	现代泌尿生殖肿瘤杂志	86	0.79	63	20.2	4.9	20	62	0.00	0.12	5.9
G341	现代泌尿外科杂志	235	0.85	169	18.1	5.2	29	136	0.01	0.28	5.8
G067	现代免疫学	101	0.94	101	26.1	4.1	25	79	0.01	0.70	4.6

表 4-2　2019 年中国科技核心期刊（中文）来源指标刊名字顺索引（续）

CODE	刊名	来源文献量	文献选出率	AR 论文量	平均引文数	平均作者数	地区分布数	机构分布数	海外论文比	基金论文比	引用半衰期
H417	现代农药	96	0.97	47	10.8	4.1	20	69	0.00	0.25	6.4
F250	现代生物医学进展	1055	1.00	1046	29.7	5.7	30	492	0.01	0.90	3.1
U010	现代食品科技	499	1.00	499	25.6	5.2	30	215	0.01	0.80	6.0
T929	现代塑料加工应用	102	0.94	64	6.4	3.8	26	78	0.00	0.38	6.2
X673	现代隧道技术	180	0.99	180	13.9	3.4	24	133	0.01	0.47	8.5
G451	现代消化及介入诊疗	392	0.96	291	22.6	3.7	29	277	0.00	0.59	3.6
G223	现代医学	360	0.94	322	17.6	3.8	27	256	0.00	0.36	4.2
C093	现代应用物理	64	0.97	62	15.0	5.1	10	24	0.02	0.61	10.7
G963	现代预防医学	1030	0.99	998	15.9	5.3	31	428	0.00	0.52	4.5
N111	现代制造工程	318	0.97	293	13.9	3.8	27	181	0.00	0.79	6.9
G951	现代中西医结合杂志	1058	0.96	957	18.1	3.6	27	594	0.00	0.25	5.0
G486	现代中药研究与实践	119	0.95	107	17.2	5.1	19	83	0.01	0.67	5.7
G896	现代中医临床	97	0.89	78	18.2	5.1	9	37	0.01	0.60	6.3
G826	现代肿瘤医学	1074	0.99	984	23.0	4.5	31	494	0.00	0.56	4.3
T073	香料香精化妆品	107	0.81	95	12.5	4.4	22	76	0.00	0.12	7.7
A018	湘潭大学自然科学学报	79	0.96	78	25.5	4.1	17	35	0.01	0.86	6.2
T064	橡胶工业	180	0.94	165	12.0	4.3	20	78	0.00	0.49	6.7
T953	消防科学与技术	520	0.99	350	11.3	3.5	30	222	0.00	0.63	6.8
Q937	消化肿瘤杂志电子版	69	0.91	65	22.9	4.4	16	51	0.00	0.22	4.7
P010	小型内燃机与车辆技术	117	0.96	102	9.3	3.9	18	54	0.01	0.26	7.6
S027	小型微型计算机系统	458	0.93	449	23.5	3.6	28	155	0.01	0.91	5.3
G817	协和医学杂志	121	0.82	113	25.7	4.1	16	41	0.02	0.38	5.6
G083	心肺血管病杂志	299	0.95	253	20.0	5.2	24	124	0.00	0.41	5.8
S918	心理科学	212	0.97	212	33.9	3.6	24	78	0.02	0.85	7.8
S919	心理科学进展	185	0.93	185	74.4	3.3	24	87	0.03	0.89	7.4
E046	心理学报	117	0.97	117	49.7	4.0	19	47	0.03	0.80	9.8
G476	心脑血管病防治	179	0.94	53	14.1	3.6	22	143	0.00	0.28	4.2
G419	心血管病学进展	334	0.98	306	28.9	3.0	29	154	0.01	0.49	4.5
G578	心血管康复医学杂志	194	0.97	172	17.9	3.3	22	132	0.01	0.11	4.6
G260	心脏杂志	169	0.97	152	20.2	5.2	22	88	0.01	0.48	5.8
E159	新疆地质	94	0.80	93	18.1	4.6	12	40	0.00	0.73	11.1
H908	新疆农业大学学报	67	1.00	67	29.5	5.9	4	11	0.00	0.87	6.9
H276	新疆农业科学	255	0.99	255	24.0	6.2	15	36	0.01	0.79	8.3
L007	新疆石油地质	112	0.98	111	20.3	5.5	12	49	0.00	0.95	6.9
G980	新疆医科大学学报	361	0.99	342	16.0	4.5	18	136	0.00	0.74	4.2
G328	新乡医学院学报	281	1.00	243	19.6	4.1	23	136	0.00	0.48	3.7
V056	新型建筑材料	458	0.98	407	9.3	3.6	31	283	0.01	0.50	7.0
M102	新型炭材料	72	0.88	71	30.9	5.5	17	45	0.03	0.79	6.2
G721	新医学	197	0.99	180	15.6	4.6	23	119	0.00	0.43	4.1
R034	信号处理	243	0.95	231	19.6	3.8	24	72	0.00	0.84	5.0
S081	信息安全学报	44	0.86	43	50.5	4.4	7	20	0.05	0.77	6.1
R519	信息技术	434	0.95	378	12.5	2.9	30	261	0.01	0.29	3.7
S046	信息网络安全	162	0.75	123	19.6	3.2	23	85	0.00	0.79	4.6

表 4-2 2019 年中国科技核心期刊（中文）来源指标刊名字顺索引（续）

CODE	刊名	来源文献量	文献选出率	AR论文量	平均引文数	平均作者数	地区分布数	机构分布数	海外论文比	基金论文比	引用半衰期
S002	信息与控制	99	0.95	94	24.4	3.6	22	68	0.02	0.90	5.3
A510	信阳师范学院学报自然科学版	121	0.95	119	17.6	4.3	16	42	0.01	0.98	6.1
G565	徐州医学院学报	219	0.96	175	15.6	4.5	20	105	0.00	0.59	5.0
H023	畜牧兽医学报	281	0.99	281	34.0	6.9	31	71	0.01	0.89	6.2
H218	畜牧与兽医	321	0.97	308	19.6	6.0	30	143	0.00	0.71	8.1
G627	循证医学	79	0.91	53	12.8	3.2	18	43	0.01	0.33	4.5
R069	压电与声光	198	0.99	150	12.8	4.2	24	96	0.00	0.72	6.3
N052	压力容器	139	0.97	136	16.1	3.9	20	89	0.00	0.40	7.4
E047	亚热带资源与环境学报	49	0.92	48	29.4	4.0	12	23	0.00	0.94	9.2
U562	烟草科技	185	0.90	170	22.6	7.7	21	83	0.00	0.17	8.2
E053	岩矿测试	79	0.94	79	33.9	5.3	22	61	0.01	0.75	6.4
E157	岩石矿物学杂志	76	0.99	76	60.8	5.1	18	50	0.00	0.89	11.4
C005	岩石力学与工程学报	221	0.94	221	28.3	4.9	23	95	0.03	0.95	7.9
E309	岩石学报	227	0.96	227	119.5	5.8	16	46	0.06	0.96	11.0
V574	岩土工程技术	79	0.93	77	8.9	2.4	17	51	0.00	0.13	9.1
V037	岩土工程学报	279	0.88	278	22.6	4.3	24	100	0.04	0.91	9.5
C004	岩土力学	538	0.98	537	24.5	4.6	26	147	0.03	0.95	9.5
E163	岩性油气藏	109	1.00	109	27.6	5.1	16	58	0.02	0.92	6.6
S821	研究与发展管理	82	0.95	81	44.0	2.9	20	55	0.05	0.91	8.3
E500	盐湖研究	49	0.86	48	31.0	6.2	7	10	0.00	0.84	11.9
T054	盐科学与化工	195	0.96	81	7.6	3.1	19	83	0.00	0.19	9.4
G962	眼科	96	0.68	75	15.7	4.8	14	42	0.04	0.32	7.2
G554	眼科新进展	275	0.99	253	23.2	4.5	27	156	0.01	0.63	5.7
J025	燕山大学学报	72	0.96	70	22.3	4.1	10	23	0.00	0.99	5.7
H016	扬州大学学报农业与生命科学版	120	1.00	120	23.9	6.4	16	45	0.02	0.92	7.2
A514	扬州大学学报自然科学版	68	1.00	59	11.8	3.5	11	26	0.01	0.99	4.9
S031	遥测遥控	68	0.99	64	13.5	3.9	10	25	0.00	0.26	6.6
Z543	遥感技术与应用	144	1.00	143	31.2	4.2	23	84	0.01	0.89	7.3
S024	遥感信息	124	0.97	124	19.8	3.8	22	69	0.00	0.79	7.1
Z006	遥感学报	107	0.97	106	34.1	5.4	22	64	0.01	0.92	8.6
G403	药物不良反应杂志	51	0.33	49	24.5	5.6	12	38	0.02	0.31	5.9
G087	药物分析杂志	292	0.99	292	19.2	5.3	28	169	0.00	0.51	6.4
G877	药物流行病学杂志	184	0.97	151	18.6	4.2	27	135	0.00	0.33	5.3
G836	药物评价研究	451	0.98	428	21.8	4.1	28	269	0.00	0.34	4.7
G514	药物生物技术	121	1.00	109	20.2	3.6	21	81	0.01	0.31	4.4
G977	药学服务与研究	118	0.88	91	13.7	4.0	20	81	0.00	0.29	4.8
G440	药学实践杂志	115	0.99	108	17.7	4.4	18	70	0.00	0.53	5.8
G008	药学学报	308	1.00	305	34.9	5.6	30	132	0.02	0.82	5.3
G527	药学与临床研究	126	0.98	75	15.1	3.8	14	74	0.01	0.29	5.4
M023	冶金分析	159	0.92	159	14.8	3.9	24	101	0.00	0.34	8.0
M047	冶金能源	95	1.00	62	6.1	3.6	19	70	0.00	0.31	8.5
C503	液晶与显示	160	0.97	148	13.8	5.2	23	77	0.00	0.49	6.3
N079	液压气动与密封	328	0.92	163	8.3	3.0	24	174	0.00	0.29	8.6

表 4-2　2019 年中国科技核心期刊（中文）来源指标刊名字顺索引（续）

CODE	刊名	来源文献量	文献选出率	AR论文量	平均引文数	平均作者数	地区分布数	机构分布数	海外论文比	基金论文比	引用半衰期
N035	液压与气动	273	0.97	250	14.2	3.7	26	163	0.00	0.55	5.6
G605	医疗卫生装备	311	0.96	268	15.0	4.5	28	204	0.00	0.36	4.7
G482	医学动物防制	354	1.00	191	16.0	5.4	29	191	0.00	0.51	5.2
G333	医学分子生物学杂志	98	0.99	98	21.8	4.2	20	81	0.01	0.71	4.1
G281	医学研究生学报	260	0.98	252	26.7	4.1	26	143	0.00	0.70	4.5
G480	医学研究杂志	504	0.98	481	19.8	4.5	29	241	0.01	0.75	4.6
G265	医学影像学杂志	646	0.99	440	12.0	4.2	30	429	0.00	0.32	5.3
G964	医学与社会	391	0.99	347	11.9	4.5	28	173	0.01	0.71	3.7
G308	医学与哲学	469	0.99	384	15.8	2.7	29	264	0.02	0.50	6.0
G860	医学综述	949	0.99	948	40.5	3.4	29	415	0.00	0.47	4.9
G844	医药导报	372	0.94	296	17.2	4.1	31	229	0.01	0.39	5.6
G088	医用生物力学	102	0.97	102	25.0	4.5	21	59	0.01	0.82	7.3
N074	仪表技术与传感器	333	1.00	205	11.6	4.0	28	175	0.00	0.70	6.2
N066	仪器仪表学报	343	0.99	327	23.6	4.2	25	138	0.03	0.91	4.1
F024	遗传	104	0.95	102	56.2	5.0	22	69	0.04	0.79	5.9
G455	疑难病杂志	303	0.97	268	21.8	4.5	27	190	0.00	0.52	3.1
T104	印染助剂	183	0.86	160	12.5	2.9	24	96	0.00	0.31	6.9
G089	营养学报	119	0.89	101	17.8	5.3	25	78	0.00	0.62	6.4
D014	影像科学与光化学	68	0.84	68	19.2	3.9	19	53	0.00	0.49	4.8
G649	影像诊断与介入放射学	97	0.88	70	20.3	4.4	19	63	0.01	0.20	5.7
B008	应用概率统计	46	0.94	46	19.0	2.6	19	37	0.02	0.89	11.6
C109	应用光学	178	0.98	150	17.3	4.5	23	89	0.00	0.83	6.7
E123	应用海洋学学报	65	0.93	65	32.9	4.5	12	38	0.00	0.75	9.6
T949	应用化工	680	1.00	628	22.2	4.6	31	252	0.00	0.97	6.3
D016	应用化学	169	0.97	167	27.6	5.0	27	112	0.01	0.84	6.4
A580	应用基础与工程科学学报	122	0.95	121	22.8	4.3	25	81	0.00	0.98	8.3
R033	应用激光	175	0.99	168	14.9	4.2	26	113	0.01	0.62	7.0
X693	应用科技	115	0.96	106	14.8	3.6	15	51	0.01	0.67	5.8
A015	应用科学学报	80	0.93	76	19.5	3.8	22	58	0.00	0.88	5.2
F035	应用昆虫学报	156	0.98	156	42.6	5.4	28	82	0.03	0.87	8.3
C008	应用力学学报	221	0.95	219	17.4	3.6	28	118	0.00	0.88	8.9
E122	应用气象学报	63	1.00	63	41.8	5.3	10	27	0.03	0.92	9.1
Z018	应用生态学报	481	1.00	480	41.7	5.6	28	181	0.01	0.94	8.1
C052	应用声学	136	0.94	131	17.2	3.7	19	72	0.01	0.71	9.3
B011	应用数学	108	0.99	108	15.7	2.4	25	85	0.01	0.66	10.5
B020	应用数学和力学	122	0.90	122	21.8	2.9	28	88	0.01	0.93	9.8
B001	应用数学学报	66	1.00	66	19.8	2.5	22	55	0.00	0.91	13.3
F100	应用与环境生物学报	195	1.00	195	38.2	6.0	24	92	0.01	0.89	7.3
M014	硬质合金	63	0.95	63	19.9	4.3	15	29	0.00	0.44	9.0
L027	油气储运	223	1.00	210	24.6	4.9	19	112	0.01	0.66	5.9
L504	油气地质与采收率	109	0.93	109	25.9	4.8	17	42	0.01	0.90	6.1
L033	油田化学	137	1.00	135	18.4	5.1	16	69	0.00	0.64	7.4
K020	铀矿冶	59	1.00	57	10.2	4.6	9	15	0.00	0.05	9.8

表 4-2 2019 年中国科技核心期刊（中文）来源指标刊名字顺索引（续）

CODE	刊名	来源文献量	文献选出率	AR论文量	平均引文数	平均作者数	地区分布数	机构分布数	海外论文比	基金论文比	引用半衰期
T916	有机硅材料	86	0.91	83	24.1	4.7	16	51	0.00	0.28	3.6
D025	有机化学	409	0.97	399	49.6	5.1	29	193	0.02	0.90	6.1
M036	有色金属工程	206	1.00	204	18.1	4.6	24	76	0.00	0.93	7.2
M504	有色金属科学与工程	103	0.96	103	27.7	4.7	16	29	0.01	0.87	6.5
K013	有色金属矿山部分	130	1.00	124	12.2	3.7	24	73	0.01	0.47	7.4
K580	有色金属选矿部分	125	1.00	120	12.2	4.1	20	66	0.00	0.47	7.1
M020	有色金属冶炼部分	216	1.00	201	15.5	4.6	28	104	0.01	0.88	7.0
H998	渔业科学进展	128	0.99	128	30.8	6.3	16	42	0.01	0.79	8.4
H220	渔业现代化	77	0.93	76	30.8	4.6	16	31	0.00	0.73	6.6
Y020	宇航材料工艺	110	1.00	101	15.8	4.4	16	49	0.01	0.36	8.7
Y008	宇航计测技术	106	0.98	97	8.8	4.1	12	44	0.00	0.17	9.0
Y024	宇航学报	170	0.97	167	22.5	4.1	16	73	0.00	0.64	7.0
H909	玉米科学	161	1.00	161	23.3	6.7	25	74	0.00	0.88	8.9
G479	预防医学	346	1.00	230	16.7	5.0	18	182	0.00	0.31	4.1
G518	预防医学情报杂志	290	0.95	282	15.0	4.6	25	162	0.00	0.25	4.6
H039	园艺学报	259	0.98	204	30.2	6.3	27	104	0.00	0.88	8.5
C108	原子核物理评论	66	0.94	64	30.1	6.5	12	24	0.06	0.91	9.5
Q008	原子能科学技术	343	0.99	336	18.5	5.9	21	80	0.01	0.52	10.3
A038	云南大学学报自然科学版	159	0.97	158	24.9	4.3	22	75	0.01	0.93	7.8
A654	云南民族大学学报自然科学版	111	0.97	104	16.9	4.3	14	41	0.01	0.81	7.0
H269	云南农业大学学报	155	0.96	154	26.3	6.2	20	63	0.01	0.78	8.4
A053	云南师范大学学报自然科学版	82	0.93	80	15.5	4.3	9	25	0.01	0.90	7.7
G090	云南中医学院学报	107	0.98	103	25.3	5.3	19	52	0.00	0.77	4.3
B013	运筹学学报	51	0.98	51	23.3	2.6	20	38	0.02	0.94	10.2
B522	运筹与管理	291	0.97	289	23.7	2.9	23	135	0.01	0.94	7.5
H989	杂草学报	44	1.00	44	21.3	5.8	18	32	0.00	0.84	7.2
H293	杂交水稻	167	0.98	56	7.9	6.6	18	106	0.00	0.75	7.7
E148	灾害学	162	1.00	162	24.2	3.6	26	124	0.00	0.93	6.6
Y057	载人航天	120	1.00	116	17.2	4.4	15	61	0.01	0.34	7.8
U643	造纸科学与技术	98	0.87	89	13.3	3.3	12	46	0.01	0.41	6.3
C100	噪声与振动控制	279	0.98	267	12.2	3.9	28	154	0.00	0.62	7.4
M043	轧钢	134	0.97	97	9.6	3.6	20	76	0.00	0.26	6.8
T569	粘接	448	0.98	279	7.4	2.1	26	193	0.00	0.12	4.5
Y521	战术导弹技术	102	0.94	98	15.3	3.5	14	59	0.00	0.30	6.2
R081	照明工程学报	165	0.81	137	11.8	3.8	17	96	0.03	0.45	6.0
A017	浙江大学学报工学版	275	1.00	264	23.3	4.3	23	96	0.00	0.89	6.6
A002	浙江大学学报理学版	99	1.00	99	23.1	3.4	20	61	0.01	0.86	7.9
H035	浙江大学学报农业与生命科学版	88	0.88	88	27.8	5.8	18	38	0.00	0.89	7.9
G091	浙江大学学报医学版	99	0.75	99	27.1	4.6	11	35	0.00	0.78	5.8
J016	浙江工业大学学报	116	0.96	114	18.1	3.7	3	5	0.00	0.81	7.5
H019	浙江农林大学学报	152	1.00	152	29.1	5.1	21	51	0.00	0.92	8.2
H201	浙江农业学报	257	0.98	257	25.7	5.9	30	116	0.00	0.88	7.4
G810	浙江医学	676	0.93	499	17.6	4.4	21	221	0.00	0.35	5.2

表 4-2 2019 年中国科技核心期刊（中文）来源指标刊名字顺索引（续）

CODE	刊名	来源文献量	文献选出率	AR论文量	平均引文数	平均作者数	地区分布数	机构分布数	海外论文比	基金论文比	引用半衰期
G092	浙江中医药大学学报	240	0.81	191	16.6	3.8	16	84	0.00	0.54	6.7
G093	针刺研究	173	0.95	171	27.1	6.3	25	93	0.02	0.77	6.9
G488	针灸临床杂志	278	0.94	247	21.4	4.5	27	136	0.00	0.60	5.8
N086	真空	100	0.92	77	12.8	4.5	18	65	0.03	0.37	10.5
C038	真空与低温	68	0.97	64	15.4	5.0	9	28	0.00	0.43	10.8
G259	诊断病理学杂志	224	0.83	148	14.4	4.7	27	156	0.00	0.19	6.1
G615	诊断学理论与实践	131	0.90	116	22.2	4.7	10	53	0.00	0.43	5.3
Y010	振动测试与诊断	180	0.97	177	17.2	3.9	21	92	0.01	0.95	7.6
Y004	振动工程学报	126	0.98	125	20.0	3.9	23	78	0.03	0.83	8.7
N030	振动与冲击	917	0.97	908	19.1	4.0	29	289	0.02	0.88	8.3
E316	震灾防御技术	87	1.00	87	21.7	4.5	22	41	0.00	0.87	10.1
J012	郑州大学学报工学版	98	0.94	97	17.2	4.2	19	50	0.02	0.94	6.3
A019	郑州大学学报理学版	81	0.98	78	17.3	3.9	18	47	0.01	0.99	6.3
G036	郑州大学学报医学版	225	0.99	209	17.3	6.0	23	90	0.01	0.82	4.6
G835	职业卫生与应急救援	164	0.96	101	15.6	4.7	22	103	0.01	0.45	6.0
G884	职业与健康	841	0.97	759	21.5	4.3	29	419	0.00	0.29	5.0
H577	植物保护	284	0.97	277	25.3	6.1	31	121	0.01	0.88	8.5
H014	植物保护学报	195	0.98	155	26.6	5.3	29	95	0.02	0.88	8.3
H052	植物病理学报	102	0.99	101	27.7	6.2	27	58	0.01	0.95	9.2
H584	植物检疫	112	0.78	94	17.9	5.5	25	76	0.03	0.59	10.1
F008	植物科学学报	96	1.00	95	32.6	4.9	24	62	0.03	0.95	8.5
F038	植物生理学报	194	0.97	194	34.9	5.7	27	98	0.00	0.87	7.5
F009	植物生态学报	100	0.99	99	52.1	5.6	26	53	0.00	0.93	8.7
F023	植物学报	81	0.91	77	51.8	5.1	24	53	0.02	0.78	7.7
F050	植物研究	114	0.95	113	27.9	5.3	26	62	0.00	0.88	9.4
H238	植物遗传资源学报	168	0.97	168	36.3	7.4	30	89	0.02	0.84	8.0
H890	植物营养与肥料学报	227	0.95	226	36.6	6.3	29	80	0.00	0.86	8.3
Z551	植物资源与环境学报	62	0.98	51	29.9	5.4	20	39	0.00	0.84	8.4
N091	指挥控制与仿真	161	0.98	150	11.6	2.8	17	63	0.00	0.16	6.9
U011	制冷学报	130	1.00	127	22.1	4.5	15	44	0.00	0.66	7.6
U640	制冷与空调(四川)	131	0.99	113	11.8	3.0	18	77	0.01	0.24	7.3
N046	制造技术与机床	429	0.80	323	9.6	3.4	30	265	0.00	0.52	6.7
S023	制造业自动化	437	1.00	324	10.2	3.3	30	224	0.00	0.51	6.4
C034	质谱学报	62	0.95	61	26.3	6.0	20	49	0.00	0.74	7.9
R072	智慧电力	216	0.99	211	21.1	5.4	26	128	0.00	0.96	4.1
S052	智能系统学报	149	0.97	148	25.8	3.3	25	99	0.01	0.91	6.1
G007	中草药	851	1.00	844	28.6	6.2	30	300	0.01	0.76	5.6
G520	中成药	670	1.00	585	20.9	5.0	31	364	0.00	0.65	5.9
G546	中国 CT 和 MRI 杂志	554	1.00	300	13.7	3.3	27	354	0.00	0.36	3.4
Q940	中国癌症防治杂志	98	0.90	98	24.4	4.5	25	69	0.01	0.68	3.9
G538	中国癌症杂志	126	0.91	125	24.3	4.8	22	70	0.00	0.48	5.3
G985	中国艾滋病性病	344	0.91	243	17.2	5.8	30	198	0.01	0.47	4.9
G129	中国安全科学学报	346	0.87	346	16.0	3.8	27	130	0.00	0.84	5.9

表 4-2　2019 年中国科技核心期刊（中文）来源指标刊名字顺索引（续）

CODE	刊名	来源文献量	文献选出率	AR论文量	平均引文数	平均作者数	地区分布数	机构分布数	海外论文比	基金论文比	引用半衰期
Z552	中国安全生产科学技术	356	0.84	356	16.9	3.9	28	156	0.01	0.84	6.0
F048	中国比较医学杂志	258	0.99	257	25.1	5.4	28	177	0.00	0.74	5.5
N103	中国表面工程	107	0.92	107	27.4	5.0	22	80	0.01	0.80	6.8
G750	中国病案	458	0.98	245	11.0	3.7	31	258	0.00	0.16	3.9
G769	中国病毒病杂志	84	0.95	81	21.7	5.2	23	62	0.00	0.55	5.5
G096	中国病理生理杂志	355	0.99	355	20.2	5.6	29	250	0.01	0.88	4.7
G339	中国病原生物学杂志	328	0.98	302	21.1	5.4	29	213	0.00	0.63	6.0
M053	中国材料进展	175	0.96	139	37.2	3.7	22	88	0.02	0.66	6.0
H213	中国草地学报	128	0.97	128	26.3	5.4	20	51	0.02	0.91	8.3
N830	中国测试	317	0.98	305	14.9	4.4	26	171	0.01	0.64	6.2
G097	中国超声医学杂志	284	0.69	191	9.6	5.2	30	193	0.00	0.32	4.7
G529	中国卒中杂志	207	0.77	180	21.6	4.4	19	91	0.06	0.34	5.7
G901	中国当代儿科杂志	220	0.96	219	23.4	5.4	26	122	0.00	0.36	4.9
H939	中国稻米	184	0.99	116	16.9	5.9	24	118	0.01	0.63	7.9
E654	中国地质	138	0.90	108	60.3	6.1	19	63	0.01	0.96	9.8
E604	中国地质灾害与防治学报	110	0.95	110	16.9	4.0	19	68	0.01	0.64	9.1
R040	中国电机工程学报	742	0.99	730	26.0	4.9	25	138	0.04	0.86	5.5
R511	中国电力	297	0.99	288	20.8	4.8	27	154	0.01	0.67	5.3
G234	中国动脉硬化杂志	190	0.95	188	26.8	4.3	26	146	0.00	0.57	5.1
H891	中国动物传染病学报	112	1.00	112	21.5	7.4	23	64	0.00	0.88	8.2
G825	中国儿童保健杂志	304	0.80	237	18.8	4.2	28	178	0.01	0.45	5.0
G270	中国耳鼻咽喉颅底外科杂志	145	0.97	127	19.5	4.7	23	105	0.01	0.45	6.6
G543	中国耳鼻咽喉头颈外科	184	0.92	105	16.5	4.7	25	126	0.00	0.40	5.6
G100	中国法医学杂志	180	0.95	86	10.4	4.9	25	104	0.00	0.39	6.9
G290	中国防痨杂志	217	0.90	201	22.0	5.6	26	87	0.01	0.47	4.8
V023	中国非金属矿工业导刊	77	0.99	38	9.5	2.6	20	46	0.00	0.22	8.1
G320	中国肺癌杂志	119	0.93	118	30.8	5.4	18	62	0.03	0.30	4.3
G402	中国分子心脏病学杂志	112	0.94	84	21.9	5.5	16	42	0.00	0.41	6.9
V568	中国粉体技术	81	0.94	76	19.1	4.5	20	60	0.00	0.83	5.8
G587	中国辐射卫生	193	0.99	141	13.6	5.0	27	105	0.00	0.21	5.7
M007	中国腐蚀与防护学报	75	0.99	75	27.9	5.2	20	53	0.01	0.87	8.8
G456	中国妇产科临床杂志	193	0.89	39	12.5	4.3	30	118	0.01	0.44	4.4
G475	中国肝脏病杂志电子版	55	0.80	55	29.1	5.1	19	40	0.00	0.65	4.1
G631	中国感染控制杂志	205	0.95	201	21.5	5.8	29	153	0.00	0.45	5.1
G337	中国感染与化疗杂志	108	0.70	106	21.8	5.3	27	81	0.00	0.46	5.4
X035	中国港湾建设	199	0.98	193	8.6	3.1	15	76	0.02	0.22	7.7
V036	中国给水排水	593	0.96	541	8.7	4.5	26	283	0.01	0.44	6.4
N089	中国工程机械学报	103	0.99	94	11.6	3.2	22	61	0.00	0.75	6.8
N754	中国工程科学	120	0.96	120	11.9	4.6	17	81	0.02	0.93	4.4
G244	中国工业医学杂志	189	0.88	44	9.5	4.5	27	104	0.00	0.31	5.9
G102	中国公共卫生	408	1.00	338	18.9	5.6	31	212	0.02	0.57	5.4
X031	中国公路学报	256	1.00	256	30.0	4.3	24	72	0.05	0.99	6.7
G103	中国骨伤	193	0.79	186	20.0	5.0	22	137	0.00	0.28	5.9

表 4-2　2019 年中国科技核心期刊（中文）来源指标刊名字顺索引（续）

CODE	刊名	来源文献量	文献选出率	AR论文量	平均引文数	平均作者数	地区分布数	机构分布数	海外论文比	基金论文比	引用半衰期
G249	中国骨与关节损伤杂志	501	0.95	93	12.4	5.2	30	367	0.00	0.27	6.1
G857	中国骨与关节杂志	170	0.92	164	25.2	5.2	25	116	0.00	0.29	6.6
G663	中国骨质疏松杂志	352	0.96	347	23.7	4.9	30	248	0.00	0.49	5.3
W021	中国管理科学	246	0.95	246	26.7	2.9	24	124	0.03	0.97	7.0
N104	中国惯性技术学报	124	1.00	122	13.4	4.2	18	54	0.01	0.83	3.6
C099	中国光学	130	0.96	126	32.3	5.0	21	63	0.02	0.92	6.2
G637	中国国境卫生检疫杂志	128	0.96	64	14.2	5.1	25	91	0.00	0.53	5.5
H215	中国果树	178	0.86	126	17.7	5.3	26	97	0.01	0.66	7.9
L013	中国海上油气	136	0.96	134	21.0	4.9	10	33	0.01	0.71	8.5
E313	中国海洋大学学报自然科学版	210	0.96	210	29.3	4.5	8	26	0.02	0.93	9.8
L026	中国海洋平台	91	0.99	84	11.2	4.0	11	40	0.01	0.42	8.2
G104	中国海洋药物	66	0.96	66	28.6	5.7	12	25	0.02	0.94	7.5
X039	中国航海	101	1.00	101	14.4	3.8	11	35	0.04	0.65	5.9
G973	中国呼吸与危重监护杂志	105	0.85	103	26.4	5.1	21	74	0.01	0.53	5.9
G417	中国护理管理	396	0.99	376	25.6	4.6	27	208	0.04	0.36	4.8
Z030	中国环境监测	121	0.99	121	24.2	5.2	25	81	0.00	0.52	7.1
Z001	中国环境科学	624	1.00	623	34.1	5.5	31	236	0.01	0.92	6.6
N059	中国机械工程	410	0.96	391	17.1	4.2	27	142	0.02	0.88	7.3
A079	中国基础科学	50	0.98	50	25.9	5.4	14	38	0.00	0.84	4.1
R066	中国激光	490	1.00	483	23.5	5.5	25	187	0.02	0.85	6.6
R013	中国激光医学杂志	66	0.89	60	18.9	4.0	22	57	0.02	0.35	5.2
G852	中国急救复苏与灾害医学杂志	328	0.85	161	14.3	4.1	28	222	0.01	0.32	4.6
G241	中国急救医学	229	0.94	213	20.5	4.3	27	166	0.00	0.44	4.9
G192	中国脊柱脊髓杂志	177	0.96	171	27.1	5.8	26	100	0.02	0.42	6.3
G105	中国寄生虫学与寄生虫病杂志	138	0.89	129	23.0	6.7	29	75	0.01	0.63	6.3
G560	中国计划生育和妇产科	297	0.97	216	18.1	3.7	25	181	0.00	0.28	4.9
G907	中国计划生育学杂志	413	0.89	327	15.2	3.4	28	307	0.00	0.19	3.9
G787	中国健康教育	264	0.96	227	15.6	4.7	30	189	0.01	0.41	4.7
N108	中国舰船研究	138	0.99	138	16.0	4.0	12	40	0.01	0.62	8.0
T075	中国胶粘剂	161	0.93	156	14.7	3.9	24	121	0.00	0.34	6.2
G233	中国矫形外科杂志	481	0.90	395	17.2	5.5	30	290	0.01	0.42	6.3
G239	中国介入心脏病学杂志	117	0.77	99	20.5	5.8	21	70	0.01	0.36	6.1
G206	中国介入影像与治疗学	163	0.79	157	17.0	5.2	28	108	0.00	0.45	4.8
G323	中国康复	171	0.92	114	21.8	4.7	23	128	0.01	0.35	5.6
G400	中国康复理论与实践	268	0.99	257	32.7	4.8	27	158	0.03	0.61	5.3
G106	中国康复医学杂志	297	0.93	249	26.9	4.6	25	174	0.01	0.55	6.4
G107	中国抗生素杂志	235	0.98	230	22.0	4.8	29	162	0.00	0.45	6.7
A098	中国科技论坛	261	0.96	254	23.3	2.4	28	149	0.01	0.84	6.5
A108	中国科学 地球科学	114	0.90	112	114.5	6.4	16	53	0.20	0.95	10.8
A106	中国科学 化学	137	0.88	136	57.5	4.9	24	81	0.01	0.95	5.8
A109	中国科学 技术科学	148	0.92	138	36.0	4.9	22	91	0.03	0.84	8.6
A107	中国科学 生命科学	131	0.89	126	86.5	5.0	17	65	0.04	0.66	6.9
A105	中国科学 数学	121	0.88	121	31.0	2.2	23	72	0.17	0.89	14.1

表 4-2 2019 年中国科技核心期刊（中文）来源指标刊名字顺索引（续）

CODE	刊名	来源文献量	文献选出率	AR论文量	平均引文数	平均作者数	地区分布数	机构分布数	海外论文比	基金论文比	引用半衰期
A103	中国科学 物理学力学天文学	151	0.88	148	37.2	5.2	23	86	0.07	0.87	9.0
Z317	中国科学 信息科学	108	0.86	102	38.0	4.9	19	61	0.07	0.90	6.2
A081	中国科学基金	91	0.84	88	18.8	4.1	16	52	0.03	0.25	4.4
A007	中国科学技术大学学报	122	0.98	120	22.7	3.3	18	54	0.02	0.84	7.8
A102	中国科学院大学学报	106	0.99	104	25.9	3.5	17	29	0.02	0.93	9.5
A636	中国科学院院刊	169	0.81	154	17.6	3.5	18	81	0.01	0.62	6.1
Y003	中国空间科学技术	64	0.91	58	19.7	4.4	13	42	0.00	0.56	7.0
G441	中国口腔颌面外科杂志	106	0.86	98	20.5	4.9	19	46	0.02	0.46	6.6
K030	中国矿业	388	0.94	379	13.3	3.9	28	162	0.01	0.60	6.3
K015	中国矿业大学学报	147	0.96	146	27.3	5.1	18	45	0.05	0.97	7.7
U001	中国粮油学报	270	0.96	270	24.0	5.5	28	129	0.01	0.81	7.8
G447	中国临床保健杂志	226	0.99	161	16.2	4.8	23	134	0.00	0.66	4.4
G108	中国临床解剖学杂志	156	0.92	125	18.6	5.1	27	113	0.01	0.60	5.8
G536	中国临床神经科学	98	0.89	96	33.2	4.8	19	50	0.00	0.43	6.3
G794	中国临床神经外科杂志	256	0.83	66	12.7	5.1	29	174	0.00	0.22	5.3
G221	中国临床心理学杂志	264	1.00	263	30.0	4.0	26	121	0.05	0.80	8.4
G754	中国临床研究	452	0.98	332	19.8	4.2	29	296	0.00	0.55	4.4
G870	中国临床药理学与治疗学	176	0.80	176	20.2	5.0	18	123	0.01	0.77	3.8
G109	中国临床药理学杂志	873	1.00	594	11.3	4.7	30	411	0.00	0.60	4.3
G544	中国临床药学杂志	115	0.93	89	16.4	4.1	19	99	0.01	0.34	4.9
G814	中国临床医生杂志	495	0.98	205	16.2	3.7	26	308	0.00	0.43	4.0
G974	中国临床医学	189	0.94	175	21.4	5.0	16	71	0.01	0.51	5.6
G304	中国临床医学影像杂志	187	0.63	158	15.5	4.9	29	131	0.00	0.30	6.1
G110	中国麻风皮肤病杂志	176	0.67	111	17.8	4.7	22	123	0.00	0.22	5.7
H212	中国麻业科学	43	0.91	43	23.3	7.1	13	20	0.00	0.65	7.0
G613	中国慢性病预防与控制	244	0.97	206	20.2	4.9	29	173	0.00	0.39	4.5
G598	中国媒介生物学及控制杂志	179	0.97	132	16.4	6.7	28	99	0.01	0.62	6.2
K037	中国煤炭地质	202	1.00	193	13.8	3.1	24	103	0.00	0.40	8.6
G582	中国煤炭工业医学杂志	148	0.95	143	17.9	4.1	15	95	0.00	0.91	3.8
G428	中国美容医学	608	0.97	380	17.6	3.5	29	398	0.00	0.15	3.9
G297	中国美容整形外科杂志	240	0.91	141	17.6	4.6	23	118	0.00	0.20	4.1
K036	中国锰业	157	1.00	136	9.4	3.2	20	69	0.00	0.46	7.7
H211	中国棉花	170	0.92	67	10.4	5.7	17	82	0.01	0.61	6.1
G111	中国免疫学杂志	607	0.99	584	25.2	4.4	29	395	0.01	0.67	4.8
K550	中国钼业	79	0.91	61	13.3	3.9	14	43	0.00	0.23	9.0
G303	中国男科学杂志	104	0.98	84	19.5	5.6	24	80	0.00	0.27	6.3
H273	中国南方果树	213	0.99	157	16.5	5.7	23	122	0.00	0.78	8.3
G422	中国脑血管病杂志	103	0.78	99	27.7	5.5	21	69	0.01	0.56	5.6
G277	中国内镜杂志	199	0.87	196	22.3	5.1	27	168	0.00	0.20	4.5
R524	中国能源	98	0.83	93	11.8	2.7	12	56	0.03	0.29	3.7
U609	中国酿造	457	0.83	451	26.1	5.2	30	238	0.00	0.72	5.8
W005	中国农村水利水电	456	0.99	439	16.9	3.9	31	211	0.00	0.75	7.8
H958	中国农学通报	926	0.96	924	29.0	5.1	31	461	0.00	0.78	8.6

表 4-2　2019 年中国科技核心期刊（中文）来源指标刊名字顺索引（续）

CODE	刊名	来源文献量	文献选出率	AR论文量	平均引文数	平均作者数	地区分布数	机构分布数	海外论文比	基金论文比	引用半衰期
H027	中国农业大学学报	303	0.96	302	28.2	5.1	28	100	0.01	0.92	7.8
H567	中国农业科技导报	240	0.96	240	29.6	5.7	28	129	0.00	0.79	7.3
H030	中国农业科学	396	1.00	393	39.7	7.1	31	119	0.01	0.95	7.6
H210	中国农业气象	81	0.93	77	28.1	5.4	22	51	0.04	0.90	7.9
H221	中国农业资源与区划	383	0.93	383	21.9	2.9	31	234	0.01	0.85	5.9
G311	中国皮肤性病学杂志	278	0.77	218	15.8	4.8	29	184	0.00	0.37	6.0
U020	中国皮革	125	0.63	119	16.2	4.0	16	43	0.01	0.50	8.4
G226	中国普通外科杂志	235	0.93	216	28.1	5.1	30	150	0.00	0.58	4.4
G269	中国普外基础与临床杂志	270	0.94	259	32.2	4.4	26	127	0.00	0.42	4.8
G776	中国全科医学	837	0.94	818	22.6	4.9	30	486	0.03	0.51	5.2
H081	中国热带农业	116	0.94	76	8.7	5.2	8	68	0.01	0.53	8.2
G629	中国热带医学	274	0.92	226	17.6	5.4	24	181	0.00	0.50	5.0
Z546	中国人口资源与环境	224	1.00	224	31.8	2.9	23	105	0.00	0.93	5.8
G112	中国人兽共患病学报	201	0.94	195	24.5	6.0	31	132	0.00	0.78	6.7
U052	中国乳品工业	161	0.94	148	20.9	5.0	25	105	0.00	0.60	7.0
S825	中国软科学	205	1.00	205	34.0	2.5	24	110	0.00	0.81	6.6
E124	中国沙漠	149	0.97	149	35.6	4.7	17	55	0.01	0.94	9.6
G366	中国社会医学杂志	181	0.99	130	15.2	4.6	27	118	0.02	0.66	5.3
G114	中国神经精神疾病杂志	145	0.67	136	21.7	5.6	27	98	0.01	0.60	4.8
G242	中国神经免疫学和神经病学杂志	85	0.64	78	22.2	4.8	22	61	0.00	0.52	5.6
H555	中国生态农业学报	192	0.93	191	36.3	5.4	28	105	0.02	0.94	7.6
H044	中国生物防治学报	125	1.00	124	32.8	5.9	26	60	0.01	0.90	8.6
F255	中国生物工程杂志	165	0.98	165	29.9	5.1	26	108	0.05	0.74	6.1
F002	中国生物化学与分子生物学报	175	0.94	175	39.3	4.3	26	109	0.00	0.85	5.5
G115	中国生物医学工程学报	85	0.89	85	35.7	5.0	18	57	0.01	0.86	6.4
G258	中国生物制品学杂志	285	0.98	273	19.7	5.5	26	121	0.01	0.44	5.4
G715	中国生育健康杂志	151	0.99	110	18.4	4.3	24	104	0.00	0.30	5.4
L001	中国石油大学学报自然科学版	125	0.94	123	24.3	5.4	14	36	0.03	0.97	7.7
L532	中国石油勘探	85	0.93	85	28.1	6.0	15	54	0.02	0.87	5.3
F047	中国实验动物学报	126	1.00	126	23.8	5.9	24	95	0.01	0.83	6.5
G604	中国实验方剂学杂志	810	0.98	809	30.5	5.9	30	266	0.01	0.91	5.1
G883	中国实验血液学杂志	329	0.98	329	19.3	5.9	29	200	0.01	0.54	5.0
G853	中国实验诊断学	772	0.99	268	14.3	4.2	27	275	0.00	0.28	5.5
G273	中国实用儿科杂志	229	0.86	181	25.6	3.4	24	84	0.00	0.31	5.9
G228	中国实用妇科与产科杂志	290	0.86	233	18.0	3.4	24	120	0.01	0.57	4.9
G305	中国实用护理杂志	579	0.86	561	19.9	4.3	29	316	0.01	0.28	4.6
G867	中国实用口腔科杂志	147	0.88	140	22.3	4.0	21	58	0.01	0.52	6.3
G267	中国实用内科杂志	261	0.97	193	22.0	3.9	27	128	0.00	0.44	5.4
G272	中国实用外科杂志	287	0.83	188	19.8	4.3	23	118	0.01	0.35	4.9
U635	中国食品添加剂	248	0.92	244	18.4	4.7	30	178	0.00	0.44	6.8
G429	中国食品卫生杂志	116	0.87	111	17.9	5.3	23	74	0.00	0.47	5.6
U007	中国食品学报	448	0.80	448	28.4	5.6	29	125	0.01	0.87	8.5
U563	中国食物与营养	237	1.00	192	21.3	4.6	28	139	0.00	0.52	6.5

表 4-2　2019 年中国科技核心期刊（中文）来源指标刊名字顺索引（续）

CODE	刊名	来源文献量	文献选出率	AR 论文量	平均引文数	平均作者数	地区分布数	机构分布数	海外论文比	基金论文比	引用半衰期
H317	中国兽药杂志	139	0.99	139	17.0	6.2	27	66	0.01	0.49	6.7
H326	中国兽医科学	215	0.99	215	22.1	7.7	28	73	0.00	0.88	6.7
H225	中国兽医学报	405	1.00	404	22.4	7.3	29	99	0.00	0.91	7.1
H207	中国蔬菜	294	0.89	199	12.0	5.3	29	163	0.00	0.71	7.2
G796	中国输血杂志	381	0.97	235	14.4	5.4	28	183	0.00	0.27	5.8
G926	中国数字医学	465	0.96	132	7.8	3.8	30	298	0.01	0.29	4.1
H290	中国水产科学	126	0.99	126	35.2	6.0	20	32	0.00	0.95	9.7
H020	中国水稻科学	62	0.97	62	39.2	7.1	15	33	0.03	0.94	8.4
W557	中国水利水电科学研究院学报	63	0.95	63	16.7	4.5	13	19	0.02	0.71	8.2
H295	中国水土保持科学	110	0.94	110	23.8	4.6	22	56	0.00	0.89	8.1
T022	中国塑料	256	0.96	232	17.7	4.2	26	152	0.00	0.41	6.4
G211	中国糖尿病杂志	178	0.92	165	18.7	5.7	29	144	0.01	0.50	5.1
G521	中国疼痛医学杂志	206	0.87	156	20.0	4.7	27	141	0.00	0.51	5.7
G444	中国体外循环杂志	90	0.86	73	16.8	5.2	16	50	0.01	0.42	4.3
U501	中国调味品	536	0.99	471	18.3	4.1	29	237	0.01	0.60	6.5
X004	中国铁道科学	107	0.94	107	16.9	4.1	16	27	0.01	0.72	7.9
G437	中国听力语言康复科学杂志	119	0.96	85	16.0	3.7	22	75	0.07	0.29	7.7
R083	中国图象图形学报	198	0.99	197	27.2	3.8	23	99	0.00	0.91	4.9
H350	中国土地科学	149	0.98	149	32.0	3.3	20	62	0.01	0.91	4.6
H233	中国土壤与肥料	185	0.98	183	29.0	6.2	29	103	0.02	0.80	8.4
G373	中国微创外科杂志	246	0.79	187	19.1	4.8	25	138	0.00	0.36	5.0
G959	中国微侵袭神经外科杂志	158	0.84	84	14.1	5.1	25	127	0.00	0.32	4.7
G517	中国微生态学杂志	324	0.98	295	21.5	4.4	27	264	0.00	0.40	5.2
S725	中国卫生经济	300	0.92	166	8.8	4.1	29	147	0.02	0.54	4.4
G253	中国卫生统计	272	0.99	146	13.2	4.4	29	148	0.01	0.57	6.0
G540	中国卫生信息管理杂志	156	0.87	151	11.3	3.6	22	99	0.00	0.39	3.6
G716	中国卫生政策研究	144	0.94	144	19.4	4.3	17	54	0.03	0.50	5.5
G752	中国卫生质量管理	237	0.96	143	10.6	4.9	23	151	0.00	0.34	4.6
G541	中国卫生资源	103	0.97	98	14.7	5.6	15	43	0.00	0.48	4.8
K035	中国钨业	76	0.90	75	15.1	4.1	16	55	0.00	0.47	7.4
M022	中国稀土学报	94	0.98	94	26.6	5.3	24	65	0.00	0.88	7.5
F025	中国细胞生物学学报	278	0.95	276	45.6	4.7	28	145	0.01	0.87	6.7
G841	中国现代普通外科进展	257	0.82	132	15.5	3.8	25	200	0.00	0.16	4.1
G623	中国现代神经疾病杂志	144	0.75	131	26.5	4.6	18	66	0.00	0.46	5.2
G885	中国现代手术学杂志	97	0.85	85	13.5	4.2	23	84	0.00	0.19	4.2
G237	中国现代医学杂志	600	0.89	574	17.1	4.5	30	383	0.00	0.38	4.4
G849	中国现代应用药学	603	0.96	558	18.5	4.7	29	361	0.00	0.50	5.5
G377	中国现代中药	298	0.97	292	22.0	5.7	30	133	0.01	0.63	6.7
G284	中国消毒学杂志	323	0.96	99	11.5	4.6	29	208	0.00	0.29	5.2
G765	中国小儿急救医学	208	0.82	174	25.0	3.7	26	83	0.00	0.39	6.2
G845	中国小儿血液与肿瘤杂志	63	0.82	57	24.7	5.1	15	40	0.00	0.35	5.5
G298	中国斜视与小儿眼科杂志	56	0.86	28	11.9	4.5	17	44	0.00	0.20	8.2
G117	中国心理卫生杂志	181	0.98	156	24.3	5.1	26	97	0.02	0.59	7.9

表 4-2　2019 年中国科技核心期刊（中文）来源指标刊名字顺索引（续）

CODE	刊名	来源文献量	文献选出率	AR 论文量	平均引文数	平均作者数	地区分布数	机构分布数	海外论文比	基金论文比	引用半衰期
G718	中国心血管病研究	248	0.97	228	21.4	4.6	29	163	0.01	0.48	3.9
G380	中国心血管杂志	124	0.78	95	18.1	3.8	24	81	0.00	0.23	5.0
G203	中国心脏起搏与心电生理杂志	101	0.68	70	16.5	4.8	21	53	0.01	0.33	6.1
G250	中国新药与临床杂志	160	0.99	141	19.6	4.2	26	123	0.00	0.38	4.2
G747	中国新药杂志	497	0.98	486	20.6	4.9	28	252	0.00	0.52	5.1
G727	中国性科学	535	0.95	382	17.8	3.7	28	360	0.01	0.39	4.4
G232	中国胸心血管外科临床杂志	220	0.89	212	26.0	5.5	25	113	0.01	0.48	5.9
G118	中国修复重建外科杂志	273	0.94	262	25.4	5.9	26	159	0.00	0.52	5.7
H294	中国畜牧兽医	440	0.98	440	30.9	6.7	31	137	0.01	0.84	6.2
H242	中国畜牧杂志	398	0.97	383	23.3	5.6	29	123	0.00	0.81	7.2
G908	中国学校卫生	548	0.96	349	21.0	4.9	30	291	0.03	0.54	5.1
G464	中国血管外科杂志电子版	69	0.82	58	21.8	5.0	19	47	0.00	0.26	5.9
G675	中国血吸虫病防治杂志	154	0.97	107	24.8	6.0	21	80	0.00	0.58	6.9
G633	中国血液净化	210	0.89	139	16.2	4.4	27	131	0.00	0.29	6.0
G119	中国循环杂志	197	0.83	184	20.3	6.6	23	77	0.02	0.43	5.8
G756	中国循证儿科杂志	82	0.84	77	22.9	6.0	13	36	0.04	0.33	6.7
G645	中国循证心血管医学杂志	390	0.84	286	19.5	4.9	27	238	0.02	0.49	4.9
G396	中国循证医学杂志	212	0.98	212	30.5	5.6	24	112	0.05	0.59	6.2
H208	中国烟草科学	80	0.84	80	25.9	8.1	16	40	0.00	0.09	7.6
U647	中国烟草学报	106	0.95	105	26.1	6.3	19	59	0.01	0.21	8.4
E303	中国岩溶	122	0.98	121	24.9	4.6	20	70	0.02	0.75	9.7
G619	中国眼耳鼻喉科杂志	108	0.79	66	18.4	3.3	19	48	0.00	0.17	6.9
G318	中国药房	599	0.90	598	20.3	5.5	30	337	0.00	0.94	4.7
G120	中国药科大学学报	99	0.96	99	28.0	4.7	21	46	0.02	0.72	4.9
G121	中国药理学通报	337	1.00	322	20.4	5.9	29	182	0.01	0.94	4.4
G122	中国药理学与毒理学杂志	94	0.89	94	30.6	5.4	22	77	0.00	0.86	5.1
G878	中国药师	627	0.99	438	15.7	4.1	28	396	0.00	0.30	4.8
G913	中国药事	225	0.97	223	19.1	4.3	21	86	0.00	0.25	5.4
G220	中国药物化学杂志	72	0.66	66	18.3	4.4	20	43	0.00	0.51	6.8
G227	中国药物警戒	173	1.00	118	18.6	4.4	25	122	0.00	0.31	5.2
G248	中国药物依赖性杂志	76	0.84	73	27.3	4.9	21	57	0.01	0.55	7.0
G713	中国药物应用与监测	107	0.99	69	14.8	4.0	22	63	0.00	0.49	3.6
G009	中国药学杂志	328	0.94	326	23.7	5.7	29	179	0.02	0.60	5.5
G755	中国药业	774	0.99	269	14.5	4.0	30	542	0.00	0.61	4.4
M628	中国冶金	184	0.88	180	16.0	4.0	20	91	0.01	0.45	6.4
G809	中国医刊	403	0.99	252	18.6	3.8	24	199	0.00	0.33	4.8
G123	中国医科大学学报	256	0.99	227	16.1	4.3	17	60	0.00	0.71	5.0
G124	中国医疗器械杂志	123	0.99	90	12.8	4.2	15	69	0.00	0.45	5.5
G679	中国医疗设备	579	0.98	442	18.0	4.0	28	353	0.00	0.33	4.5
G306	中国医师进修杂志	262	0.79	222	19.6	4.1	27	167	0.00	0.25	4.7
G313	中国医师杂志	533	0.94	326	17.5	4.2	29	356	0.01	0.29	4.3
G236	中国医学计算机成像杂志	120	0.93	114	12.0	4.5	18	84	0.01	0.36	5.9
G125	中国医学科学院学报	125	0.90	122	24.1	5.4	24	65	0.00	0.53	5.9

表 4-2 2019 年中国科技核心期刊（中文）来源指标刊名字顺索引（续）

CODE	刊名	来源文献量	文献选出率	AR论文量	平均引文数	平均作者数	地区分布数	机构分布数	海外论文比	基金论文比	引用半衰期
G471	中国医学前沿杂志电子版	326	0.88	313	22.6	3.8	28	199	0.00	0.53	3.8
G622	中国医学物理学杂志	280	1.00	274	21.9	5.0	28	193	0.00	0.73	5.7
G127	中国医学影像技术	399	0.70	378	16.8	5.1	29	234	0.01	0.49	5.0
G193	中国医学影像学杂志	227	0.95	180	16.1	4.8	28	159	0.01	0.41	4.8
S591	中国医学装备	548	0.97	420	15.2	4.2	29	372	0.00	0.30	4.2
G519	中国医药	470	0.99	422	18.6	4.5	31	251	0.00	0.71	4.2
G644	中国医药导报	1544	0.94	1499	23.6	4.3	30	757	0.00	0.85	3.7
T019	中国医药工业杂志	233	0.98	216	16.6	4.0	21	107	0.01	0.28	5.5
G531	中国医药生物技术	100	0.93	89	24.5	4.7	17	63	0.00	0.55	5.3
Q918	中国医院	303	0.96	66	8.7	4.3	22	151	0.01	0.43	4.2
G454	中国医院管理	345	0.93	64	9.6	4.8	28	169	0.00	0.59	4.1
G243	中国医院药学杂志	542	0.99	489	18.2	5.0	29	327	0.00	0.51	5.2
G625	中国医院用药评价与分析	461	1.00	248	17.4	3.9	29	335	0.00	0.39	3.8
G314	中国疫苗和免疫	151	0.97	146	19.4	5.9	28	74	0.00	0.38	5.5
G130	中国应用生理学杂志	126	0.99	118	17.5	5.3	26	91	0.00	0.72	5.8
G706	中国优生与遗传杂志	542	0.99	193	14.4	4.2	29	316	0.00	0.20	5.0
H205	中国油料作物学报	122	0.95	122	33.2	7.0	26	60	0.00	0.90	8.5
U032	中国油脂	399	0.98	360	16.6	4.9	30	191	0.00	0.66	6.8
M028	中国有色金属学报	286	0.99	285	32.0	5.1	25	100	0.01	0.92	7.1
H099	中国预防兽医学报	230	0.78	230	17.3	7.0	28	84	0.00	0.89	6.2
G753	中国预防医学杂志	280	0.96	253	19.6	4.9	30	207	0.00	0.57	4.0
V039	中国园林	309	0.96	301	23.1	2.9	22	103	0.05	0.72	8.8
X012	中国造船	102	1.00	100	16.3	4.3	14	45	0.01	0.41	8.3
U033	中国造纸学报	49	0.98	49	20.8	4.4	15	23	0.02	0.73	7.3
H204	中国沼气	102	0.94	98	22.8	5.5	24	63	0.03	0.74	7.0
G600	中国针灸	306	0.83	219	18.6	4.7	28	151	0.02	0.58	7.1
H067	中国真菌学杂志	73	0.78	62	21.6	5.5	21	54	0.01	0.56	6.1
G945	中国职业医学	174	0.91	147	23.1	5.4	25	92	0.01	0.62	4.0
G347	中国中西医结合耳鼻咽喉科杂志	132	0.92	81	13.7	3.8	23	109	0.00	0.23	6.9
G843	中国中西医结合急救杂志	193	0.90	124	18.1	4.7	27	146	0.00	0.69	5.0
G757	中国中西医结合皮肤性病学杂志	208	0.92	82	13.3	4.1	26	150	0.00	0.24	6.0
G846	中国中西医结合肾病杂志	352	0.88	123	17.6	4.4	27	225	0.00	0.44	5.9
G758	中国中西医结合外科杂志	249	0.95	198	18.5	3.9	23	148	0.00	0.35	4.9
G528	中国中西医结合消化杂志	194	0.85	170	17.8	4.0	25	152	0.00	0.33	3.8
G182	中国中西医结合杂志	277	0.83	223	21.4	4.9	24	161	0.02	0.67	6.2
G132	中国中药杂志	766	0.97	763	29.2	6.3	30	229	0.01	0.86	5.8
G240	中国中医骨伤科杂志	285	0.95	175	18.1	5.3	25	194	0.00	0.37	4.8
G632	中国中医基础医学杂志	547	0.92	233	15.6	4.1	29	226	0.01	0.63	7.8
G524	中国中医急症	626	0.95	399	19.7	4.2	30	276	0.00	0.69	5.0
G749	中国中医眼科杂志	133	0.93	86	18.8	4.0	26	84	0.01	0.44	7.8
G832	中国中医药信息杂志	320	0.81	294	16.9	5.3	27	151	0.00	0.74	5.6
G642	中国肿瘤	156	0.96	152	23.7	5.7	24	99	0.00	0.46	3.9
G133	中国肿瘤临床	238	0.73	232	25.6	4.8	29	125	0.00	0.47	3.9

表 4-2 2019 年中国科技核心期刊（中文）来源指标刊名字顺索引（续）

CODE	刊名	来源文献量	文献选出率	AR论文量	平均引文数	平均作者数	地区分布数	机构分布数	海外论文比	基金论文比	引用半衰期
G255	中国肿瘤生物治疗杂志	215	0.96	209	28.9	4.1	27	160	0.00	0.69	3.5
G576	中国肿瘤外科杂志	94	0.82	87	19.1	4.6	21	73	0.00	0.47	4.2
G667	中国综合临床	126	0.85	120	18.8	4.8	24	100	0.00	0.53	4.5
G299	中国组织工程研究	930	0.93	930	36.5	5.1	30	506	0.01	0.69	5.1
G134	中国组织化学与细胞化学杂志	98	0.94	95	18.4	5.0	27	65	0.00	0.55	5.1
G502	中华保健医学杂志	130	0.66	54	16.8	4.1	23	104	0.00	0.27	3.8
G135	中华病理学杂志	166	0.60	118	16.2	5.9	21	99	0.01	0.45	5.8
G195	中华超声影像学杂志	187	0.79	182	17.9	6.9	25	96	0.02	0.64	4.4
G136	中华传染病杂志	126	0.57	106	23.0	5.2	25	87	0.00	0.56	5.0
G408	中华创伤骨科杂志	197	0.82	179	20.5	5.9	23	112	0.01	0.54	6.4
G137	中华创伤杂志	176	0.92	169	25.3	5.9	28	113	0.00	0.56	5.6
G098	中华地方病学杂志	235	0.92	191	15.0	5.6	28	129	0.00	0.46	5.8
G138	中华儿科杂志	150	0.55	120	20.5	5.4	15	49	0.01	0.45	5.6
G139	中华耳鼻咽喉头颈外科杂志	163	0.79	144	22.7	5.6	23	93	0.01	0.50	7.5
G743	中华耳科学杂志	184	0.93	170	23.4	5.1	29	105	0.04	0.51	7.3
G140	中华放射学杂志	183	0.67	155	17.2	6.2	18	109	0.05	0.46	5.1
G141	中华放射医学与防护杂志	170	0.94	169	18.5	6.1	25	106	0.03	0.46	5.6
G251	中华放射肿瘤学杂志	196	0.88	178	21.2	6.8	27	100	0.02	0.53	6.5
G474	中华肺部疾病杂志电子版	198	0.91	107	26.8	4.2	21	103	0.00	0.39	4.0
G286	中华风湿病学杂志	174	0.84	145	22.0	4.7	24	95	0.00	0.60	5.9
G142	中华妇产科杂志	154	0.60	138	20.9	5.5	20	71	0.01	0.44	5.5
G689	中华妇幼临床医学杂志电子版	112	0.93	112	26.8	4.5	15	54	0.01	0.95	4.9
G262	中华肝胆外科杂志	225	0.86	171	19.4	5.6	29	143	0.00	0.44	5.4
G231	中华肝脏病杂志	186	0.85	143	18.3	5.2	26	114	0.00	0.58	4.7
G054	中华肝脏外科手术学电子杂志	117	0.93	110	21.6	5.2	21	68	0.00	0.68	4.9
G235	中华高血压杂志	196	0.78	158	20.5	4.3	27	117	0.01	0.34	6.0
G143	中华骨科杂志	200	0.72	193	29.8	6.3	22	99	0.03	0.55	7.0
G648	中华骨与关节外科杂志	174	0.87	169	27.5	5.3	25	112	0.00	0.38	5.4
G728	中华骨质疏松和骨矿盐疾病杂志	82	0.89	81	34.0	4.9	20	62	0.04	0.55	6.0
G691	中华关节外科杂志电子版	136	0.93	129	26.5	4.9	23	108	0.01	0.40	6.4
G335	中华航海医学与高气压医学杂志	172	0.91	103	12.8	4.1	25	117	0.00	0.24	4.4
G144	中华航空航天医学杂志	14	0.54	13	23.6	5.3	4	5	0.00	0.07	10.0
G145	中华核医学与分子影像杂志	148	0.78	124	23.4	5.7	21	89	0.13	0.39	5.7
G146	中华护理杂志	383	0.96	326	23.1	5.1	27	196	0.02	0.46	4.7
G555	中华急诊医学杂志	248	0.69	212	20.9	5.4	28	147	0.00	0.54	5.4
G302	中华疾病控制杂志	307	0.96	302	16.4	5.9	30	164	0.02	0.58	5.0
G055	中华肩肘外科电子杂志	56	0.80	53	30.4	5.4	17	44	0.02	0.77	7.3
G174	中华检验医学杂志	181	0.76	177	24.7	4.9	24	109	0.01	0.56	4.6
G751	中华健康管理学杂志	105	0.79	81	19.1	4.9	18	78	0.00	0.33	4.9
G147	中华结核和呼吸杂志	178	0.68	126	23.3	4.1	24	87	0.00	0.49	5.5
G060	中华结直肠疾病电子杂志	122	0.88	93	19.4	4.9	21	79	0.01	0.62	6.3
Q905	中华解剖与临床杂志	119	0.88	105	20.1	5.9	19	87	0.00	0.39	5.5
G159	中华精神科杂志	64	0.79	57	29.2	6.8	18	39	0.09	0.69	5.7

表 4-2 2019 年中国科技核心期刊（中文）来源指标刊名字顺索引（续）

CODE	刊名	来源文献量	文献选出率	AR论文量	平均引文数	平均作者数	地区分布数	机构分布数	海外论文比	基金论文比	引用半衰期
G579	中华口腔医学研究杂志电子版	62	0.95	60	26.2	4.4	13	36	0.02	0.52	5.5
G148	中华口腔医学杂志	146	0.71	136	26.0	3.9	24	61	0.01	0.46	6.0
G280	中华口腔正畸学杂志	36	0.64	34	18.1	4.2	16	23	0.03	0.36	6.9
G149	中华劳动卫生职业病杂志	228	0.80	173	15.5	5.3	25	128	0.00	0.46	6.0
G639	中华老年多器官疾病杂志	177	0.86	175	20.3	4.3	23	113	0.00	0.41	4.7
Q949	中华老年骨科与康复电子杂志	64	0.94	64	25.8	5.5	20	49	0.00	0.63	6.3
G833	中华老年口腔医学杂志	78	0.91	71	22.6	3.8	20	61	0.03	0.46	5.6
G876	中华老年心脑血管病杂志	340	0.94	232	17.5	4.5	30	208	0.01	0.43	3.1
G150	中华老年医学杂志	307	0.91	262	15.6	5.1	27	181	0.01	0.44	5.3
G692	中华临床感染病杂志	50	0.55	48	26.3	5.7	14	42	0.00	0.60	4.1
G693	中华临床免疫和变态反应杂志	83	0.81	78	27.2	4.4	18	38	0.00	0.48	6.4
G824	中华临床营养杂志	64	0.91	62	21.2	6.2	20	46	0.03	0.39	6.2
G152	中华流行病学杂志	290	0.95	280	22.1	7.4	23	92	0.07	0.63	5.5
G153	中华麻醉学杂志	398	0.98	280	13.5	5.5	29	216	0.01	0.50	5.5
G154	中华泌尿外科杂志	171	0.66	145	21.6	6.7	24	101	0.01	0.23	4.8
G282	中华男科学杂志	206	0.90	181	22.1	5.3	27	154	0.00	0.48	6.0
G155	中华内分泌代谢杂志	157	0.80	151	25.1	5.9	23	97	0.01	0.66	6.2
G736	中华内分泌外科杂志	120	0.94	96	16.1	5.0	23	88	0.00	0.55	5.3
G156	中华内科杂志	157	0.62	119	20.9	5.2	19	78	0.01	0.41	5.7
G157	中华皮肤科杂志	165	0.71	137	19.7	5.1	25	98	0.02	0.54	5.6
G461	中华普通外科学文献电子版	97	0.82	89	19.8	4.5	20	75	0.00	0.44	5.0
G254	中华普通外科杂志	304	0.80	150	10.4	6.1	27	174	0.01	0.44	5.2
G462	中华普外科手术学杂志电子版	182	0.90	73	17.2	3.8	23	135	0.00	0.45	3.1
G158	中华器官移植杂志	157	0.84	126	18.2	6.9	25	74	0.01	0.66	5.3
G473	中华腔镜泌尿外科杂志电子版	97	0.90	89	18.7	5.5	20	79	0.00	0.29	5.6
G463	中华腔镜外科杂志电子版	67	0.76	54	23.4	4.8	22	53	0.00	0.39	5.5
G526	中华全科医师杂志	229	0.77	155	16.0	4.5	21	127	0.01	0.29	5.5
G515	中华全科医学	578	0.99	466	19.5	4.6	26	322	0.01	0.93	3.4
G505	中华乳腺病杂志电子版	69	0.79	57	26.7	5.1	22	53	0.00	0.32	5.7
G900	中华烧伤杂志	153	0.81	129	19.1	5.6	23	73	0.00	0.55	5.2
Q950	中华神经创伤外科电子杂志	81	0.88	62	17.7	4.7	25	62	0.00	0.38	5.2
G197	中华神经科杂志	157	0.69	146	28.8	4.9	24	88	0.01	0.34	6.2
G160	中华神经外科杂志	257	0.86	216	20.7	6.0	24	123	0.00	0.51	5.9
G446	中华神经医学杂志	213	0.84	202	24.4	5.4	30	161	0.01	0.50	4.7
G065	中华肾病研究电子杂志	51	0.82	46	25.7	4.1	19	35	0.00	0.45	6.3
G161	中华肾脏病杂志	137	0.79	129	27.2	6.0	23	76	0.00	0.74	6.0
G737	中华生物医学工程杂志	153	0.78	151	18.6	4.0	15	96	0.00	0.37	3.5
G072	中华生殖与避孕杂志	193	0.93	177	29.7	4.7	26	108	0.01	0.44	6.2
G162	中华实验和临床病毒学杂志	140	0.95	131	16.4	6.9	27	102	0.00	0.66	5.5
G703	中华实验和临床感染病杂志电子版	82	0.84	82	26.1	4.6	21	55	0.00	0.43	4.1
G163	中华实验外科杂志	652	0.85	308	12.6	5.3	29	298	0.01	0.62	4.7
G773	中华实验眼科杂志	187	0.89	175	27.1	4.0	28	107	0.02	0.56	6.4
G875	中华实用儿科临床杂志	432	0.81	353	24.0	5.0	25	162	0.01	0.47	4.5

表 4-2 2019 年中国科技核心期刊（中文）来源指标刊名字顺索引（续）

CODE	刊名	来源文献量	文献选出率	AR 论文量	平均引文数	平均作者数	地区分布数	机构分布数	海外论文比	基金论文比	引用半衰期
G367	中华实用诊断与治疗杂志	354	0.99	164	17.1	4.8	27	173	0.01	0.90	4.1
G848	中华手外科杂志	151	0.79	38	13.1	5.9	22	102	0.01	0.23	7.7
G506	中华损伤与修复杂志电子版	90	0.86	77	24.2	4.9	22	63	0.00	0.62	6.2
G739	中华糖尿病杂志	138	0.84	119	22.1	4.7	25	84	0.05	0.64	5.2
G164	中华外科杂志	177	0.72	139	20.8	5.8	23	85	0.02	0.40	5.2
G165	中华微生物学和免疫学杂志	151	0.95	151	26.9	6.2	23	100	0.03	0.64	5.5
G116	中华危重病急救医学	325	0.78	280	24.5	5.2	29	181	0.01	0.89	5.2
G761	中华危重症医学杂志电子版	60	0.61	51	25.5	4.7	18	45	0.00	0.65	4.8
G296	中华围产医学杂志	137	0.60	123	22.1	5.2	20	83	0.02	0.39	5.6
G740	中华卫生杀虫药械	155	0.92	76	14.2	5.2	24	116	0.00	0.43	6.4
G793	中华胃肠外科杂志	200	0.62	165	22.5	5.6	24	87	0.02	0.66	5.5
G166	中华物理医学与康复杂志	229	0.92	142	21.7	5.0	25	154	0.01	0.48	5.9
G470	中华细胞与干细胞杂志电子版	63	0.93	63	29.9	4.2	21	58	0.00	0.43	4.0
G167	中华显微外科杂志	170	0.79	101	17.0	6.2	23	110	0.01	0.38	5.5
G847	中华现代护理杂志	1098	0.90	989	20.2	4.1	30	407	0.00	0.37	4.3
G285	中华消化内镜杂志	235	0.94	147	17.3	5.5	28	119	0.00	0.37	6.0
G978	中华消化外科杂志	198	0.88	184	29.3	5.7	30	109	0.03	0.86	4.7
G168	中华消化杂志	177	0.81	121	16.5	5.0	27	109	0.03	0.43	5.6
G169	中华小儿外科杂志	216	0.86	209	23.7	5.7	25	77	0.00	0.47	6.3
G892	中华心律失常学杂志	97	0.90	79	20.3	6.4	16	46	0.00	0.47	5.9
G170	中华心血管病杂志	152	0.68	129	22.8	5.7	26	74	0.02	0.41	5.3
G082	中华新生儿科杂志	96	0.80	79	21.5	4.9	20	56	0.00	0.29	5.7
G263	中华行为医学与脑科学杂志	213	0.76	211	25.4	5.3	29	153	0.02	0.84	4.5
G171	中华胸心血管外科杂志	162	0.83	120	17.3	6.1	23	92	0.01	0.37	6.4
G172	中华血液学杂志	200	0.81	168	21.5	7.5	19	68	0.01	0.63	5.7
G191	中华眼底病杂志	118	0.81	103	23.2	4.8	21	69	0.01	0.47	5.5
G075	中华眼科医学杂志电子版	57	0.95	57	49.3	5.2	15	30	0.02	0.95	7.8
G173	中华眼科杂志	132	0.61	118	26.0	4.3	20	53	0.01	0.42	6.9
G873	中华眼视光学与视觉科学杂志	148	0.88	148	21.1	4.8	22	90	0.03	0.41	6.7
S590	中华医学教育探索杂志	288	0.97	271	9.9	4.8	27	152	0.02	0.41	4.6
Q920	中华医学超声杂志电子版	167	0.86	148	18.9	5.0	23	108	0.00	0.26	5.9
G705	中华医学教育杂志	209	0.90	196	10.8	5.0	22	116	0.01	0.29	5.2
G307	中华医学科研管理杂志	103	0.94	95	12.6	4.6	18	67	0.01	0.40	4.3
G489	中华医学美学美容杂志	154	0.89	73	15.1	4.8	23	108	0.01	0.19	5.9
G915	中华医学图书情报杂志	153	0.99	151	16.5	3.3	19	66	0.00	0.35	3.5
G175	中华医学遗传学杂志	291	0.72	200	15.1	6.1	25	168	0.04	0.53	7.8
G176	中华医学杂志	692	0.79	583	17.5	5.8	30	283	0.01	0.55	5.4
G194	中华医院感染学杂志	863	0.99	849	22.4	5.3	30	492	0.00	0.78	3.6
G591	中华医院管理杂志	228	0.81	190	15.2	5.1	21	138	0.05	0.50	3.1
G610	中华胰腺病杂志	87	0.65	60	17.9	4.7	21	58	0.01	0.29	5.9
G897	中华移植杂志电子版	39	0.52	36	24.6	4.6	16	32	0.03	0.64	6.4
G177	中华预防医学杂志	224	0.72	200	24.0	6.7	26	96	0.04	0.66	5.3
G178	中华整形外科杂志	205	0.77	190	19.2	5.6	24	105	0.00	0.33	6.8

表 4-2 2019 年中国科技核心期刊（中文）来源指标刊名字顺索引（续）

CODE	刊名	来源文献量	文献选出率	AR论文量	平均引文数	平均作者数	地区分布数	机构分布数	海外论文比	基金论文比	引用半衰期
G859	中华中医药学刊	750	0.99	593	26.3	4.9	30	341	0.01	0.98	4.5
G910	中华中医药杂志	1467	0.93	934	17.0	4.9	31	381	0.01	0.75	6.7
G858	中华肿瘤防治杂志	313	0.86	306	21.3	5.3	28	221	0.00	0.50	3.9
G179	中华肿瘤杂志	156	0.58	150	18.9	6.4	24	85	0.01	0.53	5.7
G472	中华疝和腹壁外科杂志电子版	146	0.90	102	15.2	3.9	24	122	0.00	0.20	4.5
Q954	中华重症医学电子杂志	65	0.82	60	23.2	4.2	16	47	0.00	0.63	5.4
G039	中南大学学报医学版	208	0.92	207	29.0	5.1	18	59	0.03	0.64	5.8
K001	中南大学学报自然科学版	361	0.97	356	22.4	4.7	27	102	0.01	0.98	7.1
H053	中南林业科技大学学报	240	1.00	240	26.9	5.2	26	93	0.01	0.95	7.7
A550	中南民族大学学报自然科学版	111	1.00	109	15.7	4.3	8	15	0.02	1.00	6.1
G599	中南药学	504	0.97	422	19.3	4.6	28	283	0.00	0.40	5.4
G682	中南医学科学杂志	172	0.95	138	16.1	3.8	22	117	0.00	0.27	3.2
G180	中日友好医院学报	97	0.71	48	15.0	4.5	4	20	0.01	0.16	5.2
G181	中山大学学报医学科学版	130	0.99	130	20.9	5.5	17	55	0.02	0.83	4.8
A036	中山大学学报自然科学版	111	0.97	110	21.9	4.3	21	57	0.01	0.92	9.6
X539	中外公路	382	0.99	358	11.8	3.1	28	219	0.01	0.42	7.9
S020	中文信息学报	194	0.97	194	24.5	3.9	26	78	0.02	0.87	5.6
G842	中西医结合肝病杂志	171	0.85	74	15.3	4.0	25	106	0.01	0.55	5.0
G597	中西医结合心脑血管病杂志	1025	0.86	611	18.5	3.9	30	570	0.00	0.42	5.5
R775	中兴通讯技术	67	0.91	64	12.1	2.4	11	35	0.04	0.19	2.6
G183	中药材	599	0.98	548	13.5	5.1	31	317	0.00	0.74	6.8
G564	中药新药与临床药理	248	0.98	246	22.0	5.7	26	123	0.00	0.86	5.7
G685	中医学报	594	0.94	532	19.2	3.9	30	274	0.00	0.76	6.0
G681	中医药导报	896	0.94	564	16.6	4.1	31	337	0.03	0.55	6.0
G812	中医药学报	193	0.97	157	18.5	4.4	27	119	0.00	0.66	5.8
G010	中医杂志	434	0.87	345	18.4	5.0	27	148	0.01	0.64	6.7
G184	肿瘤	121	0.98	121	31.6	5.3	26	87	0.00	0.48	4.4
Q929	肿瘤代谢与营养电子杂志	90	0.74	90	36.0	5.2	24	65	0.01	0.62	5.5
G185	肿瘤防治研究	219	0.89	204	22.7	4.8	28	156	0.01	0.52	4.0
G412	肿瘤学杂志	203	0.83	181	24.0	4.4	26	136	0.00	0.49	4.7
G522	肿瘤研究与临床	210	0.95	171	19.0	4.3	27	128	0.00	0.36	4.7
G196	肿瘤药学	198	0.97	195	20.0	4.9	28	149	0.01	0.54	3.7
G838	肿瘤影像学	72	0.79	71	18.6	4.6	15	55	0.00	0.53	5.1
G695	肿瘤预防与治疗	177	0.76	176	28.1	5.2	26	103	0.01	0.70	4.2
H103	种子	441	0.94	310	16.5	5.3	31	241	0.00	0.77	8.3
G094	中风与神经疾病杂志	299	0.96	155	19.7	4.5	28	170	0.00	0.42	5.1
N022	轴承	180	0.99	133	10.3	3.6	23	95	0.00	0.33	8.7
H026	竹子学报	62	1.00	56	22.0	4.5	13	38	0.02	0.60	8.3
N075	铸造	224	0.59	198	11.8	4.1	27	146	0.00	0.35	8.4
G407	转化医学杂志	95	0.97	76	20.3	4.4	20	59	0.00	0.45	5.0
N034	装备环境工程	261	0.97	251	17.1	4.4	25	137	0.00	0.26	9.3
N990	装甲兵工程学院学报	61	0.95	60	15.2	3.6	9	14	0.00	0.26	5.9
Z022	资源科学	200	0.98	200	40.1	3.7	28	108	0.02	0.94	5.7

表 4-2　2019 年中国科技核心期刊（中文）来源指标刊名字顺索引（续）

CODE	刊名	来源文献量	文献选出率	AR论文量	平均引文数	平均作者数	地区分布数	机构分布数	海外论文比	基金论文比	引用半衰期
R737	自动化技术与应用	497	1.00	337	10.3	2.4	28	307	0.00	0.17	5.2
S026	自动化学报	202	1.00	199	41.0	4.0	24	98	0.04	0.92	5.4
N013	自动化仪表	278	0.99	202	11.9	3.5	27	178	0.01	0.42	5.1
S501	自动化与仪表	283	0.98	207	9.2	3.1	27	147	0.00	0.35	5.0
R611	自动化与仪器仪表	694	0.99	473	15.5	2.8	30	416	0.00	0.30	3.6
A905	自然杂志	61	0.80	61	30.7	2.9	13	38	0.03	0.21	7.8
E137	自然灾害学报	141	1.00	141	23.2	4.1	26	84	0.01	0.98	8.1
Z012	自然资源学报	211	0.99	210	34.8	4.1	27	102	0.02	0.93	6.5
G229	卒中与神经疾病	208	0.97	150	18.3	4.0	25	154	0.00	0.27	4.8
N088	组合机床与自动化加工技术	477	1.00	403	12.4	3.6	27	169	0.00	0.74	6.3
G701	组织工程与重建外科杂志	103	0.98	65	19.9	4.5	15	43	0.00	0.41	6.3
L018	钻井液与完井液	138	1.00	138	15.3	5.0	16	67	0.00	0.59	7.0
G720	遵义医学院学报	136	0.99	135	22.1	4.7	13	32	0.01	0.80	4.9
H034	作物学报	186	0.94	186	35.4	7.3	30	73	0.00	0.92	8.9
H410	作物研究	143	0.99	102	16.0	5.2	21	70	0.00	0.52	6.0
H202	作物杂志	187	0.99	186	26.1	6.3	24	100	0.00	0.80	8.2

表 5-1 2019 年中国科技核心期刊（英文）被引用指标刊名字顺索引

CODE	刊名	核心总被引频次	核心影响因子	核心即年指标	核心他引率	核心引用刊数	核心开放因子	核心扩散因子	核心权威因子	核心被引半衰期
F034	ACTA BIOCHIMICA ET BIOPHYSICA SINICA	657	0.613	0.122	0.94	328	65	49.92	53.72	4.9
I059	ACTA GEOLOGICA SINICA ENGLISH EDITION	1664	1.037	0.329	0.83	128	4	7.69	147.02	6.7
C096	ACTA MATHEMATICA SCIENTIA	308	0.230	0.090	0.64	62	3	20.13	42.86	7.0
B030	ACTA MATHEMATICA SINICA ENGLISH SERIES	213	0.107	0.040	0.81	57	8	26.76	27.58	8.0
I051	ACTA MATHEMATICAE APPLICATAE SINICA	95	0.061	0.030	0.95	51	11	53.68	11.37	8.5
C105	ACTA MECHANICA SINICA	481	0.640	0.117	0.68	142	8	29.52	54.29	5.2
M100	ACTA METALLURGICA SINICA	778	0.943	0.104	0.64	120	4	15.42	87.04	4.3
I209	ACTA OCEANOLOGICA SINICA	558	0.320	0.071	0.81	136	5	24.37	51.55	5.4
G218	ACTA PHARMACEUTICA SINICA B	548	1.553	0.343	0.63	166	4	30.29	44.52	2.8
G001	ACTA PHARMACOLOGICA SINICA	1339	1.074	0.273	0.92	428	57	31.96	107.31	5.2
I062	ADVANCES IN ATMOSPHERIC SCIENCES	1236	0.596	0.314	0.81	151	8	12.22	108.08	8.2
I124	ADVANCES IN POLAR SCIENCES	20	0.086	0.063	0.80	13	4	65.00	1.99	4.7
I282	ASIAN JOURNAL OF ANDROLOGY	638	0.432	0.133	0.87	198	14	31.03	53.23	5.0
G780	CANCER BIOLOGY & MEDICINE	158	0.767	0.099	0.95	108	29	68.35	13.25	3.2
I072	CELL RESEARCH	1944	1.857	0.400	0.95	520	55	26.75	158.93	5.3
I139	CHEMICAL RESEARCH IN CHINESE UNIVERSITIES	404	0.403	0.034	0.77	151	5	37.38	41.07	4.7
I710	CHINA COMMUNICATIONS	546	0.631	0.086	0.59	132	5	24.18	61.26	3.0
I165	CHINA FOUNDRY	155	0.448	0.054	0.78	47	3	30.32	17.33	3.9
E158	CHINA OCEAN ENGINEERING	340	0.421	0.041	0.84	118	16	34.71	35.51	6.4
B023	CHINESE ANNALS OF MATHEMATICS SERIES B	91	0.044	0.019	0.89	32	6	35.16	12.29	13.4
D031	CHINESE CHEMICAL LETTERS	1738	1.040	0.363	0.46	245	1	14.10	172.18	2.7
I154	CHINESE GEOGRAPHICAL SCIENCE	476	0.675	0.095	0.87	163	17	34.24	43.40	5.4
I207	CHINESE HERBAL MEDICINES	267	0.748	0.323	0.88	82	3	30.71	20.30	3.7
I166	CHINESE JOURNAL OF ACOUSTICS	176	0.438	0.029	0.81	26	1	14.77	20.94	6.4
I122	CHINESE JOURNAL OF AERONAUTICS	1219	0.763	0.107	0.76	255	11	20.92	136.87	5.0
G011	CHINESE JOURNAL OF CANCER	798	0.810	0.020	0.97	332	64	41.60	66.37	8.2
I037	CHINESE JOURNAL OF CANCER RESEARCH	910	3.591	0.368	0.91	334	49	36.70	76.50	2.6
D013	CHINESE JOURNAL OF CATALYSIS	1973	1.229	0.232	0.85	255	16	12.92	216.02	5.3
T100	CHINESE JOURNAL OF CHEMICAL ENGINEERING	938	0.502	0.079	0.73	263	11	28.04	102.11	4.7
C070	CHINESE JOURNAL OF CHEMICAL PHYSICS	164	0.220	0.009	0.74	79	7	48.17	18.12	5.0
I173	CHINESE JOURNAL OF CHEMISTRY	678	1.080	0.350	0.67	122	3	17.99	71.08	2.6
I116	CHINESE JOURNAL OF ELECTRONICS	409	0.363	0.040	0.54	105	2	25.67	46.36	3.6
I218	CHINESE JOURNAL OF MECHANICAL ENGINEERING	630	0.528	0.029	0.88	176	13	27.94	68.01	5.1
G101	CHINESE JOURNAL OF NATURAL MEDICINES	791	0.695	0.168	0.92	259	26	32.74	61.13	6.1
D017	CHINESE JOURNAL OF POLYMER SCIENCE	459	0.671	0.145	0.65	97	3	21.13	53.03	3.2

表 5-1 2019 年中国科技核心期刊（英文）被引用指标刊名字顺索引（续）

CODE	刊名	核心总被引频次	核心影响因子	核心即年指标	核心他引率	核心引用刊数	核心开放因子	核心扩散因子	核心权威因子	核心被引半衰期
I219	CHINESE JOURNAL OF POPULATION, RESOURCES AND ENVIRONMENT	37	0.100	0.000	0.78	23	5	62.16	3.70	5.4
I200	CHINESE JOURNAL OF TRAUMATOLOGY	293	0.438	0.099	0.94	143	29	48.81	24.68	4.4
I201	CHINESE MEDICAL JOURNAL	3346	0.688	0.138	0.95	678	123	20.26	277.89	5.2
G126	CHINESE MEDICAL SCIENCES JOURNAL	161	0.305	0.114	1.00	130	50	80.75	13.43	6.2
I071	CHINESE OPTICS LETTERS	851	0.856	0.150	0.49	100	1	11.75	91.61	3.0
C106	CHINESE PHYSICS B	2871	0.480	0.141	0.56	366	2	12.75	325.51	4.0
C058	CHINESE PHYSICS C	371	0.243	0.029	0.57	59	2	15.90	48.80	4.5
C059	CHINESE PHYSICS LETTERS	1273	0.337	0.145	0.84	228	3	17.91	145.73	6.0
B022	CHINESE QUARTERLY JOURNAL OF MATHEMATICS	65	0.056	0.000	0.72	34	7	52.31	8.30	8.4
C095	COMMUNICATIONS IN THEORETICAL PHYSICS	324	0.174	0.031	0.67	71	4	21.91	39.39	6.0
I720	CSEE JOURNAL OF POWER AND ENERGY SYSTEMS	140	0.615	0.052	0.61	29	2	20.71	14.17	3.1
J075	ENGINEERING	357	0.919	0.107	0.82	205	39	57.42	37.51	2.8
F005	ENTOMOTAXONOMIA	121	0.250	0.026	0.76	48	7	39.67	10.00	13.1
N092	FRICTION	121	0.529	0.000	0.44	36	1	29.75	18.44	4.3
I248	FRONTIERS OF CHEMICAL SCIENCE AND ENGINEERING	139	0.299	0.365	0.46	44	1	31.65	18.96	2.8
I735	FRONTIERS OF COMPUTER SCIENCE	132	0.219	0.041	0.77	71	11	53.79	14.28	3.9
I220	FRONTIERS OF EARTH SCIENCE	135	0.260	0.094	0.87	89	22	65.93	12.24	5.1
I243	FRONTIERS OF MATERIALS SCIENCE	79	0.277	0.025	0.89	44	9	55.70	9.07	4.8
I250	FRONTIERS OF MATHEMATICS IN CHINA	93	0.149	0.057	0.70	32	3	34.41	12.34	5.3
I237	FRONTIERS OF MEDICINE	373	1.466	0.268	0.98	241	60	64.61	30.52	2.9
I132	FRONTIERS OF OPTOELECTRONICS	51	0.161	0.238	0.69	23	4	45.10	5.94	3.2
I726	FRONTIERS OF PHYSICS	143	0.222	0.091	0.67	47	3	32.87	17.52	3.9
I725	FRONTIERS OF STRUCTURAL AND CIVIL ENGINEERING	54	0.119	0.019	0.54	28	2	51.85	7.90	5.1
G343	GENERAL PSYCHIATRY	430	0.429	0.037	0.97	189	32	43.95	36.60	13.4
I222	GENOMICS PROTEOMICS & BIOINFORMATICS	161	0.424	0.417	0.80	107	27	66.46	13.51	3.9
E050	GEOSCIENCE FRONTIERS	488	0.487	0.516	0.63	81	4	16.60	42.97	3.9
H062	HORTICULTURAL PLANT JOURNAL	61	0.629	0.094	0.98	29	1	47.54	4.70	1.9
I012	INSECT SCIENCE	285	0.308	0.097	0.84	78	6	27.37	22.71	5.7
I168	INTERNATIONAL JOURNAL OF COAL SCIENCE & TECHNOLOGY	347	1.324	0.093	0.95	54	1	15.56	32.68	4.8
G889	INTERNATIONAL JOURNAL OF DERMATOLOGY AND VENEREOLOGY	269	0.244	0.000	0.99	126	15	46.84	21.95	7.0
I184	INTERNATIONAL JOURNAL OF MINING SCIENCE AND TECHNOLOGY	747	0.656	0.147	0.72	176	7	23.56	73.51	5.4
I225	JOURNAL OF ACUPUNCTURE AND TUINA SCIENCE	89	0.210	0.030	0.63	37	4	41.57	7.28	3.9
E049	JOURNAL OF ARID LAND	242	0.470	0.042	0.79	82	9	33.88	20.18	3.9
N764	JOURNAL OF BIONIC ENGINEERING	303	0.624	0.067	0.55	103	3	33.99	33.80	4.8
I226	DEFENCE TECHNOLOGY	133	0.388	0.045	0.72	58	7	43.61	15.14	3.2
I067	JOURNAL OF CENTRAL SOUTH UNIVERSITY	817	0.381	0.113	0.70	287	18	35.13	86.34	4.2

表 5-1　2019 年中国科技核心期刊（英文）被引用指标刊名字顺索引（续）

CODE	刊名	核心总被引频次	核心影响因子	核心即年指标	核心他引率	核心引用刊数	核心开放因子	核心扩散因子	核心权威因子	核心被引半衰期
I227	JOURNAL OF CHINESE PHARMACEUTICAL SCIENCES	276	0.282	0.096	0.88	125	16	45.29	21.35	5.2
S051	JOURNAL OF COMPUTER SCIENCE AND TECHNOLOGY	266	0.406	0.024	0.88	108	12	40.60	29.24	4.9
E537	JOURNAL OF EARTH SCIENCE	623	1.214	0.467	0.61	109	2	17.50	55.18	3.1
I105	JOURNAL OF ENERGY CHEMISTRY	493	0.496	0.094	0.76	124	7	25.15	55.14	4.0
Z027	JOURNAL OF ENVIRONMENTAL SCIENCES	2598	0.871	0.430	0.80	496	15	19.09	242.35	5.6
I018	JOURNAL OF FORESTRY RESEARCH	454	0.378	0.013	0.74	132	9	29.07	38.46	5.8
F013	JOURNAL OF GENETICS AND GENOMICS	821	0.506	0.013	0.96	274	31	33.37	65.49	12.3
I063	JOURNAL OF GEOGRAPHICAL SCIENCES	1133	1.083	0.279	0.83	219	16	19.33	102.64	4.9
W015	JOURNAL OF HYDRODYNAMICS SERIES B	550	0.418	0.240	0.70	157	13	28.55	56.72	6.0
H017	JOURNAL OF INTEGRATIVE AGRICULTURE	1075	0.641	0.267	0.82	240	24	22.33	86.07	3.6
G442	JOURNAL OF INTEGRATIVE MEDICINE	886	0.402	0.032	0.98	227	25	25.62	67.51	9.7
F029	JOURNAL OF INTEGRATIVE PLANT BIOLOGY	1822	0.825	0.656	0.94	331	38	18.17	145.36	15.5
I142	JOURNAL OF IRON AND STEEL RESEARCH, INTERNATIONAL	716	0.313	0.021	0.92	140	10	19.55	80.10	6.4
I229	JOURNAL OF MARINE SCIENCE AND APPLICATION	149	0.295	0.000	0.85	61	9	40.94	16.49	7.3
M015	JOURNAL OF MATERIALS SCIENCE & TECHNOLOGY	1717	1.329	0.286	0.67	213	5	12.41	192.08	3.3
F021	JOURNAL OF MOLECULAR CELL BIOLOGY	264	0.418	0.185	0.89	173	42	65.53	21.50	5.4
I230	JOURNAL OF MOUNTAIN SCIENCE	457	0.352	0.058	0.70	142	13	31.07	40.70	3.9
I120	JOURNAL OF OCEAN UNIVERSITY OF CHINA	301	0.253	0.062	0.82	122	15	40.53	26.91	4.7
E012	JOURNAL OF OCEANOLOGY AND LIMNOLOGY	549	0.242	0.217	0.80	140	7	25.50	49.03	6.4
M035	JOURNAL OF RARE EARTHS	1072	0.855	0.110	0.63	190	6	17.72	117.55	4.8
F208	JOURNAL OF RESOURCES AND ECOLOGY	209	0.457	0.247	0.85	104	18	49.76	19.68	3.9
C010	JOURNAL OF ROCK MECHANICS AND GEOTECHNICAL ENGINEERING (JRMGE)	320	0.386	0.126	0.68	90	5	28.13	32.06	4.2
R062	JOURNAL OF SEMICONDUCTORS	387	0.239	0.097	0.88	120	14	31.01	43.51	5.7
F039	JOURNAL OF SYSTEMATICS AND EVOLUTION	621	0.485	0.724	0.79	163	13	26.25	50.74	13.1
X053	JOURNAL OF TRAFFIC AND TRANSPORTATION ENGINEERING ENGLISH EDITION	72	0.261	0.021	0.85	43	10	59.72	7.81	4.1
I090	JOURNAL OF WUHAN UNIVERSITY OF TECHNOLOGY MATERIALS SCIENCE EDITION	368	0.146	0.023	0.67	129	8	35.05	41.22	6.0
I041	JOURNAL OF ZHEJIANG UNIVERSITY SCIENCE A	363	0.535	0.097	0.85	187	33	51.52	38.30	5.5
I159	JOURNAL OF ZHEJIANG UNIVERSITY SCIENCE B	523	0.665	0.343	0.87	310	66	59.27	42.69	4.3
I254	LIGHT SCIENCE & APPLICATIONS	585	0.672	0.220	0.73	85	6	14.53	63.51	3.4
Q716	MILITARY MEDICAL RESEARCH	62	0.384	0.140	0.84	25	3	40.32	5.19	2.7
F019	MOLECULAR PLANT	1762	1.618	0.266	0.92	223	17	12.66	138.10	4.7
I137	NANO RESEARCH	1382	0.618	0.235	0.63	232	6	16.79	152.81	3.3
M655	NANOTECHNOLOGY AN PRECISION ENGINEERING	242	0.459	0.038	0.98	121	26	50.00	25.70	5.6
I255	NATIONAL SCIENCE REVIEW	257	0.543	0.165	0.96	135	25	52.53	24.40	2.7
I232	NEURAL REGENERATION RESEARCH	1243	0.751	0.157	0.76	327	25	26.31	101.55	3.1
G278	NEUROSCIENCE BULLETIN	414	0.761	0.092	0.70	190	22	45.89	34.92	3.7

表 5-1　2019 年中国科技核心期刊（英文）被引用指标刊名字顺索引（续）

CODE	刊名	核心总被引频次	核心影响因子	核心即年指标	核心他引率	核心引用刊数	核心开放因子	核心扩散因子	核心权威因子	核心被引半衰期
G616	ONCOLOGY AND TRANSLATIONAL MEDICINE	50	0.070	0.000	0.74	36	11	72.00	4.46	5.9
I202	PARTICUOLOGY	533	0.385	0.039	0.74	199	15	37.34	54.74	5.9
H046	PEDOSPHERE	881	0.711	0.068	0.94	219	24	24.86	73.30	8.6
F007	PLANT DIVERSITY	941	0.214	0.390	0.97	212	26	22.53	75.24	15.4
I129	PROTEIN & CELL	401	0.687	0.163	0.90	230	46	57.36	33.23	3.8
I050	RARE METALS	703	0.797	0.095	0.66	135	5	19.20	78.67	4.1
C072	RESEARCH IN ASTRONOMY AND ASTROPHYSICS	358	0.214	0.462	0.36	36	1	10.06	52.01	4.0
I065	RICE SCIENCE	176	0.373	0.200	0.90	85	15	48.30	13.72	7.0
H064	THE CROP JOURNAL	137	0.397	0.228	0.82	65	11	47.45	10.59	3.0
I017	TRANSACTIONS OF NANJING UNIVERSITY OF AERONAUTICS & ASTRONAUTICS	175	0.184	0.088	0.72	86	11	49.14	19.31	4.9
M104	TRANSACTIONS OF NONFERROUS METALS SOCIETY OF CHINA	3442	1.087	0.174	0.78	353	10	10.26	379.24	5.5
G095	VIROLOGICA SINICA	254	0.514	0.026	0.90	133	30	52.36	20.67	5.6
W030	WATER SCIENCE AND ENGINEERING	119	0.558	0.081	0.82	62	9	52.10	11.38	3.9
Q707	WORLD JOURNAL OF TRADITIONAL CHINESE MEDICINE	26	0.170	0.059	0.92	10	1	38.46	1.96	3.3
I008	WUHAN UNIVERSITY JOURNAL OF NATURAL SCIENCES	25	0.020	0.000	1.00	21	9	84.00	2.55	7.5
F022	ZOOLOGICAL RESEARCH	643	0.737	0.271	0.89	185	17	28.77	54.32	12.2
F014	ZOOLOGICAL SYSTEMATICS	268	0.049	0.000	0.95	96	13	35.82	22.50	11.5

表 5-2 2019 年中国科技核心期刊（英文）来源指标刊名字顺索引

CODE	刊名	来源文献量	文献选出率	AR论文量	平均引文数	平均作者数	地区分布数	机构分布数	海外论文比	基金论文比	引用半衰期
F034	ACTA BIOCHIMICA ET BIOPHYSICA SINICA	164	0.99	145	33.6	6.8	22	115	0.09	0.87	6.7
I059	ACTA GEOLOGICA SINICA ENGLISH EDITION	173	0.97	120	52.7	5.8	19	79	0.17	0.52	11.3
C096	ACTA MATHEMATICA SCIENTIA	122	0.98	122	24.9	2.2	21	101	0.39	0.47	12.0
B030	ACTA MATHEMATICA SINICA ENGLISH SERIES	126	0.93	126	23.4	2.1	22	104	0.36	0.52	17.6
I051	ACTA MATHEMATICAE APPLICATAE SINICA	67	0.94	66	22.1	2.5	20	61	0.27	0.67	15.0
C105	ACTA MECHANICA SINICA	103	1.00	103	36.4	3.6	19	63	0.31	0.68	9.3
M100	ACTA METALLURGICA SINICA	154	0.97	154	39.6	5.8	19	78	0.23	0.76	7.5
I209	ACTA OCEANOLOGICA SINICA	184	0.98	182	39.4	5.2	17	112	0.30	0.66	12.1
G218	ACTA PHARMACEUTICA SINICA B	102	0.94	100	64.5	8.7	15	62	0.39	0.67	5.9
G001	ACTA PHARMACOLOGICA SINICA	165	0.98	162	48.0	8.5	17	100	0.30	0.72	7.6
I062	ADVANCES IN ATMOSPHERIC SCIENCES	102	0.89	102	56.0	5.0	8	36	0.29	0.70	9.0
I124	ADVANCES IN POLAR SCIENCES	32	0.91	30	56.6	4.4	7	31	0.66	0.28	14.5
I282	ASIAN JOURNAL OF ANDROLOGY	105	0.92	91	43.6	6.6	15	90	0.59	0.28	8.6
G780	CANCER BIOLOGY & MEDICINE	71	0.99	69	57.1	9.0	14	56	0.28	0.65	5.8
I072	CELL RESEARCH	130	0.99	72	35.9	10.2	15	103	0.62	0.28	6.3
I139	CHEMICAL RESEARCH IN CHINESE UNIVERSITIES	176	0.97	170	33.7	5.4	25	109	0.06	0.82	6.6
I710	CHINA COMMUNICATIONS	198	0.98	196	33.7	4.3	21	106	0.26	0.53	5.3
I165	CHINA FOUNDRY	56	0.98	54	23.6	4.7	17	38	0.16	0.59	9.6
E158	CHINA OCEAN ENGINEERING	74	0.97	74	26.7	3.8	12	42	0.30	0.73	9.6
B023	CHINESE ANNALS OF MATHEMATICS SERIES B	54	0.89	54	25.7	2.3	15	43	0.33	0.65	13.9
D031	CHINESE CHEMICAL LETTERS	468	0.98	401	44.2	6.2	28	210	0.12	0.84	5.0
I154	CHINESE GEOGRAPHICAL SCIENCE	84	0.99	84	45.9	5.3	16	45	0.18	0.80	7.6
I207	CHINESE HERBAL MEDICINES	62	0.94	57	38.1	6.3	18	46	0.26	0.52	8.2
I166	CHINESE JOURNAL OF ACOUSTICS	34	0.89	34	26.4	3.9	12	21	0.06	0.59	12.5
I122	CHINESE JOURNAL OF AERONAUTICS	224	0.93	224	36.1	4.2	19	79	0.24	0.51	8.2
G011	CHINESE JOURNAL OF CANCER	50	0.98	50	35.9	10.2	12	31	0.18	0.64	6.0
I037	CHINESE JOURNAL OF CANCER RESEARCH	76	0.87	71	32.5	8.0	15	52	0.14	0.47	5.7
D013	CHINESE JOURNAL OF CATALYSIS	177	0.92	175	63.2	5.6	21	96	0.19	0.80	4.6
T100	CHINESE JOURNAL OF CHEMICAL ENGINEERING	331	0.99	330	52.3	5.1	25	164	0.31	0.66	7.6
C070	CHINESE JOURNAL OF CHEMICAL PHYSICS	106	0.88	106	43.2	5.1	15	46	0.16	0.91	9.1
I173	CHINESE JOURNAL OF CHEMISTRY	157	0.96	149	60.6	4.8	20	72	0.10	0.76	5.7
I116	CHINESE JOURNAL OF ELECTRONICS	174	0.98	174	22.9	3.9	24	115	0.09	0.93	7.2
I218	CHINESE JOURNAL OF MECHANICAL ENGINEERING	105	0.97	105	35.6	4.3	19	55	0.18	0.84	5.9
G101	CHINESE JOURNAL OF NATURAL MEDICINES	107	0.97	105	39.6	6.6	21	68	0.15	0.75	6.7
D017	CHINESE JOURNAL OF POLYMER SCIENCE	145	0.95	145	44.3	5.2	15	77	0.24	0.72	6.7

表 5-2 2019 年中国科技核心期刊（英文）来源指标刊名字顺索引（续）

CODE	刊名	来源文献量	文献选出率	AR 论文量	平均引文数	平均作者数	地区分布数	机构分布数	海外论文比	基金论文比	引用半衰期
I219	CHINESE JOURNAL OF POPULATION, RESOURCES AND ENVIRONMENT	33	0.97	33	39.4	3.5	13	32	0.52	0.45	6.0
I200	CHINESE JOURNAL OF TRAUMATOLOGY	71	0.97	64	23.2	5.2	12	66	0.73	0.15	8.5
I201	CHINESE MEDICAL JOURNAL	545	0.98	333	22.6	6.4	25	234	0.10	0.47	6.2
G126	CHINESE MEDICAL SCIENCES JOURNAL	44	0.94	40	26.0	4.6	10	26	0.00	0.36	6.1
I071	CHINESE OPTICS LETTERS	227	0.95	220	28.6	6.0	20	117	0.15	0.82	6.0
C106	CHINESE PHYSICS B	816	1.00	815	38.3	5.4	29	310	0.11	0.88	7.6
C058	CHINESE PHYSICS C	170	0.93	170	50.1	5.2	26	105	0.36	0.68	10.1
C059	CHINESE PHYSICS LETTERS	241	0.95	226	28.5	6.0	24	117	0.12	0.85	8.5
B022	CHINESE QUARTERLY JOURNAL OF MATHEMATICS	38	0.90	38	17.3	1.9	15	36	0.05	0.82	12.7
C095	COMMUNICATIONS IN THEORETICAL PHYSICS	192	1.00	191	42.1	3.2	24	146	0.44	0.57	8.8
I720	CSEE JOURNAL OF POWER AND ENERGY SYSTEMS	58	0.97	58	31.4	5.0	13	42	0.43	0.52	5.6
J075	ENGINEERING	149	0.96	123	48.2	3.9	16	104	0.53	0.30	5.6
F005	ENTOMOTAXONOMIA	39	0.93	39	15.5	3.1	17	24	0.13	0.36	27.5
N092	FRICTION	49	0.86	49	49.2	4.3	14	41	0.53	0.51	9.2
I248	FRONTIERS OF CHEMICAL SCIENCE AND ENGINEERING	74	0.95	73	56.5	4.6	9	53	0.69	0.34	6.5
I735	FRONTIERS OF COMPUTER SCIENCE	98	1.00	87	37.3	4.0	19	60	0.23	0.76	8.0
I220	FRONTIERS OF EARTH SCIENCE	64	1.00	63	44.9	4.8	19	49	0.17	0.67	9.0
I243	FRONTIERS OF MATERIALS SCIENCE	40	0.98	40	51.0	5.9	14	35	0.25	0.75	5.8
I250	FRONTIERS OF MATHEMATICS IN CHINA	70	1.00	70	21.7	2.3	16	52	0.17	0.54	11.7
I237	FRONTIERS OF MEDICINE	71	1.00	70	55.0	7.2	12	53	0.21	0.51	7.0
I132	FRONTIERS OF OPTOELECTRONICS	42	0.95	40	40.4	4.1	10	29	0.33	0.45	7.5
I726	FRONTIERS OF PHYSICS	77	1.00	71	71.9	4.6	17	56	0.38	0.66	6.0
I725	FRONTIERS OF STRUCTURAL AND CIVIL ENGINEERING	108	1.00	108	51.4	2.9	13	90	0.73	0.26	9.9
G343	GENERAL PSYCHIATRY	54	0.98	42	29.9	5.6	7	36	0.63	0.33	0.0
I222	GENOMICS PROTEOMICS & BIOINFORMATICS	60	0.94	55	55.9	7.7	12	47	0.45	0.53	5.7
E050	GEOSCIENCE FRONTIERS	157	0.94	153	91.0	5.0	14	120	0.85	0.16	12.7
H062	HORTICULTURAL PLANT JOURNAL	32	0.97	31	51.3	4.9	10	24	0.34	0.53	8.7
I012	INSECT SCIENCE	93	1.00	93	55.7	5.4	11	73	0.63	0.33	11.2
I168	INTERNATIONAL JOURNAL OF COAL SCIENCE & TECHNOLOGY	54	1.00	54	41.3	3.9	7	42	0.61	0.28	9.1
G889	INTERNATIONAL JOURNAL OF DERMATOLOGY AND VENEREOLOGY	62	0.97	30	17.7	4.3	16	37	0.02	0.18	5.6
I184	INTERNATIONAL JOURNAL OF MINING SCIENCE AND TECHNOLOGY	116	0.94	115	30.6	3.5	6	80	0.76	0.24	9.7
I225	JOURNAL OF ACUPUNCTURE AND TUINA SCIENCE	66	0.90	66	27.7	5.3	14	40	0.02	0.73	6.0
E049	JOURNAL OF ARID LAND	72	0.94	72	52.7	6.0	13	56	0.35	0.74	9.1
N764	JOURNAL OF BIONIC ENGINEERING	89	0.94	89	44.9	4.7	14	72	0.60	0.42	6.8
I226	DEFENCE TECHNOLOGY	110	0.96	109	31.4	3.5	8	77	0.68	0.16	10.6
I067	JOURNAL OF CENTRAL SOUTH UNIVERSITY	292	0.98	286	36.7	4.5	27	145	0.36	0.66	6.1

表 5-2 2019 年中国科技核心期刊（英文）来源指标刊名字顺索引（续）

CODE	刊名	来源文献量	文献选出率	AR论文量	平均引文数	平均作者数	地区分布数	机构分布数	海外论文比	基金论文比	引用半衰期
I227	JOURNAL OF CHINESE PHARMACEUTICAL SCIENCES	83	0.88	83	27.2	6.2	17	41	0.11	0.55	6.9
S051	JOURNAL OF COMPUTER SCIENCE AND TECHNOLOGY	83	0.98	83	46.5	4.5	17	60	0.63	0.75	6.3
E537	JOURNAL OF EARTH SCIENCE	105	0.98	104	67.3	4.9	15	48	0.25	0.54	12.1
I105	JOURNAL OF ENERGY CHEMISTRY	276	1.00	270	55.4	6.1	23	148	0.28	0.74	4.8
Z027	JOURNAL OF ENVIRONMENTAL SCIENCES	335	0.98	331	53.0	6.0	23	177	0.37	0.66	7.5
I018	JOURNAL OF FORESTRY RESEARCH	228	1.00	228	46.4	4.6	23	146	0.54	0.40	11.9
F013	JOURNAL OF GENETICS AND GENOMICS	76	1.00	67	44.6	7.1	12	51	0.26	0.62	7.1
I063	JOURNAL OF GEOGRAPHICAL SCIENCES	129	0.91	127	49.0	4.4	17	57	0.16	0.90	8.1
W015	JOURNAL OF HYDRODYNAMICS SERIES B	121	0.96	121	26.4	4.1	15	66	0.38	0.73	8.0
H017	JOURNAL OF INTEGRATIVE AGRICULTURE	273	0.98	268	47.4	6.3	26	105	0.18	0.67	9.3
G442	JOURNAL OF INTEGRATIVE MEDICINE	63	0.98	61	44.8	5.4	5	62	0.94	0.10	8.6
F029	JOURNAL OF INTEGRATIVE PLANT BIOLOGY	93	0.98	85	59.7	5.7	14	65	0.45	0.38	8.6
I142	JOURNAL OF IRON AND STEEL RESEARCH, INTERNATIONAL	145	0.97	145	31.1	5.2	18	60	0.19	0.72	8.3
I229	JOURNAL OF MARINE SCIENCE AND APPLICATION	51	1.00	51	29.8	3.3	5	30	0.69	0.22	8.7
M015	JOURNAL OF MATERIALS SCIENCE & TECHNOLOGY	374	0.97	372	43.0	6.1	24	145	0.30	0.79	7.2
F021	JOURNAL OF MOLECULAR CELL BIOLOGY	119	0.99	91	56.5	5.8	12	105	0.57	0.37	8.2
I230	JOURNAL OF MOUNTAIN SCIENCE	207	0.95	207	54.2	4.5	27	151	0.44	0.51	9.1
I120	JOURNAL OF OCEAN UNIVERSITY OF CHINA	161	0.98	161	40.2	5.1	16	65	0.12	0.69	10.8
E012	JOURNAL OF OCEANOLOGY AND LIMNOLOGY	184	0.99	184	43.1	5.2	15	76	0.21	0.65	11.5
M035	JOURNAL OF RARE EARTHS	191	0.97	191	38.1	5.9	25	133	0.41	0.59	6.6
F208	JOURNAL OF RESOURCES AND ECOLOGY	77	0.95	77	36.9	4.1	15	37	0.18	0.86	7.8
C010	JOURNAL OF ROCK MECHANICS AND GEOTECHNICAL ENGINEERING (JRMGE)	103	0.97	103	48.1	3.2	9	90	0.90	0.12	12.2
R062	JOURNAL OF SEMICONDUCTORS	144	0.81	121	45.8	4.8	19	88	0.28	0.47	6.0
F039	JOURNAL OF SYSTEMATICS AND EVOLUTION	58	0.98	56	71.3	5.6	11	48	0.69	0.36	11.2
X053	JOURNAL OF TRAFFIC AND TRANSPORTATION ENGINEERING ENGLISH EDITION	48	0.89	48	52.4	3.5	3	41	0.94	0.21	8.5
I090	JOURNAL OF WUHAN UNIVERSITY OF TECHNOLOGY MATERIALS SCIENCE EDITION	214	0.98	213	26.9	5.0	27	121	0.05	0.82	8.3
I041	JOURNAL OF ZHEJIANG UNIVERSITY SCIENCE A	72	0.89	71	40.9	4.5	15	39	0.25	0.72	7.8
I159	JOURNAL OF ZHEJIANG UNIVERSITY SCIENCE B	102	0.88	101	45.6	5.8	13	65	0.25	0.65	7.5
I254	LIGHT SCIENCE & APPLICATIONS	123	1.00	113	46.5	6.8	14	97	0.88	0.27	5.7
Q716	MILITARY MEDICAL RESEARCH	43	0.98	43	41.5	5.4	11	41	0.51	0.37	7.6
F019	MOLECULAR PLANT	158	0.98	110	53.1	7.5	16	109	0.57	0.40	7.5
I137	NANO RESEARCH	379	0.97	376	58.7	7.8	19	202	0.52	0.63	4.8
M655	NANOTECHNOLOGY AN PRECISION ENGINEERING	26	0.93	26	27.5	4.7	8	15	0.35	0.62	7.5
I255	NATIONAL SCIENCE REVIEW	170	0.86	110	41.3	6.0	15	116	0.48	0.58	6.8
I232	NEURAL REGENERATION RESEARCH	345	0.97	247	42.0	4.9	23	287	0.65	0.33	7.2
G278	NEUROSCIENCE BULLETIN	120	0.97	106	50.4	7.3	20	89	0.37	0.58	7.8

表 5-2 2019 年中国科技核心期刊（英文）来源指标刊名字顺索引（续）

CODE	刊名	来源文献量	文献选出率	AR 论文量	平均引文数	平均作者数	地区分布数	机构分布数	海外论文比	基金论文比	引用半衰期
G616	ONCOLOGY AND TRANSLATIONAL MEDICINE	47	0.92	44	27.4	5.5	17	35	0.02	0.45	7.9
I202	PARTICUOLOGY	103	0.98	103	43.5	4.5	14	76	0.57	0.43	9.9
H046	PEDOSPHERE	73	0.90	73	57.5	4.9	13	64	0.78	0.34	10.7
F007	PLANT DIVERSITY	41	0.87	39	60.1	4.8	6	31	0.66	0.27	9.4
I129	PROTEIN & CELL	98	0.99	91	35.4	8.0	12	58	0.26	0.69	7.4
I050	RARE METALS	147	0.99	146	35.0	5.4	24	83	0.18	0.85	8.0
C072	RESEARCH IN ASTRONOMY AND ASTROPHYSICS	186	0.94	183	47.1	6.1	21	96	0.48	0.50	11.0
I065	RICE SCIENCE	45	0.92	45	50.9	7.1	9	31	0.44	0.51	8.3
H064	THE CROP JOURNAL	79	0.96	78	53.2	8.2	17	44	0.35	0.61	9.5
I017	TRANSACTIONS OF NANJING UNIVERSITY OF AERONAUTICS & ASTRONAUTICS	102	0.95	102	23.3	3.8	11	39	0.04	0.40	9.2
M104	TRANSACTIONS OF NONFERROUS METALS SOCIETY OF CHINA	265	1.00	265	32.8	5.0	21	130	0.34	0.59	7.5
G095	VIROLOGICA SINICA	76	0.96	73	47.5	7.3	17	57	0.32	0.59	8.1
W030	WATER SCIENCE AND ENGINEERING	37	0.97	37	35.1	4.1	10	30	0.49	0.57	7.9
Q707	WORLD JOURNAL OF TRADITIONAL CHINESE MEDICINE	34	1.00	34	42.6	6.9	9	21	0.32	0.44	7.8
I008	WUHAN UNIVERSITY JOURNAL OF NATURAL SCIENCES	73	1.00	73	20.5	3.7	20	56	0.05	0.86	8.3
F022	ZOOLOGICAL RESEARCH	59	0.98	55	56.0	5.7	15	34	0.27	0.68	8.3
F014	ZOOLOGICAL SYSTEMATICS	23	0.82	23	25.9	3.9	12	18	0.26	0.70	15.7

6　2019 年各学科分类期刊整体情况

表 6　2019 年各学科分类期刊数量、核心总被引频次和核心影响因子

表格	学科分类	期刊数量	核心总被引频次		核心影响因子	
			平均值	中值	平均值	中值
表 7-1	自然科学综合	13	1189	505	0.565	0.403
表 7-2	自然科学综合大学学报	61	528	364	0.390	0.350
表 7-3	自然科学师范大学学报	26	343	289	0.333	0.327
表 7-4	数学	26	346	203	0.241	0.190
表 7-5	信息科学与系统科学	10	1616	1001	0.840	0.842
表 7-6	力学	18	2030	727	0.840	0.632
表 7-7	物理学	40	959	431	0.506	0.446
表 7-8	化学	39	1218	807	0.735	0.671
表 7-9	天文学	5	307	337	0.278	0.279
表 7-10	地球科学综合	16	1914	1579	1.036	0.943
表 7-11	大气科学	18	1807	1381	1.396	1.424
表 7-12	地球物理学	15	1477	1107	0.679	0.523
表 7-13	地理学	24	2543	1419	1.517	1.164
表 7-14	地质学	37	1918	1499	0.981	0.844
表 7-15	海洋科学、水文学	27	903	631	0.559	0.460
表 7-16	生物学基础学科	27	948	697	0.724	0.613
表 7-17	生态学	8	7281	3898	1.441	1.268
表 7-18	植物学	12	2003	1471	1.008	0.951
表 7-19	昆虫学、动物学	13	766	643	0.496	0.489
表 7-20	微生物学、病毒学	12	927	610	0.841	0.792
表 7-21	心理学	6	2342	2669	0.966	0.981
表 7-22	农业综合	37	2313	1759	0.813	0.674
表 7-23	农业大学学报	32	1231	1065	0.738	0.742
表 7-24	农艺学	22	1464	1167	0.852	0.683
表 7-25	园艺学	13	1393	1029	0.894	1.025
表 7-26	土壤学	8	2981	2684	1.665	1.477
表 7-27	植物保护学	11	1179	1020	0.788	0.885
表 7-28	林学	23	1302	958	0.829	0.837
表 7-29	畜牧、兽医科学	17	1357	1019	0.586	0.507
表 7-30	草原学	5	2678	2557	1.333	1.406
表 7-31	水产学	12	1136	1023	0.815	0.826
表 7-32	医学综合	44	1971	1431	0.659	0.565
表 7-33	医药大学学报	56	893	858	0.566	0.546
表 7-34	基础医学	30	835	631	0.641	0.570
表 7-35	临床医学综合	36	1592	1277	0.769	0.711

表 6　2019 年各学科分类期刊数量、核心总被引频次和核心影响因子（续）

表格	学科分类	期刊数量	核心总被引频次		核心影响因子	
			平均值	中值	平均值	中值
表 7-36	临床诊断学	13	1392	1280	0.752	0.750
表 7-37	保健医学	15	1137	755	0.746	0.691
表 7-38	内科学综合	5	1478	935	1.045	0.716
表 7-39	心血管病学	21	1443	911	0.891	0.794
表 7-40	呼吸病学、结核病学	6	1849	1445	0.854	0.726
表 7-41	消化病学	16	1241	1201	0.885	0.796
表 7-42	血液病学、肾脏病学	12	1012	965	0.632	0.662
表 7-43	内分泌病学与代谢病学、风湿病学	8	1392	1498	1.146	0.946
表 7-44	感染性疾病学、传染病学	9	1734	687	1.049	0.834
表 7-45	外科学综合	23	1183	804	0.785	0.548
表 7-46	普通外科学、胸外科学、心血管外科学	24	1024	797	0.930	0.788
表 7-47	泌尿外科学	7	932	741	0.782	0.805
表 7-48	骨外科学	16	1125	812	0.883	0.830
表 7-49	烧伤外科学、整形外科学	9	1197	963	0.770	0.701
表 7-50	妇产科学	9	1495	1163	1.012	0.779
表 7-51	儿科学	17	1197	768	0.734	0.642
表 7-52	眼科学	10	912	700	0.594	0.587
表 7-53	耳鼻咽喉科学	10	956	699	0.647	0.622
表 7-54	口腔医学	19	565	473	0.577	0.571
表 7-55	皮肤病学	8	1025	936	0.546	0.431
表 7-56	性医学	4	1173	1169	0.648	0.562
表 7-57	神经病学、精神病学	31	918	713	0.706	0.603
表 7-58	核医学、医学影像学	24	1495	1485	0.804	0.816
表 7-59	肿瘤学	32	870	682	0.938	0.729
表 7-60	护理学	10	4160	3410	1.129	0.923
表 7-61	预防医学与公共卫生学综合	22	1654	1245	0.939	0.814
表 7-62	流行病学、环境医学	23	1424	1339	0.828	0.766
表 7-63	优生学、计划生育学	7	1005	1034	0.766	0.736
表 7-64	军事医学与特种医学	8	518	544	0.503	0.403
表 7-65	卫生管理学、健康教育学	26	1379	1332	0.808	0.710
表 7-66	药学	48	1453	1023	0.706	0.630
表 7-67	中医学	28	2869	2318	0.724	0.668
表 7-68	中医药大学学报	13	1531	1379	0.750	0.710
表 7-69	中西医结合医学	12	2054	1270	0.722	0.633
表 7-70	中药学	25	3879	2469	0.957	0.791
表 7-71	针灸、中医骨伤	7	2207	2047	1.077	0.936
表 7-72	工程与技术科学基础学科	24	1221	873	0.562	0.512
表 7-73	工程技术大学学报	95	798	562	0.494	0.455
表 7-74	信息与系统科学相关工程与技术	19	1297	987	0.670	0.403
表 7-75	生物工程	8	774	590	0.542	0.582

表 6　2019 年各学科分类期刊数量、核心总被引频次和核心影响因子（续）

表格	学科分类	期刊数量	核心总被引频次		核心影响因子	
			平均值	中值	平均值	中值
表 7–76	农业工程	21	3059	1436	1.067	0.905
表 7–77	生物医学工程学	11	1166	545	0.580	0.511
表 7–78	测绘科学技术	15	1607	1392	0.965	0.809
表 7–79	材料科学综合	27	1196	1037	0.580	0.530
表 7–80	金属材料	22	1099	708	0.627	0.494
表 7–81	矿山工程技术	24	1160	796	0.616	0.532
表 7–82	冶金工程技术	11	910	888	0.687	0.696
表 7–83	机械工程设计	25	1728	1142	0.601	0.528
表 7–84	机械制造工艺与设备	24	1014	732	0.426	0.355
表 7–85	动力工程	15	665	516	0.431	0.378
表 7–86	电气工程	37	3048	1045	1.274	1.047
表 7–87	能源科学综合	14	1984	1227	0.828	0.587
表 7–88	石油天然气工程	39	1467	1244	1.138	0.849
表 7–89	核科学技术	10	516	354	0.311	0.339
表 7–90	电子技术	30	1209	701	0.591	0.595
表 7–91	光电子学与激光技术	17	1183	907	0.726	0.662
表 7–92	通信技术	17	616	491	0.622	0.523
表 7–93	计算机科学技术	33	1820	1278	0.766	0.631
表 7–94	化学工程综合	34	925	526	0.428	0.408
表 7–95	高聚物工程	12	780	652	0.530	0.585
表 7–96	精细化学工程	11	674	441	0.431	0.385
表 7–97	应用化学工程	14	549	377	0.413	0.325
表 7–98	仪器仪表技术	12	1419	748	0.725	0.500
表 7–99	兵器科学与技术	20	794	625	0.534	0.501
表 7–100	纺织科学技术	8	578	382	0.389	0.369
表 7–101	食品科学技术	27	2946	1574	0.818	0.782
表 7–102	建筑科学与技术	32	1132	884	0.578	0.461
表 7–103	土木工程	11	3273	876	0.795	0.559
表 7–104	水利工程	24	1322	1083	0.752	0.573
表 7–105	交通运输工程	9	634	552	0.528	0.528
表 7–106	公路运输	11	1054	1046	0.587	0.552
表 7–107	铁路运输	9	949	1052	0.454	0.411
表 7–108	水路运输	15	648	575	0.409	0.354
表 7–109	航空、航天科学技术	38	844	513	0.510	0.469
表 7–110	环境科学技术及资源科学技术	37	2625	1705	1.028	0.777
表 7–111	安全科学技术	10	1492	1537	0.818	0.850
表 7–112	管理学	27	2334	1592	1.373	1.292

自然科学综合

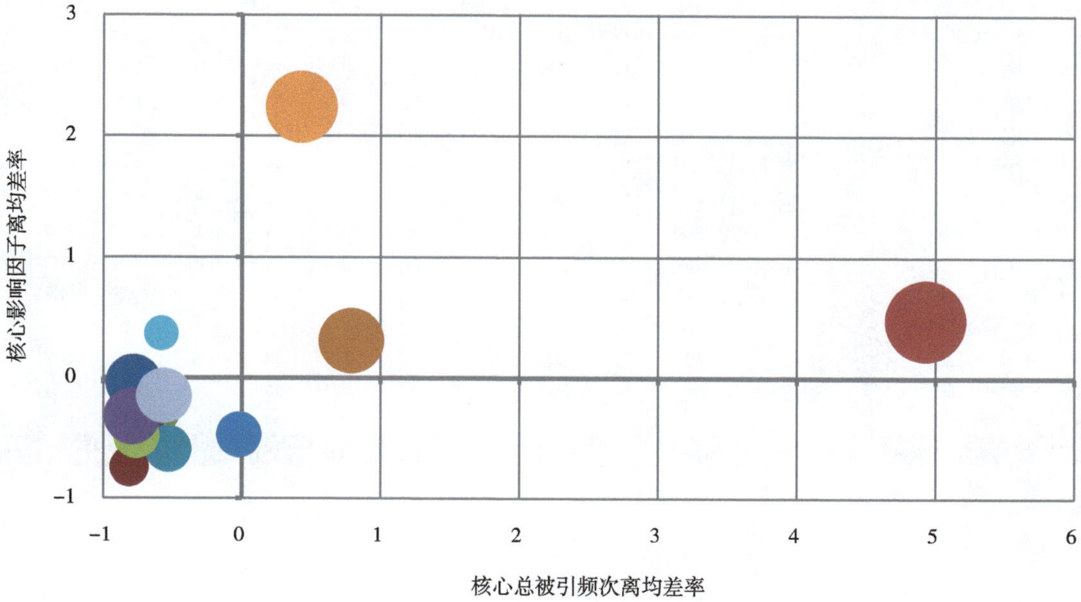

2019年自然科学综合类期刊核心总被引频次和核心影响因子离均差率的分布图

（节点大小表示综合评价总分）

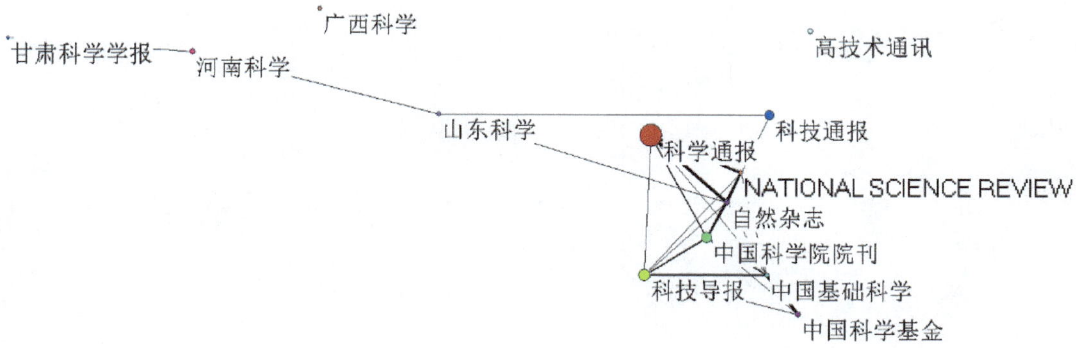

2019年自然科学综合类期刊互引关系示意图

表 7-1 2019 年自然科学综合类期刊主要指标

CODE	刊名	核心总被引频次			核心影响因子			综合评价总分		学科扩散指标	学科影响指标	红点指标
		数值	排名	离均差率	数值	排名	离均差率	数值	排名			
I255	NATIONAL SCIENCE REVIEW	257	11	-0.78	0.543	5	-0.04	34.4	5	10.38	0.54	0.00
A034	甘肃科学学报	222	13	-0.81	0.149	13	-0.74	16.9	12	12.31	0.15	0.25
A080	高技术通讯	459	8	-0.61	0.403	7	-0.29	21.3	10	17.85	0.31	0.17
A535	广西科学	358	9	-0.70	0.387	8	-0.32	19.3	11	12.62	0.15	0.28
A011	河南科学	564	5	-0.53	0.229	12	-0.59	23.4	7	26.46	0.23	0.24
A645	科技导报	2129	2	0.79	0.738	4	0.31	46.0	3	71.62	0.77	0.22
A083	科技通报	1166	4	-0.02	0.298	10	-0.47	22.5	9	37.85	0.46	0.29
A075	科学通报	7055	1	4.93	0.836	2	0.48	72.0	1	86.31	0.85	0.20
A637	山东科学	280	10	-0.76	0.291	11	-0.48	23.4	8	14.54	0.23	0.23
A079	中国基础科学	247	12	-0.79	0.385	9	-0.32	35.2	4	13.69	0.38	0.12
A081	中国科学基金	505	7	-0.58	0.772	3	0.37	12.9	13	16.31	0.38	0.35
A636	中国科学院院刊	1699	3	0.43	1.832	1	2.24	56.1	2	46.46	0.69	0.39
A905	自然杂志	519	6	-0.56	0.483	6	-0.15	33.4	6	25.92	0.46	0.08
	13 种期刊平均值	1189			0. 565							

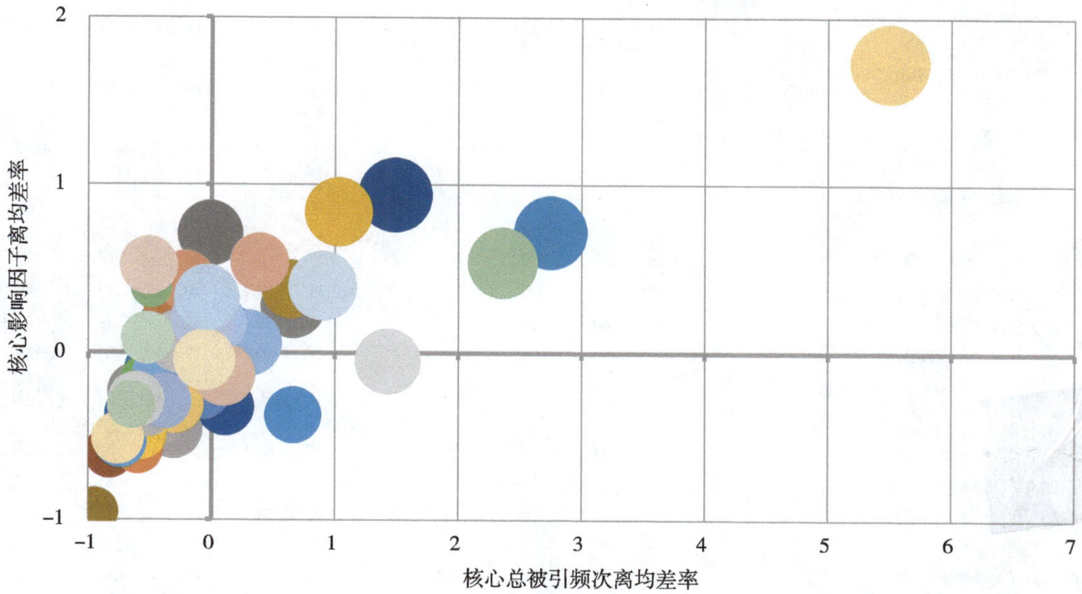

2019 年自然科学综合大学学报类期刊核心总被引频次和核心影响因子离均差率的分布图

（节点大小表示综合评价总分）

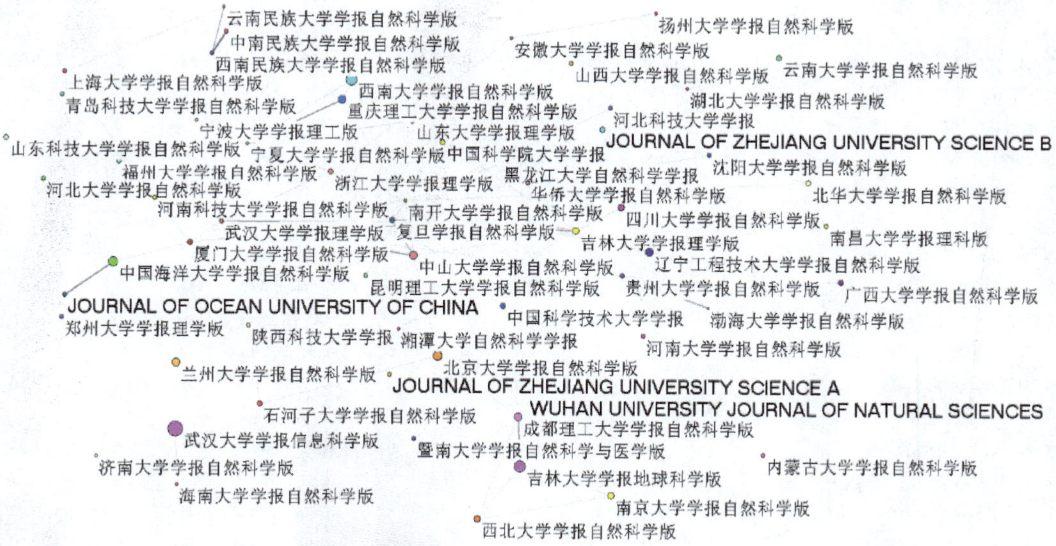

2019 年自然科学综合大学学报类期刊互引关系示意图

表 7-2　2019 年自然科学综合大学学报类期刊主要指标

CODE	刊名	核心总被引频次			核心影响因子			综合评价总分		学科扩散指标	学科影响指标	红点指标
		数值	排名	离均差率	数值	排名	离均差率	数值	排名			
I120	JOURNAL OF OCEAN UNIVERSITY OF CHINA	301	39	−0.43	0.253	48	−0.35	31.2	52	2.00	0.07	0.00
I041	JOURNAL OF ZHEJIANG UNIVERSITY SCIENCE A	363	32	−0.31	0.535	14	0.37	42.5	19	3.07	0.13	0.28
I159	JOURNAL OF ZHEJIANG UNIVERSITY SCIENCE B	523	18	−0.01	0.665	5	0.71	50.2	10	5.08	0.07	0.22
I008	WUHAN UNIVERSITY JOURNAL OF NATURAL SCIENCES	25	61	−0.95	0.020	61	−0.95	27.4	60	0.34	0.00	0.00
A003	安徽大学学报自然科学版	227	50	−0.57	0.270	42	−0.31	38.6	36	2.64	0.13	0.42
A652	北华大学学报自然科学版	409	25	−0.23	0.415	25	0.06	39.7	32	3.69	0.13	0.30
A005	北京大学学报自然科学版	1317	4	1.49	0.757	2	0.94	64.2	2	8.13	0.46	0.31
A808	渤海大学学报自然科学版	88	60	−0.83	0.157	60	−0.60	29.9	57	1.08	0.07	0.38
E102	成都理工大学学报自然科学版	877	8	0.66	0.500	17	0.28	49.7	12	3.02	0.13	0.35
N757	重庆理工大学学报自然科学版	868	10	0.64	0.538	13	0.38	39.8	27	5.30	0.25	0.35
A029	福州大学学报自然科学版	373	29	−0.29	0.245	52	−0.37	40.1	24	3.89	0.23	0.36
A001	复旦学报自然科学版	402	26	−0.24	0.362	30	−0.07	44.5	18	4.85	0.20	0.32
A042	广西大学学报自然科学版	586	15	0.11	0.264	45	−0.32	39.8	27	4.79	0.23	0.38
A077	贵州大学学报自然科学版	254	46	−0.52	0.252	49	−0.35	30.9	53	2.52	0.11	0.40
A012	海南大学学报自然科学版	200	55	−0.62	0.300	39	−0.23	36.2	45	2.15	0.11	0.35
A031	河北大学学报自然科学版	266	43	−0.50	0.325	36	−0.17	40.1	23	3.07	0.15	0.34
J058	河北科技大学学报	276	41	−0.48	0.350	31	−0.10	37.4	41	2.54	0.07	0.32
A067	河南大学学报自然科学版	334	35	−0.37	0.450	20	0.15	39.2	35	3.11	0.15	0.38
J014	河南科技大学学报自然科学版	378	28	−0.28	0.550	10	0.41	39.7	31	3.13	0.21	0.34
A084	黑龙江大学自然科学学报	236	49	−0.55	0.248	51	−0.36	37.8	38	2.62	0.25	0.49
A039	湖北大学学报自然科学版	215	52	−0.59	0.262	46	−0.33	33.2	49	2.77	0.07	0.32
A021	华侨大学学报自然科学版	359	34	−0.32	0.350	31	−0.10	32.4	51	3.07	0.11	0.28
E116	吉林大学学报地球科学版	1982	2	2.75	0.670	4	0.72	63.2	3	5.39	0.33	0.36
A035	吉林大学学报理学版	596	14	0.13	0.418	24	0.07	37.5	39	3.61	0.46	0.32
A656	济南大学学报自然科学版	190	56	−0.64	0.249	50	−0.36	37.5	39	2.18	0.15	0.45
A045	暨南大学学报自然科学与医学版	363	32	−0.31	0.512	16	0.31	44.6	17	4.02	0.08	0.31
J020	昆明理工大学学报自然科学版	364	31	−0.31	0.210	55	−0.46	39.5	33	3.82	0.21	0.33
A016	兰州大学学报自然科学版	1074	6	1.03	0.717	3	0.84	55.1	6	6.77	0.36	0.35
K008	辽宁工程技术大学学报自然科学版	876	9	0.66	0.245	52	−0.37	38.2	37	4.77	0.16	0.37
A013	南昌大学学报理科版	301	39	−0.43	0.306	37	−0.22	30.0	56	2.64	0.13	0.31
A025	南京大学学报自然科学版	618	13	0.17	0.422	22	0.08	49.8	11	5.61	0.33	0.53
A008	南开大学学报自然科学版	213	53	−0.60	0.166	59	−0.57	30.9	54	2.61	0.21	0.28
A026	内蒙古大学学报自然科学版	309	38	−0.41	0.234	54	−0.40	33.6	46	2.85	0.13	0.24
A506	宁波大学学报理工版	225	51	−0.57	0.200	56	−0.49	29.8	58	2.30	0.10	0.21
A110	宁夏大学学报自然科学版	136	58	−0.74	0.185	58	−0.53	33.4	47	1.85	0.13	0.41
T012	青岛科技大学学报自然科学版	249	48	−0.53	0.327	35	−0.16	30.3	55	2.03	0.11	0.44

表 7-2　2019 年自然科学综合大学学报类期刊主要指标（续）

CODE	刊名	核心总被引频次			核心影响因子			综合评价总分		学科扩	学科影	红点
		数值	排名	离均差率	数值	排名	离均差率	数值	排名	散指标	响指标	指标
A020	山东大学学报理学版	490	21	−0.07	0.301	38	−0.23	36.5	44	4.20	0.48	0.31
A141	山东科技大学学报自然科学版	415	24	−0.21	0.557	9	0.43	42.0	20	3.08	0.18	0.48
A014	山西大学学报自然科学版	252	47	−0.52	0.261	47	−0.33	39.3	34	3.02	0.13	0.39
U025	陕西科技大学学报	372	30	−0.30	0.269	43	−0.31	39.7	30	3.75	0.16	0.41
A056	上海大学学报自然科学版	310	37	−0.41	0.341	33	−0.13	40.8	21	3.57	0.16	0.39
A074	沈阳大学学报自然科学版	268	42	−0.49	0.543	12	0.39	19.6	61	1.61	0.10	0.45
A615	石河子大学学报自然科学版	455	23	−0.14	0.378	27	−0.03	40.0	26	3.74	0.20	0.28
A006	四川大学学报自然科学版	734	11	0.39	0.600	7	0.54	40.3	22	5.10	0.28	0.44
A024	武汉大学学报理学版	389	27	−0.26	0.419	23	0.07	48.1	13	4.21	0.30	0.40
E107	武汉大学学报信息科学版	3432	1	5.50	1.066	1	1.73	75.9	1	7.82	0.46	0.24
A032	西北大学学报自然科学版	686	12	0.30	0.415	25	0.06	51.4	7	5.49	0.30	0.39
H004	西南大学学报自然科学版	1772	3	2.36	0.601	6	0.54	58.3	4	8.05	0.36	0.32
A060	西南民族大学学报自然科学版	324	36	−0.39	0.276	41	−0.29	36.7	43	3.33	0.05	0.33
A063	厦门大学学报自然科学版	579	16	0.10	0.340	34	−0.13	46.0	15	5.66	0.33	0.39
A018	湘潭大学自然科学学报	208	54	−0.61	0.282	40	−0.28	37.4	42	2.21	0.07	0.29
A514	扬州大学学报自然科学版	129	59	−0.76	0.193	57	−0.51	32.8	50	1.59	0.10	0.34
A038	云南大学学报自然科学版	555	17	0.05	0.462	19	0.18	40.1	25	4.31	0.26	0.36
A654	云南民族大学学报自然科学版	185	57	−0.65	0.269	43	−0.31	27.7	59	1.80	0.10	0.32
A002	浙江大学学报理学版	488	22	−0.08	0.467	18	0.20	46.4	14	4.87	0.26	0.29
A019	郑州大学学报理学版	257	44	−0.51	0.594	8	0.52	39.8	29	2.43	0.28	0.37
E313	中国海洋大学学报自然科学版	1283	5	1.43	0.372	29	−0.05	51.0	8	6.23	0.20	0.39
A007	中国科学技术大学学报	495	20	−0.06	0.373	28	−0.04	45.3	16	5.15	0.21	0.33
A102	中国科学院大学学报	508	19	−0.04	0.519	15	0.33	50.8	9	4.89	0.26	0.28
A550	中南民族大学学报自然科学版	256	45	−0.52	0.424	21	0.09	33.3	48	2.34	0.11	0.48
A036	中山大学学报自然科学版	1005	7	0.90	0.545	11	0.40	56.4	5	8.34	0.36	0.35
	61 种期刊平均值	528			0.390							

自然科学师范大学学报

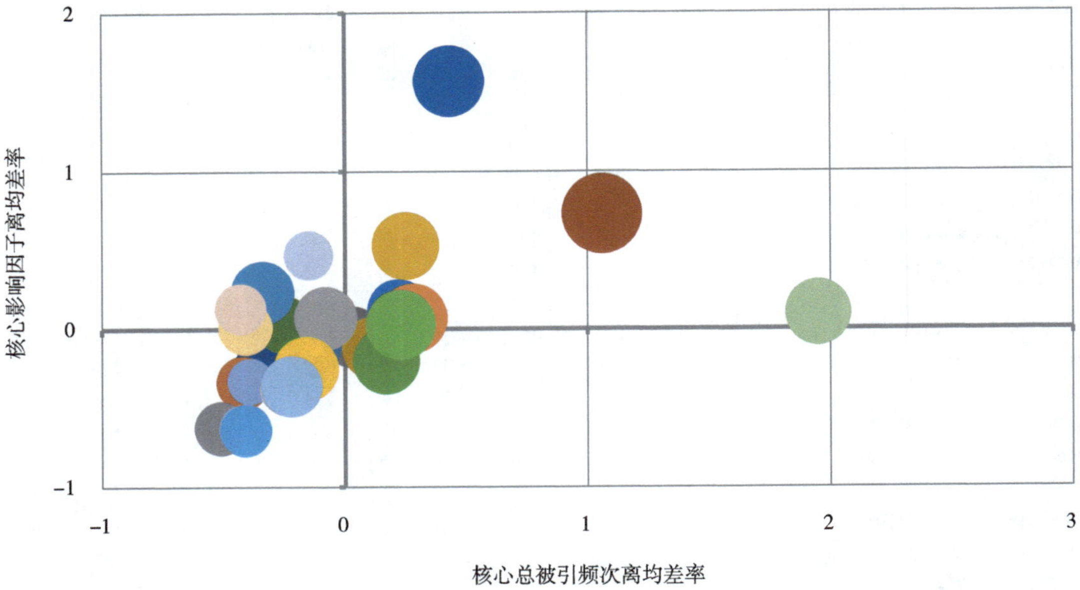

2019 年自然科学师范大学学报类期刊核心总被引频次和核心影响因子离均差率的分布图
（节点大小表示综合评价总分）

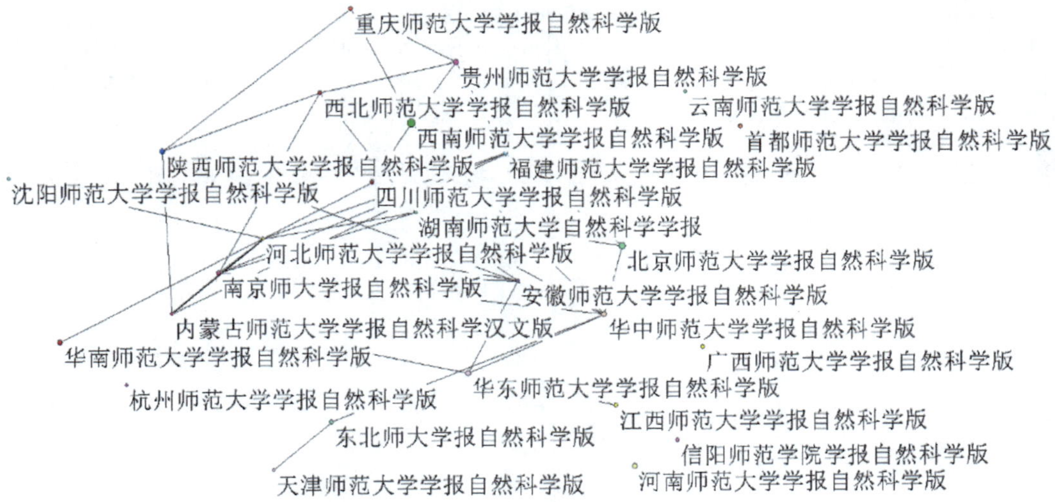

2019 年自然科学师范大学学报类期刊互引关系示意图

表 7-3　2019 年自然科学师范大学学报类期刊主要指标

CODE	刊名	核心总被引频次			核心影响因子			综合评价总分		学科扩	学科影	红点
		数值	排名	离均差率	数值	排名	离均差率	数值	排名	散指标	响指标	指标
A009	安徽师范大学学报自然科学版	224	20	−0.35	0.242	19	−0.27	38.6	16	6.46	0.27	0.15
A010	北京师范大学学报自然科学版	707	2	1.06	0.575	2	0.73	76.4	1	12.46	0.50	0.27
A512	重庆师范大学学报自然科学版	352	10	0.03	0.316	14	−0.05	44.4	15	7.88	0.50	0.17
A030	东北师大学报自然科学版	384	9	0.12	0.292	16	−0.12	48.4	10	9.65	0.31	0.26
A078	福建师范大学学报自然科学版	290	13	−0.15	0.295	15	−0.11	49.5	9	7.88	0.38	0.24
A062	广西师范大学学报自然科学版	258	17	−0.25	0.344	11	0.03	38.6	17	5.81	0.38	0.35
A527	贵州师范大学学报自然科学版	489	3	0.43	0.857	1	1.57	59.9	2	7.58	0.31	0.26
A191	杭州师范大学学报自然科学版	198	24	−0.42	0.221	21	−0.34	34.3	20	5.31	0.12	0.21
A076	河北师范大学学报自然科学版	167	26	−0.51	0.123	25	−0.63	34.4	19	5.12	0.23	0.41
A058	河南师范大学学报自然科学版	430	5	0.25	0.511	3	0.53	54.4	5	8.92	0.35	0.29
A055	湖南师范大学自然科学学报	227	19	−0.34	0.410	5	0.23	48.4	11	6.15	0.27	0.22
A054	华东师范大学学报自然科学版	403	8	0.17	0.266	17	−0.20	53.7	6	9.73	0.42	0.19
A052	华南师范大学学报自然科学版	417	7	0.22	0.372	7	0.12	46.6	13	8.88	0.46	0.23
A004	华中师范大学学报自然科学版	438	4	0.28	0.356	10	0.07	57.2	4	10.42	0.62	0.39
A112	江西师范大学学报自然科学版	314	11	−0.08	0.357	9	0.07	47.0	12	7.27	0.35	0.24
A061	南京师大学报自然科学版	287	14	−0.16	0.249	18	−0.25	50.0	8	8.19	0.27	0.32
A111	内蒙古师范大学学报自然科学汉文版	204	22	−0.41	0.120	26	−0.64	32.7	21	5.38	0.27	0.22
A066	陕西师范大学学报自然科学版	422	6	0.23	0.342	12	0.03	58.4	3	10.54	0.58	0.31
A586	沈阳师范大学学报自然科学版	210	21	−0.39	0.223	20	−0.33	25.7	26	5.00	0.19	0.22
A023	首都师范大学学报自然科学版	260	16	−0.24	0.203	24	−0.39	29.2	23	7.00	0.15	0.27
A033	四川师范大学学报自然科学版	257	18	−0.25	0.207	23	−0.38	28.6	25	5.42	0.50	0.22
A504	天津师范大学学报自然科学版	203	23	−0.41	0.337	13	0.01	35.1	18	4.31	0.15	0.23
A022	西北师范大学学报自然科学版	269	15	−0.22	0.212	22	−0.36	44.6	14	7.00	0.35	0.28
A064	西南师范大学学报自然科学版	1011	1	1.95	0.366	8	0.10	51.9	7	14.62	0.58	0.22
A510	信阳师范学院学报自然科学版	292	12	−0.15	0.491	4	0.47	28.9	24	5.04	0.23	0.26
A053	云南师范大学学报自然科学版	196	25	−0.43	0.377	6	0.13	31.3	22	4.69	0.23	0.17
	26 种期刊平均值	343			0.333							

数学

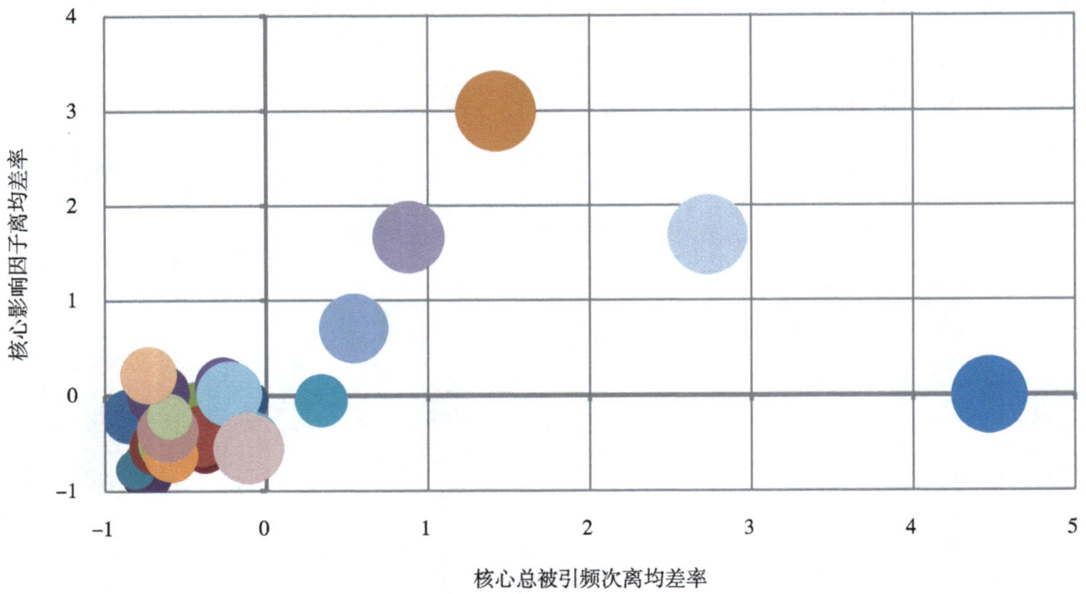

2019 年数学类期刊核心总被引频次和核心影响因子离均差率的分布图
（节点大小表示综合评价总分）

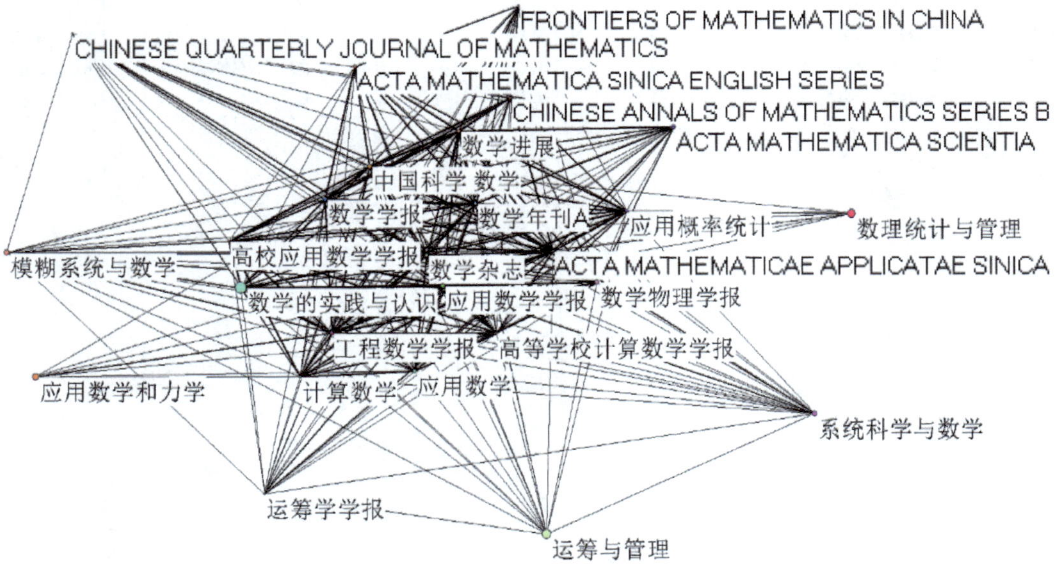

2019 年数学类期刊互引关系示意图

表 7-4　2019 年数学类期刊主要指标

CODE	刊名	核心总被引频次			核心影响因子			综合评价总分		学科扩散指标	学科影响指标	红点指标
		数值	排名	离均差率	数值	排名	离均差率	数值	排名			
C096	ACTA MATHEMATICA SCIENTIA	308	9	−0.11	0.230	10	−0.05	15.1	24	2.38	0.88	0.00
B030	ACTA MATHEMATICA SINICA ENGLISH SERIES	213	12	−0.38	0.107	22	−0.56	20.8	22	2.19	0.77	0.00
I051	ACTA MATHEMATICAE APPLICATAE SINICA	95	21	−0.73	0.061	24	−0.75	28.5	16	1.96	0.85	0.00
B023	CHINESE ANNALS OF MATHEMATICS SERIES B	91	24	−0.74	0.044	26	−0.82	25.4	21	1.23	0.58	0.00
B022	CHINESE QUARTERLY JOURNAL OF MATHEMATICS	65	25	−0.81	0.056	25	−0.77	14.7	25	1.31	0.42	0.00
I250	FRONTIERS OF MATHEMATICS IN CHINA	93	22	−0.73	0.149	16	−0.38	12.5	26	1.23	0.58	0.00
B002	高等学校计算数学学报	51	26	−0.85	0.190	13	−0.21	27.9	18	1.31	0.35	0.00
B003	高校应用数学学报	112	20	−0.68	0.110	20	−0.54	28.3	17	1.96	0.38	0.20
B031	工程数学学报	198	14	−0.43	0.198	12	−0.18	36.6	10	4.58	0.50	0.36
B014	计算数学	115	19	−0.67	0.246	7	0.02	38.5	8	2.38	0.42	0.23
B017	模糊系统与数学	465	6	0.34	0.228	11	−0.05	26.5	20	5.58	0.23	0.28
W009	数理统计与管理	838	3	1.42	0.964	1	3.00	61.7	2	12.58	0.35	0.27
B015	数学的实践与认识	1892	1	4.47	0.242	9	0.00	55.9	3	21.42	0.65	0.35
B007	数学进展	208	13	−0.40	0.139	17	−0.42	36.7	9	2.54	0.69	0.07
B004	数学年刊 A	130	18	−0.62	0.120	19	−0.50	29.9	15	2.08	0.73	0.17
C036	数学物理学报	251	11	−0.27	0.267	6	0.11	30.3	14	3.35	0.73	0.27
B006	数学学报	312	7	−0.10	0.128	18	−0.47	35.0	12	3.04	0.73	0.16
B012	数学杂志	142	15	−0.59	0.092	23	−0.62	27.7	19	3.12	0.65	0.23
B021	系统科学与数学	533	5	0.54	0.413	4	0.71	45.8	6	7.15	0.69	0.22
B008	应用概率统计	136	17	−0.61	0.153	15	−0.37	36.1	11	3.00	0.46	0.24
B011	应用数学	138	16	−0.60	0.190	13	−0.21	19.5	23	2.42	0.54	0.29
B020	应用数学和力学	650	4	0.88	0.643	3	1.67	50.1	4	10.31	0.21	0.21
B001	应用数学学报	267	10	−0.23	0.246	7	0.02	41.0	7	4.15	0.73	0.30
B013	运筹学学报	92	23	−0.73	0.294	5	0.22	31.2	13	2.19	0.35	0.20
B522	运筹与管理	1290	2	2.73	0.649	2	1.69	61.8	1	10.42	0.31	0.32
A105	中国科学 数学	309	8	−0.11	0.108	21	−0.55	48.5	5	6.19	0.88	0.14
	26 种期刊平均值	346			0. 241							

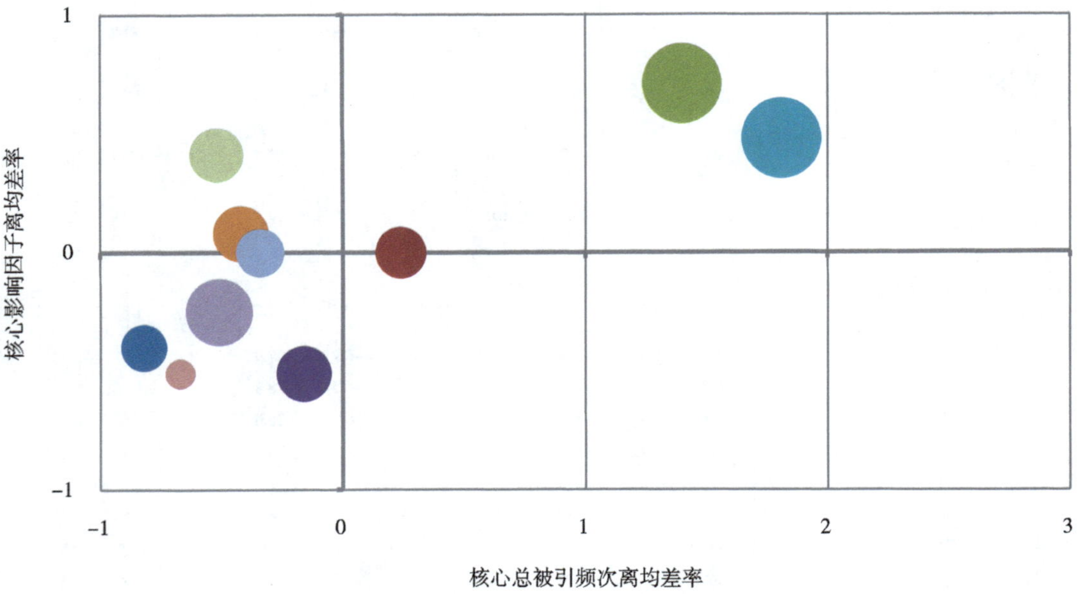

2019 年信息科学与系统科学类期刊核心总被引频次和核心影响因子离均差率的分布图
（节点大小表示综合评价总分）

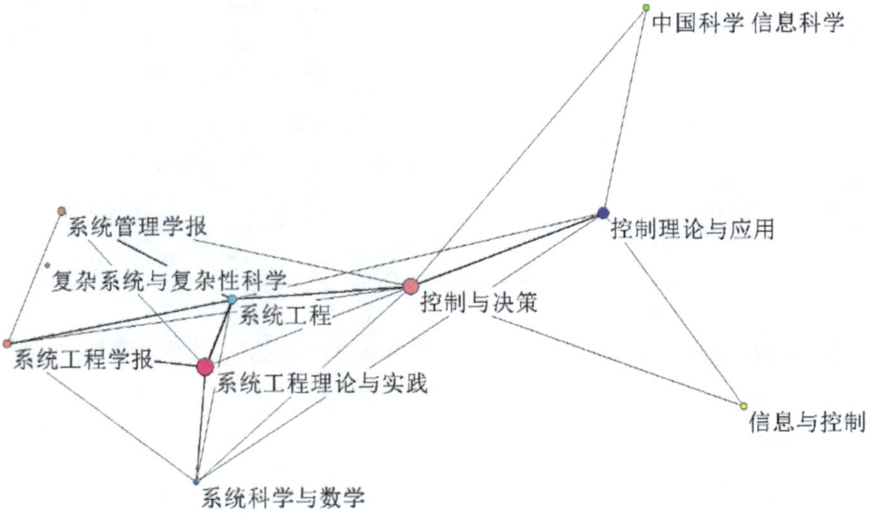

2019 年信息科学与系统科学类期刊互引关系示意图

表 7-5　2019 年信息科学与系统科学类期刊主要指标

CODE	刊名	核心总被引频次			核心影响因子			综合评价总分		学科扩散指标	学科影响指标	红点指标
		数值	排名	离均差率	数值	排名	离均差率	数值	排名			
B029	复杂系统与复杂性科学	288	10	–0.82	0.505	8	–0.40	23.3	9	13.20	0.60	0.47
R060	控制理论与应用	2011	3	0.24	0.842	5	0.00	28.3	7	36.50	0.80	0.43
S001	控制与决策	3873	2	1.40	1.435	1	0.71	68.7	2	50.30	1.00	0.38
B028	系统工程	1364	4	–0.16	0.408	10	–0.51	33.3	5	38.40	0.80	0.22
B025	系统工程理论与实践	4536	1	1.81	1.239	2	0.48	70.4	1	64.10	0.90	0.19
B018	系统工程学报	941	6	–0.42	0.908	4	0.08	33.7	4	24.10	0.80	0.19
B027	系统管理学报	1061	5	–0.34	0.842	5	0.00	25.2	8	24.40	0.90	0.18
B021	系统科学与数学	533	9	–0.67	0.413	9	–0.51	9.7	10	18.60	0.80	0.22
S002	信息与控制	769	8	–0.52	1.181	3	0.41	31.7	6	25.20	0.50	0.30
Z317	中国科学 信息科学	786	7	–0.51	0.631	7	–0.25	48.6	3	30.70	0.70	0.26
	10 种期刊平均值	1616			0.840							

力学

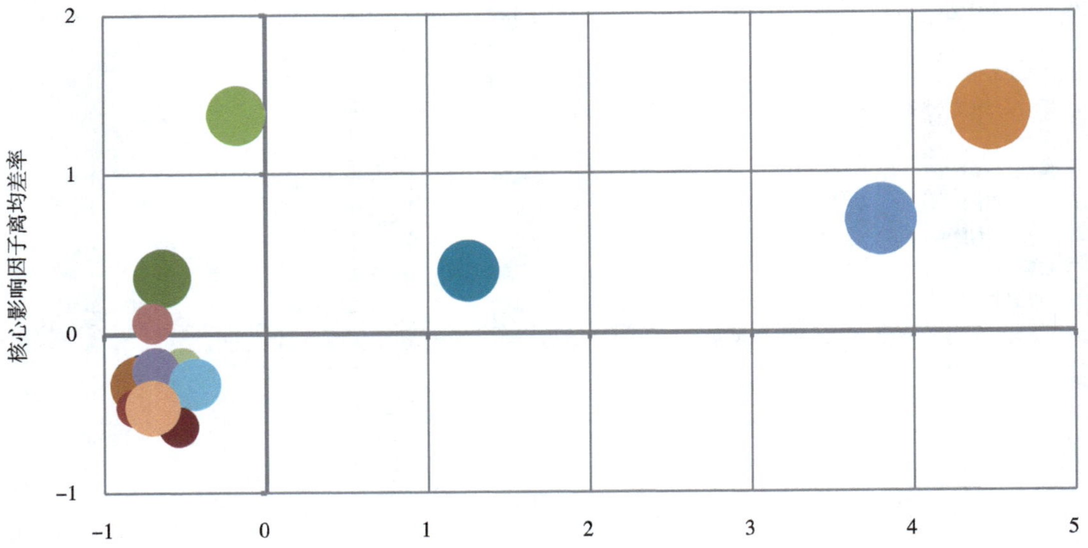

2019 年力学类期刊核心总被引频次和核心影响因子离均差率的分布图

（节点大小表示综合评价总分）

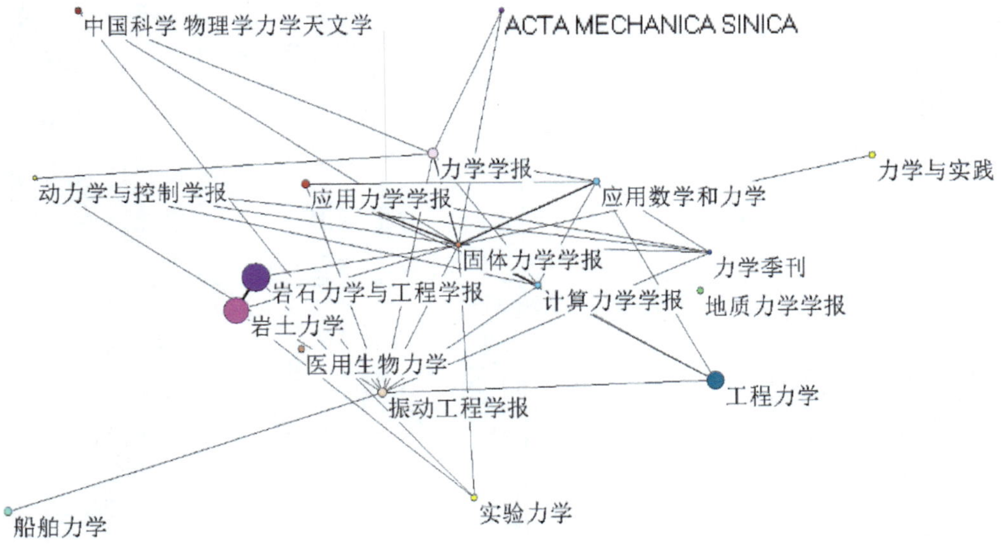

2019 年力学类期刊互引关系示意图

表 7-6　2019 年力学类期刊主要指标

CODE	刊名	核心总被引频次			核心影响因子			综合评价总分		学科扩散指标	学科影响指标	红点指标
		数值	排名	离均差率	数值	排名	离均差率	数值	排名			
C105	ACTA MECHANICA SINICA	481	15	−0.76	0.640	9	−0.24	20.5	15	7.89	0.89	0.00
X633	船舶力学	931	7	−0.54	0.354	18	−0.58	22.1	14	9.33	0.56	0.39
E026	地质力学学报	739	9	−0.64	1.131	5	0.35	46.2	6	9.56	0.39	0.22
P018	动力学与控制学报	315	18	−0.84	0.623	10	−0.26	14.6	17	5.39	0.50	0.30
C002	工程力学	4575	3	1.25	1.165	4	0.39	52.2	3	22.78	1.00	0.50
C103	固体力学学报	439	16	−0.78	0.569	13	−0.32	48.7	5	10.50	0.83	0.44
C003	计算力学学报	806	8	−0.60	0.603	11	−0.28	36.6	9	15.28	0.94	0.32
C101	力学季刊	391	17	−0.81	0.451	16	−0.46	19.7	16	8.67	0.72	0.36
C001	力学学报	1656	4	−0.18	1.988	2	1.37	49.1	4	17.89	1.00	0.40
C104	力学与实践	662	11	−0.67	0.405	17	−0.52	8.4	18	13.50	0.94	0.33
C009	实验力学	714	10	−0.65	0.532	14	−0.37	25.0	11	13.50	0.89	0.44
C005	岩石力学与工程学报	11119	1	4.48	1.998	1	1.38	88.2	1	24.83	0.83	0.92
C004	岩土力学	9747	2	3.80	1.431	3	0.70	71.2	2	25.39	0.83	0.50
G088	医用生物力学	608	13	−0.70	0.897	6	0.07	22.6	13	10.39	0.17	0.47
C008	应用力学学报	965	6	−0.52	0.663	7	−0.21	22.7	12	15.00	0.78	0.40
B020	应用数学和力学	650	12	−0.68	0.643	8	−0.23	31.1	10	14.89	0.89	0.26
Y004	振动工程学报	1142	5	−0.44	0.578	12	−0.31	37.1	8	14.44	0.83	0.40
A103	中国科学 物理学力学天文学	604	14	−0.70	0.454	15	−0.46	42.5	7	14.33	0.89	0.19
	18 种期刊平均值	2030			0. 840							

物理学

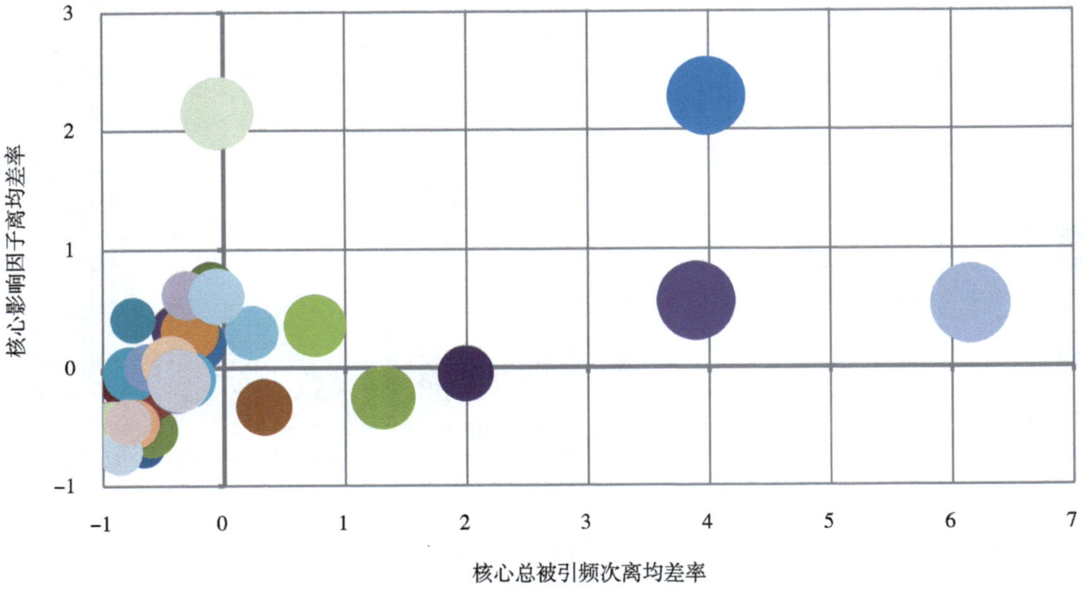

2019 年物理学类期刊核心总被引频次和核心影响因子离均差率的分布图

（节点大小表示综合评价总分）

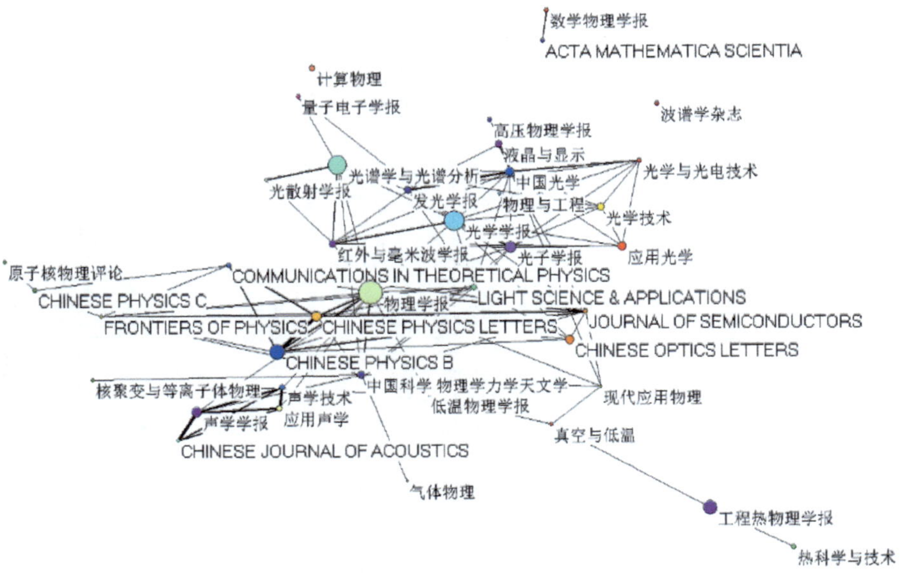

2019 年物理学类期刊互引关系示意图

表 7-7　2019 年物理学类期刊主要指标

CODE	刊名	核心总被引频次			核心影响因子			综合评价总分		学科扩散指标	学科影响指标	红点指标
		数值	排名	离均差率	数值	排名	离均差率	数值	排名			
C096	ACTA MATHEMATICA SCIENTIA	308	26	−0.68	0.230	35	−0.55	14.5	38	1.55	0.13	0.00
I166	CHINESE JOURNAL OF ACOUSTICS	176	33	−0.82	0.438	21	−0.13	26.2	23	0.65	0.15	0.00
I071	CHINESE OPTICS LETTERS	851	11	−0.11	0.856	3	0.69	26.7	22	2.50	0.45	0.00
C106	CHINESE PHYSICS B	2871	4	1.99	0.480	18	−0.05	33.5	15	9.15	0.88	0.00
C058	CHINESE PHYSICS C	371	23	−0.61	0.243	33	−0.52	19.1	36	1.48	0.33	0.00
C059	CHINESE PHYSICS LETTERS	1273	7	0.33	0.337	25	−0.33	34.5	11	5.70	0.78	0.00
C095	COMMUNICATIONS IN THEORETICAL PHYSICS	324	25	−0.66	0.174	38	−0.66	19.3	35	1.78	0.30	0.00
I726	FRONTIERS OF PHYSICS	143	35	−0.85	0.222	36	−0.56	25.3	25	1.18	0.33	0.00
R062	JOURNAL OF SEMICONDUCTORS	387	21	−0.60	0.239	34	−0.53	30.3	19	3.00	0.35	0.00
I254	LIGHT SCIENCE & APPLICATIONS	585	18	−0.39	0.672	10	0.33	27.9	20	2.13	0.45	0.00
C060	波谱学杂志	243	30	−0.75	0.712	8	0.41	21.9	32	2.45	0.05	0.38
C055	低温物理学报	109	38	−0.89	0.210	37	−0.58	22.7	31	1.30	0.18	0.33
C071	发光学报	758	12	−0.21	0.611	13	0.21	33.5	14	4.10	0.35	0.53
C056	高压物理学报	374	22	−0.61	0.402	23	−0.21	32.2	16	2.98	0.18	0.36
C073	工程热物理学报	2217	5	1.31	0.378	24	−0.25	44.5	5	9.95	0.48	0.34
C091	光谱学与光谱分析	4688	3	3.89	0.790	6	0.56	67.7	2	18.25	0.35	0.56
C097	光散射学报	217	31	−0.77	0.481	17	−0.05	33.5	13	2.43	0.18	0.60
N015	光学技术	693	13	−0.28	0.665	11	0.31	36.7	9	5.10	0.30	0.61
C050	光学学报	4778	2	3.98	1.659	1	2.28	67.2	3	11.55	0.60	0.93
R097	光学与光电技术	300	27	−0.69	0.272	29	−0.46	17.4	37	2.53	0.28	0.42
C037	光子学报	1677	6	0.75	0.689	9	0.36	42.1	7	7.68	0.58	0.59
C092	核聚变与等离子体物理	142	36	−0.85	0.245	32	−0.52	10.7	39	1.08	0.15	0.17
C035	红外与毫米波学报	665	14	−0.31	0.458	19	−0.09	38.0	8	5.75	0.43	0.49
C094	计算物理	475	20	−0.50	0.497	16	−0.02	23.5	28	4.00	0.30	0.33
C032	量子电子学报	359	24	−0.63	0.511	15	0.01	24.4	26	2.65	0.33	0.87
Y504	气体物理	45	40	−0.95	0.273	28	−0.46	20.8	34	0.55	0.05	0.15
C134	热科学与技术	259	28	−0.73	0.280	26	−0.45	21.5	33	2.75	0.13	0.39
C033	声学技术	589	17	−0.39	0.431	22	−0.15	31.6	18	4.93	0.18	0.17
C054	声学学报	1177	8	0.23	0.660	12	0.30	31.8	17	4.68	0.23	0.00
C036	数学物理学报	251	29	−0.74	0.267	31	−0.47	27.7	21	2.18	0.13	0.03
C006	物理学报	6859	1	6.15	0.773	7	0.53	70.0	1	18.60	0.93	0.37
C509	物理与工程	153	34	−0.84	0.167	39	−0.67	2.8	40	1.60	0.18	0.18
C093	现代应用物理	87	39	−0.91	0.268	30	−0.47	24.0	27	0.98	0.13	0.16
C503	液晶与显示	660	15	−0.31	0.819	4	0.62	25.9	24	3.35	0.25	0.33
C109	应用光学	903	10	−0.06	0.817	5	0.61	34.2	12	4.90	0.43	0.46
C052	应用声学	538	19	−0.44	0.526	14	0.04	36.1	10	5.18	0.25	0.21
C108	原子核物理评论	135	37	−0.86	0.149	40	−0.71	22.8	30	1.30	0.08	0.15
C038	真空与低温	199	32	−0.79	0.278	27	−0.45	23.0	29	2.43	0.20	0.21
C099	中国光学	907	9	−0.05	1.595	2	2.15	57.9	4	4.58	0.43	0.45
A103	中国科学 物理学力学天文学	604	16	−0.37	0.454	20	−0.10	43.5	6	6.45	0.53	0.23
	40 种期刊平均值	959			0.506							

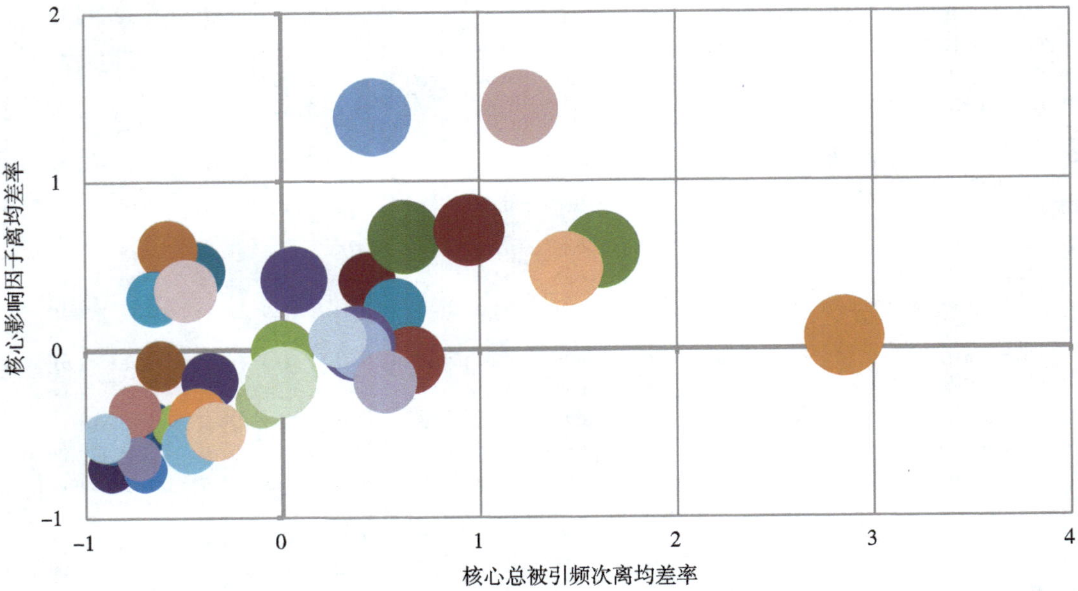

2019 年化学类期刊核心总被引频次和核心影响因子离均差率的分布图
（节点大小表示综合评价总分）

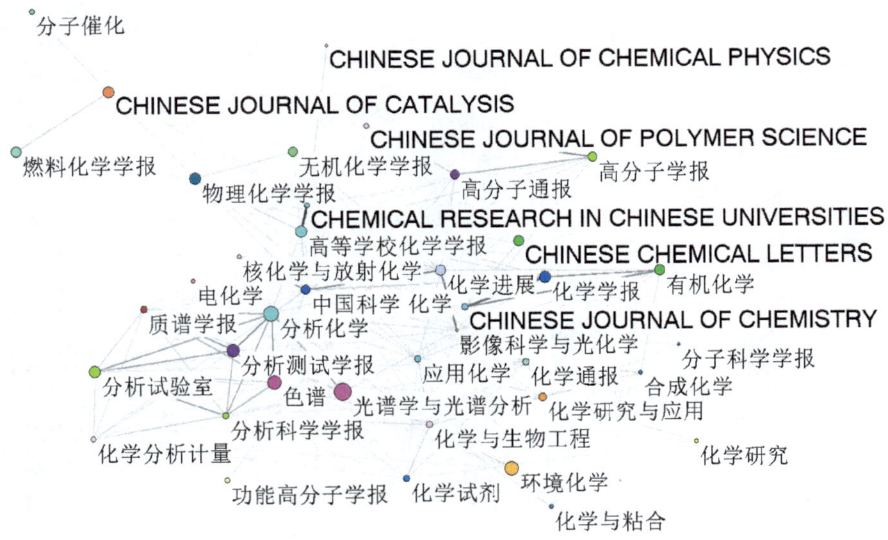

2019 年化学类期刊互引关系示意图

表 7-8　2019 年化学类期刊主要指标

CODE	刊名	核心总被引频次			核心影响因子			综合评价总分		学科扩散指标	学科影响指标	红点指标
		数值	排名	离均差率	数值	排名	离均差率	数值	排名			
I139	CHEMICAL RESEARCH IN CHINESE UNIVERSITIES	404	31	−0.67	0.403	31	−0.45	27.2	31	3.87	0.59	0.00
D031	CHINESE CHEMICAL LETTERS	1738	11	0.43	1.040	10	0.41	35.0	25	6.28	0.92	0.00
D013	CHINESE JOURNAL OF CATALYSIS	1973	7	0.62	1.229	4	0.67	57.8	7	6.54	0.79	0.63
C070	CHINESE JOURNAL OF CHEMICAL PHYSICS	164	38	−0.87	0.220	38	−0.70	24.4	33	2.03	0.28	0.00
I173	CHINESE JOURNAL OF CHEMISTRY	678	24	−0.44	1.080	8	0.47	38.5	19	3.13	0.79	0.00
D017	CHINESE JOURNAL OF POLYMER SCIENCE	459	29	−0.62	0.671	20	−0.09	27.2	30	2.49	0.49	0.00
D036	电化学	301	35	−0.75	0.437	29	−0.41	25.0	32	2.69	0.33	0.56
D022	分析测试学报	2375	5	0.95	1.255	3	0.71	54.1	9	9.36	0.59	0.52
D005	分析化学	3193	2	1.62	1.169	6	0.59	63.8	3	13.82	0.85	0.56
D026	分析科学学报	771	21	−0.37	0.602	22	−0.18	35.4	24	6.41	0.49	0.65
D004	分析试验室	1916	8	0.57	0.911	13	0.24	42.0	15	7.90	0.51	0.59
D015	分子催化	514	28	−0.58	1.175	5	0.60	38.5	18	3.05	0.56	0.47
D035	分子科学学报	169	37	−0.86	0.335	35	−0.54	23.9	34	2.33	0.36	0.72
D020	高等学校化学学报	2009	6	0.65	0.690	19	−0.06	49.5	10	11.69	0.92	0.43
T002	高分子通报	1220	17	0.00	0.730	18	−0.01	43.4	13	8.21	0.72	0.34
D021	高分子学报	1296	15	0.06	1.043	9	0.42	48.6	11	6.51	0.64	0.34
D503	功能高分子学报	422	30	−0.65	0.960	12	0.31	33.3	26	3.36	0.31	0.38
C091	光谱学与光谱分析	4688	1	2.85	0.790	14	0.07	70.3	1	18.72	0.64	0.41
D602	合成化学	365	32	−0.70	0.211	39	−0.71	21.5	35	3.21	0.38	0.91
Q002	核化学与放射化学	247	36	−0.80	0.377	33	−0.49	17.9	39	1.97	0.31	0.43
D604	化学分析计量	547	27	−0.55	0.404	30	−0.45	21.0	37	4.74	0.33	0.61
D506	化学进展	1678	13	0.38	0.767	16	0.04	62.2	5	12.13	0.85	0.52
D011	化学试剂	759	22	−0.38	0.458	27	−0.38	18.8	38	4.92	0.56	0.59
D018	化学通报	693	23	−0.43	0.440	28	−0.40	39.3	17	7.74	0.64	0.54
D030	化学学报	1778	10	0.46	1.748	2	1.38	65.5	2	9.74	0.92	0.53
D501	化学研究	305	34	−0.75	0.469	26	−0.36	29.6	27	3.90	0.49	0.54
D037	化学研究与应用	1079	19	−0.11	0.506	25	−0.31	28.5	28	7.69	0.74	0.62
T931	化学与粘合	334	33	−0.73	0.267	37	−0.64	21.1	36	3.46	0.31	0.45
T553	化学与生物工程	646	25	−0.47	0.323	36	−0.56	36.0	23	7.36	0.44	0.47
D024	环境化学	2971	3	1.44	1.090	7	0.48	59.7	6	12.33	0.67	0.50
D002	燃料化学学报	1695	12	0.39	0.739	17	0.01	41.9	16	5.87	0.54	0.39
D012	色谱	2693	4	1.21	1.786	1	1.43	63.7	4	8.54	0.51	0.69
D023	无机化学学报	1253	16	0.03	0.627	21	−0.15	36.7	21	6.59	0.74	0.75
D001	物理化学学报	1849	9	0.52	0.598	23	−0.19	43.7	12	9.85	0.90	0.36
D014	影像科学与光化学	127	39	−0.90	0.356	34	−0.52	27.3	29	2.15	0.31	0.15
D016	应用化学	807	20	−0.34	0.383	32	−0.48	38.4	20	7.41	0.85	0.52
D025	有机化学	1553	14	0.28	0.785	15	0.07	36.3	22	5.92	0.74	0.54
C034	质谱学报	627	26	−0.49	1.000	11	0.36	42.9	14	4.92	0.41	0.24
A106	中国科学 化学	1203	18	−0.01	0.595	24	−0.19	55.4	8	11.33	0.77	0.50
	39 种期刊平均值	1218			0. 735							

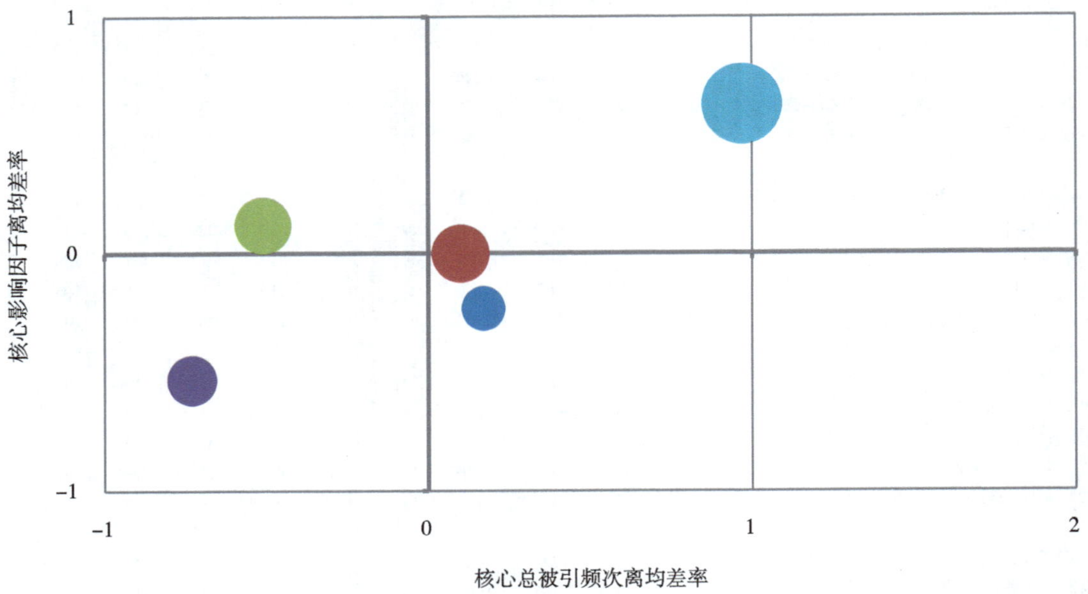

2019 年天文学类期刊核心总被引频次和核心影响因子离均差率的分布图
（节点大小表示综合评价总分）

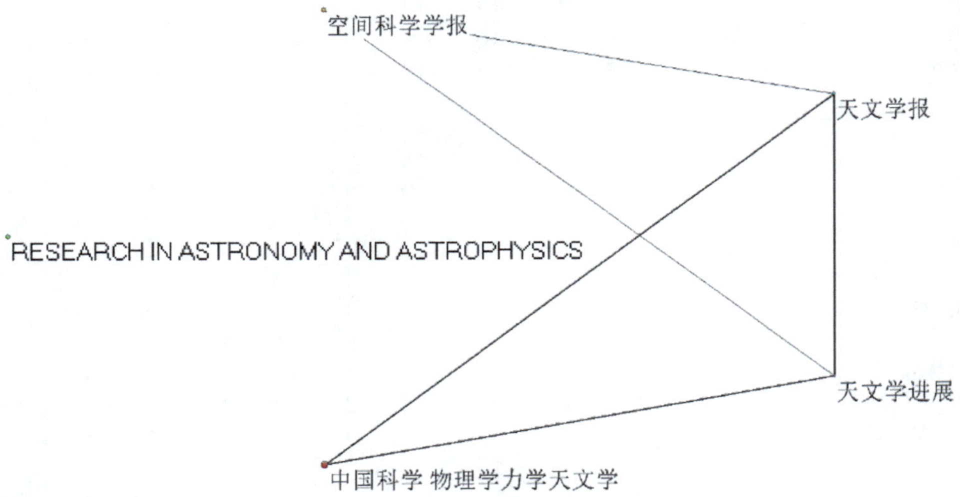

2019 年天文学类期刊互引关系示意图

表 7-9　2019 年天文学类期刊主要指标

CODE	刊名	核心总被引频次			核心影响因子			综合评价总分		学科扩散指标	学科影响指标	红点指标
		数值	排名	离均差率	数值	排名	离均差率	数值	排名			
C072	RESEARCH IN ASTRONOMY AND ASTROPHYSICS	358	2	0.17	0.214	4	−0.23	28.1	5	7.20	1.00	0.00
E140	空间科学学报	337	3	0.10	0.279	3	0.00	49.0	2	24.60	0.40	0.09
E023	天文学报	151	4	−0.51	0.310	2	0.12	47.8	3	12.80	0.80	0.33
E114	天文学进展	83	5	−0.73	0.131	5	−0.53	36.2	4	8.20	0.80	0.15
A103	中国科学 物理学力学天文学	604	1	0.97	0.454	1	0.63	94.8	1	51.60	0.80	0.17
	5 种期刊平均值	307			0. 278							

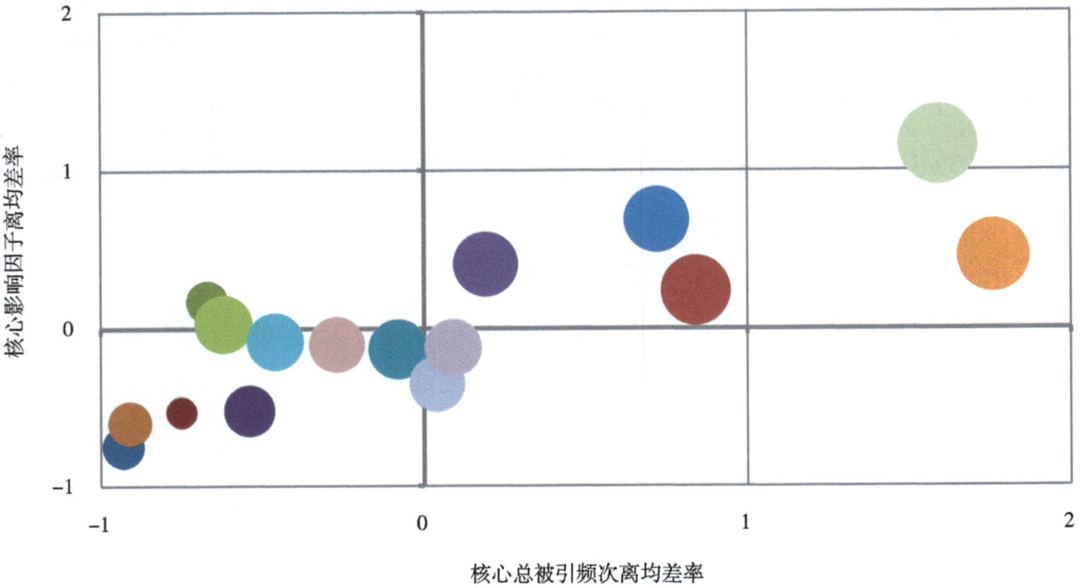

2019 年地球科学综合类期刊核心总被引频次和核心影响因子离均差率的分布图
（节点大小表示综合评价总分）

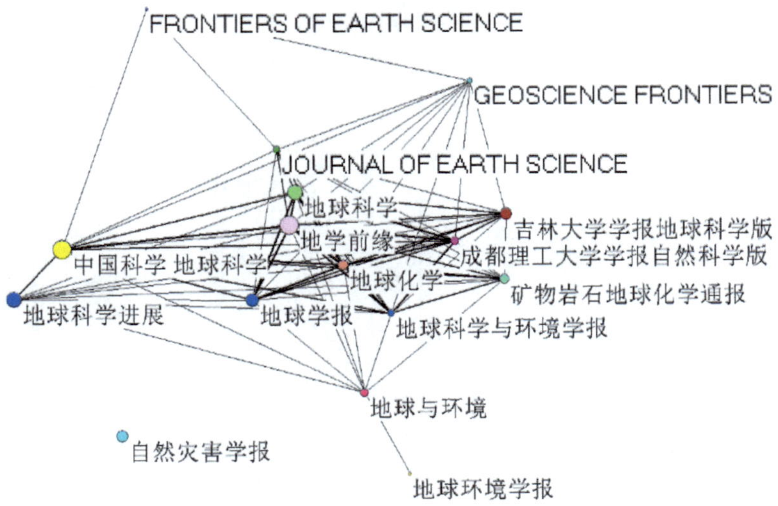

2019 年地球科学综合类期刊互引关系示意图

表 7-10　2019 年地球科学综合类期刊主要指标

CODE	刊名	核心总被引频次			核心影响因子			综合评价总分		学科扩散指标	学科影响指标	红点指标
		数值	排名	离均差率	数值	排名	离均差率	数值	排名			
I220	FRONTIERS OF EARTH SCIENCE	135	16	–0.93	0.260	16	–0.75	25.2	14	5.56	0.50	0.00
E050	GEOSCIENCE FRONTIERS	488	14	–0.75	0.487	14	–0.53	13.6	16	5.06	0.75	0.00
E537	JOURNAL OF EARTH SCIENCE	623	13	–0.67	1.214	6	0.17	24.4	15	6.81	0.75	0.00
E102	成都理工大学学报自然科学版	877	11	–0.54	0.500	13	–0.52	36.9	12	11.50	0.75	0.49
E024	地球化学	1763	8	–0.08	0.905	11	–0.13	50.0	6	13.56	0.94	0.51
E570	地球环境学报	181	15	–0.91	0.417	15	–0.60	27.3	13	6.19	0.38	0.25
E142	地球科学	3301	4	0.72	1.754	2	0.69	60.9	4	17.63	0.94	0.89
E115	地球科学进展	3513	3	0.84	1.280	5	0.24	69.1	3	32.94	0.94	0.22
E004	地球科学与环境学报	719	12	–0.62	1.072	7	0.03	46.9	7	12.56	0.88	0.70
E300	地球学报	2284	5	0.19	1.462	4	0.41	58.9	5	16.88	0.88	0.42
E549	地球与环境	1030	10	–0.46	0.951	8	–0.08	46.1	8	18.50	0.81	0.35
E357	地学前缘	5288	1	1.76	1.515	3	0.46	75.0	2	22.63	1.00	0.46
E116	吉林大学学报地球科学版	1982	7	0.04	0.670	12	–0.35	43.7	10	20.56	0.94	0.40
E504	矿物岩石地球化学通报	1394	9	–0.27	0.934	9	–0.10	43.7	11	14.38	0.81	0.53
A108	中国科学 地球科学	4952	2	1.59	2.242	1	1.16	90.4	1	28.38	1.00	0.39
E137	自然灾害学报	2088	6	0.09	0.908	10	–0.12	45.9	9	25.69	0.50	0.09
	16 种期刊平均值	1914			1. 036							

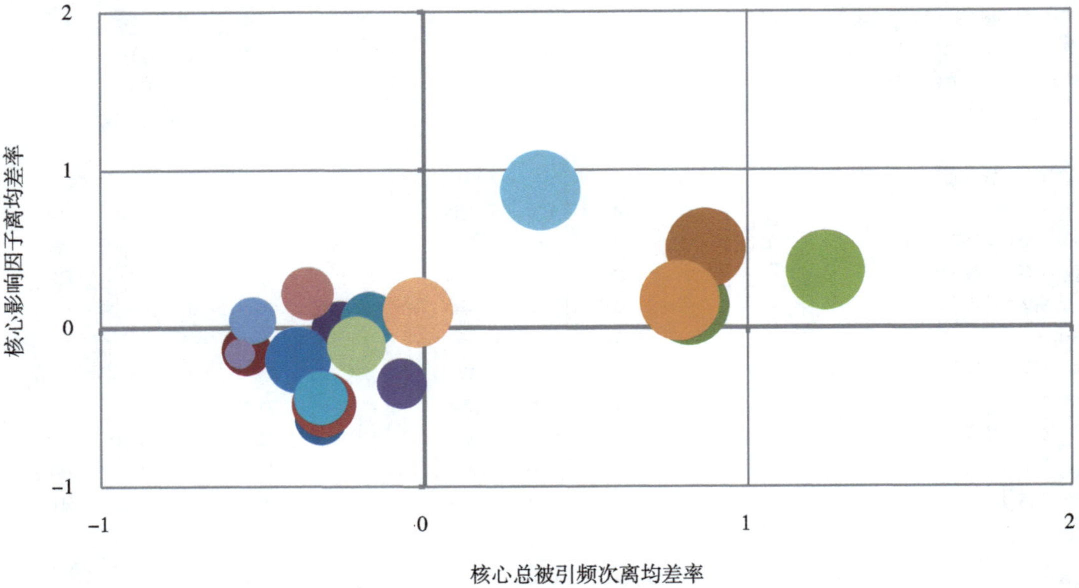

2019 年大气科学类期刊核心总被引频次和核心影响因子离均差率的分布图
（节点大小表示综合评价总分）

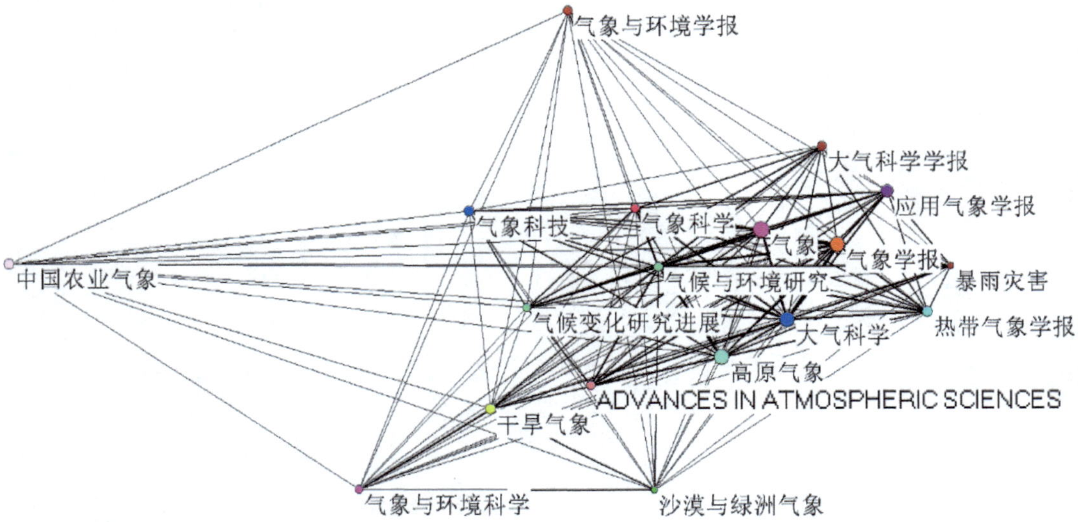

2019 年大气科学类期刊互引关系示意图

表 7-11　2019 年大气科学类期刊主要指标

CODE	刊名	核心总被引频次			核心影响因子			综合评价总分		学科扩散指标	学科影响指标	红点指标
		数值	排名	离均差率	数值	排名	离均差率	数值	排名			
I062	ADVANCES IN ATMOSPHERIC SCIENCES	1236	12	-0.32	0.596	18	-0.57	27.3	14	8.39	1.00	0.00
E045	暴雨灾害	814	17	-0.55	1.201	12	-0.14	25.0	16	5.17	1.00	0.58
E109	大气科学	3284	3	0.82	1.594	6	0.14	64.9	4	12.94	1.00	0.48
E091	大气科学学报	1329	10	-0.26	1.379	10	-0.01	32.7	10	11.06	1.00	0.39
E048	干旱气象	1503	8	-0.17	1.472	8	0.05	32.5	11	10.50	0.94	0.44
E005	高原气象	3376	2	0.87	2.090	2	0.50	65.5	3	12.11	1.00	0.57
E021	气候变化研究进展	1103	15	-0.39	1.121	14	-0.20	44.5	7	14.06	0.94	0.56
E361	气候与环境研究	1251	11	-0.31	0.722	17	-0.48	41.9	8	12.11	1.00	0.48
E352	气象	4041	1	1.24	1.904	3	0.36	63.9	5	15.28	1.00	0.56
E566	气象科技	1687	7	-0.07	0.908	15	-0.35	25.5	15	13.67	1.00	0.27
E359	气象科学	1227	13	-0.32	0.784	16	-0.44	29.6	12	10.72	1.00	0.52
E001	气象学报	3236	4	0.79	1.638	5	0.17	65.8	1	13.83	1.00	0.33
E521	气象与环境科学	854	16	-0.53	1.468	9	0.05	22.8	17	7.78	0.94	0.33
E633	气象与环境学报	1156	14	-0.36	1.707	4	0.22	28.0	13	12.06	1.00	0.46
E110	热带气象学报	1432	9	-0.21	1.243	11	-0.11	34.8	9	8.56	1.00	0.56
E635	沙漠与绿洲气象	777	18	-0.57	1.173	13	-0.16	9.0	18	5.50	0.89	0.48
E122	应用气象学报	2449	5	0.36	2.605	1	0.87	65.8	1	14.56	1.00	0.27
H210	中国农业气象	1767	6	-0.02	1.529	7	0.10	50.3	6	14.00	0.89	0.25
	18 种期刊平均值	1807			1.396							

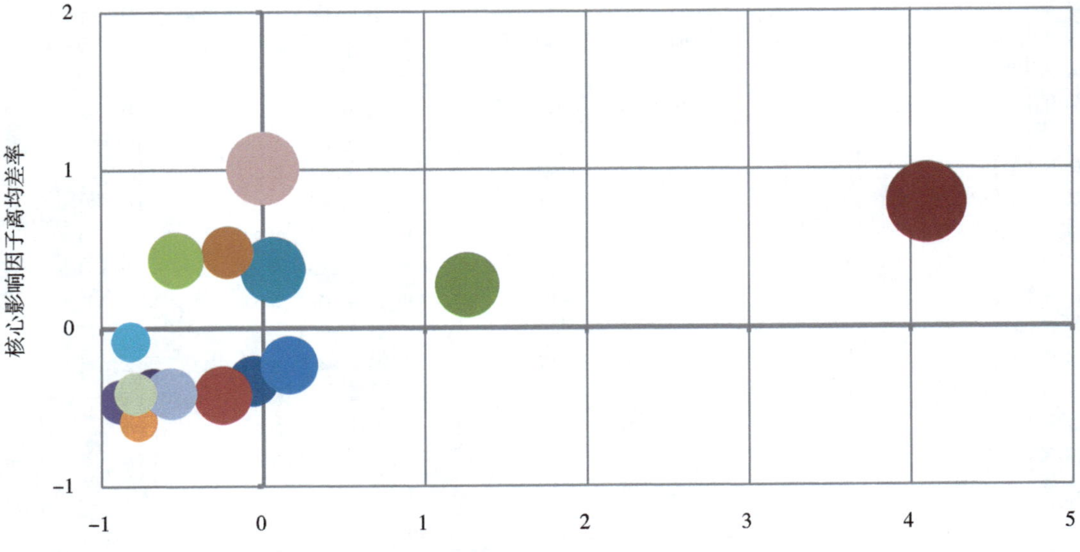

2019 年地球物理学类期刊核心总被引频次和核心影响因子离均差率的分布图
（节点大小表示综合评价总分）

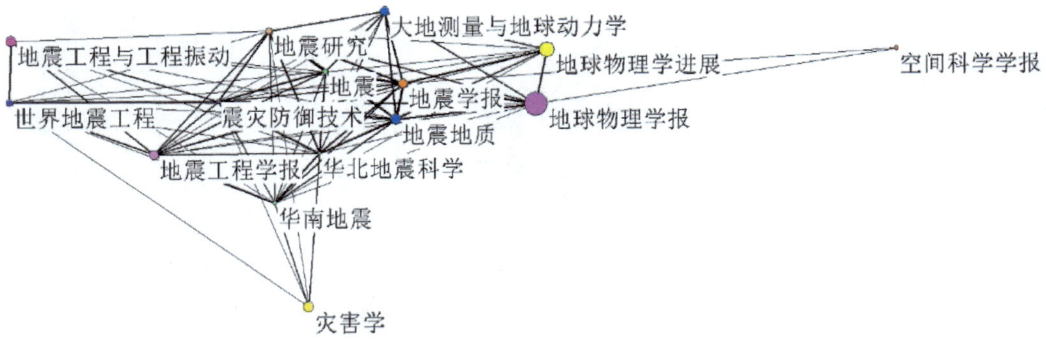

2019 年地球物理学类期刊互引关系示意图

表 7-12　2019 年地球物理学类期刊主要指标

CODE	刊名	核心总被引频次			核心影响因子			综合评价总分		学科扩散指标	学科影响指标	红点指标
		数值	排名	离均差率	数值	排名	离均差率	数值	排名			
E144	大地测量与地球动力学	1392	6	−0.06	0.458	9	−0.33	29.3	10	14.53	0.93	0.33
E153	地球物理学报	7537	1	4.10	1.210	2	0.78	74.6	1	28.27	1.00	0.36
E308	地球物理学进展	3344	2	1.26	0.865	6	0.27	47.5	4	21.07	0.93	0.29
E306	地震	467	11	−0.68	0.406	10	−0.40	25.7	11	4.80	0.87	0.53
E150	地震地质	1565	4	0.06	0.928	5	0.37	49.3	3	9.87	0.93	0.51
E307	地震工程学报	1150	7	−0.22	1.003	3	0.48	30.4	9	11.87	0.93	0.44
E118	地震工程与工程振动	1713	3	0.16	0.523	8	−0.23	38.3	6	14.13	0.93	0.43
E143	地震学报	1107	8	−0.25	0.392	13	−0.42	38.7	5	8.40	0.93	0.40
E112	地震研究	680	9	−0.54	0.970	4	0.43	35.4	7	7.27	0.93	0.42
E141	华北地震科学	184	15	−0.88	0.368	14	−0.46	22.2	12	2.93	0.80	0.38
E103	华南地震	270	14	−0.82	0.622	7	−0.08	17.6	14	4.20	0.87	0.36
E140	空间科学学报	337	12	−0.77	0.279	15	−0.59	16.4	15	8.20	0.47	0.11
E363	世界地震工程	629	10	−0.57	0.401	12	−0.41	31.1	8	9.80	0.93	0.51
E148	灾害学	1475	5	0.00	1.364	1	1.01	61.9	2	21.40	0.80	0.42
E316	震灾防御技术	311	13	−0.79	0.402	11	−0.41	20.9	13	5.60	0.93	0.46
	15 种期刊平均值	1477			0.679							

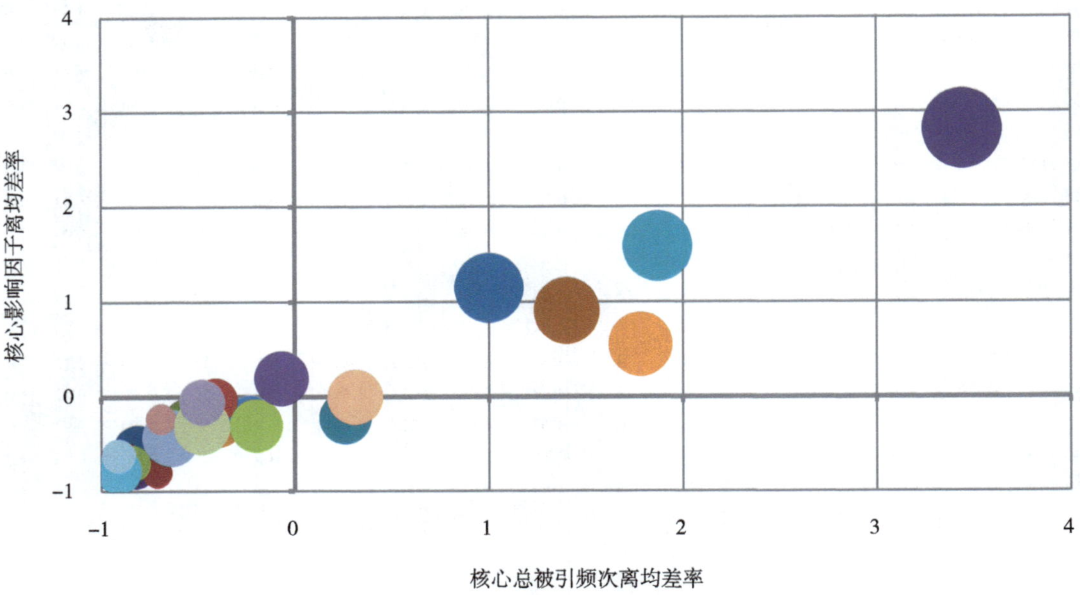

2019 年地理学类期刊核心总被引频次和核心影响因子离均差率的分布图
（节点大小表示综合评价总分）

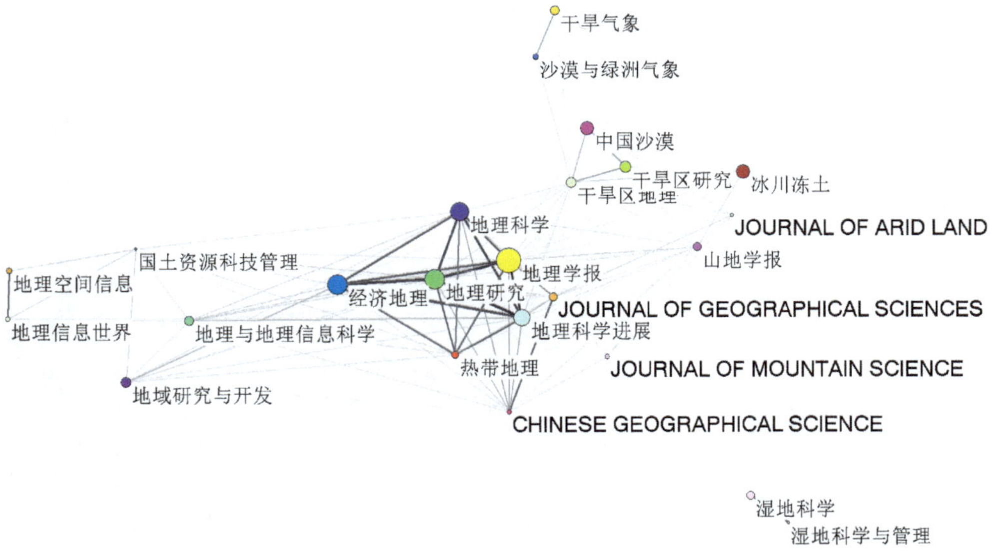

2019 年地理学类期刊互引关系示意图

表 7-13 2019 年地理学类期刊主要指标

CODE	刊名	核心总被引频次			核心影响因子			综合评价总分		学科扩散指标	学科影响指标	红点指标
		数值	排名	离均差率	数值	排名	离均差率	数值	排名			
I154	CHINESE GEOGRAPHICAL SCIENCE	476	19	−0.81	0.675	18	−0.56	35.7	14	6.79	0.92	0.18
E049	JOURNAL OF ARID LAND	242	22	−0.90	0.470	20	−0.69	28.2	17	3.42	0.46	0.00
I063	JOURNAL OF GEOGRAPHICAL SCIENCES	1133	15	−0.55	1.083	14	−0.29	39.7	12	9.13	0.88	0.00
I230	JOURNAL OF MOUNTAIN SCIENCE	457	20	−0.82	0.352	22	−0.77	20.1	20	5.92	0.63	0.00
E135	冰川冻土	3200	7	0.26	1.181	11	−0.22	39.2	13	15.58	0.88	0.51
E130	地理科学	6102	4	1.40	2.890	4	0.91	62.7	4	22.58	1.00	0.47
E584	地理科学进展	5088	5	1.00	3.261	3	1.15	68.4	3	22.46	1.00	0.65
E639	地理空间信息	748	18	−0.71	0.301	24	−0.80	12.9	24	9.38	0.67	0.28
E315	地理信息世界	411	21	−0.84	0.459	21	−0.70	19.4	21	5.58	0.38	0.36
E305	地理学报	11280	1	3.44	5.794	1	2.82	92.7	1	27.50	1.00	0.58
E310	地理研究	7286	2	1.87	3.926	2	1.59	70.6	2	24.75	1.00	0.64
E527	地理与地理信息科学	1537	11	−0.40	1.154	13	−0.24	42.9	10	14.92	0.88	0.32
S741	地域研究与开发	1969	10	−0.23	1.204	10	−0.21	27.1	19	12.13	0.79	0.47
E048	干旱气象	1503	12	−0.41	1.472	8	−0.03	27.6	18	7.88	0.63	0.32
E020	干旱区地理	2023	9	−0.20	1.063	15	−0.30	41.1	11	14.21	0.96	0.49
E105	干旱区研究	2370	8	−0.07	1.816	6	0.20	43.0	9	13.79	0.88	0.62
E578	国土资源科技管理	238	23	−0.91	0.338	23	−0.78	30.7	15	5.21	0.54	0.42
E599	经济地理	7081	3	1.78	2.367	5	0.56	59.0	5	21.75	0.92	0.59
E563	热带地理	919	16	−0.64	0.865	17	−0.43	46.9	6	12.46	0.96	0.52
E635	沙漠与绿洲气象	777	17	−0.69	1.173	12	−0.23	13.3	23	4.13	0.38	0.26
E101	山地学报	1335	13	−0.48	1.045	16	−0.31	45.1	7	12.25	0.96	0.41
E302	湿地科学	1312	14	−0.48	1.438	9	−0.05	30.0	16	10.08	0.71	0.39
E636	湿地科学与管理	225	24	−0.91	0.571	19	−0.62	16.8	22	3.63	0.17	0.25
E124	中国沙漠	3323	6	0.31	1.513	7	0.00	44.4	8	14.79	0.92	0.33
24 种期刊平均值		2543			1.517							

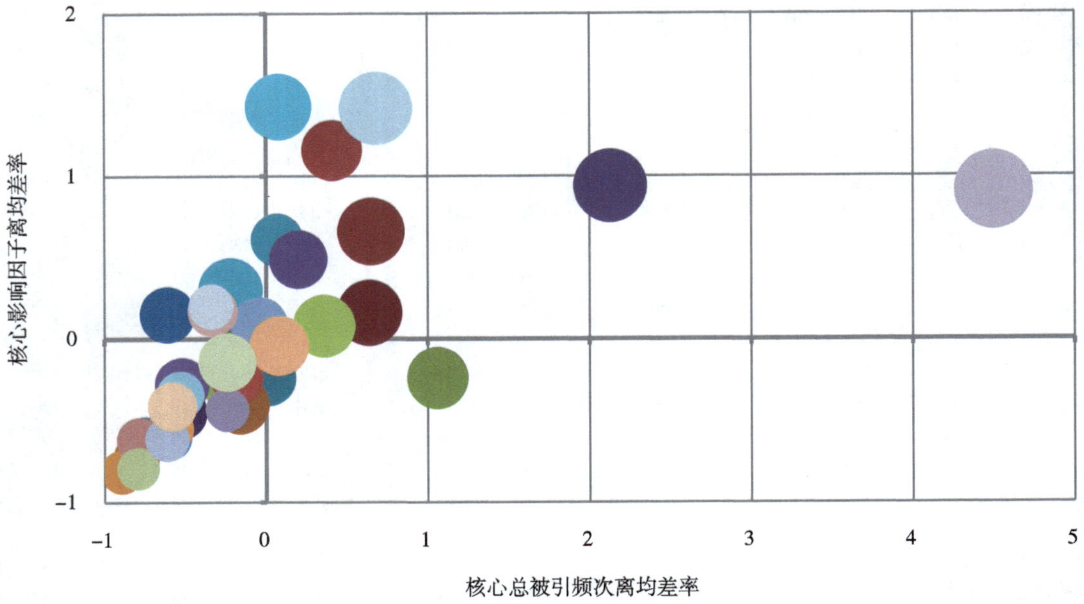

2019 年地质学类期刊核心总被引频次和核心影响因子离均差率的分布图
（节点大小表示综合评价总分）

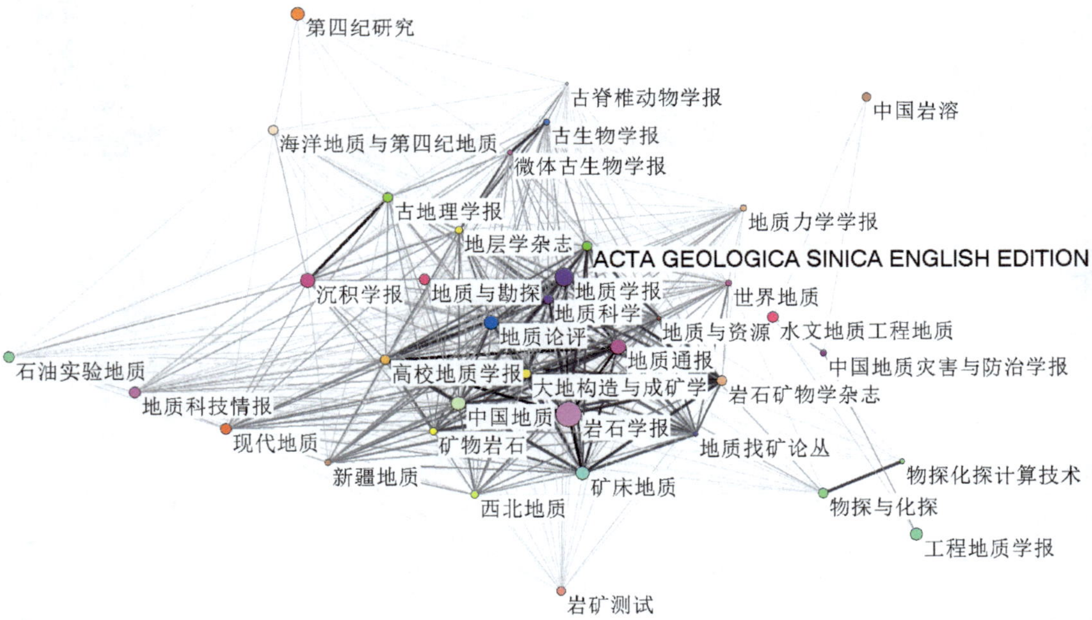

2019 年地质学类期刊互引关系示意图

表 7-14 2019 年地质学类期刊主要指标

CODE	刊名	核心总被引频次			核心影响因子			综合评价总分		学科扩散指标	学科影响指标	红点指标
		数值	排名	离均差率	数值	排名	离均差率	数值	排名			
I059	ACTA GEOLOGICA SINICA ENGLISH EDITION	1664	15	−0.13	1.037	16	0.06	27.7	27	3.46	0.84	0.00
E113	沉积学报	3155	6	0.64	1.135	12	0.16	52.8	6	5.70	0.97	0.60
E146	大地构造与成矿学	1591	17	−0.17	0.917	18	−0.07	43.8	13	3.51	0.92	0.54
E133	地层学杂志	897	27	−0.53	0.544	29	−0.45	35.7	21	2.59	0.84	0.73
E362	地质科技情报	1960	13	0.02	0.743	23	−0.24	36.0	20	7.30	0.97	0.42
E139	地质科学	1613	16	−0.16	0.593	26	−0.40	42.2	15	3.89	0.89	0.58
E026	地质力学学报	739	32	−0.61	1.131	13	0.15	38.3	18	4.65	0.86	0.43
E009	地质论评	3171	5	0.65	1.626	6	0.66	56.1	4	6.38	0.97	0.57
E127	地质通报	3946	3	1.06	0.749	21	−0.24	46.9	9	7.38	0.97	0.71
E010	地质学报	6001	2	2.13	1.903	4	0.94	67.5	2	7.62	1.00	0.62
E151	地质与勘探	2053	12	0.07	1.581	7	0.61	34.7	22	5.30	0.81	0.52
E525	地质与资源	377	36	−0.80	0.277	35	−0.72	26.4	30	2.54	0.73	0.62
E132	地质找矿论丛	486	33	−0.75	0.386	32	−0.61	24.0	34	2.54	0.76	0.73
E301	第四纪研究	2701	7	0.41	2.119	3	1.16	45.6	10	7.84	0.81	0.44
E358	高校地质学报	1462	21	−0.24	0.753	20	−0.23	44.4	12	5.27	0.92	0.54
E360	工程地质学报	2294	9	0.20	1.464	8	0.49	42.7	14	7.84	0.70	0.30
E601	古地理学报	1499	19	−0.22	1.274	9	0.30	51.4	7	3.92	0.89	0.69
E304	古脊椎动物学报	210	37	−0.89	0.188	37	−0.81	23.5	36	1.00	0.46	0.30
E022	古生物学报	775	30	−0.60	0.396	31	−0.60	26.0	31	2.30	0.73	0.48
E155	海洋地质与第四纪地质	1564	18	−0.18	0.745	22	−0.24	33.3	23	5.30	0.86	0.50
E106	矿床地质	2613	8	0.36	1.058	15	0.08	48.4	8	3.32	0.76	0.98
E354	矿物岩石	913	25	−0.52	0.705	24	−0.28	36.8	19	4.73	0.84	0.72
E126	石油实验地质	2064	11	0.08	2.381	1	1.43	55.2	5	3.59	0.81	0.72
E548	世界地质	790	29	−0.59	0.442	30	−0.55	26.5	29	4.62	0.81	0.47
E154	水文地质工程地质	1841	14	−0.04	1.061	14	0.08	41.7	17	8.35	0.68	0.41
E052	微体古生物学报	430	34	−0.78	0.375	34	−0.62	26.6	28	1.89	0.62	0.58
E136	物探化探计算技术	412	35	−0.79	0.205	36	−0.79	22.5	37	3.19	0.51	0.12
E138	物探与化探	1459	22	−0.24	0.562	28	−0.43	23.6	35	5.57	0.81	0.24
E125	西北地质	900	26	−0.53	0.651	25	−0.34	28.0	26	3.35	0.89	0.59
E027	现代地质	2069	10	0.08	0.939	17	−0.04	44.9	11	6.73	0.97	0.60
E159	新疆地质	743	31	−0.61	0.379	33	−0.61	24.4	33	3.00	0.84	0.62
E053	岩矿测试	1280	23	−0.33	1.146	11	0.17	30.8	24	6.57	0.76	0.47
E157	岩石矿物学杂志	1463	20	−0.24	0.844	19	−0.14	41.8	16	4.59	0.86	0.42
E309	岩石学报	10544	1	4.50	1.877	5	0.91	77.8	1	5.27	0.92	0.58
E654	中国地质	3224	4	0.68	2.374	2	1.42	66.7	3	6.92	1.00	0.51
E604	中国地质灾害与防治学报	797	28	−0.58	0.575	27	−0.41	30.0	25	5.46	0.49	0.47
E303	中国岩溶	1268	24	−0.34	1.178	10	0.20	25.4	32	5.54	0.57	0.30
	37 种期刊平均值	1918			0.981							

海洋科学、水文学

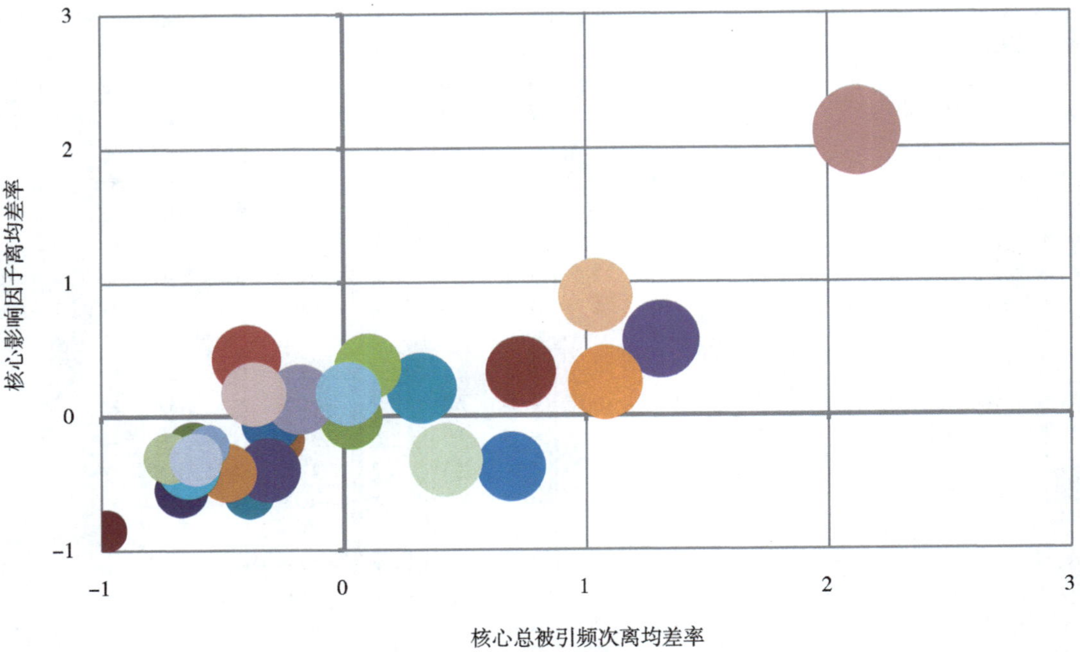

2019 年海洋科学、水文学类期刊核心总被引频次和核心影响因子离均差率的分布图
（节点大小表示综合评价总分）

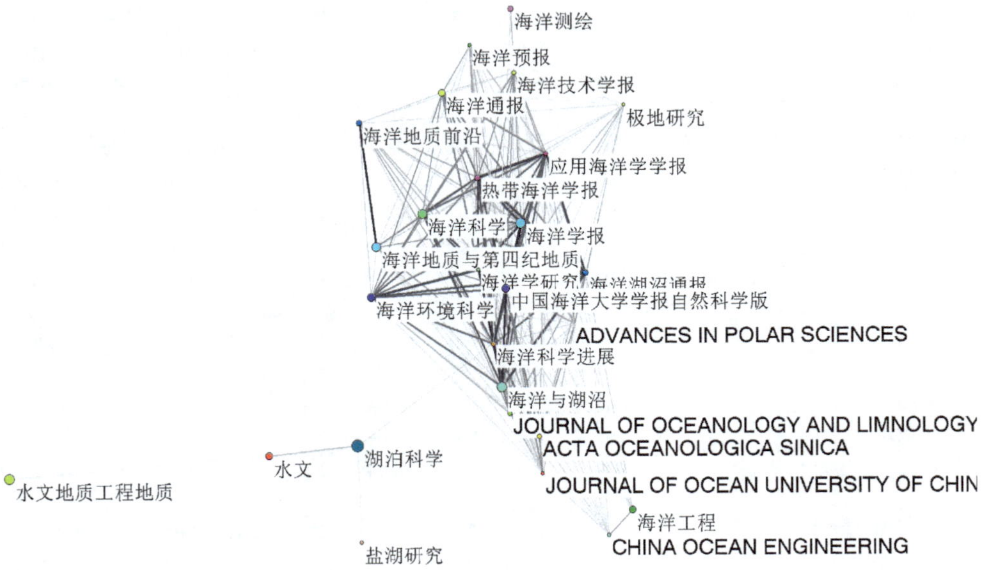

2019 年海洋科学、水文学类期刊互引关系示意图

表 7-15　2019 年海洋科学、水文学类期刊主要指标

CODE	刊名	核心总被引频次			核心影响因子			综合评价总分		学科扩散指标	学科影响指标	红点指标
		数值	排名	离均差率	数值	排名	离均差率	数值	排名			
I209	ACTA OCEANOLOGICA SINICA	558	17	−0.38	0.320	24	−0.43	29.2	22	5.04	0.74	0.00
I124	ADVANCES IN POLAR SCIENCES	20	27	−0.98	0.086	27	−0.85	18.0	27	0.48	0.26	0.00
E158	CHINA OCEAN ENGINEERING	340	23	−0.62	0.421	16	−0.25	32.7	19	4.37	0.44	0.00
I120	JOURNAL OF OCEAN UNIVERSITY OF CHINA	301	25	−0.67	0.253	25	−0.55	30.6	20	4.52	0.67	0.00
E012	JOURNAL OF OCEANOLOGY AND LIMNOLOGY	549	18	−0.39	0.242	26	−0.57	28.7	23	5.19	0.89	0.00
E651	海洋测绘	675	13	−0.25	0.460	14	−0.18	20.1	25	4.67	0.63	0.13
E569	海洋地质前沿	631	14	−0.30	0.535	13	−0.04	37.8	17	5.74	0.67	0.22
E155	海洋地质与第四纪地质	1564	5	0.73	0.745	6	0.33	52.7	8	7.26	0.81	0.42
E131	海洋工程	926	10	0.03	0.552	12	−0.01	41.9	16	7.07	0.81	0.15
E312	海洋湖沼通报	620	15	−0.31	0.338	22	−0.40	43.5	14	6.93	0.78	0.53
Z010	海洋环境科学	1196	8	0.32	0.676	8	0.21	53.5	6	10.56	0.81	0.49
E564	海洋技术学报	468	20	−0.48	0.326	23	−0.42	36.0	18	6.96	0.74	0.25
E145	海洋科学	1526	6	0.69	0.348	20	−0.38	50.7	10	12.04	0.85	0.37
E006	海洋科学进展	545	19	−0.40	0.802	4	0.43	50.8	9	7.00	0.85	0.45
E311	海洋通报	995	9	0.10	0.767	5	0.37	47.1	11	10.26	0.89	0.38
E003	海洋学报	2088	2	1.31	0.875	3	0.57	62.9	2	12.63	0.89	0.37
E149	海洋学研究	322	24	−0.64	0.347	21	−0.38	42.2	15	5.44	0.74	0.51
E008	海洋与湖沼	1880	3	1.08	0.697	7	0.25	58.9	3	10.19	0.93	0.41
E108	海洋预报	393	21	−0.56	0.435	15	−0.22	19.4	26	3.67	0.78	0.32
E111	湖泊科学	2814	1	2.12	1.742	1	2.12	82.8	1	11.37	0.59	0.55
E007	极地研究	255	26	−0.72	0.388	17	−0.31	27.4	24	3.63	0.63	0.31
E642	热带海洋学报	742	12	−0.18	0.629	11	0.13	52.8	7	7.15	0.78	0.52
E540	水文	920	11	0.02	0.655	9	0.17	44.9	13	7.15	0.56	0.25
E154	水文地质工程地质	1841	4	1.04	1.061	2	0.90	58.4	4	11.44	0.44	0.27
E500	盐湖研究	354	22	−0.61	0.379	18	−0.32	29.3	21	4.07	0.22	0.12
E123	应用海洋学学报	568	16	−0.37	0.652	10	0.17	45.0	12	6.59	0.85	0.80
E313	中国海洋大学学报自然科学版	1283	7	0.42	0.372	19	−0.33	57.3	5	14.07	0.89	0.37
27 种期刊平均值		903			0.559							

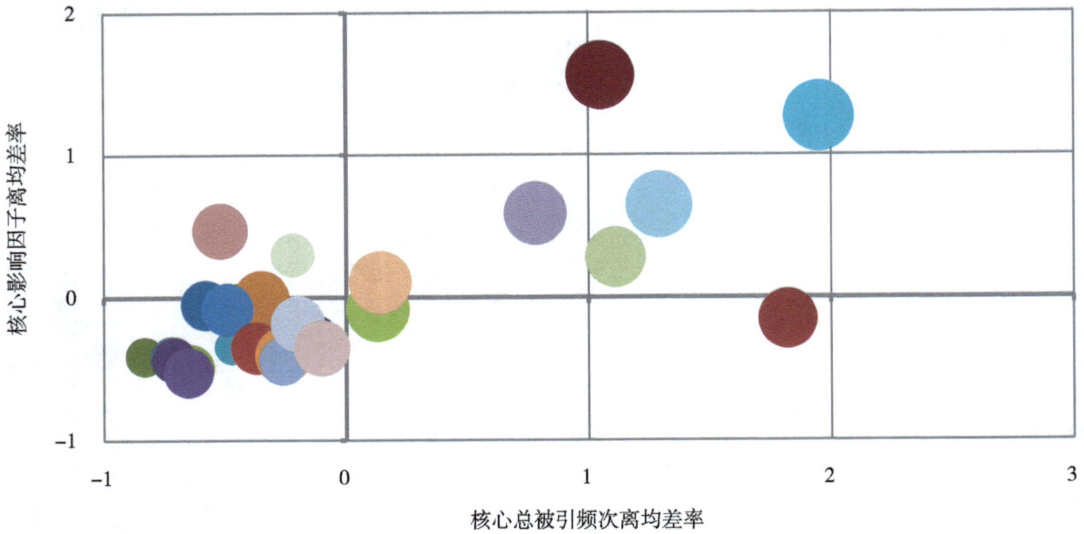

2019 年生物学基础学科类期刊核心总被引频次和核心影响因子离均差率的分布图
（节点大小表示综合评价总分）

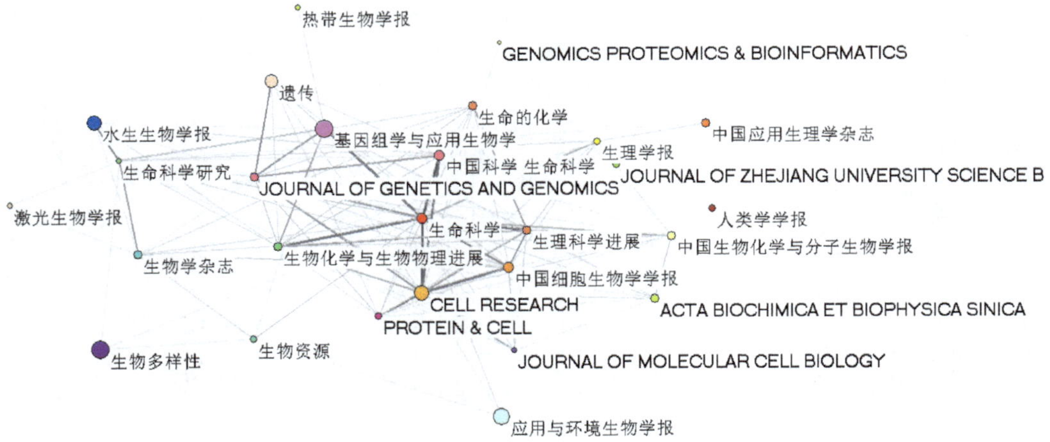

2019 年生物学基础学科类期刊互引关系示意图

表 7-16 2019 年生物学基础学科类期刊主要指标

CODE	刊名	核心总被引频次			核心影响因子			综合评价总分		学科扩散指标	学科影响指标	红点指标
		数值	排名	离均差率	数值	排名	离均差率	数值	排名			
F034	ACTA BIOCHIMICA ET BIOPHYSICA SINICA	657	15	−0.31	0.613	14	−0.15	42.9	14	12.15	0.59	0.00
I072	CELL RESEARCH	1944	5	1.05	1.857	1	1.56	67.5	2	19.26	0.85	0.00
I222	GENOMICS PROTEOMICS & BIOINFORMATICS	161	27	−0.83	0.424	22	−0.41	21.8	26	3.96	0.33	0.00
F013	JOURNAL OF GENETICS AND GENOMICS	821	10	−0.13	0.506	17	−0.30	37.9	17	10.15	0.74	0.00
F021	JOURNAL OF MOLECULAR CELL BIOLOGY	264	26	−0.72	0.418	23	−0.42	26.2	25	6.41	0.56	0.00
I159	JOURNAL OF ZHEJIANG UNIVERSITY SCIENCE B	523	18	−0.45	0.665	13	−0.08	37.3	18	11.48	0.37	0.35
I129	PROTEIN & CELL	401	22	−0.58	0.687	10	−0.05	35.1	20	8.52	0.63	0.00
H245	基因组学与应用生物学	2673	2	1.82	0.613	14	−0.15	50.0	8	18.52	0.41	0.41
F045	激光生物学报	338	23	−0.64	0.370	26	−0.49	32.1	22	7.56	0.22	0.29
H415	热带生物学报	272	25	−0.71	0.411	24	−0.43	29.5	23	4.78	0.11	0.19
F041	人类学学报	503	19	−0.47	0.481	18	−0.34	17.6	27	2.81	0.11	0.08
F203	生理科学进展	620	16	−0.35	0.717	9	−0.01	46.6	10	12.11	0.33	0.57
F001	生理学报	482	20	−0.49	0.667	12	−0.08	39.2	15	9.48	0.33	0.37
F042	生命的化学	595	17	−0.37	0.473	19	−0.35	38.3	16	11.78	0.33	0.64
F215	生命科学	1067	8	0.13	0.668	11	−0.08	58.2	4	18.52	0.56	0.55
F046	生命科学研究	330	24	−0.65	0.349	27	−0.52	35.7	19	7.89	0.33	0.48
F049	生物多样性	2794	1	1.95	1.640	2	1.27	73.4	1	12.89	0.41	0.37
F016	生物化学与生物物理进展	702	13	−0.26	0.436	21	−0.40	46.8	9	14.00	0.44	0.39
F213	生物学杂志	697	14	−0.26	0.408	25	−0.44	33.6	21	10.44	0.41	0.30
F044	生物资源	454	21	−0.52	1.067	5	0.47	44.3	12	7.30	0.22	0.27
F010	水生生物学报	1996	4	1.11	0.925	7	0.28	52.7	7	8.81	0.41	0.47
F024	遗传	1690	6	0.78	1.153	4	0.59	58.0	5	15.85	0.74	0.42
F100	应用与环境生物学报	2171	3	1.29	1.192	3	0.65	64.1	3	14.67	0.33	0.26
A107	中国科学 生命科学	1084	7	0.14	0.801	8	0.11	56.1	6	16.59	0.59	0.33
F002	中国生物化学与分子生物学报	757	11	−0.20	0.596	16	−0.18	43.1	13	12.85	0.56	0.50
F025	中国细胞生物学学报	853	9	−0.10	0.473	19	−0.35	45.3	11	14.19	0.56	0.56
G130	中国应用生理学杂志	738	12	−0.22	0.943	6	0.30	28.2	24	9.22	0.26	0.79
	27 种期刊平均值	948			0.724							

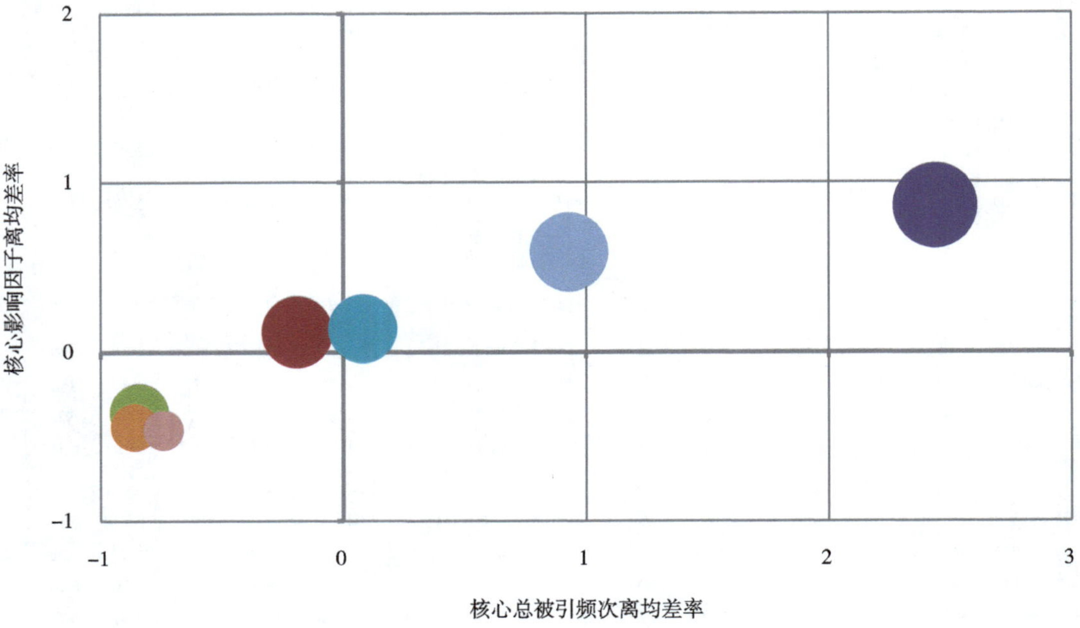

2019 年生态学类期刊核心总被引频次和核心影响因子离均差率的分布图
（节点大小表示综合评价总分）

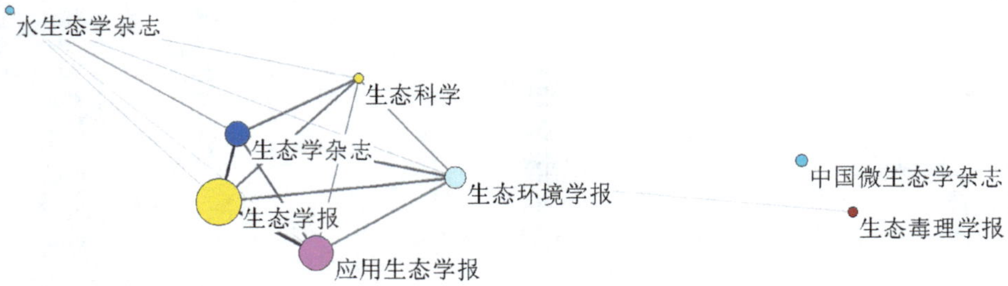

2019 年生态学类期刊互引关系示意图

表 7-17　2019 年生态学类期刊主要指标

CODE	刊名	核心总被引频次			核心影响因子			综合评价总分		学科扩散指标	学科影响指标	红点指数
		数值	排名	离均差率	数值	排名	离均差率	数值	排名			
Z034	生态毒理学报	1201	6	−0.84	0.792	7	−0.45	18.6	8	38.13	0.88	0.32
H784	生态环境学报	5893	4	−0.19	1.617	4	0.12	60.1	3	71.00	0.88	0.52
Z512	生态科学	1172	7	−0.84	0.918	5	−0.36	41.3	5	42.00	0.88	0.48
Z014	生态学报	25080	1	2.44	2.675	1	0.86	84.5	1	89.50	1.00	0.51
Z028	生态学杂志	7879	3	0.08	1.644	3	0.14	55.3	4	68.63	1.00	0.43
H850	水生态学杂志	1045	8	−0.86	0.803	6	−0.44	26.7	6	24.38	0.88	0.30
Z018	应用生态学报	14071	2	0.93	2.293	2	0.59	73.1	2	73.88	0.88	0.50
G517	中国微生态学杂志	1903	5	−0.74	0.784	8	−0.46	18.9	7	56.75	0.38	0.38
	8 种期刊平均值	7281			1.441							

植物学

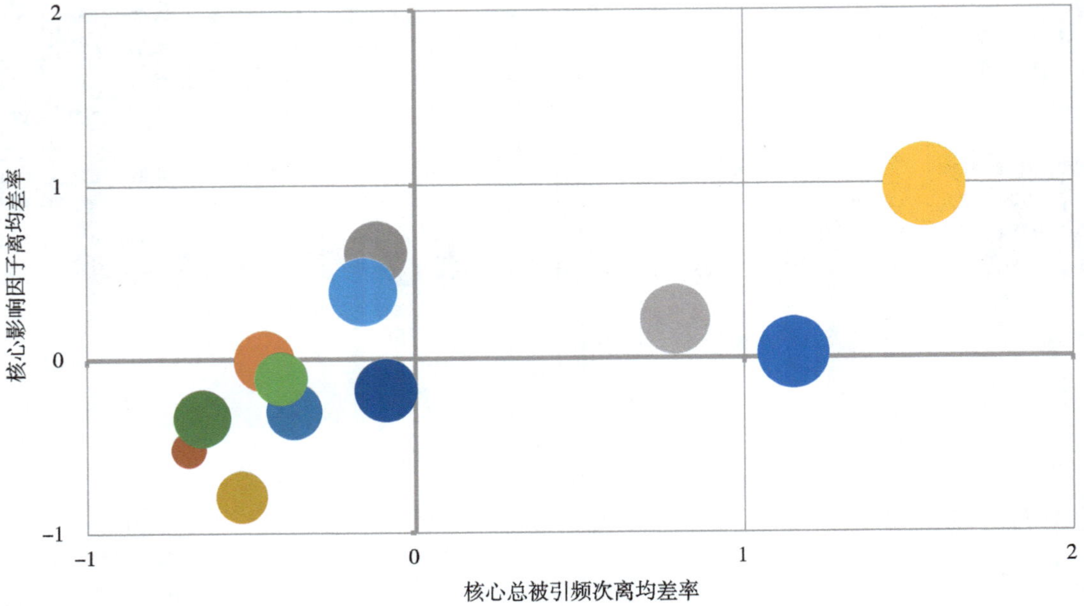

2019 年植物学类期刊核心总被引频次和核心影响因子离均差率的分布图
（节点大小表示综合评价总分）

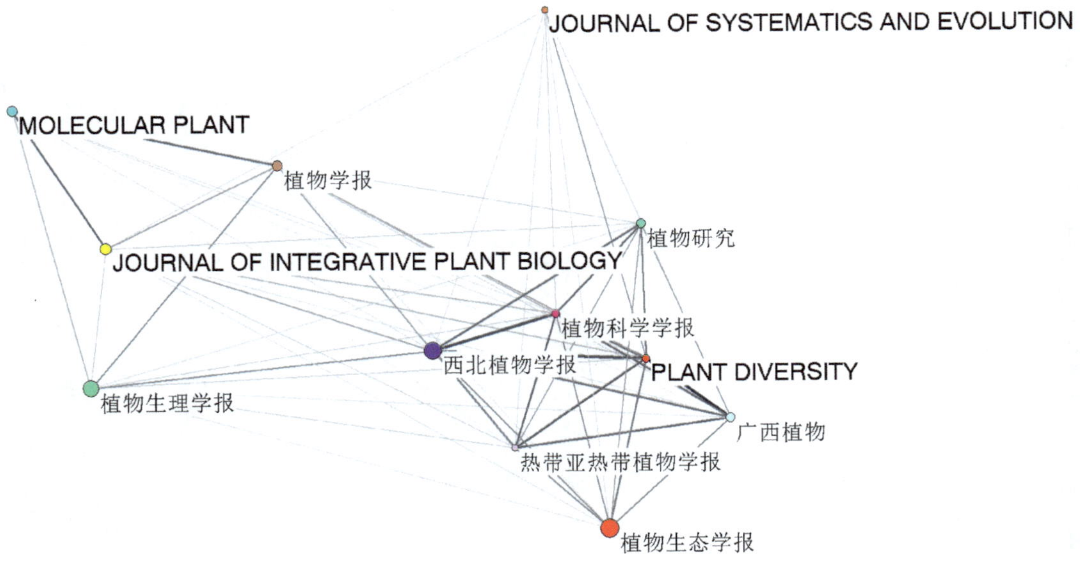

2019 年植物学类期刊互引关系示意图

表 7-18　2019 年植物学类期刊主要指标

CODE	刊名	核心总被引频次			核心影响因子			综合评价总分		学科扩	学科影	红点
		数值	排名	离均差率	数值	排名	离均差率	数值	排名	散指标	响指标	指标
F029	JOURNAL OF INTEGRATIVE PLANT BIOLOGY	1822	4	−0.09	0.825	8	−0.18	49.8	5	27.58	1.00	0.00
F039	JOURNAL OF SYSTEMATICS AND EVOLUTION	621	12	−0.69	0.485	11	−0.52	15.3	12	13.58	1.00	0.00
F019	MOLECULAR PLANT	1762	5	−0.12	1.618	2	0.61	49.4	6	18.58	0.92	0.00
F007	PLANT DIVERSITY	941	10	−0.53	0.214	12	−0.79	32.5	11	17.67	0.83	0.00
F028	广西植物	1265	7	−0.37	0.706	9	−0.30	39.1	9	20.75	0.92	0.38
F228	热带亚热带植物学报	697	11	−0.65	0.670	10	−0.34	40.4	8	16.50	0.67	0.46
F020	西北植物学报	4299	2	1.15	1.040	5	0.03	64.6	2	29.92	0.83	0.54
F008	植物科学学报	1074	9	−0.46	1.000	6	−0.01	46.3	7	21.33	0.83	0.33
F038	植物生理学报	3584	3	0.79	1.230	4	0.22	60.5	3	24.75	0.75	0.51
F009	植物生态学报	5105	1	1.55	2.004	1	0.99	85.0	1	28.58	0.83	0.29
F023	植物学报	1677	6	−0.16	1.400	3	0.39	57.6	4	23.92	0.75	0.48
F050	植物研究	1190	8	−0.41	0.901	7	−0.11	35.6	10	18.83	0.83	0.38
	12 种期刊平均值	2003			1. 008							

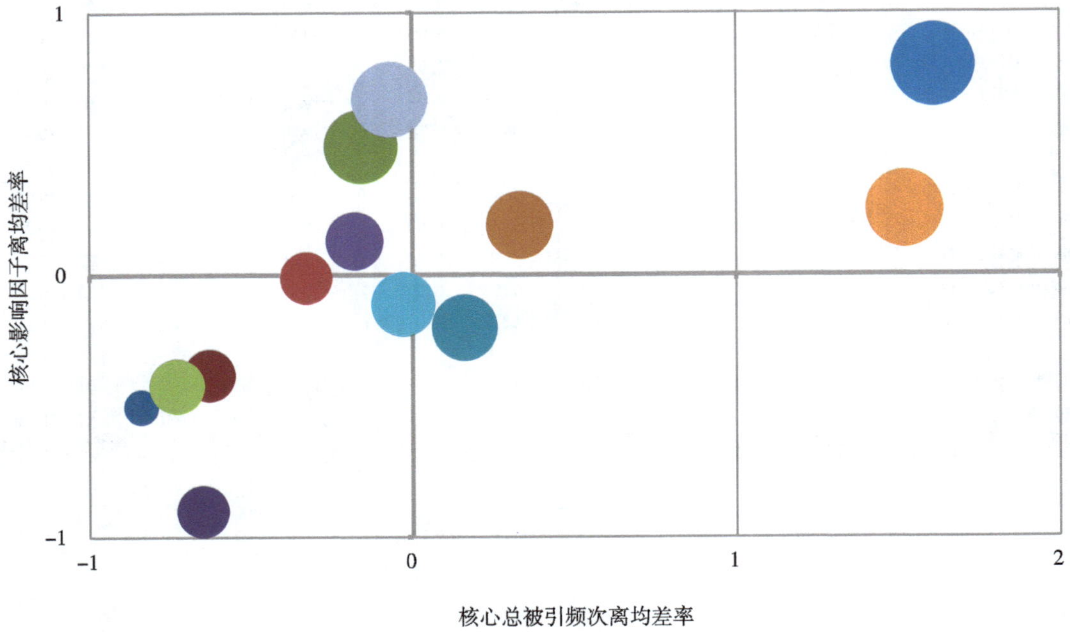

2019 年昆虫学、动物学类期刊核心总被引频次和核心影响因子离均差率的分布图
（节点大小表示综合评价总分）

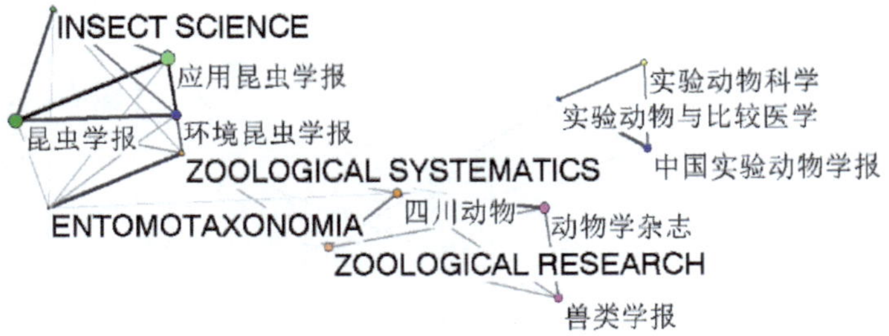

2019 年昆虫学、动物学类期刊互引关系示意图

表 7-19　2019 年昆虫学、动物学类期刊主要指标

CODE	刊名	核心总被引频次			核心影响因子			综合评价总分		学科扩散指标	学科影响指标	红点指标
		数值	排名	离均差率	数值	排名	离均差率	数值	排名			
F005	ENTOMOTAXONOMIA	121	13	−0.84	0.250	12	−0.50	14.7	13	3.69	0.46	0.97
I012	INSECT SCIENCE	285	10	−0.63	0.308	10	−0.38	32.5	11	6.00	0.54	0.00
F022	ZOOLOGICAL RESEARCH	643	7	−0.16	0.737	3	0.49	64.7	4	14.23	1.00	0.00
F014	ZOOLOGICAL SYSTEMATICS	268	11	−0.65	0.049	13	−0.90	33.0	10	7.38	0.77	0.00
F043	动物学杂志	886	4	0.16	0.398	9	−0.20	51.5	6	14.92	0.62	0.12
H049	环境昆虫学报	1020	3	0.33	0.591	5	0.19	54.0	5	12.08	0.54	0.51
F015	昆虫学报	2002	1	1.61	0.892	1	0.80	84.2	1	17.00	0.62	0.64
F257	实验动物科学	512	9	−0.33	0.489	7	−0.01	32.2	12	13.46	0.38	0.34
G387	实验动物与比较医学	204	12	−0.73	0.288	11	−0.42	36.6	9	8.54	0.38	0.35
F033	兽类学报	627	8	−0.18	0.561	6	0.13	39.9	8	7.77	0.46	0.16
F027	四川动物	745	5	−0.03	0.442	8	−0.11	49.4	7	15.85	0.77	0.32
F035	应用昆虫学报	1933	2	1.52	0.622	4	0.25	71.6	2	17.77	0.38	0.35
F047	中国实验动物学报	714	6	−0.07	0.827	2	0.67	69.5	3	19.08	0.38	0.52
	13 种期刊平均值	766			0.496							

微生物学、病毒学

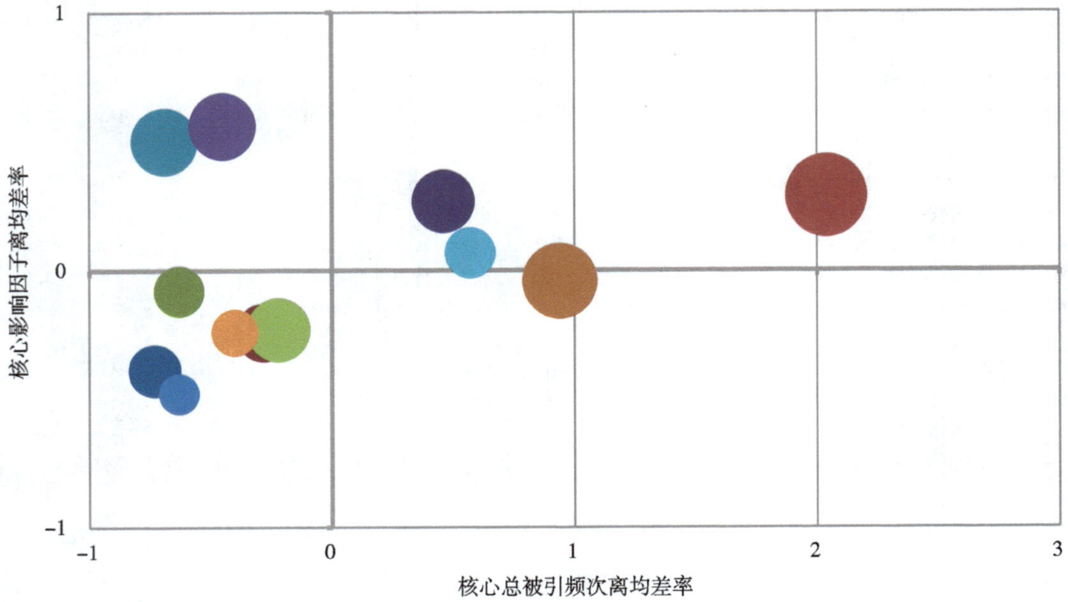

2019 年微生物学、病毒学类期刊核心总被引频次和核心影响因子离均差率的分布图
（节点大小表示综合评价总分）

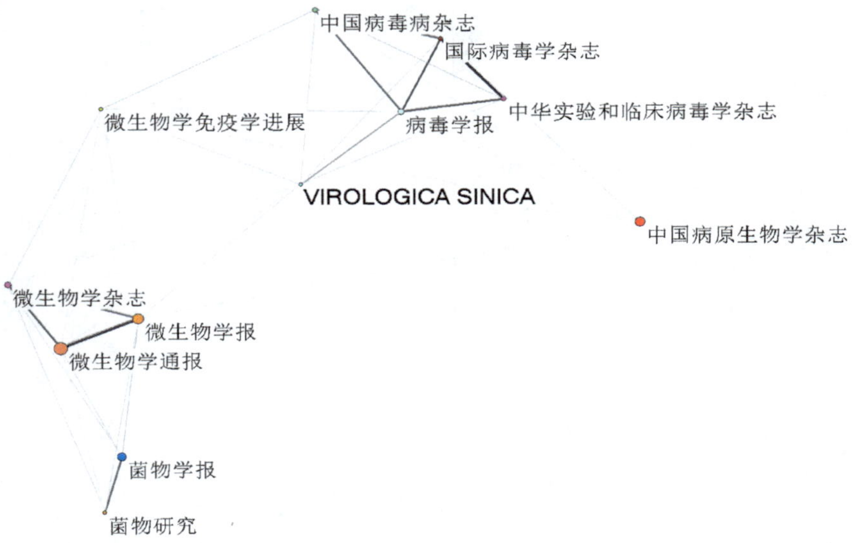

2019 年微生物学、病毒学类期刊互引关系示意图

表 7-20　2019 年微生物学、病毒学类期刊主要指标

CODE	刊名	核心总被引频次			核心影响因子			综合评价总分		学科扩散指标	学科影响指标	红点指标
		数值	排名	离均差率	数值	排名	离均差率	数值	排名			
G095	VIROLOGICA SINICA	254	12	−0.73	0.514	11	−0.39	33.6	8	11.08	0.83	0.00
G018	病毒学报	667	6	−0.28	0.636	9	−0.24	41.2	7	16.08	0.75	0.31
G495	国际病毒学杂志	345	9	−0.63	0.775	7	−0.08	30.8	10	8.58	0.42	0.60
F018	菌物学报	1357	4	0.46	1.071	4	0.27	47.8	6	19.00	0.50	0.26
C325	菌物研究	290	11	−0.69	1.263	2	0.50	53.9	4	8.58	0.33	0.22
F004	微生物学报	1799	2	0.94	0.809	6	−0.04	69.3	2	33.42	0.58	0.34
F206	微生物学免疫学进展	345	9	−0.63	0.441	12	−0.48	20.1	12	11.75	0.58	0.38
F011	微生物学通报	2819	1	2.04	1.082	3	0.29	82.4	1	40.67	0.83	0.37
F225	微生物学杂志	726	5	−0.22	0.645	8	−0.23	50.0	5	23.17	0.58	0.26
G769	中国病毒病杂志	513	8	−0.45	1.314	1	0.56	54.4	3	16.00	0.50	0.63
G339	中国病原生物学杂志	1457	3	0.57	0.901	5	0.07	31.6	9	25.75	0.58	0.64
G162	中华实验和临床病毒学杂志	552	7	−0.40	0.635	10	−0.24	26.9	11	15.00	0.42	0.58
12 种期刊平均值		927			0.841							

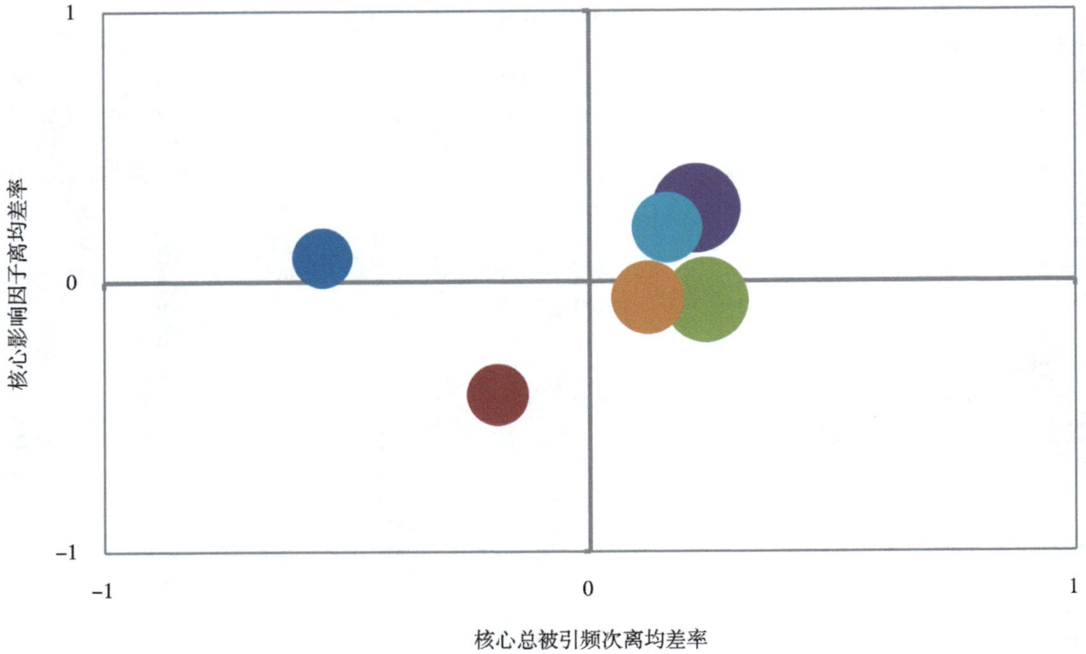

2019 年心理学类期刊核心总被引频次和核心影响因子离均差率的分布图

（节点大小表示综合评价总分）

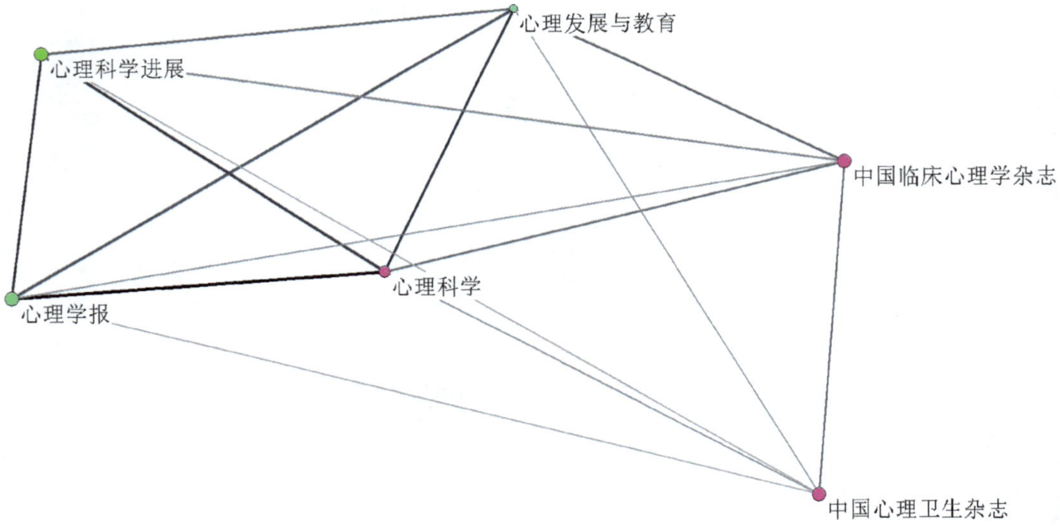

2019 年心理学类期刊互引关系示意图

表 7-21　2019 年心理学类期刊主要指标

CODE	刊名	核心总被引频次			核心影响因子			综合评价总分		学科扩散指标	学科影响指标	红点指标
		数值	排名	离均差率	数值	排名	离均差率	数值	排名			
S700	心理发展与教育	1053	6	−0.55	1.057	3	0.09	41.1	6	28.00	1.00	0.60
S918	心理科学	1889	5	−0.19	0.557	6	−0.42	43.7	5	60.67	1.00	0.33
S919	心理科学进展	2912	1	0.24	0.897	5	−0.07	82.8	2	80.00	1.00	0.24
E046	心理学报	2860	2	0.22	1.223	1	0.27	90.6	1	70.00	1.00	0.20
G221	中国临床心理学杂志	2725	3	0.16	1.159	2	0.20	57.2	4	57.33	1.00	0.52
G117	中国心理卫生杂志	2613	4	0.12	0.905	4	−0.06	61.4	3	68.67	1.00	0.53
	6 种期刊平均值	2342			0.966							

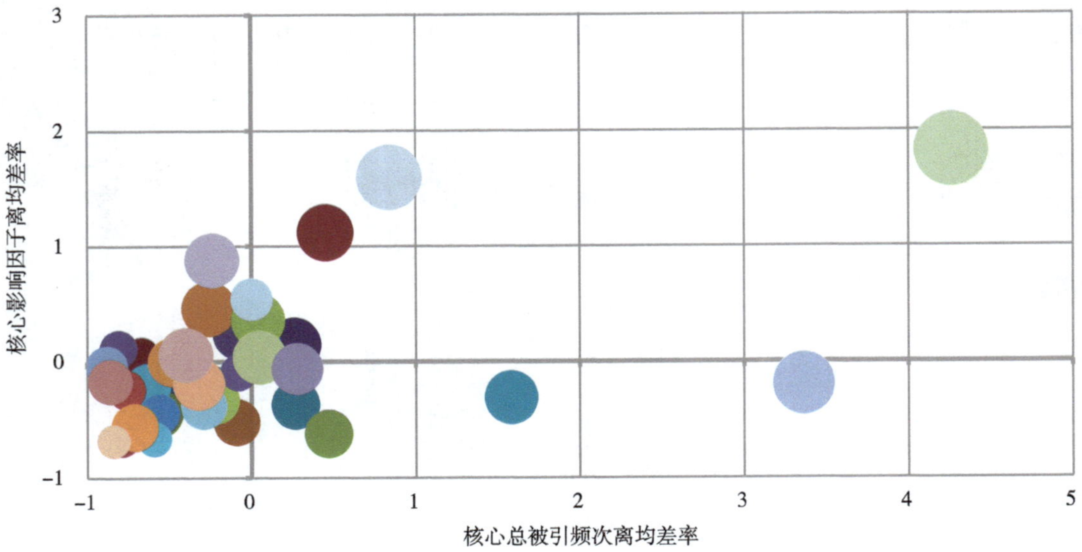

2019 年农业综合类期刊核心总被引频次和核心影响因子离均差率的分布图
（节点大小表示综合评价总分）

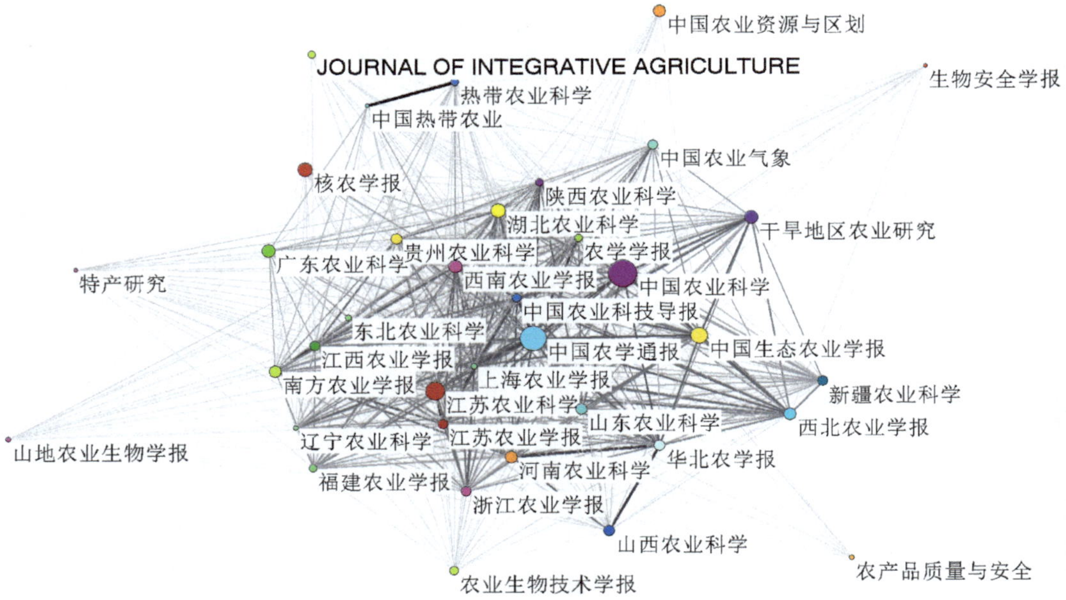

2019 年农业综合类期刊互引关系示意图

表 7-22　2019 年农业综合类期刊主要指标

CODE	刊名	核心总被引频次			核心影响因子			综合评价总分		学科扩散指标	学科影响指标	红点指标
		数值	排名	离均差率	数值	排名	离均差率	数值	排名			
H017	JOURNAL OF INTEGRATIVE AGRICULTURE	1075	25	−0.54	0.641	23	−0.21	35.8	23	6.49	0.89	0.00
H227	东北农业科学	768	30	−0.67	0.851	13	0.05	23.1	33	4.76	0.89	0.69
H265	福建农业学报	1016	27	−0.56	0.452	30	−0.44	38.4	19	6.81	0.97	0.62
H045	干旱地区农业研究	2916	9	0.26	0.939	9	0.15	48.9	9	8.08	0.89	0.74
H228	广东农业科学	2944	8	0.27	0.511	28	−0.37	39.5	17	11.97	1.00	0.58
H275	贵州农业科学	2108	16	−0.09	0.387	32	−0.52	35.6	24	10.49	0.95	0.76
H356	河南农业科学	2373	12	0.03	0.933	10	0.15	42.8	15	8.46	0.95	0.75
H042	核农学报	3355	6	0.45	1.720	3	1.12	53.2	4	9.14	0.97	0.67
H203	湖北农业科学	3404	5	0.47	0.313	34	−0.62	38.2	21	14.76	0.97	0.51
H032	华北农学报	2153	14	−0.07	1.017	8	0.25	50.0	7	6.97	0.89	0.86
H700	江苏农业科学	5968	3	1.58	0.559	26	−0.31	47.3	12	17.19	1.00	0.61
H199	江苏农业学报	1720	20	−0.26	1.189	6	0.46	50.3	5	7.70	0.95	0.59
H701	江西农业学报	1759	19	−0.24	0.619	24	−0.24	38.7	18	9.38	0.92	0.67
H261	辽宁农业科学	491	33	−0.79	0.277	36	−0.66	21.1	35	3.97	0.84	0.58
H069	南方农业学报	2401	11	0.04	1.107	7	0.36	48.7	10	9.54	0.97	0.73
H071	农产品质量与安全	442	34	−0.81	0.905	11	0.11	24.1	32	3.11	0.57	0.66
H105	农学学报	847	29	−0.63	0.644	22	−0.21	35.4	25	6.51	0.89	0.65
H286	农业生物技术学报	1192	24	−0.48	0.812	15	0.00	40.6	16	6.62	0.81	0.55
H516	热带农业科学	1025	26	−0.56	0.451	31	−0.45	27.5	30	6.59	0.73	0.56
H070	山地农业生物学报	548	32	−0.76	0.615	25	−0.24	25.1	31	5.22	0.73	0.62
H804	山东农业科学	1812	17	−0.22	0.547	27	−0.33	38.3	20	8.35	0.97	0.72
H390	山西农业科学	2119	15	−0.08	0.742	18	−0.09	22.0	34	8.57	0.97	0.65
H217	陕西农业科学	942	28	−0.59	0.278	35	−0.66	20.3	36	6.24	0.92	0.60
H282	上海农业学报	660	31	−0.71	0.355	33	−0.56	37.3	22	5.70	0.89	0.58
H080	生物安全学报	286	37	−0.88	0.779	16	−0.04	29.1	29	2.51	0.54	0.46
H041	特产研究	329	36	−0.86	0.674	19	−0.17	32.7	27	4.51	0.51	0.47
H288	西北农业学报	2425	10	0.05	0.848	14	0.04	48.4	11	8.46	1.00	0.69
H061	西南农业学报	2959	7	0.28	0.767	17	−0.06	44.8	14	9.38	1.00	0.66
H276	新疆农业科学	1637	21	−0.29	0.506	29	−0.38	35.2	26	7.14	0.89	0.67
H201	浙江农业学报	1577	22	−0.32	0.655	21	−0.19	45.3	13	9.43	0.95	0.55
H958	中国农学通报	10080	2	3.36	0.656	20	−0.19	63.9	3	18.59	1.00	0.63
H567	中国农业科技导报	1393	23	−0.40	0.861	12	0.06	50.1	6	9.43	0.95	0.65
H030	中国农业科学	12159	1	4.26	2.302	1	1.83	93.6	1	14.32	1.00	0.69
H210	中国农业气象	1767	18	−0.24	1.529	4	0.88	49.9	8	6.81	0.95	0.63
H221	中国农业资源与区划	2315	13	0.00	1.254	5	0.54	29.8	28	8.59	0.81	0.56
H081	中国热带农业	373	35	−0.84	0.259	37	−0.68	18.3	37	2.38	0.51	0.52
H555	中国生态农业学报	4248	4	0.84	2.112	2	1.60	71.7	2	10.51	0.95	0.58
	37 种期刊平均值	2313			0.813							

农业大学学报

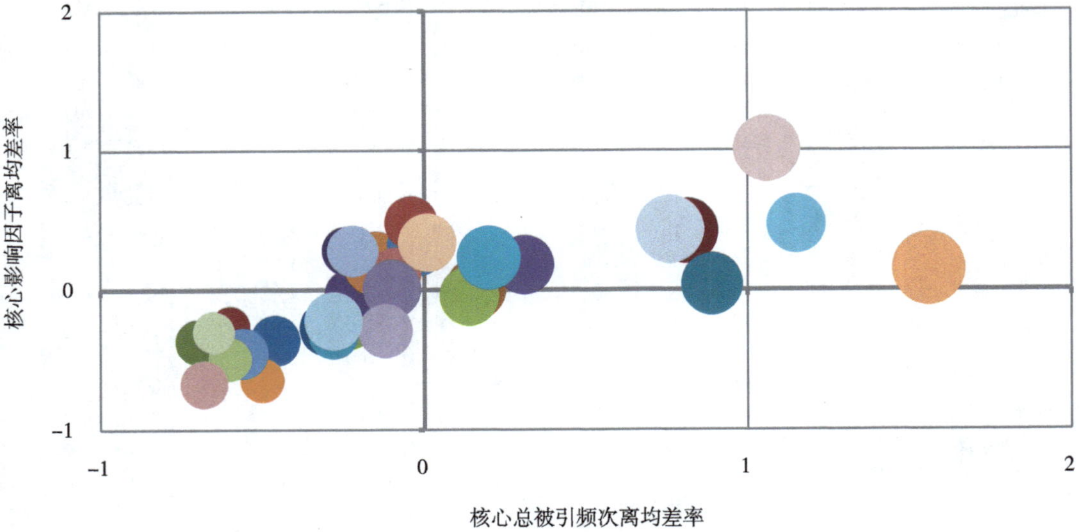

2019 年农业大学学报类期刊核心总被引频次和核心影响因子离均差率的分布图
（节点大小表示综合评价总分）

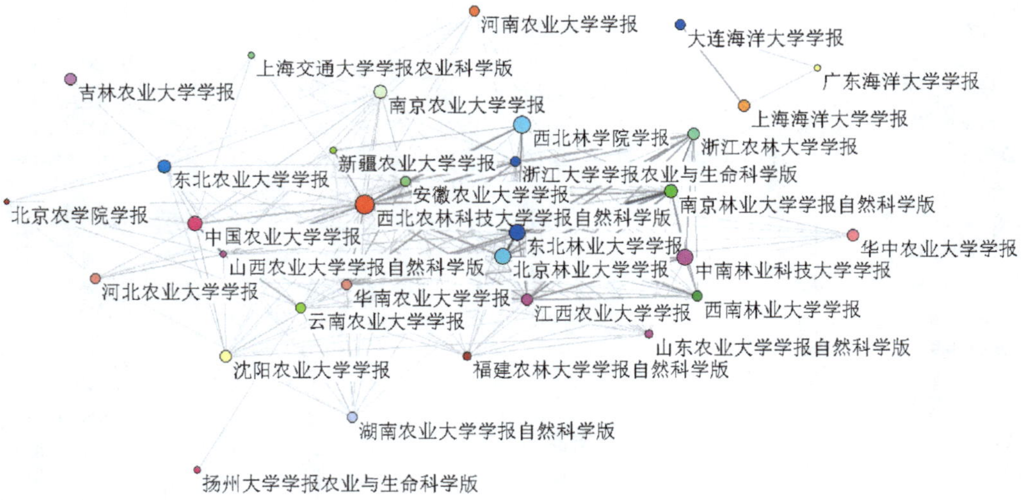

2019 年农业大学学报类期刊互引关系示意图

表 7-23　2019 年农业大学学报类期刊主要指标

CODE	刊名	核心总被引频次			核心影响因子			综合评价总分		学科扩散指标	学科影响指标	红点指标
		数值	排名	离均差率	数值	排名	离均差率	数值	排名			
H002	安徽农业大学学报	856	24	-0.30	0.536	23	-0.27	45.2	16	8.97	0.75	0.44
H025	北京林业大学学报	2227	5	0.81	1.047	5	0.42	63.5	4	11.03	0.84	0.39
H263	北京农学院学报	367	32	-0.70	0.465	28	-0.37	29.3	28	5.47	0.47	0.39
H005	大连海洋大学学报	941	21	-0.24	0.941	9	0.28	35.6	26	5.06	0.44	0.39
H262	东北林业大学学报	2329	4	0.89	0.768	15	0.04	57.6	7	11.63	0.94	0.50
H006	东北农业大学学报	1429	9	0.16	0.742	16	0.01	55.0	9	10.84	0.94	0.48
H268	福建农林大学学报自然科学版	664	25	-0.46	0.469	27	-0.36	38.4	22	7.44	0.88	0.54
H272	广东海洋大学学报	496	28	-0.60	0.543	22	-0.26	24.2	32	4.53	0.34	0.35
H244	河北农业大学学报	945	20	-0.23	0.562	21	-0.24	38.3	23	8.00	0.81	0.50
H011	河南农业大学学报	950	19	-0.23	0.715	18	-0.03	37.4	25	8.16	0.72	0.46
H060	湖南农业大学学报自然科学版	883	23	-0.28	0.508	26	-0.31	37.9	24	7.41	0.75	0.52
H013	华南农业大学学报	1048	17	-0.15	0.881	11	0.19	61.9	5	9.09	0.78	0.54
H003	华中农业大学学报	1209	12	-0.02	0.977	7	0.32	56.1	8	9.16	0.91	0.39
H243	吉林农业大学学报	1179	13	-0.04	1.095	2	0.48	42.7	18	9.19	0.81	0.39
H283	江西农业大学学报	1407	10	0.14	0.709	19	-0.04	53.0	10	9.63	0.94	0.51
H033	南京林业大学学报自然科学版	1618	7	0.31	0.868	12	0.18	52.2	12	9.81	0.78	0.50
H021	南京农业大学学报	1481	8	0.20	0.906	10	0.23	61.6	6	9.72	0.94	0.44
H031	山东农业大学学报自然科学版	615	26	-0.50	0.269	31	-0.64	29.2	29	9.25	0.66	0.21
H393	山西农业大学学报自然科学版	547	27	-0.56	0.405	29	-0.45	38.7	21	6.28	0.59	0.56
H292	上海海洋大学学报	1118	14	-0.09	0.830	14	0.12	40.9	19	5.84	0.41	0.43
H022	上海交通大学学报农业科学版	489	29	-0.60	0.376	30	-0.49	28.1	30	6.81	0.72	0.31
H024	沈阳农业大学学报	1107	15	-0.10	0.742	16	0.01	51.1	14	9.19	0.91	0.43
H224	西北林学院学报	2641	2	1.15	1.085	3	0.47	52.7	11	10.53	0.78	0.47
H018	西北农林科技大学学报自然科学版	3149	1	1.56	0.848	13	0.15	80.6	1	14.72	1.00	0.44
H270	西南林业大学学报	958	18	-0.22	0.945	8	0.28	39.7	20	6.69	0.66	0.57
H908	新疆农业大学学报	400	31	-0.68	0.246	32	-0.67	34.2	27	4.88	0.41	0.42
H016	扬州大学学报农业与生命科学版	430	30	-0.65	0.515	25	-0.30	26.5	31	4.81	0.50	0.43
H269	云南农业大学学报	1082	16	-0.12	0.525	24	-0.29	43.8	17	8.31	0.78	0.50
H035	浙江大学学报农业与生命科学版	886	22	-0.28	0.573	20	-0.22	51.0	15	9.13	0.81	0.44
H019	浙江农林大学学报	1239	11	0.01	0.986	6	0.34	51.5	13	8.94	0.78	0.60
H027	中国农业大学学报	2163	6	0.76	1.055	4	0.43	70.8	2	13.94	0.94	0.44
H053	中南林业科技大学学报	2536	3	1.06	1.486	1	1.01	67.8	3	11.47	0.88	0.51
	32 种期刊平均值	1231			0.738							

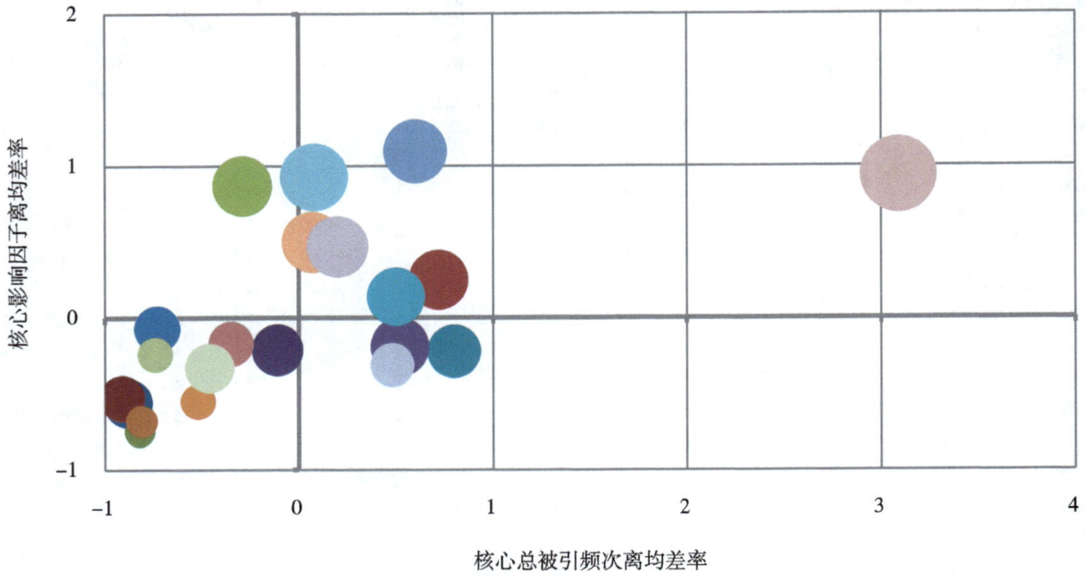

2019 年农艺学类期刊核心总被引频次和核心影响因子离均差率的分布图
（节点大小表示综合评价总分）

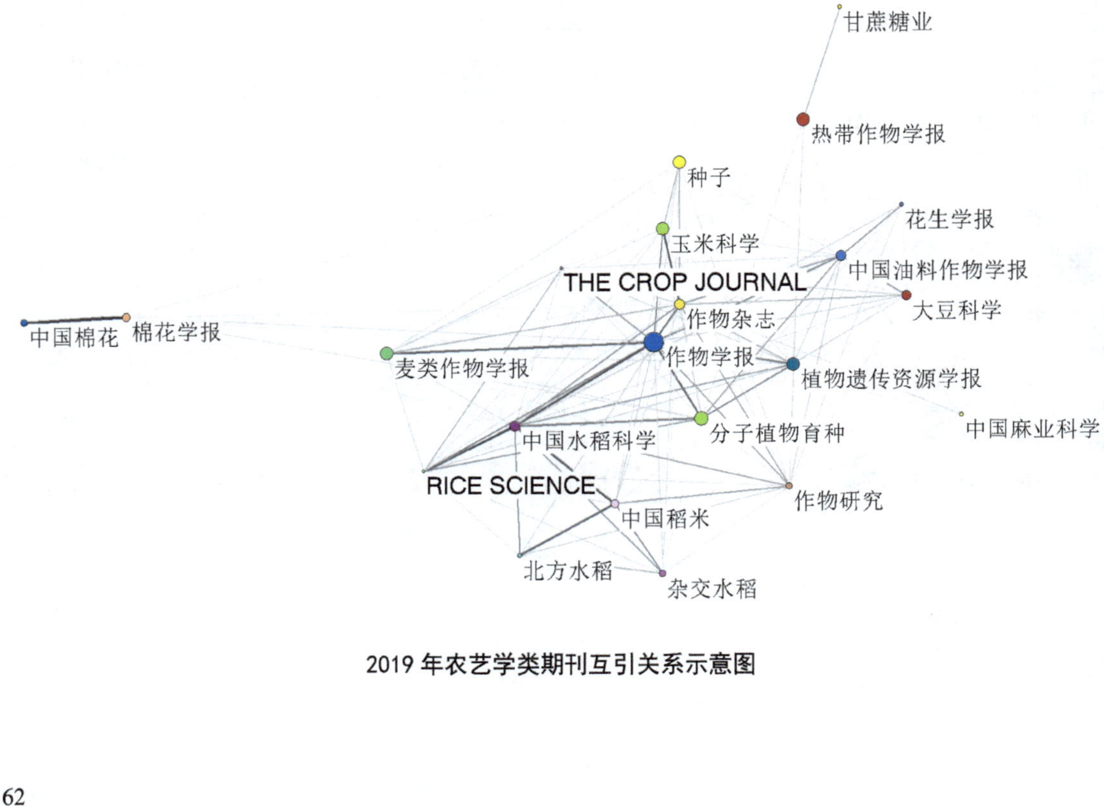

2019 年农艺学类期刊互引关系示意图

表 7-24　2019 年农艺学类期刊主要指标

CODE	刊名	核心总被引频次			核心影响因子			综合评价总分		学科扩散指标	学科影响指标	红点指标
		数值	排名	离均差率	数值	排名	离均差率	数值	排名			
I065	RICE SCIENCE	176	21	−0.88	0.373	20	−0.56	37.3	13	3.86	0.59	0.00
H064	THE CROP JOURNAL	137	22	−0.91	0.397	18	−0.53	32.8	15	2.95	0.55	0.00
H128	北方水稻	262	20	−0.82	0.216	22	−0.75	14.7	21	3.59	0.59	0.79
H038	大豆科学	1300	11	−0.11	0.672	12	−0.21	41.6	11	9.45	0.73	0.69
H845	分子植物育种	2636	2	0.80	0.666	13	−0.22	44.4	10	11.86	0.91	0.56
H844	甘蔗糖业	282	19	−0.81	0.272	21	−0.68	16.0	20	3.50	0.32	0.34
H665	花生学报	394	17	−0.73	0.794	9	−0.07	33.2	14	3.86	0.50	0.85
H748	麦类作物学报	2523	3	0.72	1.064	7	0.25	55.2	7	10.14	0.82	0.76
H037	棉花学报	1034	12	−0.29	1.596	4	0.87	56.2	6	6.68	0.59	0.75
H223	热带作物学报	2220	5	0.52	0.693	11	−0.19	54.2	8	14.18	0.82	0.39
H909	玉米科学	2190	6	0.50	0.968	8	0.14	52.8	9	8.68	0.73	0.91
H293	杂交水稻	710	16	−0.52	0.380	19	−0.55	19.2	19	4.64	0.73	0.98
H238	植物遗传资源学报	2348	4	0.60	1.788	1	1.10	64.1	3	8.45	0.91	0.75
H939	中国稻米	954	13	−0.35	0.704	10	−0.17	31.5	16	6.64	0.68	0.79
H212	中国麻业科学	378	18	−0.74	0.650	14	−0.24	19.2	18	3.59	0.50	0.23
H211	中国棉花	820	14	−0.44	0.532	17	−0.38	14.4	22	4.45	0.50	0.68
H020	中国水稻科学	1584	9	0.08	1.645	3	0.93	71.7	2	8.77	0.82	0.84
H205	中国油料作物学报	1562	10	0.07	1.274	5	0.50	58.1	5	9.41	0.73	0.75
H103	种子	2168	7	0.48	0.585	15	−0.31	30.2	17	10.32	1.00	0.68
H034	作物学报	5984	1	3.09	1.651	2	0.94	91.3	1	12.91	1.00	0.81
H410	作物研究	794	15	−0.46	0.574	16	−0.33	38.1	12	8.55	0.91	0.78
H202	作物杂志	1762	8	0.20	1.252	6	0.47	58.9	4	9.77	0.95	0.79
	22 种期刊平均值	1464			0.852							

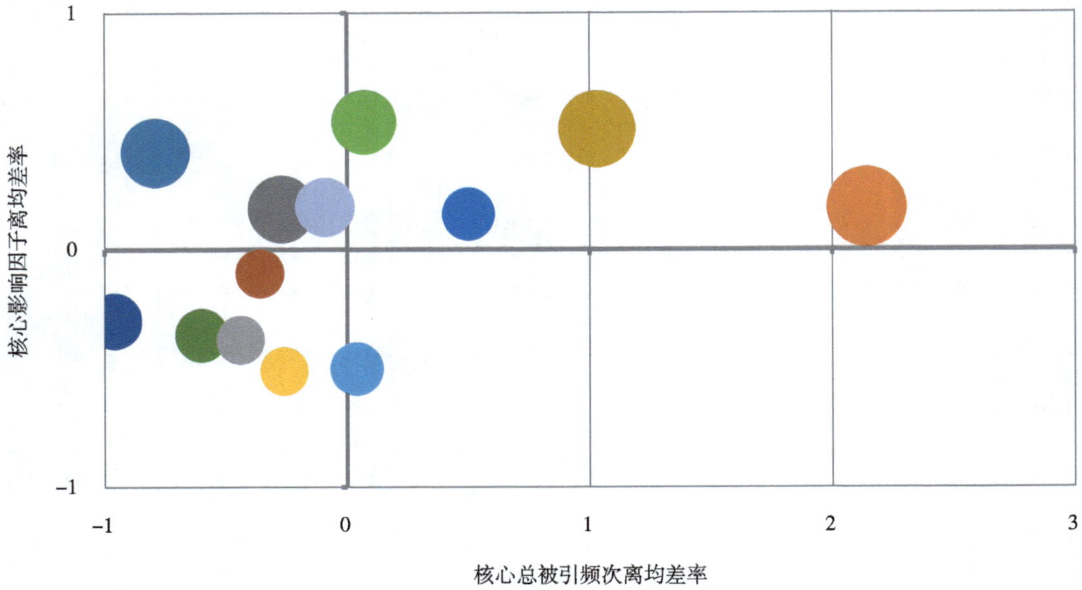

2019 年园艺学类期刊核心总被引频次和核心影响因子离均差率的分布图
（节点大小表示综合评价总分）

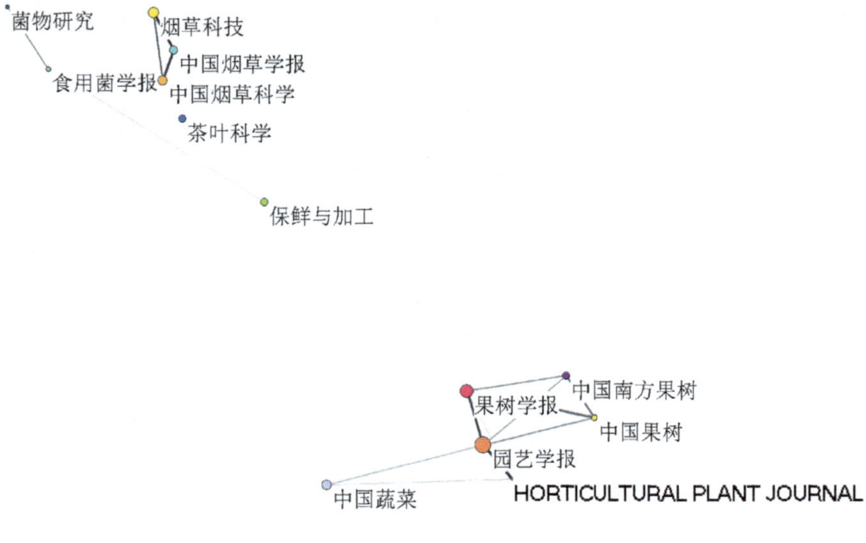

2019 年园艺学类期刊互引关系示意图

表 7-25　2019 年园艺学类期刊主要指标

CODE	刊名	核心总被引频次			核心影响因子			综合评价总分		学科扩散指标	学科影响指标	红点指标
		数值	排名	离均差率	数值	排名	离均差率	数值	排名			
H062	HORTICULTURAL PLANT JOURNAL	61	13	−0.96	0.629	9	−0.30	38.8	7	2.23	0.31	0.00
U645	保鲜与加工	893	9	−0.36	0.805	8	−0.10	30.0	11	12.00	0.46	0.28
H001	茶叶科学	1014	8	−0.27	1.049	6	0.17	57.2	4	14.85	0.46	0.30
H028	果树学报	2824	2	1.03	1.350	2	0.51	74.7	2	16.69	0.54	0.67
C325	菌物研究	290	12	−0.79	1.263	3	0.41	60.0	3	7.92	0.46	0.13
H838	食用菌学报	551	11	−0.60	0.569	10	−0.36	35.0	10	8.77	0.31	0.11
U562	烟草科技	2090	3	0.50	1.025	7	0.15	35.1	9	17.00	0.62	0.51
H039	园艺学报	4374	1	2.14	1.059	4	0.18	80.7	1	19.92	1.00	0.65
H215	中国果树	785	10	−0.44	0.550	11	−0.38	29.1	13	10.46	0.46	0.61
H273	中国南方果树	1029	7	−0.26	0.439	13	−0.51	29.3	12	11.77	0.54	0.50
H207	中国蔬菜	1443	5	0.04	0.447	12	−0.50	35.4	8	15.15	0.62	0.31
H208	中国烟草科学	1487	4	0.07	1.378	1	0.54	52.5	5	12.15	0.46	0.61
U647	中国烟草学报	1268	6	−0.09	1.057	5	0.18	43.8	6	13.92	0.46	0.44
	13 种期刊平均值	1393			0. 894							

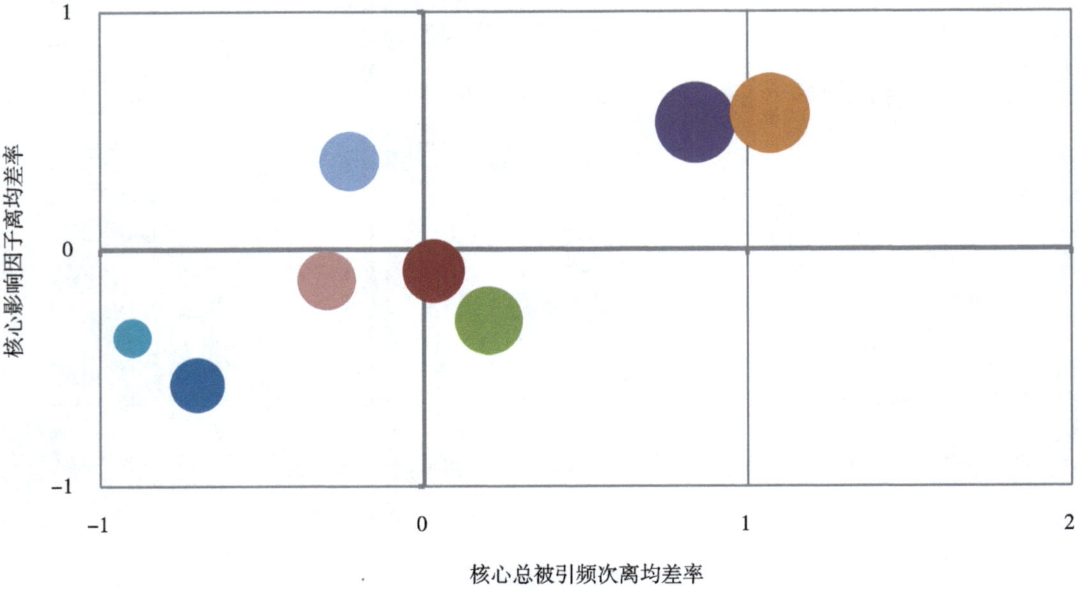

2019 年土壤学类期刊核心总被引频次和核心影响因子离均差率的分布图
（节点大小表示综合评价总分）

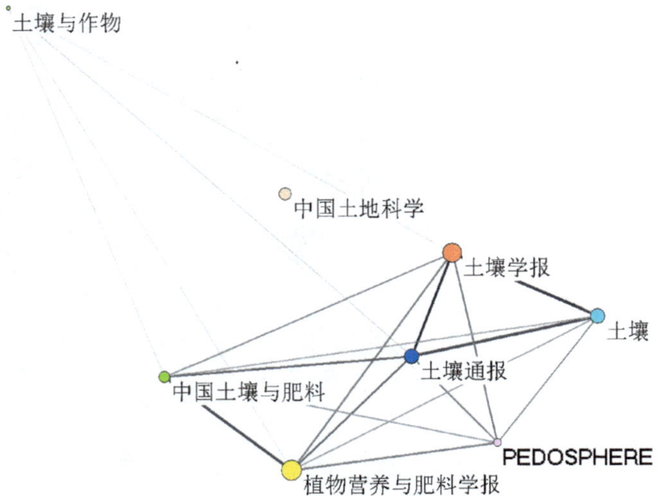

2019 年土壤学类期刊互引关系示意图

表 7-26　2019 年土壤学类期刊主要指标

CODE	刊名	核心总被引频次			核心影响因子			综合评价总分		学科扩散指标	学科影响指标	红点指标
		数值	排名	离均差率	数值	排名	离均差率	数值	排名			
H046	PEDOSPHERE	881	7	−0.70	0.711	8	−0.57	37.8	7	27.38	0.88	0.00
H043	土壤	3077	4	0.03	1.509	4	−0.09	50.1	4	43.38	0.88	0.43
H057	土壤通报	3575	3	0.20	1.167	6	−0.30	58.0	3	47.25	0.88	0.42
H012	土壤学报	5473	2	0.84	2.542	2	0.53	82.3	1	54.38	1.00	0.30
H048	土壤与作物	289	8	−0.90	1.051	7	−0.37	18.6	8	14.38	0.75	0.33
H890	植物营养与肥料学报	6170	1	1.07	2.610	1	0.57	81.3	2	35.25	0.88	0.50
H350	中国土地科学	2290	5	−0.23	2.284	3	0.37	44.9	5	36.75	0.50	0.63
H233	中国土壤与肥料	2093	6	−0.30	1.444	5	−0.13	43.1	6	32.13	0.75	0.63
8 种期刊平均值		2981			1.665							

植物保护学

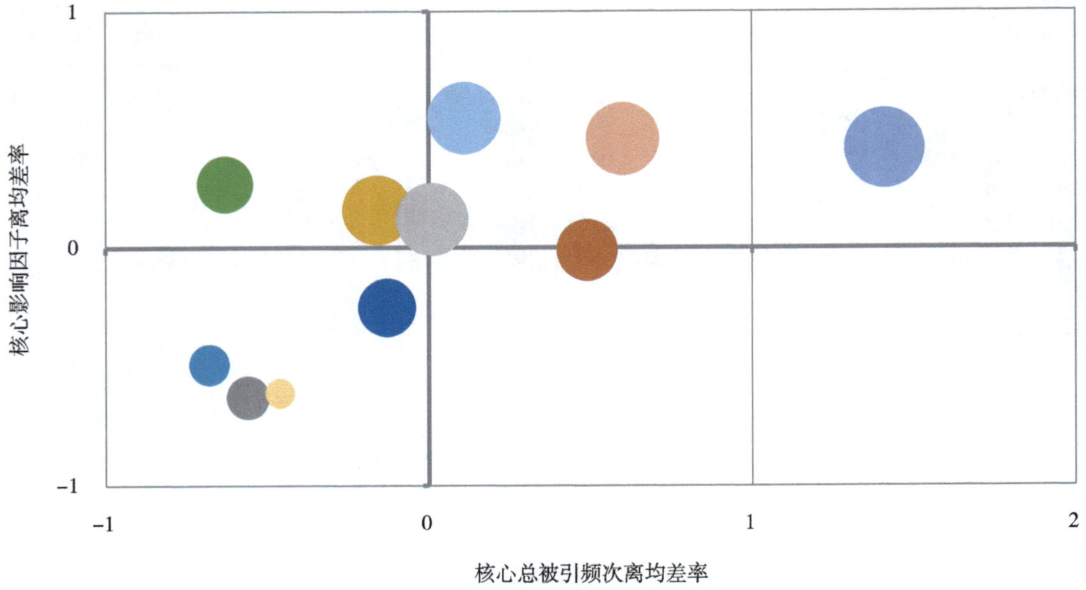

2019 年植物保护学类期刊核心总被引频次和核心影响因子离均差率的分布图
（节点大小表示综合评价总分）

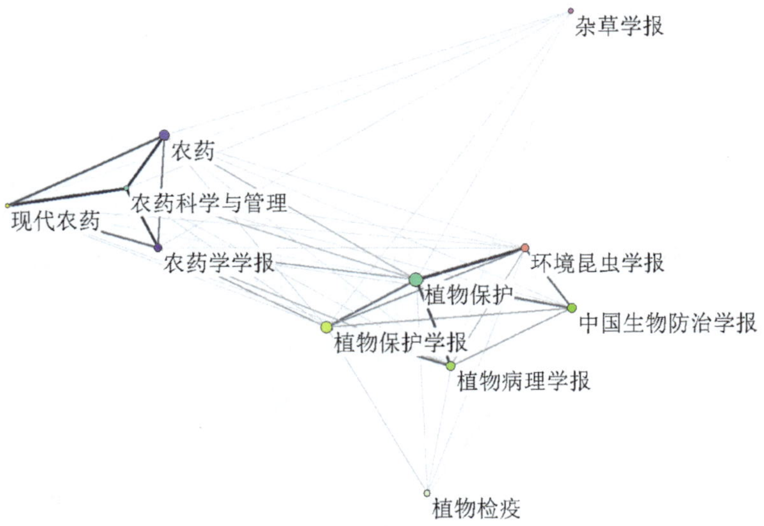

2019 年植物保护学类期刊互引关系示意图

表 7-27　2019 年植物保护学类期刊主要指标

CODE	刊名	核心总被引频次			核心影响因子			综合评价总分		学科扩散指标	学科影响指标	红点指标
		数值	排名	离均差率	数值	排名	离均差率	数值	排名			
H049	环境昆虫学报	1020	6	−0.13	0.591	8	−0.25	43.8	7	14.27	0.73	0.36
T034	农药	1762	3	0.49	0.781	7	−0.01	48.4	6	21.73	0.91	0.64
T924	农药科学与管理	521	9	−0.56	0.288	11	−0.63	24.1	9	12.36	0.91	0.66
H404	农药学学报	993	7	−0.16	0.915	5	0.16	63.2	5	18.91	0.91	0.72
H417	现代农药	375	11	−0.68	0.398	9	−0.49	21.2	10	10.36	0.73	0.63
H989	杂草学报	438	10	−0.63	1.000	4	0.27	41.2	8	7.91	0.91	0.50
H577	植物保护	2836	1	1.41	1.120	3	0.42	83.8	1	22.09	1.00	0.51
H014	植物保护学报	1890	2	0.60	1.153	2	0.46	70.0	2	17.36	1.00	0.27
H052	植物病理学报	1190	5	0.01	0.885	6	0.12	69.2	3	17.00	0.82	0.17
H584	植物检疫	637	8	−0.46	0.309	10	−0.61	11.6	11	10.27	0.82	0.37
H044	中国生物防治学报	1304	4	0.11	1.223	1	0.55	69.0	4	16.82	0.82	0.40
	11 种期刊平均值	1179			0.788							

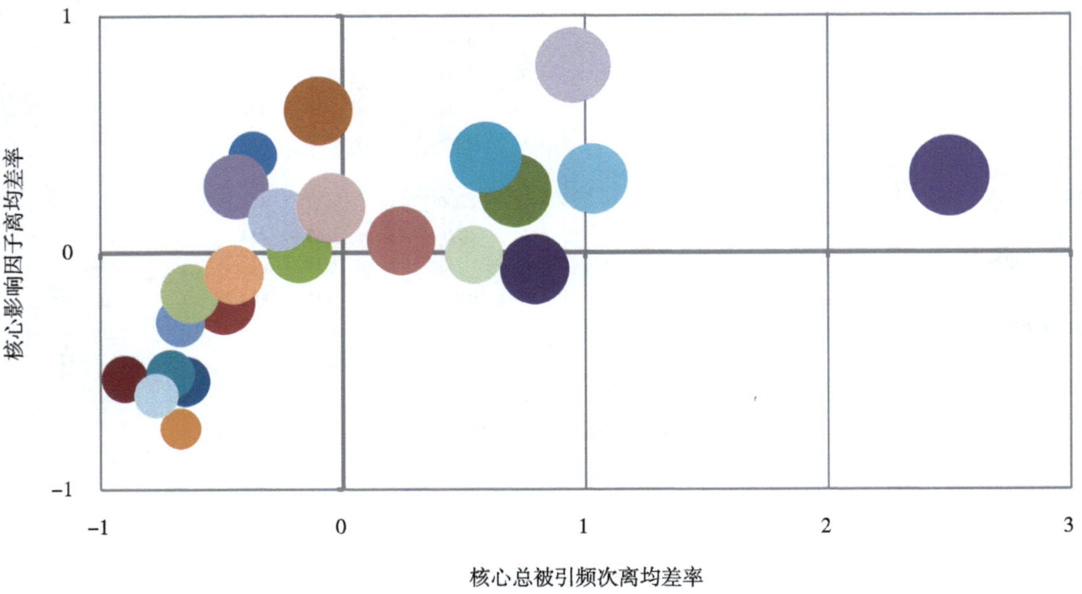

2019 年林学类期刊核心总被引频次和核心影响因子离均差率的分布图
（节点大小表示综合评价总分）

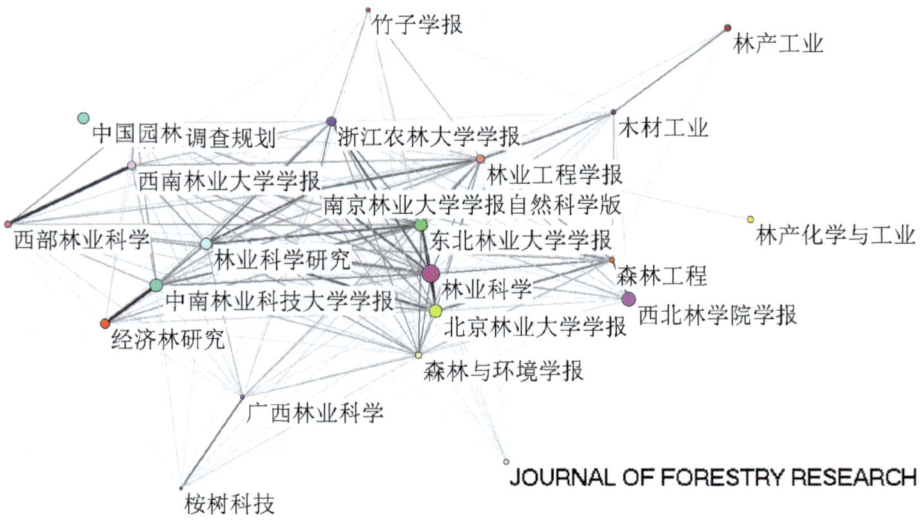

2019 年林学类期刊互引关系示意图

表 7-28　2019 年林学类期刊主要指标

CODE	刊名	核心总被引频次			核心影响因子			综合评价总分		学科扩散指标	学科影响指标	红点指标
		数值	排名	离均差率	数值	排名	离均差率	数值	排名			
I018	JOURNAL OF FORESTRY RESEARCH	454	18	–0.65	0.378	21	–0.54	31.8	17	5.74	0.83	0.00
H340	桉树科技	134	23	–0.90	0.392	20	–0.53	27.8	21	2.00	0.52	0.72
H025	北京林业大学学报	2227	5	0.71	1.047	8	0.26	68.2	3	15.35	1.00	0.43
H262	东北林业大学学报	2329	4	0.79	0.768	14	–0.07	62.3	6	16.17	0.96	0.51
H364	广西林业科学	382	21	–0.71	0.409	19	–0.51	30.6	20	4.52	0.87	0.63
H266	经济林研究	1166	10	–0.10	1.325	2	0.60	60.6	8	8.17	0.83	0.58
U037	林产工业	823	13	–0.37	1.172	3	0.41	30.7	18	4.35	0.78	0.32
T017	林产化学与工业	658	16	–0.49	0.652	17	–0.21	50.2	13	10.13	0.70	0.30
H740	林业工程学报	1070	11	–0.18	0.837	12	0.01	54.3	11	11.35	0.96	0.32
H280	林业科学	4560	1	2.50	1.097	5	0.32	83.6	1	16.91	1.00	0.49
H281	林业科学研究	2066	6	0.59	1.164	4	0.40	65.8	4	10.17	0.87	0.46
H102	林业调查规划	428	20	–0.67	0.212	23	–0.74	21.3	23	6.57	0.78	0.26
U533	木材工业	433	19	–0.67	0.591	18	–0.29	30.6	19	3.09	0.83	0.18
H033	南京林业大学学报自然科学版	1618	8	0.24	0.868	11	0.05	59.6	9	13.65	1.00	0.47
H382	森林工程	486	17	–0.63	0.687	16	–0.17	44.2	15	8.22	0.83	0.19
H051	森林与环境学报	735	14	–0.44	1.057	7	0.28	54.5	10	7.39	0.87	0.54
H224	西北林学院学报	2641	2	1.03	1.085	6	0.31	63.5	5	14.65	1.00	0.50
H385	西部林业科学	712	15	–0.45	0.758	15	–0.09	45.1	14	7.87	0.83	0.44
H270	西南林业大学学报	958	12	–0.26	0.945	10	0.14	52.0	12	9.30	0.91	0.59
H019	浙江农林大学学报	1239	9	–0.05	0.986	9	0.19	61.0	7	12.43	1.00	0.53
V039	中国园林	2007	7	0.54	0.823	13	–0.01	43.3	16	9.04	0.61	1.00
H053	中南林业科技大学学报	2536	3	0.95	1.486	1	0.79	74.0	2	15.96	1.00	0.49
H026	竹子学报	295	22	–0.77	0.331	22	–0.60	25.3	22	3.57	0.65	0.24
	23 种期刊平均值	1302			0. 829							

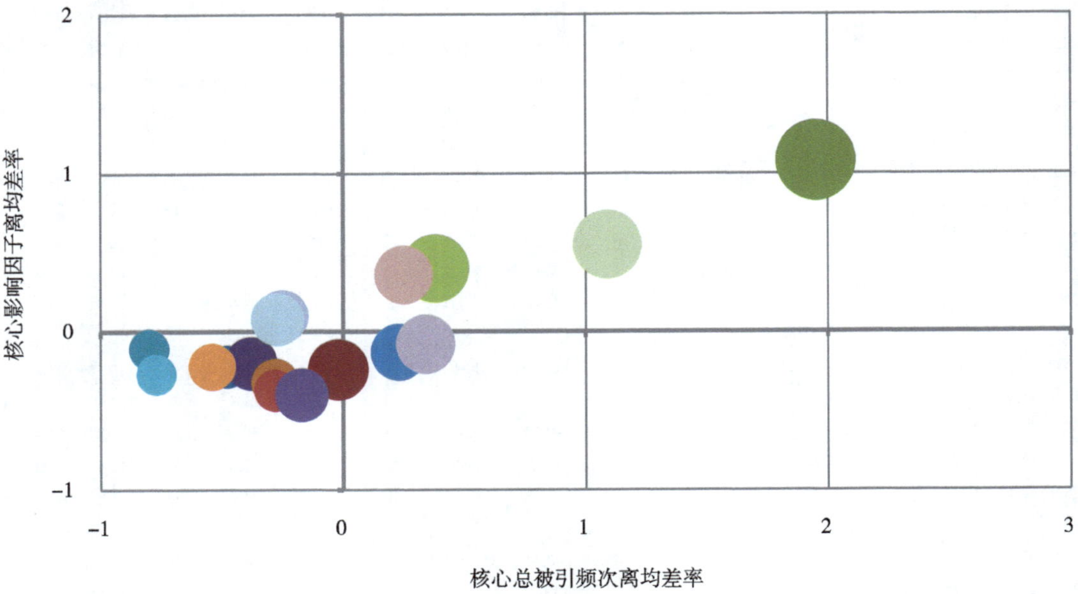

2019 年畜牧、兽医科学类期刊核心总被引频次和核心影响因子离均差率的分布图
（节点大小表示综合评价总分）

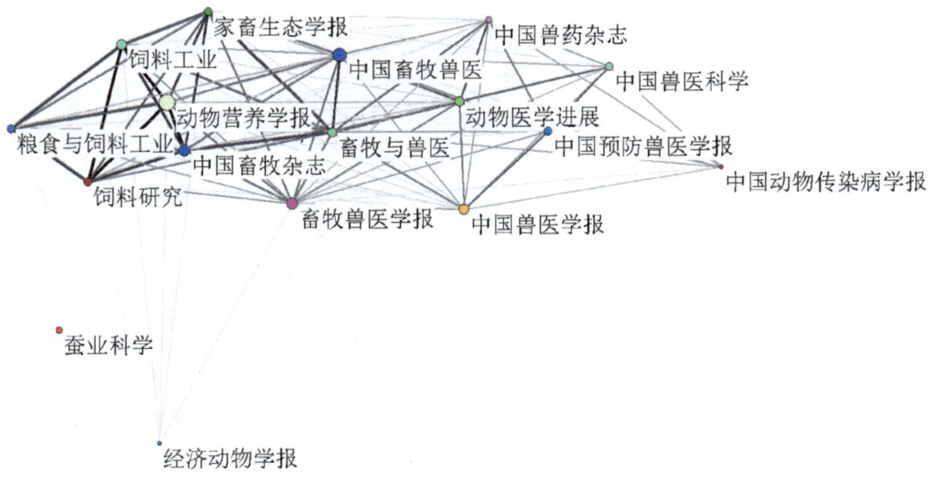

2019 年畜牧、兽医科学类期刊互引关系示意图

表 7-29　2019 年畜牧、兽医科学类期刊主要指标

CODE	刊名	核心总被引频次			核心影响因子			综合评价总分		学科扩散指标	学科影响指标	红点指标
		数值	排名	离均差率	数值	排名	离均差率	数值	排名			
H009	蚕业科学	703	14	-0.48	0.460	11	-0.22	22.9	14	9.88	0.47	0.31
G775	动物医学进展	1324	7	-0.02	0.446	13	-0.24	45.8	4	18.65	0.94	0.51
F231	动物营养学报	4000	1	1.95	1.220	1	1.08	80.4	1	17.71	1.00	0.78
H240	家畜生态学报	846	13	-0.38	0.466	10	-0.20	35.3	10	9.29	0.94	0.47
H333	经济动物学报	268	17	-0.80	0.521	8	-0.11	20.5	16	5.00	0.76	0.50
U055	粮食与饲料工业	981	11	-0.28	0.399	15	-0.32	28.5	12	10.00	0.76	0.33
H862	饲料工业	1668	6	0.23	0.507	9	-0.13	40.2	7	13.00	0.94	0.71
H864	饲料研究	976	12	-0.28	0.369	16	-0.37	22.3	15	8.71	0.88	0.64
H023	畜牧兽医学报	1870	3	0.38	0.821	3	0.40	58.2	3	13.12	1.00	0.57
H218	畜牧与兽医	1122	8	-0.17	0.353	17	-0.40	35.9	8	12.59	0.88	0.60
H891	中国动物传染病学报	315	16	-0.77	0.425	14	-0.27	19.9	17	4.53	0.71	0.43
H317	中国兽药杂志	625	15	-0.54	0.455	12	-0.22	27.6	13	10.12	0.94	0.47
H326	中国兽医科学	1019	9	-0.25	0.642	5	0.10	34.6	11	9.35	0.82	0.56
H225	中国兽医学报	1696	5	0.25	0.799	4	0.36	43.0	6	12.18	1.00	0.57
H294	中国畜牧兽医	2838	2	1.09	0.907	2	0.55	59.7	2	18.24	0.94	0.64
H242	中国畜牧杂志	1823	4	0.34	0.541	7	-0.08	44.2	5	12.88	1.00	0.57
H099	中国预防兽医学报	988	10	-0.27	0.634	6	0.08	35.7	9	8.00	0.82	0.44
	17 种期刊平均值	1357			0.586							

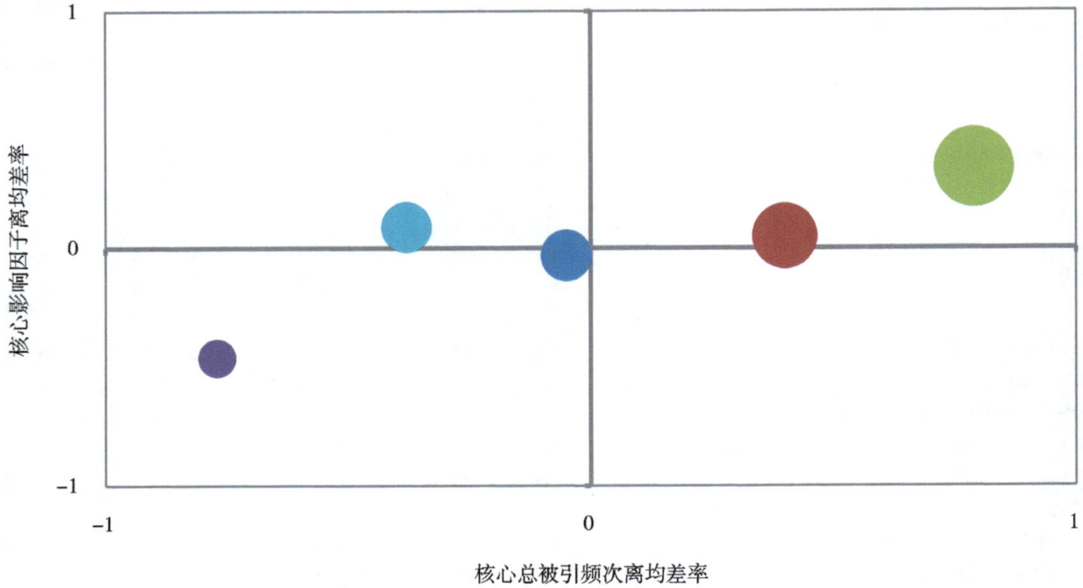

2019 年草原学类期刊核心总被引频次和核心影响因子离均差率的分布图
（节点大小表示综合评价总分）

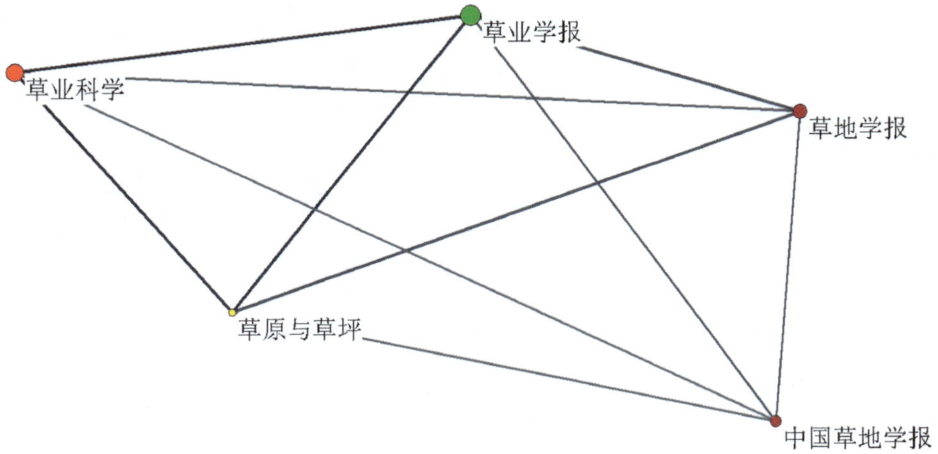

2019 年草原学类期刊互引关系示意图

表 7-30　2019 年草原学类期刊主要指标

CODE	刊名	核心总被引频次			核心影响因子			综合评价总分		学科扩散指标	学科影响指标	红点指标
		数值	排名	离均差率	数值	排名	离均差率	数值	排名			
H525	草地学报	2557	3	-0.05	1.296	4	-0.03	39.8	3	50.60	1.00	0.52
H234	草业科学	3753	2	0.40	1.406	3	0.05	64.2	2	69.00	1.00	0.46
H527	草业学报	4798	1	0.79	1.787	1	0.34	96.7	1	69.80	1.00	0.47
H538	草原与草坪	607	5	-0.77	0.725	5	-0.46	21.6	5	27.40	1.00	0.55
H213	中国草地学报	1673	4	-0.38	1.449	2	0.09	38.8	4	38.80	1.00	0.47
	5 种期刊平均值	2678			1.333							

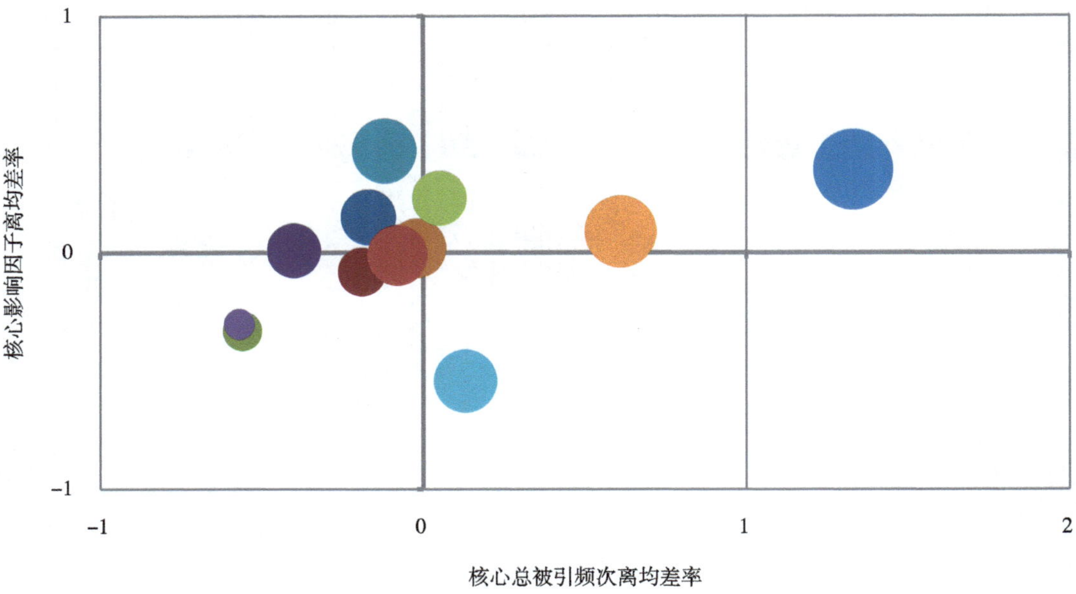

2019 年水产学类期刊核心总被引频次和核心影响因子离均差率的分布图
（节点大小表示综合评价总分）

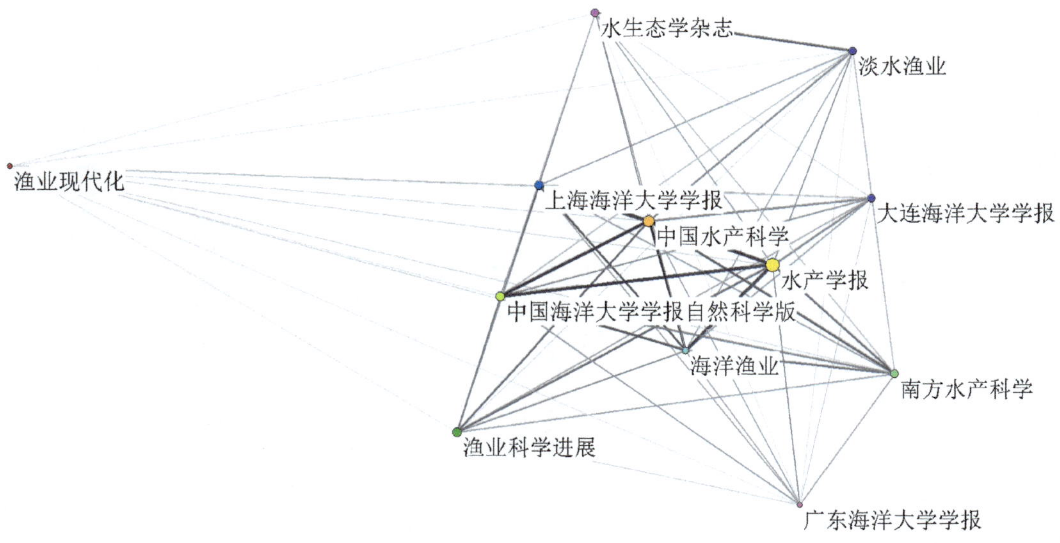

2019 年水产学类期刊互引关系示意图

表 7-31　2019 年水产学类期刊主要指标

CODE	刊名	核心总被引频次			核心影响因子			综合评价总分		学科扩散指标	学科影响指标	红点指数
		数值	排名	离均差率	数值	排名	离均差率	数值	排名			
H005	大连海洋大学学报	941	8	−0.17	0.941	4	0.15	37.9	7	13.50	1.00	0.42
H040	淡水渔业	925	9	−0.19	0.751	9	−0.08	28.4	10	11.92	1.00	0.34
H272	广东海洋大学学报	496	11	−0.56	0.543	11	−0.33	18.8	11	12.08	1.00	0.43
H284	海洋渔业	676	10	−0.40	0.821	7	0.01	36.2	9	9.42	1.00	0.51
H068	南方水产科学	1000	7	−0.12	1.166	1	0.43	52.2	3	11.42	1.00	0.44
H292	上海海洋大学学报	1118	5	−0.02	0.830	6	0.02	42.6	6	15.58	1.00	0.46
H008	水产学报	2644	1	1.33	1.099	2	0.35	80.0	1	19.25	1.00	0.55
H850	水生态学杂志	1045	6	−0.08	0.803	8	−0.01	44.9	5	16.25	1.00	0.40
H998	渔业科学进展	1193	4	0.05	1.000	3	0.23	36.8	8	13.92	1.00	0.51
H220	渔业现代化	485	12	−0.57	0.571	10	−0.30	11.9	12	9.75	1.00	0.36
E313	中国海洋大学学报自然科学版	1283	3	0.13	0.372	12	−0.54	49.3	4	31.67	1.00	0.29
H290	中国水产科学	1824	2	0.61	0.887	5	0.09	64.1	2	15.50	1.00	0.46
	12 种期刊平均值	1136			0.815							

医学综合

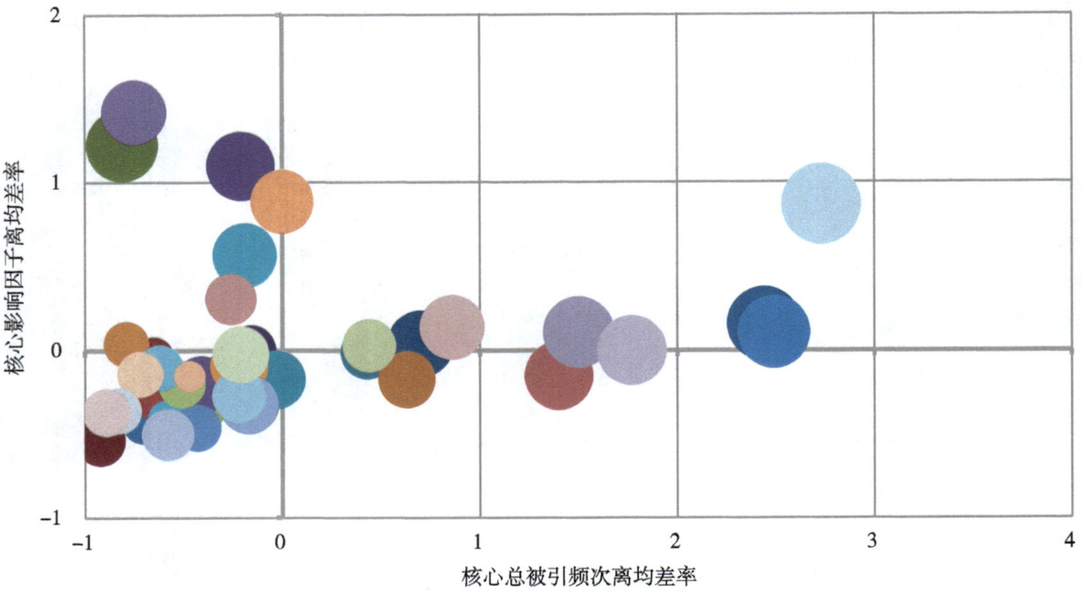

2019 年医学综合类期刊核心总被引频次和核心影响因子离均差率的分布图
（节点大小表示综合评价总分）

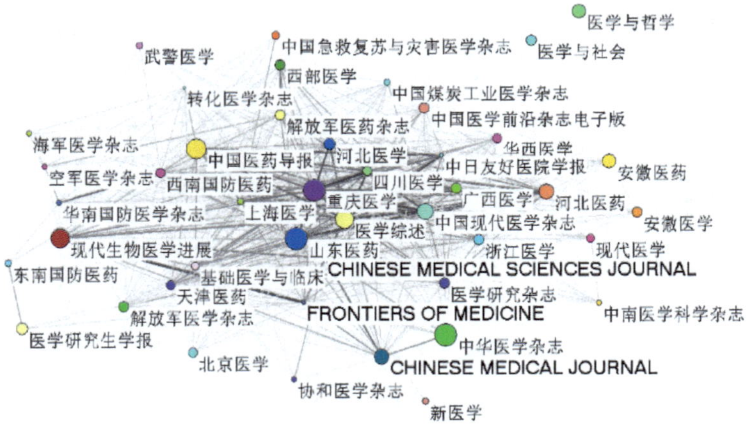

2019 年医学综合类期刊互引关系示意图

表 7-32　2019 年医学综合类期刊主要指标

CODE	刊名	核心总被引频次			核心影响因子			综合评价总分		学科扩散指标	学科影响指标	红点指标
		数值	排名	离均差率	数值	排名	离均差率	数值	排名			
I201	CHINESE MEDICAL JOURNAL	3346	8	0.70	0.688	12	0.04	52.5	9	15.41	0.86	0.00
G126	CHINESE MEDICAL SCIENCES JOURNAL	161	44	−0.92	0.305	44	−0.54	28.4	31	2.95	0.45	0.00
I237	FRONTIERS OF MEDICINE	373	41	−0.81	1.466	2	1.22	60.9	4	5.48	0.52	0.00
G786	安徽医学	1658	14	−0.16	0.662	15	0.00	31.0	30	9.20	0.77	0.65
Q906	安徽医药	2810	11	0.43	0.652	17	−0.01	33.6	24	11.82	0.84	0.70
G016	北京医学	1348	24	−0.32	0.547	27	−0.17	26.2	33	9.02	0.80	0.64
G225	重庆医学	6780	3	2.44	0.763	8	0.16	64.6	2	16.23	0.95	0.65
G944	东南国防医药	688	34	−0.65	0.632	19	−0.04	19.3	41	5.09	0.68	0.58
G816	广西医学	1654	15	−0.16	0.446	34	−0.32	37.3	21	11.05	0.86	0.79
G899	海军医学杂志	559	37	−0.72	0.429	37	−0.35	17.7	43	4.80	0.66	0.53
G641	河北医学	1913	13	−0.03	0.550	25	−0.17	40.4	16	8.91	0.73	0.66
G898	河北医药	3215	9	0.63	0.549	26	−0.17	38.9	17	11.52	0.89	0.74
G340	华南国防医学杂志	592	36	−0.70	0.384	41	−0.42	24.3	40	5.45	0.61	0.55
G294	华西医学	1397	23	−0.29	0.536	28	−0.19	40.7	15	9.68	0.82	0.61
G003	基础医学与临床	979	29	−0.50	0.435	36	−0.34	34.0	22	9.23	0.75	0.58
G048	解放军医学杂志	1560	18	−0.21	1.383	3	1.10	55.7	8	9.86	0.77	0.70
G671	解放军医药杂志	1592	17	−0.19	1.037	6	0.57	49.1	12	8.59	0.73	0.83
Q907	空军医学杂志	416	40	−0.79	0.688	12	0.04	24.5	39	3.39	0.55	0.56
G511	山东医药	6885	2	2.49	0.729	11	0.11	62.0	3	15.68	0.91	0.73
G069	上海医学	681	35	−0.65	0.491	31	−0.25	32.5	26	7.55	0.68	0.29
G575	四川医学	1189	25	−0.40	0.454	33	−0.31	32.0	28	9.16	0.73	0.62
G076	天津医药	1166	26	−0.41	0.524	30	−0.20	38.7	19	10.18	0.73	0.82
G707	武警医学	820	31	−0.58	0.392	40	−0.41	18.6	42	7.05	0.75	0.60
G588	西部医学	1543	20	−0.22	0.601	20	−0.09	38.9	18	9.20	0.77	0.70
G312	西南国防医药	1118	27	−0.43	0.354	42	−0.46	25.9	35	8.84	0.82	0.81
F250	现代生物医学进展	4731	6	1.40	0.558	24	−0.15	56.2	7	17.30	0.86	0.73
G223	现代医学	968	30	−0.51	0.530	29	−0.20	26.1	34	6.98	0.66	0.73
G817	协和医学杂志	498	39	−0.75	1.593	1	1.42	50.0	10	5.91	0.43	0.60
G721	新医学	749	33	−0.62	0.595	21	−0.10	25.1	38	6.80	0.55	0.71
G281	医学研究生学报	1965	12	0.00	1.248	4	0.89	47.3	13	10.91	0.77	0.73
G480	医学研究杂志	1629	16	−0.17	0.445	35	−0.32	41.2	14	11.70	0.70	0.67
G964	医学与社会	1464	22	−0.26	0.862	7	0.31	31.0	29	5.23	0.52	0.42
G308	医学与哲学	2830	10	0.44	0.682	14	0.03	33.4	25	11.23	0.70	0.24
G860	医学综述	4935	5	1.50	0.731	10	0.11	59.9	5	16.07	0.89	0.70
G810	浙江医学	1531	21	−0.22	0.479	32	−0.27	34.0	23	10.50	0.82	0.69
G852	中国急救复苏与灾害医学杂志	1044	28	−0.47	0.559	23	−0.15	11.7	44	4.75	0.70	0.41
G582	中国煤炭工业医学杂志	818	32	−0.58	0.330	43	−0.50	32.1	27	6.66	0.68	0.69
G237	中国现代医学杂志	3664	7	0.86	0.753	9	0.14	49.5	11	14.23	0.91	0.81
G471	中国医学前沿杂志电子版	1554	19	−0.21	0.645	18	−0.02	37.7	20	8.93	0.68	0.79
G644	中国医药导报	5457	4	1.77	0.660	16	0.00	57.3	6	15.77	0.91	0.65

表 7-32　2019 年医学综合类期刊主要指标（续）

CODE	刊名	核心总被引频次			核心影响因子			综合评价总分		学科扩散指标	学科影响指标	红点指标
		数值	排名	离均差率	数值	排名	离均差率	数值	排名			
G176	中华医学杂志	7354	1	2.73	1.233	5	0.87	75.9	1	16.50	0.98	0.64
G682	中南医学科学杂志	543	38	−0.72	0.570	22	−0.14	25.4	37	5.95	0.61	0.74
G180	中日友好医院学报	326	42	−0.83	0.424	38	−0.36	25.5	36	4.57	0.39	0.29
G407	转化医学杂志	224	43	−0.89	0.412	39	−0.37	27.3	32	3.36	0.43	0.59
44 种期刊平均值		1971			0.659							

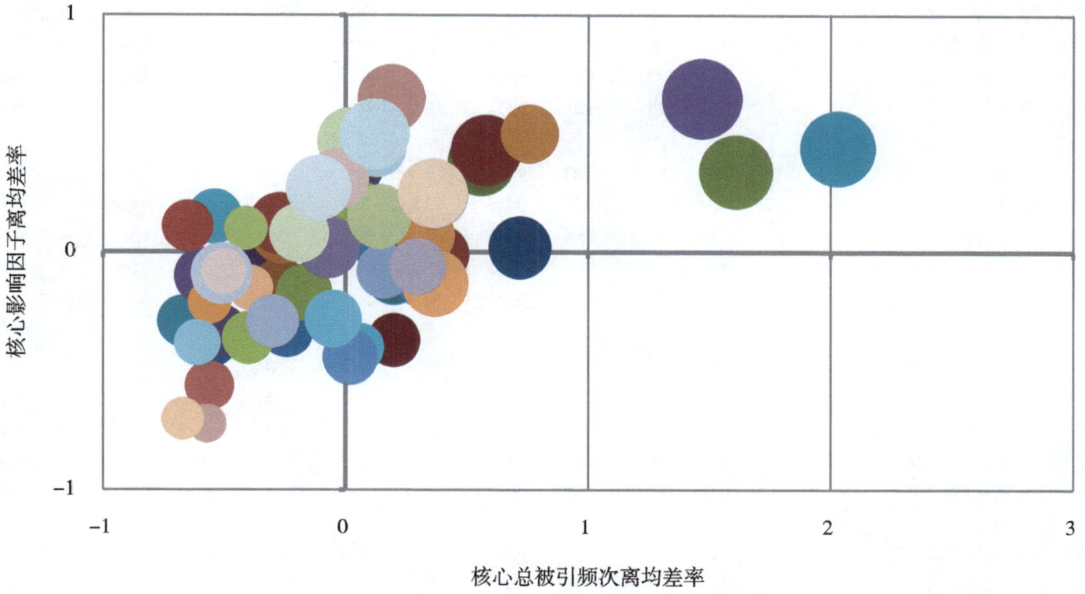

2019 年医药大学学报类期刊核心总被引频次和核心影响因子离均差率的分布图

（节点大小表示综合评价总分）

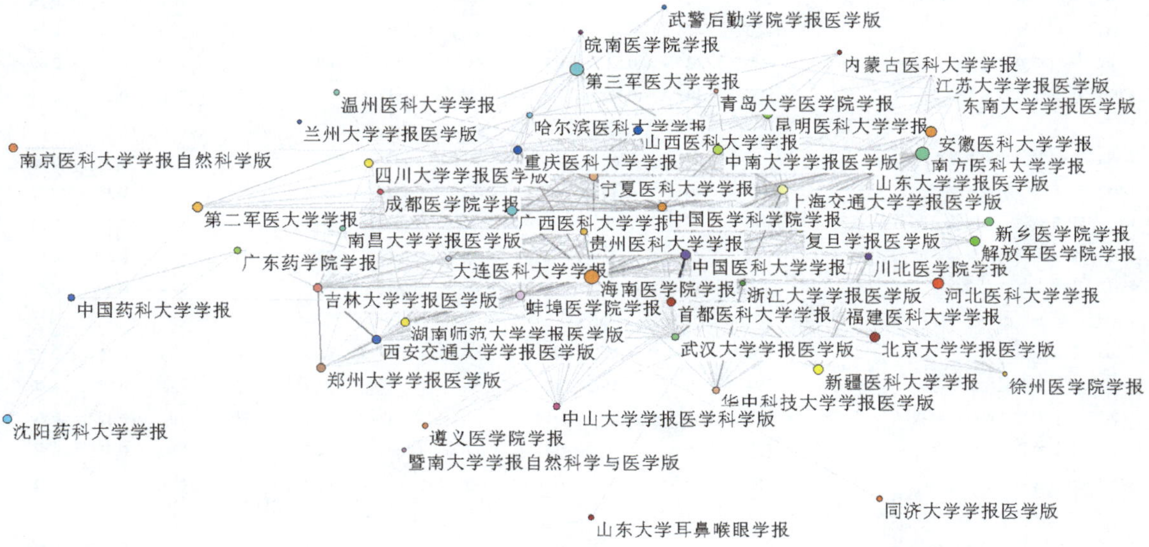

2019 年医药大学学报类期刊互引关系示意图

表 7-33　2019 年医药大学学报类期刊主要指标

CODE	刊名	核心总被引频次			核心影响因子			综合评价总分		学科扩散指标	学科影响指标	红点指标
		数值	排名	离均差率	数值	排名	离均差率	数值	排名			
G012	安徽医科大学学报	1534	5	0.72	0.578	26	0.02	55.7	15	8.45	0.71	0.67
G741	蚌埠医学院学报	1073	15	0.20	0.354	50	-0.37	39.8	37	6.48	0.59	0.59
G002	北京大学学报医学版	1392	7	0.56	0.779	9	0.38	64.1	8	8.89	0.71	0.50
G670	成都医学院学报	525	42	-0.41	0.517	32	-0.09	41.7	36	4.52	0.39	0.60
G186	重庆医科大学学报	1073	15	0.20	0.514	33	-0.09	54.3	18	7.82	0.68	0.58
G432	川北医学院学报	654	36	-0.27	0.495	38	-0.13	36.8	44	4.96	0.52	0.66
G020	大连医科大学学报	403	48	-0.55	0.359	49	-0.37	39.4	40	4.34	0.29	0.55
G005	第二军医大学学报	1407	6	0.58	0.810	8	0.43	70.5	4	9.38	0.68	0.60
G021	第三军医大学学报	2327	2	1.61	0.761	11	0.34	76.7	3	11.05	0.88	0.60
G057	东南大学学报医学版	923	25	0.03	0.769	10	0.36	52.2	22	5.79	0.46	0.68
G024	福建医科大学学报	298	55	-0.67	0.404	44	-0.29	37.2	43	3.70	0.38	0.68
G068	复旦学报医学版	659	35	-0.26	0.613	22	0.08	55.5	16	6.23	0.50	0.50
G027	广东药学院学报	683	34	-0.24	0.382	46	-0.33	39.7	38	4.59	0.20	0.43
G028	广西医科大学学报	1244	8	0.39	0.562	28	-0.01	48.2	26	7.38	0.57	0.64
G031	贵州医科大学学报	741	32	-0.17	0.467	41	-0.17	44.5	31	5.68	0.48	0.77
G033	哈尔滨医科大学学报	436	46	-0.51	0.378	47	-0.33	36.7	45	4.79	0.41	0.59
G416	海南医学院学报	2707	1	2.03	0.816	6	0.44	80.1	2	7.86	0.66	0.77
G035	河北医科大学学报	1574	4	0.76	0.850	3	0.50	48.0	27	6.75	0.61	0.61
G548	湖南师范大学学报医学版	947	23	0.06	0.600	25	0.06	28.9	50	4.89	0.55	0.68
G077	华中科技大学学报医学版	650	37	-0.27	0.636	19	0.12	54.4	17	5.88	0.38	0.68
G014	吉林大学学报医学版	931	24	0.04	0.663	16	0.17	59.3	13	6.63	0.57	0.71
A045	暨南大学学报自然科学与医学版	363	52	-0.59	0.512	35	-0.10	45.2	29	4.38	0.27	0.50
G453	江苏大学学报医学版	410	47	-0.54	0.651	17	0.15	42.6	33	3.34	0.27	0.65
G187	解放军医学院学报	1188	12	0.33	0.608	24	0.07	49.5	24	7.86	0.64	0.60
G053	昆明医科大学学报	1180	13	0.32	0.498	37	-0.12	42.0	35	7.20	0.63	0.57
G395	兰州大学学报医学版	311	54	-0.65	0.629	20	0.11	37.4	42	3.27	0.30	0.66
G047	南昌大学学报医学版	532	40	-0.40	0.361	48	-0.36	38.6	41	5.18	0.38	0.72
G023	南方医科大学学报	2208	3	1.47	0.936	1	0.65	90.8	1	11.70	0.93	0.64
G058	南京医科大学学报自然科学版	949	22	0.06	0.340	52	-0.40	33.2	48	6.84	0.63	0.57
G513	内蒙古医科大学学报	396	49	-0.56	0.446	42	-0.21	26.5	54	3.75	0.30	0.64
G665	宁夏医科大学学报	908	27	0.02	0.318	53	-0.44	42.5	34	6.41	0.46	0.62
G061	青岛大学医学院学报	394	50	-0.56	0.247	54	-0.56	34.4	47	4.09	0.30	0.80
G742	山东大学耳鼻喉眼学报	526	41	-0.41	0.623	21	0.10	27.1	53	3.14	0.32	0.59
G062	山东大学学报医学版	829	30	-0.07	0.577	27	0.02	54.1	19	7.11	0.71	0.60
G064	山西医科大学学报	850	29	-0.05	0.408	43	-0.28	45.7	28	6.89	0.57	0.68
G066	上海交通大学学报医学版	1225	9	0.37	0.493	39	-0.13	62.7	9	8.80	0.73	0.60
G071	沈阳药科大学学报	1035	18	0.16	0.522	31	-0.08	43.0	32	5.25	0.39	0.45
G073	首都医科大学学报	1066	17	0.19	0.932	2	0.65	64.9	7	6.95	0.63	0.61
G045	四川大学学报医学版	1014	19	0.14	0.649	18	0.15	58.4	14	7.88	0.66	0.57

表 7-33　2019 年医药大学学报类期刊主要指标（续）

CODE	刊名	核心总被引频次			核心影响因子			综合评价总分		学科扩散指标	学科影响指标	红点指标
		数值	排名	离均差率	数值	排名	离均差率	数值	排名			
G965	同济大学学报医学版	455	43	-0.49	0.512	35	-0.10	34.6	46	4.29	0.36	0.76
G996	皖南医学院学报	351	53	-0.61	0.350	51	-0.38	30.1	49	3.63	0.34	0.49
G702	温州医科大学学报	548	39	-0.39	0.481	40	-0.15	28.6	51	4.59	0.41	0.65
G038	武汉大学学报医学版	627	38	-0.30	0.400	45	-0.29	39.4	39	5.70	0.55	0.63
G771	武警后勤学院学报医学版	386	51	-0.57	0.156	56	-0.72	21.2	56	3.36	0.23	0.50
G081	西安交通大学学报医学版	911	26	0.02	0.833	5	0.47	61.9	10	6.77	0.61	0.68
G980	新疆医科大学学报	1160	14	0.30	0.530	29	-0.06	44.9	30	7.45	0.61	0.55
G328	新乡医学院学报	1006	20	0.13	0.814	7	0.44	49.0	25	5.46	0.48	0.66
G565	徐州医学院学报	296	56	-0.67	0.171	55	-0.70	25.3	55	3.27	0.27	0.70
G091	浙江大学学报医学版	438	45	-0.51	0.513	34	-0.09	53.6	20	5.13	0.43	0.81
G036	郑州大学学报医学版	865	28	-0.03	0.744	12	0.31	52.4	21	6.09	0.52	0.65
G120	中国药科大学学报	720	33	-0.19	0.610	23	0.08	49.8	23	4.63	0.39	0.46
G123	中国医科大学学报	1224	10	0.37	0.704	15	0.24	61.2	11	7.77	0.79	0.69
G125	中国医学科学院学报	998	21	0.12	0.849	4	0.50	69.5	5	8.18	0.63	0.62
G039	中南大学学报医学版	1217	11	0.36	0.709	14	0.25	67.5	6	8.84	0.79	0.60
G181	中山大学学报医学科学版	796	31	-0.11	0.716	13	0.27	60.6	12	7.50	0.55	0.65
G720	遵义医学院学报	444	44	-0.50	0.523	30	-0.08	28.2	52	3.86	0.34	0.51
	56 种期刊平均值	893			0.566							

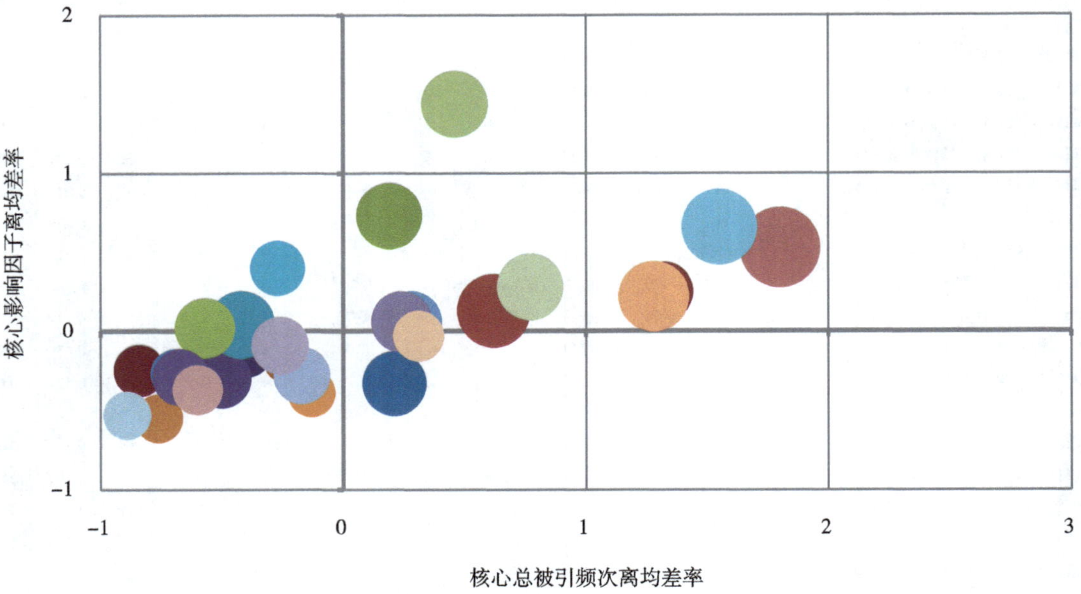

2019 年基础医学类期刊核心总被引频次和核心影响因子离均差率的分布图
（节点大小表示综合评价总分）

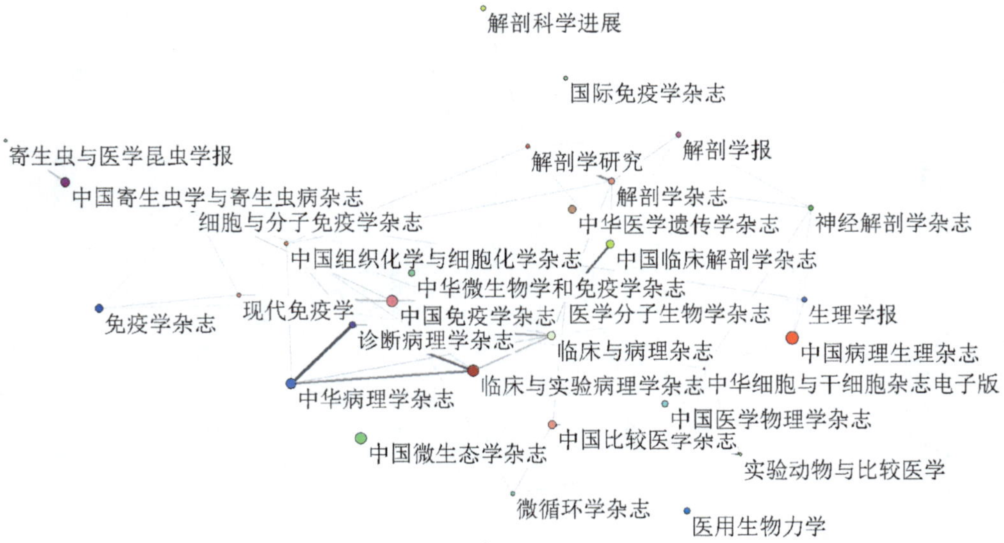

2019 年基础医学类期刊互引关系示意图

表 7-34　2019 年基础医学类期刊主要指标

CODE	刊名	核心总被引频次			核心影响因子			综合评价总分		学科扩散指标	学科影响指标	红点指标
		数值	排名	离均差率	数值	排名	离均差率	数值	排名			
G983	国际免疫学杂志	364	22	–0.56	0.430	25	–0.33	23.7	29	5.80	0.33	0.58
G292	寄生虫与医学昆虫学报	136	29	–0.84	0.481	19	–0.25	28.5	19	1.40	0.07	0.16
G507	解剖科学进展	433	20	–0.48	0.553	17	–0.14	26.1	24	6.27	0.67	0.59
G049	解剖学报	503	18	–0.40	0.558	16	–0.13	28.4	20	6.83	0.50	0.74
G358	解剖学研究	329	25	–0.61	0.415	26	–0.35	16.5	30	4.87	0.33	0.61
G050	解剖学杂志	642	15	–0.23	0.528	18	–0.18	24.9	27	7.50	0.47	0.27
G350	临床与病理杂志	1009	11	0.21	0.431	24	–0.33	44.7	9	13.83	0.47	0.54
G274	临床与实验病理学杂志	1937	3	1.32	0.803	7	0.25	38.1	13	12.47	0.60	0.83
G056	免疫学杂志	992	12	0.19	1.111	2	0.73	47.1	8	10.43	0.60	0.58
G070	神经解剖学杂志	421	21	–0.50	0.447	23	–0.30	37.3	14	6.53	0.40	0.74
F001	生理学报	482	19	–0.42	0.667	12	0.04	49.7	5	8.53	0.60	0.33
G387	实验动物与比较医学	204	28	–0.76	0.288	30	–0.55	25.2	25	3.70	0.23	0.42
G210	微循环学杂志	255	27	–0.69	0.470	20	–0.27	27.0	23	4.90	0.17	0.53
G188	细胞与分子免疫学杂志	1355	6	0.62	0.722	9	0.13	57.6	3	14.07	0.77	0.64
G067	现代免疫学	360	23	–0.57	0.653	13	0.02	38.7	12	6.37	0.27	0.64
G333	医学分子生物学杂志	279	26	–0.67	0.456	22	–0.29	34.6	16	4.37	0.23	0.72
G088	医用生物力学	608	17	–0.27	0.897	5	0.40	32.8	18	6.23	0.17	0.39
G259	诊断病理学杂志	727	13	–0.13	0.394	28	–0.39	24.5	28	7.83	0.27	0.73
F048	中国比较医学杂志	1068	9	0.28	0.679	11	0.06	40.6	10	10.73	0.43	0.66
G096	中国病理生理杂志	2335	1	1.80	0.979	4	0.53	69.4	1	16.47	0.77	0.77
G105	中国寄生虫学与寄生虫病杂志	1222	7	0.46	1.563	1	1.44	47.8	7	4.53	0.27	0.29
G108	中国临床解剖学杂志	1039	10	0.24	0.681	10	0.06	40.1	11	8.67	0.30	0.26
G111	中国免疫学杂志	2131	2	1.55	1.061	3	0.66	61.9	2	15.10	0.77	0.63
G517	中国微生态学杂志	1903	4	1.28	0.784	8	0.22	54.0	4	15.13	0.27	0.52
G622	中国医学物理学杂志	697	14	–0.17	0.461	21	–0.28	34.5	17	8.57	0.23	0.40
G134	中国组织化学与细胞化学杂志	333	24	–0.60	0.402	27	–0.37	27.1	22	5.60	0.43	0.50
G135	中华病理学杂志	1479	5	0.77	0.822	6	0.28	48.0	6	12.07	0.50	0.47
G165	中华微生物学和免疫学杂志	620	16	–0.26	0.582	15	–0.09	35.6	15	7.43	0.33	0.35
G470	中华细胞与干细胞杂志电子版	93	30	–0.89	0.301	29	–0.53	24.9	26	2.30	0.20	0.59
G175	中华医学遗传学杂志	1097	8	0.31	0.624	14	–0.03	28.4	21	7.33	0.27	0.46
	30 种期刊平均值	835			0. 641							

临床医学综合

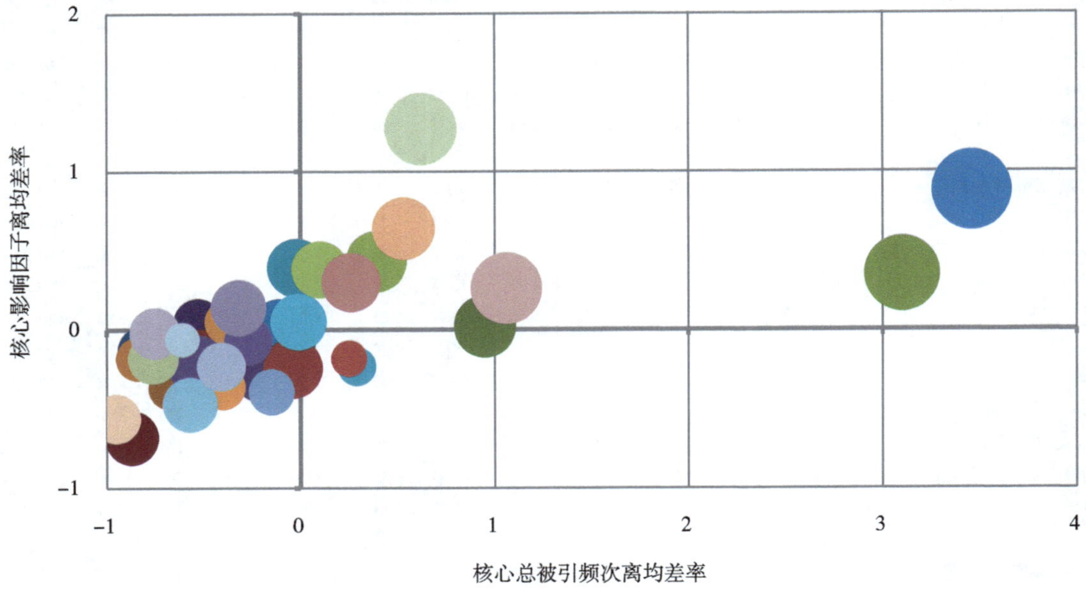

2019 年临床医学综合类期刊核心总被引频次和核心影响因子离均差率的分布图

（节点大小表示综合评价总分）

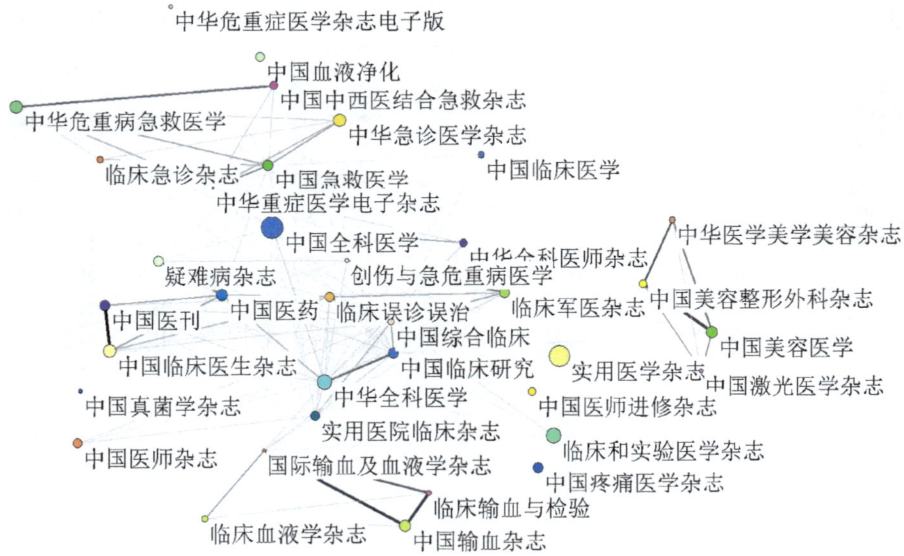

2019 年临床医学综合类期刊互引关系示意图

表 7-35　2019 年临床医学综合类期刊主要指标

CODE	刊名	核心总被引频次			核心影响因子			综合评价总分		学科扩散指标	学科影响指标	红点指标
		数值	排名	离均差率	数值	排名	离均差率	数值	排名			
G085	创伤与急危重病医学	285	33	−0.82	0.671	21	−0.13	28.6	27	3.50	0.56	0.62
B525	国际输血及血液学杂志	212	35	−0.87	0.245	36	−0.68	35.9	20	3.42	0.44	0.89
G664	临床和实验医学杂志	3102	4	0.95	0.784	14	0.02	47.0	6	14.44	0.81	0.72
G345	临床急诊杂志	756	26	−0.53	0.800	13	0.04	30.1	24	7.11	0.67	0.83
G881	临床军医杂志	1475	15	−0.07	0.705	19	−0.08	40.4	13	10.97	0.72	0.64
G797	临床输血与检验	513	30	−0.68	0.488	32	−0.37	20.0	32	3.72	0.36	0.48
G942	临床误诊误治	1304	18	−0.18	0.609	25	−0.21	40.0	14	9.58	0.78	0.83
G293	临床血液学杂志	771	25	−0.52	0.691	20	−0.10	13.8	36	5.58	0.47	0.54
G324	实用医学杂志	6524	2	3.10	1.040	7	0.35	70.2	2	19.36	0.94	0.62
G760	实用医院临床杂志	1250	19	−0.21	0.556	30	−0.28	36.5	19	11.25	0.81	0.65
G455	疑难病杂志	1554	13	−0.02	1.072	5	0.39	42.8	10	9.28	0.72	G455
R013	中国激光医学杂志	251	34	−0.84	0.632	22	−0.18	23.5	31	2.94	0.31	R013
G241	中国急救医学	1424	16	−0.11	0.780	15	0.01	41.6	12	9.50	0.69	G241
G754	中国临床研究	1524	14	−0.04	0.586	29	−0.24	44.0	8	11.28	0.81	G754
G814	中国临床医生杂志	2215	7	0.39	1.097	4	0.43	45.8	7	12.11	0.86	G814
G974	中国临床医学	746	27	−0.53	0.601	26	−0.22	43.8	9	9.61	0.72	0.66
G428	中国美容医学	2060	8	0.29	0.589	28	−0.23	18.1	33	8.75	0.67	0.51
G297	中国美容整形外科杂志	984	22	−0.38	0.808	12	0.05	24.7	29	4.53	0.36	0.28
G776	中国全科医学	7106	1	3.46	1.448	2	0.88	79.5	1	19.00	0.97	0.85
G796	中国输血杂志	1988	10	0.25	0.632	22	−0.18	15.9	34	6.22	0.61	0.44
G521	中国疼痛医学杂志	1747	11	0.10	1.058	6	0.38	39.6	15	8.97	0.58	0.28
G633	中国血液净化	1158	20	−0.27	0.717	18	−0.07	28.9	26	6.25	0.69	0.64
G809	中国医刊	1572	12	−0.01	0.809	11	0.05	38.7	16	11.61	0.75	0.65
G306	中国医师进修杂志	962	23	−0.40	0.495	31	−0.36	24.4	30	8.47	0.72	0.78
G313	中国医师杂志	1350	17	−0.15	0.470	33	−0.39	26.2	28	10.81	0.81	0.78
G519	中国医药	2000	9	0.26	1.003	8	0.30	42.6	11	8.61	0.72	0.61
H067	中国真菌学杂志	390	32	−0.76	0.631	24	−0.18	31.3	22	4.03	0.28	0.38
G843	中国中西医结合急救杂志	1079	21	−0.32	0.878	10	0.14	38.2	17	7.08	0.69	0.60
G667	中国综合临床	681	28	−0.57	0.406	34	−0.47	37.0	18	7.47	0.72	0.71
G555	中华急诊医学杂志	2432	6	0.53	1.258	3	0.64	48.7	5	11.08	0.83	0.58
G526	中华全科医师杂志	932	24	−0.41	0.595	27	−0.23	29.3	25	8.81	0.56	0.82
G515	中华全科医学	3285	3	1.06	0.969	9	0.26	62.8	4	14.75	0.97	0.62
G116	中华危重病急救医学	2572	5	0.62	1.742	1	1.27	65.1	3	11.33	0.81	0.74
G761	中华危重症医学杂志电子版	394	31	−0.75	0.754	16	−0.02	31.9	21	4.81	0.44	0.52
G489	中华医学美学美容杂志	623	29	−0.61	0.720	17	−0.06	14.4	35	2.17	0.31	0.44
Q954	中华重症医学电子杂志	81	36	−0.95	0.338	35	−0.56	30.1	23	1.61	0.31	0.66
	36 种期刊平均值	1592			0.769							

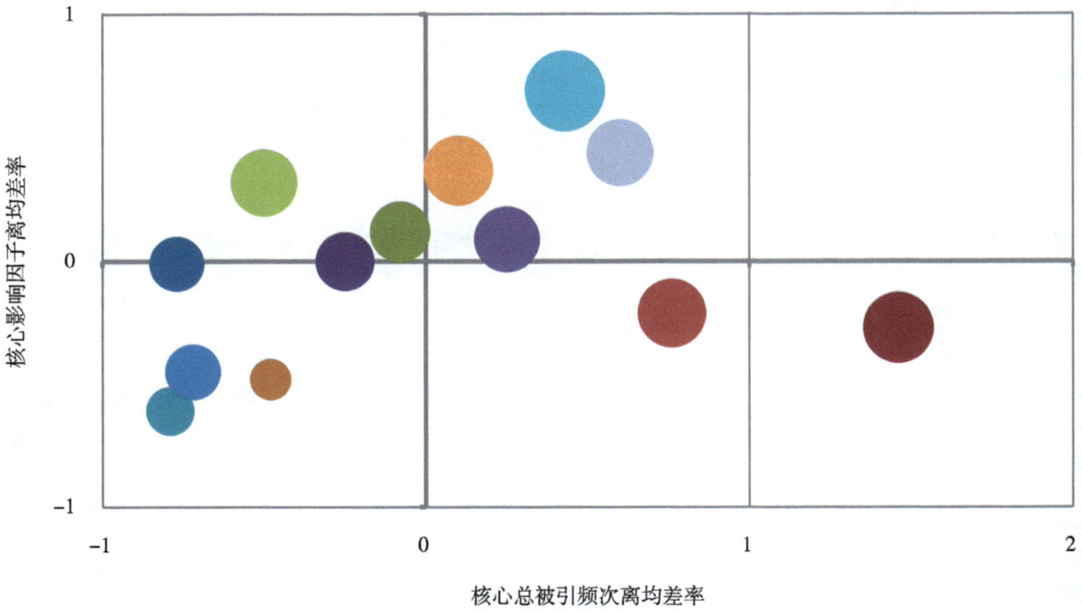

2019 年临床诊断学类期刊核心总被引频次和核心影响因子离均差率的分布图
（节点大小表示综合评价总分）

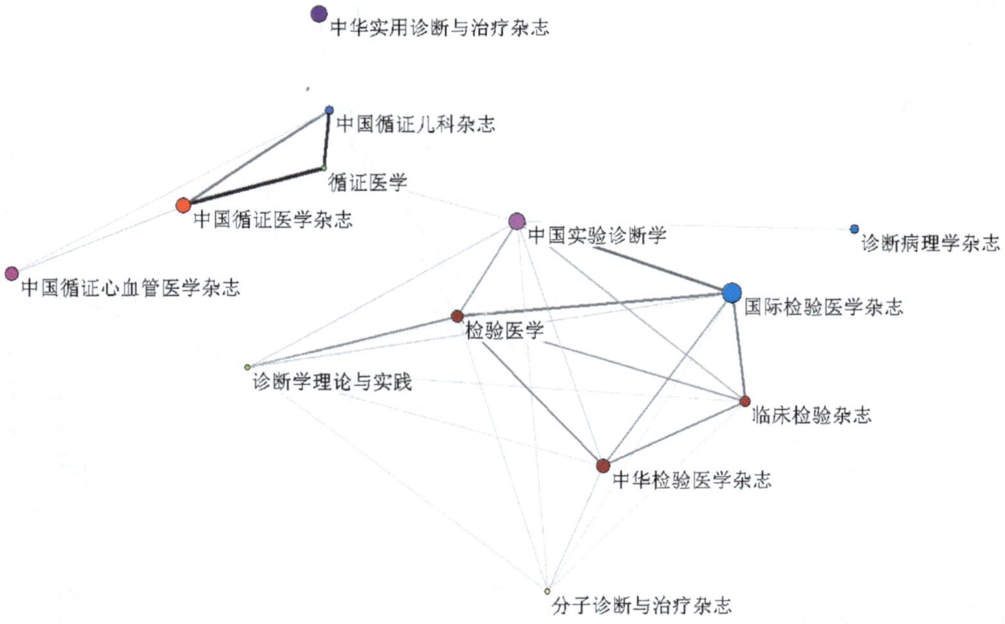

2019 年临床诊断学类期刊互引关系示意图

表 7-36 2019 年临床诊断学类期刊主要指标

CODE	刊名	核心总被引频次			核心影响因子			综合评价总分		学科扩散指标	学科影响指标	红点指标
		数值	排名	离均差率	数值	排名	离均差率	数值	排名			
G556	分子诊断与治疗杂志	314	12	-0.77	0.744	8	-0.01	34.5	11	10.54	0.62	0.48
G362	国际检验医学杂志	3422	1	1.46	0.547	10	-0.27	56.8	2	40.69	0.92	0.48
G638	检验医学	1280	7	-0.08	0.843	5	0.12	41.9	8	26.85	0.85	0.44
G204	临床检验杂志	1047	8	-0.25	0.750	7	0.00	39.5	9	25.54	0.92	0.50
G627	循证医学	287	13	-0.79	0.290	13	-0.61	26.7	12	13.92	0.38	0.57
G259	诊断病理学杂志	727	9	-0.48	0.394	12	-0.48	19.7	13	18.08	0.46	0.65
G615	诊断学理论与实践	383	11	-0.72	0.413	11	-0.45	35.6	10	16.15	0.69	0.37
G853	中国实验诊断学	2444	2	0.76	0.596	9	-0.21	53.9	4	40.62	0.77	0.15
G756	中国循证儿科杂志	702	10	-0.50	0.993	4	0.32	51.3	5	20.23	0.69	0.52
G645	中国循证心血管医学杂志	1735	5	0.25	0.819	6	0.09	48.8	7	26.62	0.62	0.54
G396	中国循证医学杂志	1993	4	0.43	1.268	1	0.69	73.7	1	35.46	0.85	0.62
G174	中华检验医学杂志	1536	6	0.10	1.031	3	0.37	55.3	3	27.31	0.85	0.61
G367	中华实用诊断与治疗杂志	2222	3	0.60	1.083	2	0.44	51.1	6	34.46	0.69	0.48
13 种期刊平均值		1392			0.752							

保健医学

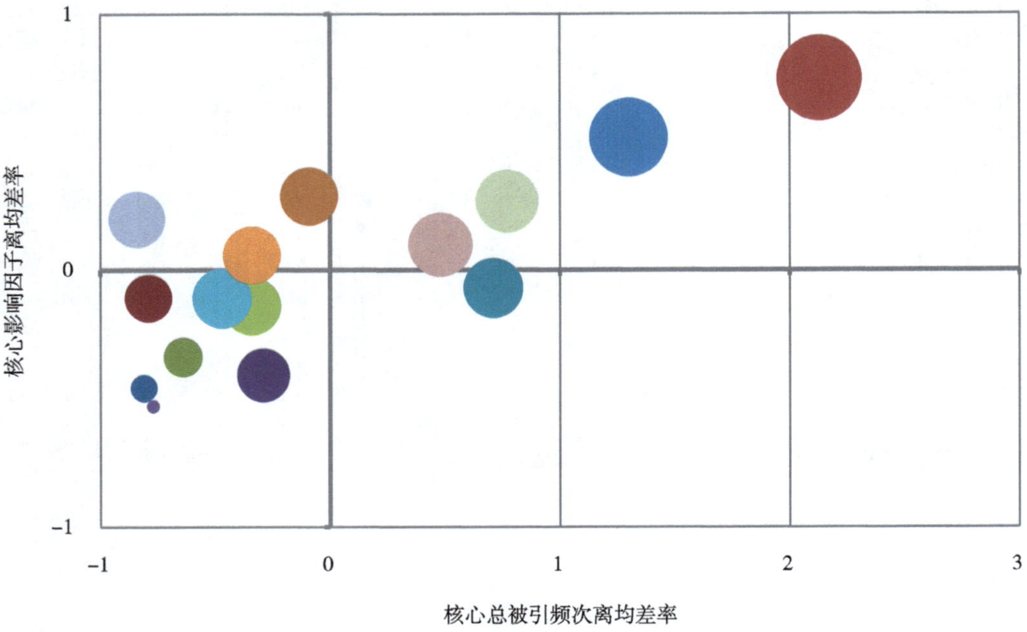

2019 年保健医学类期刊核心总被引频次和核心影响因子离均差率的分布图
（节点大小表示综合评价总分）

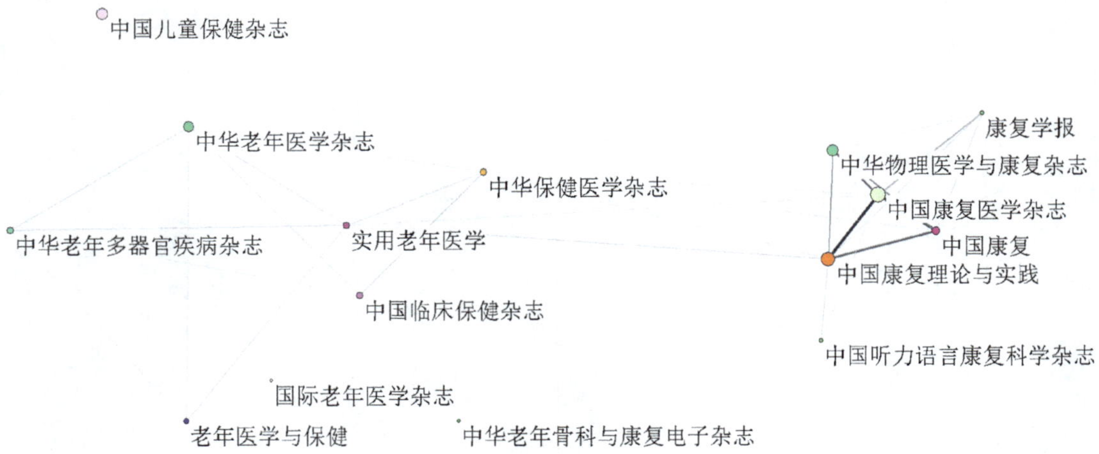

2019 年保健医学类期刊互引关系示意图

表 7-37 2019 年保健医学类期刊主要指标

CODE	刊名	核心总被引频次			核心影响因子			综合评价总分		学科扩散指标	学科影响指标	红点指标
		数值	排名	离均差率	数值	排名	离均差率	数值	排名			
G496	国际老年医学杂志	211	14	−0.81	0.401	14	−0.46	8.2	14	6.93	0.33	0.63
Q933	康复学报	242	13	−0.79	0.665	9	−0.11	25.4	12	5.87	0.33	0.64
G628	老年医学与保健	404	11	−0.64	0.491	12	−0.34	17.1	13	12.60	0.53	0.56
G700	实用老年医学	808	7	−0.29	0.441	13	−0.41	32.1	11	19.27	0.87	0.53
G825	中国儿童保健杂志	1939	4	0.71	0.691	8	−0.07	40.7	5	22.73	0.53	0.55
G323	中国康复	1039	6	−0.09	0.965	3	0.29	38.0	9	15.87	1.00	0.66
G400	中国康复理论与实践	2613	2	1.30	1.135	2	0.52	70.7	2	26.27	1.00	0.78
G106	中国康复医学杂志	3564	1	2.13	1.303	1	0.75	82.7	1	28.87	1.00	0.34
G447	中国临床保健杂志	750	9	−0.34	0.638	11	−0.14	38.9	7	18.60	0.67	0.64
G437	中国听力语言康复科学杂志	260	12	−0.77	0.352	15	−0.53	1.9	15	5.00	0.40	0.36
G502	中华保健医学杂志	601	10	−0.47	0.662	10	−0.11	40.4	6	17.73	0.60	0.38
G639	中华老年多器官疾病杂志	755	8	−0.34	0.789	7	0.06	38.4	8	17.93	0.73	0.69
Q949	中华老年骨科与康复电子杂志	181	15	−0.84	0.893	5	0.20	36.4	10	5.40	0.33	0.55
G150	中华老年医学杂志	1682	5	0.48	0.821	6	0.10	47.1	3	27.20	0.87	0.57
G166	中华物理医学与康复杂志	2008	3	0.77	0.946	4	0.27	45.5	4	21.27	1.00	0.60
	15 种期刊平均值	1137			0. 746							

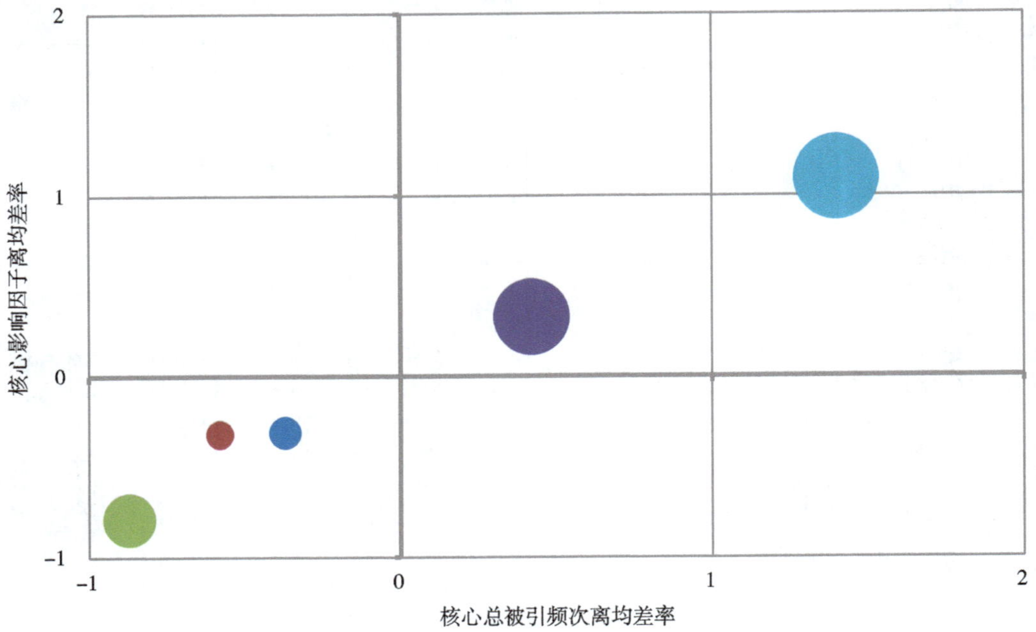

2019 年内科学综合类期刊核心总被引频次和核心影响因子离均差率的分布图
（节点大小表示综合评价总分）

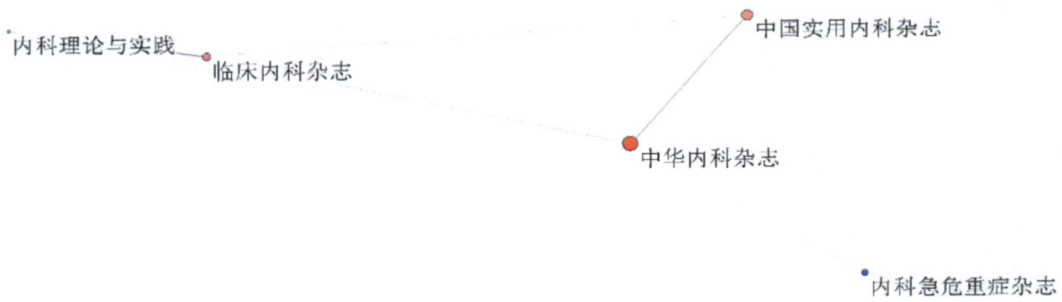

2019 年内科学综合类期刊互引关系示意图

表 7-38　2019 年内科学综合类期刊主要指标

CODE	刊名	核心总被引频次			核心影响因子			综合评价总分		学科扩散指标	学科影响指标	红点指标
		数值	排名	离均差率	数值	排名	离均差率	数值	排名			
G257	临床内科杂志	935	3	−0.37	0.716	3	−0.31	13.6	4	58.40	0.60	0.36
G662	内科急危重症杂志	614	4	−0.58	0.706	4	−0.32	10.2	5	47.80	0.80	0.32
G523	内科理论与实践	191	5	−0.87	0.218	5	−0.79	35.7	3	27.00	0.40	0.40
G267	中国实用内科杂志	2103	2	0.42	1.392	2	0.33	75.5	2	99.00	0.80	0.41
G156	中华内科杂志	3547	1	1.40	2.195	1	1.10	93.9	1	109.00	1.00	0.36
	5 种期刊平均值	1478			1. 045							

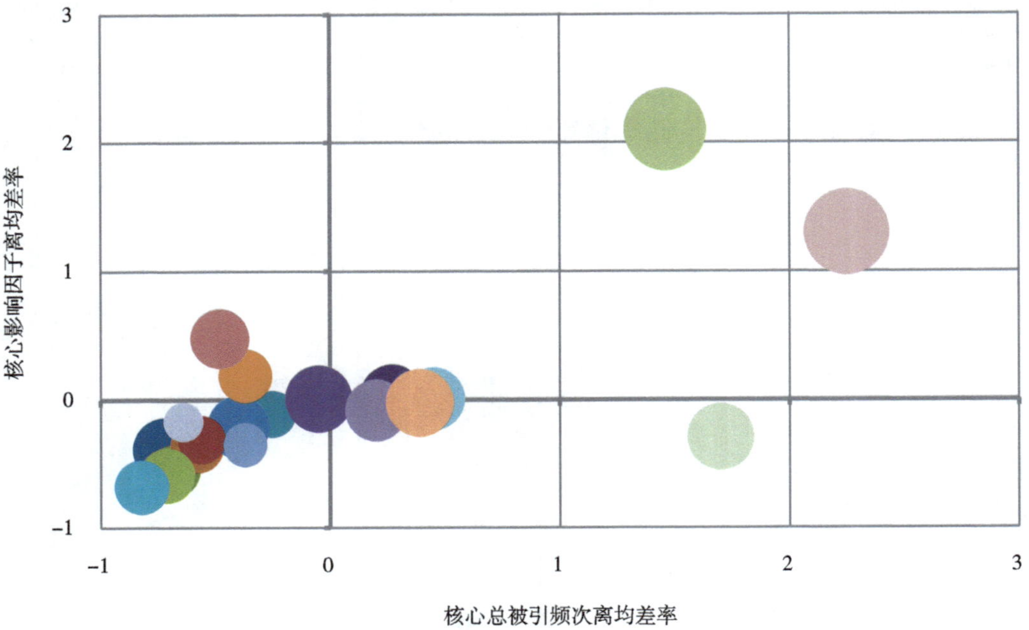

2019 年心血管病学期刊核心总被引频次和核心影响因子离均差率的分布图
（节点大小表示综合评价总分）

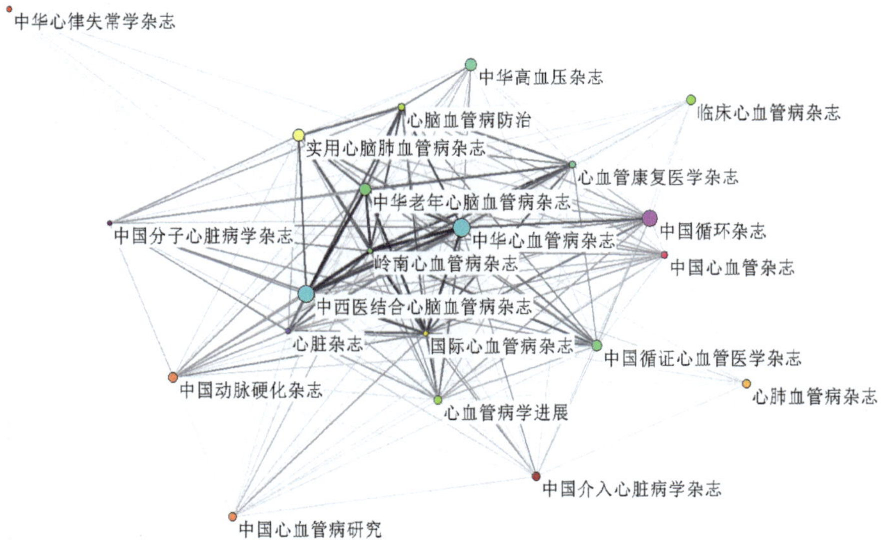

2019 年心血管病学类期刊互引关系示意图

表 7-39　2019 年心血管病学类期刊主要指标

CODE	刊名	核心总被引频次			核心影响因子			综合评价总分		学科扩散指标	学科影响指标	红点指标
		数值	排名	离均差率	数值	排名	离均差率	数值	排名			
G940	国际心血管病杂志	406	20	−0.72	0.544	18	−0.39	45.9	7	9.90	0.95	0.80
G261	临床心血管病杂志	1320	9	−0.09	0.896	8	0.01	26.1	17	13.48	0.90	0.79
G491	岭南心血管病杂志	455	18	−0.68	0.402	19	−0.55	30.8	16	8.76	0.95	0.82
G766	实用心脑肺血管病杂志	1829	6	0.27	0.905	5	0.02	48.7	6	17.29	0.90	0.87
G083	心肺血管病杂志	1088	10	−0.25	0.794	11	−0.11	24.6	19	13.48	0.90	0.68
G476	心脑血管病防治	605	16	−0.58	0.568	17	−0.36	32.0	15	11.24	0.81	0.73
G419	心血管病学进展	865	13	−0.40	0.702	13	−0.21	44.1	9	12.48	0.95	0.75
G578	心血管康复医学杂志	636	15	−0.56	0.611	15	−0.31	25.9	18	10.19	0.76	0.92
G260	心脏杂志	424	19	−0.71	0.367	20	−0.59	34.5	12	9.38	0.81	0.69
G234	中国动脉硬化杂志	1366	8	−0.05	0.904	6	0.01	50.6	5	15.95	0.90	0.76
G402	中国分子心脏病学杂志	256	21	−0.82	0.286	21	−0.68	33.3	13	7.57	0.71	0.54
G239	中国介入心脏病学杂志	911	11	−0.37	1.064	4	0.19	32.8	14	9.86	0.95	0.74
G718	中国心血管病研究	908	12	−0.37	0.577	16	−0.35	21.8	20	10.52	0.86	0.70
G380	中国心血管杂志	747	14	−0.48	1.321	3	0.48	39.6	11	13.24	0.95	0.73
G119	中国循环杂志	3546	3	1.46	2.758	1	2.10	77.2	2	23.00	1.00	0.69
G645	中国循证心血管医学杂志	1735	7	0.20	0.819	10	−0.08	43.4	10	16.48	0.90	0.61
G235	中华高血压杂志	2094	4	0.45	0.901	7	0.01	44.2	8	18.43	1.00	0.44
G876	中华老年心脑血管病杂志	2003	5	0.39	0.873	9	−0.02	51.7	3	17.19	0.95	0.90
G892	中华心律失常学杂志	525	17	−0.64	0.736	12	−0.17	17.4	21	6.05	0.90	0.81
G170	中华心血管病杂志	4686	1	2.25	2.050	2	1.30	82.2	1	22.05	1.00	0.80
G597	中西医结合心脑血管病杂志	3889	2	1.70	0.637	14	−0.29	50.8	4	18.86	0.90	0.83
	21 种期刊平均值	1443			0.891							

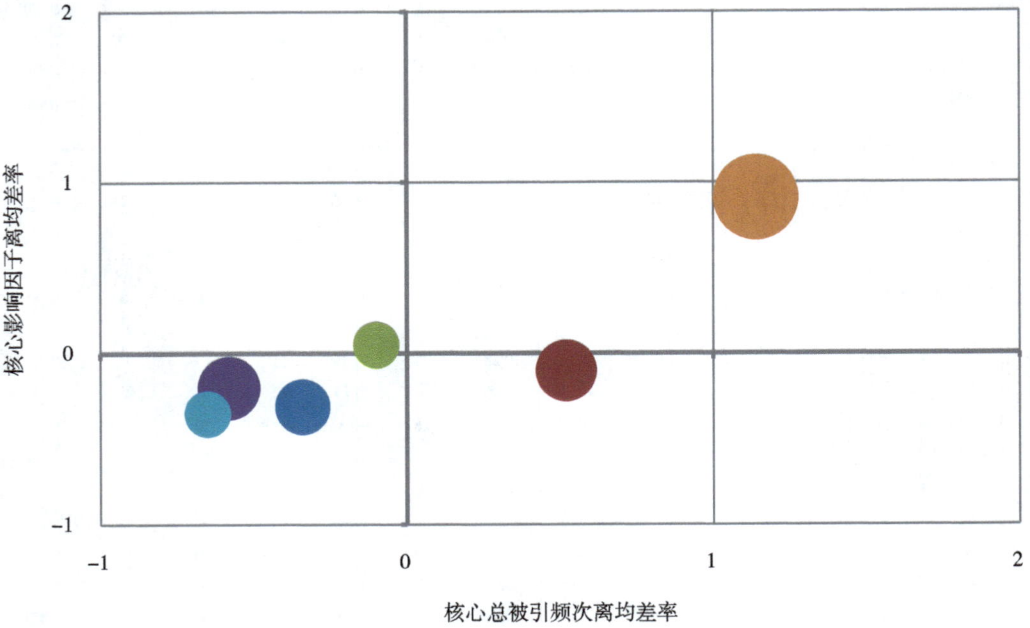

2019 年呼吸病学、结核病学类期刊核心总被引频次和核心影响因子离均差率的分布图
（节点大小表示综合评价总分）

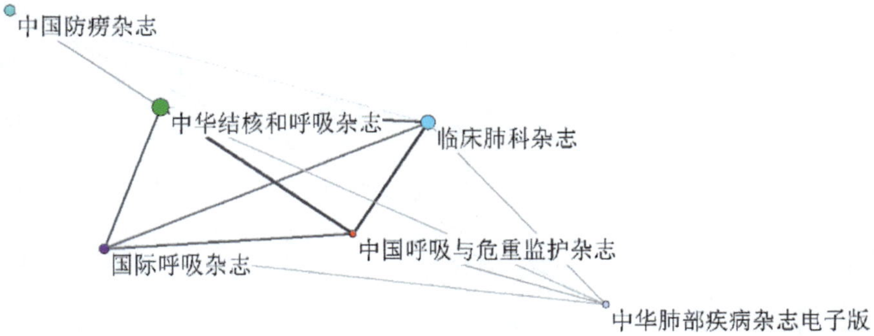

2019 年呼吸病学、结核病学类期刊互引关系示意图

表 7-40　2019 年呼吸病学、结核病学类期刊主要指标

CODE	刊名	核心总被引频次			核心影响因子			综合评价总分		学科扩散指标	学科影响指标	红点指标
		数值	排名	离均差率	数值	排名	离均差率	数值	排名			
G938	国际呼吸杂志	1219	4	−0.34	0.587	5	−0.31	38.9	4	52.33	1.00	0.61
Q908	临床肺科杂志	2819	2	0.52	0.766	3	−0.10	47.8	3	68.50	1.00	0.41
G290	中国防痨杂志	1670	3	−0.10	0.894	2	0.05	28.0	5	33.00	1.00	0.88
G973	中国呼吸与危重监护杂志	782	5	−0.58	0.685	4	−0.20	51.1	2	45.00	1.00	0.31
G474	中华肺部疾病杂志电子版	654	6	−0.65	0.558	6	−0.35	27.7	6	37.83	1.00	0.47
G147	中华结核和呼吸杂志	3951	1	1.14	1.634	1	0.91	93.9	1	75.67	1.00	0.19
	6 种期刊平均值	1849			0.854							

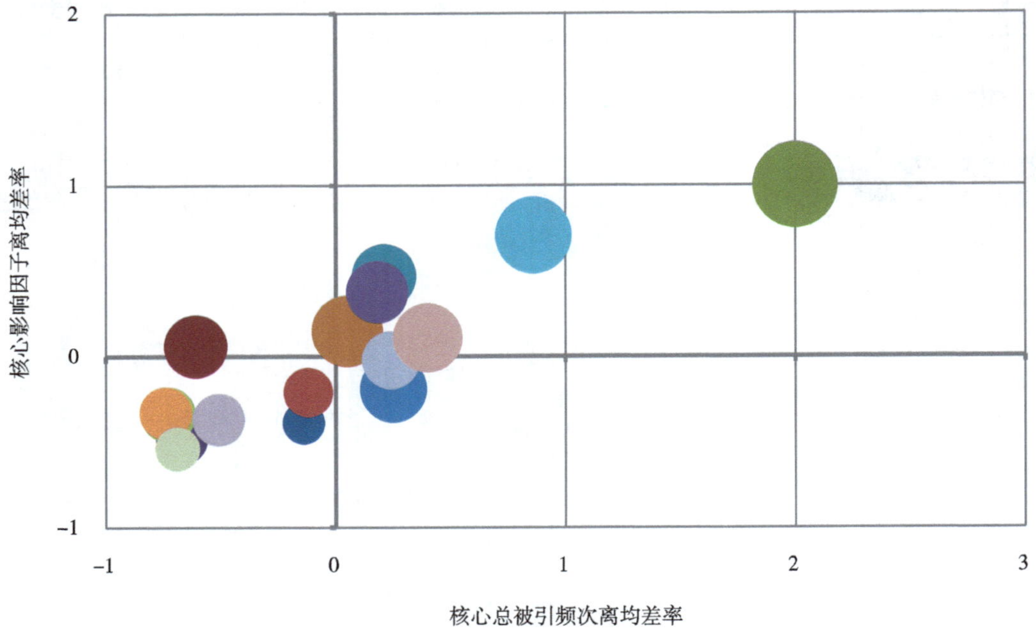

2019 年消化病学类期刊核心总被引频次和核心影响因子离均差率的分布图
（节点大小表示综合评价总分）

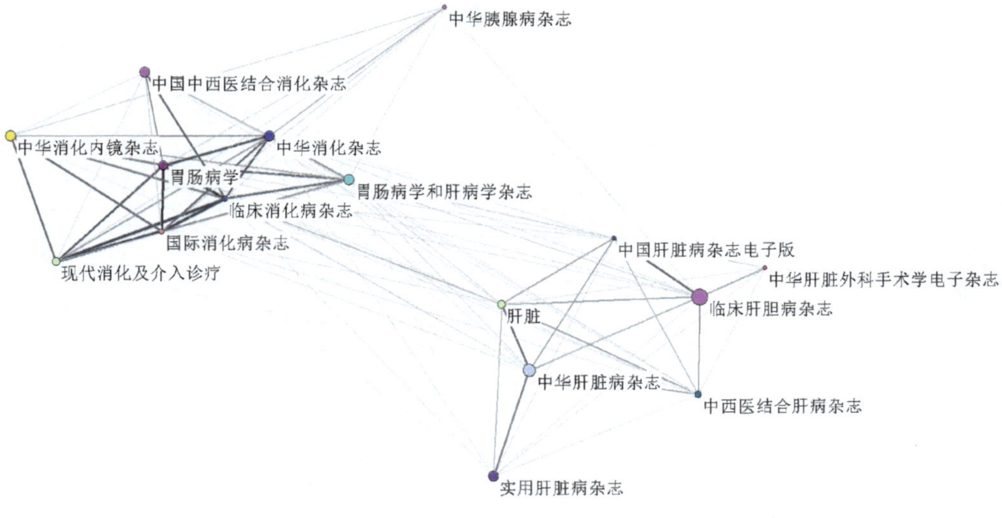

2019 年消化病学类期刊互引关系示意图

表 7-41 2019 年消化病学类主要指标

CODE	刊名	核心总被引频次			核心影响因子			综合评价总分		学科扩散指标	学科影响指标	红点指标
		数值	排名	离均差率	数值	排名	离均差率	数值	排名			
G803	肝脏	1071	10	-0.14	0.538	14	-0.39	19.8	16	16.94	0.88	0.47
G660	国际消化病杂志	487	12	-0.61	0.936	7	0.06	44.2	7	13.50	0.94	0.68
G501	临床肝胆病杂志	3720	1	2.00	1.766	1	1.00	81.1	1	28.13	1.00	0.92
G855	临床消化病杂志	411	13	-0.67	0.461	15	-0.48	29.9	13	11.56	0.75	0.61
G746	实用肝脏病杂志	1503	6	0.21	1.304	3	0.47	46.7	6	18.50	0.88	0.84
G800	胃肠病学	1309	8	0.05	1.017	5	0.15	56.5	3	19.81	0.94	0.83
G326	胃肠病学和肝病学杂志	1556	4	0.25	0.720	9	-0.19	50.1	5	23.81	0.94	0.65
G451	现代消化及介入诊疗	1092	9	-0.12	0.696	10	-0.21	26.9	14	14.94	0.88	0.48
G475	中国肝脏病杂志电子版	332	15	-0.73	0.587	12	-0.34	33.5	10	9.06	0.69	0.87
G528	中国中西医结合消化杂志	1460	7	0.18	1.217	4	0.38	43.4	8	14.00	0.69	0.51
G231	中华肝脏病杂志	2311	2	0.86	1.510	2	0.71	65.6	2	23.56	1.00	0.94
G054	中华肝脏外科手术学电子杂志	328	16	-0.74	0.592	11	-0.33	30.4	12	6.81	0.56	0.91
G285	中华消化内镜杂志	1544	5	0.24	0.871	8	-0.02	37.9	9	16.44	0.94	0.69
G168	中华消化杂志	1735	3	0.40	0.982	6	0.11	53.5	4	22.06	1.00	0.23
G610	中华胰腺病杂志	390	14	-0.69	0.403	16	-0.54	21.9	15	10.13	0.63	0.69
G842	中西医结合肝病杂志	609	11	-0.51	0.556	13	-0.37	30.7	11	11.19	0.63	0.58
	16 种期刊平均值	1241			0.885							

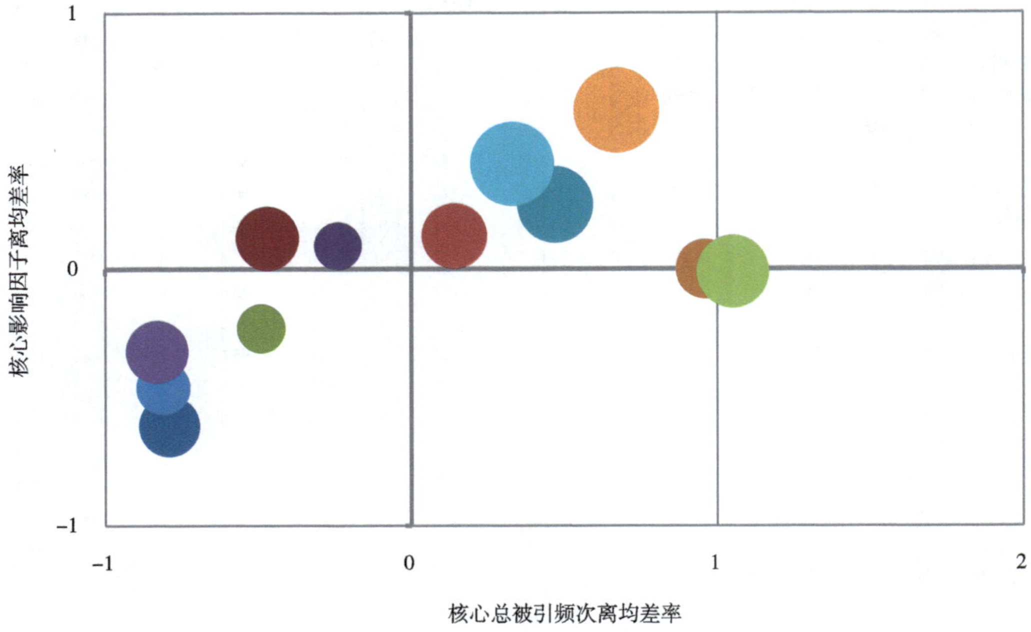

2019 年血液病学、肾脏病学类期刊核心总被引频次和核心影响因子离均差率的分布图
（节点大小表示综合评价总分）

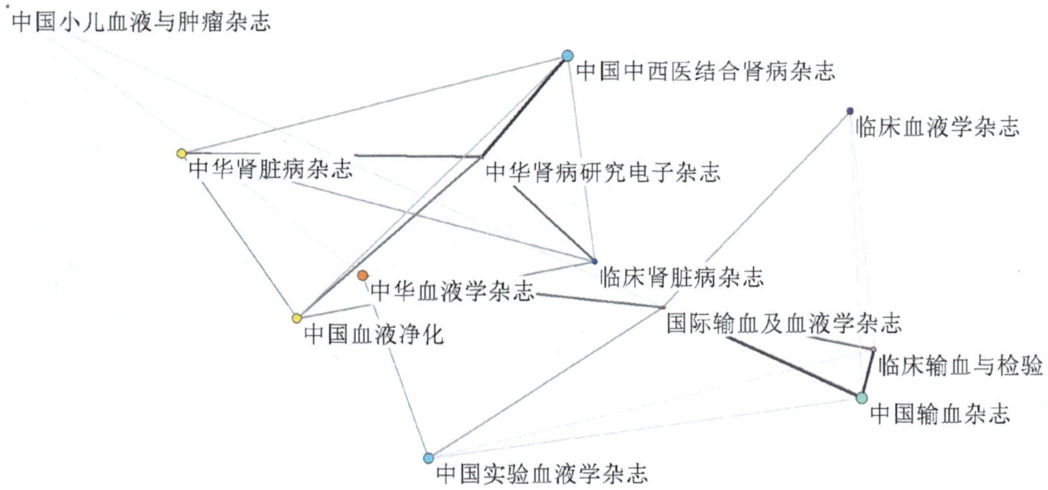

2019 年血液病学、肾脏病学类期刊互引关系示意图

表 7-42　2019 年血液病学、肾脏病学类期刊主要指标

CODE	刊名	核心总被引频次			核心影响因子			综合评价总分		学科扩散指标	学科影响指标	红点指标
		数值	排名	离均差率	数值	排名	离均差率	数值	排名			
B525	国际输血及血液学杂志	212	10	−0.79	0.245	12	−0.61	40.8	8	10.25	0.58	0.81
G423	临床肾脏病杂志	532	8	−0.47	0.706	5	0.12	44.2	6	14.75	0.50	0.64
G797	临床输血与检验	513	9	−0.49	0.488	9	−0.23	25.9	11	11.17	0.58	0.25
G293	临床血液学杂志	771	7	−0.24	0.691	6	0.09	24.9	12	16.75	0.67	0.50
G883	中国实验血液学杂志	1487	4	0.47	0.791	3	0.25	64.0	3	26.83	0.83	0.53
G796	中国输血杂志	1988	2	0.96	0.632	7	0.00	37.9	9	18.67	0.67	0.38
G845	中国小儿血液与肿瘤杂志	194	11	−0.81	0.343	11	−0.46	32.0	10	8.67	0.33	0.46
G633	中国血液净化	1158	6	0.14	0.717	4	0.13	46.9	5	18.75	0.50	0.63
G846	中国中西医结合肾病杂志	2078	1	1.05	0.628	8	−0.01	57.1	4	22.83	0.58	0.34
G065	中华肾病研究电子杂志	172	12	−0.83	0.432	10	−0.32	42.8	7	8.42	0.42	0.57
G161	中华肾脏病杂志	1348	5	0.33	0.891	2	0.41	77.3	2	25.83	0.75	0.77
G172	中华血液学杂志	1692	3	0.67	1.023	1	0.62	80.0	1	27.75	0.83	0.45
12 种期刊平均值		1012			0.632							

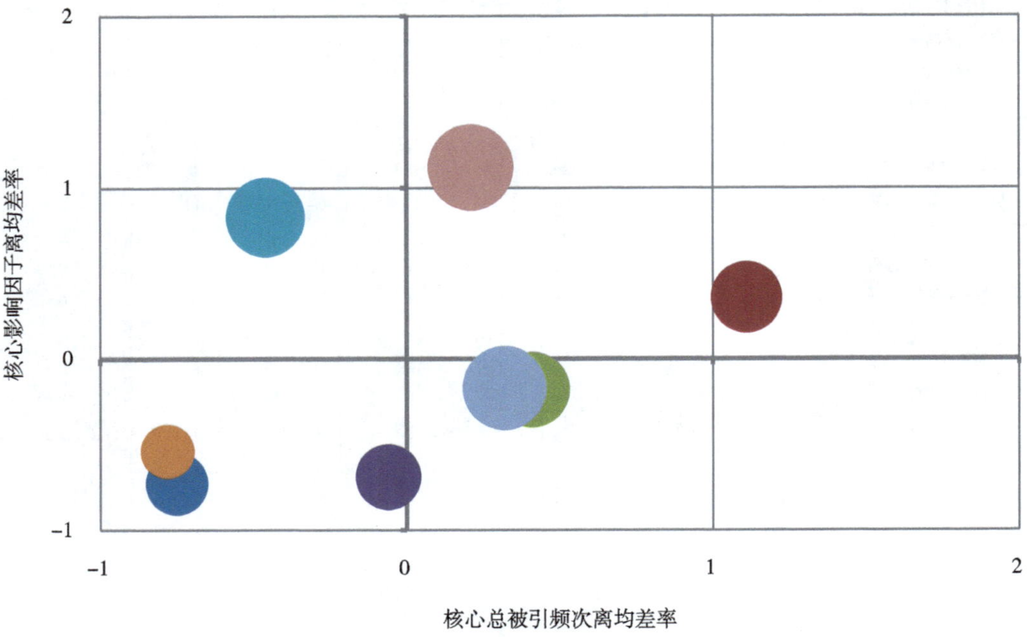

2019 年内分泌病学与代谢病学、风湿病学类期刊核心总被引频次和核心影响因子离均差率的分布图（节点大小表示综合评价总分）

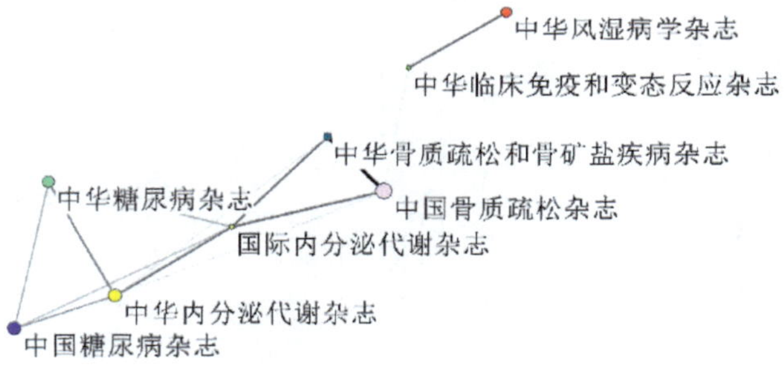

2019 年内分泌病学与代谢病学、风湿病学类期刊互引关系示意图

表 7-43　2019 年内分泌病学与代谢病学、风湿病学类期刊主要指标

CODE	刊名	核心总被引频次			核心影响因子			综合评价总分		学科扩散指标	学科影响指标	红点指标
		数值	排名	离均差率	数值	排名	离均差率	数值	排名			
G415	国际内分泌代谢杂志	347	7	−0.75	0.310	8	−0.73	34.6	7	25.25	0.75	0.57
G663	中国骨质疏松杂志	2931	1	1.11	1.563	3	0.36	45.2	5	48.38	0.75	0.88
G211	中国糖尿病杂志	1963	2	0.41	0.945	5	−0.18	50.7	4	51.75	0.75	0.76
G286	中华风湿病学杂志	1314	5	−0.06	0.353	7	−0.69	38.2	6	40.50	0.38	0.59
G728	中华骨质疏松和骨矿盐疾病杂志	749	6	−0.46	2.092	2	0.83	55.9	3	33.00	0.88	0.60
G693	中华临床免疫和变态反应杂志	308	8	−0.78	0.530	6	−0.54	25.9	8	21.25	0.50	0.16
G155	中华内分泌代谢杂志	1842	3	0.32	0.947	4	−0.17	63.4	2	53.88	0.88	0.42
G739	中华糖尿病杂志	1681	4	0.21	2.430	1	1.12	65.0	1	47.38	0.75	0.34
8 种期刊平均值		1392			1.146							

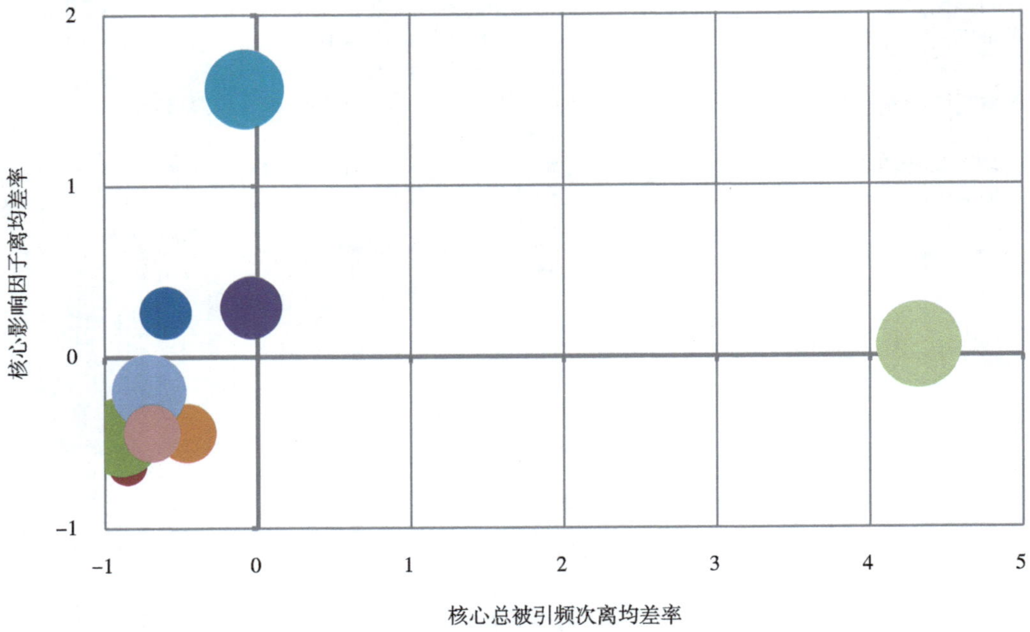

2019 年感染性疾病学、传染病学类期刊核心总被引频次和核心影响因子离均差率的分布图
（节点大小表示综合评价总分）

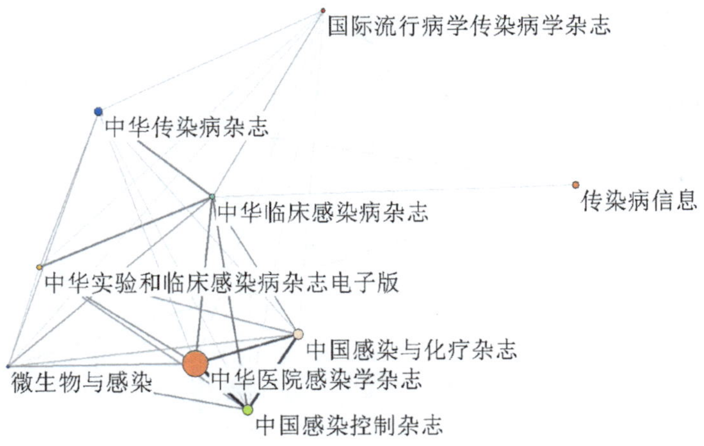

2019 年感染性疾病学、传染病学类期刊互引关系示意图

表 7-44 2019 年感染性疾病学、传染病学类期刊主要指标

CODE	刊名	核心总被引频次			核心影响因子			综合评价总分		学科扩散指标	学科影响指标	红点指标
		数值	排名	离均差率	数值	排名	离均差率	数值	排名			
G458	传染病信息	687	5	−0.60	1.324	3	0.26	21.1	8	28.00	0.89	0.43
G930	国际流行病学传染病学杂志	262	8	−0.85	0.388	9	−0.63	11.8	9	15.22	0.89	0.64
G651	微生物与感染	193	9	−0.89	0.564	8	−0.46	48.4	3	14.67	0.78	0.23
G631	中国感染控制杂志	1659	2	−0.04	1.354	2	0.29	29.8	5	35.00	1.00	0.68
G337	中国感染与化疗杂志	1594	3	−0.08	2.699	1	1.57	49.1	2	33.11	1.00	0.56
G136	中华传染病杂志	937	4	−0.46	0.588	6	−0.44	26.2	6	28.56	1.00	0.36
G692	中华临床感染病杂志	511	7	−0.71	0.834	5	−0.20	43.2	4	23.56	1.00	0.74
G703	中华实验和临床感染病杂志电子版	532	6	−0.69	0.585	7	−0.44	25.2	7	23.89	0.89	0.72
G194	中华医院感染学杂志	9229	1	4.32	1.109	4	0.06	56.6	1	67.44	1.00	0.72
9 种期刊平均值		1734			1.049							

外科学综合

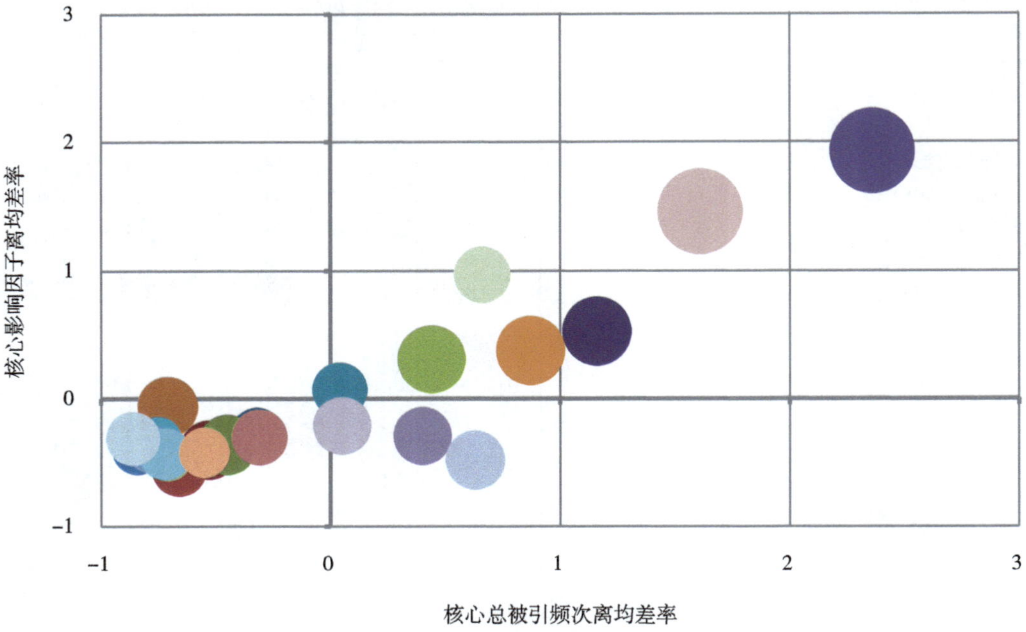

2019 年外科学综合类期刊核心总被引频次和核心影响因子离均差率的分布图

（节点大小表示综合评价总分）

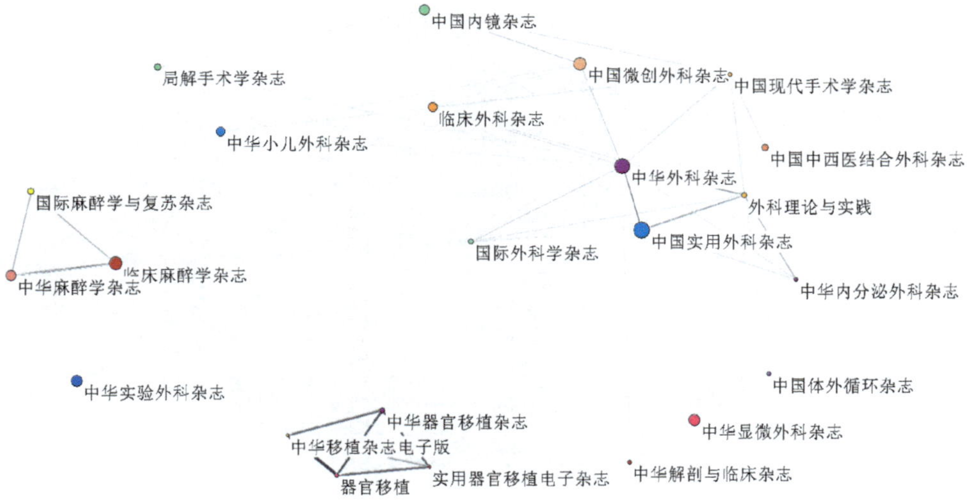

2019 年外科学综合类期刊互引关系示意图

表 7-45 2019 年外科学综合类期刊主要指标

CODE	刊名	核心总被引频次			核心影响因子			综合评价总分		学科扩散指标	学科影响指标	红点指标
		数值	排名	离均差率	数值	排名	离均差率	数值	排名			
G975	国际麻醉学与复苏杂志	804	12	-0.32	0.569	10	-0.28	31.5	16	9.83	0.57	0.65
G954	国际外科学杂志	551	14	-0.53	0.471	18	-0.40	37.5	9	10.13	0.65	0.57
G553	局解手术学杂志	647	13	-0.45	0.500	15	-0.36	38.6	7	11.91	0.57	0.53
G222	临床麻醉学杂志	2560	3	1.16	1.201	4	0.53	51.0	4	16.09	0.70	0.46
G256	临床外科杂志	1226	10	0.04	0.840	7	0.07	32.6	14	14.57	0.78	0.54
G595	器官移植	342	17	-0.71	0.736	8	-0.06	39.0	6	4.87	0.26	0.91
G469	实用器官移植电子杂志	192	22	-0.84	0.480	16	-0.39	28.5	19	3.00	0.48	0.23
G601	外科理论与实践	399	16	-0.66	0.352	23	-0.55	32.0	15	6.91	0.61	0.55
G277	中国内镜杂志	1701	7	0.44	1.031	6	0.31	49.3	5	14.04	0.65	0.49
G272	中国实用外科杂志	3976	1	2.36	2.301	1	1.93	77.8	2	18.61	0.91	0.58
G444	中国体外循环杂志	291	20	-0.75	0.531	14	-0.32	23.6	23	4.83	0.39	0.61
G373	中国微创外科杂志	2207	4	0.87	1.087	5	0.38	51.2	3	15.91	0.78	0.27
G885	中国现代手术学杂志	260	21	-0.78	0.477	17	-0.39	25.9	22	6.13	0.57	0.45
G758	中国中西医结合外科杂志	817	11	-0.31	0.548	12	-0.30	33.5	13	10.91	0.26	0.39
Q905	中华解剖与临床杂志	338	18	-0.71	0.428	21	-0.45	26.1	21	6.26	0.30	0.40
G153	中华麻醉学杂志	1653	8	0.40	0.558	11	-0.29	36.2	10	13.83	0.70	0.68
G736	中华内分泌外科杂志	326	19	-0.72	0.449	20	-0.43	29.6	18	6.83	0.39	0.58
G158	中华器官移植杂志	531	15	-0.55	0.453	19	-0.42	27.5	20	6.57	0.65	0.84
G163	中华实验外科杂志	1931	6	0.63	0.407	22	-0.48	37.8	8	19.39	0.91	0.60
G164	中华外科杂志	3084	2	1.61	1.932	2	1.46	77.8	1	21.00	1.00	0.55
G167	中华显微外科杂志	1967	5	0.66	1.548	3	0.97	34.1	12	6.78	0.48	0.65
G169	中华小儿外科杂志	1244	9	0.05	0.619	9	-0.21	35.7	11	10.39	0.61	0.65
G897	中华移植杂志电子版	166	23	-0.86	0.540	13	-0.31	31.1	17	3.22	0.48	0.79
	23 种期刊平均值	1183			0. 785							

普通外科学、胸外科学、心血管外科学

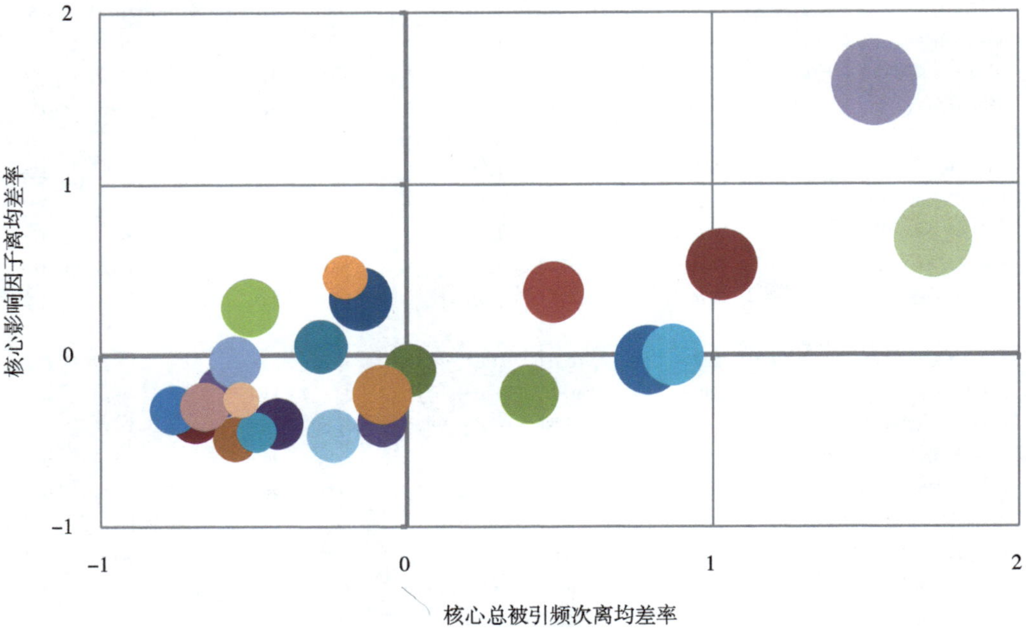

2019 年普通外科学、胸外科学、心血管外科学类期刊核心总被引频次和核心影响因子离均差率的分布图
（节点大小表示综合评价总分）

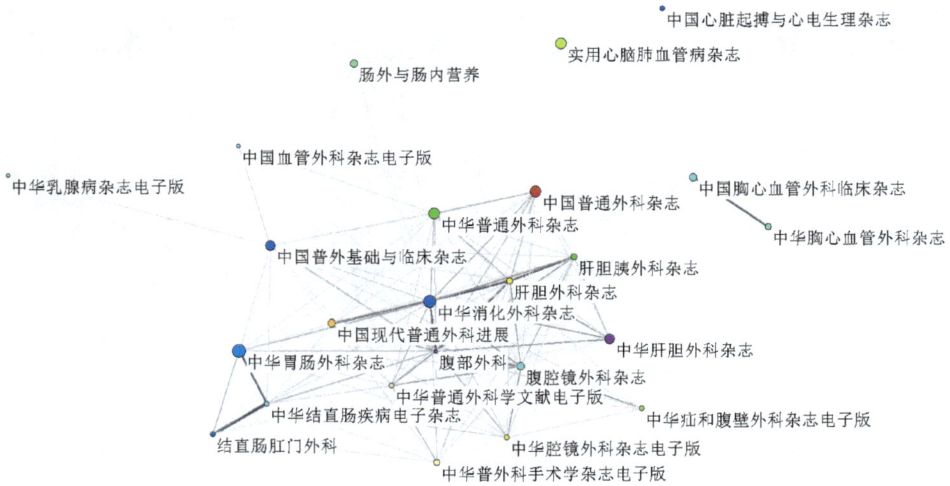

2019 年普通外科学、胸外科学、心血管外科学类期刊互引关系示意图

表 7-46　2019 年普通外科学、胸外科学、心血管外科学类期刊主要指标

CODE	刊名	核心总被引频次			核心影响因子			综合评价总分		学科扩散指标	学科影响指标	红点指标
		数值	排名	离均差率	数值	排名	离均差率	数值	排名			
G264	肠外与肠内营养	869	11	-0.15	1.234	6	0.33	50.6	5	11.08	0.63	0.23
G957	腹部外科	319	23	-0.69	0.591	19	-0.36	34.8	13	5.38	0.75	0.65
G338	腹腔镜外科杂志	1034	8	0.01	0.843	12	-0.09	34.6	14	8.08	0.79	0.89
G879	肝胆外科杂志	597	15	-0.42	0.554	21	-0.40	32.3	17	7.83	0.58	0.66
G690	肝胆胰外科杂志	738	14	-0.28	0.978	8	0.05	35.8	11	7.83	0.63	0.45
G869	结直肠肛门外科	454	19	-0.56	0.471	24	-0.49	24.8	22	5.92	0.46	0.37
G766	实用心脑肺血管病杂志	1829	5	0.79	0.905	10	-0.03	59.7	4	15.13	0.38	0.82
G226	中国普通外科杂志	2082	3	1.03	1.421	3	0.53	64.1	3	14.29	0.88	0.82
G269	中国普外基础与临床杂志	1435	7	0.40	0.712	15	-0.23	43.7	9	12.79	0.79	0.54
G841	中国现代普通外科进展	945	9	-0.08	0.568	20	-0.39	30.9	18	10.25	0.79	0.60
G203	中国心脏起搏与心电生理杂志	520	16	-0.49	0.507	22	-0.45	20.2	23	6.29	0.08	0.90
G232	中国胸心血管外科临床杂志	941	10	-0.08	0.713	14	-0.23	44.6	8	11.17	0.50	0.31
G464	中国血管外科杂志电子版	246	24	-0.76	0.631	18	-0.32	29.7	20	5.04	0.29	0.16
G262	中华肝胆外科杂志	1518	6	0.48	1.277	5	0.37	46.6	7	10.75	0.63	0.77
G060	中华结直肠疾病电子杂志	505	17	-0.51	1.195	7	0.28	43.0	10	6.54	0.54	0.84
G461	中华普通外科学文献电子版	406	21	-0.60	0.732	13	-0.21	34.5	15	7.29	0.71	0.88
G254	中华普通外科杂志	1910	4	0.87	0.931	9	0.00	47.3	6	13.25	0.96	0.50
G462	中华普外科手术学杂志电子版	815	12	-0.20	1.355	4	0.46	25.0	21	6.38	0.71	0.97
G463	中华腔镜外科杂志电子版	447	20	-0.56	0.892	11	-0.04	34.3	16	5.46	0.75	0.30
G505	中华乳腺病杂志电子版	347	22	-0.66	0.650	17	-0.30	30.7	19	5.92	0.21	0.90
G793	中华胃肠外科杂志	2784	1	1.72	1.560	2	0.68	76.6	2	15.13	0.83	0.64
G978	中华消化外科杂志	2591	2	1.53	2.409	1	1.59	92.3	1	13.79	0.88	0.83
G171	中华胸心血管外科杂志	778	13	-0.24	0.490	23	-0.47	35.2	12	8.88	0.50	0.20
G472	中华疝和腹壁外科杂志电子版	468	18	-0.54	0.690	16	-0.26	16.4	24	4.21	0.50	0.79
	24 种期刊平均值	1024			0.930							

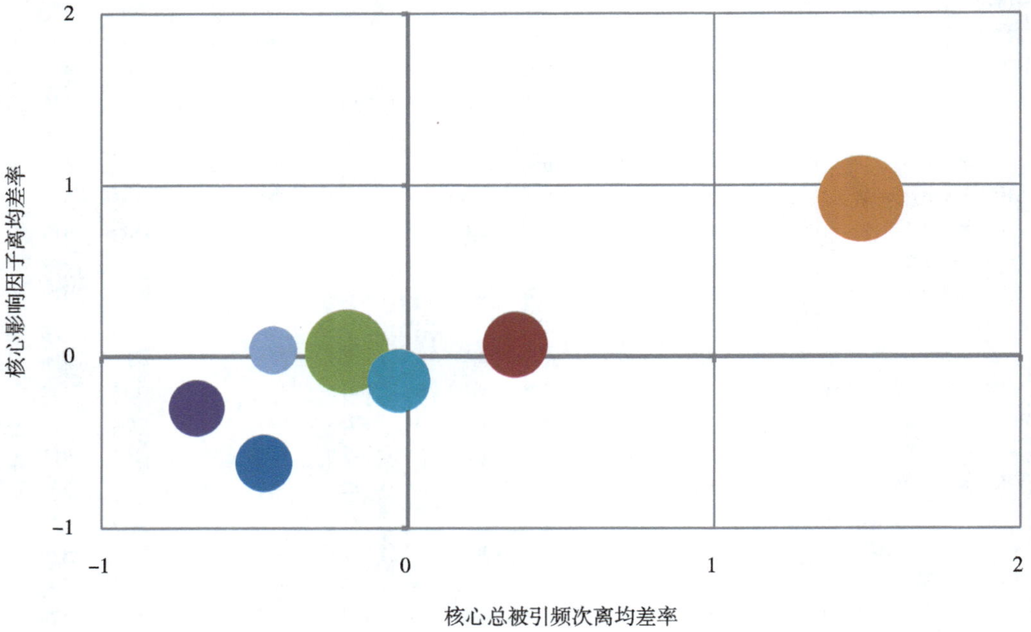

2019 年泌尿外科学类期刊核心总被引频次和核心影响因子离均差率的分布图

（节点大小表示综合评价总分）

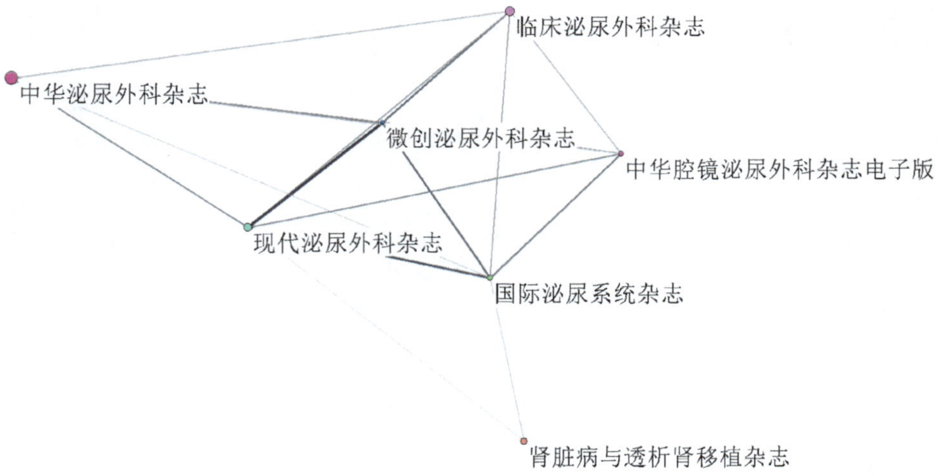

2019 年泌尿外科学类期刊互引关系示意图

表 7-47 2019 年泌尿外科类期刊主要指标

CODE	刊名	核心总被引频次			核心影响因子			综合评价总分		学科扩散指标	学科影响指标	红点指标
		数值	排名	离均差率	数值	排名	离均差率	数值	排名			
G349	国际泌尿系统杂志	496	6	−0.47	0.300	7	−0.62	28.3	5	28.71	0.86	0.67
G317	临床泌尿外科杂志	1259	2	0.35	0.833	2	0.07	37.7	3	33.00	0.86	0.55
G202	肾脏病与透析肾移植杂志	741	4	−0.20	0.805	4	0.03	62.0	2	34.43	0.29	0.22
G866	微创泌尿外科杂志	290	7	−0.69	0.544	6	−0.30	27.6	6	13.57	0.86	0.67
G341	现代泌尿外科杂志	903	3	−0.03	0.675	5	−0.14	35.4	4	31.43	0.86	0.52
G154	中华泌尿外科杂志	2313	1	1.48	1.505	1	0.92	64.9	1	42.57	1.00	0.43
G473	中华腔镜泌尿外科杂志电子版	520	5	−0.44	0.810	3	0.04	20.3	7	15.57	0.86	0.78
	7 种期刊平均值	932			0.782							

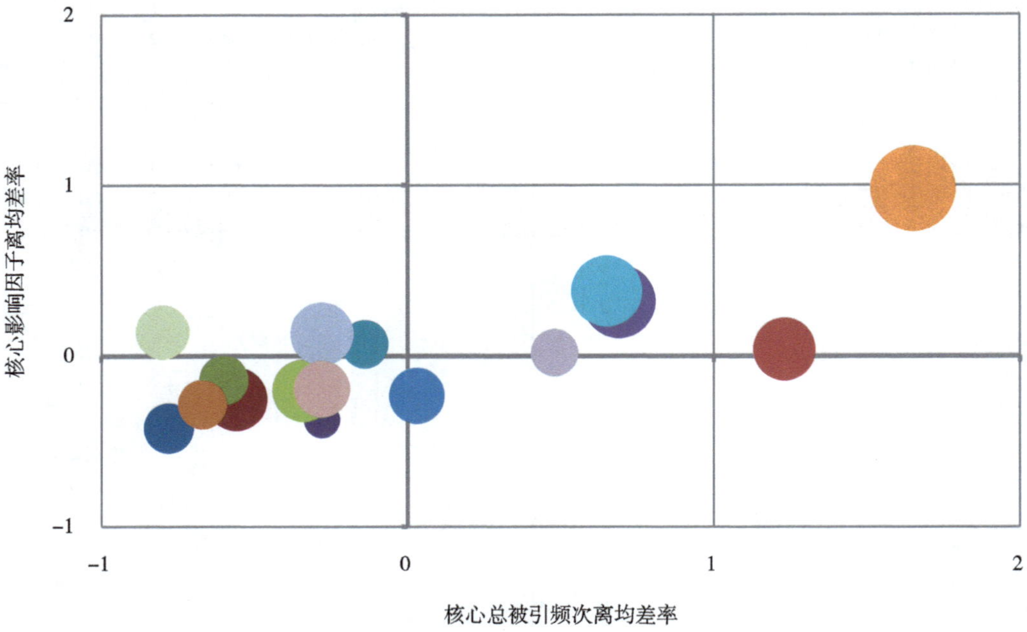

2019 年骨外科学类期刊核心总被引频次和核心影响因子离均差率的分布图
（节点大小表示综合评价总分）

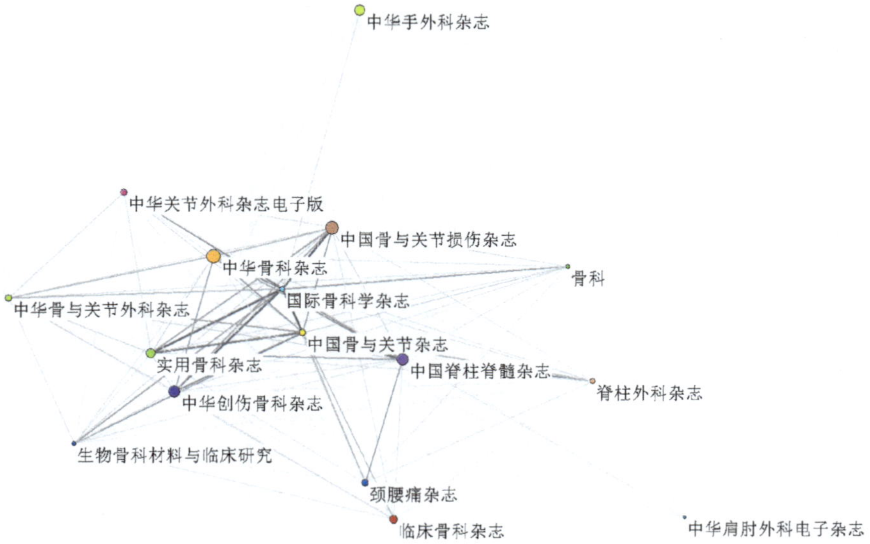

2019 年骨外科学类期刊互引关系示意图

表 7-48　2019 年骨外科学类期刊主要指标

CODE	刊名	核心总被引频次			核心影响因子			综合评价总分		学科扩散指标	学科影响指标	红点指标
		数值	排名	离均差率	数值	排名	离均差率	数值	排名			
G478	骨科	251	15	–0.78	0.512	16	–0.42	29.3	11	7.00	0.94	0.45
G498	国际骨科学杂志	500	12	–0.56	0.665	13	–0.25	46.9	5	12.06	0.94	0.44
G439	脊柱外科杂志	451	13	–0.60	0.758	9	–0.14	28.8	12	7.19	0.75	1.00
G677	颈腰痛杂志	808	10	–0.28	0.553	15	–0.37	15.5	16	10.13	0.75	0.36
G291	临床骨科杂志	973	7	–0.14	0.946	6	0.07	26.9	14	11.25	0.94	0.49
G401	生物骨科材料与临床研究	371	14	–0.67	0.640	14	–0.28	28.2	13	9.19	0.94	0.46
G457	实用骨科杂志	1158	6	0.03	0.680	12	–0.23	36.3	9	13.25	1.00	0.43
G249	中国骨与关节损伤杂志	2505	2	1.23	0.918	7	0.04	46.1	6	14.81	1.00	0.61
G857	中国骨与关节杂志	742	11	–0.34	0.702	11	–0.20	45.5	7	13.56	1.00	0.78
G192	中国脊柱脊髓杂志	1900	3	0.69	1.166	3	0.32	63.1	2	16.38	0.88	0.25
G408	中华创伤骨科杂志	1851	4	0.65	1.221	2	0.38	59.5	3	14.13	1.00	0.79
G143	中华骨科杂志	2985	1	1.65	1.747	1	0.98	86.2	1	18.88	1.00	0.62
G648	中华骨与关节外科杂志	810	9	–0.28	0.996	5	0.13	47.1	4	13.19	1.00	0.59
G691	中华关节外科杂志电子版	814	8	–0.28	0.715	10	–0.19	37.4	8	12.00	0.94	0.80
G055	中华肩肘外科电子杂志	223	16	–0.80	1.010	4	0.14	34.3	10	3.00	0.63	0.32
G848	中华手外科杂志	1662	5	0.48	0.902	8	0.02	26.3	15	8.75	0.75	0.75
	16 种期刊平均值	1125			0. 883							

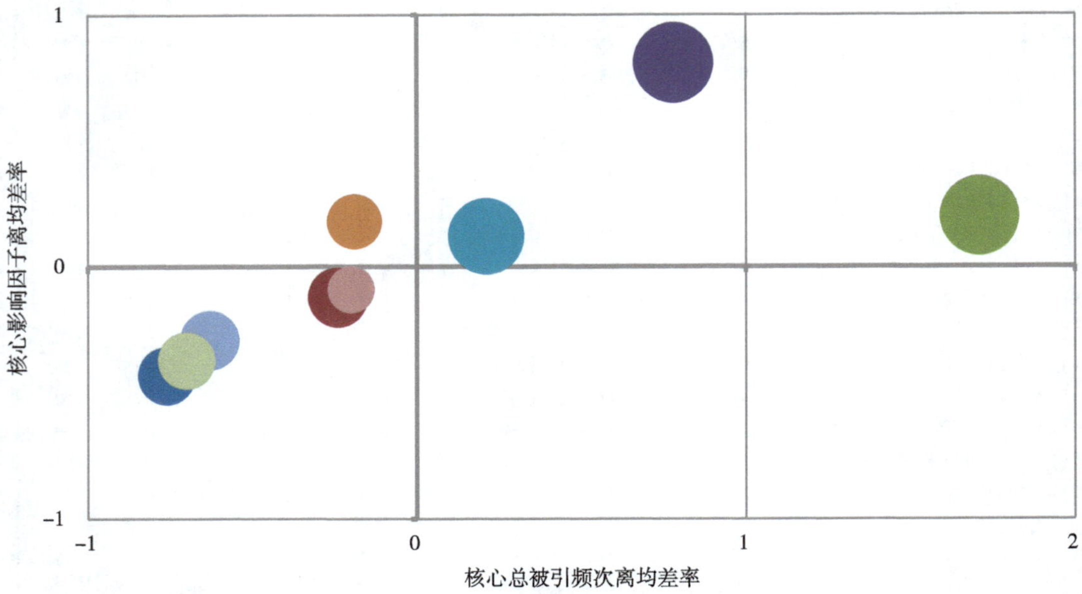

2019 年烧伤外科学、整形外科学类期刊核心总被引频次和核心影响因子离均差率的分布图
（节点大小表示综合评价总分）

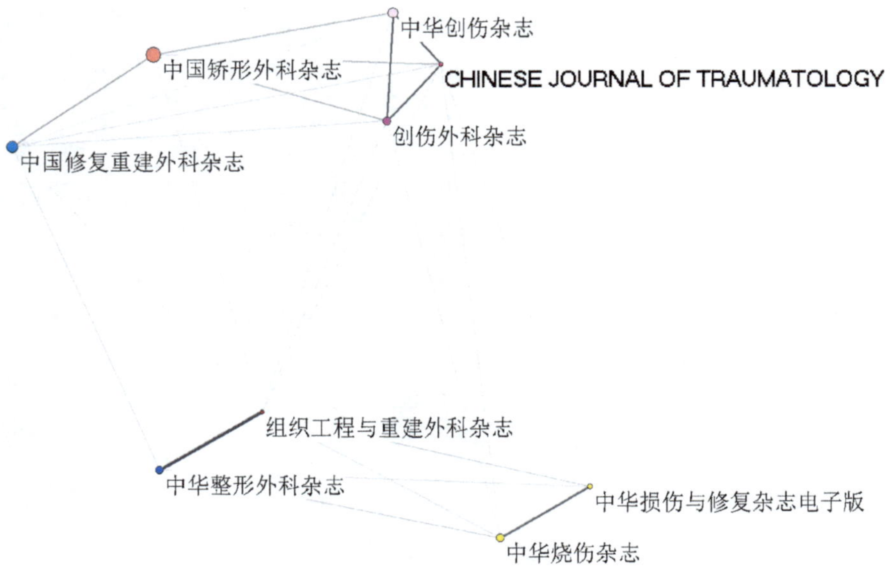

2019 年烧伤外科学、整形外科学类期刊互引关系示意图

表 7-49　2019 年烧伤外科学、整形外科学类期刊主要指标

CODE	刊名	核心总被引频次			核心影响因子			综合评价总分		学科扩散指标	学科影响指标	红点指标
		数值	排名	离均差率	数值	排名	离均差率	数值	排名			
I200	CHINESE JOURNAL OF TRAUMATOLOGY	293	9	–0.76	0.438	9	–0.43	33.9	6	15.89	0.89	0.00
G322	创伤外科杂志	911	6	–0.24	0.676	6	–0.12	36.0	4	28.56	1.00	0.64
G233	中国矫形外科杂志	3245	1	1.71	0.922	2	0.20	64.5	2	39.33	0.89	0.37
G118	中国修复重建外科杂志	2133	2	0.78	1.392	1	0.81	65.6	1	35.78	1.00	0.50
G137	中华创伤杂志	1448	3	0.21	0.863	4	0.12	58.7	3	30.67	0.89	0.73
G900	中华烧伤杂志	974	4	–0.19	0.907	3	0.18	30.3	8	21.78	0.78	0.86
G506	中华损伤与修复杂志电子版	448	7	–0.63	0.545	7	–0.29	35.5	5	17.89	0.78	0.74
G178	中华整形外科杂志	963	5	–0.20	0.701	5	–0.09	22.5	9	19.56	0.89	0.36
G701	组织工程与重建外科杂志	357	8	–0.70	0.487	8	–0.37	33.2	7	16.11	0.89	0.18
	9 种期刊平均值	1197			0.770							

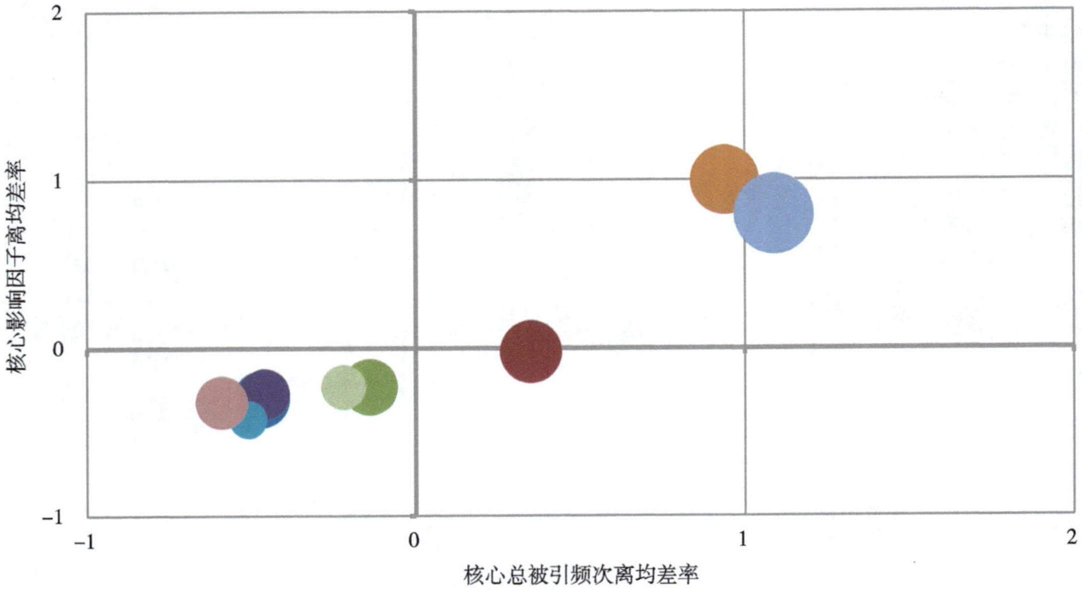

2019 年妇产科学类期刊核心总被引频次和核心影响因子离均差率的分布图
（节点大小表示综合评价总分）

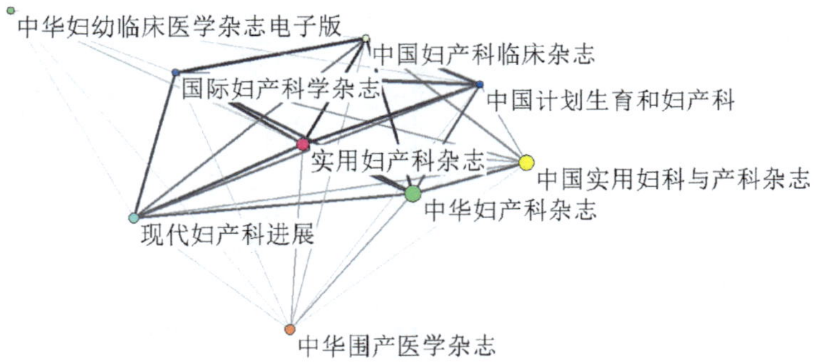

2019 年妇产科学类期刊互引关系示意图

表 7-50　2019 年妇产科学类期刊主要指标

CODE	刊名	核心总被引频次			核心影响因子			综合评价总分		学科扩散指标	学科影响指标	红点指标
		数值	排名	离均差率	数值	排名	离均差率	数值	排名			
G659	国际妇产科学杂志	791	7	-0.47	0.705	7	-0.30	40.4	4	30.22	1.00	0.85
G586	实用妇产科杂志	2022	3	0.35	0.989	3	-0.02	48.6	3	37.56	1.00	0.28
G300	现代妇产科进展	1282	4	-0.14	0.783	4	-0.23	39.3	5	35.00	1.00	0.58
G456	中国妇产科临床杂志	808	6	-0.46	0.740	6	-0.27	32.0	7	28.00	1.00	0.57
G560	中国计划生育和妇产科	740	8	-0.51	0.583	9	-0.42	17.7	9	24.33	1.00	0.49
G228	中国实用妇科与产科杂志	2899	2	0.94	2.019	1	1.00	58.8	2	42.11	1.00	0.62
G142	中华妇产科杂志	3131	1	1.09	1.823	2	0.80	80.5	1	44.56	1.00	0.37
G689	中华妇幼临床医学杂志电子版	616	9	-0.59	0.684	8	-0.32	34.3	6	25.33	1.00	0.95
G296	中华围产医学杂志	1163	5	-0.22	0.779	5	-0.23	24.8	8	28.11	1.00	0.77
	9 种期刊平均值	1495			1.012							

儿科学

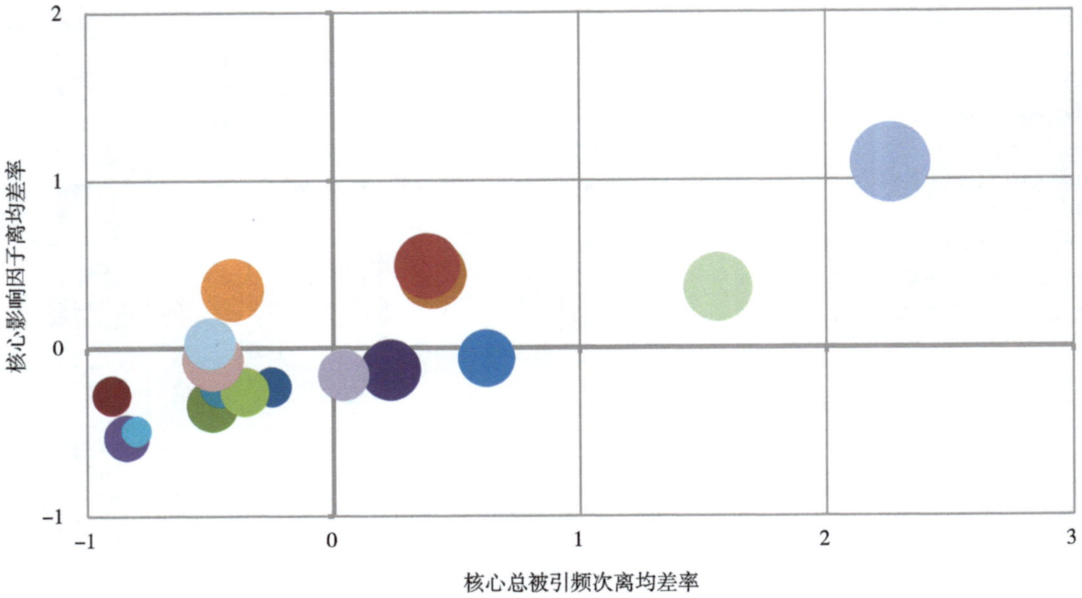

2019 年儿科学类期刊核心总被引频次和核心影响因子离均差率的分布图
（节点大小表示综合评价总分）

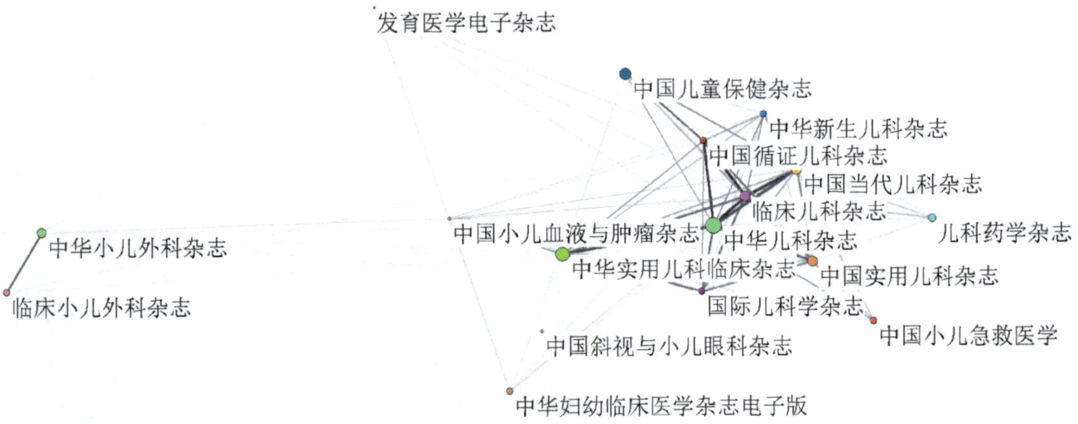

2019 年儿科学类期刊互引关系示意图

表 7-51　2019 年儿科学类期刊主要指标

CODE	刊名	核心总被引频次			核心影响因子			综合评价总分		学科扩散指标	学科影响指标	红点指标
		数值	排名	离均差率	数值	排名	离均差率	数值	排名			
G920	儿科药学杂志	892	8	−0.25	0.566	11	−0.23	20.5	15	12.71	0.71	0.52
G199	发育医学电子杂志	122	17	−0.90	0.532	14	−0.28	20.1	16	3.18	0.59	0.28
G936	国际儿科学杂志	613	13	−0.49	0.484	15	−0.34	35.7	9	13.29	0.82	0.67
G607	临床儿科杂志	1469	6	0.23	0.642	9	−0.13	48.7	7	21.18	0.88	0.64
Q909	临床小儿外科杂志	645	11	−0.46	0.564	12	−0.23	21.9	14	9.94	0.82	0.79
G901	中国当代儿科杂志	1678	4	0.40	1.059	3	0.44	61.9	3	23.94	0.88	0.90
G825	中国儿童保健杂志	1939	3	0.62	0.691	7	−0.06	42.9	8	20.06	0.88	0.64
G273	中国实用儿科杂志	1654	5	0.38	1.096	2	0.49	56.9	4	21.53	1.00	0.79
G765	中国小儿急救医学	768	9	−0.36	0.540	13	−0.26	30.9	12	12.47	0.94	0.58
G845	中国小儿血液与肿瘤杂志	194	16	−0.84	0.343	17	−0.53	27.5	13	6.12	0.71	0.44
G298	中国斜视与小儿眼科杂志	240	15	−0.80	0.376	16	−0.49	12.1	17	3.82	0.12	0.29
G756	中国循证儿科杂志	702	10	−0.41	0.993	5	0.35	52.6	5	15.47	0.82	0.60
G138	中华儿科杂志	3901	1	2.26	1.541	1	1.10	85.3	1	28.76	0.94	0.50
G689	中华妇幼临床医学杂志电子版	616	12	−0.49	0.684	8	−0.07	49.3	6	13.41	0.88	0.88
G875	中华实用儿科临床杂志	3063	2	1.56	1.001	4	0.36	63.4	2	26.65	0.94	0.76
G169	中华小儿外科杂志	1244	7	0.04	0.619	10	−0.16	34.5	11	14.06	0.88	0.71
G082	中华新生儿科杂志	602	14	−0.50	0.755	6	0.03	35.3	10	10.00	0.88	0.89
	17 种期刊平均值	1197			0.734							

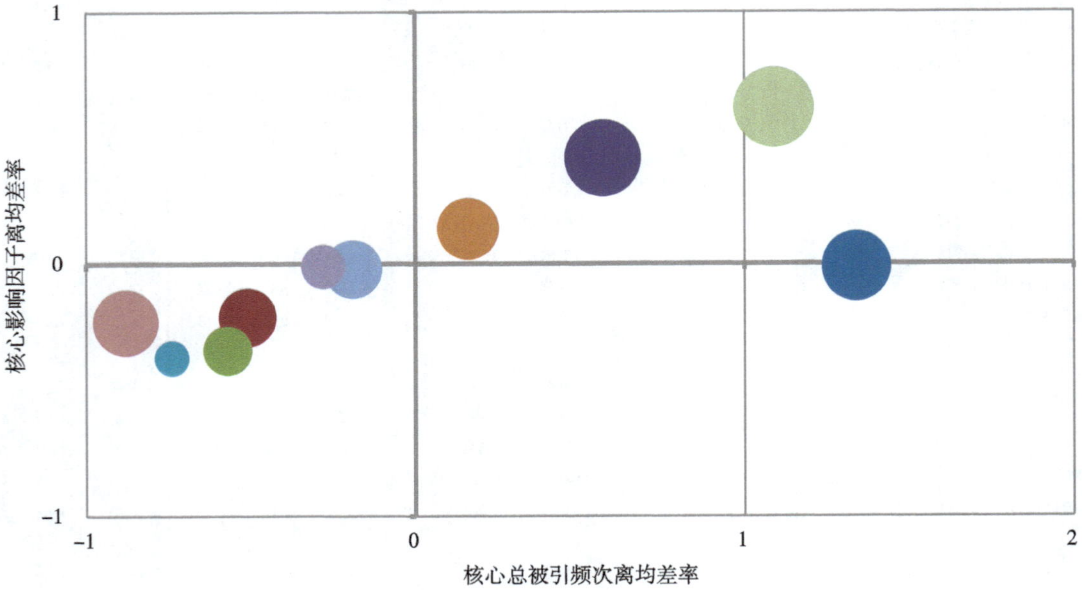

2019 年眼科学类期刊核心总被引频次和核心影响因子离均差率的分布图
（节点大小表示综合评价总分）

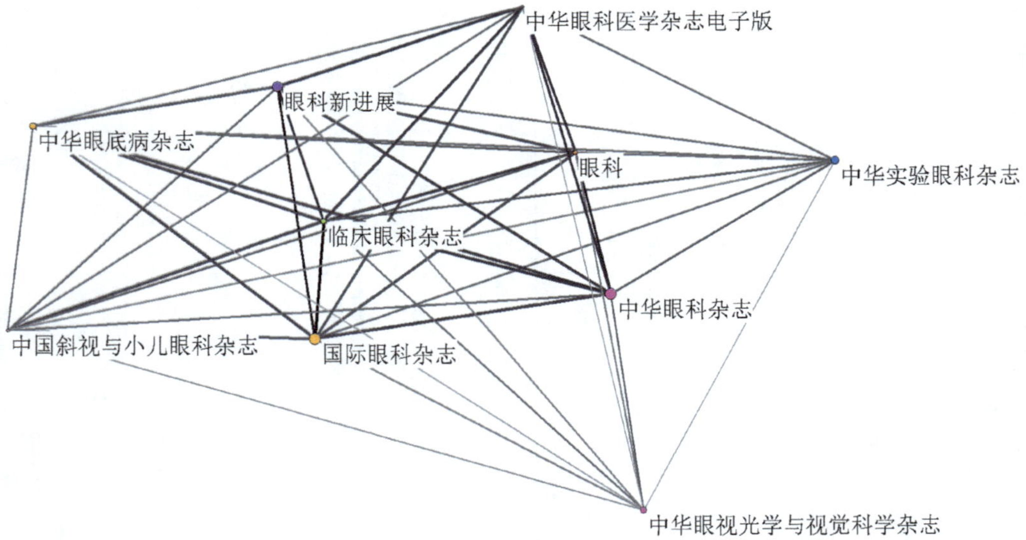

2019 年眼科学类期刊互引关系示意图

表 7-52　2019 年眼科学类期刊主要指标

CODE	刊名	核心总被引频次			核心影响因子			综合评价总分		学科扩散指标	学科影响指标	红点指标
		数值	排名	离均差率	数值	排名	离均差率	数值	排名			
Q911	国际眼科杂志	2133	1	1.34	0.589	5	–0.01	54.9	3	29.60	1.00	0.60
Q913	临床眼科杂志	450	7	–0.51	0.470	7	–0.21	37.6	7	14.30	1.00	0.52
G962	眼科	388	8	–0.57	0.393	9	–0.34	26.9	8	11.90	1.00	0.42
G554	眼科新进展	1430	3	0.57	0.842	2	0.42	66.0	2	23.30	1.00	0.59
G298	中国斜视与小儿眼科杂志	240	9	–0.74	0.376	10	–0.37	13.6	10	6.50	0.90	0.48
G773	中华实验眼科杂志	1056	4	0.16	0.677	3	0.14	43.1	5	19.00	1.00	0.55
G191	中华眼底病杂志	738	5	–0.19	0.585	6	–0.02	37.9	6	13.20	1.00	0.69
G075	中华眼科医学杂志电子版	114	10	–0.88	0.455	8	–0.23	48.3	4	6.50	0.70	0.61
G173	中华眼科杂志	1909	2	1.09	0.963	1	0.62	73.2	1	25.90	1.00	0.47
G873	中华眼视光学与视觉科学杂志	661	6	–0.28	0.590	4	–0.01	21.8	9	10.30	1.00	0.61
10 种期刊平均值		912			0.594							

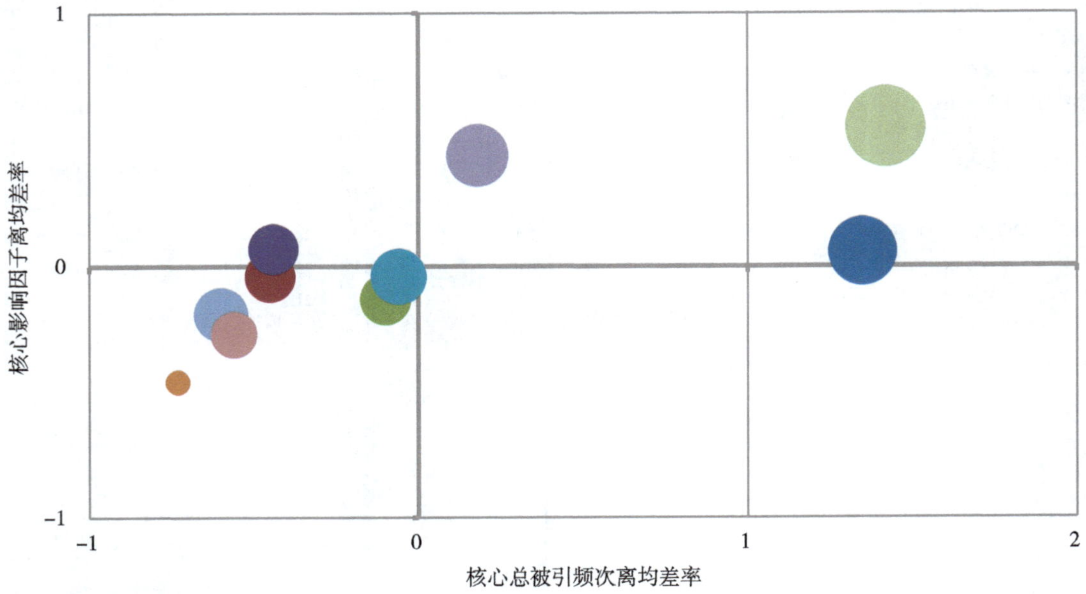

2019 年耳鼻咽喉科学类期刊核心总被引频次和核心影响因子离均差率的分布图
（节点大小表示综合评价总分）

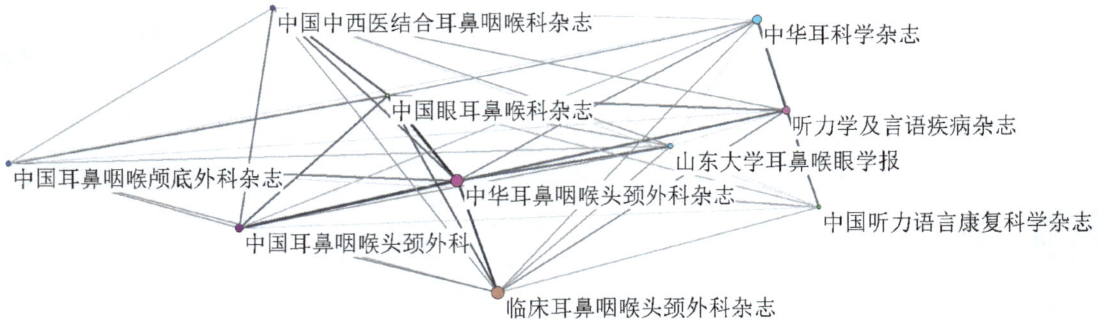

2019 年耳鼻咽喉科学类期刊互引关系示意图

表 7-53　2019 年耳鼻咽喉科学类期刊主要指标

CODE	刊名	核心总被引频次			核心影响因子			综合评价总分		学科扩散指标	学科影响指标	红点指标
		数值	排名	离均差率	数值	排名	离均差率	数值	排名			
G276	临床耳鼻咽喉头颈外科杂志	2244	2	1.35	0.684	4	0.06	66.5	2	35.20	1.00	0.63
G742	山东大学耳鼻喉眼学报	526	7	–0.45	0.623	5	–0.04	36.6	7	17.60	1.00	0.57
G238	听力学及言语疾病杂志	864	5	–0.10	0.562	7	–0.13	37.4	6	16.50	1.00	0.28
G270	中国耳鼻咽喉颅底外科杂志	534	6	–0.44	0.695	3	0.07	35.9	8	16.20	1.00	0.37
G543	中国耳鼻咽喉头颈外科	895	4	–0.06	0.620	6	–0.04	44.7	4	23.60	1.00	0.68
G437	中国听力语言康复科学杂志	260	10	–0.73	0.352	10	–0.46	8.6	10	7.50	0.90	0.34
G619	中国眼耳鼻喉科杂志	378	9	–0.60	0.527	8	–0.19	41.3	5	14.20	1.00	0.21
G347	中国中西医结合耳鼻咽喉科杂志	416	8	–0.56	0.475	9	–0.27	30.7	9	13.90	1.00	0.28
G139	中华耳鼻咽喉头颈外科杂志	2313	1	1.42	1.002	1	0.55	91.3	1	34.50	1.00	0.53
G743	中华耳科学杂志	1129	3	0.18	0.929	2	0.44	54.7	3	18.10	1.00	0.34
	10 种期刊平均值	956			0.647							

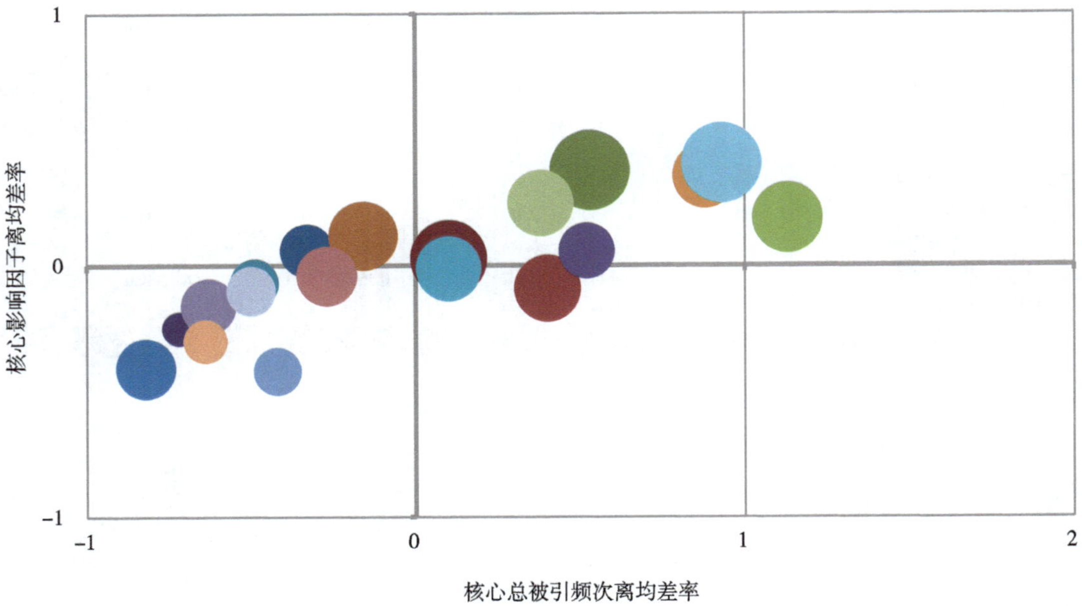

2019 年口腔医学类期刊核心总被引频次和核心影响因子离均差率的分布图
（节点大小表示综合评价总分）

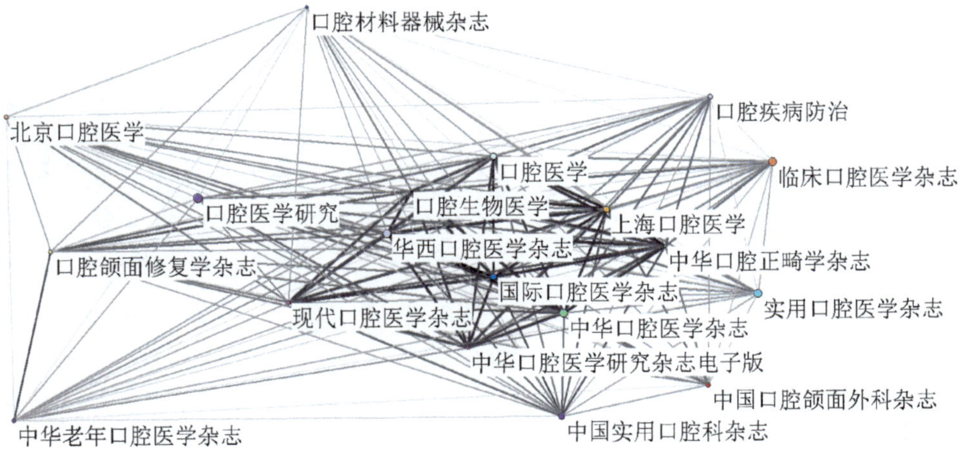

2019 年口腔医学类期刊互引关系示意图

表 7-54　2019 年口腔医学类期刊主要指标

CODE	刊名	核心总被引频次			核心影响因子			综合评价总分		学科扩散指标	学科影响指标	红点指标
		数值	排名	离均差率	数值	排名	离均差率	数值	排名			
G500	北京口腔医学	378	12	-0.33	0.612	7	0.06	33.0	14	5.68	0.95	0.41
G997	国际口腔医学杂志	621	9	0.10	0.593	9	0.03	68.0	3	10.68	1.00	0.53
G043	华西口腔医学杂志	862	4	0.53	0.794	2	0.38	74.2	2	10.32	1.00	0.54
G672	口腔材料器械杂志	161	18	-0.72	0.434	16	-0.25	13.2	19	3.05	0.79	0.20
G894	口腔颌面修复学杂志	288	14	-0.49	0.535	12	-0.07	27.8	16	4.84	0.95	0.40
G390	口腔疾病防治	473	10	-0.16	0.649	6	0.12	55.0	5	6.95	1.00	0.58
G594	口腔生物医学	101	19	-0.82	0.340	18	-0.41	42.1	10	3.47	0.68	0.53
G325	口腔医学	793	6	0.40	0.523	13	-0.09	51.8	6	10.79	1.00	0.49
G266	口腔医学研究	1203	1	1.13	0.689	5	0.19	57.6	4	12.42	1.00	0.52
G287	临床口腔医学杂志	859	5	0.52	0.611	8	0.06	36.5	12	9.42	1.00	0.45
G283	上海口腔医学	622	8	0.10	0.571	10	-0.01	49.6	9	9.26	1.00	0.57
G224	实用口腔医学杂志	1061	3	0.88	0.787	3	0.36	49.7	8	10.47	1.00	0.35
G321	现代口腔医学杂志	328	13	-0.42	0.337	19	-0.42	26.9	17	6.32	1.00	0.33
G441	中国口腔颌面外科杂志	411	11	-0.27	0.555	11	-0.04	42.0	11	7.37	0.95	0.30
G867	中国实用口腔科杂志	780	7	0.38	0.719	4	0.25	51.1	7	8.95	1.00	0.50
G579	中华口腔医学研究杂志电子版	211	16	-0.63	0.482	15	-0.16	35.6	13	4.42	0.84	0.50
G148	中华口腔医学杂志	1092	2	0.93	0.812	1	0.41	74.8	1	12.00	1.00	0.49
G280	中华口腔正畸学杂志	205	17	-0.64	0.402	17	-0.30	22.5	18	2.95	0.95	0.42
G833	中华老年口腔医学杂志	281	15	-0.50	0.518	14	-0.10	28.5	15	5.53	0.89	0.54
	19 种期刊平均值	565			0.577							

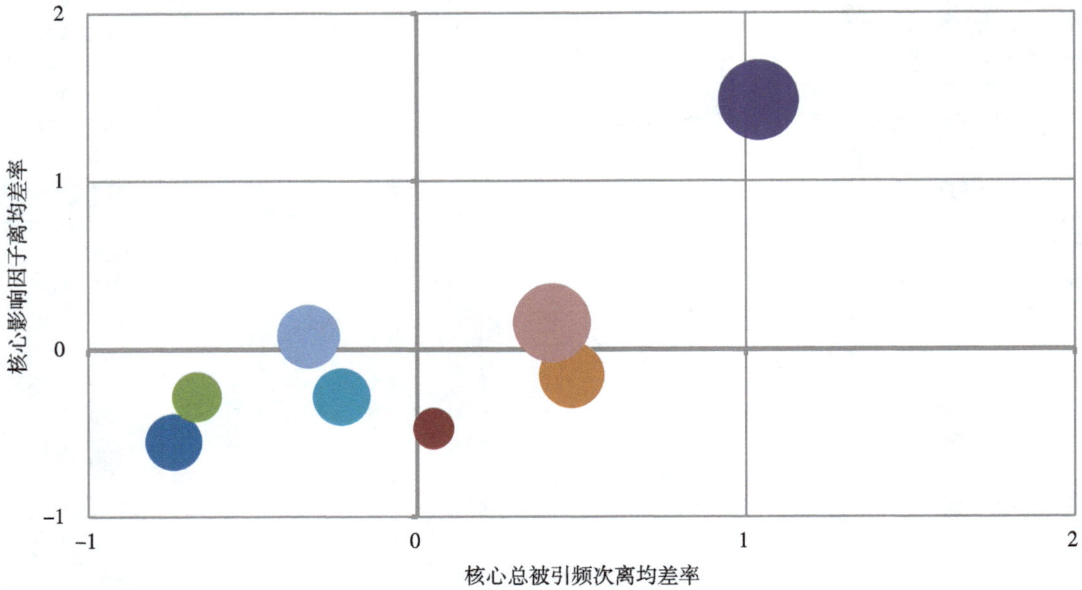

2019 年皮肤病学类期刊核心总被引频次和核心影响因子离均差率的分布图
（节点大小表示综合评价总分）

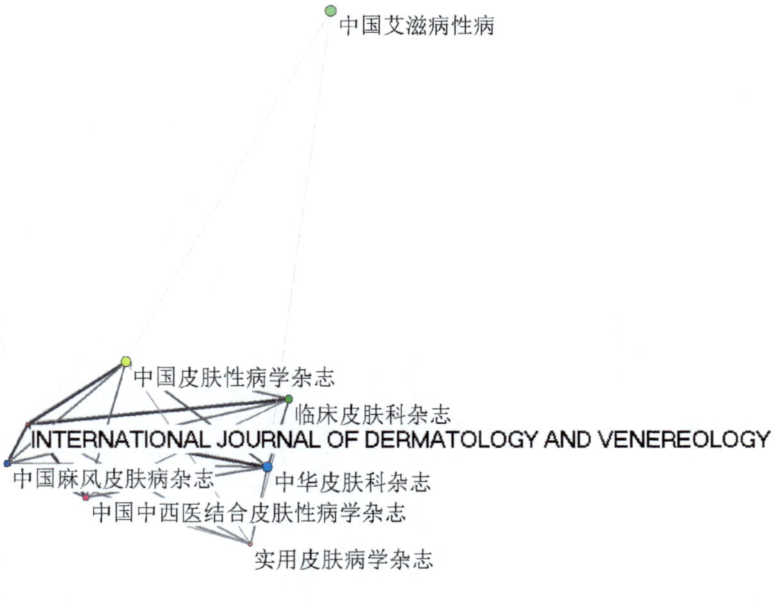

2019 年皮肤病学类期刊互引关系示意图

表 7-55　2019 年皮肤病学类期刊主要指标

CODE	刊名	核心总被引频次			核心影响因子			综合评价总分		学科扩散指标	学科影响指标	红点指标
		数值	排名	离均差率	数值	排名	离均差率	数值	排名			
G889	INTERNATIONAL JOURNAL OF DERMATOLOGY AND VENEREOLOGY	269	8	−0.74	0.244	8	−0.55	33.7	6	15.75	1.00	0.00
G230	临床皮肤科杂志	1078	4	0.05	0.292	7	−0.47	17.7	8	26.75	1.00	0.28
G652	实用皮肤病学杂志	334	7	−0.67	0.395	5	−0.28	25.8	7	16.25	0.88	0.54
G985	中国艾滋病性病	2086	1	1.04	1.353	1	1.48	68.0	1	23.88	0.75	0.76
G110	中国麻风皮肤病杂志	793	5	−0.23	0.393	6	−0.28	34.5	5	26.38	1.00	0.35
G311	中国皮肤性病学杂志	1509	2	0.47	0.466	4	−0.15	45.2	3	36.38	1.00	0.38
G757	中国中西医结合皮肤性病学杂志	685	6	−0.33	0.590	3	0.08	41.9	4	21.88	1.00	0.54
G157	中华皮肤科杂志	1442	3	0.41	0.635	2	0.16	64.2	2	35.63	1.00	0.49
8 种期刊平均值		1025			0. 546							

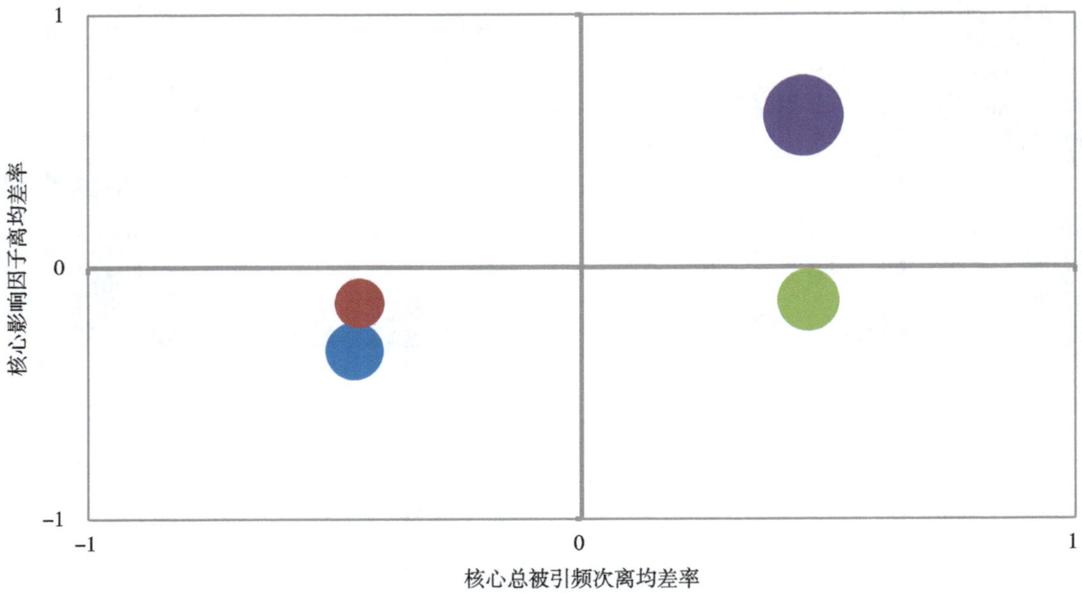

2019 年性医学类期刊核心总被引频次和核心影响因子离均差率的分布图
（节点大小表示综合评价总分）

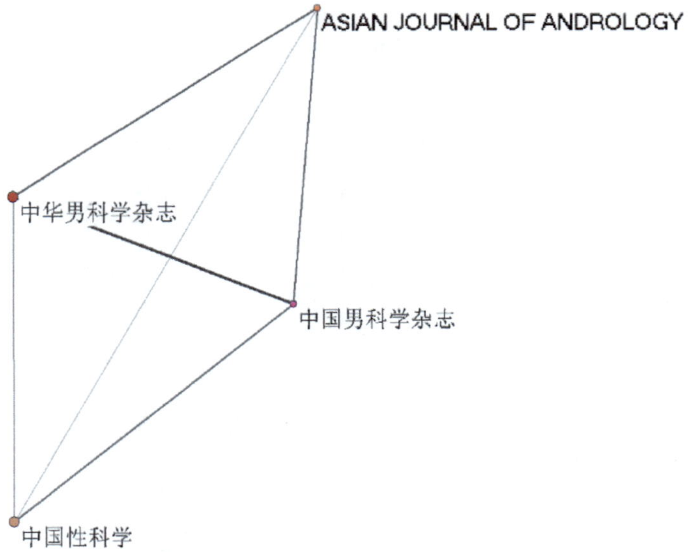

2019 年性医学类期刊互引关系示意图

表 7-56 2019 年性医学类期刊主要指标

CODE	刊名	核心总被引频次			核心影响因子			综合评价总分		学科扩散指标	学科影响指标	红点指标
		数值	排名	离均差率	数值	排名	离均差率	数值	排名			
I282	ASIAN JOURNAL OF ANDROLOGY	638	4	–0.46	0.432	4	–0.33	37.7	3	49.50	1.00	0.00
G303	中国男科学杂志	642	3	–0.45	0.560	3	–0.14	27.6	4	42.50	0.75	0.38
G727	中国性科学	1714	1	0.46	0.563	2	–0.13	44.0	2	68.00	0.75	0.45
G282	中华男科学杂志	1696	2	0.45	1.035	1	0.60	73.1	1	72.00	1.00	0.57
4 种期刊平均值		1173			0. 648							

神经病学、精神病学

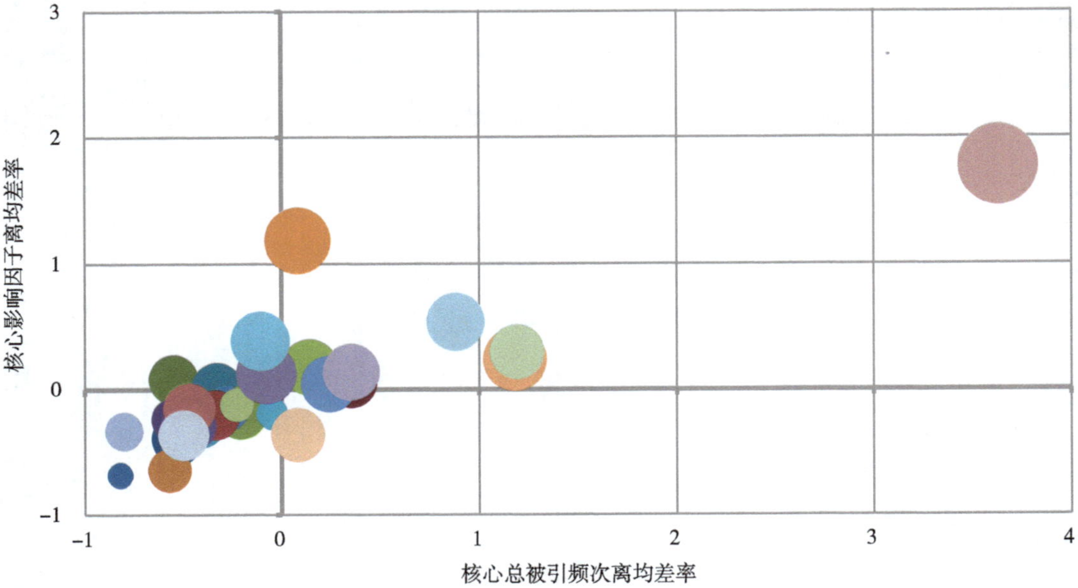

2019 年神经病学、精神病学类期刊核心总被引频次和核心影响因子离均差率的分布图
（节点大小表示综合评价总分）

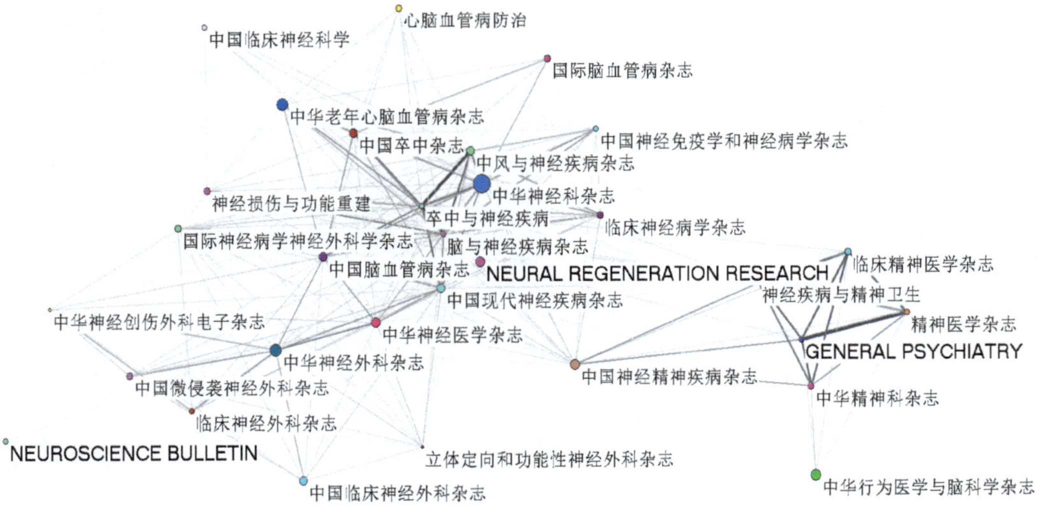

2019 年神经病学、精神病学类期刊互引关系示意图

表 7-57 2019 年神经病学、精神病学类期刊主要指标

CODE	刊名	核心总被引频次			核心影响因子			综合评价总分		学科扩散指标	学科影响指标	红点指标
		数值	排名	离均差率	数值	排名	离均差率	数值	排名			
G343	GENERAL PSYCHIATRY	430	26	–0.53	0.429	29	–0.39	34.0	16	6.10	0.42	0.00
I232	NEURAL REGENERATION RESEARCH	1243	5	0.35	0.751	11	0.06	34.2	15	10.55	0.81	0.00
G278	NEUROSCIENCE BULLETIN	414	27	–0.55	0.761	10	0.08	31.5	21	6.13	0.61	0.00
G939	国际脑血管病杂志	828	13	–0.10	0.655	14	–0.07	20.2	27	6.61	0.81	0.90
G426	国际神经病学神经外科学杂志	614	19	–0.33	0.713	13	0.01	33.8	17	7.68	0.77	0.71
G953	精神医学杂志	470	24	–0.49	0.461	26	–0.35	26.7	23	5.48	0.26	0.61
G580	立体定向和功能性神经外科杂志	166	31	–0.82	0.229	31	–0.68	8.7	31	2.61	0.42	0.66
G310	临床精神医学杂志	713	16	–0.22	0.587	18	–0.17	32.2	19	6.90	0.29	0.64
G309	临床神经病学杂志	721	15	–0.21	0.582	19	–0.18	36.7	13	8.39	0.74	0.64
G802	临床神经外科杂志	410	28	–0.55	0.534	23	–0.24	25.3	25	4.77	0.61	0.66
G288	脑与神经疾病杂志	528	21	–0.42	0.537	22	–0.24	41.1	9	7.29	0.74	0.53
G329	神经疾病与精神卫生	393	29	–0.57	0.257	30	–0.64	24.2	26	5.39	0.58	0.86
G319	神经损伤与功能重建	662	18	–0.28	0.600	17	–0.15	25.8	24	7.90	0.81	0.67
G476	心脑血管病防治	605	20	–0.34	0.568	21	–0.20	32.2	19	7.61	0.45	0.64
G529	中国卒中杂志	1044	8	0.14	0.835	7	0.18	40.6	10	9.10	0.81	0.73
G536	中国临床神经科学	501	22	–0.45	0.500	24	–0.29	27.0	22	7.10	0.81	0.72
G794	中国临床神经外科杂志	871	11	–0.05	0.572	20	–0.19	13.1	30	7.39	0.65	0.80
G422	中国脑血管病杂志	990	10	0.08	1.545	2	1.19	56.0	2	8.48	0.77	0.92
G114	中国神经精神疾病杂志	1137	7	0.24	0.740	12	0.05	41.5	7	10.32	0.90	0.70
G242	中国神经免疫学和神经病学杂志	483	23	–0.47	0.603	16	–0.15	34.7	14	6.74	0.58	0.75
G959	中国微侵袭神经外科杂志	709	17	–0.23	0.620	15	–0.12	14.6	29	5.87	0.58	0.65
G623	中国现代神经疾病杂志	842	12	–0.08	0.797	9	0.13	47.3	4	9.97	0.84	0.83
G159	中华精神科杂志	813	14	–0.11	0.979	4	0.39	45.1	5	7.97	0.35	0.58
G876	中华老年心脑血管病杂志	2003	3	1.18	0.873	6	0.24	52.0	3	11.65	0.77	0.91
Q950	中华神经创伤外科电子杂志	187	30	–0.80	0.472	25	–0.33	18.7	28	3.16	0.42	0.53
G197	中华神经科杂志	4251	1	3.63	1.965	1	1.78	82.6	1	13.97	0.90	0.83
G160	中华神经外科杂志	2010	2	1.19	0.915	5	0.30	38.1	11	9.61	0.74	0.58
G446	中华神经医学杂志	1237	6	0.35	0.805	8	0.14	41.5	8	10.13	0.87	0.71
G263	中华行为医学与脑科学杂志	1728	4	0.88	1.085	3	0.54	43.2	6	10.84	0.68	0.50
G094	中风与神经疾病杂志	996	9	0.08	0.454	27	–0.36	37.5	12	9.90	0.84	0.53
G229	卒中与神经疾病	461	25	–0.50	0.449	28	–0.36	32.9	18	6.81	0.74	0.53
	31 种期刊平均值	918			0.706							

核医学、医学影像学

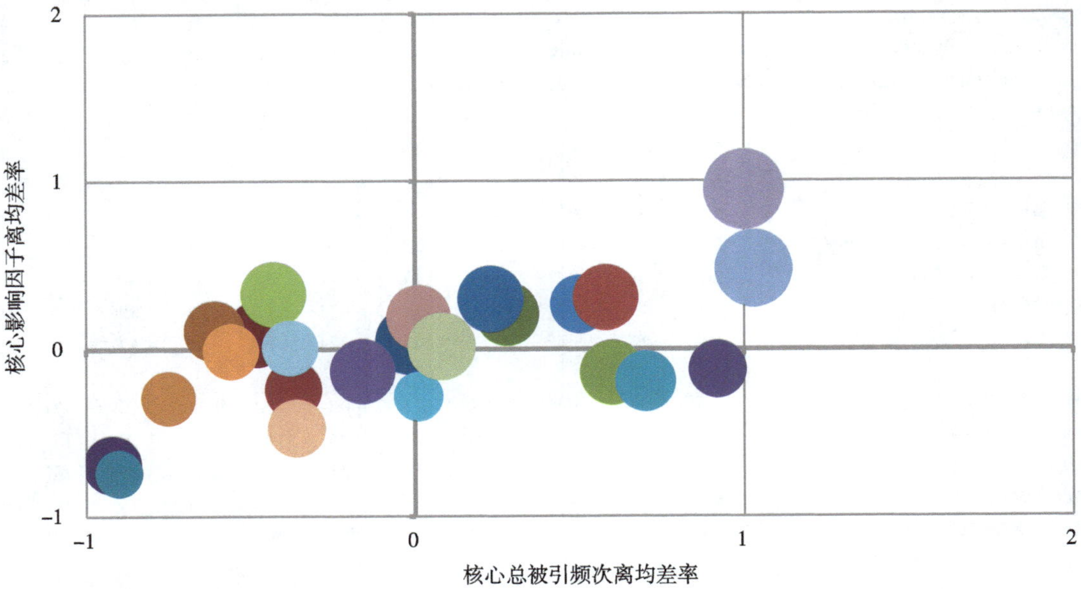

2019 年核医学、医学影像学类期刊核心总被引频次和核心影响因子离均差率的分布图
（节点大小表示综合评价总分）

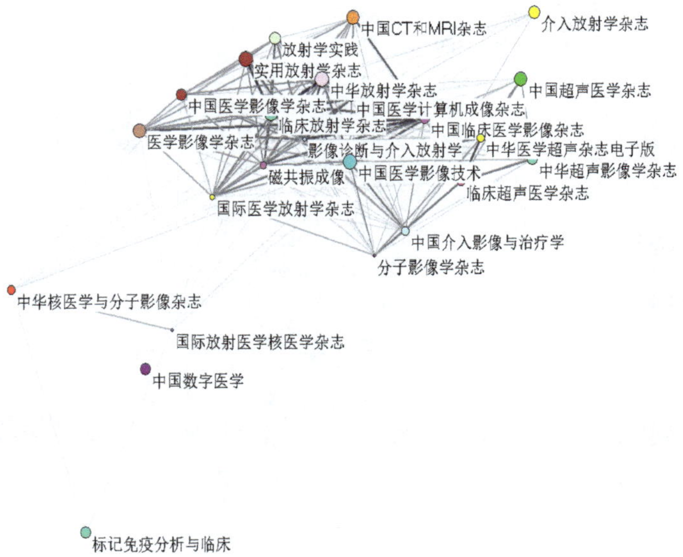

2019 年核医学、医学影像学类期刊互引关系示意图

表 7-58　2019 年核医学、医学影像学类期刊主要指标

CODE	刊名	核心总被引频次			核心影响因子			综合评价总分		学科扩散指标	学科影响指标	红点指标
		数值	排名	离均差率	数值	排名	离均差率	数值	排名			
G410	标记免疫分析与临床	1459	13	–0.02	0.841	11	0.05	53.8	4	14.50	0.46	0.27
G552	磁共振成像	779	19	–0.48	0.879	10	0.09	51.4	8	8.63	0.79	0.97
G608	放射学实践	1915	8	0.28	0.970	7	0.21	49.0	12	12.46	0.92	0.92
Q931	分子影像学杂志	127	24	–0.92	0.250	23	–0.69	41.4	15	3.92	0.21	0.47
G497	国际放射医学核医学杂志	153	23	–0.90	0.212	24	–0.74	28.0	24	3.38	0.46	0.64
G661	国际医学放射学杂志	582	21	–0.61	0.890	9	0.11	44.6	14	7.63	0.83	0.89
G886	介入放射学杂志	1840	9	0.23	1.049	5	0.30	53.4	5	13.67	0.83	0.48
G880	临床超声医学杂志	944	16	–0.37	0.611	19	–0.24	40.1	19	10.38	0.88	0.64
G271	临床放射学杂志	2395	5	0.60	0.691	17	–0.14	51.2	9	14.67	1.00	0.75
G534	实用放射学杂志	2863	3	0.92	0.705	15	–0.12	40.4	18	13.38	0.96	0.59
G265	医学影像学杂志	2548	4	0.70	0.648	18	–0.19	44.8	13	14.88	0.96	0.90
G649	影像诊断与介入放射学	372	22	–0.75	0.567	21	–0.29	35.5	22	6.00	0.88	0.51
G546	中国 CT 和 MRI 杂志	2244	7	0.50	1.023	6	0.27	41.0	16	11.67	1.00	0.78
G097	中国超声医学杂志	2367	6	0.58	1.053	4	0.31	51.9	7	13.58	0.92	0.67
G206	中国介入影像与治疗学	853	18	–0.43	1.067	3	0.33	52.5	6	10.79	0.92	0.93
G304	中国临床医学影像杂志	1257	14	–0.16	0.701	16	–0.13	50.9	11	11.92	1.00	0.98
G926	中国数字医学	1511	11	0.01	0.575	20	–0.28	29.8	23	10.04	0.29	0.23
G236	中国医学计算机成像杂志	654	20	–0.56	0.798	14	–0.01	38.3	21	8.33	0.92	0.69
G127	中国医学影像技术	3031	1	1.03	1.189	2	0.48	72.9	2	17.21	1.00	0.95
G193	中国医学影像学杂志	1511	11	0.01	0.953	8	0.19	51.0	10	13.00	1.00	0.98
G195	中华超声影像学杂志	1614	10	0.08	0.820	12	0.02	55.8	3	13.00	0.88	0.91
G140	中华放射学杂志	2997	2	1.00	1.566	1	0.95	78.1	1	15.50	1.00	0.98
G145	中华核医学与分子影像杂志	923	17	–0.38	0.812	13	0.01	38.5	20	8.08	0.79	0.82
Q920	中华医学超声杂志电子版	950	15	–0.36	0.427	22	–0.47	41.0	17	9.96	0.88	0.59
	24 种期刊平均值	1495			0. 804							

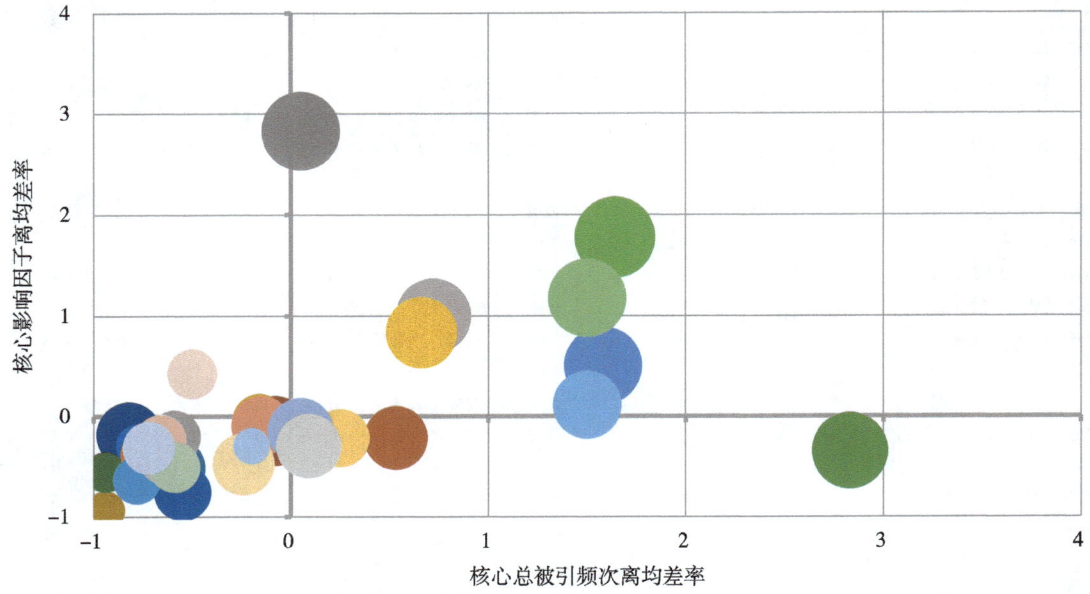

2019 年肿瘤学类期刊核心总被引频次和核心影响因子离均差率的分布图

（节点大小表示综合评价总分）

2019 年肿瘤学类期刊互引关系示意图

表 7-59　2019 年肿瘤学类期刊主要指标

CODE	刊名	核心总被引频次			核心影响因子			综合评价总分		学科扩	学科影	红点
		数值	排名	离均差率	数值	排名	离均差率	数值	排名	散指标	响指标	指标
G780	CANCER BIOLOGY & MEDICINE	158	30	-0.82	0.767	13	-0.18	44.8	11	3.38	0.56	0.00
G011	CHINESE JOURNAL OF CANCER	798	13	-0.08	0.810	11	-0.14	50.9	8	10.38	0.88	0.74
I037	CHINESE JOURNAL OF CANCER RESEARCH	910	12	0.05	3.591	1	2.83	63.7	2	10.44	0.97	0.00
G616	ONCOLOGY AND TRANSLATIONAL MEDICINE	50	32	-0.94	0.070	32	-0.93	15.6	31	1.13	0.13	0.04
G549	癌变·畸变·突变	356	21	-0.59	0.459	27	-0.51	38.9	15	6.38	0.25	0.37
Q956	肝癌电子杂志	56	31	-0.94	0.421	28	-0.55	16.8	30	1.06	0.22	0.20
G937	国际肿瘤学杂志	394	19	-0.55	0.231	31	-0.75	33.6	18	6.53	0.53	0.92
Q910	临床肿瘤学杂志	1328	8	0.53	0.741	15	-0.21	41.9	13	12.03	0.88	0.83
G856	实用肿瘤学杂志	358	20	-0.59	0.747	14	-0.20	28.5	22	5.78	0.59	0.84
G890	实用肿瘤杂志	731	15	-0.16	0.899	9	-0.04	30.3	20	8.25	0.66	0.81
G798	现代泌尿生殖肿瘤杂志	209	27	-0.76	0.405	29	-0.57	17.9	29	2.94	0.25	0.38
G826	现代肿瘤医学	3330	1	2.83	0.617	22	-0.34	60.3	5	16.16	0.91	0.76
Q937	消化肿瘤杂志电子版	190	29	-0.78	0.670	18	-0.29	18.8	28	3.13	0.34	0.77
Q940	中国癌症防治杂志	241	26	-0.72	0.578	23	-0.38	33.5	19	4.69	0.44	0.94
G538	中国癌症杂志	1498	6	0.72	1.876	4	1.00	59.2	6	12.13	0.84	0.80
G320	中国肺癌杂志	1443	7	0.66	1.730	5	0.84	53.1	7	11.25	0.78	0.87
G845	中国小儿血液与肿瘤杂志	194	28	-0.78	0.343	30	-0.63	24.1	27	3.25	0.16	0.41
G642	中国肿瘤	2299	2	1.64	2.611	2	1.78	66.9	1	14.94	0.88	0.81
G133	中国肿瘤临床	2245	3	1.58	1.414	6	0.51	63.0	4	14.06	0.84	0.85
G255	中国肿瘤生物治疗杂志	738	14	-0.15	0.854	10	-0.09	37.6	16	8.53	0.63	0.87
G576	中国肿瘤外科杂志	315	23	-0.64	0.545	24	-0.42	27.6	23	5.34	0.50	0.83
G251	中华放射肿瘤学杂志	1084	9	0.25	0.738	16	-0.21	34.5	17	6.97	0.72	0.52
G858	中华肿瘤防治杂志	2176	4	1.50	1.046	8	0.12	48.4	9	13.50	0.88	0.86
G179	中华肿瘤杂志	2175	5	1.50	2.045	3	1.18	63.1	3	13.63	0.94	0.81
G184	肿瘤	916	11	0.05	0.804	12	-0.14	44.9	10	10.66	0.75	0.94
Q929	肿瘤代谢与营养电子杂志	299	24	-0.66	0.719	17	-0.23	27.0	24	3.69	0.41	0.57
G185	肿瘤防治研究	950	10	0.09	0.668	19	-0.29	44.0	12	10.69	0.75	0.82
G412	肿瘤学杂志	664	17	-0.24	0.497	25	-0.47	40.1	14	8.75	0.69	0.80
G522	肿瘤研究与临床	699	16	-0.20	0.666	20	-0.29	13.9	32	6.19	0.56	0.85
G196	肿瘤药学	354	22	-0.59	0.471	26	-0.50	26.8	25	5.56	0.44	0.74
G838	肿瘤影像学	242	25	-0.72	0.648	21	-0.31	28.9	21	3.38	0.28	0.61
G695	肿瘤预防与治疗	431	18	-0.50	1.345	7	0.43	25.8	26	5.19	0.47	0.67
	32 种期刊平均值	870			0.938							

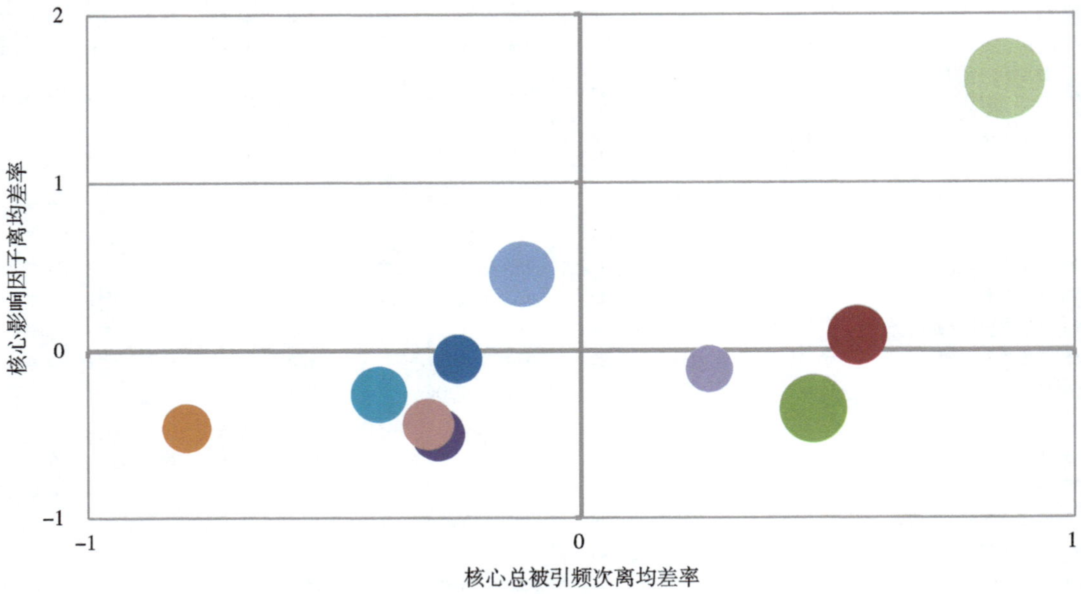

2019 年护理学类期刊核心总被引频次和核心影响因子离均差率的分布图
（节点大小表示综合评价总分）

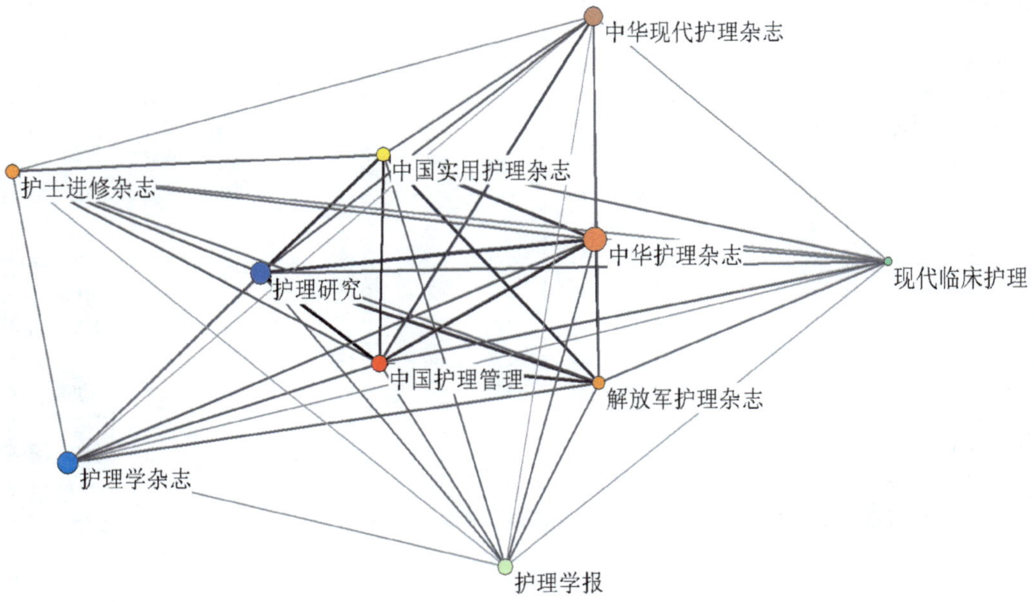

2019 年护理学类期刊互引关系示意图

表 7-60　2019 年护理学类期刊主要指标

CODE	刊名	核心总被引频次			核心影响因子			综合评价总分		学科扩散指标	学科影响指标	红点指标
		数值	排名	离均差率	数值	排名	离均差率	数值	排名			
G987	护理学报	3139	6	−0.25	1.074	4	−0.05	33.0	9	32.30	1.00	0.69
G503	护理学杂志	6491	2	0.56	1.230	3	0.09	48.7	4	40.70	1.00	0.84
G654	护理研究	6132	3	0.47	0.737	7	−0.35	63.5	2	45.00	1.00	0.87
G734	护士进修杂志	2970	7	−0.29	0.564	10	−0.50	39.4	6	33.30	1.00	0.84
G316	解放军护理杂志	2464	9	−0.41	0.840	6	−0.26	43.9	5	32.00	1.00	0.70
G438	现代临床护理	846	10	−0.80	0.612	9	−0.46	33.1	8	18.70	1.00	0.74
G417	中国护理管理	3681	5	−0.12	1.650	2	0.46	58.9	3	28.30	1.00	0.73
G305	中国实用护理杂志	2890	8	−0.31	0.634	8	−0.44	36.7	7	33.30	1.00	0.75
G146	中华护理杂志	7736	1	0.86	2.942	1	1.61	89.7	1	46.30	1.00	0.86
G847	中华现代护理杂志	5246	4	0.26	1.005	5	−0.11	30.8	10	35.40	1.00	0.85
10 种期刊平均值		4160			1.129							

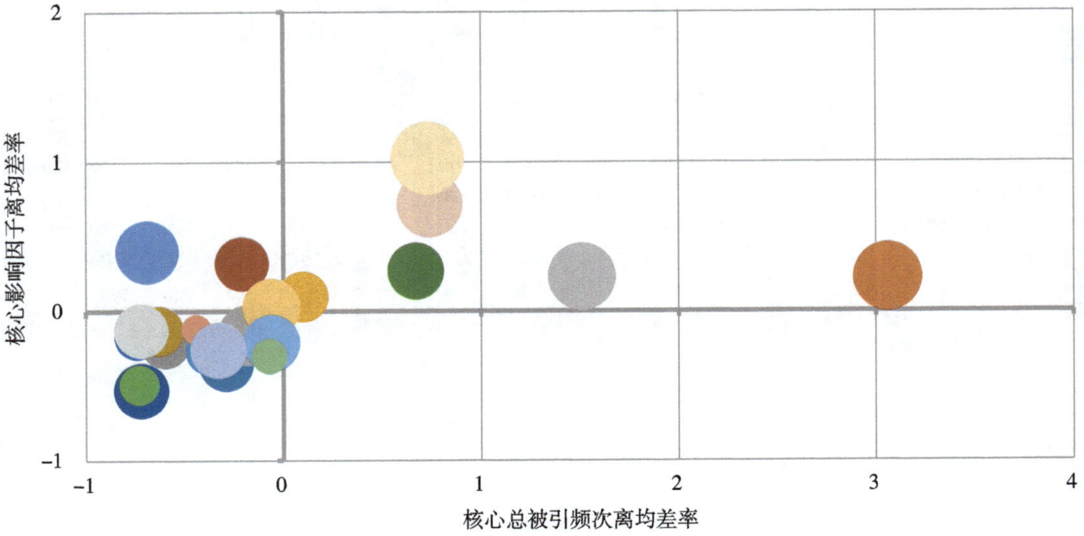

2019 年预防医学与公共卫生学综合类期刊核心总被引频次和核心影响因子离均差率的分布图
（节点大小表示综合评价总分）

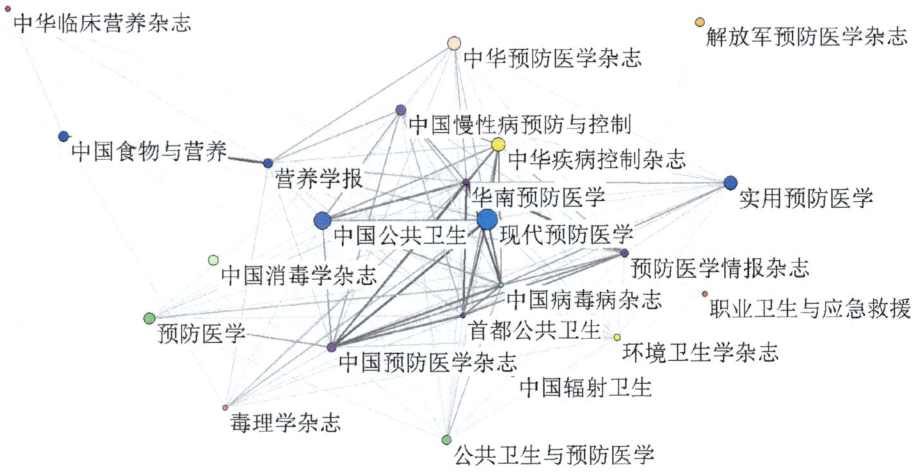

2019 年预防医学与公共卫生学综合类期刊互引关系示意图

表 7-61　2019 年预防医学与公共卫生学综合类期刊主要指标

CODE	刊名	核心总被引频次			核心影响因子			综合评价总分		学科扩散指标	学科影响指标	红点指标
		数值	排名	离均差率	数值	排名	离均差率	数值	排名			
G542	毒理学杂志	470	19	−0.72	0.445	22	−0.53	41.6	11	10.36	0.59	0.21
G207	公共卫生与预防医学	1312	11	−0.21	1.241	4	0.32	39.4	14	11.14	0.82	0.66
G525	华南预防医学	655	16	−0.60	0.736	16	−0.22	32.1	17	8.27	0.91	0.74
G971	环境卫生学杂志	617	17	−0.63	0.813	12	−0.13	33.5	16	9.77	0.86	0.39
G961	解放军预防医学杂志	1178	12	−0.29	0.608	20	−0.35	40.8	12	15.77	0.73	0.48
G768	实用预防医学	2768	5	0.67	1.193	5	0.27	43.5	9	20.64	0.95	0.68
Q957	首都公共卫生	435	22	−0.74	0.784	14	−0.17	28.4	18	6.18	0.86	0.60
G963	现代预防医学	6712	1	3.06	1.153	7	0.23	64.9	2	30.50	0.95	0.65
G089	营养学报	1364	10	−0.18	0.792	13	−0.16	49.3	6	18.05	0.77	0.29
G479	预防医学	1826	6	0.10	1.037	8	0.10	35.1	15	14.64	0.91	0.74
G518	预防医学情报杂志	1028	14	−0.38	0.685	18	−0.27	27.8	19	9.91	0.91	0.69
G835	职业卫生与应急救援	454	21	−0.73	0.478	21	−0.49	21.5	20	4.36	0.50	0.37
G769	中国病毒病杂志	513	18	−0.69	1.314	3	0.40	54.4	5	8.73	0.64	0.56
G587	中国辐射卫生	933	15	−0.44	0.828	10	−0.12	12.5	22	6.41	0.50	0.28
G102	中国公共卫生	4159	2	1.51	1.159	6	0.23	62.4	3	29.36	1.00	0.65
G613	中国慢性病预防与控制	1562	7	−0.06	0.971	9	0.03	45.7	7	15.95	0.86	0.72
U563	中国食物与营养	1555	8	−0.06	0.745	15	−0.21	44.6	8	16.41	0.77	0.32
G284	中国消毒学杂志	1533	9	−0.07	0.655	19	−0.30	17.1	21	11.73	0.59	0.55
G753	中国预防医学杂志	1114	13	−0.33	0.694	17	−0.26	42.9	10	13.86	0.95	0.64
G302	中华疾病控制杂志	2874	3	0.74	1.612	2	0.72	59.5	4	19.50	0.86	0.72
G824	中华临床营养杂志	463	20	−0.72	0.815	11	−0.13	40.4	13	8.82	0.41	0.44
G177	中华预防医学杂志	2865	4	0.73	1.909	1	1.03	72.8	1	22.32	0.95	0.75
	22 种期刊平均值	1654			0.939							

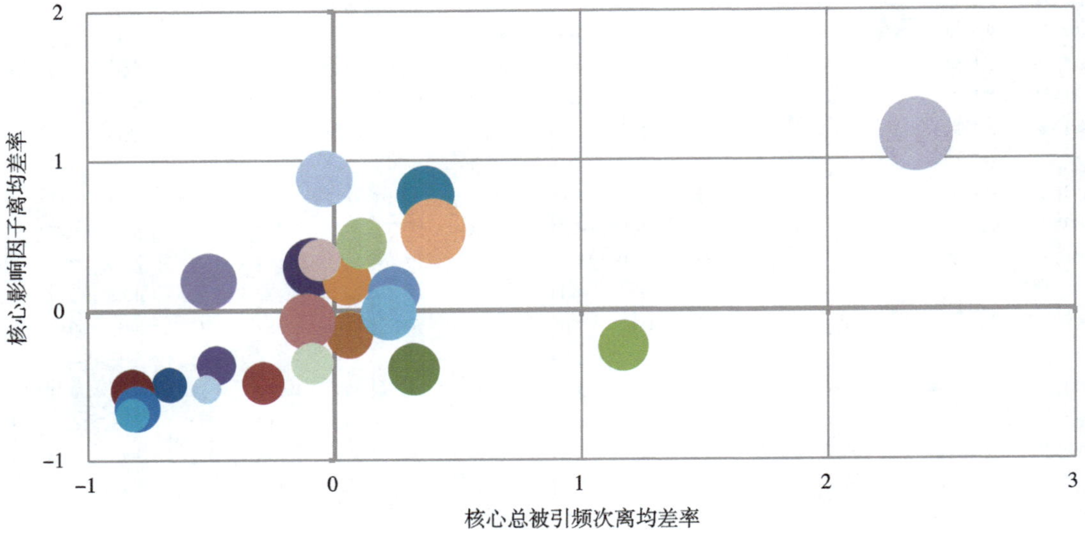

2019 年流行病学、环境医学类期刊核心总被引频次和核心影响因子离均差率的分布图

（节点大小表示综合评价总分）

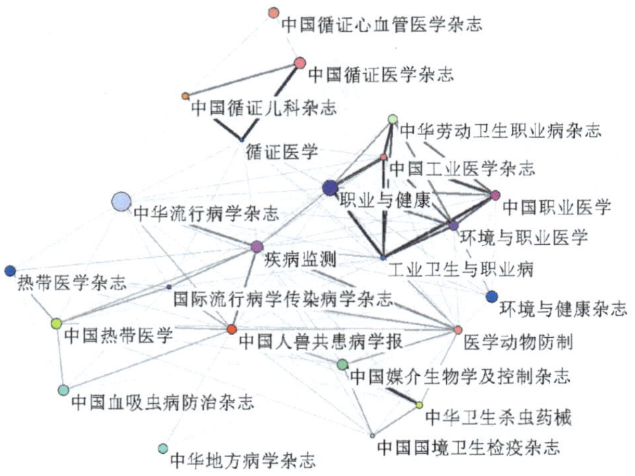

2019 年流行病学、环境医学类期刊互引关系示意图

表 7-62　2019 年流行病学、环境医学类期刊主要指标

CODE	刊名	核心总被引频次			核心影响因子			综合评价总分		学科扩散指标	学科影响指标	红点指标
		数值	排名	离均差率	数值	排名	离均差率	数值	排名			
G025	工业卫生与职业病	474	20	-0.67	0.423	19	-0.49	19.4	21	4.26	0.43	0.63
G930	国际流行病学传染病学杂志	262	22	-0.82	0.388	21	-0.53	30.4	16	5.96	0.61	0.74
Z031	环境与健康杂志	1874	5	0.32	0.505	17	-0.39	43.1	10	17.17	0.87	0.40
G882	环境与职业医学	1299	14	-0.09	1.069	7	0.29	54.3	4	12.22	0.65	0.43
G452	疾病监测	1950	4	0.37	1.468	3	0.77	54.5	3	10.35	0.87	0.68
G609	热带医学杂志	1509	9	0.06	0.699	13	-0.16	34.8	14	14.17	0.83	0.36
G627	循证医学	287	21	-0.80	0.290	22	-0.65	33.8	15	7.87	0.39	0.29
G482	医学动物防制	1015	16	-0.29	0.431	18	-0.48	28.4	18	8.83	0.74	0.59
G884	职业与健康	3087	2	1.17	0.633	14	-0.24	40.4	11	17.74	0.96	0.62
G244	中国工业医学杂志	735	17	-0.48	0.528	16	-0.36	24.4	20	6.52	0.57	0.58
G637	中国国境卫生检疫杂志	256	23	-0.82	0.260	23	-0.69	17.9	22	3.57	0.57	0.47
G598	中国媒介生物学及控制杂志	1490	10	0.05	0.991	9	0.20	36.7	13	4.96	0.61	0.57
G629	中国热带医学	1766	6	0.24	0.930	10	0.12	43.7	9	14.83	0.83	0.58
G112	中国人兽共患病学报	1262	15	-0.11	0.766	12	-0.07	49.7	7	10.30	0.70	0.41
G675	中国血吸虫病防治杂志	1585	8	0.11	1.202	5	0.45	40.3	12	5.52	0.65	0.68
G756	中国循证儿科杂志	702	18	-0.51	0.993	8	0.20	50.2	6	11.43	0.48	0.37
G645	中国循证心血管医学杂志	1735	7	0.22	0.819	11	-0.01	49.2	8	15.04	0.35	0.43
G396	中国循证医学杂志	1993	3	0.40	1.268	4	0.53	67.8	2	20.04	0.70	0.60
G945	中国职业医学	1360	11	-0.04	1.555	2	0.88	51.3	5	9.00	0.52	0.63
G098	中华地方病学杂志	1339	12	-0.06	1.110	6	0.34	28.7	17	8.00	0.65	0.73
G149	中华劳动卫生职业病杂志	1302	13	-0.09	0.540	15	-0.35	28.3	19	9.96	0.57	0.66
G152	中华流行病学杂志	4786	1	2.36	1.786	1	1.16	86.4	1	24.83	0.96	0.57
G740	中华卫生杀虫药械	677	19	-0.52	0.394	20	-0.52	13.5	23	3.26	0.48	0.60
	23 种期刊平均值	1424			0. 828							

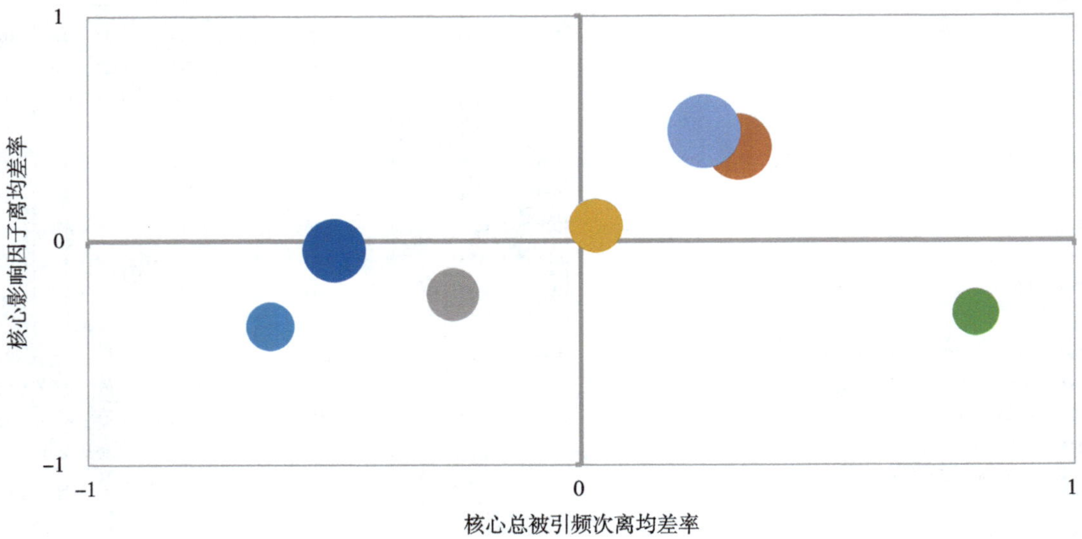

2019 年优生学、计划生育学类期刊核心总被引频次和核心影响因子离均差率的分布图
（节点大小表示综合评价总分）

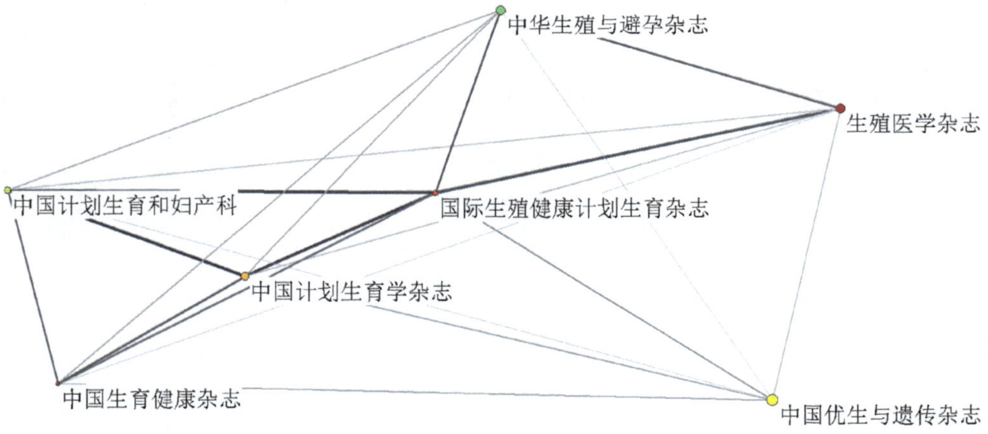

2019 年优生学、计划生育学类期刊互引关系示意图

表 7-63　2019 年优生学、计划生育学类期刊主要指标

CODE	刊名	核心总被引频次			核心影响因子			综合评价总分		学科扩散指标	学科影响指标	红点指标
		数值	排名	离均差率	数值	排名	离均差率	数值	排名			
S157	国际生殖健康/计划生育杂志	501	6	-0.50	0.736	4	-0.04	54.9	3	26.86	1.00	0.78
G624	生殖医学杂志	1325	2	0.32	1.089	2	0.42	59.1	2	34.43	1.00	0.55
G560	中国计划生育和妇产科	740	5	-0.26	0.583	5	-0.24	38.0	5	31.29	1.00	0.50
G907	中国计划生育学杂志	1034	4	0.03	0.818	3	0.07	39.5	4	35.86	1.00	0.45
G715	中国生育健康杂志	373	7	-0.63	0.475	7	-0.38	32.1	6	25.00	0.86	0.37
G706	中国优生与遗传杂志	1810	1	0.80	0.523	6	-0.32	29.5	7	43.71	1.00	0.59
G072	中华生殖与避孕杂志	1255	3	0.25	1.139	1	0.49	73.8	1	37.00	1.00	0.66
	7 种期刊平均值	1005			0. 766							

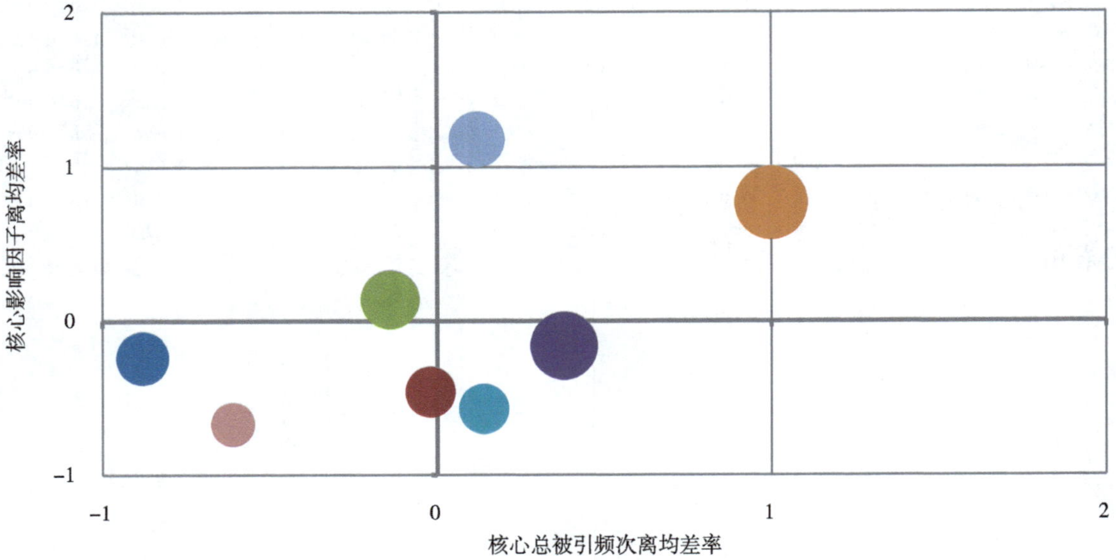

2019 年军事医学与特种医学类期刊核心总被引频次和核心影响因子离均差率的分布图
（节点大小表示综合评价总分）

2019 年军事医学与特种医学类期刊互引关系示意图

表 7-64　2019 年军事医学与特种医学类期刊主要指标

CODE	刊名	核心总被引频次			核心影响因子			综合评价总分		学科扩散指标	学科影响指标	红点指标
		数值	排名	离均差率	数值	排名	离均差率	数值	排名			
Q716	MILITARY MEDICAL RESEARCH	62	8	-0.88	0.384	5	-0.24	39.3	5	3.13	0.13	0.02
G874	法医学杂志	508	5	-0.02	0.274	6	-0.46	35.4	6	18.75	0.25	0.98
G034	航天医学与医学工程	445	6	-0.14	0.575	3	0.14	48.1	3	18.88	0.38	0.02
G052	军事医学	717	2	0.38	0.421	4	-0.16	64.0	2	38.50	0.50	0.12
G100	中国法医学杂志	593	3	0.14	0.216	7	-0.57	34.8	7	16.38	0.25	0.66
G141	中华放射医学与防护杂志	1036	1	1.00	0.891	2	0.77	74.7	1	25.38	0.25	0.50
G335	中华航海医学与高气压医学杂志	580	4	0.12	1.096	1	1.18	43.5	4	13.75	0.25	0.35
G144	中华航空航天医学杂志	203	7	-0.61	0.167	8	-0.67	26.7	8	5.88	0.63	0.21
8 种期刊平均值		518			0.503							

卫生管理学、健康教育学

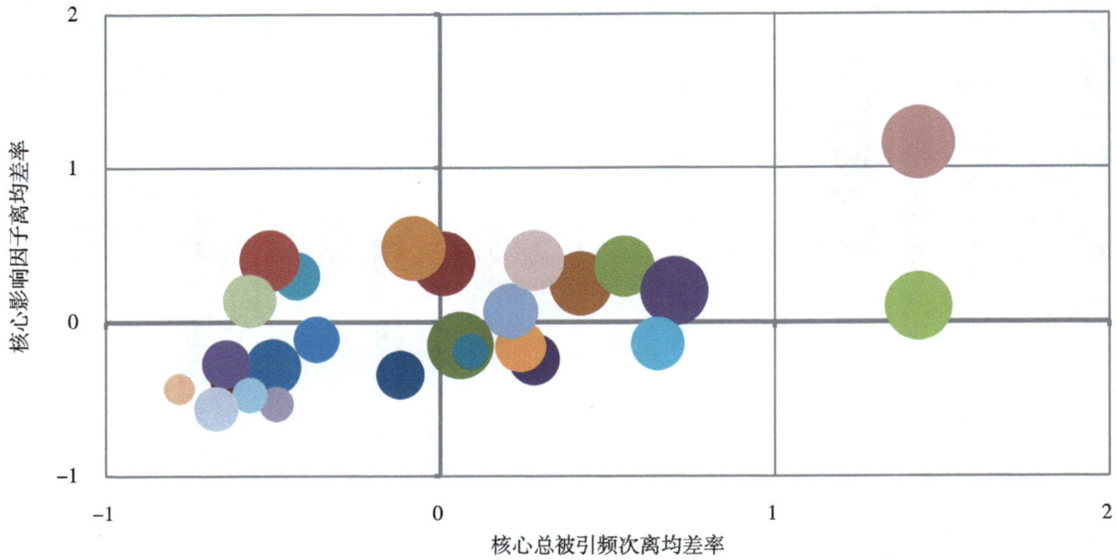

2019 年卫生管理学、健康教育学类期刊核心总被引频次和核心影响因子离均差率的分布图
（节点大小表示综合评价总分）

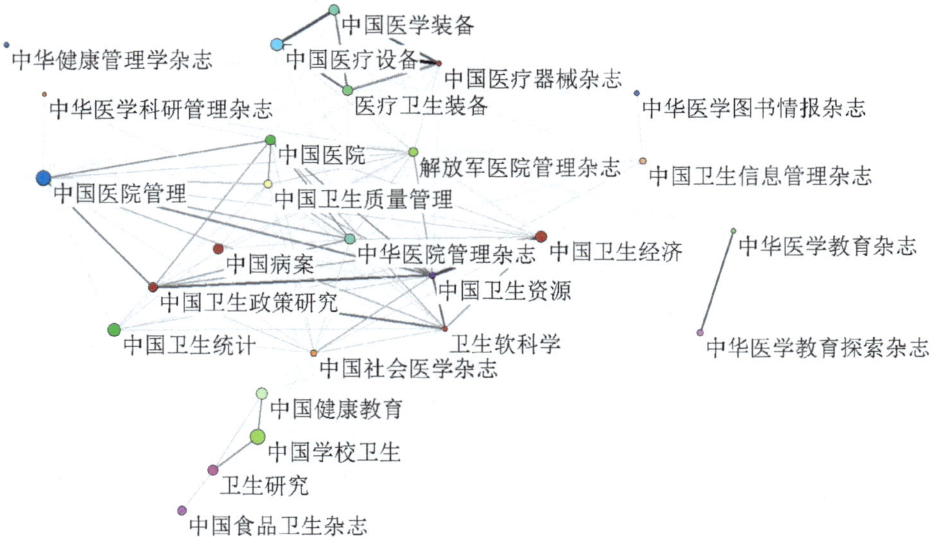

2019 年卫生管理学、健康教育学类期刊互引关系示意图

表 7-65　2019 年卫生管理学、健康教育学类期刊主要指标

CODE	刊名	核心总被引频次			核心影响因子			综合评价总分		学科扩散指标	学科影响指标	红点指标
		数值	排名	离均差率	数值	排名	离均差率	数值	排名			
G315	解放军医院管理杂志	1216	15	−0.12	0.535	21	−0.34	32.0	19	7.27	0.81	0.60
S813	卫生软科学	544	23	−0.61	0.505	22	−0.38	36.6	15	5.65	0.88	0.62
G079	卫生研究	1458	12	0.06	0.688	15	−0.15	61.6	4	15.35	0.42	0.25
G605	医疗卫生装备	1760	8	0.28	0.614	18	−0.24	36.4	16	11.96	0.62	0.36
G750	中国病案	1507	11	0.09	0.658	17	−0.19	17.8	23	8.96	0.85	0.56
G787	中国健康教育	1962	6	0.42	1.014	8	0.25	55.3	7	10.50	0.69	0.75
G366	中国社会医学杂志	687	19	−0.50	0.573	20	−0.29	44.1	11	8.35	0.85	0.64
G429	中国食品卫生杂志	1397	13	0.01	1.117	5	0.38	56.0	6	8.73	0.27	0.10
S725	中国卫生经济	2141	5	0.55	1.101	6	0.36	50.6	9	9.54	0.85	0.55
G253	中国卫生统计	2344	3	0.70	0.967	9	0.20	65.0	2	18.54	0.96	0.35
G540	中国卫生信息管理杂志	780	17	−0.43	1.049	7	0.30	31.3	20	4.65	0.81	0.41
G716	中国卫生政策研究	1267	14	−0.08	1.192	2	0.48	57.7	5	8.27	0.92	0.53
G752	中国卫生质量管理	865	16	−0.37	0.723	13	−0.11	29.3	21	5.69	0.81	0.68
G541	中国卫生资源	679	20	−0.51	1.133	3	0.40	51.1	8	6.04	0.88	0.58
G908	中国学校卫生	3355	1	1.43	0.890	11	0.10	63.6	3	11.69	0.54	0.97
G124	中国医疗器械杂志	495	24	−0.64	0.588	19	−0.27	32.7	18	6.12	0.50	0.33
G679	中国医疗设备	2277	4	0.65	0.697	14	−0.14	39.6	13	13.77	0.73	0.36
S591	中国医学装备	1704	9	0.24	0.682	16	−0.16	35.7	17	12.58	0.62	0.38
Q918	中国医院	1663	10	0.21	0.861	12	0.07	41.8	12	7.08	0.88	0.65
G454	中国医院管理	3353	2	1.43	1.743	1	1.16	74.6	1	12.04	0.92	0.62
G751	中华健康管理学杂志	590	22	−0.57	0.924	10	0.14	39.4	14	7.69	0.62	0.70
S590	中华医学教育探索杂志	698	18	−0.49	0.379	25	−0.53	17.3	24	5.65	0.62	0.56
G705	中华医学教育杂志	593	21	−0.57	0.426	24	−0.47	17.3	24	4.73	0.54	0.66
G307	中华医学科研管理杂志	300	26	−0.78	0.458	23	−0.43	13.2	26	2.69	0.73	0.50
G915	中华医学图书情报杂志	456	25	−0.67	0.356	26	−0.56	27.6	22	5.46	0.85	0.29
G591	中华医院管理杂志	1770	7	0.28	1.129	4	0.40	50.3	10	8.12	0.85	0.74
	26 种期刊平均值	1379			0.808							

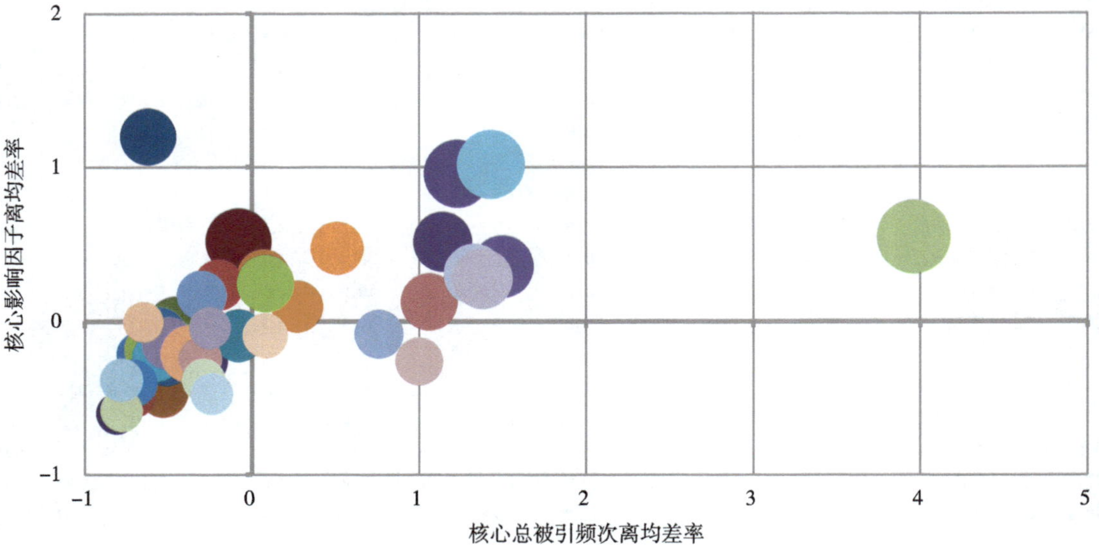

2019 年药学类期刊核心总被引频次和核心影响因子离均差率的分布图

（节点大小表示综合评价总分）

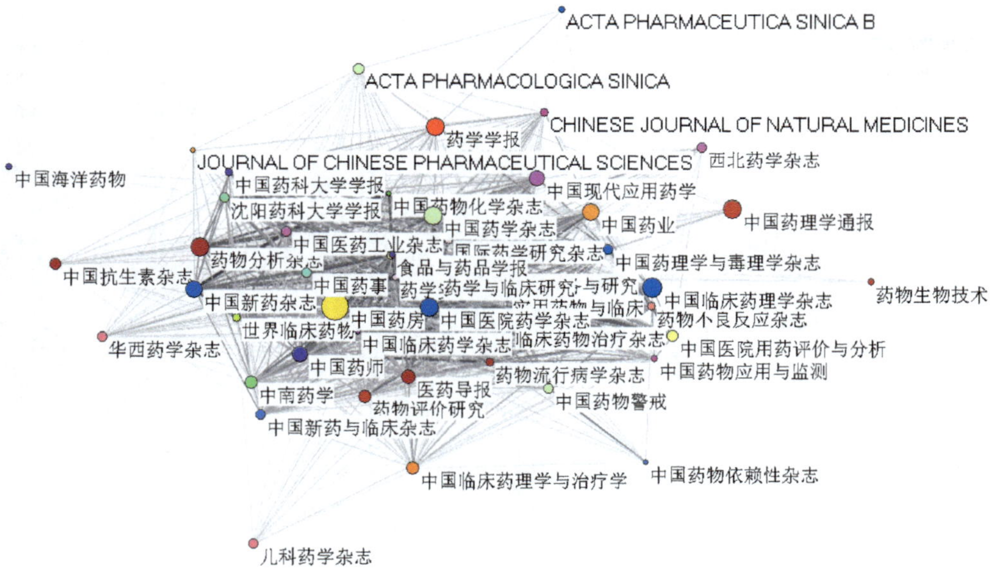

2019 年药学类期刊互引关系示意图

表 7-66　2019 年药学类期刊主要指标

CODE	刊名	核心总被引频次			核心影响因子			综合评价总分		学科扩散指标	学科影响指标	红点指标
		数值	排名	离均差率	数值	排名	离均差率	数值	排名			
G218	ACTA PHARMACEUTICA SINICA B	548	39	−0.62	1.553	1	1.20	43.5	12	3.46	0.52	0.00
G001	ACTA PHARMACOLOGICA SINICA	1339	16	−0.08	1.074	5	0.52	59.1	4	8.92	0.77	0.00
G101	CHINESE JOURNAL OF NATURAL MEDICINES	791	29	−0.46	0.695	19	−0.02	42.3	13	5.40	0.71	0.00
I227	JOURNAL OF CHINESE PHARMACEUTICAL SCIENCES	276	48	−0.81	0.282	48	−0.60	23.0	45	2.60	0.58	0.54
G920	儿科药学杂志	892	28	−0.39	0.566	30	−0.20	14.1	48	4.50	0.69	0.63
G027	广东药学院学报	683	33	−0.53	0.382	44	−0.46	34.3	23	5.35	0.75	0.58
G933	国际药学研究杂志	716	31	−0.51	0.539	36	−0.24	41.0	15	6.10	0.81	0.55
G044	华西药学杂志	1088	22	−0.25	0.617	25	−0.13	24.6	41	5.13	0.77	0.78
G673	临床药物治疗杂志	592	37	−0.59	0.568	29	−0.20	30.5	31	4.98	0.77	0.62
G071	沈阳药科大学学报	1035	24	−0.29	0.522	38	−0.26	32.2	27	6.13	0.77	0.65
G834	实用药物与临床	1339	16	−0.08	0.645	23	−0.09	37.6	19	7.21	0.85	0.67
G748	食品与药品	547	40	−0.62	0.551	34	−0.22	31.4	29	4.38	0.60	0.78
G485	世界临床药物	634	35	−0.56	0.653	21	−0.08	41.4	14	6.06	0.75	0.62
G792	西北药学杂志	1091	21	−0.25	0.844	14	0.20	26.2	35	5.27	0.75	0.79
G403	药物不良反应杂志	707	32	−0.51	0.596	27	−0.16	27.0	33	3.85	0.79	0.76
G087	药物分析杂志	3104	7	1.14	1.072	6	0.52	47.5	8	7.25	0.81	0.61
G877	药物流行病学杂志	658	34	−0.55	0.565	31	−0.20	26.3	34	3.90	0.73	0.87
G836	药物评价研究	1560	15	0.07	0.921	10	0.30	37.8	18	6.79	0.75	0.70
G514	药物生物技术	472	42	−0.68	0.558	33	−0.21	25.4	39	4.56	0.44	0.62
G977	药学服务与研究	433	43	−0.70	0.357	46	−0.49	22.1	47	3.69	0.71	0.84
G440	药学实践杂志	563	38	−0.61	0.578	28	−0.18	36.0	21	4.52	0.77	0.68
G008	药学学报	3240	6	1.23	1.387	3	0.96	61.2	3	10.06	0.92	0.58
G527	药学与临床研究	629	36	−0.57	0.541	35	−0.23	33.2	25	5.06	0.77	0.69
G844	医药导报	1839	12	0.27	0.775	17	0.10	36.8	20	8.13	0.88	0.67
G104	中国海洋药物	422	44	−0.71	0.427	43	−0.40	32.1	28	3.27	0.38	0.39
G107	中国抗生素杂志	1158	18	−0.20	0.874	13	0.24	34.6	22	6.81	0.81	0.61
G870	中国临床药理学与治疗学	1575	13	0.08	0.885	12	0.25	45.3	10	7.60	0.85	0.71
G109	中国临床药理学杂志	3629	2	1.50	0.958	8	0.36	52.1	5	10.31	0.90	0.75
G544	中国临床药学杂志	321	46	−0.78	0.431	42	−0.39	24.0	43	2.85	0.65	0.77
G849	中国现代应用药学	2194	11	0.51	1.048	7	0.48	38.0	17	8.10	0.88	0.67
G250	中国新药与临床杂志	1011	25	−0.30	0.827	15	0.17	34.3	23	6.00	0.83	0.77
G747	中国新药杂志	2999	8	1.06	0.798	16	0.13	44.2	11	10.27	0.94	0.57
G318	中国药房	7213	1	3.96	1.097	4	0.55	72.8	1	13.25	0.94	0.84
G120	中国药科大学学报	720	30	−0.50	0.610	26	−0.14	38.4	16	5.40	0.73	0.65
G121	中国药理学通报	3537	3	1.43	1.423	2	1.02	63.2	2	11.04	0.92	0.71
G122	中国药理学与毒理学杂志	913	27	−0.37	0.559	32	−0.21	46.7	9	6.58	0.71	0.54
G878	中国药师	2563	10	0.76	0.652	22	−0.08	32.2	26	8.52	0.92	0.72

表 7-66　2019 年药学类期刊主要指标（续）

CODE	刊名	核心总被引频次			核心影响因子			综合评价总分		学科扩散指标	学科影响指标	红点指标
		数值	排名	离均差率	数值	排名	离均差率	数值	排名			
G913	中国药事	1007	26	−0.31	0.537	37	−0.24	25.6	38	4.56	0.77	0.45
G220	中国药物化学杂志	314	47	−0.78	0.294	47	−0.58	25.0	40	2.67	0.60	0.50
G227	中国药物警戒	1095	20	−0.25	0.679	20	−0.04	23.7	44	4.58	0.81	0.47
G248	中国药物依赖性杂志	324	45	−0.78	0.435	41	−0.38	25.7	37	2.77	0.38	0.24
G713	中国药物应用与监测	513	41	−0.65	0.704	18	0.00	22.6	46	3.15	0.65	0.93
G009	中国药学杂志	3391	5	1.33	0.924	9	0.31	50.7	6	10.23	0.96	0.59
G755	中国药业	2913	9	1.00	0.521	39	−0.26	31.3	30	9.69	0.85	0.86
T019	中国医药工业杂志	1037	23	−0.29	0.437	40	−0.38	25.8	36	5.19	0.71	0.46
G243	中国医院药学杂志	3462	4	1.38	0.902	11	0.28	49.4	7	10.60	0.88	0.71
G625	中国医院用药评价与分析	1107	19	−0.24	0.375	45	−0.47	24.5	42	5.81	0.73	0.80
G599	中南药学	1562	14	0.08	0.642	24	−0.09	27.6	32	6.63	0.88	0.71
	48 种期刊平均值	1453			0. 706							

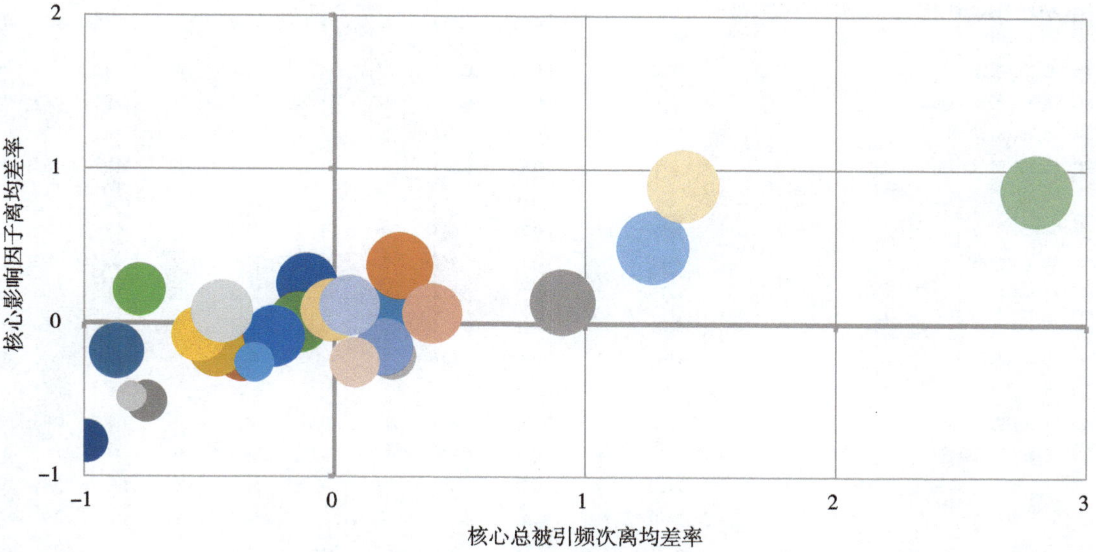

2019 年中医学类期刊核心总被引频次和核心影响因子离均差率的分布图

（节点大小表示综合评价总分）

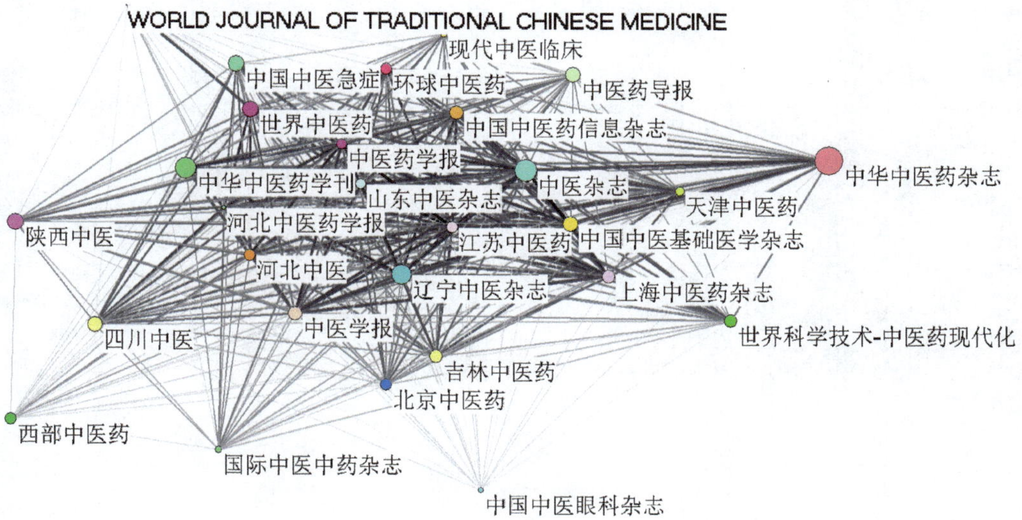

2019 年中医学类期刊互引关系示意图

表 7-67 2019 年中医学类期刊主要指标

CODE	刊名	核心总被引频次			核心影响因子			综合评价总分		学科扩	学科影	红点
		数值	排名	离均差率	数值	排名	离均差率	数值	排名	散指标	响指标	指标
Q707	WORLD JOURNAL OF TRADITIONAL CHINESE MEDICINE	26	28	−0.99	0.170	28	−0.77	25.0	25	0.36	0.14	0.00
G620	北京中医药	1953	18	−0.32	0.627	17	−0.13	32.7	23	8.43	1.00	0.69
G934	国际中医中药杂志	717	24	−0.75	0.352	27	−0.51	23.2	26	6.07	0.89	0.81
G384	河北中医	1870	19	−0.35	0.592	21	−0.18	45.4	13	8.46	1.00	0.95
G301	河北中医药学报	380	27	−0.87	0.593	20	−0.18	41.3	17	4.07	0.93	0.68
G656	环球中医药	1958	17	−0.32	0.647	16	−0.11	35.6	21	8.71	0.96	0.75
G719	吉林中医药	2541	13	−0.11	0.911	5	0.26	50.4	9	10.36	0.96	0.77
G397	江苏中医药	1810	20	−0.37	0.576	22	−0.20	38.2	19	7.64	0.96	0.84
G646	辽宁中医杂志	5489	4	0.91	0.823	7	0.14	58.9	5	14.04	1.00	0.74
G574	山东中医杂志	1507	22	−0.47	0.607	19	−0.16	43.3	15	8.21	0.96	0.75
G725	陕西中医	3582	7	0.25	0.816	8	0.13	41.8	16	10.68	0.96	0.86
G389	上海中医药杂志	2469	14	−0.14	0.729	13	0.01	49.9	10	9.86	1.00	0.79
G906	世界科学技术–中医药现代化	2167	15	−0.24	0.663	15	−0.08	50.7	8	11.57	0.96	0.68
G483	世界中医药	3610	6	0.26	1.001	4	0.38	59.9	4	12.93	0.96	0.85
G745	四川中医	3532	8	0.23	0.569	23	−0.21	30.9	24	9.75	0.96	0.69
G626	天津中医药	1320	23	−0.54	0.672	14	−0.07	41.3	18	7.68	1.00	0.68
G699	西部中医药	1964	16	−0.32	0.540	25	−0.25	21.2	27	9.96	1.00	0.72
G896	现代中医临床	634	25	−0.78	0.886	6	0.22	37.7	20	4.57	0.96	0.72
G632	中国中医基础医学杂志	3456	9	0.20	0.617	18	−0.15	44.3	14	10.50	1.00	0.65
G524	中国中医急症	3977	5	0.39	0.773	12	0.07	48.4	12	11.25	0.96	0.83
G749	中国中医眼科杂志	543	26	−0.81	0.378	26	−0.48	12.5	28	4.61	0.82	0.46
G832	中国中医药信息杂志	2837	12	−0.01	0.791	10	0.09	53.4	6	12.79	1.00	0.73
G859	中华中医药学刊	6507	3	1.27	1.083	3	0.50	72.0	1	17.04	1.00	0.70
G910	中华中医药杂志	10902	1	2.80	1.353	2	0.87	69.6	3	18.39	1.00	0.69
G685	中医学报	3043	11	0.06	0.809	9	0.12	49.5	11	11.50	1.00	0.77
G681	中医药导报	3104	10	0.08	0.543	24	−0.25	34.2	22	13.14	1.00	0.74
G812	中医药学报	1585	21	−0.45	0.782	11	0.08	51.8	7	9.46	1.00	0.63
G010	中医杂志	6850	2	1.39	1.376	1	0.90	71.0	2	13.18	1.00	0.67
	28 种期刊平均值	2869			0.724							

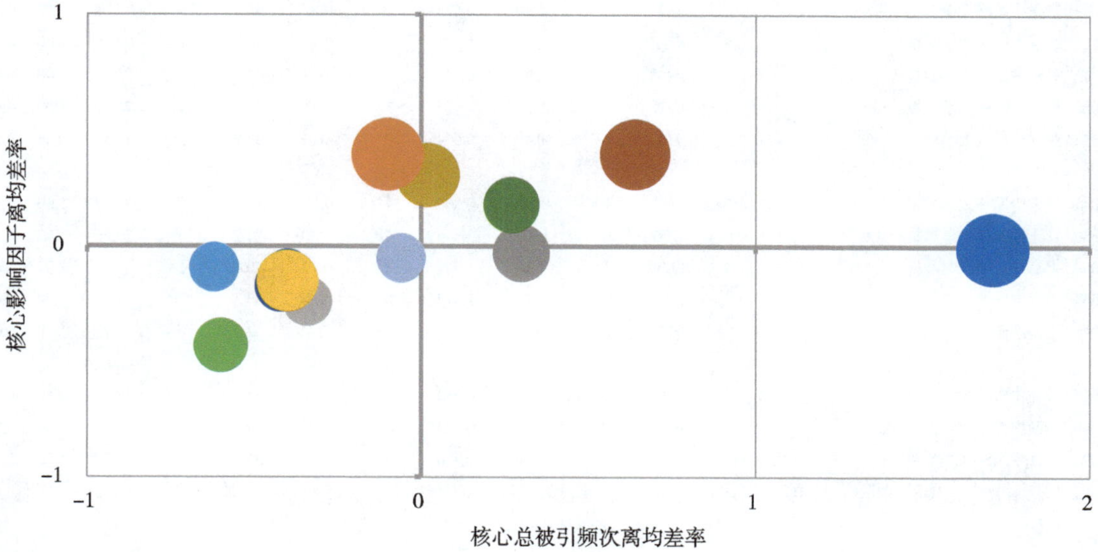

2019 年中医药大学学报类期刊核心总被引频次和核心影响因子离均差率的分布图
（节点大小表示综合评价总分）

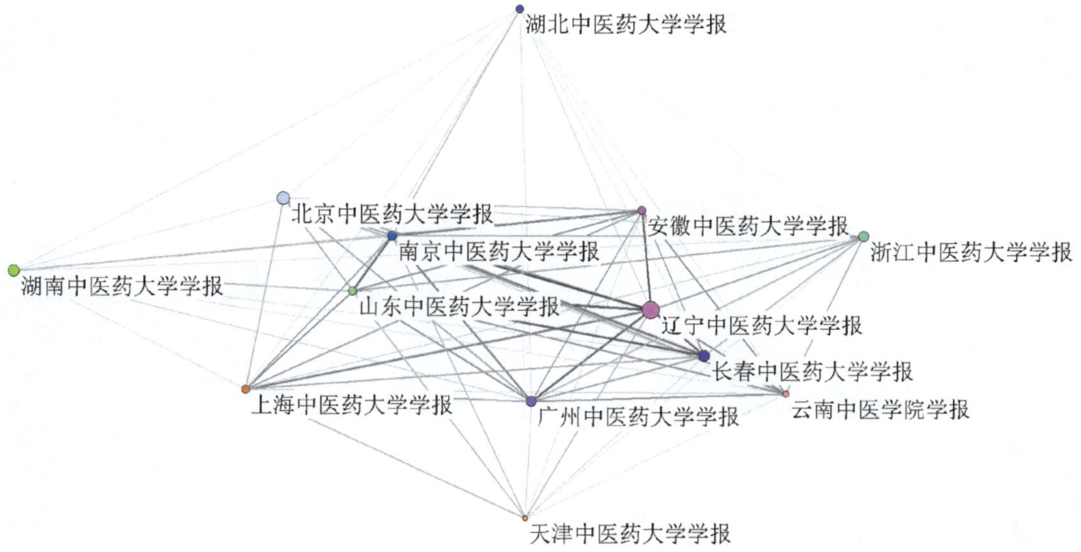

2019 年中医药大学学报类期刊互引关系示意图

表 7-68　2019 年中医药大学学报类期刊主要指标

CODE	刊名	核心总被引频次			核心影响因子			综合评价总分		学科扩散指标	学科影响指标	红点指标
		数值	排名	离均差率	数值	排名	离均差率	数值	排名			
G013	安徽中医药大学学报	889	11	-0.42	0.623	11	-0.17	37.4	9	15.08	0.92	0.52
G017	北京中医药大学学报	2511	2	0.64	1.047	2	0.40	66.7	3	23.15	1.00	0.54
G992	长春中医药大学学报	1987	3	0.30	0.729	6	-0.03	44.5	6	21.00	1.00	0.45
G030	广州中医药大学学报	1568	5	0.02	0.985	3	0.31	54.9	4	21.62	1.00	0.61
G334	湖北中医药大学学报	915	9	-0.40	0.664	9	-0.11	29.2	13	15.23	0.85	0.50
G041	湖南中医药大学学报	1947	4	0.27	0.884	4	0.18	42.1	7	24.46	1.00	0.41
G850	辽宁中医药大学学报	4156	1	1.71	0.746	5	-0.01	72.2	1	29.46	1.00	0.57
G059	南京中医药大学学报	1379	7	-0.10	1.048	1	0.40	70.6	2	17.54	1.00	0.43
G063	山东中医药大学学报	1011	8	-0.34	0.572	12	-0.24	33.3	11	12.38	1.00	0.47
G946	上海中医药大学学报	915	9	-0.40	0.638	10	-0.15	52.2	5	14.77	1.00	0.63
G914	天津中医药大学学报	580	13	-0.62	0.683	8	-0.09	33.3	10	12.31	0.69	0.53
G090	云南中医学院学报	610	12	-0.60	0.424	13	-0.43	39.5	8	12.92	1.00	0.74
G092	浙江中医药大学学报	1440	6	-0.06	0.710	7	-0.05	33.0	12	19.77	1.00	0.71
	13 种期刊平均值	1531			0.750							

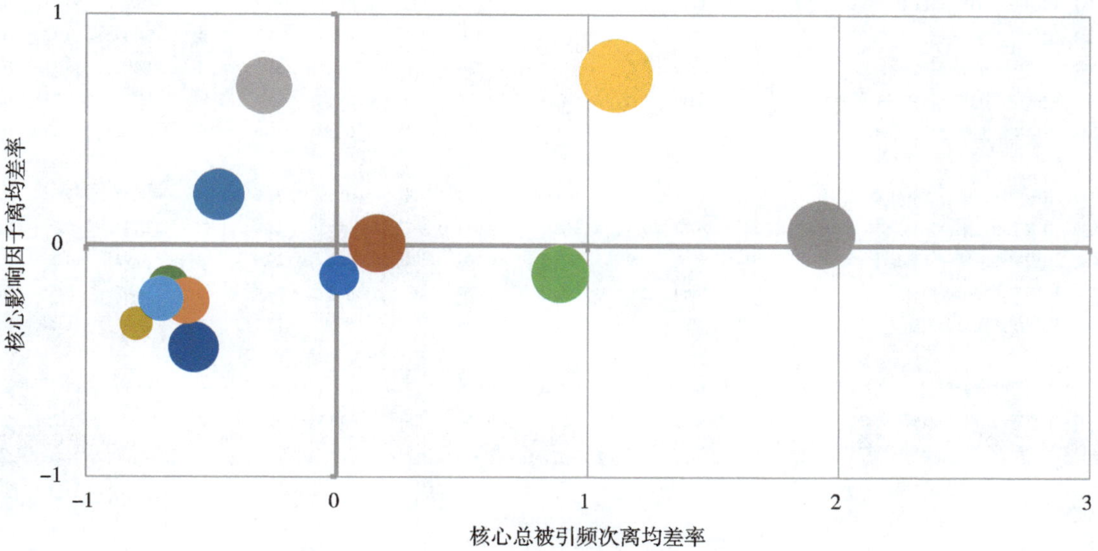

2019 年中西医结合医学类期刊核心总被引频次和核心影响因子离均差率的分布图
（节点大小表示综合评价总分）

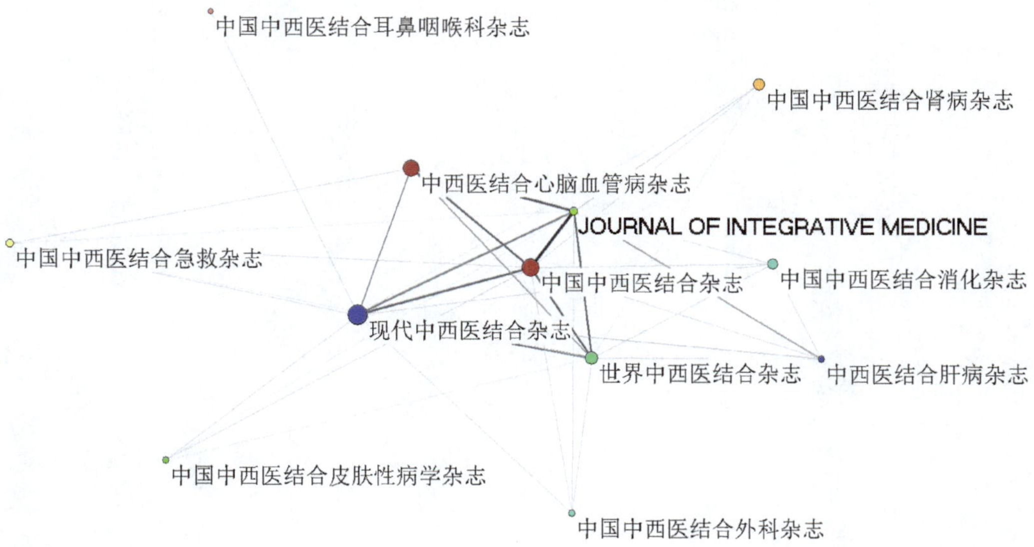

2019 年中西医结合医学类期刊互引关系示意图

表 7-69　2019 年中西医结合医学类期刊主要指标

CODE	刊名	核心总被引频次			核心影响因子			综合评价总分		学科扩	学科影响	红点
		数值	排名	离均差率	数值	排名	离均差率	数值	排名	散指标	指标	指标
G442	JOURNAL OF INTEGRATIVE MEDICINE	886	8	–0.57	0.402	12	–0.44	35.2	7	18.92	0.75	0.00
G484	世界中西医结合杂志	2388	4	0.16	0.729	5	0.01	45.7	4	24.00	0.83	0.52
G951	现代中西医结合杂志	6010	1	1.93	0.756	4	0.05	65.0	2	43.92	0.92	0.53
G347	中国中西医结合耳鼻咽喉科杂志	416	12	–0.80	0.475	11	–0.34	15.2	12	11.58	0.25	0.24
G843	中国中西医结合急救杂志	1079	7	–0.47	0.878	3	0.22	36.6	6	21.25	0.83	0.45
G757	中国中西医结合皮肤性病学杂志	685	10	–0.67	0.590	8	–0.18	23.9	10	14.58	0.58	0.41
G846	中国中西医结合肾病杂志	2078	5	0.01	0.628	7	–0.13	21.8	11	22.83	0.58	0.33
G758	中国中西医结合外科杂志	817	9	–0.60	0.548	10	–0.24	29.6	8	20.92	0.67	0.35
G528	中国中西医结合消化杂志	1460	6	–0.29	1.217	2	0.69	44.4	5	18.67	0.67	0.56
G182	中国中西医结合杂志	4336	2	1.11	1.253	1	0.74	75.1	1	35.08	1.00	0.31
G842	中西医结合肝病杂志	609	11	–0.70	0.556	9	–0.23	28.0	9	14.92	0.67	0.53
G597	中西医结合心脑血管病杂志	3889	3	0.89	0.637	6	–0.12	45.8	3	33.00	0.75	0.85
	12 种期刊平均值	2054			0. 722							

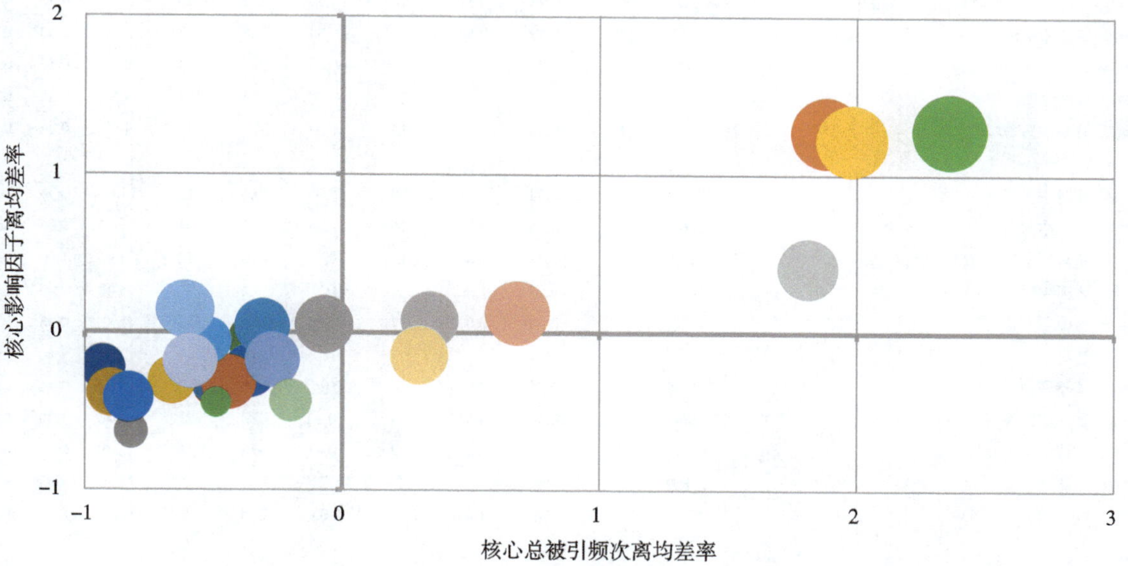

2019 年中药学类期刊核心总被引频次和核心影响因子离均差率的分布图

（节点大小表示综合评价总分）

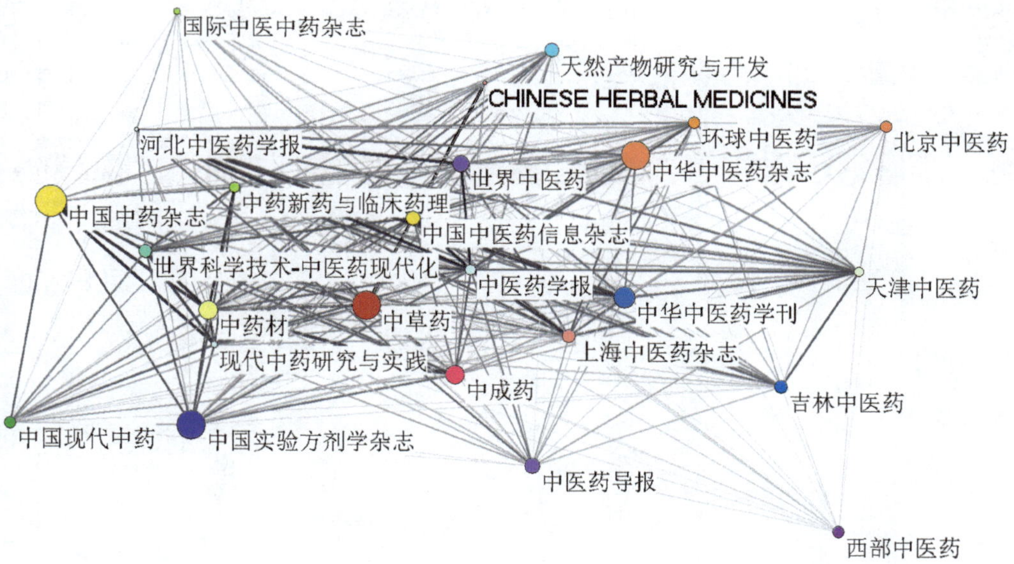

2019 年中药学类期刊互引关系示意图

表 7-70　2019 年中药学类期刊主要指标

CODE	刊名	核心总被引频次			核心影响因子			综合评价总分		学科扩散指标	学科影响指标	红点指标
		数值	排名	离均差率	数值	排名	离均差率	数值	排名			
I207	CHINESE HERBAL MEDICINES	267	25	-0.93	0.748	15	-0.22	29.2	20	3.28	0.56	0.00
G620	北京中医药	1953	17	-0.50	0.627	20	-0.34	23.8	23	9.44	1.00	0.71
G934	国际中医中药杂志	717	22	-0.82	0.352	25	-0.63	16.7	24	6.80	0.88	0.75
G301	河北中医药学报	380	24	-0.90	0.593	21	-0.38	33.3	17	4.56	0.88	0.58
G656	环球中医药	1958	16	-0.50	0.647	19	-0.32	26.9	21	9.76	0.96	0.68
G719	吉林中医药	2541	12	-0.34	0.911	10	-0.05	40.0	15	11.60	0.96	0.73
G389	上海中医药杂志	2469	13	-0.36	0.729	16	-0.24	40.5	14	11.04	0.96	0.76
G906	世界科学技术-中医药现代化	2167	14	-0.44	0.663	18	-0.31	43.0	12	12.96	1.00	0.70
G483	世界中医药	3610	8	-0.07	1.001	8	0.05	48.4	7	14.48	0.96	0.85
G626	天津中医药	1320	21	-0.66	0.672	17	-0.30	32.6	18	8.60	0.96	0.65
T611	天然产物研究与开发	2679	11	-0.31	0.994	9	0.04	44.8	10	16.24	0.96	0.74
G699	西部中医药	1964	15	-0.49	0.540	24	-0.44	13.3	25	11.16	1.00	0.65
G486	现代中药研究与实践	659	23	-0.83	0.562	22	-0.41	36.8	16	7.56	0.92	0.67
G007	中草药	11160	3	1.88	2.169	2	1.27	72.2	3	23.76	1.00	0.73
G520	中成药	5185	6	0.34	1.036	7	0.08	47.8	8	19.24	1.00	0.76
G604	中国实验方剂学杂志	11576	2	1.98	2.120	3	1.22	73.6	2	23.56	1.00	0.72
G377	中国现代中药	1859	18	-0.52	0.908	11	-0.05	31.5	19	12.36	1.00	0.61
G132	中国中药杂志	13040	1	2.36	2.178	1	1.28	80.8	1	27.16	1.00	0.67
G832	中国中医药信息杂志	2837	10	-0.27	0.791	13	-0.17	43.3	11	14.32	0.96	0.79
G859	中华中医药学刊	6507	5	0.68	1.083	6	0.13	59.3	4	19.08	1.00	0.68
G910	中华中医药杂志	10902	4	1.81	1.353	4	0.41	52.5	5	20.60	1.00	0.65
G183	中药材	5035	7	0.30	0.827	12	-0.14	47.8	9	20.44	1.00	0.70
G564	中药新药与临床药理	1501	20	-0.61	1.100	5	0.15	48.5	6	11.44	0.96	0.80
G681	中医药导报	3104	9	-0.20	0.543	23	-0.43	25.7	22	14.72	1.00	0.70
G812	中医药学报	1585	19	-0.59	0.782	14	-0.18	42.3	13	10.60	0.96	0.65
	25 种期刊平均值	3879			0.957							

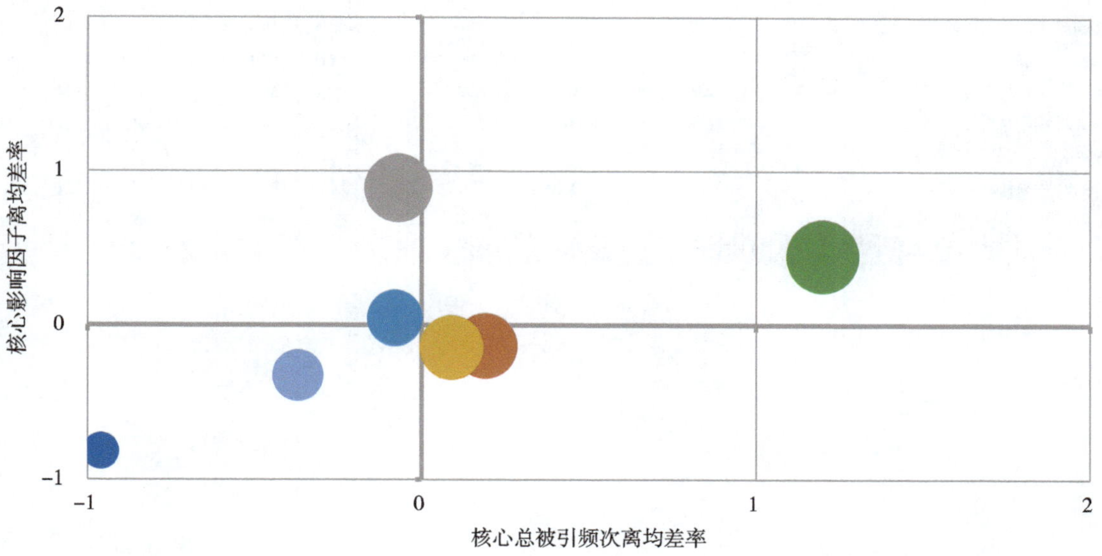

2019 年针灸、中医骨伤类期刊核心总被引频次和核心影响因子离均差率的分布图
（节点大小表示综合评价总分）

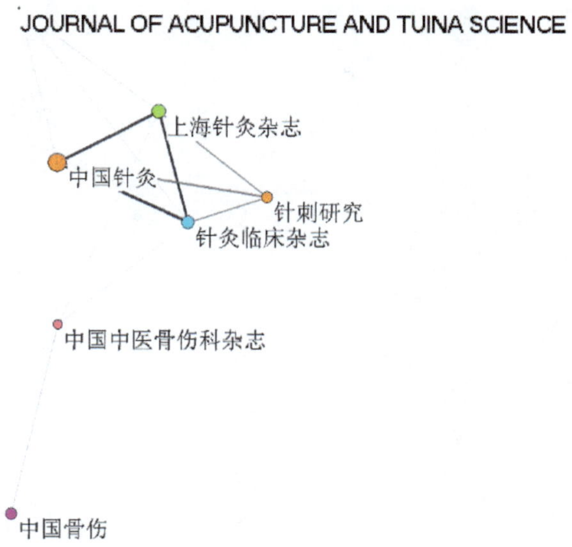

2019 年针灸、中医骨伤类期刊互引关系示意图

表 7-71　2019 年针灸、中医骨伤类期刊主要指标

CODE	刊名	核心总被引频次			核心影响因子			综合评价总分		学科扩散指标	学科影响指标	红点指标
		数值	排名	离均差率	数值	排名	离均差率	数值	排名			
I225	JOURNAL OF ACUPUNCTURE AND TUINA SCIENCE	89	7	−0.96	0.210	7	−0.81	19.2	7	5.29	0.57	0.97
G596	上海针灸杂志	2624	2	0.19	0.936	4	−0.13	59.3	3	28.57	1.00	0.95
G093	针刺研究	2047	4	−0.07	2.038	1	0.89	67.1	2	29.71	1.00	0.71
G488	针灸临床杂志	2416	3	0.09	0.926	5	−0.14	58.1	4	28.86	1.00	0.71
G103	中国骨伤	2028	5	−0.08	1.126	3	0.05	44.6	5	40.86	1.00	0.59
G600	中国针灸	4862	1	1.20	1.566	2	0.45	76.5	1	38.43	1.00	0.65
G240	中国中医骨伤科杂志	1381	6	−0.37	0.735	6	−0.32	37.4	6	29.14	1.00	0.35
	7 种期刊平均值	2207			1.077							

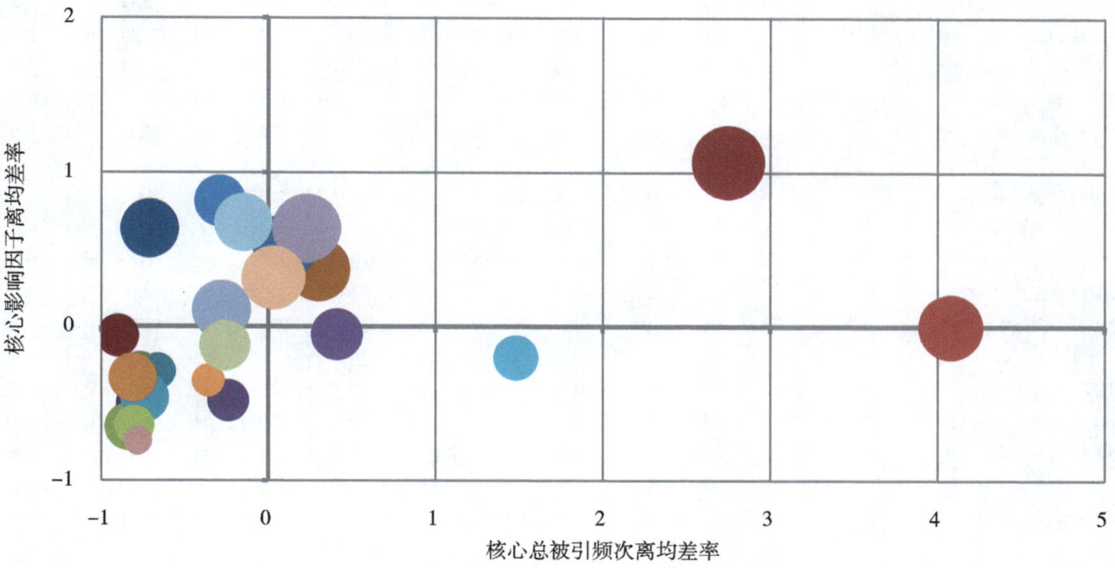

2019 年工程与技术科学基础学科类期刊核心总被引频次和核心影响因子离均差率的分布图
（节点大小表示综合评价总分）

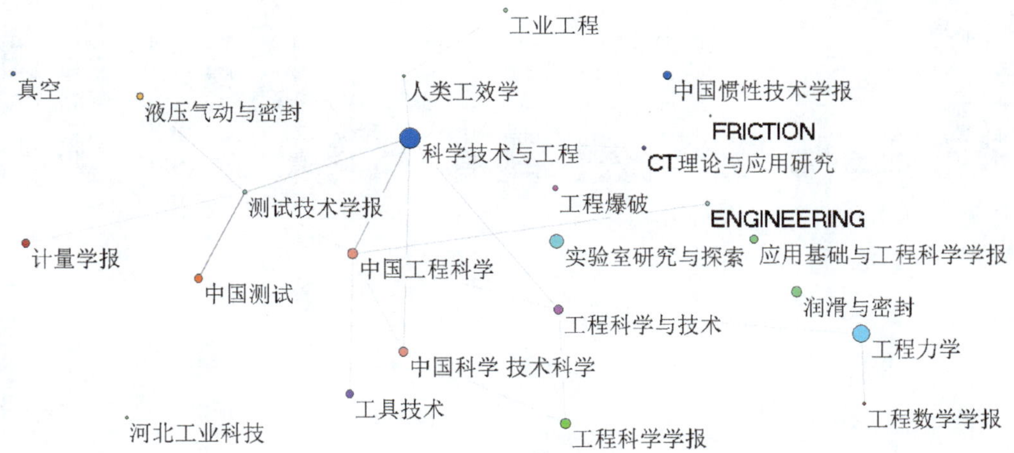

2019 年工程与技术科学基础学科类期刊互引关系示意图

表 7-72　2019 年工程与技术科学基础学科类期刊主要指标

CODE	刊名	核心总被引频次			核心影响因子			综合评价总分		学科扩散指标	学科影响指标	红点指标
		数值	排名	离均差率	数值	排名	离均差率	数值	排名			
J075	ENGINEERING	357	16	–0.71	0.919	5	0.64	46.8	8	8.54	0.25	0.02
N092	FRICTION	121	24	–0.90	0.529	12	–0.06	24.7	19	1.50	0.08	0.00
E626	CT 理论与应用研究	284	18	–0.77	0.390	16	–0.31	26.6	17	5.83	0.13	0.23
R711	测试技术学报	263	20	–0.78	0.279	21	–0.50	26.3	18	5.88	0.25	0.25
N105	工程爆破	419	15	–0.66	0.400	15	–0.29	17.8	22	3.33	0.21	0.38
M030	工程科学学报	1589	5	0.30	0.769	7	0.37	54.3	6	15.92	0.54	0.36
J051	工程科学与技术	1348	7	0.10	0.856	6	0.52	56.8	4	19.79	0.42	0.32
C002	工程力学	4575	2	2.75	1.165	1	1.07	72.9	1	17.08	0.50	0.50
B031	工程数学学报	198	23	–0.84	0.198	23	–0.65	29.7	15	4.96	0.08	0.22
N064	工具技术	926	10	–0.24	0.291	20	–0.48	23.7	20	7.25	0.46	0.49
J057	工业工程	313	17	–0.74	0.305	19	–0.46	32.6	13	5.83	0.13	0.13
J019	河北工业科技	237	22	–0.81	0.377	17	–0.33	32.2	14	6.29	0.17	0.32
N014	计量学报	869	13	–0.29	1.023	2	0.82	35.8	11	6.88	0.25	1.00
A537	科学技术与工程	6204	1	4.08	0.564	10	0.00	58.1	3	40.71	0.75	0.35
N106	人类工效学	239	21	–0.80	0.203	22	–0.64	21.7	21	5.04	0.13	0.74
N029	润滑与密封	1720	4	0.41	0.534	11	–0.05	36.6	10	11.96	0.54	0.52
A115	实验室研究与探索	3022	3	1.48	0.447	14	–0.20	27.4	16	18.79	0.42	0.43
N079	液压气动与密封	784	14	–0.36	0.368	18	–0.35	14.7	23	5.71	0.21	0.60
A580	应用基础与工程科学学报	877	12	–0.28	0.625	9	0.11	47.5	7	15.21	0.33	0.42
N086	真空	266	19	–0.78	0.146	24	–0.74	11.1	24	3.83	0.21	0.27
N830	中国测试	899	11	–0.26	0.495	13	–0.12	35.5	12	14.08	0.42	0.33
N754	中国工程科学	1505	6	0.23	0.920	4	0.64	63.8	2	27.79	0.58	0.31
N104	中国惯性技术学报	1037	9	–0.15	0.943	3	0.68	46.0	9	8.04	0.25	0.35
A109	中国科学 技术科学	1256	8	0.03	0.740	8	0.32	56.2	5	19.63	0.42	0.31
	24 种期刊平均值	1221			0.562							

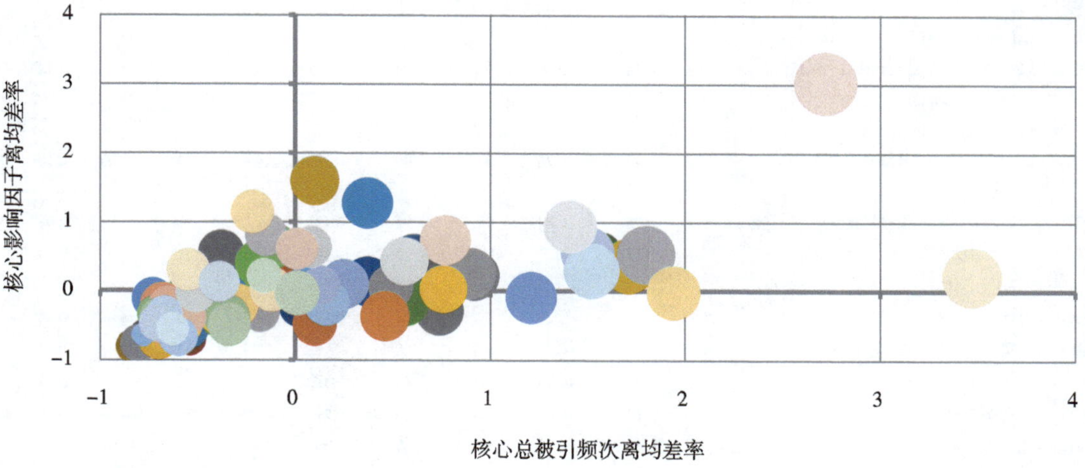

2019 年工程技术大学学报类期刊核心总被引频次和核心影响因子离均差率的分布图
（节点大小表示综合评价总分）

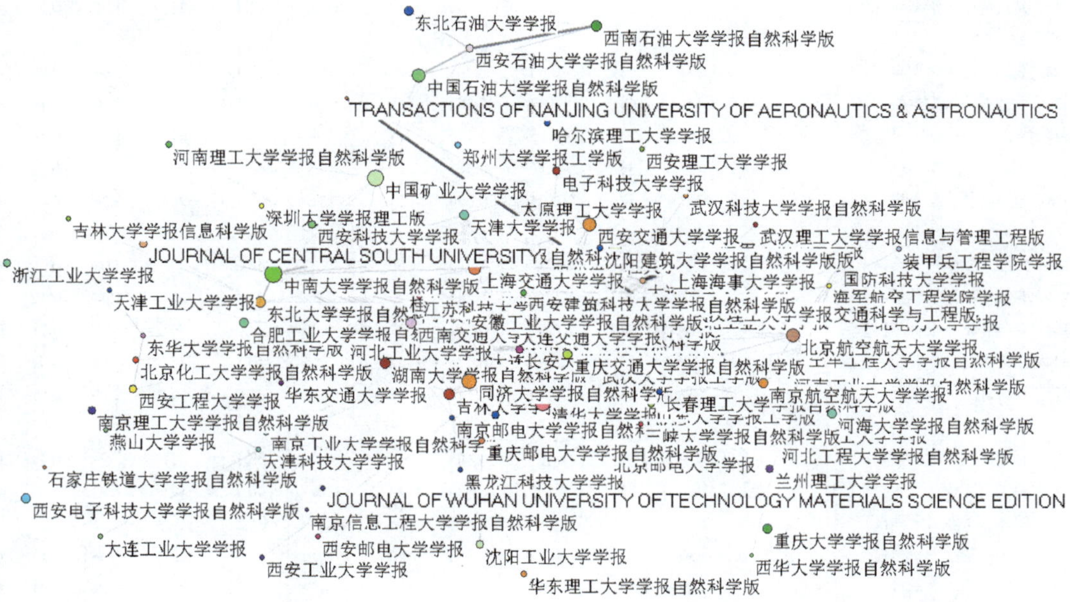

2019 年工程技术大学学报类期刊互引关系示意图

表 7-73　2019 年工程技术大学学报类期刊主要指标

CODE	刊名	核心总被引频次			核心影响因子			综合评价总分		学科扩散指标	学科影响指标	红点指标
		数值	排名	离均差率	数值	排名	离均差率	数值	排名			
I067	JOURNAL OF CENTRAL SOUTH UNIVERSITY	817	33	0.02	0.381	61	−0.23	30.1	68	3.02	0.44	0.57
I090	JOURNAL OF WUHAN UNIVERSITY OF TECHNOLOGY MATERIALS SCIENCE EDITION	368	68	−0.54	0.146	93	−0.70	19.7	89	1.36	0.18	0.00
I017	TRANSACTIONS OF NANJING UNIVERSITY OF AERONAUTICS & ASTRONAUTICS	175	93	−0.78	0.184	89	−0.63	14.4	94	0.91	0.18	0.00
M031	安徽工业大学学报自然科学版	128	95	−0.84	0.099	95	−0.80	19.2	90	0.87	0.08	0.33
J030	北京工业大学学报	1284	17	0.61	0.710	15	0.44	53.3	9	5.31	0.64	0.45
Y001	北京航空航天大学学报	2037	6	1.55	0.737	14	0.49	52.3	10	4.88	0.63	0.49
T020	北京化工大学学报自然科学版	413	63	−0.48	0.321	68	−0.35	31.3	64	2.31	0.13	0.40
X014	北京交通大学学报	577	47	−0.28	0.478	45	−0.03	40.3	30	2.79	0.37	0.64
N001	北京理工大学学报	1387	16	0.74	0.598	26	0.21	41.0	29	4.66	0.59	0.42
R018	北京邮电大学学报	437	62	−0.45	0.536	32	0.09	35.5	44	1.99	0.29	0.44
X036	长安大学学报自然科学版	814	34	0.02	0.552	30	0.12	44.0	24	2.35	0.48	0.95
N056	长春理工大学学报自然科学版	532	51	−0.33	0.446	50	−0.10	16.9	93	2.07	0.17	0.41
J021	重庆大学学报自然科学版	1096	22	0.37	0.564	28	0.14	46.4	20	4.96	0.53	0.58
X029	重庆交通大学学报自然科学版	867	29	0.09	0.421	54	−0.15	26.2	78	3.01	0.46	0.91
R559	重庆邮电大学学报自然科学版	491	55	−0.38	0.759	12	0.54	41.1	28	1.72	0.23	0.45
U512	大连工业大学学报	294	78	−0.63	0.301	73	−0.39	27.1	75	1.69	0.09	0.41
X024	大连海事大学学报	404	64	−0.49	0.507	40	0.03	36.5	41	1.80	0.19	0.49
X001	大连交通大学学报	359	73	−0.55	0.296	75	−0.40	22.0	87	1.65	0.18	0.54
J024	大连理工大学学报	707	39	−0.11	0.568	27	0.15	47.1	16	3.75	0.45	0.36
R036	电子科技大学学报	767	37	−0.04	0.624	21	0.26	43.2	25	3.26	0.48	0.55
J023	东北大学学报自然科学版	1390	15	0.74	0.349	62	−0.29	44.8	22	5.03	0.59	0.49
L004	东北石油大学学报	881	27	0.10	1.285	2	1.60	45.4	21	1.94	0.12	0.45
U014	东华大学学报自然科学版	368	68	−0.54	0.217	87	−0.56	26.0	79	1.77	0.16	0.39
J028	东南大学学报自然科学版	1246	18	0.56	0.426	52	−0.14	49.1	15	4.83	0.59	0.48
M033	桂林理工大学学报	562	48	−0.30	0.521	37	0.05	31.0	66	2.15	0.09	0.42
A040	国防科技大学学报	819	32	0.03	0.463	47	−0.06	37.1	39	2.93	0.42	0.31
X025	哈尔滨工程大学学报	1530	11	0.92	0.604	24	0.22	46.7	19	4.54	0.61	0.60
J003	哈尔滨工业大学学报	2163	5	1.71	0.676	18	0.37	58.2	5	6.51	0.78	0.60
J013	哈尔滨理工大学学报	550	50	−0.31	0.466	46	−0.06	28.5	73	2.28	0.17	0.53
J055	海军工程大学学报	489	56	−0.39	0.296	75	−0.40	27.3	74	1.99	0.21	0.33
Y029	海军航空工程学院学报	306	76	−0.62	0.301	73	−0.39	26.4	77	1.37	0.17	0.57
J053	合肥工业大学学报自然科学版	879	28	0.10	0.262	83	−0.47	36.7	40	4.44	0.46	0.42
K032	河北工程大学学报自然科学版	159	94	−0.80	0.119	94	−0.76	26.7	76	1.26	0.15	0.40
J017	河北工业大学学报	240	88	−0.70	0.152	92	−0.69	33.0	58	1.92	0.19	0.62
W012	河海大学学报自然科学版	1091	23	0.37	1.128	3	1.28	49.6	13	3.09	0.33	0.44

表 7-73　2019 年工程技术大学学报类期刊主要指标（续）

CODE	刊名	核心总被引频次			核心影响因子			综合评价总分		学科扩散指标	学科影响指标	红点指标
		数值	排名	离均差率	数值	排名	离均差率	数值	排名			
U004	河南工业大学学报自然科学版	677	41	-0.15	0.512	38	0.04	34.0	54	1.55	0.04	0.27
K526	河南理工大学学报自然科学版	499	54	-0.37	0.342	64	-0.31	32.2	60	2.11	0.17	0.42
K505	黑龙江科技大学学报	252	85	-0.68	0.288	78	-0.42	17.5	92	1.20	0.13	0.47
A028	湖南大学学报自然科学版	1187	20	0.49	0.523	36	0.06	38.5	33	4.27	0.48	0.56
K016	湖南科技大学学报自然科学版	269	81	-0.66	0.197	88	-0.60	33.1	56	1.66	0.14	0.45
R046	华北电力大学学报	459	61	-0.42	0.424	53	-0.14	34.7	48	1.91	0.21	0.45
X003	华东交通大学学报	363	70	-0.55	0.528	34	0.07	24.9	82	1.92	0.20	0.50
T021	华东理工大学学报自然科学版	485	58	-0.39	0.332	66	-0.33	29.5	70	2.65	0.24	0.49
J004	华南理工大学学报自然科学版	1168	21	0.46	0.316	70	-0.36	47.1	17	5.07	0.56	0.50
J033	华中科技大学学报自然科学版	1514	12	0.90	0.618	22	0.25	49.8	12	5.40	0.63	0.49
J042	吉林大学学报工学版	1401	14	0.76	0.511	39	0.03	43.1	26	4.26	0.66	0.79
R586	吉林大学学报信息科学版	276	80	-0.65	0.415	55	-0.16	25.4	81	1.42	0.15	0.37
J035	江苏大学学报自然科学版	644	45	-0.19	0.685	17	0.39	42.0	27	3.14	0.35	0.58
X015	江苏科技大学学报自然科学版	375	67	-0.53	0.286	79	-0.42	17.8	91	1.75	0.19	0.49
J059	空军工程大学学报自然科学版	395	65	-0.51	0.393	58	-0.20	31.9	62	1.68	0.23	0.34
J008	兰州理工大学学报	651	44	-0.18	0.343	63	-0.31	30.2	67	2.98	0.35	0.50
T011	南京工业大学学报自然科学版	485	58	-0.39	0.321	68	-0.35	31.9	61	2.51	0.26	0.41
Y026	南京航空航天大学学报	854	31	0.07	0.528	34	0.07	37.8	37	3.56	0.42	0.57
N011	南京理工大学学报自然科学版	725	38	-0.09	0.813	8	0.65	34.4	51	2.81	0.41	0.47
E120	南京信息工程大学学报自然科学版	217	91	-0.73	0.439	51	-0.11	33.1	56	1.53	0.08	0.53
R008	南京邮电大学学报自然科学版	253	83	-0.68	0.397	57	-0.20	37.8	36	1.44	0.12	0.51
J001	清华大学学报自然科学版	2235	4	1.80	0.757	13	0.53	65.3	3	8.08	0.78	0.39
R086	三峡大学学报自然科学版	337	74	-0.58	0.259	84	-0.48	32.5	59	1.94	0.23	0.53
J022	山东大学学报工学版	470	60	-0.41	0.455	48	-0.08	37.5	38	2.58	0.29	0.66
X038	上海海事大学学报	222	90	-0.72	0.329	67	-0.33	24.1	85	1.04	0.15	0.39
X006	上海交通大学学报	1763	10	1.21	0.448	49	-0.09	50.5	11	6.21	0.66	0.40
A515	深圳大学学报理工版	253	83	-0.68	0.269	81	-0.46	34.9	47	1.82	0.16	0.64
J052	沈阳工业大学学报	676	42	-0.15	0.892	6	0.81	34.3	52	2.56	0.29	0.73
V011	沈阳建筑大学学报自然科学版	562	48	-0.30	0.390	59	-0.21	35.6	43	2.46	0.33	0.60
X042	石家庄铁道大学学报自然科学版	178	92	-0.78	0.180	90	-0.64	10.1	95	0.82	0.20	0.53
J011	太原理工大学学报	516	53	-0.35	0.308	71	-0.38	39.5	32	2.97	0.26	0.42
A041	天津大学学报	994	24	0.25	0.545	31	0.10	46.7	18	4.36	0.47	0.42
U017	天津工业大学学报	280	79	-0.65	0.389	60	-0.21	29.6	69	1.40	0.11	0.54
U031	天津科技大学学报	251	86	-0.69	0.283	80	-0.43	34.9	46	1.67	0.11	0.19
J032	同济大学学报自然科学版	2348	3	1.94	0.484	43	-0.02	54.8	6	6.05	0.73	0.50
W014	武汉大学学报工学版	929	25	0.16	0.409	56	-0.17	39.8	31	3.67	0.47	0.51
M032	武汉科技大学学报自然科学版	245	87	-0.69	0.296	75	-0.40	34.6	49	1.63	0.09	0.49
X017	武汉理工大学学报交通科学与工程版	899	26	0.13	0.533	33	0.08	28.7	72	3.00	0.44	0.62
J018	武汉理工大学学报信息与管理工程版	361	72	-0.55	0.305	72	-0.38	25.5	80	2.03	0.22	0.40

表 7-73　2019 年工程技术大学学报类期刊主要指标（续）

CODE	刊名	核心总被引频次			核心影响因子			综合评价总分		学科扩散指标	学科影响指标	红点指标
		数值	排名	离均差率	数值	排名	离均差率	数值	排名			
R009	西安电子科技大学学报自然科学版	859	30	0.08	0.805	9	0.63	33.2	55	2.27	0.35	0.53
U030	西安工程大学学报	622	46	−0.22	1.061	4	1.15	36.3	42	1.59	0.05	0.42
J036	西安工业大学学报	318	75	−0.60	0.169	91	−0.66	29.5	71	1.92	0.18	0.31
V018	西安建筑科技大学学报自然科学版	525	52	−0.34	0.250	85	−0.49	34.6	50	2.41	0.37	0.47
X030	西安交通大学学报	1994	8	1.50	0.772	11	0.56	54.4	7	5.47	0.63	0.42
A150	西安科技大学学报	806	35	0.01	0.796	10	0.61	34.2	53	2.20	0.18	0.41
J002	西安理工大学学报	390	66	−0.51	0.491	42	−0.01	31.8	63	2.29	0.16	0.32
L010	西安石油大学学报自然科学版	705	40	−0.12	0.502	41	0.02	37.9	35	1.94	0.18	0.45
R671	西安邮电大学学报	264	82	−0.67	0.333	65	−0.33	24.9	83	1.37	0.13	0.34
Y023	西北工业大学学报	804	36	0.01	0.479	44	−0.03	38.1	34	3.01	0.41	0.41
J045	西华大学学报自然科学版	234	89	−0.71	0.266	82	−0.46	24.4	84	1.59	0.15	0.46
X032	西南交通大学学报	1415	13	0.77	0.862	7	0.74	49.2	14	4.08	0.56	0.60
L002	西南石油大学学报自然科学版	1244	19	0.56	0.704	16	0.43	44.8	23	1.95	0.18	0.48
J025	燕山大学学报	362	71	−0.55	0.646	19	0.31	35.0	45	1.88	0.19	0.54
A017	浙江大学学报工学版	2008	7	1.52	0.643	20	0.30	58.9	4	6.45	0.68	0.66
J016	浙江工业大学学报	671	43	−0.16	0.605	23	0.22	23.6	86	3.01	0.20	0.41
J012	郑州大学学报工学版	488	57	−0.39	0.557	29	0.13	31.2	65	2.47	0.29	0.59
K015	中国矿业大学学报	2966	2	2.72	1.993	1	3.03	76.9	1	4.33	0.46	0.44
L001	中国石油大学学报自然科学版	1927	9	1.41	0.958	5	0.94	53.9	8	3.09	0.29	0.41
K001	中南大学学报自然科学版	3570	1	3.47	0.600	25	0.21	68.2	2	7.09	0.73	0.53
N990	装甲兵工程学院学报	297	77	−0.63	0.222	86	−0.55	20.7	88	1.39	0.14	0.39
	95 种期刊平均值	798			0.494							

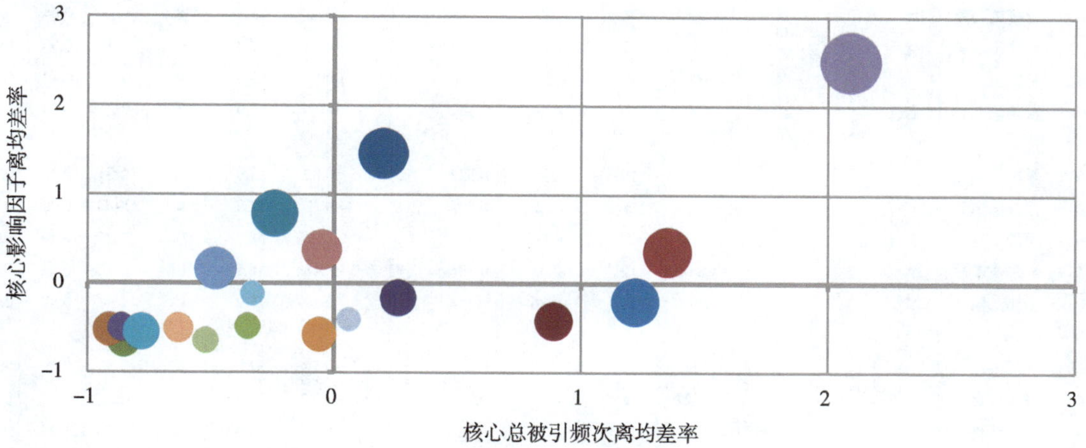

2019 年信息与系统科学相关工程与技术类期刊核心总被引频次和核心影响因子离均差率的分布图
（节点大小表示综合评价总分）

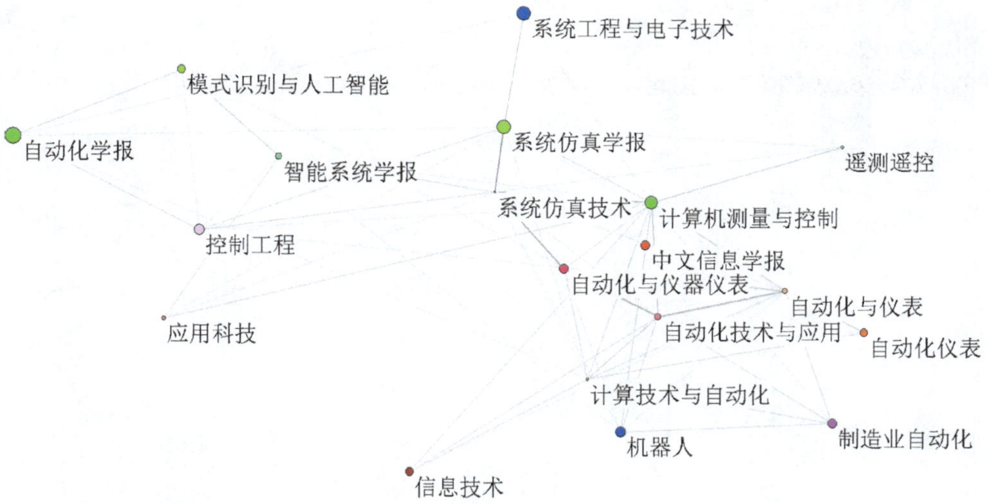

2019 年信息与系统科学相关工程与技术类期刊互引关系示意图

表 7-74　2019 年信息与系统科学相关工程与技术类期刊主要指标

CODE	刊名	核心总被引频次			核心影响因子			综合评价总分		学科扩散指标	学科影响指标	红点指标
		数值	排名	离均差率	数值	排名	离均差率	数值	排名			
S004	机器人	1552	6	0.20	1.653	2	1.47	61.6	2	14.89	0.79	0.34
S050	计算机测量与控制	2454	4	0.89	0.388	11	−0.42	35.3	8	21.26	0.84	0.49
S507	计算技术与自动化	197	17	−0.85	0.244	18	−0.64	27.0	13	6.95	0.58	0.50
S503	控制工程	1631	5	0.26	0.566	8	−0.16	32.5	9	18.37	0.79	0.53
S015	模式识别与人工智能	987	10	−0.24	1.199	3	0.79	52.9	5	15.32	0.79	0.43
S505	系统仿真技术	114	19	−0.91	0.323	15	−0.52	27.0	12	4.53	0.32	0.30
S003	系统仿真学报	2878	3	1.22	0.535	9	−0.20	57.2	4	29.11	0.95	0.37
R059	系统工程与电子技术	3042	2	1.35	0.909	5	0.36	58.9	3	22.68	0.89	0.28
R519	信息技术	844	12	−0.35	0.346	12	−0.48	16.5	17	13.63	0.74	0.42
S031	遥测遥控	186	18	−0.86	0.343	13	−0.49	19.2	15	4.84	0.37	0.18
X693	应用科技	286	16	−0.78	0.305	16	−0.54	32.2	10	9.32	0.42	0.50
S023	制造业自动化	1222	9	−0.06	0.290	17	−0.57	28.5	11	15.53	0.63	0.44
S052	智能系统学报	673	13	−0.48	0.784	6	0.17	44.0	6	12.74	0.95	0.65
S020	中文信息学报	1226	8	−0.05	0.923	4	0.38	39.0	7	9.84	0.58	0.40
R737	自动化技术与应用	618	14	−0.52	0.239	19	−0.64	16.6	16	10.32	0.63	0.50
S026	自动化学报	4006	1	2.09	2.349	1	2.51	90.4	1	29.89	0.95	0.40
N013	自动化仪表	868	11	−0.33	0.597	7	−0.11	14.8	18	12.26	0.58	0.67
S501	自动化与仪表	483	15	−0.63	0.335	14	−0.50	21.6	14	9.11	0.63	0.59
R611	自动化与仪器仪表	1370	7	0.06	0.403	10	−0.40	14.1	19	12.95	0.47	0.55
	19 种期刊平均值	1297			0.670							

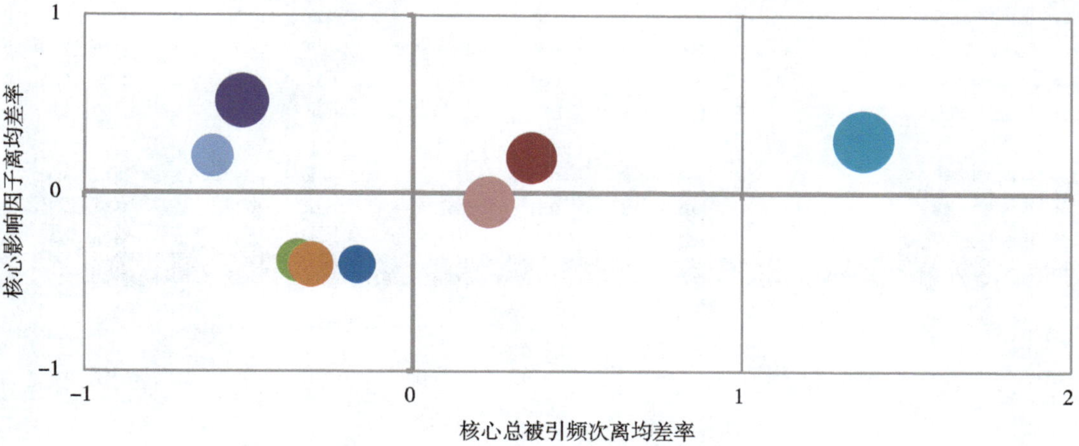

2019 年生物工程类期刊核心总被引频次和核心影响因子离均差率的分布图
（节点大小表示综合评价总分）

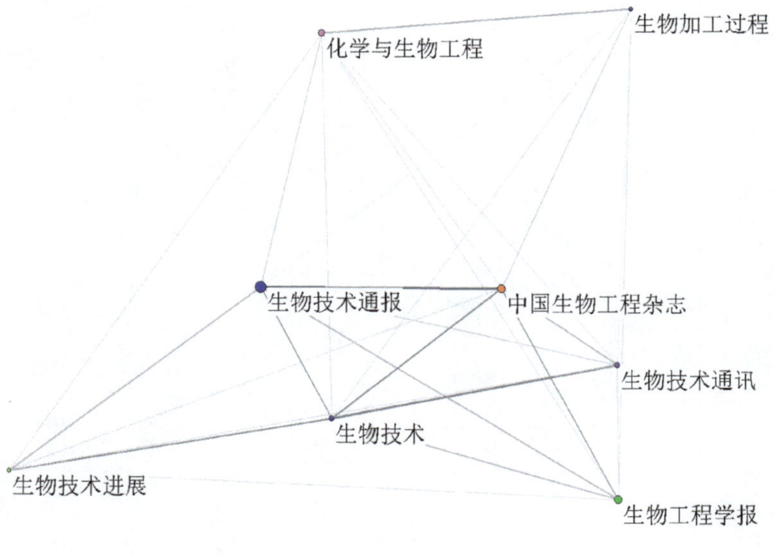

2019 年生物工程类期刊互引关系示意图

表 7-75 2019 年生物工程类期刊主要指标

CODE	刊名	核心总被引频次			核心影响因子			综合评价总分		学科扩散指标	学科影响指标	红点指标
		数值	排名	离均差率	数值	排名	离均差率	数值	排名			
T553	化学与生物工程	646	4	−0.17	0.323	8	−0.40	28.4	8	35.88	0.75	0.27
F003	生物工程学报	1049	2	0.36	0.650	4	0.20	53.1	4	41.63	0.88	0.34
F229	生物技术	500	6	−0.35	0.335	6	−0.38	36.5	6	30.38	1.00	0.38
F214	生物技术进展	374	7	−0.52	0.826	1	0.52	60.2	2	24.38	0.75	0.27
F205	生物技术通报	1837	1	1.37	0.706	2	0.30	75.6	1	51.75	1.00	0.32
F224	生物技术通讯	533	5	−0.31	0.325	7	−0.40	40.9	5	36.63	1.00	0.32
F204	生物加工过程	305	8	−0.61	0.656	3	0.21	36.1	7	18.63	0.75	0.38
F255	中国生物工程杂志	951	3	0.23	0.513	5	−0.05	53.4	3	46.38	0.88	0.27
	8 种期刊平均值	774			0. 542							

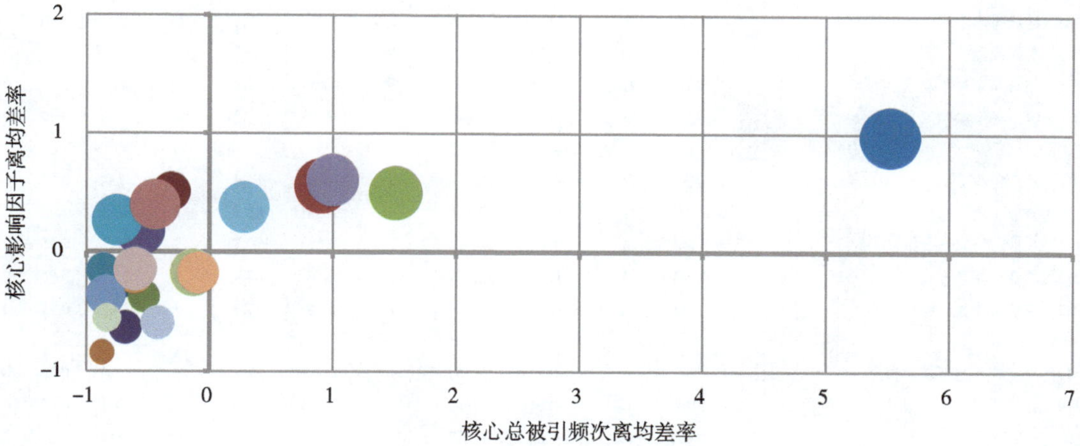

2019 年农业工程类期刊核心总被引频次和核心影响因子离均差率的分布图
（节点大小表示综合评价总分）

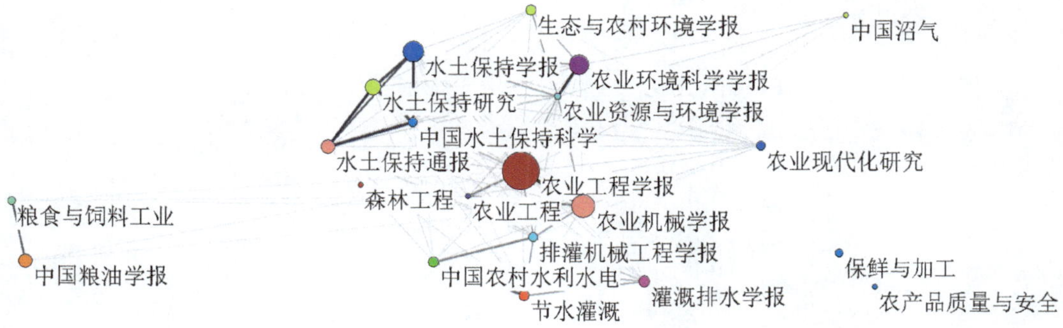

2019 年农业工程类期刊互引关系示意图

表 7-76　2019 年农业工程类期刊主要指标

CODE	刊名	核心总被引频次			核心影响因子			综合评价总分		学科扩散指标	学科影响指标	红点指标
		数值	排名	离均差率	数值	排名	离均差率	数值	排名			
U645	保鲜与加工	893	16	-0.71	0.805	15	-0.25	24.7	18	7.43	0.19	0.52
H226	灌溉排水学报	2103	8	-0.31	1.609	4	0.51	35.4	14	11.38	0.86	0.64
W567	节水灌溉	1436	11	-0.53	0.675	17	-0.37	23.9	19	11.71	0.76	0.58
U055	粮食与饲料工业	981	15	-0.68	0.399	20	-0.63	25.9	17	8.10	0.43	0.40
H071	农产品质量与安全	442	20	-0.86	0.905	11	-0.15	27.7	15	5.48	0.24	0.66
H072	农业工程	400	21	-0.87	0.174	21	-0.84	14.8	21	7.95	0.67	0.34
H279	农业工程学报	19953	1	5.52	2.116	1	0.98	88.2	1	42.33	1.00	0.88
Z008	农业环境科学学报	5834	4	0.91	1.669	3	0.56	70.5	2	22.71	0.95	0.66
H278	农业机械学报	7693	2	1.51	1.597	5	0.50	67.9	3	33.76	0.95	0.47
H222	农业现代化研究	1343	12	-0.56	1.260	9	0.18	57.7	8	14.19	0.71	0.38
H773	农业资源与环境学报	767	17	-0.75	1.351	8	0.27	61.2	6	11.38	0.76	0.61
H219	排灌机械工程学报	1189	14	-0.61	0.880	14	-0.18	36.9	13	11.10	0.62	0.44
H382	森林工程	486	19	-0.84	0.687	16	-0.36	37.6	12	9.00	0.24	0.24
Z023	生态与农村环境学报	1705	10	-0.44	1.495	6	0.40	59.0	7	17.29	0.76	0.46
H015	水土保持通报	2675	7	-0.13	0.882	13	-0.17	50.7	9	17.52	0.90	0.43
H287	水土保持学报	6114	3	1.00	1.723	2	0.61	64.8	4	19.10	0.90	0.59
H056	水土保持研究	3929	5	0.28	1.475	7	0.38	61.9	5	19.81	0.71	0.48
U001	中国粮油学报	2784	6	-0.09	0.883	12	-0.17	41.0	11	13.90	0.43	0.37
W005	中国农村水利水电	1770	9	-0.42	0.435	19	-0.59	27.0	16	15.71	0.71	0.28
H295	中国水土保持科学	1214	13	-0.60	0.921	10	-0.14	44.7	10	11.48	0.71	0.44
H204	中国沼气	524	18	-0.83	0.476	18	-0.55	19.8	20	5.52	0.52	0.53
	21 种期刊平均值	3059			1. 067							

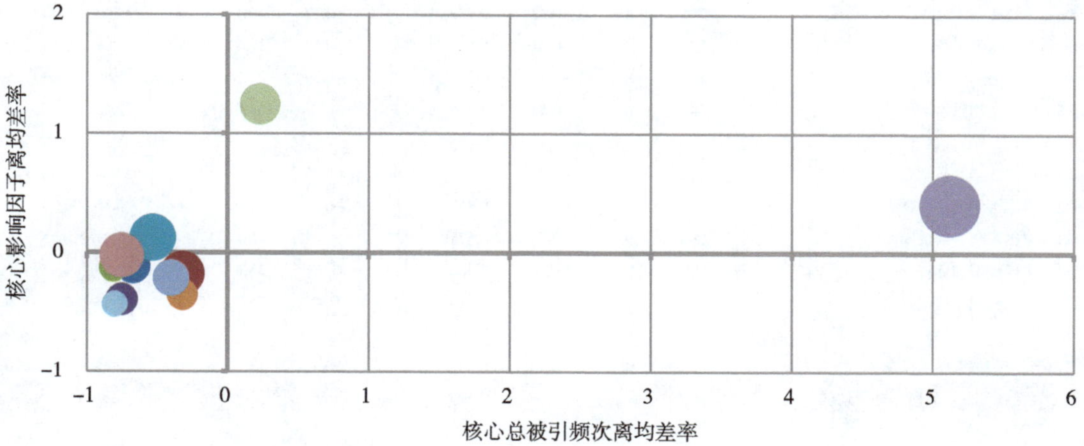

2019 年生物医学工程学类期刊核心总被引频次和核心影响因子离均差率的分布图
（节点大小表示综合评价总分）

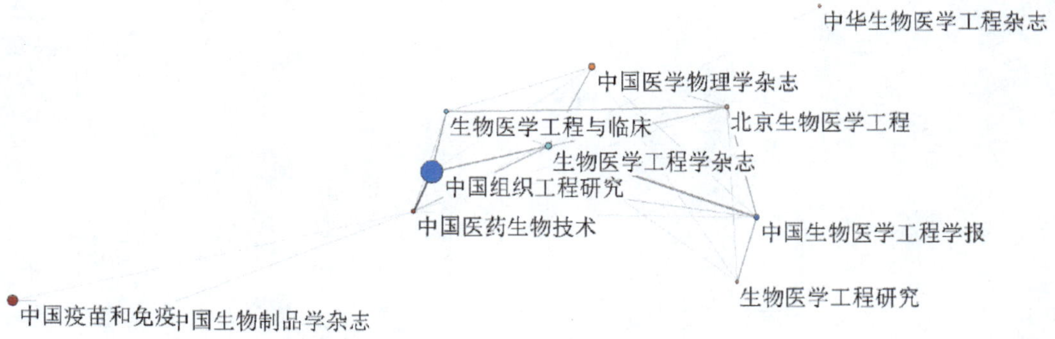

2019 年生物医学工程学类期刊互引关系示意图

表 7-77　2019 年生物医学工程学类期刊主要指标

CODE	刊名	核心总被引频次			核心影响因子			综合评价总分		学科扩散指标	学科影响指标	红点指标
		数值	排名	离均差率	数值	排名	离均差率	数值	排名			
G004	北京生物医学工程	389	7	−0.67	0.517	5	−0.11	25.0	7	15.45	0.73	0.31
G006	生物医学工程学杂志	791	4	−0.32	0.483	7	−0.17	40.4	3	34.00	0.82	0.26
G332	生物医学工程研究	221	11	−0.81	0.511	6	−0.12	17.4	10	11.09	0.55	0.29
G603	生物医学工程与临床	295	8	−0.75	0.355	10	−0.39	21.1	8	15.45	0.64	0.37
G115	中国生物医学工程学报	545	6	−0.53	0.654	3	0.13	44.6	2	22.55	0.55	0.38
G258	中国生物制品学杂志	793	3	−0.32	0.377	9	−0.35	19.9	9	22.45	0.36	0.28
G622	中国医学物理学杂志	697	5	−0.40	0.461	8	−0.21	27.1	6	23.36	0.73	0.46
G531	中国医药生物技术	290	9	−0.75	0.571	4	−0.02	40.4	4	17.27	0.55	0.18
G314	中国疫苗和免疫	1434	2	0.23	1.303	1	1.25	33.7	5	12.00	0.27	0.41
G299	中国组织工程研究	7141	1	5.12	0.819	2	0.41	76.1	1	75.55	0.91	0.79
G737	中华生物医学工程杂志	231	10	−0.80	0.333	11	−0.43	13.7	11	12.18	0.36	0.58
	11 种期刊平均值	1166			0.580							

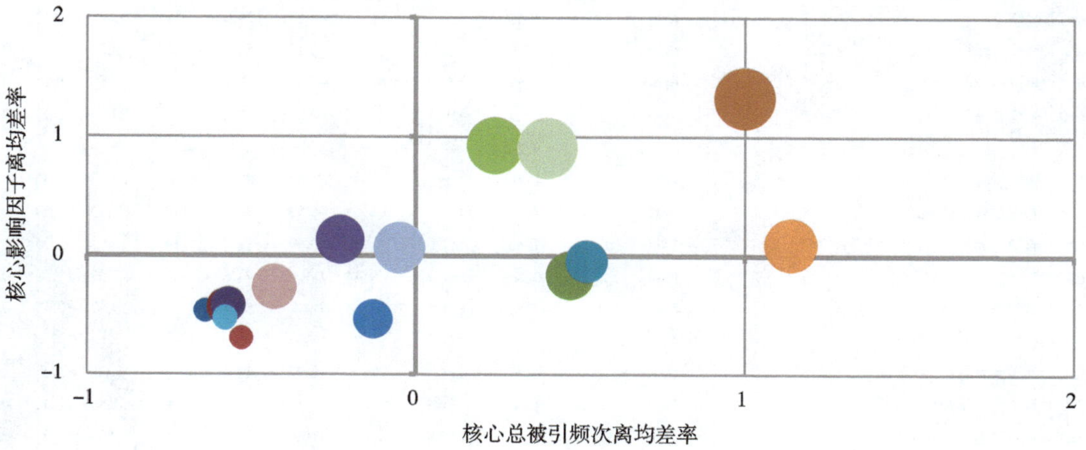

2019 年测绘科学技术类期刊核心总被引频次和核心影响因子离均差率的分布图
（节点大小表示综合评价总分）

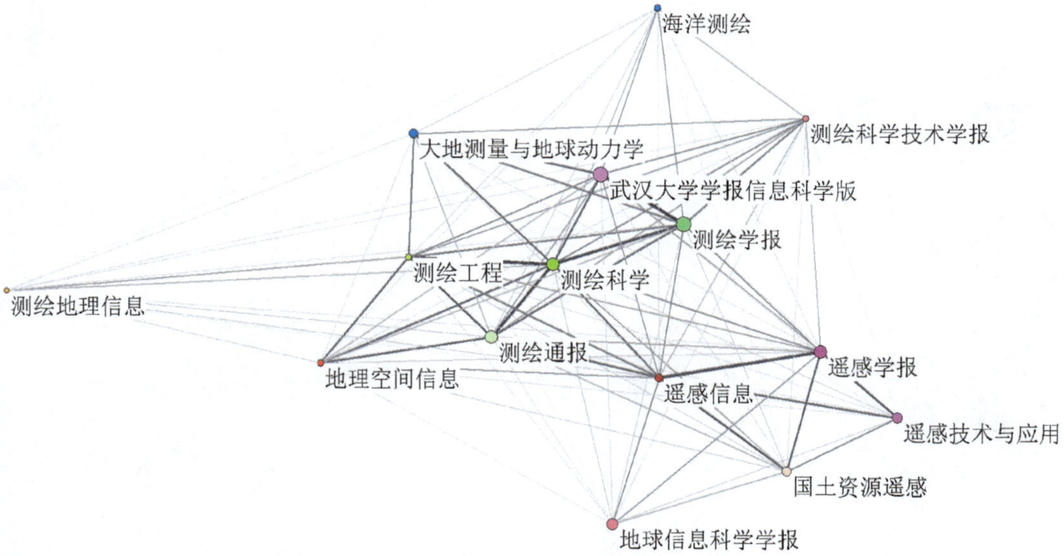

2019 年测绘科学技术类期刊互引关系示意图

表 7-78　2019 年测绘科学技术类期刊主要指标

CODE	刊名	核心总被引频次			核心影响因子			综合评价总分		学科扩散指标	学科影响指标	红点指标
		数值	排名	离均差率	数值	排名	离均差率	数值	排名			
E616	测绘地理信息	571	15	-0.64	0.519	12	-0.46	12.4	15	9.73	1.00	0.41
E543	测绘工程	672	14	-0.58	0.552	11	-0.43	29.9	11	13.47	1.00	0.41
E600	测绘科学	2359	4	0.47	0.809	8	-0.16	52.6	7	29.20	1.00	0.43
E615	测绘科学技术学报	686	12	-0.57	0.571	10	-0.41	27.1	12	11.80	1.00	0.40
E510	测绘通报	2436	3	0.52	0.929	7	-0.04	39.8	9	23.13	1.00	0.48
E152	测绘学报	3207	2	1.00	2.253	1	1.33	84.6	1	23.53	1.00	0.37
E144	大地测量与地球动力学	1392	8	-0.13	0.458	14	-0.53	34.4	10	14.53	1.00	0.25
E639	地理空间信息	748	11	-0.53	0.301	15	-0.69	13.0	14	15.00	1.00	0.44
E656	地球信息科学学报	1992	6	0.24	1.866	2	0.93	71.6	3	25.07	1.00	0.57
E591	国土资源遥感	1241	9	-0.23	1.101	4	0.14	53.4	6	19.47	0.93	0.49
E651	海洋测绘	675	13	-0.58	0.460	13	-0.52	14.4	13	8.40	1.00	0.26
E107	武汉大学学报信息科学版	3432	1	1.14	1.066	5	0.10	65.1	4	31.80	1.00	0.35
Z543	遥感技术与应用	1525	7	-0.05	1.034	6	0.07	60.6	5	22.60	1.00	0.44
S024	遥感信息	915	10	-0.43	0.711	9	-0.26	46.0	8	18.33	1.00	0.44
Z006	遥感学报	2247	5	0.40	1.842	3	0.91	83.5	2	25.47	1.00	0.52
	15 种期刊平均值	1607			0.965							

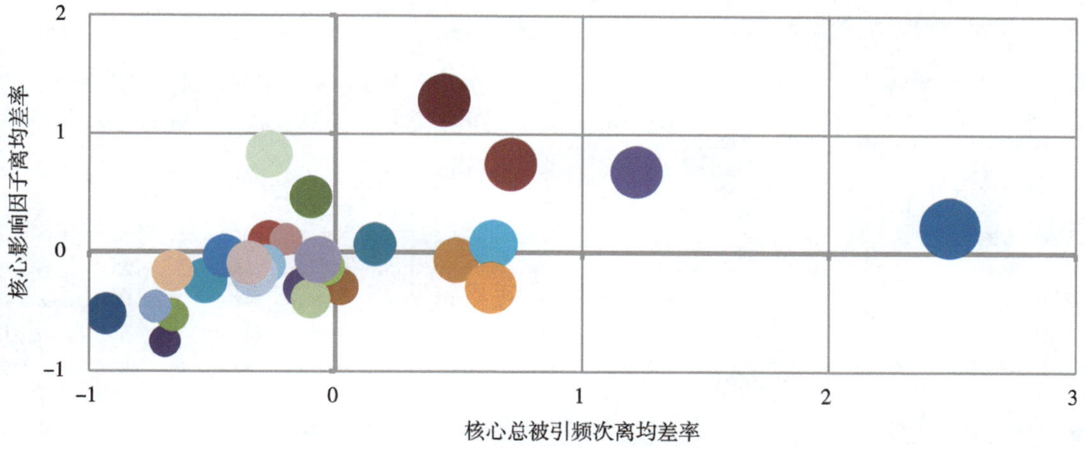

2019 年材料科学综合类期刊核心总被引频次和核心影响因子离均差率的分布图
（节点大小表示综合评价总分）

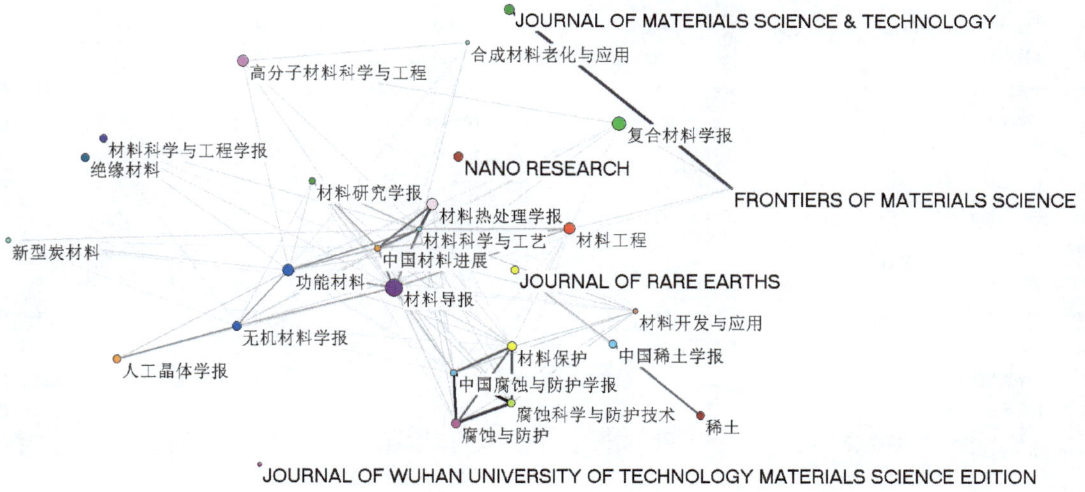

2019 年材料科学综合类期刊互引关系示意图

表 7-79　2019 年材料科学综合类期刊主要指标

CODE	刊名	核心总被引频次			核心影响因子			综合评价总分		学科扩散指标	学科影响指标	红点指标
		数值	排名	离均差率	数值	排名	离均差率	数值	排名			
I243	FRONTIERS OF MATERIALS SCIENCE	79	27	−0.93	0.277	25	−0.52	35.6	18	1.63	0.19	0.00
M015	JOURNAL OF MATERIALS SCIENCE & TECHNOLOGY	1717	7	0.44	1.329	1	1.29	57.9	3	7.89	0.93	0.00
M035	JOURNAL OF RARE EARTHS	1072	12	−0.10	0.855	5	0.47	37.9	16	7.04	0.74	0.00
I090	JOURNAL OF WUHAN UNIVERSITY OF TECHNOLOGY MATERIALS SCIENCE EDITION	368	25	−0.69	0.146	27	−0.75	21.0	27	4.78	0.48	0.00
I137	NANO RESEARCH	1382	8	0.16	0.618	10	0.07	39.7	13	8.59	0.74	0.00
M005	材料保护	1221	9	0.02	0.412	20	−0.29	27.9	23	8.33	0.74	0.68
M103	材料导报	4179	1	2.49	0.707	6	0.22	78.9	1	22.67	0.89	0.54
Y007	材料工程	2040	3	0.71	1.014	3	0.75	58.8	2	12.11	0.85	0.66
M010	材料开发与应用	408	23	−0.66	0.272	26	−0.53	22.7	24	6.11	0.59	0.39
M008	材料科学与工程学报	1037	14	−0.13	0.405	22	−0.30	33.9	19	10.59	0.78	0.56
M006	材料科学与工艺	559	22	−0.53	0.440	19	−0.24	42.8	12	7.19	0.63	0.64
N026	材料热处理学报	1784	6	0.49	0.543	13	−0.06	43.0	10	8.04	0.85	0.68
M009	材料研究学报	657	21	−0.45	0.561	11	−0.03	39.6	14	7.33	0.67	0.92
M003	腐蚀科学与防护技术	869	17	−0.27	0.633	8	0.09	38.1	15	6.41	0.59	0.69
M505	腐蚀与防护	1153	10	−0.04	0.510	16	−0.12	31.1	22	7.78	0.59	0.62
Y019	复合材料学报	2659	2	1.22	0.982	4	0.69	56.8	4	14.52	0.81	0.66
T001	高分子材料科学与工程	1964	4	0.64	0.629	9	0.08	49.2	6	11.67	0.63	0.57
N039	功能材料	1952	5	0.63	0.410	21	−0.29	55.7	5	17.22	0.85	0.61
T057	合成材料老化与应用	327	26	−0.73	0.313	24	−0.46	22.4	25	4.41	0.41	0.53
R016	绝缘材料	952	15	−0.20	0.644	7	0.11	22.1	26	5.15	0.37	0.36
T013	人工晶体学报	1071	13	−0.10	0.353	23	−0.39	32.9	20	9.33	0.74	0.44
D003	无机材料学报	1115	11	−0.07	0.544	12	−0.06	46.3	9	10.00	0.78	0.54
M041	稀土	859	18	−0.28	0.523	15	−0.10	32.7	21	6.04	0.59	0.38
M102	新型炭材料	404	24	−0.66	0.486	17	−0.16	36.3	17	5.59	0.59	0.61
M053	中国材料进展	799	19	−0.33	0.477	18	−0.18	47.0	8	9.44	0.74	0.51
M007	中国腐蚀与防护学报	782	20	−0.35	0.530	14	−0.09	42.9	11	5.74	0.56	0.53
M022	中国稀土学报	872	16	−0.27	1.059	2	0.83	47.4	7	7.85	0.63	0.47
	27 种期刊平均值	1196			0. 580							

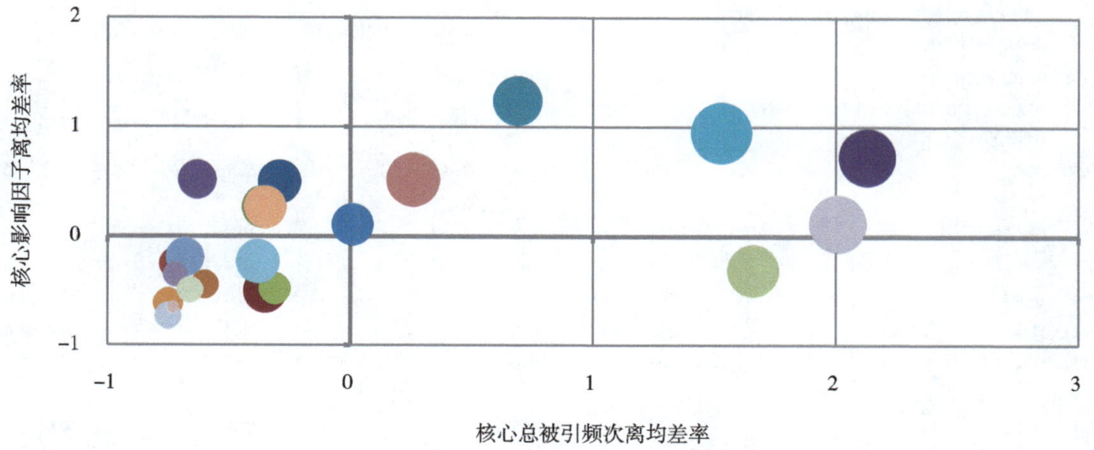

2019 年金属材料类期刊核心总被引频次和核心影响因子离均差率的分布图
（节点大小表示综合评价总分）

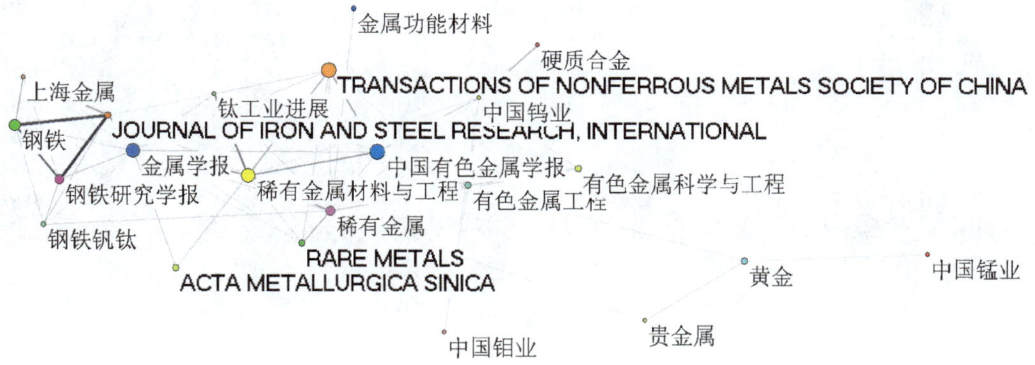

2019 年金属材料类期刊互引关系示意图

表 7-80　2019 年金属材料类期刊主要指标

CODE	刊名	核心总被引频次			核心影响因子			综合评价总分		学科扩散指标	学科影响指标	红点指标
		数值	排名	离均差率	数值	排名	离均差率	数值	排名			
M100	ACTA METALLURGICA SINICA	778	8	−0.29	0.943	6	0.50	42.9	9	5.45	0.73	0.00
I142	JOURNAL OF IRON AND STEEL RESEARCH, INTERNATIONAL	716	10	−0.35	0.313	19	−0.50	44.9	7	6.36	0.68	0.00
I050	RARE METALS	703	12	−0.36	0.797	7	0.27	40.8	11	6.14	0.77	0.00
M104	TRANSACTIONS OF NONFERROUS METALS SOCIETY OF CHINA	3442	1	2.13	1.087	3	0.73	75.0	3	16.05	0.95	0.60
M050	钢铁	1856	5	0.69	1.407	1	1.24	56.7	6	7.36	0.68	0.37
M013	钢铁钒钛	440	14	−0.60	0.354	16	−0.44	18.5	18	3.36	0.45	0.51
M019	钢铁研究学报	1105	7	0.01	0.693	10	0.11	40.4	12	7.27	0.64	0.47
M048	贵金属	305	19	−0.72	0.468	13	−0.25	24.0	15	3.68	0.41	0.65
M631	黄金	755	9	−0.31	0.325	17	−0.48	23.7	16	5.73	0.41	0.31
M051	金属功能材料	405	15	−0.63	0.951	5	0.52	34.2	14	4.45	0.68	0.39
M012	金属学报	2784	4	1.53	1.223	2	0.95	85.7	1	11.32	0.82	0.56
M021	上海金属	271	21	−0.75	0.243	20	−0.61	20.8	17	3.27	0.41	0.55
M544	钛工业进展	356	17	−0.68	0.505	11	−0.19	34.3	13	4.00	0.41	0.62
M029	稀有金属	1382	6	0.26	0.955	4	0.52	65.7	4	10.23	0.86	0.54
M052	稀有金属材料与工程	2926	3	1.66	0.430	14	−0.31	62.1	5	13.95	0.82	0.59
M014	硬质合金	310	18	−0.72	0.405	15	−0.35	14.1	21	2.95	0.36	0.57
M036	有色金属工程	680	13	−0.38	0.482	12	−0.23	44.7	8	9.05	0.68	0.40
M504	有色金属科学与工程	712	11	−0.35	0.796	8	0.27	41.8	10	8.05	0.59	0.42
K036	中国锰业	271	21	−0.75	0.167	22	−0.73	16.9	19	4.18	0.32	0.19
K550	中国钼业	296	20	−0.73	0.221	21	−0.65	3.5	22	3.55	0.50	0.33
K035	中国钨业	369	16	−0.66	0.322	18	−0.49	16.0	20	3.91	0.45	0.47
M028	中国有色金属学报	3308	2	2.01	0.701	9	0.12	75.3	2	16.36	0.86	0.64
	22 种期刊平均值	1099			0.627							

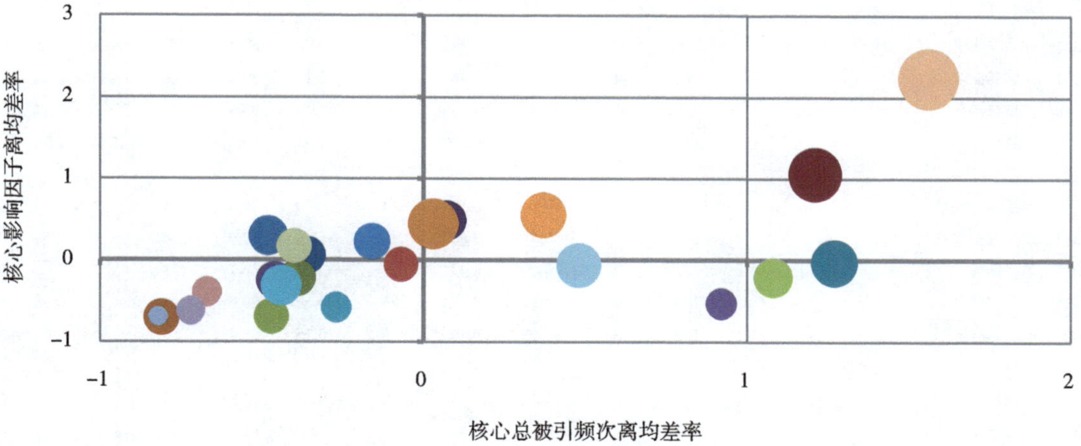

2019 年矿山工程技术类期刊核心总被引频次和核心影响因子离均差率的分布图
（节点大小表示综合评价总分）

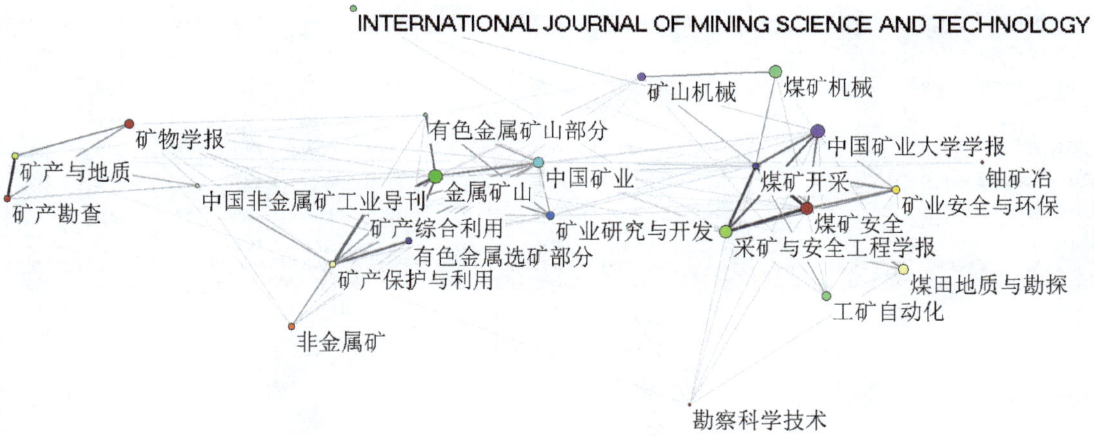

2019 年矿山工程技术类期刊互引关系示意图

表 7-81　2019 年矿山工程技术类期刊主要指标

CODE	刊名	核心总被引频次			核心影响因子			综合评价总分		学科扩散指标	学科影响指标	红点指标
		数值	排名	离均差率	数值	排名	离均差率	数值	排名			
I184	INTERNATIONAL JOURNAL OF MINING SCIENCE AND TECHNOLOGY	747	13	−0.36	0.656	9	0.06	33.5	12	7.33	0.63	0.00
K512	采矿与安全工程学报	2564	3	1.21	1.271	2	1.06	69.3	2	6.38	0.71	0.45
K002	非金属矿	702	14	−0.39	0.482	14	−0.22	32.4	13	6.83	0.58	0.54
K018	工矿自动化	1236	8	0.07	0.916	4	0.49	38.5	8	7.00	0.50	0.44
K022	金属矿山	2631	2	1.27	0.596	10	−0.03	52.8	4	12.29	0.96	0.60
M018	勘察科学技术	219	23	−0.81	0.184	24	−0.70	30.8	15	4.71	0.38	0.27
K525	矿产保护与利用	608	20	−0.48	0.803	6	0.30	37.9	9	5.04	0.58	0.59
V054	矿产勘查	635	17	−0.45	0.471	15	−0.24	16.7	23	5.25	0.46	0.46
K025	矿产与地质	615	19	−0.47	0.191	23	−0.69	29.6	17	4.21	0.38	0.56
K004	矿产综合利用	628	18	−0.46	0.460	16	−0.25	33.7	11	4.75	0.63	0.57
K014	矿山机械	844	12	−0.27	0.258	20	−0.58	22.3	20	7.33	0.71	0.34
E350	矿物学报	1189	9	0.03	0.894	5	0.45	61.7	3	8.67	0.63	0.46
K554	矿业安全与环保	976	11	−0.16	0.755	7	0.23	32.0	14	4.88	0.71	0.67
K010	矿业研究与开发	1079	10	−0.07	0.587	11	−0.05	28.9	18	7.46	0.88	0.61
K558	煤矿安全	2409	4	1.08	0.486	13	−0.21	37.0	10	7.71	0.71	0.59
K517	煤矿机械	2227	5	0.92	0.290	19	−0.53	23.5	19	10.04	0.54	0.56
K504	煤矿开采	649	16	−0.44	0.423	17	−0.31	40.0	7	3.50	0.67	0.49
K009	煤田地质与勘探	1594	7	0.37	0.963	3	0.56	50.3	5	9.08	0.71	0.44
K020	铀矿冶	210	24	−0.82	0.193	22	−0.69	9.1	24	1.96	0.21	0.20
K013	有色金属矿山部分	378	21	−0.67	0.375	18	−0.39	21.2	21	3.42	0.63	0.45
K580	有色金属选矿部分	694	15	−0.40	0.718	8	0.17	29.6	16	2.46	0.46	0.59
V023	中国非金属矿工业导刊	326	22	−0.72	0.236	21	−0.62	19.7	22	4.88	0.50	0.61
K030	中国矿业	1712	6	0.48	0.577	12	−0.06	47.9	6	13.75	1.00	0.40
K015	中国矿业大学学报	2966	1	1.56	1.993	1	2.24	89.4	1	17.13	0.83	0.35
	24 种期刊平均值	1160			0. 616							

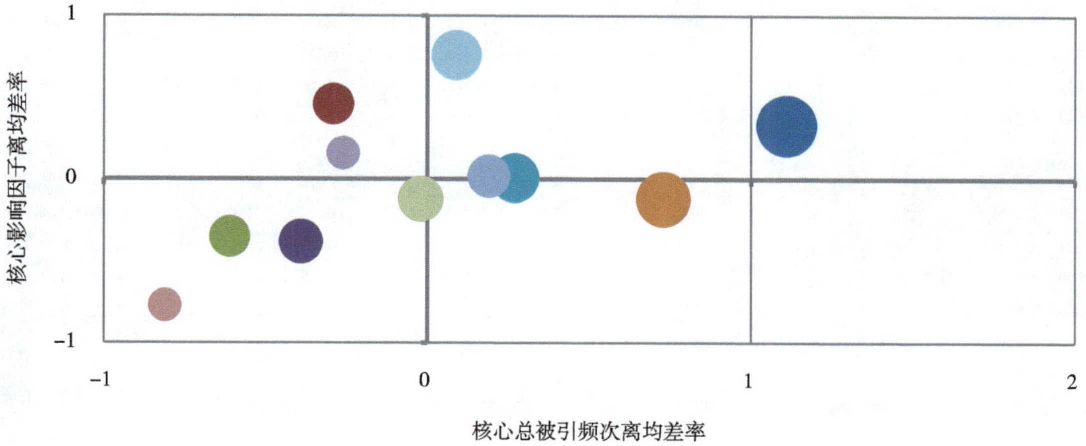

2019 年冶金工程技术类期刊核心总被引频次和核心影响因子离均差率的分布图
（节点大小表示综合评价总分）

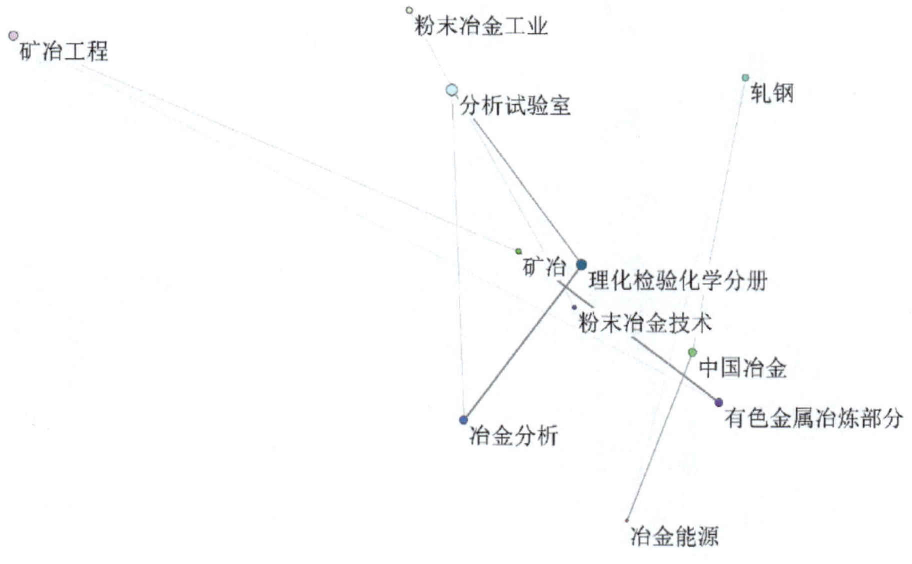

2019 年冶金工程技术类期刊互引关系示意图

表 7-82 2019 年冶金工程技术类期刊主要指标

CODE	刊名	核心总被引频次			核心影响因子			综合评价总分		学科扩散指标	学科影响指标	红点指标
		数值	排名	离均差率	数值	排名	离均差率	数值	排名			
D004	分析试验室	1916	1	1.11	0.911	3	0.33	85.5	1	28.00	0.36	0.35
M105	粉末冶金工业	650	8	−0.29	1.000	2	0.46	38.9	8	9.45	0.36	0.37
M039	粉末冶金技术	351	10	−0.61	0.445	9	−0.35	38.7	9	7.91	0.45	0.32
M101	矿冶	558	9	−0.39	0.427	10	−0.38	44.6	6	12.27	0.73	0.29
M045	矿冶工程	1159	3	0.27	0.696	6	0.01	55.9	4	18.27	0.73	0.43
M001	理化检验化学分册	1575	2	0.73	0.603	8	−0.12	68.8	2	26.64	0.36	0.42
M023	冶金分析	1083	4	0.19	0.704	5	0.02	41.8	7	12.00	0.45	0.58
M047	冶金能源	172	11	−0.81	0.160	11	−0.77	25.3	11	6.64	0.45	0.12
M020	有色金属冶炼部分	888	6	−0.02	0.605	7	−0.12	47.0	5	10.18	0.64	0.31
M043	轧钢	671	7	−0.26	0.794	4	0.16	25.5	10	4.82	0.36	0.23
M628	中国冶金	989	5	0.09	1.211	1	0.76	57.7	3	9.09	0.45	0.20
	11 种期刊平均值	910			0.687							

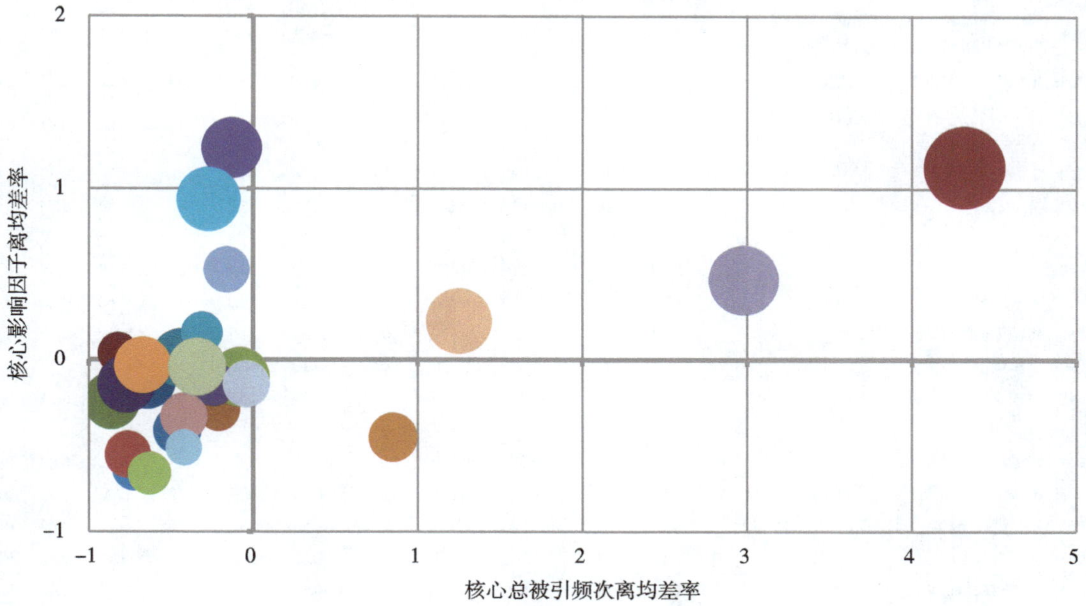

2019 年机械工程设计类期刊核心总被引频次和核心影响因子离均差率的分布图
（节点大小表示综合评价总分）

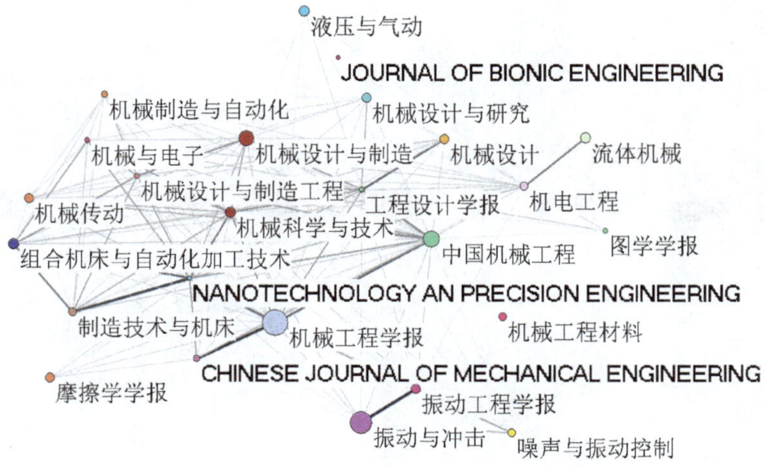

2019 年机械工程设计类期刊互引关系示意图

表 7-83　2019 年机械工程设计类期刊主要指标

CODE	刊名	核心总被引频次			核心影响因子			综合评价总分		学科扩散指标	学科影响指标	红点指标
		数值	排名	离均差率	数值	排名	离均差率	数值	排名			
I218	CHINESE JOURNAL OF MECHANICAL ENGINEERING	630	19	−0.64	0.528	13	−0.12	42.0	12	7.04	0.84	0.00
N764	JOURNAL OF BIONIC ENGINEERING	303	24	−0.82	0.624	8	0.04	22.1	24	4.12	0.52	0.00
M655	NANOTECHNOLOGY AN PRECISION ENGINEERING	242	25	−0.86	0.459	17	−0.24	42.2	11	4.84	0.52	0.00
N590	工程设计学报	404	23	−0.77	0.516	16	−0.14	44.0	9	6.72	0.72	0.60
N672	机电工程	965	16	−0.44	0.609	9	0.01	45.2	7	11.68	0.76	0.50
N040	机械传动	1369	9	−0.21	0.429	18	−0.29	23.7	22	8.28	0.84	0.63
M004	机械工程材料	932	17	−0.46	0.356	20	−0.41	30.3	14	8.68	0.56	0.42
N051	机械工程学报	9188	1	4.32	1.279	2	1.13	87.7	1	24.44	0.96	0.47
N050	机械科学与技术	1595	6	−0.08	0.539	12	−0.10	46.3	6	14.16	0.88	0.59
N047	机械设计	1310	10	−0.24	0.519	14	−0.14	26.0	20	10.56	0.84	0.64
N054	机械设计与研究	1200	12	−0.31	0.699	7	0.16	23.1	23	9.52	0.80	0.57
N028	机械设计与制造	3194	4	0.85	0.328	21	−0.45	30.9	13	17.60	0.92	0.60
N063	机械设计与制造工程	481	21	−0.72	0.225	24	−0.63	26.3	19	8.16	0.68	0.51
N053	机械与电子	409	22	−0.76	0.273	23	−0.55	28.4	17	7.32	0.68	0.55
N515	机械制造与自动化	637	18	−0.63	0.204	25	−0.66	24.2	21	9.36	0.60	0.55
N023	流体机械	1497	7	−0.13	1.344	1	1.24	47.8	5	9.76	0.76	0.52
N084	摩擦学学报	1254	11	−0.27	1.168	3	0.94	53.8	4	9.32	0.84	0.53
N061	图学学报	565	20	−0.67	0.582	10	−0.03	42.4	10	8.68	0.60	0.22
N035	液压与气动	1453	8	−0.16	0.920	4	0.53	28.1	18	7.72	0.76	0.55
C100	噪声与振动控制	1005	14	−0.42	0.401	19	−0.33	29.2	15	10.56	0.84	1.00
Y004	振动工程学报	1142	13	−0.34	0.578	11	−0.04	44.4	8	10.40	0.76	0.53
N030	振动与冲击	6885	2	2.98	0.883	5	0.47	64.3	2	21.92	0.88	0.47
N046	制造技术与机床	1003	15	−0.42	0.296	22	−0.51	17.2	25	6.72	0.80	0.48
N059	中国机械工程	3895	3	1.25	0.739	6	0.23	56.7	3	20.52	0.96	0.46
N088	组合机床与自动化加工技术	1653	5	−0.04	0.519	14	−0.14	29.1	16	9.64	0.80	0.53
	25 种期刊平均值	1728			0.601							

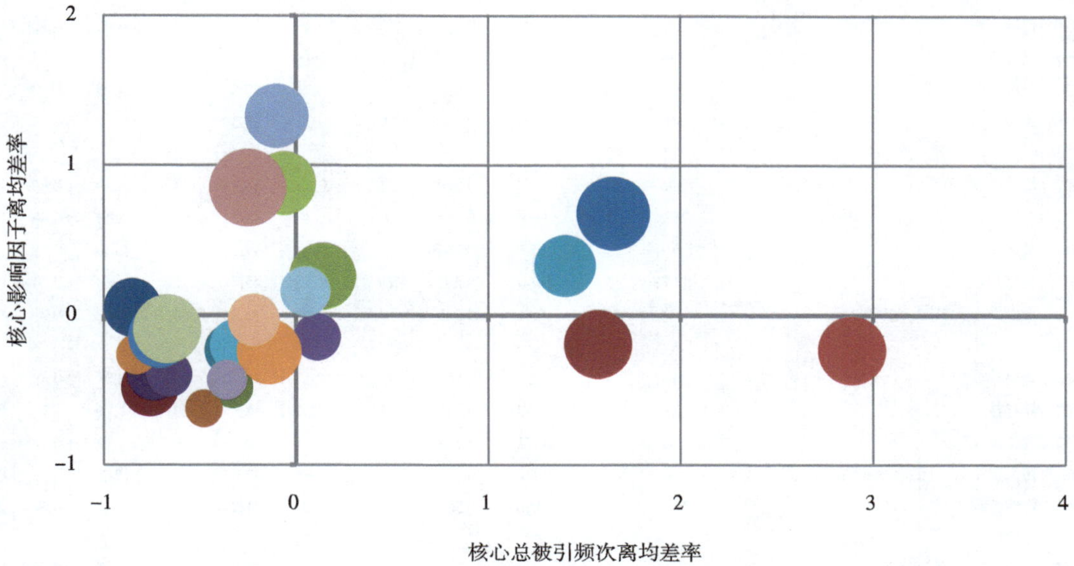

2019 年机械制造工艺与设备类期刊核心总被引频次和核心影响因子离均差率的分布图
（节点大小表示综合评价总分）

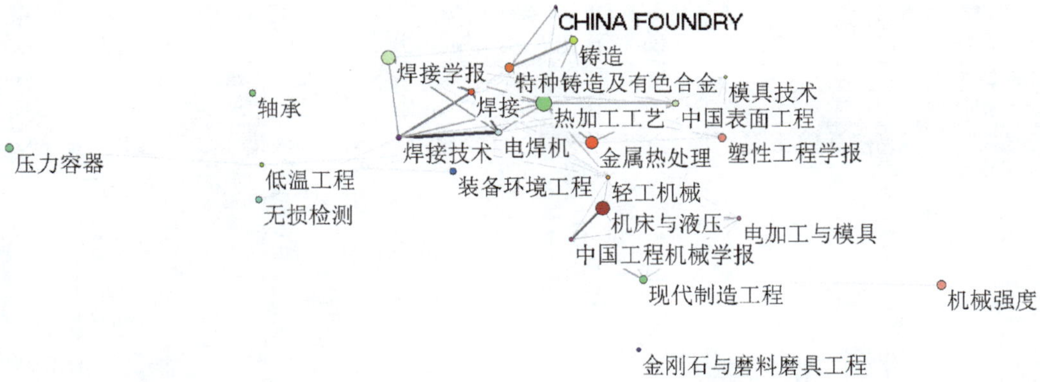

2019 年机械制造工艺与设备类期刊互引关系示意图

表 7-84 2019 年机械制造工艺与设备类期刊主要指标

CODE	刊名	核心总被引频次			核心影响因子			综合评价总分		学科扩散指标	学科影响指标	红点指标
		数值	排名	离均差率	数值	排名	离均差率	数值	排名			
I165	CHINA FOUNDRY	155	24	-0.85	0.448	8	0.05	34.6	12	1.96	0.21	0.00
N019	低温工程	248	22	-0.76	0.222	23	-0.48	33.6	13	4.04	0.29	0.32
N067	电焊机	684	14	-0.33	0.223	22	-0.48	17.3	21	5.75	0.75	0.56
N027	电加工与模具	261	21	-0.74	0.259	19	-0.39	29.5	14	3.00	0.50	0.47
N076	焊接	666	15	-0.34	0.328	16	-0.23	28.3	16	3.92	0.75	0.74
N624	焊接技术	526	17	-0.48	0.160	24	-0.62	14.3	24	4.50	0.63	0.63
N021	焊接学报	2685	2	1.65	0.716	4	0.68	55.7	2	8.54	0.83	0.70
N069	机床与液压	2610	3	1.57	0.344	13	-0.19	47.7	4	14.54	0.79	0.35
N057	机械强度	1152	5	0.14	0.537	6	0.26	45.4	6	10.96	0.67	0.47
N048	金刚石与磨料磨具工程	344	18	-0.66	0.259	19	-0.39	21.8	20	3.42	0.29	0.36
N083	金属热处理	2430	4	1.40	0.567	5	0.33	38.9	11	8.58	0.88	0.76
N107	模具技术	170	23	-0.83	0.314	18	-0.26	16.5	23	1.71	0.29	0.30
U535	轻工机械	291	20	-0.71	0.368	11	-0.14	40.3	10	5.79	0.58	0.36
N071	热加工工艺	3942	1	2.89	0.329	15	-0.23	47.6	5	12.50	0.92	0.72
T580	塑性工程学报	957	8	-0.06	0.803	2	0.88	41.5	9	6.83	0.71	0.59
N065	特种铸造及有色合金	1121	6	0.11	0.366	12	-0.14	22.8	19	5.25	0.67	0.71
N044	无损检测	700	13	-0.31	0.339	14	-0.20	29.2	15	8.25	0.46	0.42
N111	现代制造工程	877	10	-0.14	0.322	17	-0.24	43.2	7	10.00	0.63	0.34
N052	压力容器	910	9	-0.10	0.993	1	1.33	42.2	8	5.54	0.54	0.37
N103	中国表面工程	764	12	-0.25	0.786	3	0.85	61.2	1	6.04	0.67	0.48
N089	中国工程机械学报	336	19	-0.67	0.388	10	-0.09	48.0	3	6.08	0.42	0.41
N022	轴承	650	16	-0.36	0.243	21	-0.43	16.6	22	5.63	0.42	0.66
N075	铸造	1061	7	0.05	0.496	7	0.16	25.5	18	5.58	0.58	0.60
N034	装备环境工程	793	11	-0.22	0.412	9	-0.03	27.9	17	7.58	0.50	0.28
	24 种期刊平均值	1014			0.426							

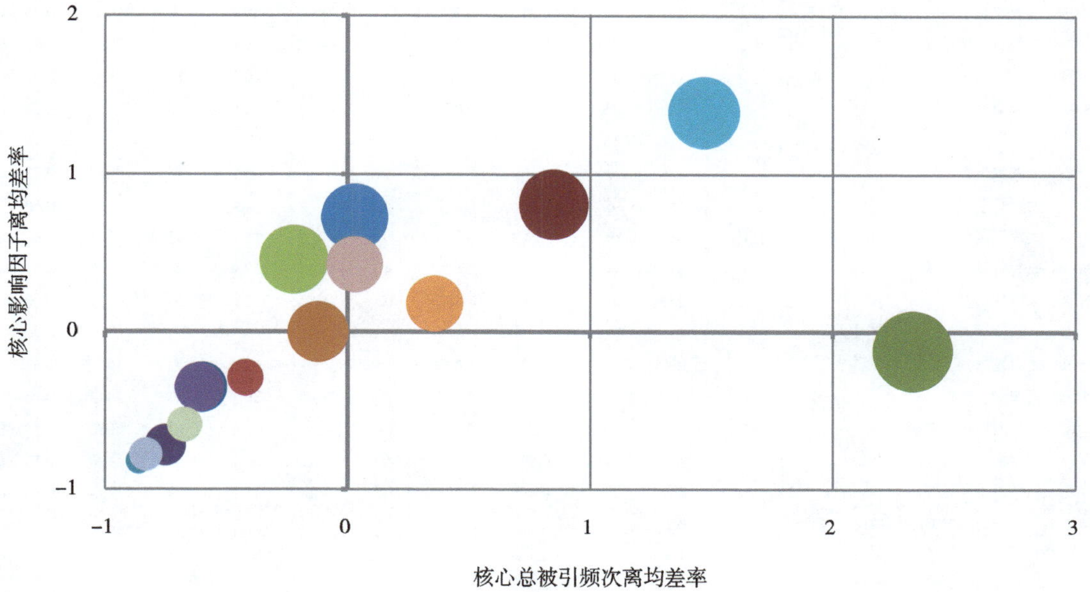

2019 年动力工程类期刊核心总被引频次和核心影响因子离均差率的分布图
（节点大小表示综合评价总分）

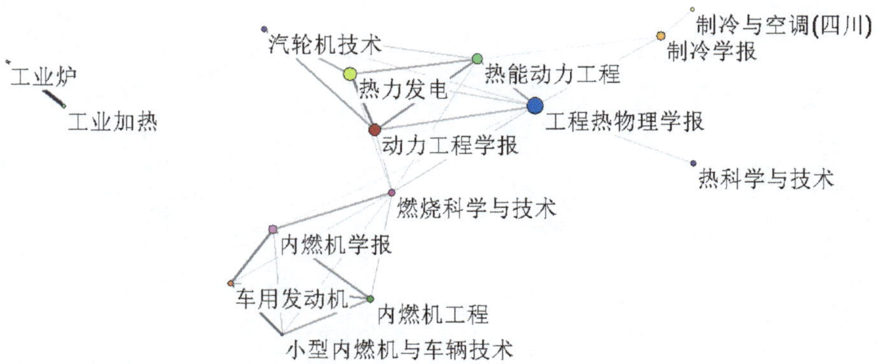

2019 年动力工程类期刊互引关系示意图

表 7-85　2019 年动力工程类期刊主要指标

CODE	刊名	核心总被引频次			核心影响因子			综合评价总分		学科扩散指标	学科影响指标	红点指标
		数值	排名	离均差率	数值	排名	离均差率	数值	排名			
N024	车用发动机	265	10	−0.60	0.280	10	−0.35	30.8	9	6.13	0.53	0.64
P003	动力工程学报	1230	3	0.85	0.782	2	0.81	59.4	3	16.27	0.73	0.40
C073	工程热物理学报	2217	1	2.33	0.378	8	−0.12	79.1	1	26.53	1.00	0.40
P009	工业加热	163	13	−0.75	0.120	13	−0.72	20.6	11	5.20	0.47	0.28
P005	工业炉	93	15	−0.86	0.078	15	−0.82	7.9	15	2.27	0.27	0.29
R533	内燃机工程	586	7	−0.12	0.431	7	0.00	45.2	6	8.87	0.73	0.48
P004	内燃机学报	684	6	0.03	0.747	3	0.73	54.9	5	8.67	0.60	0.55
P001	汽轮机技术	388	9	−0.42	0.308	9	−0.29	16.1	12	6.73	0.47	0.50
P011	燃烧科学与技术	516	8	−0.22	0.629	4	0.46	57.9	4	9.80	0.87	0.29
C134	热科学与技术	259	11	−0.61	0.280	10	−0.35	29.6	10	7.33	0.80	0.39
R501	热力发电	1644	2	1.47	1.030	1	1.39	62.6	2	14.87	0.67	0.52
P006	热能动力工程	903	4	0.36	0.509	6	0.18	39.1	7	14.00	0.73	0.53
P010	小型内燃机与车辆技术	115	14	−0.83	0.094	14	−0.78	13.4	14	3.80	0.53	0.38
U011	制冷学报	688	5	0.03	0.617	5	0.43	39.1	8	9.20	0.53	0.42
U640	制冷与空调（四川）	217	12	−0.67	0.175	12	−0.59	15.1	13	5.13	0.33	0.24
	15 种期刊平均值	665			0.431							

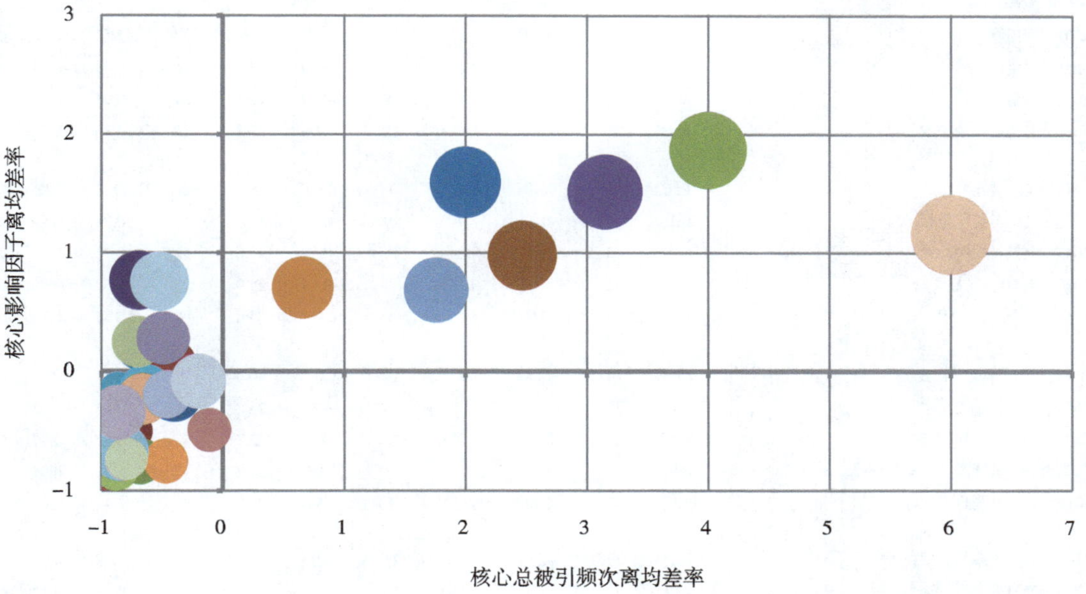

2019年电气工程类期刊核心总被引频次和核心影响因子离均差率的分布图
（节点大小表示综合评价总分）

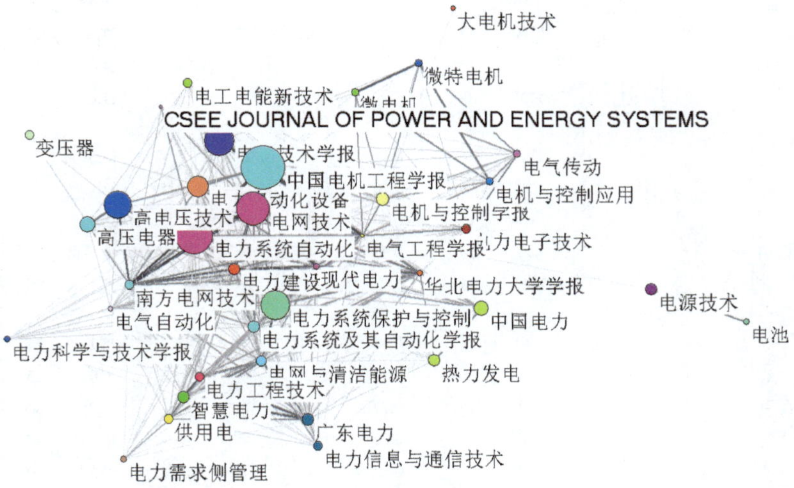

2019年电气工程类期刊互引关系示意图

表 7-86　2019 年电气工程类期刊主要指标

CODE	刊名	核心总被引频次			核心影响因子			综合评价总分		学科扩散指标	学科影响指标	红点指标
		数值	排名	离均差率	数值	排名	离均差率	数值	排名			
I720	CSEE JOURNAL OF POWER AND ENERGY SYSTEMS	140	36	−0.95	0.615	27	−0.52	24.5	26	0.78	0.41	0.00
N101	变压器	1045	19	−0.66	1.073	16	−0.16	8.6	37	2.54	0.68	0.66
R051	大电机技术	286	35	−0.91	0.254	37	−0.80	13.0	36	2.00	0.54	0.51
R003	电池	403	33	−0.87	0.535	28	−0.58	20.1	34	3.05	0.27	0.65
R010	电工电能新技术	1024	21	−0.66	1.569	12	0.23	36.5	17	4.30	1.00	0.67
R043	电工技术学报	10582	4	2.47	2.527	5	0.98	60.1	5	11.32	1.00	0.56
R088	电机与控制学报	1818	10	−0.40	1.047	19	−0.18	40.0	12	6.92	0.89	0.59
R045	电机与控制应用	765	25	−0.75	0.638	26	−0.50	21.6	32	4.32	0.76	0.66
R011	电力电子技术	977	22	−0.68	0.313	34	−0.75	25.9	25	4.38	0.89	0.68
R769	电力工程技术	938	23	−0.69	2.261	6	0.77	43.0	9	2.35	0.84	0.60
A199	电力建设	1589	14	−0.48	1.323	14	0.04	46.5	8	6.57	0.95	0.70
R654	电力科学与技术学报	483	29	−0.84	0.777	24	−0.39	23.2	29	2.86	0.73	0.71
N102	电力系统保护与控制	9158	5	2.00	3.312	2	1.60	62.7	4	8.95	0.97	0.66
R071	电力系统及其自动化学报	1698	11	−0.44	1.341	13	0.05	37.7	13	5.46	0.95	0.71
S019	电力系统自动化	15229	2	4.00	3.651	1	1.87	74.1	2	9.49	1.00	0.69
R745	电力信息与通信技术	1025	20	−0.66	0.940	22	−0.26	21.3	33	3.08	0.68	0.38
R750	电力需求侧管理	412	32	−0.86	1.050	18	−0.18	21.6	31	2.03	0.57	0.65
R090	电力自动化设备	5071	7	0.66	2.179	8	0.71	47.2	7	7.05	0.97	0.77
R044	电气传动	613	27	−0.80	0.430	29	−0.66	27.4	24	4.16	0.81	0.60
R428	电气工程学报	129	37	−0.96	0.275	35	−0.78	31.5	21	2.03	0.73	0.56
R058	电气自动化	365	34	−0.88	0.257	36	−0.80	27.6	23	3.62	0.76	0.61
R039	电网技术	12644	3	3.15	3.215	3	1.52	69.5	3	10.49	0.97	0.67
R116	电网与清洁能源	1120	17	−0.63	1.052	17	−0.17	37.2	15	5.11	0.86	0.65
R019	电源技术	1607	13	−0.47	0.324	33	−0.75	24.4	27	8.00	0.84	0.60
R038	高电压技术	8421	6	1.76	2.158	9	0.69	51.6	6	12.05	0.95	0.52
R037	高压电器	2701	8	−0.11	0.653	25	−0.49	23.5	28	5.65	0.84	0.60
R095	供用电	923	24	−0.70	1.596	11	0.25	33.1	19	2.05	0.78	0.67
R547	广东电力	1554	15	−0.49	1.637	10	0.28	35.2	18	4.00	0.92	0.62
R046	华北电力大学学报	459	30	−0.85	0.424	30	−0.67	42.4	11	4.89	0.84	0.60
R117	南方电网技术	1047	18	−0.66	0.981	21	−0.23	32.9	20	3.27	0.89	0.65
R501	热力发电	1644	12	−0.46	1.030	20	−0.19	28.2	22	6.03	0.51	0.49
R057	微电机	604	28	−0.80	0.333	32	−0.74	20.0	35	3.68	0.43	0.63
R085	微特电机	643	26	−0.79	0.348	31	−0.73	21.7	30	3.92	0.46	0.67
R089	现代电力	426	31	−0.86	0.847	23	−0.34	37.5	14	3.35	0.84	0.73
R072	智慧电力	1468	16	−0.52	2.246	7	0.76	42.9	10	3.05	0.78	0.69
R040	中国电机工程学报	21334	1	6.00	2.756	4	1.16	80.3	1	15.76	1.00	0.58
R511	中国电力	2431	9	−0.20	1.167	15	−0.08	37.1	16	7.46	0.89	0.68
	37 种期刊平均值	3048			1.274							

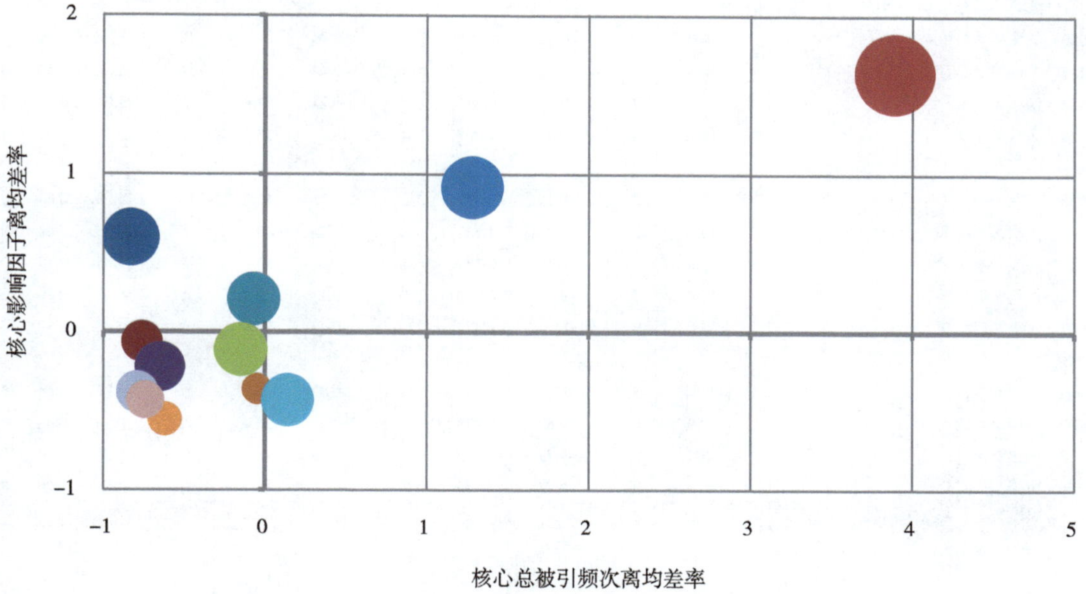

2019 年能源科学综合类期刊核心总被引频次和核心影响因子离均差率的分布图
（节点大小表示综合评价总分）

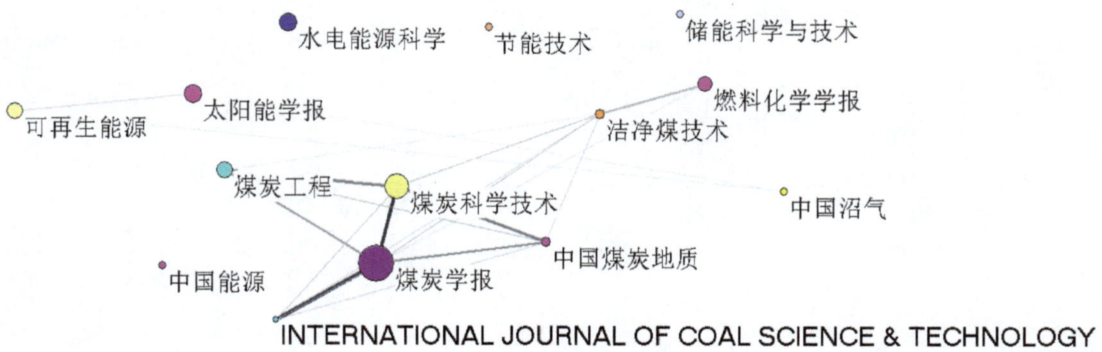

2019 年能源科学综合类期刊互引关系示意图

表 7-87　2019 年能源科学综合类期刊主要指标

CODE	刊名	核心总被引频次			核心影响因子			综合评价总分		学科扩散指标	学科影响指标	红点指标
		数值	排名	离均差率	数值	排名	离均差率	数值	排名			
I168	INTERNATIONAL JOURNAL OF COAL SCIENCE & TECHNOLOGY	347	14	−0.83	1.324	3	0.60	41.6	3	3.86	0.43	0.00
L508	储能科学与技术	470	11	−0.76	0.775	5	−0.06	21.6	10	9.86	0.21	0.47
L587	节能技术	433	12	−0.78	0.478	10	−0.42	9.1	14	9.36	0.50	0.43
K553	洁净煤技术	687	9	−0.65	0.645	7	−0.22	31.8	7	11.64	0.79	0.39
L516	可再生能源	1852	6	−0.07	1.002	4	0.21	35.9	5	27.14	0.79	0.49
K038	煤炭工程	1880	5	−0.05	0.529	8	−0.36	12.0	13	15.50	0.64	0.42
K005	煤炭科学技术	4524	2	1.28	1.587	2	0.92	49.5	2	19.36	0.64	0.48
K017	煤炭学报	9705	1	3.89	2.189	1	1.64	81.3	1	33.93	0.79	0.42
D002	燃料化学学报	1695	7	−0.15	0.739	6	−0.11	36.5	4	16.36	0.79	0.28
P007	水电能源科学	2238	4	0.13	0.477	11	−0.42	26.4	8	27.07	0.50	0.31
L009	太阳能学报	2255	3	0.14	0.475	13	−0.43	35.2	6	31.21	0.64	0.54
K037	中国煤炭地质	759	8	−0.62	0.376	14	−0.55	14.7	12	10.14	0.43	0.27
R524	中国能源	409	13	−0.79	0.514	9	−0.38	22.0	9	11.50	0.79	0.23
H204	中国沼气	524	10	−0.74	0.476	12	−0.43	18.2	11	8.29	0.29	0.46
14 种期刊平均值		1984			0.828							

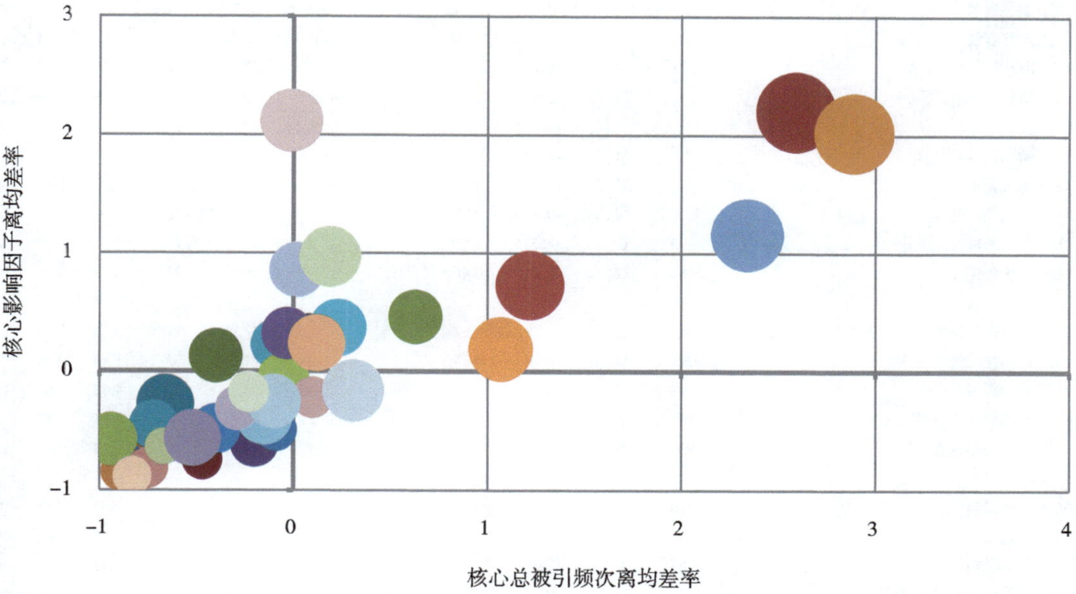

2019 年石油天然气工程类期刊核心总被引频次和核心影响因子离均差率的分布图
（节点大小表示综合评价总分）

2019 年石油天然气工程类期刊互引关系示意图

表 7-88　2019 年石油天然气工程类期刊主要指标

CODE	刊名	核心总被引频次			核心影响因子			综合评价总分		学科扩散指标	学科影响指标	红点指标
		数值	排名	离均差率	数值	排名	离均差率	数值	排名			
I105	JOURNAL OF ENERGY CHEMISTRY	493	30	-0.66	0.496	29	-0.56	34.3	26	3.18	0.26	0.00
L017	测井技术	773	27	-0.47	0.296	33	-0.74	22.3	34	3.10	0.74	0.55
L004	东北石油大学学报	881	25	-0.40	1.285	15	0.13	39.7	16	4.72	0.85	0.67
T241	断块油气田	1581	12	0.08	1.446	11	0.27	35.2	22	3.87	0.82	0.62
L037	海相油气地质	504	29	-0.66	0.831	21	-0.27	45.4	9	2.33	0.56	0.98
T542	精细石油化工	318	34	-0.78	0.255	34	-0.78	35.4	21	3.28	0.41	0.39
T501	能源化工	212	37	-0.86	0.227	35	-0.80	28.0	28	2.69	0.38	0.63
T933	石化技术与应用	255	36	-0.83	0.203	37	-0.82	18.6	38	2.08	0.33	0.58
L016	石油地球物理勘探	2385	6	0.63	1.659	8	0.46	39.7	17	3.72	0.67	0.26
L015	石油化工	1167	22	-0.20	0.469	31	-0.59	34.5	23	5.59	0.56	0.35
L034	石油化工高等学校学报	408	32	-0.72	0.628	24	-0.45	32.9	27	3.23	0.64	0.46
L021	石油化工设备技术	165	38	-0.89	0.182	38	-0.84	21.2	35	1.90	0.18	0.18
L019	石油机械	1328	18	-0.09	0.577	27	-0.49	24.8	30	4.62	0.64	0.47
L031	石油勘探与开发	5269	2	2.59	3.637	1	2.20	88.3	1	6.15	0.87	0.72
L043	石油科学通报	90	39	-0.94	0.495	30	-0.57	38.1	18	1.26	0.49	0.51
L030	石油炼制与化工	1216	21	-0.17	0.623	25	-0.45	19.1	37	3.69	0.41	0.42
L005	石油物探	1333	17	-0.09	1.399	13	0.23	34.3	24	3.05	0.62	0.28
L028	石油学报	5707	1	2.89	3.439	3	2.02	87.8	2	7.92	0.92	0.60
L012	石油学报石油加工	874	26	-0.40	0.587	26	-0.48	34.3	24	3.97	0.54	0.42
L006	石油与天然气地质	3259	4	1.22	1.972	7	0.73	65.7	4	4.13	0.85	0.85
L008	石油钻采工艺	1390	16	-0.05	1.071	16	-0.06	36.2	20	3.92	0.85	0.56
L025	石油钻探技术	1428	15	-0.03	1.500	10	0.32	37.1	19	3.97	0.85	0.68
L505	特种油气藏	1800	8	0.23	1.560	9	0.37	44.4	11	3.59	0.82	0.65
L518	天然气地球科学	3032	5	1.07	1.355	14	0.19	56.8	5	4.56	0.82	0.78
L029	天然气工业	4904	3	2.34	2.459	4	1.16	72.6	3	8.10	0.92	0.71
T074	天然气化工	368	33	-0.75	0.221	36	-0.81	23.2	31	2.44	0.41	0.47
L507	天然气与石油	491	31	-0.67	0.419	32	-0.63	18.0	39	2.64	0.74	0.31
L010	西安石油大学学报自然科学版	705	28	-0.52	0.502	28	-0.56	44.3	12	4.72	0.87	0.47
L002	西南石油大学学报自然科学版	1244	20	-0.15	0.704	23	-0.38	44.0	13	4.74	0.87	0.58
L007	新疆石油地质	1638	10	0.12	1.411	12	0.24	45.2	10	3.54	0.79	0.77
E163	岩性油气藏	1501	13	0.02	2.114	6	0.86	42.3	14	3.23	0.74	0.64
L027	油气储运	1621	11	0.10	0.887	19	-0.22	23.0	32	5.51	0.64	0.44
L504	油气地质与采收率	1740	9	0.19	2.241	5	0.97	51.7	8	4.10	0.85	0.75
L033	油田化学	1039	24	-0.29	0.789	22	-0.31	26.6	29	2.95	0.69	0.60
L013	中国海上油气	1321	19	-0.10	0.849	20	-0.25	39.9	15	4.38	0.85	0.57
L026	中国海洋平台	256	35	-0.83	0.134	39	-0.88	20.8	36	2.05	0.21	0.22
L001	中国石油大学学报自然科学版	1927	7	0.31	0.958	17	-0.16	52.2	7	7.54	0.97	0.46
L532	中国石油勘探	1451	14	-0.01	3.553	2	2.12	54.1	6	2.90	0.77	0.71
L018	钻井液与完井液	1127	23	-0.23	0.939	18	-0.17	22.6	33	2.13	0.67	0.66
	39 种期刊平均值	1467			1. 138							

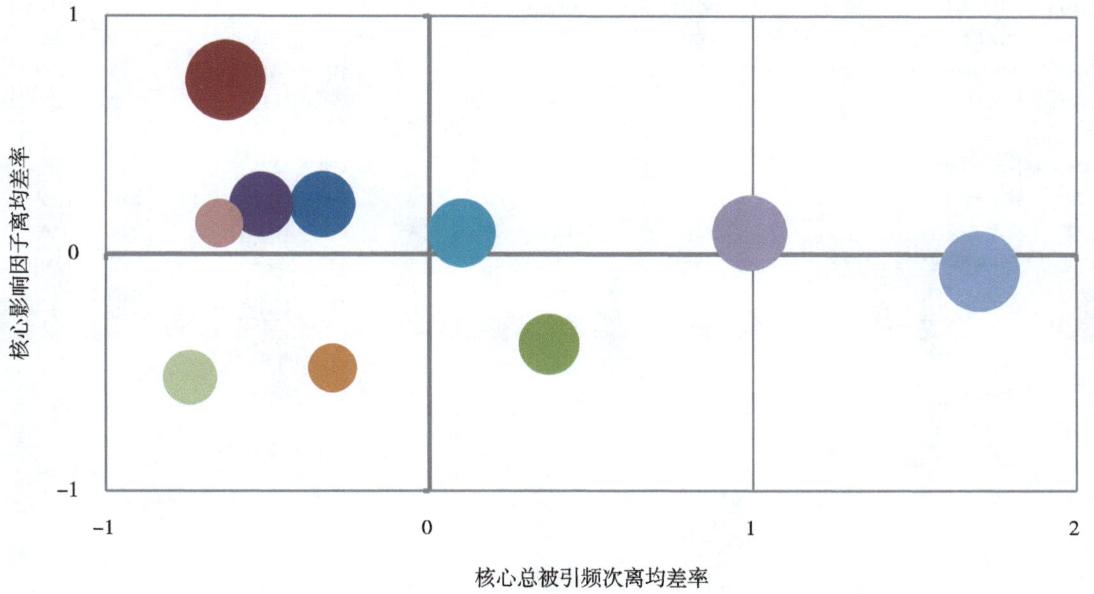

2019 年核科学技术类期刊核心总被引频次和核心影响因子离均差率的分布图
（节点大小表示综合评价总分）

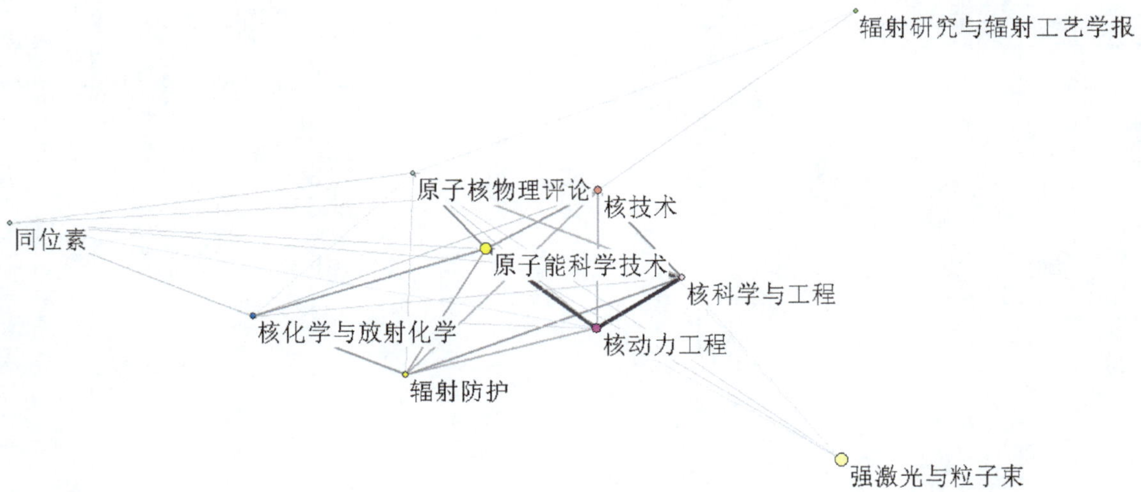

2019 年核科学技术类期刊互引关系示意图

表 7-89　2019 年核科学技术类期刊主要指标

CODE	刊名	核心总被引频次			核心影响因子			综合评价总分		学科扩散指标	学科影响指标	红点指标
		数值	排名	离均差率	数值	排名	离均差率	数值	排名			
Q006	辐射防护	344	6	–0.33	0.377	2	0.21	42.1	5	10.00	0.80	0.32
Q005	辐射研究与辐射工艺学报	192	8	–0.63	0.538	1	0.73	63.1	2	9.90	0.50	0.32
Q004	核动力工程	706	3	0.37	0.193	8	–0.38	36.3	7	17.50	0.80	0.29
Q002	核化学与放射化学	247	7	–0.52	0.377	2	0.21	40.1	6	7.70	0.80	0.48
Q001	核技术	568	4	0.10	0.339	5	0.09	45.1	4	17.20	0.90	0.26
Q009	核科学与工程	363	5	–0.30	0.162	9	–0.48	23.2	9	9.80	1.00	0.36
C007	强激光与粒子束	1392	1	1.70	0.290	7	–0.07	63.2	1	24.00	0.50	0.19
Q003	同位素	182	9	–0.65	0.351	4	0.13	22.6	10	5.50	0.60	0.17
C108	原子核物理评论	135	10	–0.74	0.149	10	–0.52	28.6	8	5.20	0.90	0.15
Q008	原子能科学技术	1026	2	0.99	0.338	6	0.09	54.7	3	24.30	1.00	0.31
	10 种期刊平均值	516			0.311							

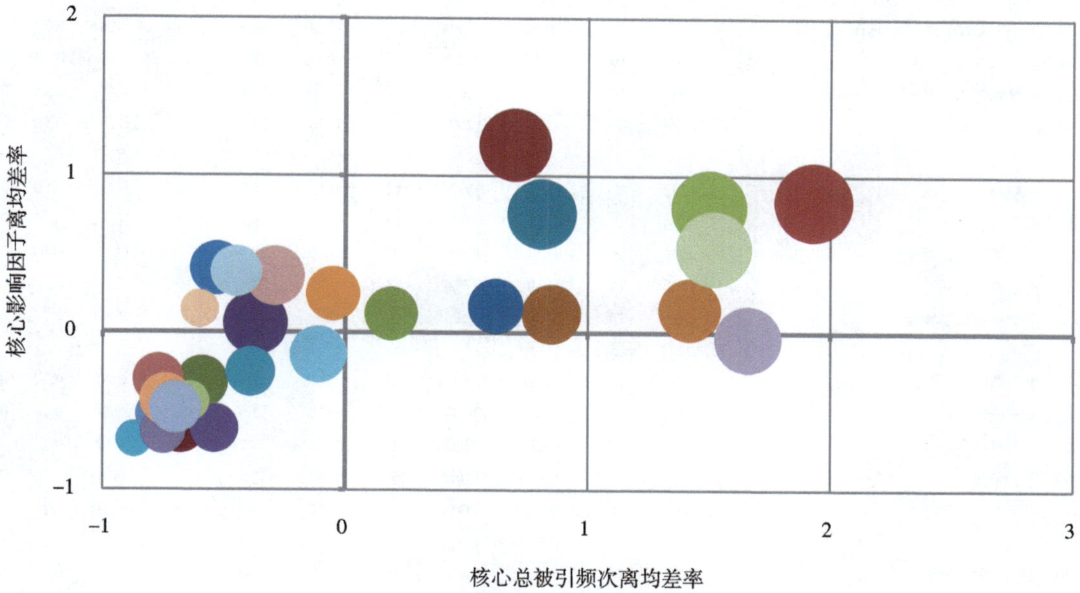

2019 年电子技术类期刊核心总被引频次和核心影响因子离均差率的分布图
（节点大小表示综合评价总分）

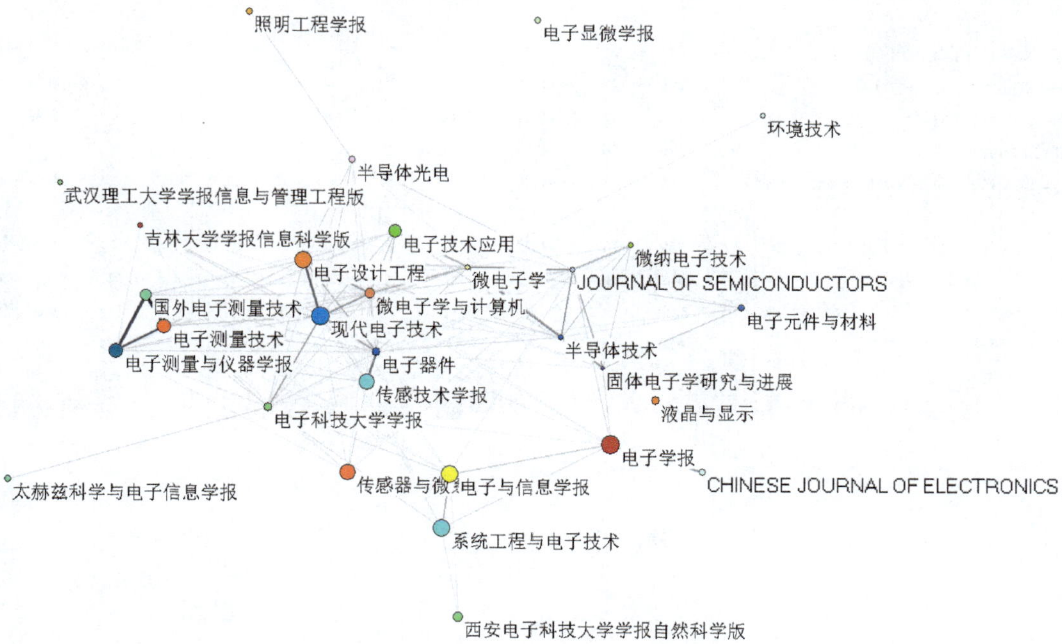

2019 年电子技术类期刊互引关系示意图

表 7-90　2019 年电子技术类期刊主要指标

CODE	刊名	核心总被引频次			核心影响因子			综合评价总分		学科扩散指标	学科影响指标	红点指标
		数值	排名	离均差率	数值	排名	离均差率	数值	排名			
I116	CHINESE JOURNAL OF ELECTRONICS	409	22	−0.66	0.363	21	−0.39	24.7	26	3.50	0.50	0.00
R062	JOURNAL OF SEMICONDUCTORS	387	23	−0.68	0.239	27	−0.60	36.5	16	4.00	0.77	0.00
R024	半导体光电	493	19	−0.59	0.402	20	−0.32	35.1	19	5.20	0.63	0.36
R063	半导体技术	369	24	−0.69	0.302	25	−0.49	27.6	24	4.50	0.83	0.28
N060	传感技术学报	2183	7	0.81	1.041	4	0.76	63.6	5	12.20	0.70	0.46
R532	传感器与微系统	2241	6	0.85	0.661	14	0.12	45.9	10	13.97	0.80	0.49
R055	电子测量技术	1964	9	0.62	0.693	10	0.17	39.9	12	10.70	0.70	0.61
R021	电子测量与仪器学报	2052	8	0.70	1.300	1	1.20	68.9	4	11.27	0.63	0.53
R067	电子技术应用	1436	10	0.19	0.664	13	0.12	37.6	15	9.13	0.83	0.54
R036	电子科技大学学报	767	14	−0.37	0.624	15	0.06	55.0	7	10.33	0.77	0.50
R512	电子器件	741	15	−0.39	0.446	18	−0.25	32.5	22	6.20	0.77	0.52
R724	电子设计工程	2931	5	1.42	0.677	12	0.15	51.5	8	12.40	0.70	0.56
R001	电子显微学报	566	17	−0.53	0.832	6	0.41	38.2	14	7.10	0.10	0.06
R006	电子学报	3537	1	1.93	1.085	2	0.84	81.5	1	15.10	0.90	0.43
R022	电子与信息学报	3024	4	1.50	1.063	3	0.80	74.8	2	12.70	0.80	0.40
R020	电子元件与材料	559	18	−0.54	0.232	28	−0.61	30.7	23	5.73	0.63	0.50
R047	固体电子学研究与进展	161	30	−0.87	0.191	30	−0.68	17.1	30	1.70	0.50	0.38
R683	国外电子测量技术	1151	11	−0.05	0.738	9	0.25	38.6	13	6.77	0.53	0.54
Z500	环境技术	266	29	−0.78	0.283	26	−0.52	21.8	27	3.90	0.23	0.36
R586	吉林大学学报信息科学版	276	28	−0.77	0.415	19	−0.30	34.2	21	4.50	0.50	0.47
R652	太赫兹科学与电子信息学报	434	21	−0.64	0.330	23	−0.44	20.0	28	4.23	0.47	0.52
R064	微电子学	298	27	−0.75	0.219	29	−0.63	26.7	25	3.37	0.70	0.34
R004	微电子学与计算机	1077	12	−0.11	0.507	17	−0.14	42.4	11	8.33	0.80	0.50
R098	微纳电子技术	320	26	−0.74	0.339	22	−0.43	35.1	17	5.60	0.63	0.39
J018	武汉理工大学学报信息与管理工程版	361	25	−0.70	0.305	24	−0.48	35.1	17	6.43	0.27	0.24
R009	西安电子科技大学学报自然科学版	859	13	−0.29	0.805	8	0.36	46.6	9	7.20	0.80	0.54
R059	系统工程与电子技术	3042	3	1.52	0.909	5	0.54	74.6	3	14.37	0.73	0.38
R748	现代电子技术	3211	2	1.66	0.565	16	−0.04	58.6	6	14.60	0.87	0.67
C503	液晶与显示	660	16	−0.45	0.819	7	0.39	34.4	20	4.47	0.40	0.33
R081	照明工程学报	488	20	−0.60	0.678	11	0.15	19.1	29	3.50	0.30	0.31
	30 种期刊平均值	1209			0. 591							

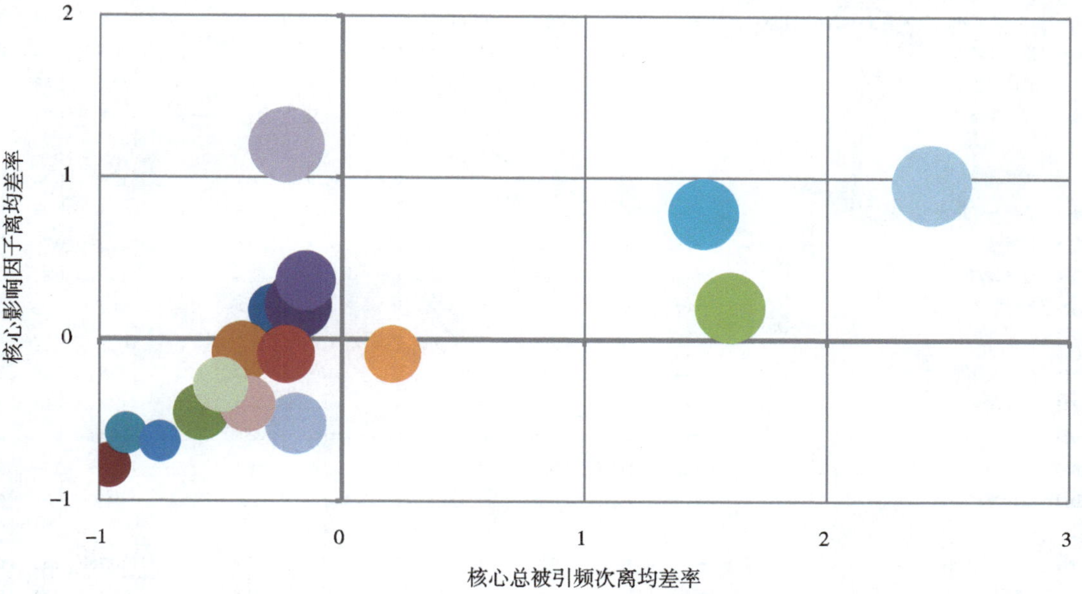

2019 年光电子学与激光技术类期刊核心总被引频次和核心影响因子离均差率的分布图
（节点大小表示综合评价总分）

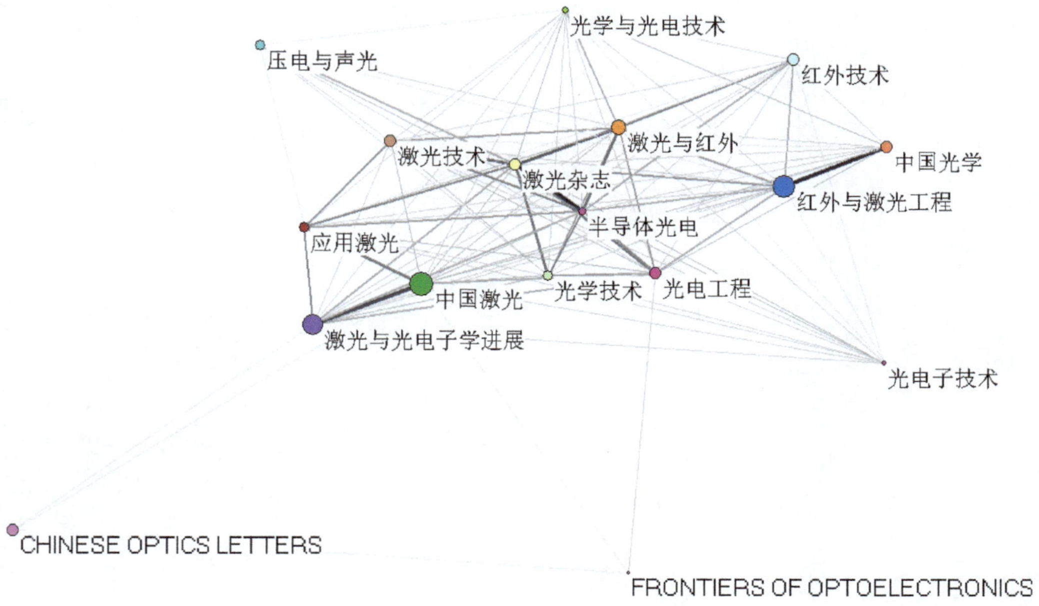

2019 年光电子学与激光技术类期刊互引关系示意图

表 7-91　2019 年光电子学与激光技术类期刊主要指标

CODE	刊名	核心总被引频次			核心影响因子			综合评价总分		学科扩散指标	学科影响指标	红点指标
		数值	排名	离均差率	数值	排名	离均差率	数值	排名			
I071	CHINESE OPTICS LETTERS	851	10	-0.28	0.856	7	0.18	32.1	14	5.88	1.00	0.00
I132	FRONTIERS OF OPTOELECTRONICS	51	17	-0.96	0.161	17	-0.78	23.6	15	1.35	0.24	0.00
R024	半导体光电	493	14	-0.58	0.402	13	-0.45	37.9	12	9.18	0.76	0.32
R026	光电工程	974	6	-0.18	0.879	5	0.21	53.8	5	12.53	0.88	0.44
R082	光电子技术	133	16	-0.89	0.305	15	-0.58	20.8	16	4.00	0.76	0.15
N015	光学技术	693	12	-0.41	0.665	8	-0.08	44.7	7	12.00	0.76	0.55
R097	光学与光电技术	300	15	-0.75	0.272	16	-0.63	20.5	17	5.94	0.76	0.42
R535	红外技术	909	8	-0.23	0.658	10	-0.09	39.6	9	13.59	0.76	0.41
R084	红外与激光工程	3071	2	1.60	0.871	6	0.20	58.8	4	19.76	0.82	0.36
R025	激光技术	1007	5	-0.15	0.985	4	0.36	42.4	8	11.18	0.82	0.92
R514	激光与光电子学进展	2944	3	1.49	1.291	3	0.78	59.3	3	20.88	0.82	0.96
R521	激光与红外	1433	4	0.21	0.662	9	-0.09	38.4	10	15.18	0.82	0.47
R028	激光杂志	964	7	-0.19	0.351	14	-0.52	44.8	6	17.53	0.82	0.48
R069	压电与声光	722	11	-0.39	0.435	12	-0.40	38.4	11	12.35	0.76	0.24
R033	应用激光	597	13	-0.50	0.525	11	-0.28	36.4	13	9.24	0.76	0.63
C099	中国光学	907	9	-0.23	1.595	1	1.20	68.2	2	10.76	0.88	0.30
R066	中国激光	4063	1	2.43	1.421	2	0.96	77.1	1	20.12	0.94	0.97
	17 种期刊平均值	1183			0.726							

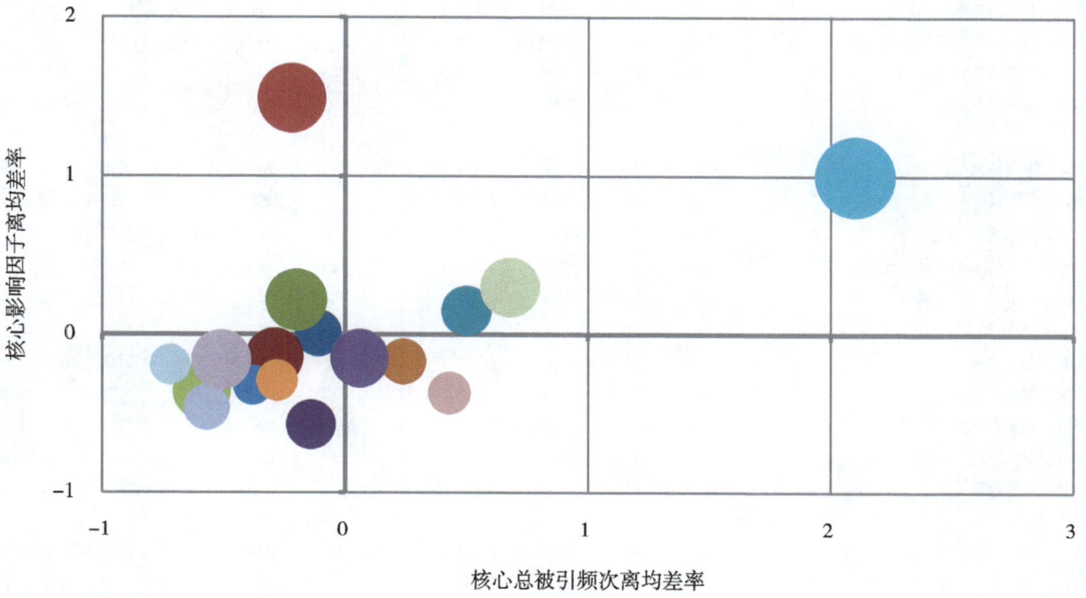

2019 年通信技术类期刊核心总被引频次和核心影响因子离均差率的分布图
（节点大小表示综合评价总分）

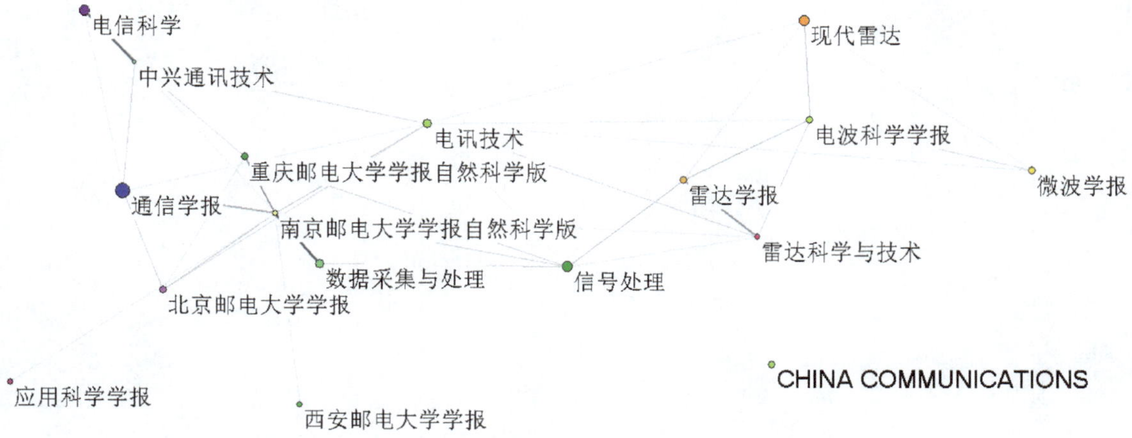

2019 年通信技术类期刊互引关系示意图

表 7-92　2019 年通信技术类期刊主要指标

CODE	刊名	核心总被引频次			核心影响因子			综合评价总分		学科扩散指标	学科影响指标	红点指标
		数值	排名	离均差率	数值	排名	离均差率	数值	排名			
I710	CHINA COMMUNICATIONS	546	7	-0.11	0.631	6	0.01	26.7	11	7.76	0.65	0.00
R018	北京邮电大学学报	437	12	-0.29	0.536	7	-0.14	41.0	7	11.12	0.65	0.38
R559	重庆邮电大学学报自然科学版	491	9	-0.20	0.759	4	0.22	46.7	3	9.59	0.59	0.46
R007	电波科学学报	530	8	-0.14	0.266	17	-0.57	30.4	10	9.53	0.71	0.26
R684	电信科学	923	3	0.50	0.716	5	0.15	31.1	9	11.29	0.59	0.48
R754	电讯技术	763	5	0.24	0.519	10	-0.17	25.7	13	10.47	0.82	0.40
R096	雷达科学与技术	382	13	-0.38	0.423	13	-0.32	19.4	17	6.18	0.53	0.44
R758	雷达学报	480	10	-0.22	1.549	1	1.49	58.2	2	6.29	0.47	0.75
R008	南京邮电大学学报自然科学版	253	16	-0.59	0.397	14	-0.36	40.7	8	8.06	0.59	0.51
R005	数据采集与处理	655	6	0.06	0.527	8	-0.15	42.3	6	13.76	0.65	0.43
R065	通信学报	1909	1	2.10	1.242	2	1.00	79.6	1	18.35	0.76	0.38
R070	微波学报	444	11	-0.28	0.439	12	-0.29	21.0	15	6.88	0.65	0.34
R671	西安邮电大学学报	264	15	-0.57	0.333	16	-0.46	26.3	12	7.65	0.53	0.27
R087	现代雷达	880	4	0.43	0.394	15	-0.37	22.3	14	9.00	0.53	0.36
R034	信号处理	1036	2	0.68	0.810	3	0.30	44.4	4	13.53	0.82	0.39
A015	应用科学学报	301	14	-0.51	0.523	9	-0.16	44.4	5	10.82	0.47	0.33
R775	中兴通讯技术	172	17	-0.72	0.503	11	-0.19	20.3	16	5.06	0.47	0.60
	17 种期刊平均值	616			0.622							

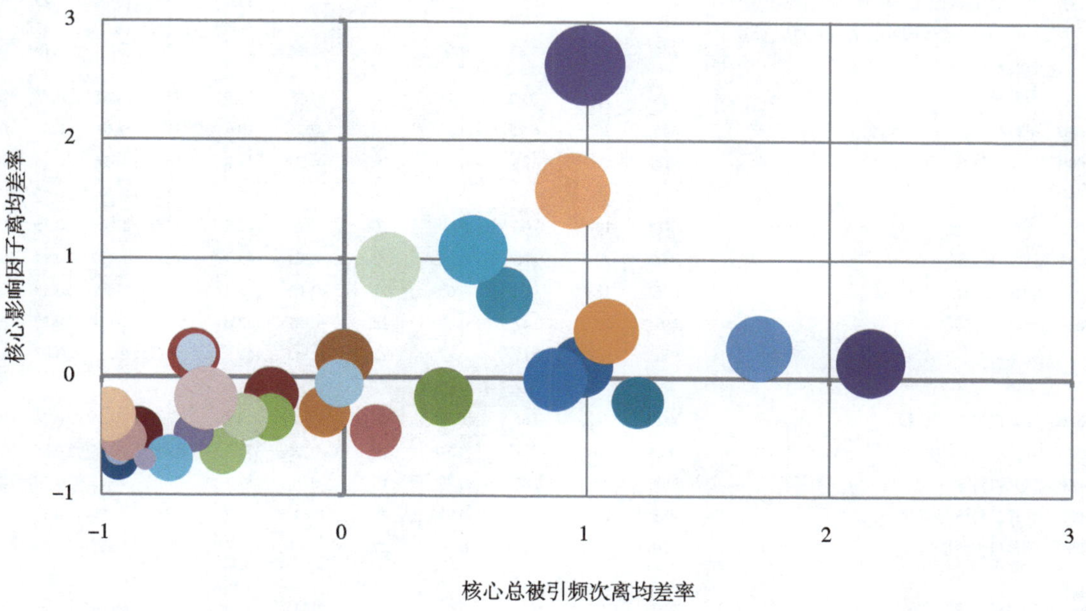

2019 年计算机科学技术类期刊核心总被引频次和核心影响因子离均差率的分布图
（节点大小表示综合评价总分）

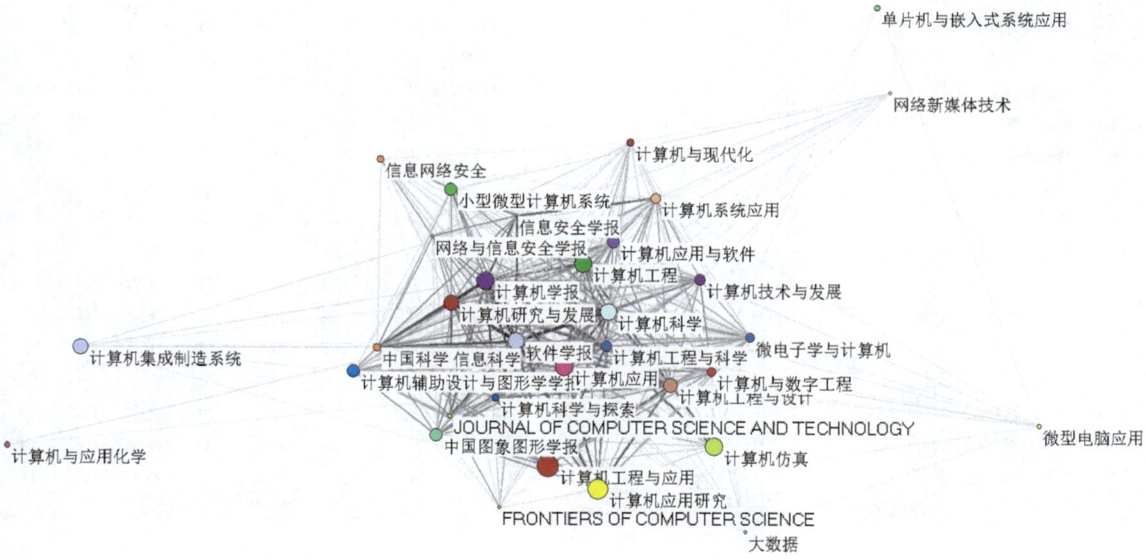

2019 年计算机科学技术类期刊互引关系示意图

表 7-93　2019 年计算机科学技术类期刊主要指标

CODE	刊名	核心总被引频次			核心影响因子			综合评价总分		学科扩散指标	学科影响指标	红点指标
		数值	排名	离均差率	数值	排名	离均差率	数值	排名			
I735	FRONTIERS OF COMPUTER SCIENCE	132	31	–0.93	0.219	33	–0.71	20.0	30	2.15	0.45	0.00
S051	JOURNAL OF COMPUTER SCIENCE AND TECHNOLOGY	266	28	–0.85	0.406	26	–0.47	32.1	20	3.27	0.79	0.00
S055	大数据	136	30	–0.93	0.417	24	–0.46	26.5	27	2.61	0.55	0.62
S086	单片机与嵌入式系统应用	446	26	–0.75	0.284	29	–0.63	10.4	31	3.61	0.36	0.42
S049	计算机仿真	4029	3	1.21	0.614	18	–0.20	34.8	16	16.09	0.73	0.47
S013	计算机辅助设计与图形学学报	1813	14	0.00	0.891	10	0.16	42.8	12	10.64	0.76	0.49
S012	计算机工程	3602	6	0.98	0.844	12	0.10	48.9	10	17.12	0.94	0.63
S034	计算机工程与科学	1273	18	–0.30	0.654	15	–0.15	38.7	14	9.91	0.88	0.59
S022	计算机工程与设计	2564	11	0.41	0.643	16	–0.16	43.6	11	14.39	0.85	0.71
S025	计算机工程与应用	5765	1	2.17	0.875	11	0.14	60.8	3	21.73	0.97	0.65
S030	计算机集成制造系统	3022	9	0.66	1.305	5	0.70	40.2	13	10.55	0.70	0.54
S520	计算机技术与发展	1674	16	–0.08	0.546	19	–0.29	33.3	19	12.52	0.85	0.64
S006	计算机科学	3398	8	0.87	0.757	13	–0.01	51.7	8	16.12	0.94	0.64
S085	计算机科学与探索	683	24	–0.62	0.912	9	0.19	34.7	17	5.88	0.79	0.61
S509	计算机系统应用	1278	17	–0.30	0.506	22	–0.34	29.4	22	10.73	0.85	0.63
S018	计算机学报	3615	5	0.99	2.786	1	2.64	82.5	1	15.09	0.94	0.66
S021	计算机研究与发展	2792	10	0.53	1.591	3	1.08	60.2	4	13.06	0.94	0.63
S029	计算机应用	3780	4	1.08	1.069	6	0.40	54.2	6	16.58	0.97	0.69
S016	计算机应用研究	4940	2	1.71	0.962	7	0.26	55.3	5	18.82	0.91	0.65
S009	计算机应用与软件	2060	13	0.13	0.422	23	–0.45	33.9	18	13.03	0.91	0.66
S048	计算机与数字工程	901	20	–0.50	0.287	28	–0.63	27.6	26	8.73	0.73	0.59
S500	计算机与现代化	700	23	–0.62	0.409	25	–0.47	20.3	28	6.88	0.67	0.61
S014	计算机与应用化学	503	25	–0.72	0.234	31	–0.69	27.9	24	7.06	0.27	0.28
S011	软件学报	3529	7	0.94	1.979	2	1.58	72.0	2	13.64	1.00	0.55
S017	网络新媒体技术	131	32	–0.93	0.277	30	–0.64	9.5	32	1.97	0.39	0.57
S082	网络与信息安全学报	157	29	–0.91	0.366	27	–0.52	27.8	25	2.45	0.64	0.56
R004	微电子学与计算机	1077	19	–0.41	0.507	21	–0.34	28.8	23	7.58	0.64	0.50
S033	微型电脑应用	327	27	–0.82	0.228	32	–0.70	6.0	33	4.42	0.45	0.48
S027	小型微型计算机系统	1783	15	–0.02	0.727	14	–0.05	30.3	21	8.94	0.88	0.63
S081	信息安全学报	61	33	–0.97	0.521	20	–0.32	37.6	15	1.12	0.45	0.59
S046	信息网络安全	707	22	–0.61	0.916	8	0.20	20.2	29	4.64	0.73	0.57
Z317	中国科学 信息科学	786	21	–0.57	0.631	17	–0.18	50.8	9	9.30	0.85	0.40
R083	中国图象图形学报	2145	12	0.18	1.494	4	0.95	54.2	7	12.55	0.85	0.68
	33 种期刊平均值	1820			0. 766							

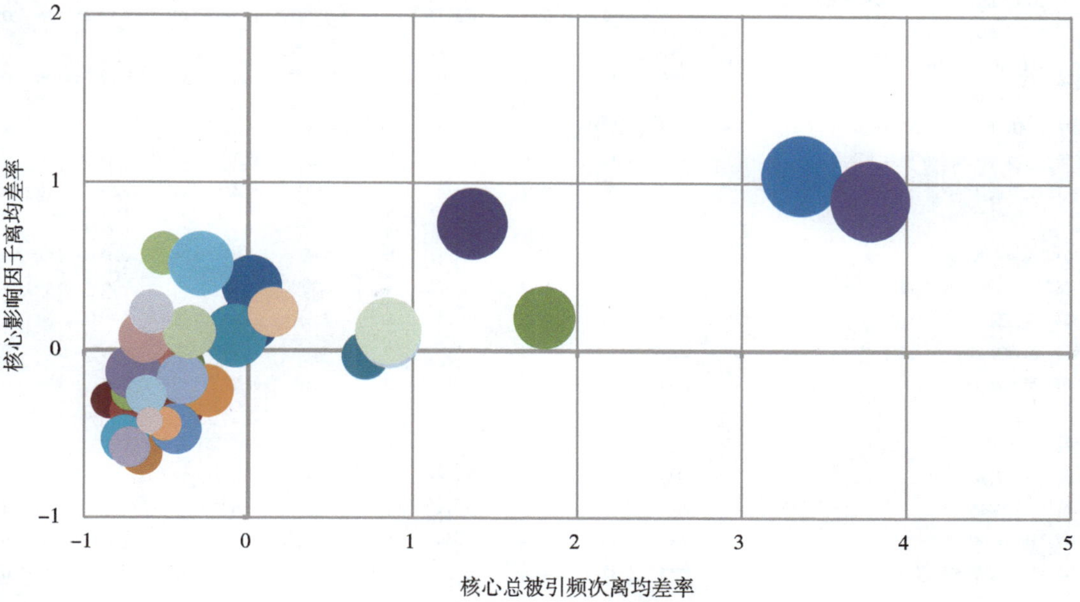

2019 年化学工程综合类期刊核心总被引频次和核心影响因子离均差率的分布图
（节点大小表示综合评价总分）

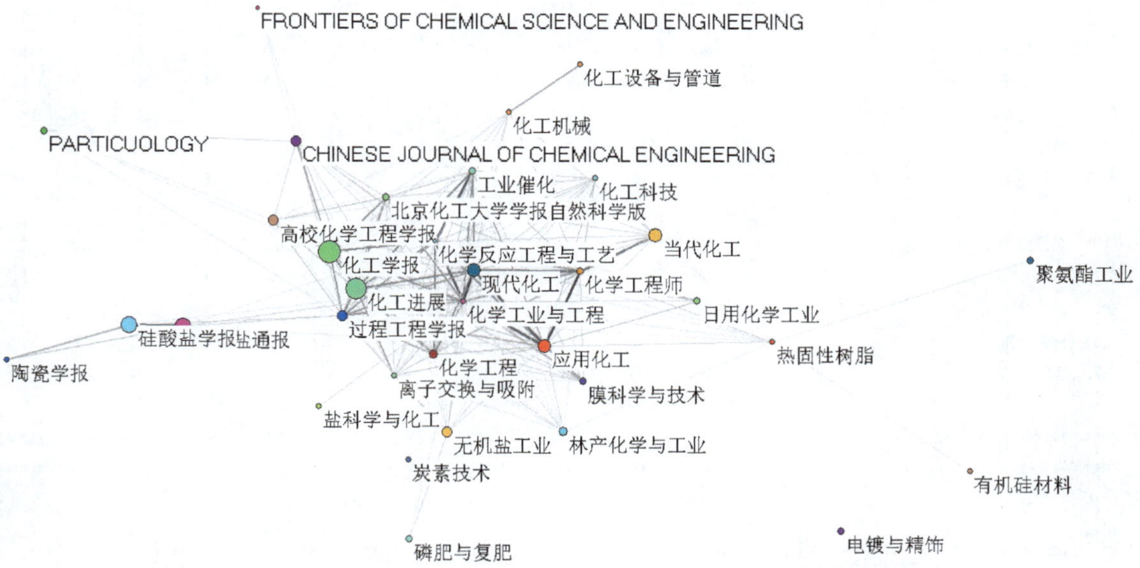

2019 年化学工程综合类期刊互引关系示意图

表 7-94　2019 年化学工程综合类期刊主要指标

CODE	刊名	核心总被引频次			核心影响因子			综合评价总分		学科扩散指标	学科影响指标	红点指标
		数值	排名	离均差率	数值	排名	离均差率	数值	排名			
T100	CHINESE JOURNAL OF CHEMICAL ENGINEERING	938	10	0.01	0.502	10	0.17	44.7	10	7.74	0.76	0.00
I248	FRONTIERS OF CHEMICAL SCIENCE AND ENGINEERING	139	34	−0.85	0.299	26	−0.30	16.8	32	1.29	0.26	0.00
I202	PARTICUOLOGY	533	17	−0.42	0.385	19	−0.10	34.5	17	5.85	0.38	0.00
T020	北京化工大学学报自然科学版	413	22	−0.55	0.321	23	−0.25	42.4	12	6.44	0.79	0.30
T941	当代化工	1579	7	0.71	0.416	17	−0.03	29.4	23	10.09	0.76	0.41
T508	电镀与精饰	469	19	−0.49	0.436	16	0.02	27.8	24	3.53	0.41	0.46
T016	高校化学工程学报	939	9	0.02	0.596	6	0.39	48.1	9	7.82	0.85	0.52
T563	工业催化	550	16	−0.41	0.278	27	−0.35	26.9	25	3.68	0.59	0.86
T004	硅酸盐通报	2586	3	1.80	0.512	9	0.20	51.3	7	11.47	0.74	0.56
T005	硅酸盐学报	2186	4	1.36	0.752	3	0.76	65.3	3	11.00	0.68	0.45
T008	过程工程学报	853	11	−0.08	0.466	13	0.09	53.1	6	8.00	0.71	0.55
T006	化工机械	323	28	−0.65	0.164	34	−0.62	23.6	28	3.97	0.35	0.23
T101	化工进展	4033	2	3.36	0.879	1	1.05	84.9	1	16.26	1.00	0.76
T532	化工科技	284	29	−0.69	0.269	28	−0.37	33.3	21	4.44	0.59	0.57
T146	化工设备与管道	255	32	−0.72	0.321	23	−0.25	18.6	31	2.38	0.21	0.26
T007	化工学报	4426	1	3.78	0.812	2	0.90	83.3	2	17.32	1.00	0.80
T009	化学反应工程与工艺	232	33	−0.75	0.202	32	−0.53	30.8	22	3.12	0.56	0.59
T025	化学工程	691	12	−0.25	0.327	22	−0.24	36.4	15	7.18	0.82	0.56
T567	化学工程师	518	18	−0.44	0.225	31	−0.47	34.0	19	6.94	0.62	0.42
T076	化学工业与工程	345	26	−0.63	0.399	18	−0.07	42.7	11	5.29	0.62	0.54
T512	聚氨酯工业	442	21	−0.52	0.677	4	0.58	24.7	27	2.44	0.41	0.52
T010	离子交换与吸附	276	30	−0.70	0.374	20	−0.13	40.2	13	3.85	0.50	0.57
T017	林产化学与工业	658	13	−0.29	0.652	5	0.52	55.0	5	6.85	0.59	0.44
T231	磷肥与复肥	453	20	−0.51	0.241	30	−0.44	15.1	33	3.62	0.38	0.30
T077	膜科学与技术	554	15	−0.40	0.354	21	−0.17	34.4	18	4.35	0.71	0.37
T105	热固性树脂	341	27	−0.63	0.463	14	0.08	36.0	16	2.94	0.38	0.77
T070	日用化学工业	591	14	−0.36	0.475	12	0.11	36.6	14	5.12	0.44	0.51
T015	炭素技术	262	31	−0.72	0.179	33	−0.58	22.3	29	3.38	0.32	0.69
V531	陶瓷学报	352	25	−0.62	0.314	25	−0.27	21.6	30	3.12	0.32	0.30
T072	无机盐工业	1061	8	0.15	0.528	7	0.23	33.4	20	6.68	0.65	0.46
T063	现代化工	1718	5	0.86	0.462	15	0.08	50.0	8	12.06	0.85	0.53
T054	盐科学与化工	373	24	−0.60	0.249	29	−0.42	9.1	34	3.18	0.38	0.31
T949	应用化工	1709	6	0.85	0.481	11	0.12	57.5	4	12.53	0.82	0.60
T916	有机硅材料	381	23	−0.59	0.527	8	0.23	25.8	26	2.62	0.44	0.42
	34 种期刊平均值	925			0.428							

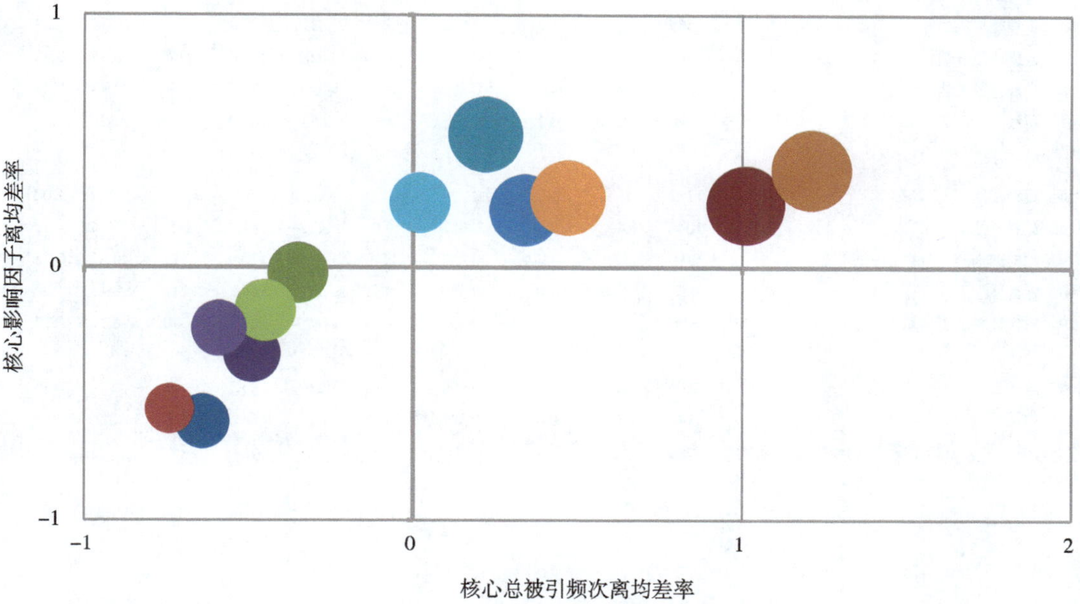

2019 年高聚物工程类期刊核心总被引频次和核心影响因子离均差率的分布图
（节点大小表示综合评价总分）

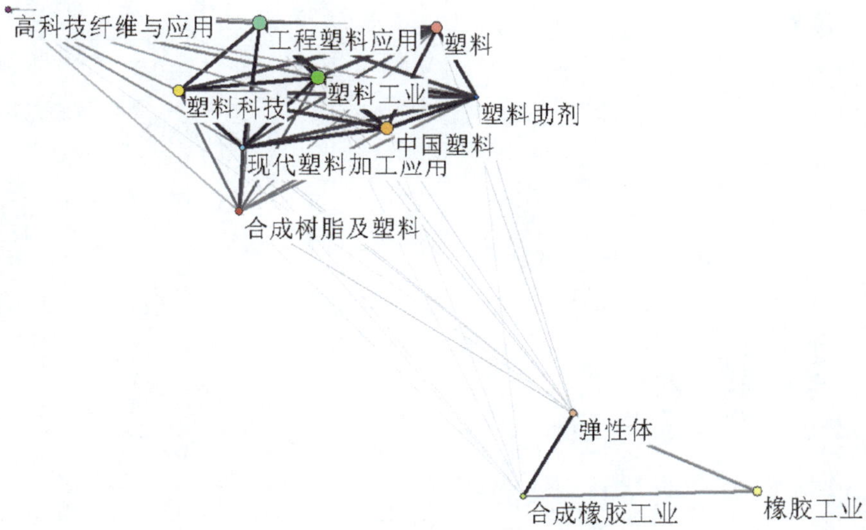

2019 年高聚物工程类期刊互引关系示意图

表 7-95　2019 年高聚物工程类期刊主要指标

CODE	刊名	核心总被引频次			核心影响因子			综合评价总分		学科扩散指标	学科影响指标	红点指标
		数值	排名	离均差率	数值	排名		数值	排名			
T078	高科技纤维与应用	282	11	−0.64	0.207	12	−0.61	35.1	11	7.33	0.58	0.53
T003	工程塑料应用	1565	2	1.01	0.664	5	0.25	72.8	2	16.67	0.92	0.64
T505	合成树脂及塑料	506	7	−0.35	0.518	7	−0.02	43.6	7	8.25	0.83	0.48
T018	合成橡胶工业	396	9	−0.49	0.350	10	−0.34	39.5	9	7.83	0.83	0.66
T106	塑料	954	5	0.22	0.811	1	0.53	67.0	3	13.00	1.00	0.69
T014	塑料工业	1722	1	1.21	0.736	2	0.39	76.7	1	17.75	1.00	0.58
T536	塑料科技	1042	4	0.34	0.652	6	0.23	61.1	5	13.92	0.92	0.67
T079	塑料助剂	204	12	−0.74	0.234	11	−0.56	28.9	12	5.67	0.75	0.49
T500	弹性体	427	8	−0.45	0.440	8	−0.17	44.8	6	8.42	1.00	0.63
T929	现代塑料加工应用	317	10	−0.59	0.402	9	−0.24	36.7	10	6.17	0.92	0.70
T064	橡胶工业	798	6	0.02	0.670	4	0.26	43.3	8	11.83	0.83	0.57
T022	中国塑料	1145	3	0.47	0.677	3	0.28	66.6	4	15.25	0.83	0.62
	12 种期刊平均值	780			0. 530							

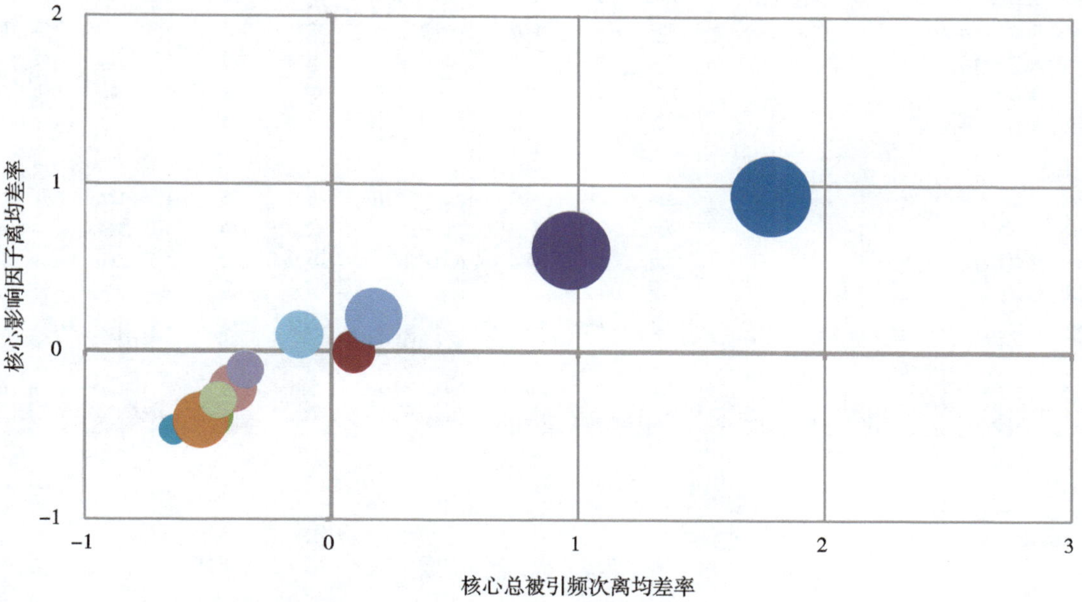

2019 年精细化学工程类期刊核心总被引频次和核心影响因子离均差率的分布图
（节点大小表示综合评价总分）

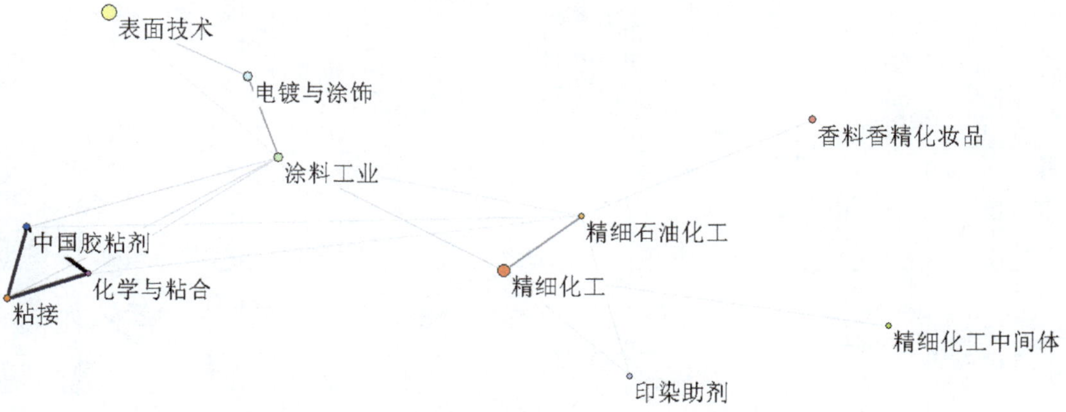

2019 年精细化学工程类期刊互引关系示意图

表 7-96 2019 年精细化学工程类期刊主要指标

CODE	刊名	核心总被引频次			核心影响因子			综合评价总分		学科扩散指标	学科影响指标	红点指标
		数值	排名	离均差率	数值	排名	离均差率	数值	排名			
T098	表面技术	1875	1	1.78	0.837	1	0.94	78.6	1	24.09	0.82	0.63
T598	电镀与涂饰	732	4	0.09	0.433	5	0.00	22.1	8	12.09	0.55	0.76
T931	化学与粘合	334	9	−0.50	0.267	9	−0.38	30.7	5	12.27	0.73	0.41
T102	精细化工	1328	2	0.97	0.694	2	0.61	74.9	2	26.27	1.00	0.64
T955	精细化工中间体	242	11	−0.64	0.230	11	−0.47	10.7	11	8.55	0.36	0.31
T542	精细石油化工	318	10	−0.53	0.255	10	−0.41	37.5	4	11.64	0.91	0.35
T103	涂料工业	789	3	0.17	0.520	3	0.21	40.0	3	14.73	0.91	0.48
T073	香料香精化妆品	402	7	−0.40	0.335	7	−0.22	28.2	6	11.64	0.45	0.38
T104	印染助剂	366	8	−0.46	0.307	8	−0.29	16.8	10	9.45	0.73	0.34
T569	粘接	441	6	−0.35	0.385	6	−0.11	17.4	9	9.45	0.73	0.32
T075	中国胶粘剂	584	5	−0.13	0.474	4	0.10	27.7	7	11.18	0.82	0.47
	11 种期刊平均值	674			0.431							

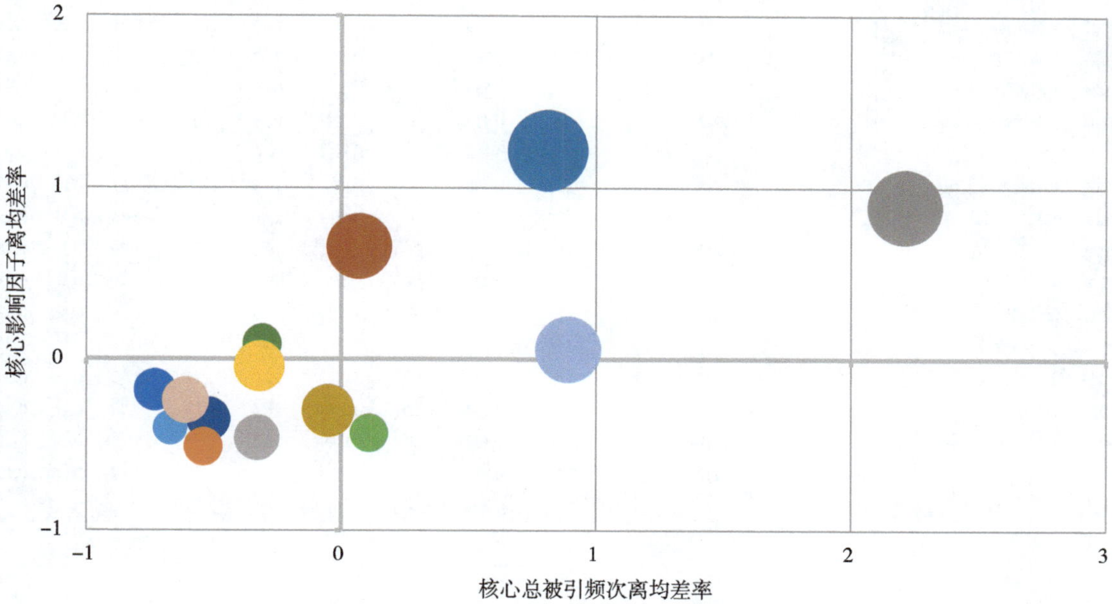

2019 年应用化学工程类期刊核心总被引频次和核心影响因子离均差率的分布图
（节点大小表示综合评价总分）

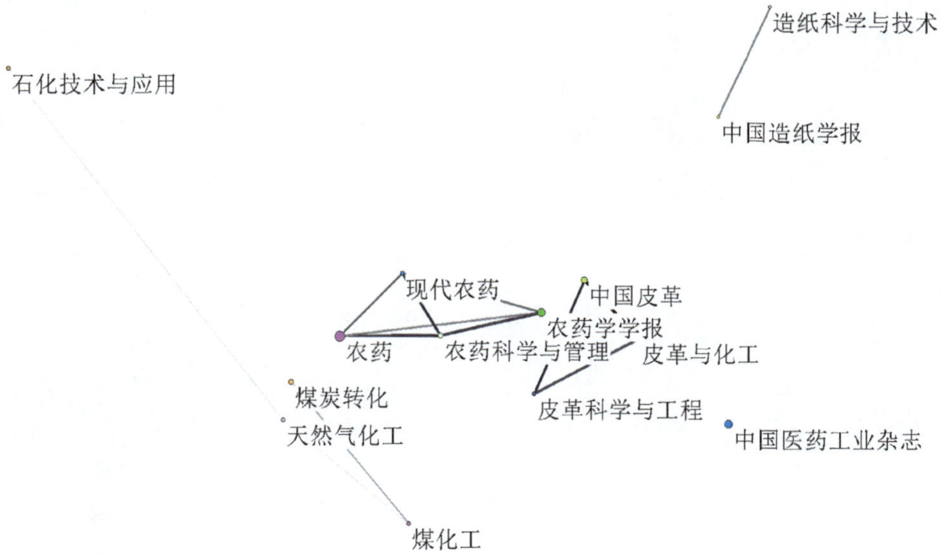

2019 年应用化学工程类期刊互引关系示意图

表 7-97 2019 年应用化学工程类期刊主要指标

CODE	刊名	核心总被引频次			核心影响因子			综合评价总分		学科扩散指标	学科影响指标	红点指标
		数值	排名	离均差率	数值	排名	离均差率	数值	排名			
T060	煤化工	264	10	−0.52	0.268	10	−0.35	24.4	9	6.00	0.29	0.21
D027	煤炭转化	585	5	0.07	0.685	3	0.66	54.3	4	9.21	0.29	0.24
T034	农药	1762	1	2.21	0.781	2	0.89	71.7	2	17.07	0.29	0.65
T924	农药科学与管理	521	6	−0.05	0.288	9	−0.30	34.9	5	9.71	0.29	0.69
H404	农药学学报	993	3	0.81	0.915	1	1.22	82.5	1	14.86	0.29	0.63
U602	皮革科学与工程	379	7	−0.31	0.449	4	0.09	19.5	11	5.21	0.21	0.19
U604	皮革与化工	147	14	−0.73	0.337	7	−0.18	22.6	10	3.64	0.21	0.43
T933	石化技术与应用	255	11	−0.54	0.203	14	−0.51	19.2	12	5.79	0.36	0.50
T074	天然气化工	368	9	−0.33	0.221	13	−0.46	26.5	8	6.79	0.36	0.38
H417	现代农药	375	8	−0.32	0.398	6	−0.04	32.8	6	8.14	0.36	0.67
U643	造纸科学与技术	182	13	−0.67	0.247	11	−0.40	15.0	14	5.93	0.14	0.04
U020	中国皮革	609	4	0.11	0.234	12	−0.43	18.4	13	6.79	0.21	0.34
T019	中国医药工业杂志	1037	2	0.89	0.437	5	0.06	55.5	3	17.79	0.14	0.21
U033	中国造纸学报	213	12	−0.61	0.312	8	−0.24	27.4	7	5.93	0.36	0.10
	14 种期刊平均值	549			0.413							

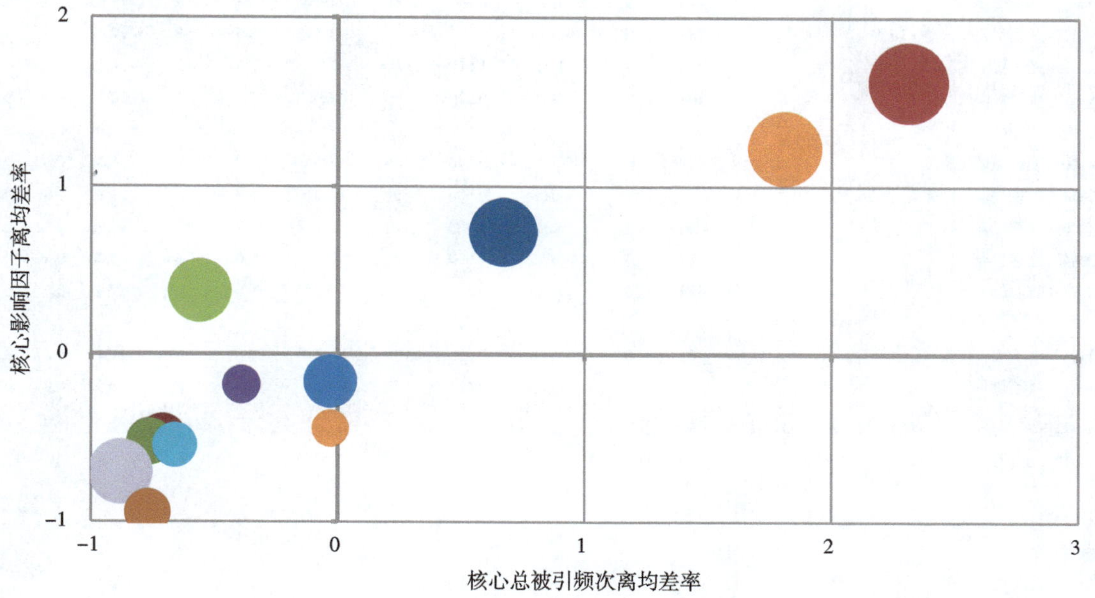

2019 年仪器仪表技术类期刊核心总被引频次和核心影响因子离均差率的分布图
（节点大小表示综合评价总分）

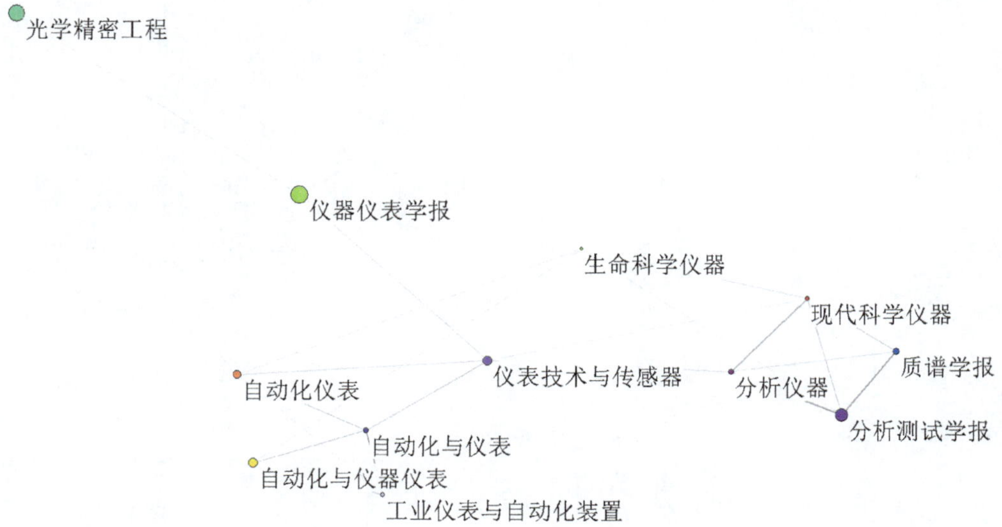

2019 年仪器仪表技术类期刊互引关系示意图

表 7-98 2019 年仪器仪表技术类期刊主要指标

CODE	刊名	核心总被引频次			核心影响因子			综合评价总分		学科扩散指标	学科影响指标	红点指标
		数值	排名	离均差率	数值	排名	离均差率	数值	排名			
D022	分析测试学报	2375	3	0.67	1.255	3	0.73	60.5	3	30.42	0.58	0.27
D062	分析仪器	410	9	-0.71	0.360	8	-0.50	30.8	7	15.83	0.58	0.24
N037	工业仪表与自动化装置	337	10	-0.76	0.351	9	-0.52	28.4	8	12.42	0.58	0.44
N033	光学精密工程	3992	2	1.81	1.618	2	1.23	70.5	2	34.42	0.75	0.17
N759	生命科学仪器	168	12	-0.88	0.220	11	-0.70	47.5	5	10.33	0.42	0.12
N100	现代科学仪器	321	11	-0.77	0.046	12	-0.94	27.7	9	16.00	0.58	0.28
N074	仪表技术与传感器	1381	4	-0.03	0.606	5	-0.16	36.6	6	24.17	0.83	0.49
N066	仪器仪表学报	4691	1	2.31	1.903	1	1.62	83.2	1	44.92	0.92	0.27
C034	质谱学报	627	7	-0.56	1.000	4	0.38	52.0	4	16.00	0.42	0.10
N013	自动化仪表	868	6	-0.39	0.597	6	-0.18	19.0	11	19.42	0.67	0.58
S501	自动化与仪表	483	8	-0.66	0.335	10	-0.54	26.0	10	14.42	0.67	0.53
R611	自动化与仪器仪表	1370	5	-0.03	0.403	7	-0.44	17.8	12	20.50	0.92	0.48
	12 种期刊平均值	1419			0.725							

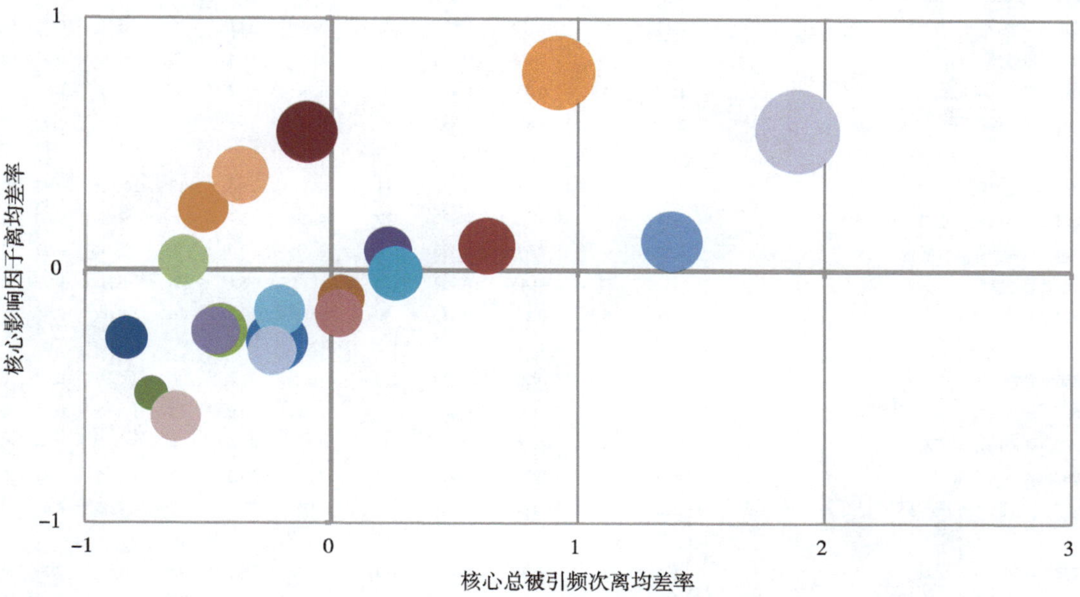

2019 年兵器科学与技术类期刊核心总被引频次和核心影响因子离均差率的分布图
（节点大小表示综合评价总分）

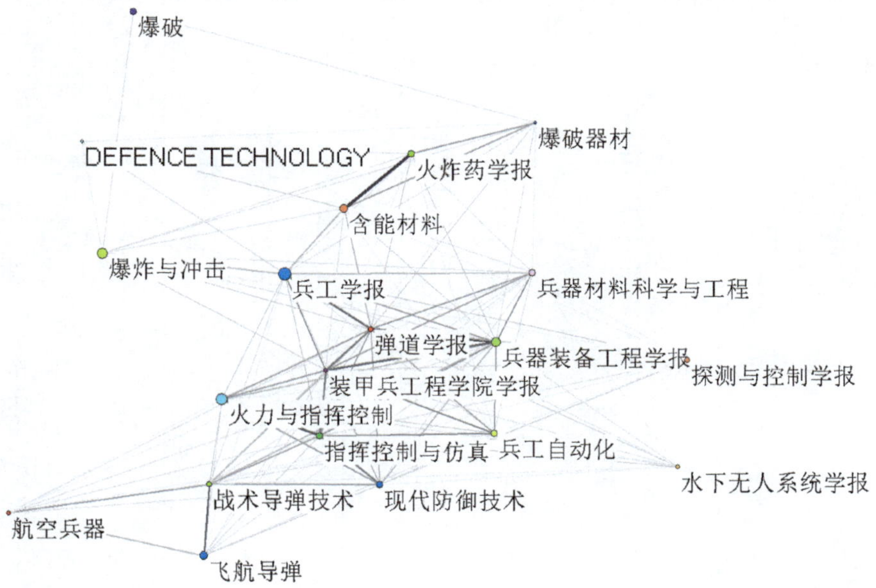

2019 年兵器科学与技术类期刊互引关系示意图

表 7-99　2019 年兵器科学与技术类期刊主要指标

CODE	刊名	核心总被引频次			核心影响因子			综合评价总分		学科扩散指标	学科影响指标	红点指标
		数值	排名	离均差率	数值	排名	离均差率	数值	排名			
I226	DEFENCE TECHNOLOGY	133	20	−0.83	0.388	16	−0.27	23.1	19	2.90	0.40	0.00
N017	爆破	713	9	−0.10	0.830	3	0.55	47.1	5	5.50	0.40	0.40
N012	爆破器材	215	19	−0.73	0.273	19	−0.49	14.4	20	3.30	0.55	0.51
N006	爆炸与冲击	1526	3	0.92	0.956	1	0.79	68.2	2	11.80	0.85	0.33
N008	兵工学报	2292	1	1.89	0.832	2	0.56	81.8	1	17.55	1.00	0.31
R730	兵工自动化	823	7	0.04	0.473	11	−0.11	27.4	18	10.25	0.85	0.35
N085	兵器材料科学与工程	622	11	−0.22	0.382	17	−0.28	48.4	3	8.45	0.60	0.34
T094	兵器装备工程学报	1296	4	0.63	0.586	7	0.10	40.6	7	13.40	0.95	0.38
N004	弹道学报	437	14	−0.45	0.408	14	−0.24	36.1	9	5.60	0.95	0.58
Y571	飞航导弹	973	6	0.23	0.577	8	0.08	29.3	16	8.05	0.85	0.51
L586	含能材料	999	5	0.26	0.529	10	−0.01	37.8	8	5.10	0.65	0.50
Y556	航空兵器	384	16	−0.52	0.665	5	0.25	32.0	11	5.65	0.55	0.42
N005	火力与指挥控制	1890	2	1.38	0.600	6	0.12	47.6	4	13.25	0.80	0.36
N007	火炸药学报	816	8	0.03	0.442	13	−0.17	28.6	17	4.55	0.75	0.89
N907	水下无人系统学报	316	17	−0.60	0.556	9	0.04	31.7	13	4.85	0.65	0.54
N043	探测与控制学报	424	15	−0.47	0.406	15	−0.24	29.5	15	7.30	0.70	0.24
Y561	现代防御技术	627	10	−0.21	0.447	12	−0.16	32.9	10	6.95	0.75	0.38
Y521	战术导弹技术	504	13	−0.37	0.737	4	0.38	41.1	6	5.20	0.65	0.48
N091	指挥控制与仿真	601	12	−0.24	0.362	18	−0.32	30.2	14	7.05	0.65	0.38
N990	装甲兵工程学院学报	297	18	−0.63	0.222	20	−0.58	31.8	12	6.60	0.65	0.18
	20 种期刊平均值	794			0. 534							

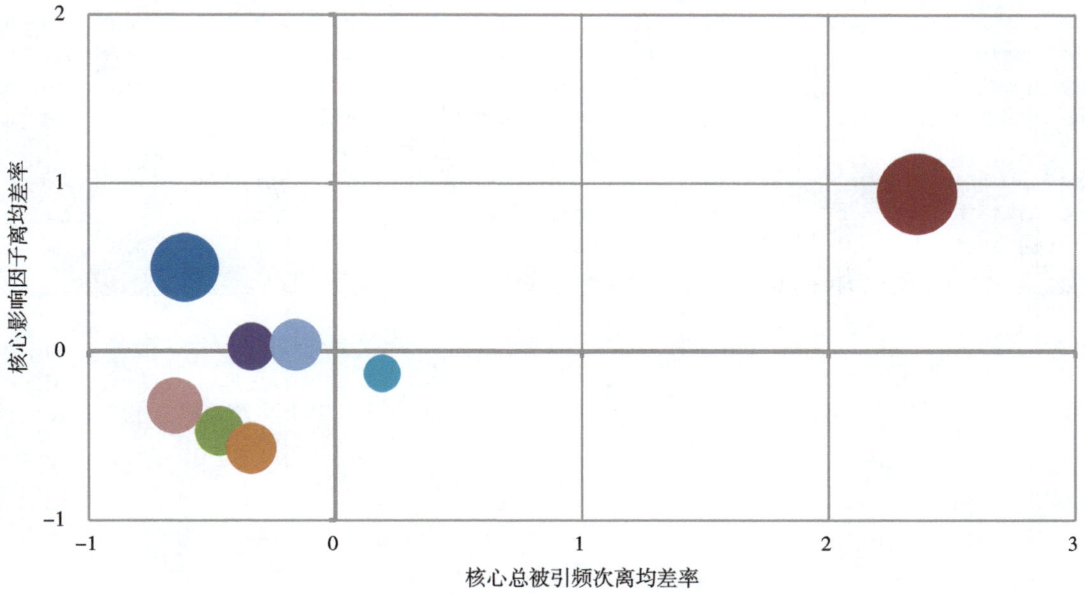

2019 年纺织科学技术类期刊核心总被引频次和核心影响因子离均差率的分布图
（节点大小表示综合评价总分）

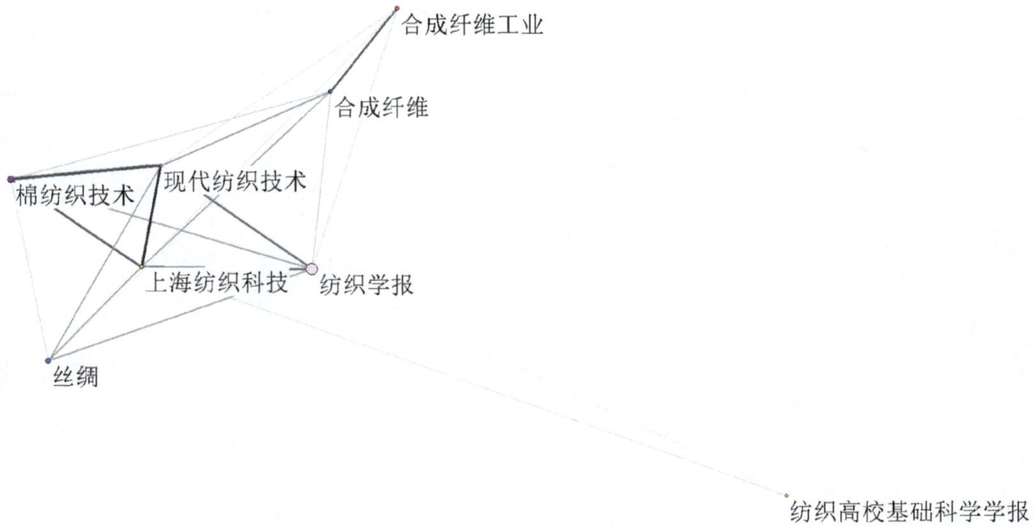

2019 年纺织科学技术类期刊互引关系示意图

表 7-100　2019 年纺织科学技术类期刊主要指标

CODE	刊名	核心总被引频次			核心影响因子			综合评价总分		学科扩散指标	学科影响指标	红点指标
		数值	排名	离均差率	数值	排名	离均差率	数值	排名			
U013	纺织高校基础科学学报	227	7	−0.61	0.583	2	0.50	58.1	2	8.13	0.63	0.26
U053	纺织学报	1944	1	2.36	0.753	1	0.94	80.2	1	26.88	1.00	0.35
T067	合成纤维	307	6	−0.47	0.207	7	−0.47	29.6	6	10.75	1.00	0.39
T065	合成纤维工业	383	4	−0.34	0.400	4	0.03	27.5	7	10.00	1.00	0.59
U036	棉纺织技术	690	2	0.19	0.337	5	−0.13	17.0	8	9.13	1.00	0.47
U528	上海纺织科技	381	5	−0.34	0.166	8	−0.57	31.7	5	8.50	1.00	0.64
U056	丝绸	488	3	−0.16	0.404	3	0.04	32.7	4	8.63	1.00	0.21
U634	现代纺织技术	203	8	−0.65	0.265	6	−0.32	37.9	3	6.63	1.00	0.36
	8 种期刊平均值	578			0. 389							

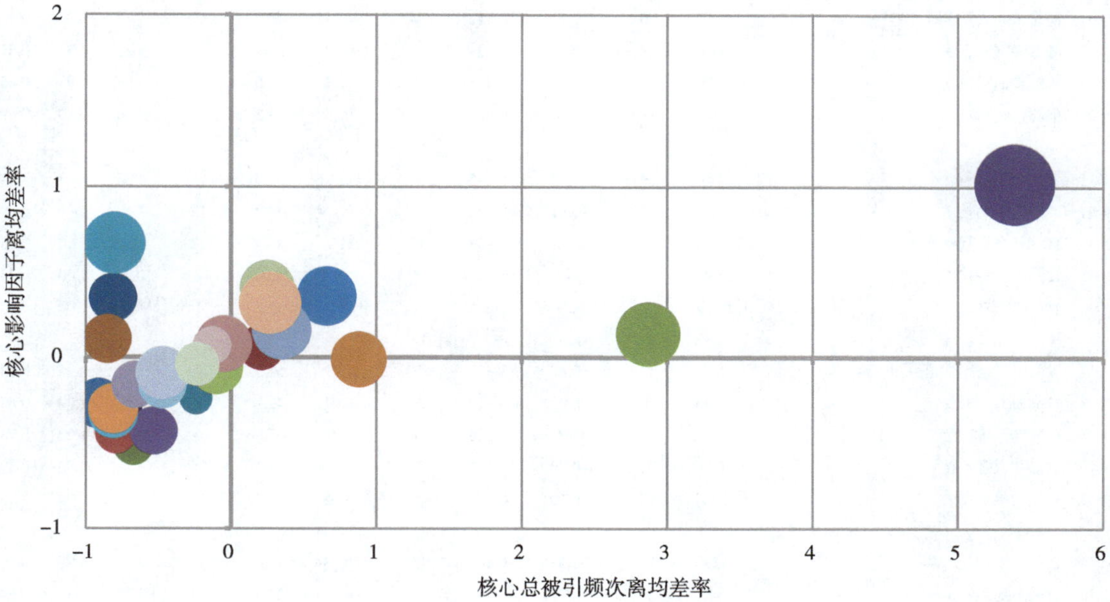

2019 年食品科学技术类期刊核心总被引频次和核心影响因子离均差率的分布图
（节点大小表示综合评价总分）

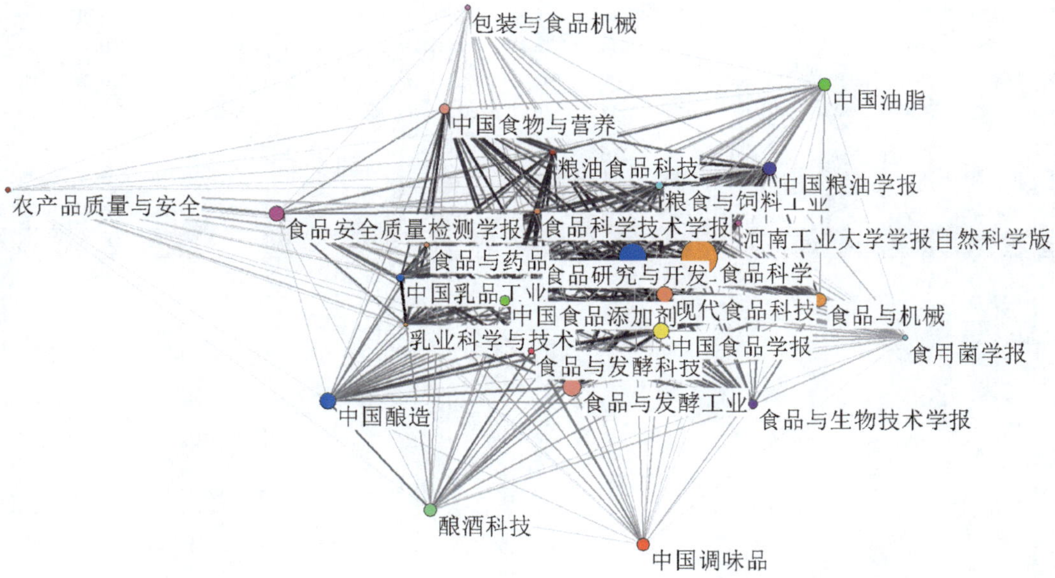

2019 年食品科学技术类期刊互引关系示意图

表 7-101 2019 年食品科学技术类期刊主要指标

CODE	刊名	核心总被引频次			核心影响因子			综合评价总分		学科扩散指标	学科影响指标	红点指标
		数值	排名	离均差率	数值	排名	离均差率	数值	排名			
U521	包装与食品机械	546	25	-0.81	1.101	5	0.35	31.9	16	4.22	0.81	0.41
U004	河南工业大学学报自然科学版	677	20	-0.77	0.512	24	-0.37	30.5	19	5.44	0.89	0.51
U055	粮食与饲料工业	981	18	-0.67	0.399	27	-0.51	23.1	25	6.30	0.93	0.61
U626	粮油食品科技	682	19	-0.77	0.565	22	-0.31	29.6	21	5.96	0.93	0.45
U504	酿酒科技	2245	13	-0.24	0.625	19	-0.24	14.3	27	5.74	0.89	0.59
H071	农产品质量与安全	442	26	-0.85	0.905	9	0.11	32.4	15	4.26	0.63	0.83
H097	乳业科学与技术	261	27	-0.91	0.594	20	-0.27	34.2	12	2.48	0.74	0.68
U049	食品安全质量检测学报	3562	8	0.21	0.868	12	0.06	28.3	22	14.96	1.00	0.65
U005	食品工业科技	11390	2	2.87	0.935	8	0.14	56.0	2	21.67	1.00	0.74
U006	食品科学	18820	1	5.39	1.656	1	1.02	87.6	1	25.26	1.00	0.68
A117	食品科学技术学报	601	22	-0.80	1.366	2	0.67	52.5	4	5.41	0.96	0.68
U617	食品研究与开发	5548	3	0.88	0.812	13	-0.01	42.1	8	17.89	1.00	0.82
U035	食品与发酵工业	4889	4	0.66	1.116	4	0.36	47.8	6	13.48	1.00	0.73
U641	食品与发酵科技	627	21	-0.79	0.455	26	-0.44	24.3	24	5.15	0.89	0.59
U547	食品与机械	2644	10	-0.10	0.770	15	-0.06	38.7	10	12.93	0.96	0.59
U029	食品与生物技术学报	1370	16	-0.53	0.464	25	-0.43	31.0	18	10.26	0.96	0.59
G748	食品与药品	547	24	-0.81	0.551	23	-0.33	33.4	14	7.78	0.74	0.54
H838	食用菌学报	551	23	-0.81	0.569	21	-0.30	34.0	13	4.22	0.56	0.41
U010	现代食品科技	3985	5	0.35	0.946	7	0.16	48.1	5	15.00	1.00	0.68
U001	中国粮油学报	2784	9	-0.05	0.883	10	0.08	43.3	7	10.81	0.93	0.68
U609	中国酿造	3691	7	0.25	1.152	3	0.41	40.8	9	10.63	1.00	0.81
U052	中国乳品工业	997	17	-0.66	0.688	17	-0.16	30.1	20	4.70	0.81	0.62
U635	中国食品添加剂	1574	14	-0.47	0.684	18	-0.16	31.3	17	10.52	1.00	0.71
U007	中国食品学报	3743	6	0.27	1.076	6	0.32	53.2	3	14.22	1.00	0.67
U563	中国食物与营养	1555	15	-0.47	0.745	16	-0.09	38.5	11	13.37	1.00	0.45
U501	中国调味品	2564	11	-0.13	0.876	11	0.07	20.2	26	7.89	0.93	0.73
U032	中国油脂	2271	12	-0.23	0.782	14	-0.04	26.1	23	10.56	0.89	0.55
	27 种期刊平均值	2946			0.818							

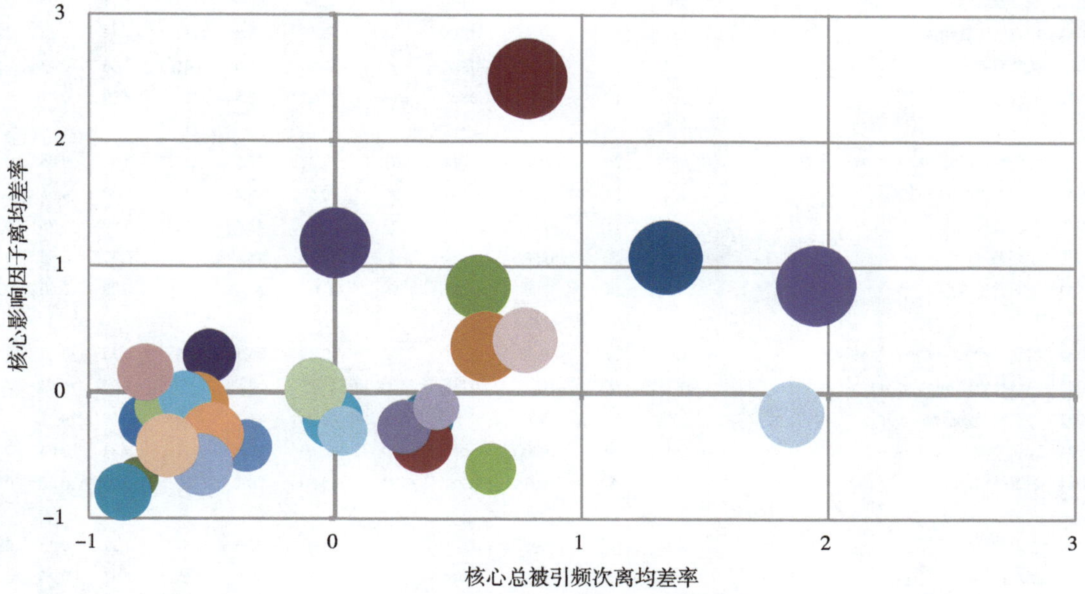

2019 年建筑科学与技术类期刊核心总被引频次和核心影响因子离均差率的分布图
（节点大小表示综合评价总分）

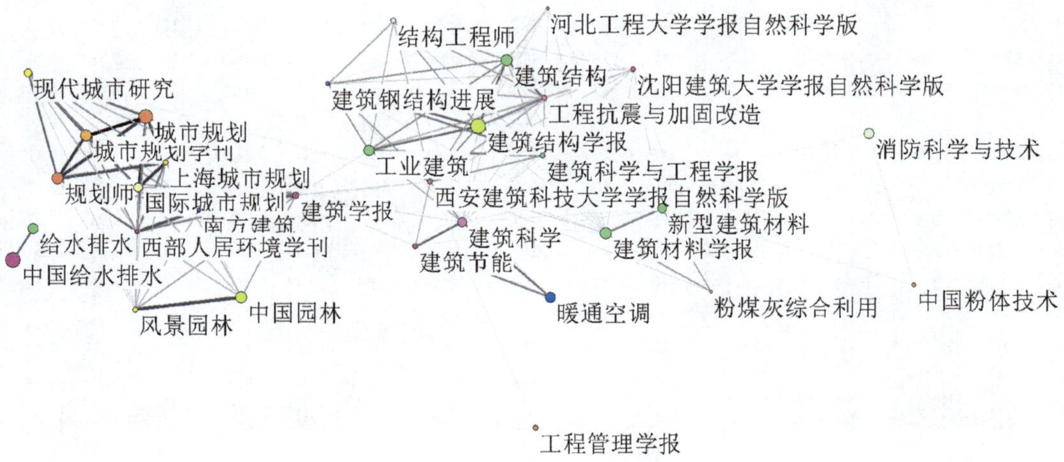

2019 年建筑科学与技术类期刊互引关系示意图

表 7-102　2019 年建筑科学与技术类期刊主要指标

CODE	刊名	核心总被引频次			核心影响因子			综合评价总分		学科扩散指标	学科影响指标	红点指标
		数值	排名	离均差率	数值	排名	离均差率	数值	排名			
V050	城市规划	2647	3	1.34	1.202	3	1.08	60.5	3	8.28	0.69	0.32
V028	城市规划学刊	2019	4	0.78	2.025	1	2.50	69.8	2	6.19	0.63	0.32
V052	粉煤灰综合利用	232	31	−0.80	0.187	31	−0.68	18.8	32	2.34	0.25	0.67
V048	风景园林	555	21	−0.51	0.745	8	0.29	31.0	21	2.66	0.47	0.77
V021	给水排水	1555	10	0.37	0.457	17	−0.21	32.5	18	8.19	0.41	0.36
S712	工程管理学报	435	26	−0.62	0.400	21	−0.31	27.5	27	4.41	0.44	0.31
V033	工程抗震与加固改造	474	24	−0.58	0.318	26	−0.45	29.2	24	3.28	0.38	0.70
V010	工业建筑	1527	11	0.35	0.356	23	−0.38	43.3	12	8.09	0.75	0.58
V572	规划师	1788	8	0.58	1.066	5	0.84	45.5	8	6.31	0.56	0.38
V529	国际城市规划	1134	14	0.00	1.266	2	1.19	55.1	4	5.09	0.50	0.43
K032	河北工程大学学报自然科学版	159	32	−0.86	0.119	32	−0.79	36.1	16	3.75	0.25	0.26
V051	建筑材料学报	1825	7	0.61	0.794	7	0.37	54.8	5	7.63	0.53	0.56
V057	建筑钢结构进展	257	30	−0.77	0.444	18	−0.23	31.5	20	2.09	0.34	0.66
V523	建筑节能	558	20	−0.51	0.230	30	−0.60	18.8	31	4.31	0.66	0.51
V014	建筑结构	1845	6	0.63	0.232	29	−0.60	28.1	26	6.00	0.56	0.53
V044	建筑结构学报	3344	1	1.95	1.073	4	0.86	71.5	1	7.22	0.53	0.68
V005	建筑科学	1116	15	−0.01	0.464	16	−0.20	39.8	15	7.81	0.75	0.54
V013	建筑科学与工程学报	499	23	−0.56	0.527	12	−0.09	44.2	10	4.59	0.50	0.63
V047	建筑学报	722	17	−0.36	0.337	24	−0.42	29.6	23	4.38	0.81	0.21
V049	结构工程师	559	19	−0.51	0.297	27	−0.49	26.1	29	4.31	0.47	0.54
V089	南方建筑	331	28	−0.71	0.512	14	−0.11	28.8	25	2.28	0.56	0.37
V032	暖通空调	1446	12	0.28	0.424	19	−0.27	31.8	19	6.13	0.44	0.53
V088	上海城市规划	440	25	−0.61	0.554	11	−0.04	30.5	22	2.72	0.44	0.50
V011	沈阳建筑大学学报自然科学版	562	18	−0.50	0.390	22	−0.33	45.0	9	7.31	0.66	0.50
V018	西安建筑科技大学学报自然科学版	525	22	−0.54	0.250	28	−0.57	42.3	13	7.16	0.84	0.42
V573	西部人居环境学刊	262	29	−0.77	0.670	9	0.16	34.9	17	1.56	0.41	0.40
V087	现代城市研究	1045	16	−0.08	0.595	10	0.03	41.8	14	5.81	0.53	0.47
T953	消防科学与技术	1599	9	0.41	0.517	13	−0.11	23.2	30	5.94	0.53	0.58
V056	新型建筑材料	1168	13	0.03	0.402	20	−0.30	27.0	28	6.09	0.56	0.54
V568	中国粉体技术	360	27	−0.68	0.335	25	−0.42	43.9	11	6.16	0.22	0.11
V036	中国给水排水	3228	2	1.85	0.483	15	−0.16	47.8	6	11.34	0.41	0.42
V039	中国园林	2007	5	0.77	0.823	6	0.42	46.8	7	6.50	0.53	1.00
	32 种期刊平均值	1132			0.578							

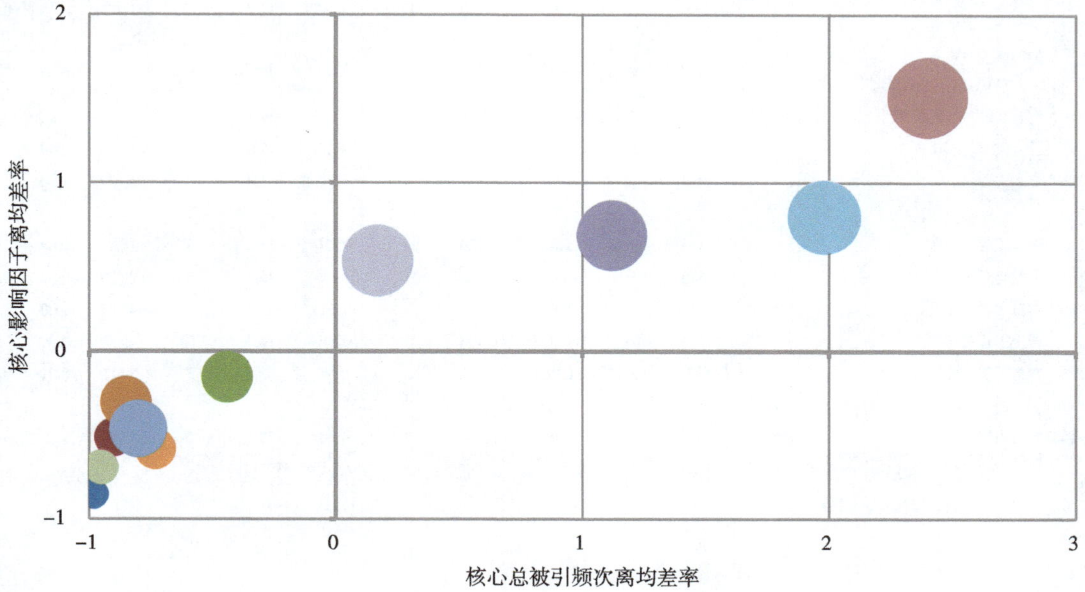

2019 年土木工程类期刊核心总被引频次和核心影响因子离均差率的分布图
（节点大小表示综合评价总分）

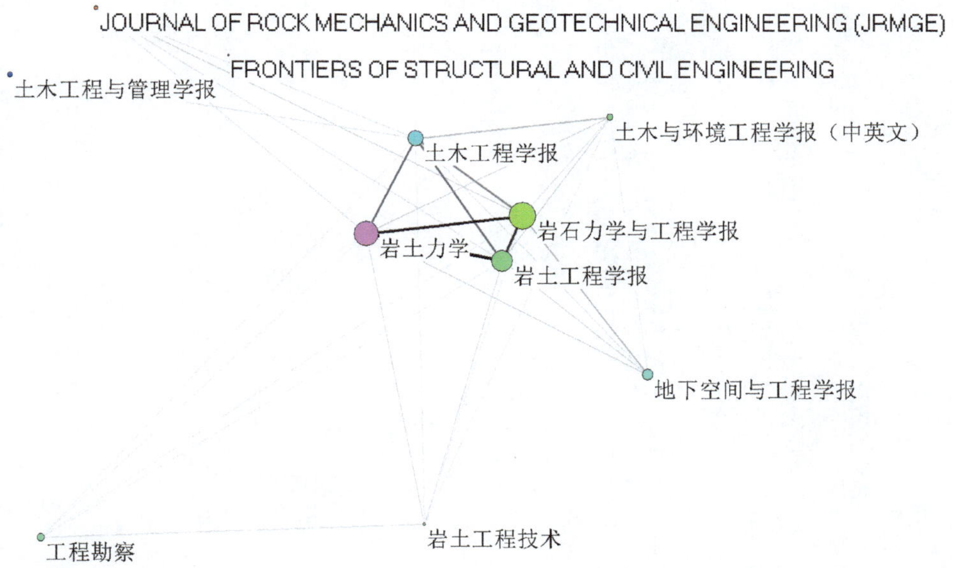

2019 年土木工程类期刊互引关系示意图

表 7-103　2019 年土木工程类期刊主要指标

CODE	刊名	核心总被引频次			核心影响因子			综合评价总分		学科扩散指标	学科影响指标	红点指标
		数值	排名	离均差率	数值	排名	离均差率	数值	排名			
I725	FRONTIERS OF STRUCTURAL AND CIVIL ENGINEERING	54	11	−0.98	0.119	11	−0.85	11.7	11	2.55	0.18	0.00
C010	JOURNAL OF ROCK MECHANICS AND GEOTECHNICAL ENGINEERING (JRMGE)	320	9	−0.90	0.386	8	−0.51	20.5	9	8.18	0.64	0.00
V031	地下空间与工程学报	1835	5	−0.44	0.676	5	−0.15	36.1	6	24.09	0.82	0.51
V030	工程勘察	876	6	−0.73	0.337	9	−0.58	22.9	8	19.18	0.64	0.25
V029	土木工程学报	3820	4	0.17	1.227	4	0.54	61.4	4	30.27	1.00	0.45
V035	土木工程与管理学报	485	8	−0.85	0.559	6	−0.30	35.8	7	16.73	0.64	0.33
V019	土木与环境工程学报（中英文）	646	7	−0.80	0.426	7	−0.46	45.3	5	22.27	0.82	0.30
C005	岩石力学与工程学报	11119	1	2.40	1.998	1	1.51	87.4	1	40.64	1.00	0.92
V574	岩土工程技术	180	10	−0.95	0.243	10	−0.69	16.4	10	8.27	0.55	0.37
V037	岩土工程学报	6925	3	1.12	1.341	3	0.69	67.0	3	34.00	0.91	0.46
C004	岩土力学	9747	2	1.98	1.431	2	0.80	73.1	2	41.55	1.00	0.50
	11 种期刊平均值	3273			0. 795							

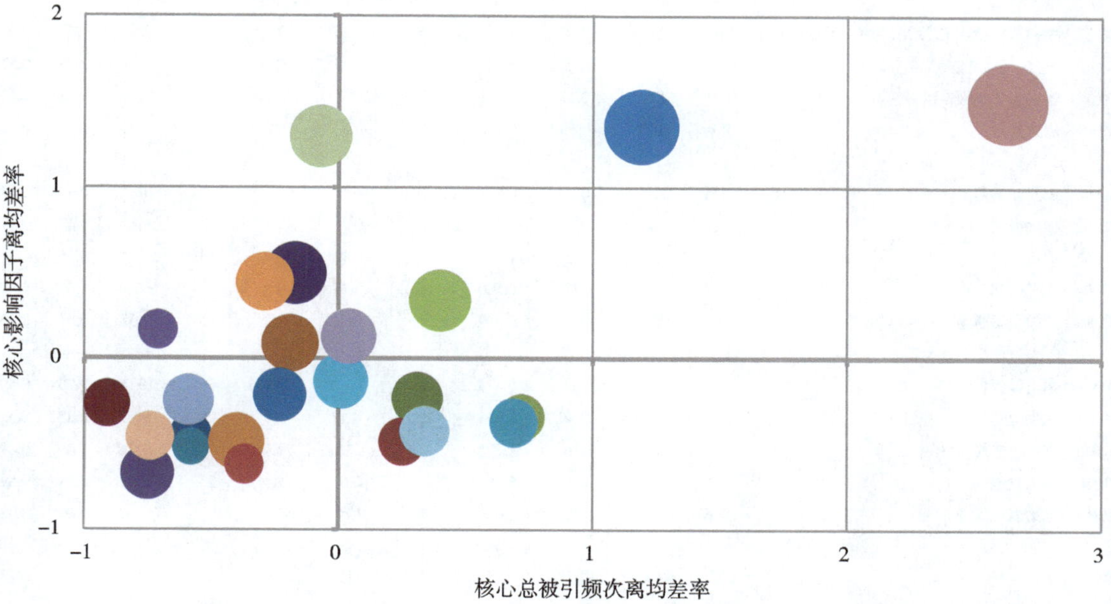

2019 年水利工程类期刊核心总被引频次和核心影响因子离均差率的分布图
（节点大小表示综合评价总分）

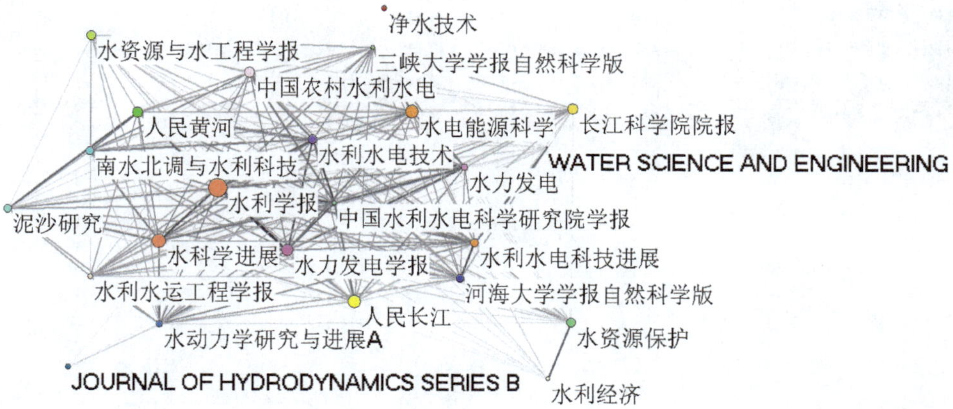

2019 年水利工程类期刊互引关系示意图

表 7-104　2019 年水利工程类期刊主要指标

CODE	刊名	核心总被引频次			核心影响因子			综合评价总分		学科扩散指标	学科影响指标	红点指标
		数值	排名	离均差率	数值	排名	离均差率	数值	排名			
W015	JOURNAL OF HYDRODYNAMICS SERIES B	550	19	−0.58	0.418	18	−0.44	24.3	21	6.54	0.75	0.00
W030	WATER SCIENCE AND ENGINEERING	119	24	−0.91	0.558	14	−0.26	30.4	19	2.58	0.63	0.00
W010	长江科学院院报	1732	7	0.31	0.577	12	−0.23	36.7	13	13.79	0.96	0.52
W012	河海大学学报自然科学版	1091	12	−0.17	1.128	4	0.50	53.7	4	12.25	0.92	0.43
Z553	净水技术	553	18	−0.58	0.370	22	−0.51	18.9	24	6.92	0.42	0.34
W590	南水北调与水利科技	1075	13	−0.19	0.821	9	0.09	45.2	7	10.92	0.96	0.58
W002	泥沙研究	1021	14	−0.23	0.593	11	−0.21	39.3	12	6.75	0.83	0.49
W555	人民黄河	1652	8	0.25	0.391	20	−0.48	30.9	18	12.25	0.96	0.53
W504	人民长江	2277	3	0.72	0.500	15	−0.34	30.0	20	14.17	1.00	0.40
R086	三峡大学学报自然科学版	337	23	−0.75	0.259	24	−0.66	39.7	11	7.67	0.67	0.40
P007	水电能源科学	2238	4	0.69	0.477	16	−0.37	32.9	16	15.79	1.00	0.50
W004	水动力学研究与进展 A	797	17	−0.40	0.391	20	−0.48	43.5	8	9.83	0.88	0.35
W013	水科学进展	2900	2	1.19	1.775	2	1.36	78.9	2	14.08	1.00	0.49
R050	水力发电	828	16	−0.37	0.292	23	−0.61	21.4	23	8.33	0.88	0.59
R049	水力发电学报	1846	5	0.40	1.010	6	0.34	53.0	5	11.92	1.00	0.48
R587	水利经济	385	21	−0.71	0.882	7	0.17	21.6	22	3.71	0.71	0.23
W011	水利水电技术	1332	10	0.01	0.654	10	−0.13	42.0	10	11.46	0.92	0.44
W502	水利水电科技进展	933	15	−0.29	1.088	5	0.45	47.2	6	8.63	0.96	0.53
W006	水利水运工程学报	545	20	−0.59	0.568	13	−0.24	35.8	14	6.08	0.88	0.48
W003	水利学报	4805	1	2.63	1.877	1	1.50	90.0	1	20.29	1.00	0.39
R566	水资源保护	1231	11	−0.07	1.732	3	1.30	54.0	3	9.79	0.96	0.39
W570	水资源与水工程学报	1380	9	0.04	0.849	8	0.13	42.7	9	13.29	0.88	0.53
W005	中国农村水利水电	1770	6	0.34	0.435	17	−0.42	34.4	15	13.75	1.00	0.45
W557	中国水利水电科学研究院学报	341	22	−0.74	0.410	19	−0.45	32.5	17	5.71	0.83	0.43
	24 种期刊平均值	1322			0. 752							

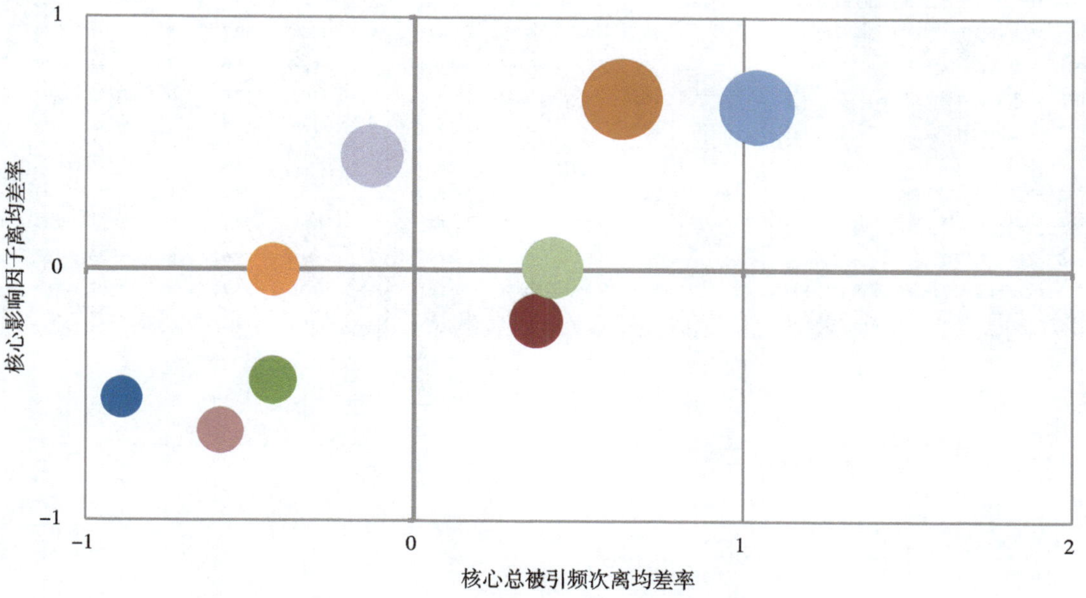

2019 年交通运输工程类期刊核心总被引频次和核心影响因子离均差率的分布图
（节点大小表示综合评价总分）

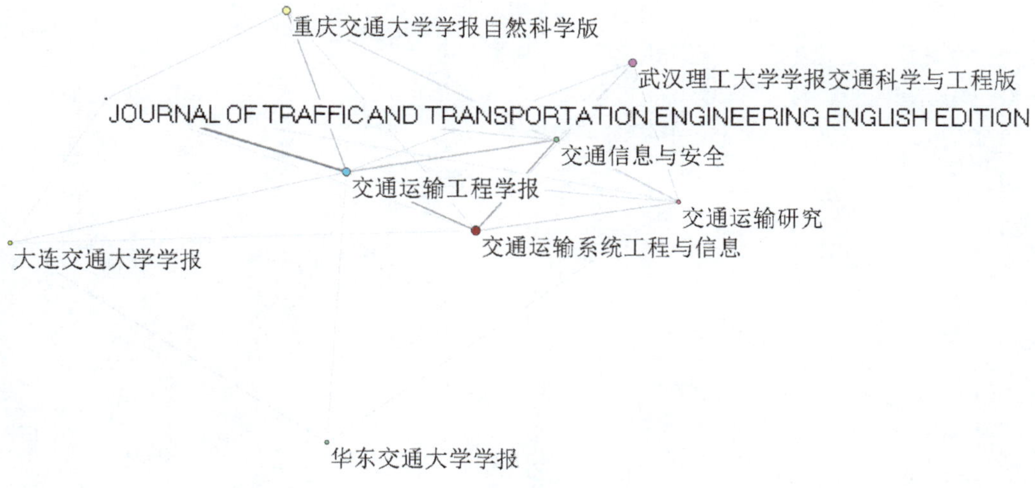

2019 年交通运输工程类期刊互引关系示意图

表 7-105　2019 年交通运输工程类期刊主要指标

CODE	刊名	核心总被引频次			核心影响因子			综合评价总分		学科扩散指标	学科影响指标	红点指标
		数值	排名	离均差率	数值	排名	离均差率	数值	排名			
X053	JOURNAL OF TRAFFIC AND TRANSPORTATION ENGINEERING ENGLISH EDITION	72	9	−0.89	0.261	8	−0.51	24.0	9	4.78	0.78	0.00
X029	重庆交通大学学报自然科学版	867	4	0.37	0.421	6	−0.20	39.7	5	31.78	0.89	0.90
X001	大连交通大学学报	359	7	−0.43	0.296	7	−0.44	31.6	7	17.44	0.89	0.19
X003	华东交通大学学报	363	6	−0.43	0.528	5	0.00	37.6	6	20.22	0.67	0.24
X020	交通信息与安全	552	5	−0.13	0.764	3	0.45	47.5	4	19.56	0.78	0.77
X672	交通运输工程学报	1034	2	0.63	0.888	1	0.68	89.2	1	29.67	1.00	0.70
X685	交通运输系统工程与信息	1295	1	1.04	0.872	2	0.65	78.1	2	28.56	0.89	0.96
X516	交通运输研究	261	8	−0.59	0.190	9	−0.64	29.6	8	13.33	0.67	0.53
X017	武汉理工大学学报交通科学与工程版	899	3	0.42	0.533	4	0.01	51.7	3	31.67	0.89	0.35
	9 种期刊平均值	634			0.528							

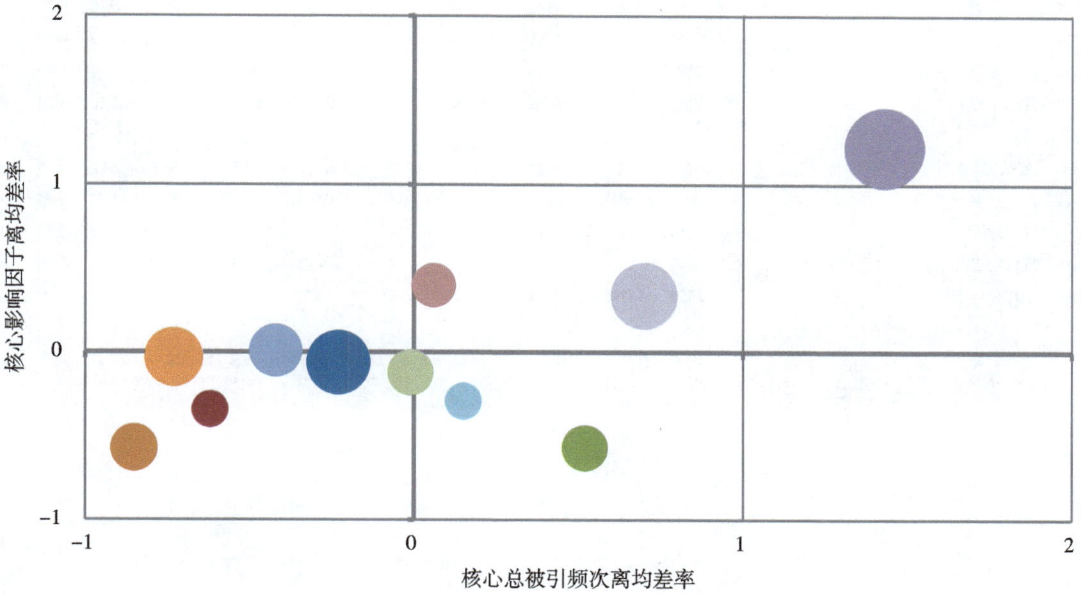

2019 年公路运输类期刊核心总被引频次和核心影响因子离均差率的分布图
（节点大小表示综合评价总分）

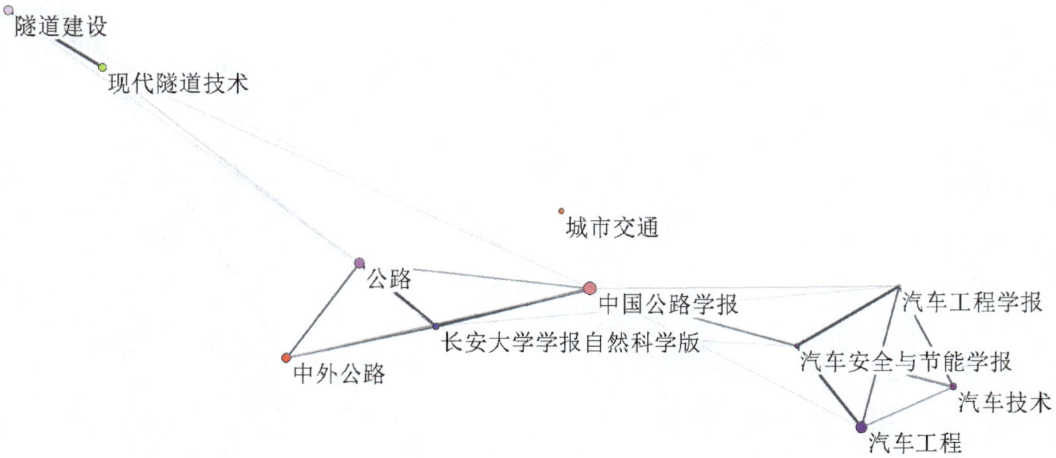

2019 年公路运输类期刊互引关系示意图

表 7-106　2019 年公路运输类期刊主要指标

CODE	刊名	核心总被引频次			核心影响因子			综合评价总分		学科扩散指标	学科影响指标	红点指标
		数值	排名	离均差率	数值	排名	离均差率	数值	排名			
X036	长安大学学报自然科学版	814	7	-0.23	0.552	6	-0.06	59.8	3	20.27	0.73	0.96
X046	城市交通	399	9	-0.62	0.390	9	-0.34	19.7	11	10.18	0.27	0.39
X579	公路	1600	3	0.52	0.254	10	-0.57	30.7	7	23.73	0.73	0.60
X532	汽车安全与节能学报	284	10	-0.73	0.568	5	-0.03	50.3	4	10.64	0.45	0.29
X018	汽车工程	1792	2	0.70	0.787	3	0.34	65.1	2	25.18	0.73	0.27
X500	汽车工程学报	162	11	-0.85	0.250	11	-0.57	32.5	6	7.45	0.55	0.26
X013	汽车技术	616	8	-0.42	0.591	4	0.01	41.0	5	15.27	0.55	0.22
X634	隧道建设	1120	5	0.06	0.823	2	0.40	28.4	9	16.45	0.45	0.58
X673	现代隧道技术	1046	6	-0.01	0.515	7	-0.12	30.5	8	14.82	0.55	0.63
X031	中国公路学报	2556	1	1.43	1.305	1	1.22	94.5	1	30.73	1.00	1.00
X539	中外公路	1209	4	0.15	0.419	8	-0.29	19.9	10	17.55	0.55	0.53
11 种期刊平均值		1054			0.587							

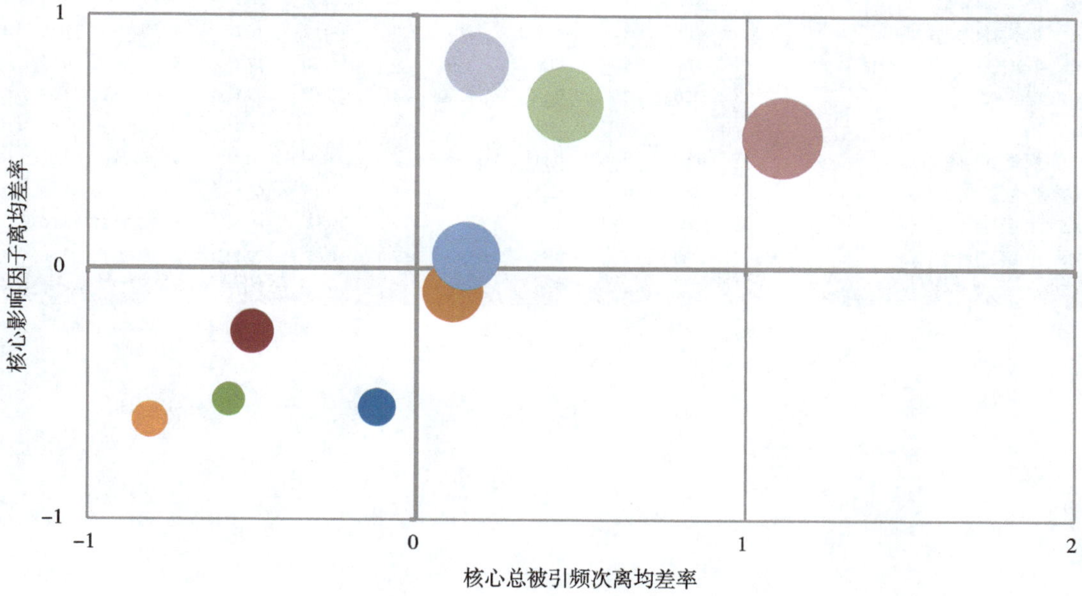

2019 年铁路运输类期刊核心总被引频次和核心影响因子离均差率的分布图
（节点大小表示综合评价总分）

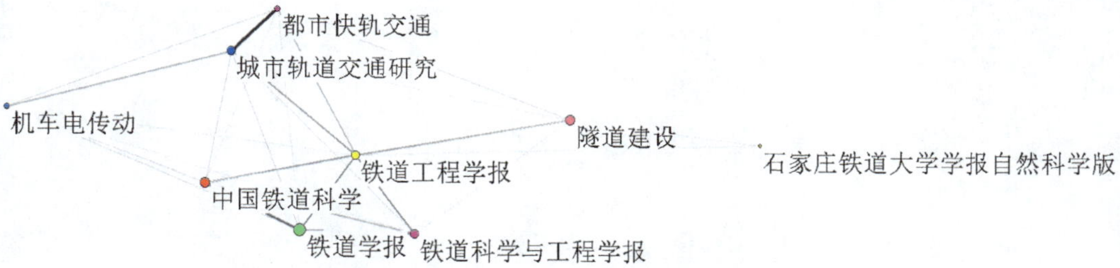

2019 年铁路运输类期刊互引关系示意图

表 7-107　2019 年铁路运输类期刊主要指标

CODE	刊名	核心总被引频次			核心影响因子			综合评价总分		学科扩散指标	学科影响指标	红点指标
		数值	排名	离均差率	数值	排名	离均差率	数值	排名			
X043	城市轨道交通研究	835	6	−0.12	0.203	8	−0.55	19.9	7	19.44	1.00	0.76
X034	都市快轨交通	474	7	−0.50	0.339	6	−0.25	26.2	6	11.44	0.89	0.77
X011	机车电传动	410	8	−0.57	0.219	7	−0.52	15.2	9	12.22	0.78	0.71
X042	石家庄铁道大学学报自然科学版	178	9	−0.81	0.180	9	−0.60	17.8	8	8.67	0.89	0.22
X634	隧道建设	1120	3	0.18	0.823	1	0.81	49.1	5	20.11	1.00	0.54
X521	铁道工程学报	1052	5	0.11	0.411	5	−0.09	50.7	4	25.67	1.00	0.45
X007	铁道科学与工程学报	1087	4	0.15	0.475	4	0.05	63.6	3	27.56	1.00	0.42
X005	铁道学报	2004	1	1.11	0.688	3	0.52	89.6	1	33.67	1.00	0.39
X004	中国铁道科学	1380	2	0.45	0.747	2	0.65	79.1	2	29.11	1.00	0.52
	9 种期刊平均值	949			0.454							

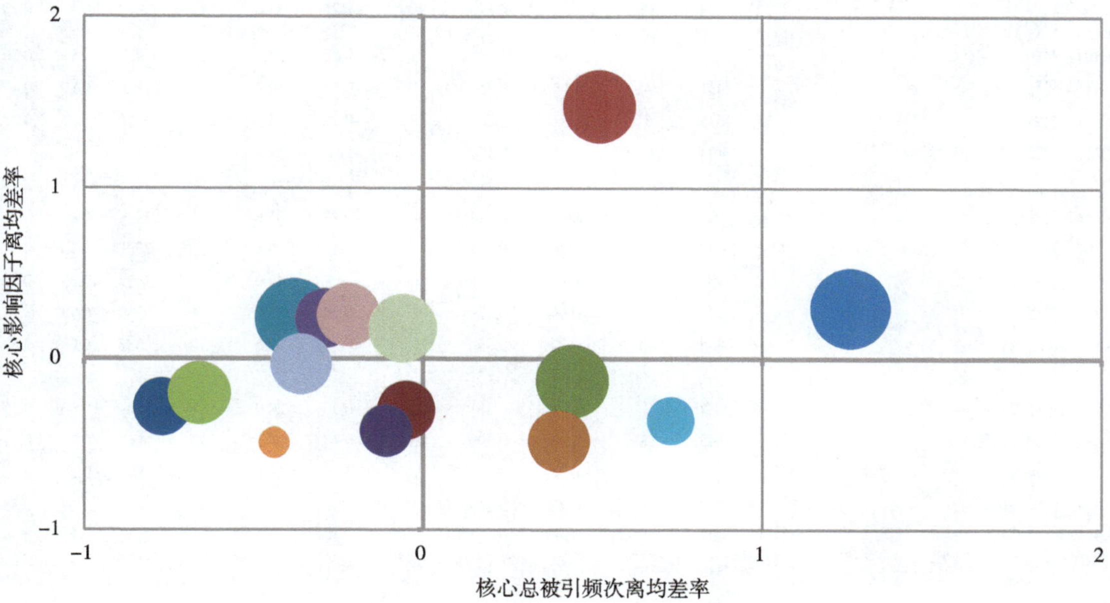

2019 年水路运输类期刊核心总被引频次和核心影响因子离均差率的分布图
（节点大小表示综合评价总分）

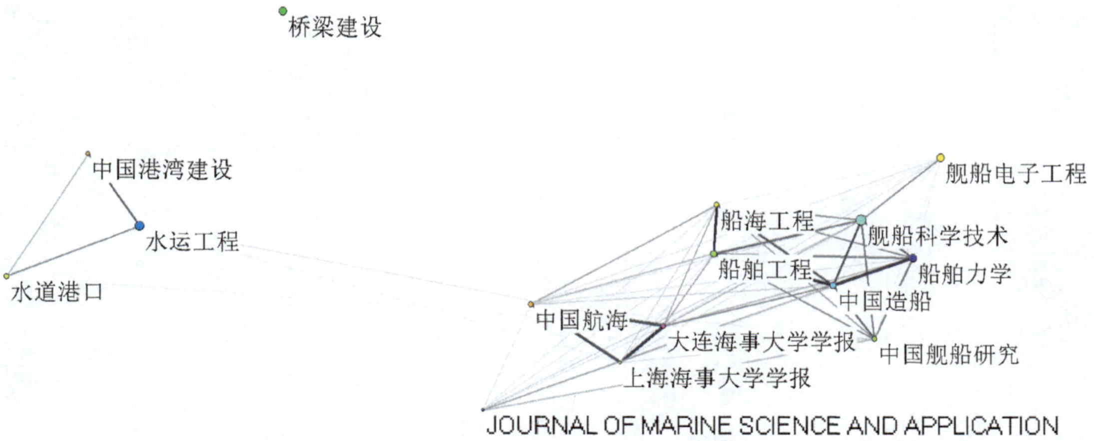

2019 年水路运输类期刊互引关系示意图

表 7-108　2019 年水路运输类期刊主要指标

CODE	刊名	核心总被引频次			核心影响因子			综合评价总分		学科扩散指标	学科影响指标	红点指标
		数值	排名	离均差率	数值	排名	离均差率	数值	排名			
I229	JOURNAL OF MARINE SCIENCE AND APPLICATION	149	15	–0.77	0.295	10	–0.28	31.0	12	4.07	0.67	0.00
X010	船舶工程	613	6	–0.05	0.287	11	–0.30	31.4	11	10.73	0.80	0.36
X633	船舶力学	931	4	0.44	0.354	8	–0.13	49.9	3	11.20	0.87	0.46
X635	船海工程	575	8	–0.11	0.237	13	–0.42	25.5	13	9.80	0.87	0.37
X024	大连海事大学学报	404	12	–0.38	0.507	4	0.24	58.2	2	11.40	0.87	0.29
Y522	舰船电子工程	905	5	0.40	0.214	14	–0.48	35.8	8	14.53	0.47	0.18
Y564	舰船科学技术	1467	1	1.26	0.532	2	0.30	60.1	1	20.27	0.93	0.40
X021	桥梁建设	982	3	0.52	1.016	1	1.48	49.0	4	7.13	0.33	0.82
X038	上海海事大学学报	222	14	–0.66	0.329	9	–0.20	36.8	7	6.60	0.73	0.31
X533	水道港口	458	10	–0.29	0.506	5	0.24	32.6	10	6.33	0.60	0.37
X528	水运工程	1120	2	0.73	0.261	12	–0.36	20.9	14	12.80	0.67	0.37
X035	中国港湾建设	365	13	–0.44	0.209	15	–0.49	9.0	15	6.67	0.47	0.41
X039	中国航海	415	11	–0.36	0.398	7	–0.03	34.8	9	7.13	0.87	0.36
N108	中国舰船研究	508	9	–0.22	0.516	3	0.26	37.2	6	9.33	0.67	0.37
X012	中国造船	608	7	–0.06	0.481	6	0.18	44.1	5	8.73	0.87	0.37
	15 种期刊平均值	648			0. 409							

航空、航天科学技术

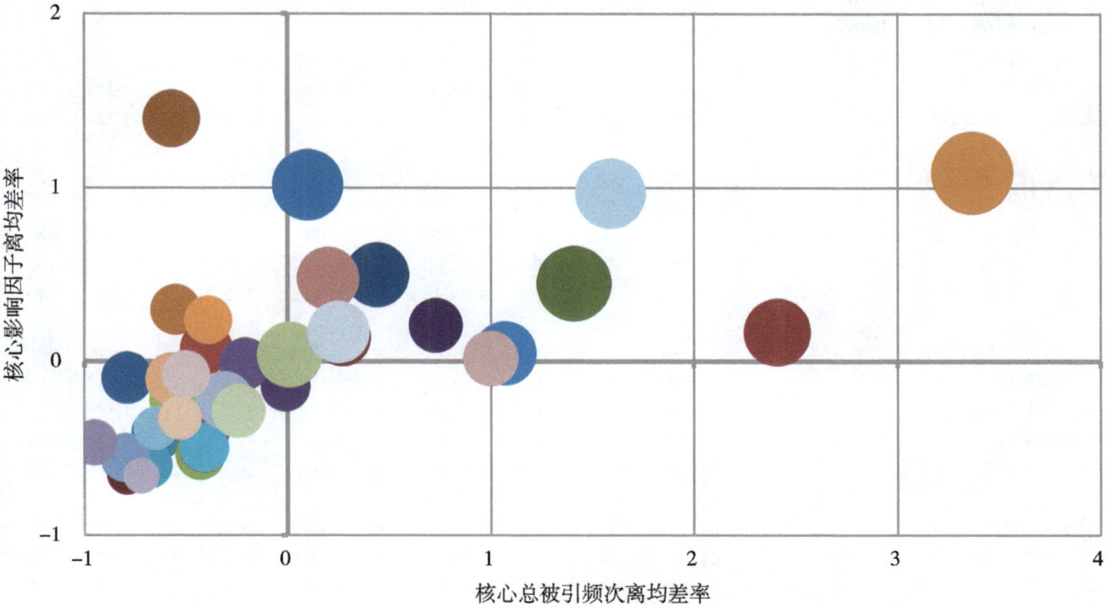

2019 年航空、航天科学技术类期刊核心总被引频次和核心影响因子离均差率的分布图
（节点大小表示综合评价总分）

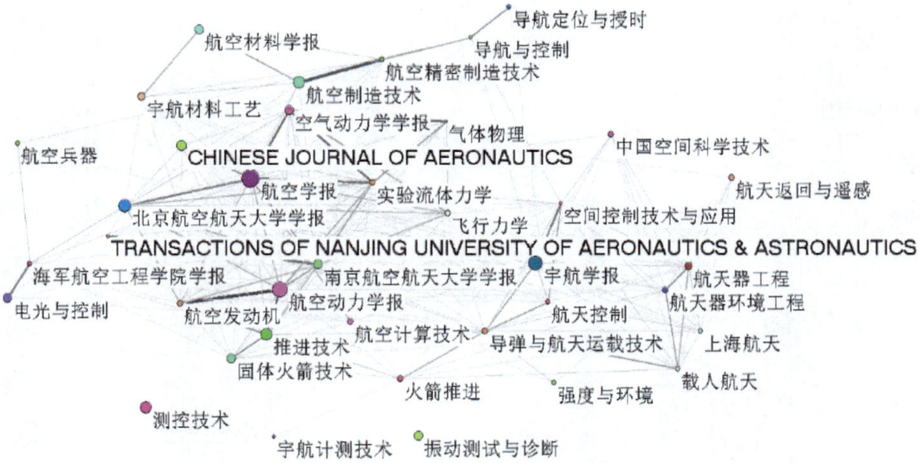

2019 年航空、航天科学技术类期刊互引关系示意图

表 7-109　2019 年航空、航天科学技术类期刊主要指标

CODE	刊名	核心总被引频次			核心影响因子			综合评价总分		学科扩散指标	学科影响指标	红点指标
		数值	排名	离均差率	数值	排名	离均差率	数值	排名			
I122	CHINESE JOURNAL OF AERONAUTICS	1219	8	0.44	0.763	5	0.50	49.2	7	6.71	0.87	0.00
I017	TRANSACTIONS OF NANJING UNIVERSITY OF AERONAUTICS & ASTRONAUTICS	175	36	−0.79	0.184	37	−0.64	20.0	37	2.26	0.37	0.00
Y001	北京航空航天大学学报	2037	4	1.41	0.737	7	0.45	66.5	2	12.21	0.89	0.37
Y022	测控技术	1460	7	0.73	0.616	10	0.21	34.3	16	7.61	0.63	0.39
Y503	导弹与航天运载技术	492	23	−0.42	0.284	31	−0.44	23.6	34	3.58	0.74	0.47
Y563	导航定位与授时	361	30	−0.57	1.226	1	1.40	38.6	13	2.08	0.29	0.30
Y585	导航与控制	178	35	−0.79	0.466	20	−0.09	31.6	20	2.18	0.34	0.33
R740	电光与控制	1071	9	0.27	0.580	13	0.14	38.7	12	6.11	0.63	0.47
Y006	飞行力学	532	18	−0.37	0.347	26	−0.32	30.5	22	3.53	0.76	0.55
Y013	固体火箭技术	838	14	−0.01	0.438	22	−0.14	29.2	25	4.21	0.79	0.43
Y029	海军航空工程学院学报	306	31	−0.64	0.301	29	−0.41	32.7	18	3.42	0.45	0.41
Y556	航空兵器	384	27	−0.55	0.665	8	0.30	29.5	23	2.97	0.63	0.41
Y027	航空材料学报	931	12	0.10	1.029	3	1.02	59.7	3	5.32	0.42	0.64
Y017	航空动力学报	2875	2	2.41	0.595	12	0.17	53.3	5	7.74	0.89	0.47
Y554	航空发动机	483	24	−0.43	0.239	34	−0.53	29.4	24	3.66	0.58	0.90
Y031	航空计算技术	510	20	−0.40	0.301	29	−0.41	24.1	33	4.16	0.68	0.41
Y012	航空精密制造技术	266	33	−0.68	0.210	36	−0.59	24.6	31	3.18	0.32	0.37
Y002	航空学报	3687	1	3.37	1.065	2	1.09	80.4	1	11.39	0.97	0.49
Y014	航空制造技术	1745	5	1.07	0.538	15	0.05	47.8	8	7.42	0.74	0.56
Y034	航天返回与遥感	504	21	−0.40	0.549	14	0.08	32.3	19	3.16	0.47	0.50
Y015	航天控制	369	28	−0.56	0.400	23	−0.22	27.7	28	3.21	0.55	0.38
Y033	航天器工程	669	15	−0.21	0.504	18	−0.01	31.5	21	4.89	0.79	0.23
Y032	航天器环境工程	494	22	−0.41	0.260	33	−0.49	28.9	26	4.03	0.71	0.46
Y040	火箭推进	515	19	−0.39	0.632	9	0.24	27.6	29	2.50	0.47	0.49
Y051	空间控制技术与应用	171	37	−0.80	0.229	35	−0.55	28.3	27	2.05	0.45	0.40
Y016	空气动力学学报	1017	11	0.20	0.753	6	0.48	46.2	9	4.79	0.68	0.59
Y026	南京航空航天大学学报	854	13	0.01	0.528	16	0.04	50.4	6	8.89	0.84	0.53
Y504	气体物理	45	38	−0.95	0.273	32	−0.46	24.4	32	0.58	0.24	0.36
Y009	强度与环境	295	32	−0.65	0.318	28	−0.38	22.0	36	2.53	0.66	0.47
Y555	上海航天	365	29	−0.57	0.458	21	−0.10	33.0	17	3.68	0.71	0.38
Y018	实验流体力学	583	17	−0.31	0.400	23	−0.22	39.4	11	4.42	0.66	0.39
Y025	推进技术	1689	6	1.00	0.519	17	0.02	36.1	14	5.32	0.84	0.56
Y020	宇航材料工艺	640	16	−0.24	0.366	25	−0.28	34.4	15	5.34	0.71	0.45
Y008	宇航计测技术	240	34	−0.72	0.176	38	−0.65	15.2	38	2.87	0.42	0.33
Y024	宇航学报	2186	3	1.59	1.003	4	0.97	58.7	4	7.66	0.95	0.42
Y057	载人航天	396	26	−0.53	0.347	26	−0.32	22.6	35	3.50	0.66	0.33
Y010	振动测试与诊断	1053	10	0.25	0.596	11	0.17	46.0	10	6.34	0.45	0.30
Y003	中国空间科学技术	421	25	−0.50	0.472	19	−0.07	27.0	30	3.29	0.55	0.42
	38 种期刊平均值	844			0.510							

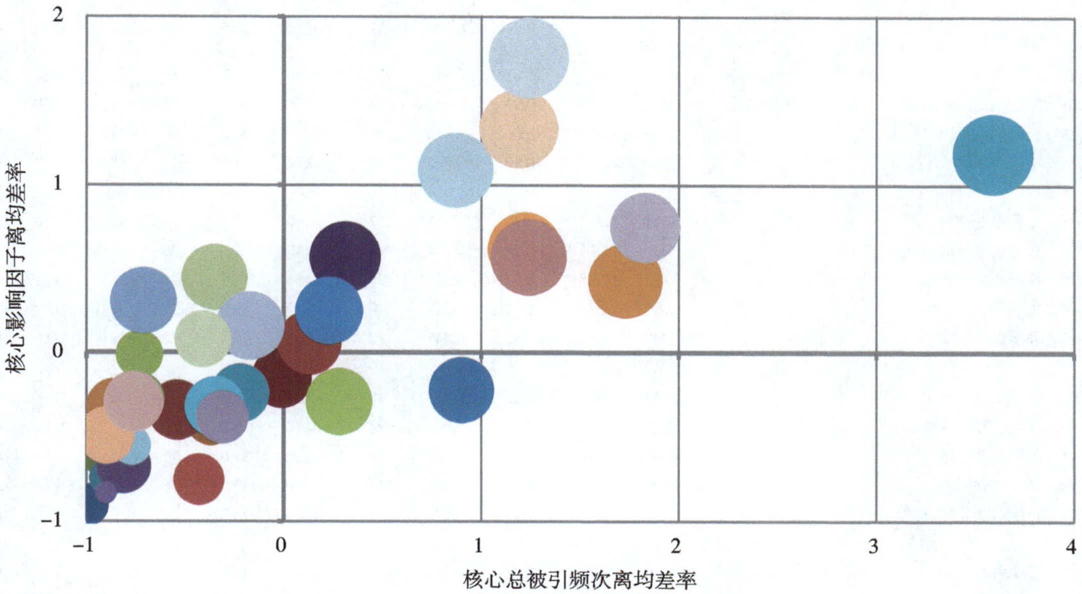

2019 年环境科学技术及资源科学技术类期刊核心总被引频次和核心影响因子离均差率的分布图
（节点大小表示综合评价总分）

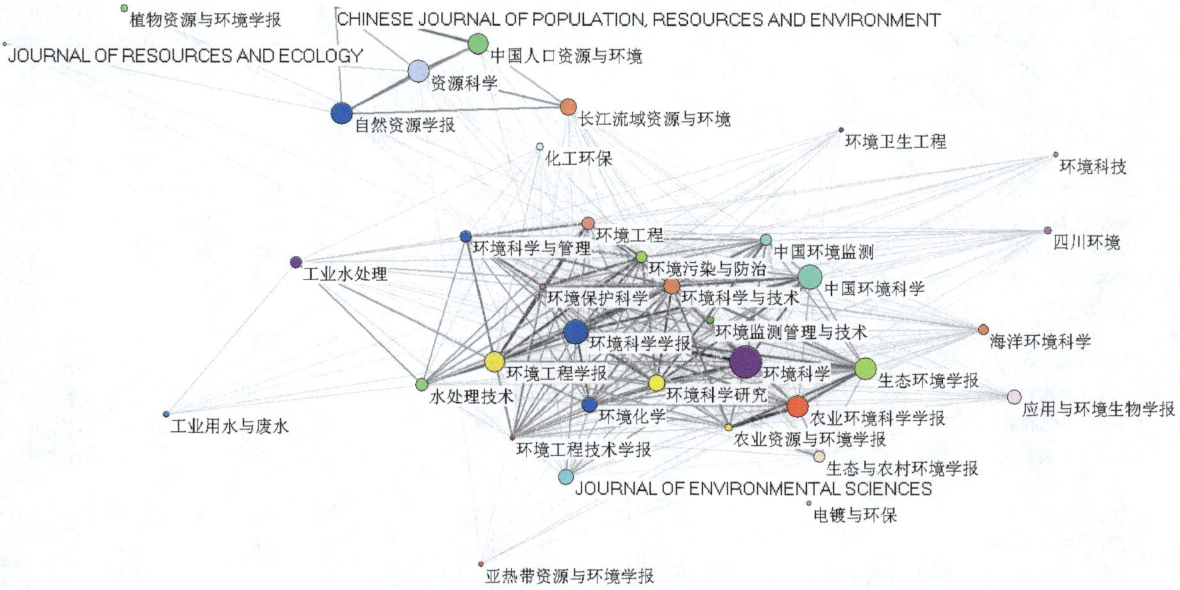

2019 年环境科学技术及资源科学技术类期刊互引关系示意图

表 7-110　2019 年环境科学技术及资源科学技术类期刊主要指标

CODE	刊名	核心总被引频次			核心影响因子			综合评价总分		学科扩散指标	学科影响指标	红点指标
		数值	排名	离均差率	数值	排名	离均差率	数值	排名			
I219	CHINESE JOURNAL OF POPULATION, RESOURCES AND ENVIRONMENT	37	37	−0.99	0.100	37	−0.90	20.5	33	0.62	0.14	0.00
Z027	JOURNAL OF ENVIRONMENTAL SCIENCES	2598	14	−0.01	0.871	17	−0.15	42.7	19	13.41	0.86	0.00
F208	JOURNAL OF RESOURCES AND ECOLOGY	209	36	−0.92	0.457	32	−0.56	36.2	25	2.81	0.30	0.43
Z029	长江流域资源与环境	3436	10	0.31	1.615	8	0.57	60.6	8	12.24	0.84	0.52
Z015	电镀与环保	290	33	−0.89	0.265	34	−0.74	17.0	35	2.32	0.32	0.38
Z013	工业水处理	1641	20	−0.37	0.615	27	−0.40	29.5	30	8.03	0.68	0.58
Z032	工业用水与废水	590	29	−0.78	0.614	28	−0.40	8.6	36	3.89	0.65	0.43
Z010	海洋环境科学	1196	23	−0.54	0.676	25	−0.34	41.8	20	7.70	0.81	0.39
Z009	化工环保	721	25	−0.73	0.749	20	−0.27	29.6	29	5.41	0.59	0.64
Z017	环境保护科学	508	30	−0.81	0.341	33	−0.67	35.7	26	6.14	0.86	0.49
Z005	环境工程	2036	16	−0.22	0.777	19	−0.24	40.8	21	11.57	0.78	0.61
Z550	环境工程技术学报	365	31	−0.86	0.696	24	−0.32	36.7	24	4.19	0.68	0.60
Z021	环境工程学报	4986	8	0.90	0.805	18	−0.22	51.0	15	15.49	0.84	0.54
D024	环境化学	2971	13	0.13	1.090	15	0.06	49.0	16	13.00	0.84	0.64
Z554	环境监测管理与技术	702	26	−0.73	1.020	16	−0.01	26.8	31	5.27	0.73	0.76
Z506	环境科技	362	32	−0.86	0.488	30	−0.53	21.8	32	4.03	0.70	0.60
Z004	环境科学	12057	1	3.59	2.256	3	1.19	77.3	1	20.16	0.95	0.78
Z003	环境科学学报	7171	3	1.73	1.466	10	0.43	65.9	6	19.32	0.97	0.68
Z002	环境科学研究	3234	12	0.23	1.288	12	0.25	54.6	11	14.46	0.97	0.67
Z521	环境科学与管理	1503	22	−0.43	0.255	35	−0.75	30.9	28	12.08	0.89	0.44
Z025	环境科学与技术	3355	11	0.28	0.727	22	−0.29	52.6	13	16.84	0.95	0.62
Z035	环境卫生工程	271	34	−0.90	0.175	36	−0.83	5.6	37	2.24	0.49	0.46
Z019	环境污染与防治	1708	18	−0.35	0.699	23	−0.32	43.3	18	11.41	0.86	0.68
Z008	农业环境科学学报	5834	6	1.22	1.669	6	0.62	65.5	7	12.89	0.97	0.72
H773	农业资源与环境学报	767	24	−0.71	1.351	11	0.31	52.9	12	6.46	0.78	0.59
H784	生态环境学报	5893	4	1.24	1.617	7	0.57	69.5	4	15.35	0.95	0.59
Z023	生态与农村环境学报	1705	19	−0.35	1.495	9	0.45	52.4	14	9.81	0.86	0.60
Z016	水处理技术	1804	17	−0.31	0.634	26	−0.38	33.2	27	8.03	0.65	0.63
Z007	四川环境	603	28	−0.77	0.458	31	−0.55	18.3	34	5.54	0.84	0.54
E047	亚热带资源与环境学报	262	35	−0.90	0.521	29	−0.49	38.4	23	3.27	0.46	0.41
F100	应用与环境生物学报	2171	15	−0.17	1.192	13	0.16	56.2	10	10.70	0.84	0.37
Z551	植物资源与环境学报	628	27	−0.76	0.735	21	−0.29	43.7	17	5.05	0.32	0.40
Z030	中国环境监测	1547	21	−0.41	1.110	14	0.08	38.6	22	8.35	0.78	0.65
Z001	中国环境科学	7424	2	1.83	1.799	5	0.75	59.2	9	18.46	0.89	0.64
Z546	中国人口资源与环境	4915	9	0.87	2.148	4	1.09	67.6	5	13.51	0.76	0.19
Z022	资源科学	5756	7	1.19	2.410	2	1.34	74.6	3	15.46	0.70	0.43
Z012	自然资源学报	5871	5	1.24	2.835	1	1.76	76.6	2	14.24	0.73	0.34
	37 种期刊平均值	2625			1.028							

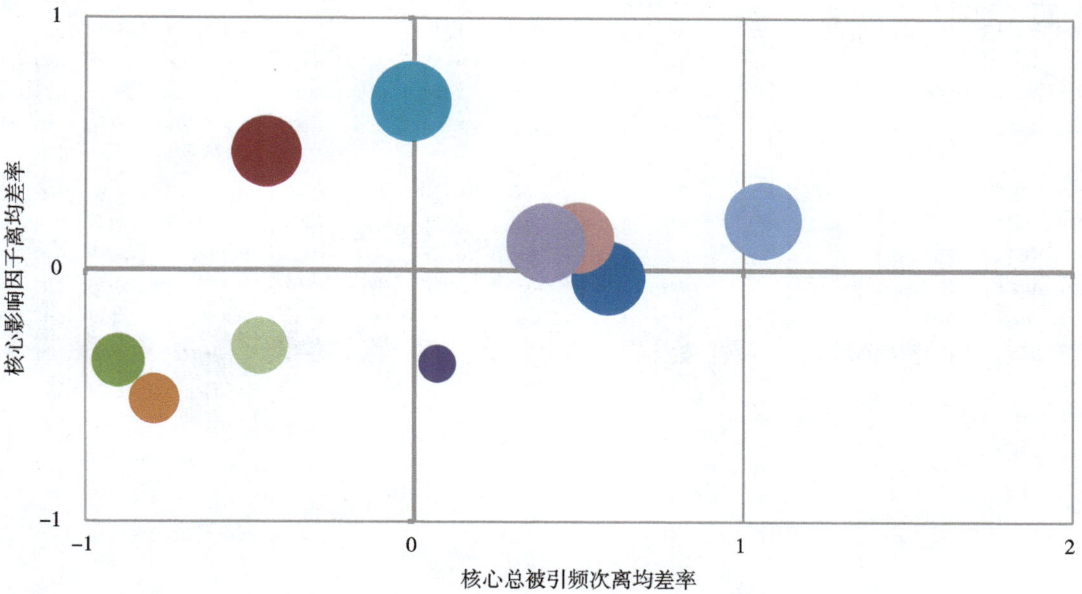

2019 年安全科学技术类期刊核心总被引频次和核心影响因子离均差率的分布图
（节点大小表示综合评价总分）

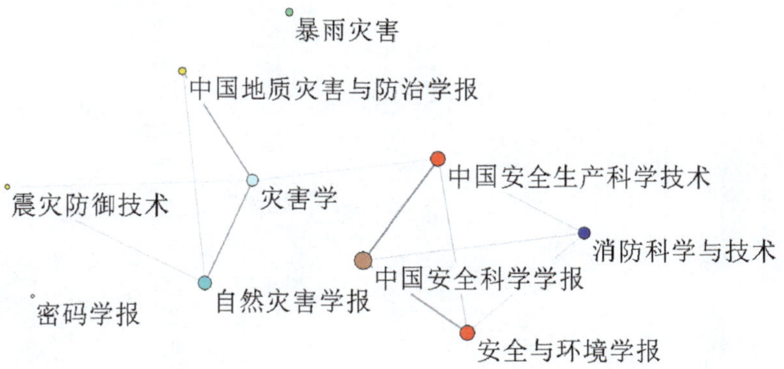

2019 年安全科学技术类期刊互引关系示意图

表 7-111　2019 年安全科学技术类期刊主要指标

CODE	刊名	核心总被引频次			核心影响因子			综合评价总分		学科扩散指标	学科影响指标	红点指标
		数值	排名	离均差率	数值	排名	离均差率	数值	排名			
Z549	安全与环境学报	2379	2	0.59	0.792	6	-0.03	61.8	4	56.10	0.70	0.95
E045	暴雨灾害	814	7	-0.45	1.201	2	0.47	57.1	5	9.30	0.50	0.20
R119	密码学报	144	10	-0.90	0.522	8	-0.36	33.0	8	5.60	0.10	0.15
T953	消防科学与技术	1599	5	0.07	0.517	9	-0.37	16.1	10	19.00	0.50	0.63
E148	灾害学	1475	6	-0.01	1.364	1	0.67	74.4	1	32.10	0.90	0.44
E316	震灾防御技术	311	9	-0.79	0.402	10	-0.51	28.9	9	8.40	0.60	0.20
G129	中国安全科学学报	3067	1	1.06	0.980	3	0.20	67.9	3	49.40	0.80	0.36
Z552	中国安全生产科学技术	2241	3	0.50	0.923	4	0.13	56.9	6	38.40	0.70	0.37
E604	中国地质灾害与防治学报	797	8	-0.47	0.575	7	-0.30	36.6	7	20.20	0.90	0.42
E137	自然灾害学报	2088	4	0.40	0.908	5	0.11	72.2	2	41.10	0.90	0.33
	10 种期刊平均值	1492			0.818							

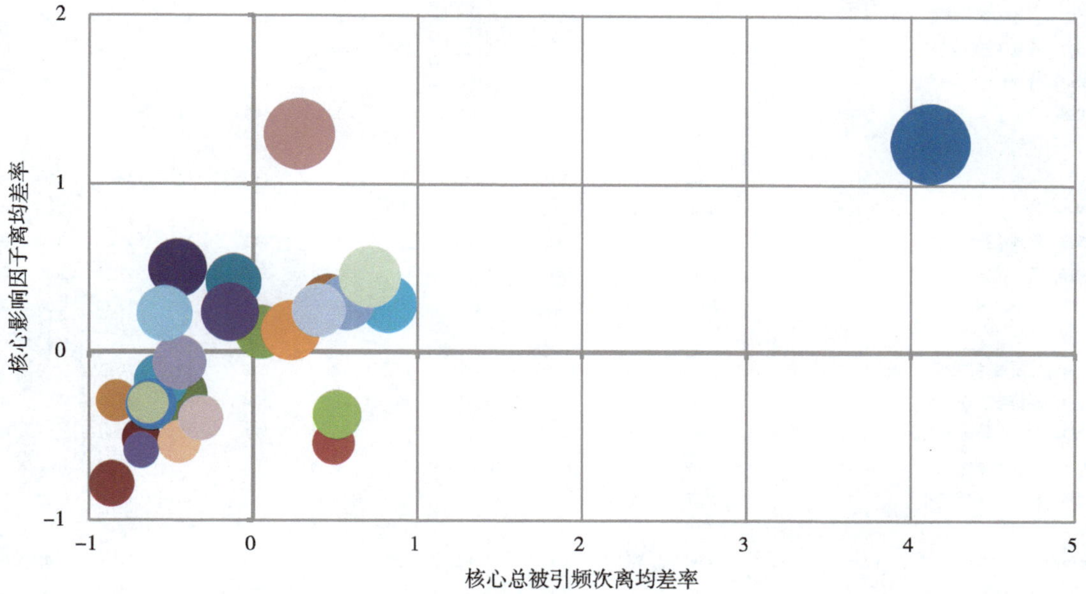

2019 年管理学类期刊核心总被引频次和核心影响因子离均差率的分布图
（节点大小表示综合评价总分）

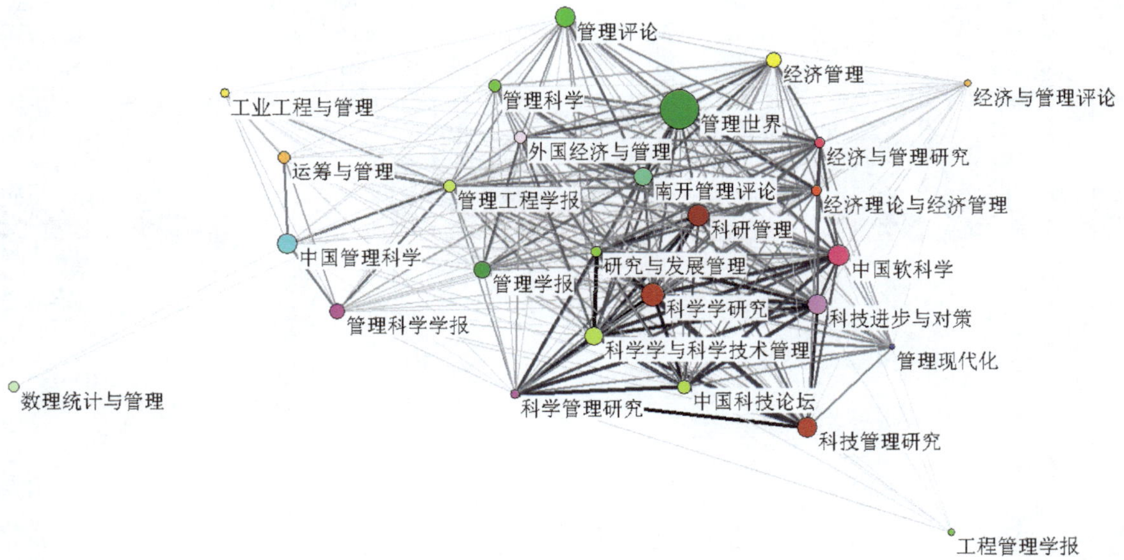

2019 年管理学类期刊互引关系示意图

表 7-112　2019 年管理学类期刊主要指标

CODE	刊名	核心总被引频次			核心影响因子			综合评价总分		学科扩散指标	学科影响指标	红点指标
		数值	排名	离均差率	数值	排名	离均差率	数值	排名			
S712	工程管理学报	435	25	-0.81	0.400	26	-0.71	2.6	27	5.22	0.48	0.44
N110	工业工程与管理	746	23	-0.68	0.674	22	-0.51	21.1	25	7.70	0.74	0.31
W007	管理工程学报	1278	16	-0.45	1.024	16	-0.25	44.4	10	9.56	1.00	0.47
W018	管理科学	1262	18	-0.46	2.056	3	0.50	47.9	6	8.19	1.00	0.38
W008	管理科学学报	2053	12	-0.12	1.947	5	0.42	44.3	11	11.26	1.00	0.23
W025	管理评论	3402	7	0.46	1.789	6	0.30	43.2	12	14.33	1.00	0.43
S744	管理世界	11942	1	4.12	3.090	2	1.25	91.4	1	18.04	1.00	0.31
S745	管理现代化	335	27	-0.86	0.300	27	-0.78	29.3	19	6.15	0.63	0.42
W016	管理学报	2452	11	0.05	1.534	13	0.12	39.6	16	11.19	1.00	0.35
S759	经济管理	2003	13	-0.14	1.709	10	0.24	48.3	5	11.33	1.00	0.41
S762	经济理论与经济管理	1022	20	-0.56	1.146	15	-0.17	42.0	13	9.30	1.00	0.36
S230	经济与管理评论	401	26	-0.83	0.980	17	-0.29	24.4	23	5.44	0.56	0.49
S773	经济与管理研究	880	21	-0.62	0.951	19	-0.31	37.6	17	8.96	0.85	0.53
S812	科技管理研究	3469	6	0.49	0.625	24	-0.54	25.2	22	19.15	0.96	0.56
R588	科技进步与对策	3521	5	0.51	0.871	20	-0.37	33.1	18	15.70	1.00	0.59
S816	科学管理研究	736	24	-0.68	0.582	25	-0.58	17.7	26	6.96	0.67	0.53
W514	科学学研究	4246	2	0.82	1.778	8	0.29	47.4	7	16.26	1.00	0.52
S818	科学学与科学技术管理	2876	10	0.23	1.551	12	0.13	50.2	4	12.22	0.96	0.41
W531	科研管理	3654	4	0.57	1.781	7	0.30	44.6	8	12.33	1.00	0.55
S776	南开管理评论	2981	9	0.28	3.153	1	1.30	71.4	2	9.74	1.00	0.40
W009	数理统计与管理	838	22	-0.64	0.964	18	-0.30	23.9	24	12.11	0.81	0.14
S795	外国经济与管理	1277	17	-0.45	1.292	14	-0.06	41.0	14	8.22	0.96	0.35
S821	研究与发展管理	1062	19	-0.54	1.686	11	0.23	44.4	9	7.11	0.93	0.59
B522	运筹与管理	1290	15	-0.45	0.649	23	-0.53	26.2	21	10.04	0.78	0.33
W021	中国管理科学	3277	8	0.40	1.713	9	0.25	41.0	15	15.04	1.00	0.35
A098	中国科技论坛	1592	14	-0.32	0.832	21	-0.39	28.7	20	10.89	0.93	0.50
S825	中国软科学	3997	3	0.71	1.988	4	0.45	54.5	3	19.26	1.00	0.40
	27 种期刊平均值	2334			1.373							

表 8 2019 年中国科技核心期刊综合评价总分排名

CODE	刊名	核心总被引频次		核心影响因子		综合评价总分*	
		数值	排名	数值	排名	数值	排名
H527	草业学报	4798	86	1.787	90	96.7	1
A103	中国科学 物理学力学天文学	604	1345	0.454	1454	43.5; 42.5; 94.8	2
X031	中国公路学报	2556	287	1.305	216	94.5	3
G147	中华结核和呼吸杂志	3951	118	1.634	123	93.9	4
G156	中华内科杂志	3547	146	2.195	44	93.9	4
H030	中国农业科学	12159	9	2.302	34	93.6	6
E305	地理学报	11280	14	5.794	1	92.7	7
G978	中华消化外科杂志	2591	278	2.409	29	92.3	8
S744	管理世界	11942	11	3.090	12	91.4	9
G139	中华耳鼻咽喉头颈外科杂志	2313	324	1.002	417	91.3	10
H034	作物学报	5984	57	1.651	116	91.3	10
G023	南方医科大学学报	2208	351	0.936	477	90.8	12
E046	心理学报	2860	240	1.223	254	90.6	13
A108	中国科学 地球科学	4952	78	2.242	42	90.4	14
S026	自动化学报	4006	111	2.349	33	90.4	14
W003	水利学报	4805	85	1.877	78	90.0	16
G146	中华护理杂志	7736	28	2.942	13	89.7	17
X005	铁道学报	2004	406	0.688	865	89.6	18
K015	中国矿业大学学报	2966	220	1.993	66	89.4; 76.9	19
X672	交通运输工程学报	1034	907	0.888	544	89.2	20
L031	石油勘探与开发	5269	70	3.637	4	88.3	21
H279	农业工程学报	19953	3	2.116	53	88.2	22
C005	岩石力学与工程学报	11119	16	1.998	65	87.4; 88.2	22
L028	石油学报	5707	64	3.439	7	87.8	24
N051	机械工程学报	9188	24	1.279	228	87.7	25
U006	食品科学	18820	4	1.656	114	87.6	26
G152	中华流行病学杂志	4786	87	1.786	91	86.4	27
G143	中华骨科杂志	2985	216	1.747	99	86.2	28
M012	金属学报	2784	252	1.223	254	85.7	29
D004	分析试验室	1916	440	0.911	509	42.0; 85.5	30
G138	中华儿科杂志	3901	122	1.541	153	85.3	31
F009	植物生态学报	5105	73	2.004	64	85.0	32
T101	化工进展	4033	109	0.879	557	84.9	33
E152	测绘学报	3207	189	2.253	40	84.6	34
Z014	生态学报	25080	1	2.675	20	84.5	35
F015	昆虫学报	2002	409	0.892	536	84.2	36
H577	植物保护	2836	243	1.120	307	83.8	37
H280	林业科学	4560	94	1.097	320	83.6	38

表 8　2019 年中国科技核心期刊综合评价总分排名（自然科学）（续）

CODE	刊名	核心总被引频次		核心影响因子		综合评价总分*	
		数值	排名	数值	排名	数值	排名
Z006	遥感学报	2247	336	1.842	83	83.5	39
T007	化工学报	4426	97	0.812	643	83.3	40
N066	仪器仪表学报	4691	90	1.903	76	83.2	41
E111	湖泊科学	2814	248	1.742	101	82.8	42
S919	心理科学进展	2912	229	0.897	530	82.8	42
G106	中国康复医学杂志	3564	144	1.303	219	82.7	44
G197	中华神经科杂志	4251	101	1.965	71	82.6	45
S018	计算机学报	3615	137	2.786	16	82.5	46
H404	农药学学报	993	944	0.915	506	63.2; 82.5	46
F011	微生物学通报	2819	246	1.082	337	82.4	48
H012	土壤学报	5473	67	2.542	24	82.3	49
G170	中华心血管病杂志	4686	92	2.050	59	82.2	50
N008	兵工学报	2292	329	0.832	611	81.8	51
R006	电子学报	3537	148	1.085	331	81.5	52
K017	煤炭学报	9705	22	2.189	45	81.3	53
H890	植物营养与肥料学报	6170	51	2.610	22	81.3	53
G501	临床肝胆病杂志	3720	130	1.766	96	81.1	55
G132	中国中药杂志	13040	7	2.178	47	80.8	56
H039	园艺学报	4374	98	1.059	363	80.7	57
H018	西北农林科技大学学报自然科学版	3149	195	0.848	590	80.6	58
G142	中华妇产科杂志	3131	197	1.823	85	80.5	59
F231	动物营养学报	4000	112	1.220	258	80.4	60
Y002	航空学报	3687	132	1.065	355	80.4	60
R040	中国电机工程学报	21334	2	2.756	18	80.3	62
U053	纺织学报	1944	433	0.753	743	80.2	63
G416	海南医学院学报	2707	257	0.816	637	80.1	64
H008	水产学报	2644	267	1.099	319	80.0	65
G172	中华血液学杂志	1692	528	1.023	402	80.0	65
R065	通信学报	1909	444	1.242	244	79.6	67
G776	中国全科医学	7106	37	1.448	174	79.5	68
C073	工程热物理学报	2217	349	0.378	1652	79.1; 44.5	69
X004	中国铁道科学	1380	688	0.747	754	79.1	69
M103	材料导报	4179	104	0.707	824	78.9	71
W013	水科学进展	2900	230	1.775	95	78.9	71
T098	表面技术	1875	454	0.837	604	78.6	73
X685	交通运输系统工程与信息	1295	733	0.872	566	78.1	74
G140	中华放射学杂志	2997	215	1.566	141	78.1	74
E309	岩石学报	10544	19	1.877	78	77.8	76
G272	中国实用外科杂志	3976	117	2.301	35	77.8	76
G164	中华外科杂志	3084	202	1.932	73	77.8	76
Z004	环境科学	12057	10	2.256	39	77.3	79
G161	中华肾脏病杂志	1348	701	0.891	539	77.3	79
G119	中国循环杂志	3546	147	2.758	17	77.2	81

表 8 2019 年中国科技核心期刊综合评价总分排名（自然科学）（续）

CODE	刊名	核心总被引频次		核心影响因子		综合评价总分*	
		数值	排名	数值	排名	数值	排名
R066	中国激光	4063	107	1.421	181	77.1	82
G021	第三军医大学学报	2327	322	0.761	731	76.7	83
T014	塑料工业	1722	510	0.736	780	76.7	83
G793	中华胃肠外科杂志	2784	252	1.560	145	76.6	85
Z012	自然资源学报	5871	60	2.835	15	76.6	85
G600	中国针灸	4862	84	1.566	141	76.5	87
A010	北京师范大学学报自然科学版	707	1206	0.575	1130	76.4	88
G299	中国组织工程研究	7141	36	0.819	632	76.1	89
E107	武汉大学学报信息科学版	3432	159	1.066	353	65.1; 75.9	90
G176	中华医学杂志	7354	32	1.233	248	75.9	90
F205	生物技术通报	1837	469	0.706	825	75.6	92
G267	中国实用内科杂志	2103	374	1.392	189	75.5	93
M028	中国有色金属学报	3308	175	0.701	840	75.3	94
G182	中国中西医结合杂志	4336	99	1.253	240	75.1	95
M104	TRANSACTIONS OF NONFERROUS METALS SOCIETY OF CHINA	3442	157	1.087	329	75.0	96
E357	地学前缘	5288	69	1.515	156	75.0	96
T102	精细化工	1328	712	0.694	853	74.9	98
R022	电子与信息学报	3024	211	1.063	358	74.8	99
G148	中华口腔医学杂志	1092	849	0.812	643	74.8	99
H028	果树学报	2824	245	1.350	204	74.7	101
G141	中华放射医学与防护杂志	1036	904	0.891	539	74.7	101
E153	地球物理学报	7537	30	1.210	262	74.6	103
R059	系统工程与电子技术	3042	208	0.909	511	74.6; 58.9	103
G454	中国医院管理	3353	169	1.743	100	74.6	103
Z022	资源科学	5756	63	2.410	28	74.6	103
E148	灾害学	1475	638	1.364	197	61.9; 74.4	107
G043	华西口腔医学杂志	862	1064	0.794	678	74.2	108
S019	电力系统自动化	15229	5	3.651	3	74.1	109
H053	中南林业科技大学学报	2536	290	1.486	164	74.0; 67.8	110
G072	中华生殖与避孕杂志	1255	754	1.139	298	73.8	111
G396	中国循证医学杂志	1993	413	1.268	233	73.7; 67.8	112
G604	中国实验方剂学杂志	11576	12	2.120	51	73.6	113
F049	生物多样性	2794	250	1.640	120	73.4	114
G173	中华眼科杂志	1909	444	0.963	451	73.2	115
C004	岩土力学	9747	21	1.431	179	73.1; 71.2	116
Z018	应用生态学报	14071	6	2.293	36	73.1	116
G282	中华男科学杂志	1696	525	1.035	394	73.1	116
C002	工程力学	4575	93	1.165	287	72.9; 52.2	119
G127	中国医学影像技术	3031	210	1.189	273	72.9	119
T003	工程塑料应用	1565	586	0.664	920	72.8	121
G318	中国药房	7213	34	1.097	320	72.8	121
G177	中华预防医学杂志	2865	238	1.909	74	72.8	121

表 8 2019 年中国科技核心期刊综合评价总分排名（自然科学）（续）

CODE	刊名	核心总被引频次		核心影响因子		综合评价总分*	
		数值	排名	数值	排名	数值	排名
L029	天然气工业	4904	82	2.459	26	72.6	124
G850	辽宁中医药大学学报	4156	106	0.746	757	72.2	125
G007	中草药	11160	15	2.169	48	72.2	125
E137	自然灾害学报	2088	379	0.908	512	72.2; 45.9	125
A075	科学通报	7055	39	0.836	606	72.0	128
S011	软件学报	3529	151	1.979	69	72.0	128
G859	中华中医药学刊	6507	48	1.083	334	72.0; 59.3	128
T034	农药	1762	497	0.781	704	48.4; 71.7	131
H555	中国生态农业学报	4248	102	2.112	55	71.7	131
H020	中国水稻科学	1584	576	1.645	118	71.7	131
E656	地球信息科学学报	1992	414	1.866	81	71.6	134
F035	应用昆虫学报	1933	437	0.622	1019	71.6	134
V044	建筑结构学报	3344	171	1.073	342	71.5	136
S776	南开管理评论	2981	217	3.153	11	71.4	137
G010	中医杂志	6850	44	1.376	195	71.0	138
H027	中国农业大学学报	2163	363	1.055	370	70.8	139
G400	中国康复理论与实践	2613	273	1.135	299	70.7	140
E310	地理研究	7286	33	3.926	2	70.6	141
G059	南京中医药大学学报	1379	690	1.048	378	70.6	141
G005	第二军医大学学报	1407	671	0.810	649	70.5	143
N033	光学精密工程	3992	114	1.618	125	70.5	143
Z008	农业环境科学学报	5834	61	1.669	111	70.5; 65.5	143
B025	系统工程理论与实践	4536	95	1.239	246	70.4	146
C091	光谱学与光谱分析	4688	91	0.790	688	70.3; 67.7	147
G324	实用医学杂志	6524	47	1.040	387	70.2	148
C006	物理学报	6859	43	0.773	714	70.0	149
H014	植物保护学报	1890	449	1.153	292	70.0	149
V028	城市规划学刊	2019	399	2.025	62	69.8	151
G910	中华中医药杂志	10902	17	1.353	201	69.6; 52.5	152
R039	电网技术	12644	8	3.215	10	69.5	153
H784	生态环境学报	5893	59	1.617	127	60.1; 69.5	153
F047	中国实验动物学报	714	1198	0.827	618	69.5	153
G125	中国医学科学院学报	998	939	0.849	587	69.5	153
G096	中国病理生理杂志	2335	320	0.979	439	69.4	157
K512	采矿与安全工程学报	2564	281	1.271	232	69.3	158
F004	微生物学报	1799	484	0.809	653	69.3	158
H052	植物病理学报	1190	795	0.885	548	69.2	160
E115	地球科学进展	3513	153	1.280	227	69.1	161
H044	中国生物防治学报	1304	726	1.223	254	69.0	162
R021	电子测量与仪器学报	2052	391	1.300	221	68.9	163
M001	理化检验化学分册	1575	580	0.603	1057	68.8	164
S001	控制与决策	3873	125	1.435	178	68.7	165
E584	地理科学进展	5088	74	3.261	9	68.4	166

表8 2019年中国科技核心期刊综合评价总分排名（自然科学）（续）

CODE	刊名	核心总被引频次		核心影响因子		综合评价总分*	
		数值	排名	数值	排名	数值	排名
N006	爆炸与冲击	1526	612	0.956	457	68.2	167
H025	北京林业大学学报	2227	345	1.047	380	68.2; 63.5	167
C099	中国光学	907	1022	1.595	134	68.2; 57.9	167
K001	中南大学学报自然科学版	3570	143	0.600	1064	68.2	167
G997	国际口腔医学杂志	621	1320	0.593	1086	68.0	171
G985	中国艾滋病性病	2086	381	1.353	201	68.0	171
H278	农业机械学报	7693	29	1.597	131	67.9	173
G129	中国安全科学学报	3067	205	0.980	438	67.9	173
Z546	中国人口资源与环境	4915	81	2.148	50	67.6	175
I072	CELL RESEARCH	1944	433	1.857	82	67.5	176
E010	地质学报	6001	56	1.903	76	67.5	176
G039	中南大学学报医学版	1217	782	0.709	822	67.5	176
C050	光学学报	4778	88	1.659	112	67.2	179
G093	针刺研究	2047	392	2.038	61	67.1	180
T106	塑料	954	969	0.811	648	67.0	181
V037	岩土工程学报	6925	40	1.341	207	67.0	181
G642	中国肿瘤	2299	327	2.611	21	66.9	183
G017	北京中医药大学学报	2511	292	1.047	380	66.7	184
E654	中国地质	3224	186	2.374	31	66.7	184
T022	中国塑料	1145	824	0.677	887	66.6	186
Y001	北京航空航天大学学报	2037	394	0.737	776	66.5; 52.3	187
G276	临床耳鼻咽喉头颈外科杂志	2244	339	0.684	876	66.5	187
G554	眼科新进展	1430	666	0.842	598	66.0	189
Z003	环境科学学报	7171	35	1.466	169	65.9	190
H281	林业科学研究	2066	385	1.164	288	65.8	191
E001	气象学报	3236	183	1.638	121	65.8	191
E122	应用气象学报	2449	298	2.605	23	65.8	191
L006	石油与天然气地质	3259	180	1.972	70	65.7	194
M029	稀有金属	1382	684	0.955	458	65.7	194
G118	中国修复重建外科杂志	2133	368	1.392	189	65.6	196
G231	中华肝脏病杂志	2311	326	1.510	158	65.6	196
E005	高原气象	3376	165	2.090	57	65.5	198
D030	化学学报	1778	489	1.748	98	65.5	198
T005	硅酸盐学报	2186	355	0.752	747	65.3	200
J001	清华大学学报自然科学版	2235	344	0.757	736	65.3	200
X018	汽车工程	1792	485	0.787	691	65.1	202
G116	中华危重病急救医学	2572	280	1.742	101	65.1	202
G951	现代中西医结合杂志	6010	55	0.756	739	65.0	204
G253	中国卫生统计	2344	319	0.967	448	65.0	204
G739	中华糖尿病杂志	1681	533	2.430	27	65.0	204
E109	大气科学	3284	178	1.594	135	64.9	207
G073	首都医科大学学报	1066	878	0.932	483	64.9	207
G963	现代预防医学	6712	46	1.153	292	64.9	207

表 8 2019 年中国科技核心期刊综合评价总分排名（自然科学）（续）

CODE	刊名	核心总被引频次		核心影响因子		综合评价总分*	
		数值	排名	数值	排名	数值	排名
G154	中华泌尿外科杂志	2313	324	1.505	160	64.9	207
H287	水土保持学报	6114	53	1.723	105	64.8	211
F022	ZOOLOGICAL RESEARCH	643	1291	0.737	776	64.7	212
G225	重庆医学	6780	45	0.763	729	64.6	213
F020	西北植物学报	4299	100	1.040	387	64.6	213
G233	中国矫形外科杂志	3245	181	0.922	495	64.5	215
N030	振动与冲击	6885	41	0.883	551	64.3	216
A005	北京大学学报自然科学版	1317	720	0.757	736	64.2	217
H234	草业科学	3753	128	1.406	186	64.2	217
G157	中华皮肤科杂志	1442	658	0.635	985	64.2	217
G002	北京大学学报医学版	1392	678	0.779	706	64.1	220
F100	应用与环境生物学报	2171	360	1.192	271	56.2; 64.1	220
H238	植物遗传资源学报	2348	317	1.788	89	64.1	220
G226	中国普通外科杂志	2082	382	1.421	181	64.1	220
H290	中国水产科学	1824	474	0.887	545	64.1	220
G052	军事医学	717	1194	0.421	1537	64.0	225
G883	中国实验血液学杂志	1487	634	0.791	686	64.0	225
E352	气象	4041	108	1.904	75	63.9	227
H958	中国农学通报	10080	20	0.656	934	63.9	227
D005	分析化学	3193	192	1.169	281	63.8	229
N754	中国工程科学	1505	624	0.920	498	63.8	229
I037	CHINESE JOURNAL OF CANCER RESEARCH	910	1017	3.591	5	63.7	231
D012	色谱	2693	260	1.786	91	63.7	231
N060	传感技术学报	2183	357	1.041	386	63.6	233
X007	铁道科学与工程学报	1087	855	0.475	1395	63.6	233
G908	中国学校卫生	3355	166	0.890	542	63.6	233
G654	护理研究	6132	52	0.737	776	63.5	236
H224	西北林学院学报	2641	269	1.085	331	63.5; 52.7	236
G155	中华内分泌代谢杂志	1842	465	0.947	463	63.4	238
G875	中华实用儿科临床杂志	3063	206	1.001	419	63.4	238
E116	吉林大学学报地球科学版	1982	417	0.670	905	43.7; 63.2	240
C007	强激光与粒子束	1392	678	0.290	1836	63.2	240
G121	中国药理学通报	3537	148	1.423	180	63.2	240
Q005	辐射研究与辐射工艺学报	192	1961	0.538	1232	63.1	243
G192	中国脊柱脊髓杂志	1900	447	1.166	285	63.1	243
G179	中华肿瘤杂志	2175	359	2.045	60	63.1	243
G133	中国肿瘤临床	2245	337	1.414	183	63.0	246
E003	海洋学报	2088	379	0.875	562	62.9	247
G515	中华全科医学	3285	177	0.969	446	62.8	248
E130	地理科学	6102	54	2.890	14	62.7	249
N102	电力系统保护与控制	9158	25	3.312	8	62.7	249
G066	上海交通大学学报医学版	1225	774	0.493	1356	62.7	249
R501	热力发电	1644	553	1.030	398	28.2; 62.6	252

表8 2019年中国科技核心期刊综合评价总分排名（自然科学）（续）

CODE	刊名	核心总被引频次		核心影响因子		综合评价总分*	
		数值	排名	数值	排名	数值	排名
G102	中国公共卫生	4159	105	1.159	289	62.4	253
H262	东北林业大学学报	2329	321	0.768	721	62.3; 57.6	254
D506	化学进展	1678	534	0.767	722	62.2	255
M052	稀有金属材料与工程	2926	226	0.430	1512	62.1	256
G511	山东医药	6885	41	0.729	790	62.0	257
G202	肾脏病与透析肾移植杂志	741	1170	0.805	658	62.0	257
H013	华南农业大学学报	1048	888	0.881	555	61.9	259
H056	水土保持研究	3929	121	1.475	165	61.9	259
G081	西安交通大学学报医学版	911	1014	0.833	609	61.9	259
G901	中国当代儿科杂志	1678	534	1.059	363	61.9	259
G111	中国免疫学杂志	2131	370	1.061	360	61.9	259
Z549	安全与环境学报	2379	311	0.792	683	61.8	264
B522	运筹与管理	1290	734	0.649	957	61.8; 26.2	264
E350	矿物学报	1189	797	0.894	533	61.7	266
W009	数理统计与管理	838	1082	0.964	450	61.7; 23.9	266
S004	机器人	1552	601	1.653	115	61.6	268
H021	南京农业大学学报	1481	636	0.906	518	61.6	268
G079	卫生研究	1458	650	0.688	865	61.6	268
V029	土木工程学报	3820	126	1.227	252	61.4	271
G117	中国心理卫生杂志	2613	273	0.905	519	61.4	271
H773	农业资源与环境学报	767	1146	1.351	203	61.2; 52.9	273
G008	药学学报	3240	182	1.387	191	61.2	273
N103	中国表面工程	764	1149	0.786	693	61.2	273
G123	中国医科大学学报	1224	775	0.704	833	61.2	273
T536	塑料科技	1042	897	0.652	947	61.1	277
H019	浙江农林大学学报	1239	765	0.986	432	61.0; 51.5	278
I237	FRONTIERS OF MEDICINE	373	1664	1.466	169	60.9	279
E142	地球科学	3301	176	1.754	97	60.9	279
S025	计算机工程与应用	5765	62	0.875	562	60.8	281
Z029	长江流域资源与环境	3436	158	1.615	128	60.6	282
H266	经济林研究	1166	810	1.325	210	60.6	282
Z543	遥感技术与应用	1525	614	1.034	395	60.6	282
G181	中山大学学报医学科学版	796	1117	0.716	808	60.6	282
V050	城市规划	2647	266	1.202	264	60.5	286
D022	分析测试学报	2375	312	1.255	238	54.1; 60.5	286
F038	植物生理学报	3584	140	1.230	249	60.5	286
G826	现代肿瘤医学	3330	173	0.617	1027	60.3	289
S021	计算机研究与发展	2792	251	1.591	137	60.2	290
F214	生物技术进展	374	1662	0.826	621	60.2	290
R043	电工技术学报	10582	18	2.527	25	60.1	292
Y564	舰船科学技术	1467	642	0.532	1251	60.1	292
C325	菌物研究	290	1805	1.263	235	60.0; 53.9	294
A527	贵州师范大学学报自然科学版	489	1485	0.857	580	59.9	295

表 8　2019 年中国科技核心期刊综合评价总分排名（自然科学）（续）

CODE	刊名	核心总被引频次		核心影响因子		综合评价总分*	
		数值	排名	数值	排名	数值	排名
G483	世界中医药	3610	138	1.001	419	59.9; 48.4	295
G860	医学综述	4935	80	0.731	788	59.9	295
X036	长安大学学报自然科学版	814	1099	0.552	1197	59.8; 44.0	298
Y027	航空材料学报	931	995	1.029	399	59.7	299
D024	环境化学	2971	218	1.090	326	49.0; 59.7	299
G766	实用心脑肺血管病杂志	1829	471	0.905	519	48.7; 59.7	299
H294	中国畜牧兽医	2838	241	0.907	516	59.7	299
H033	南京林业大学学报自然科学版	1618	560	0.868	571	59.6; 52.2	303
G408	中华创伤骨科杂志	1851	461	1.221	257	59.5	304
G302	中华疾病控制杂志	2874	236	1.612	129	59.5	304
P003	动力工程学报	1230	770	0.782	701	59.4	306
R514	激光与光电子学进展	2944	222	1.291	224	59.3	307
G014	吉林大学学报医学版	931	995	0.663	923	59.3	307
G596	上海针灸杂志	2624	272	0.936	477	59.3	307
G538	中国癌症杂志	1498	631	1.876	80	59.2	310
Z001	中国环境科学	7424	31	1.799	87	59.2	310
G001	ACTA PHARMACOLOGICA SINICA	1339	705	1.074	340	59.1	312
G624	生殖医学杂志	1325	715	1.089	327	59.1	312
E599	经济地理	7081	38	2.367	32	59.0	314
Z023	生态与农村环境学报	1705	520	1.495	162	59.0; 52.4	314
E300	地球学报	2284	331	1.462	172	58.9	316
E008	海洋与湖沼	1880	452	0.697	846	58.9	316
G646	辽宁中医杂志	5489	66	0.823	623	58.9	316
A017	浙江大学学报工学版	2008	403	0.643	970	58.9	316
G417	中国护理管理	3681	133	1.650	117	58.9	316
H202	作物杂志	1762	497	1.252	241	58.9	316
Y007	材料工程	2040	393	1.014	409	58.8	322
R084	红外与激光工程	3071	204	0.871	567	58.8	322
G228	中国实用妇科与产科杂志	2899	231	2.019	63	58.8	322
Y024	宇航学报	2186	355	1.003	414	58.7	325
G137	中华创伤杂志	1448	654	0.863	575	58.7	325
R748	现代电子技术	3211	188	0.565	1159	58.6	327
A066	陕西师范大学学报自然科学版	422	1577	0.342	1731	58.4	328
E154	水文地质工程地质	1841	466	1.061	360	58.4; 41.7	328
G045	四川大学学报医学版	1014	925	0.649	957	58.4	328
H004	西南大学学报自然科学版	1772	490	0.601	1061	58.3	331
X024	大连海事大学学报	404	1608	0.507	1326	58.2; 36.5	332
J003	哈尔滨工业大学学报	2163	363	0.676	891	58.2	332
R758	雷达学报	480	1507	1.549	150	58.2	332
F215	生命科学	1067	877	0.668	910	58.2	332
H023	畜牧兽医学报	1870	456	0.821	627	58.2	332
U013	纺织高校基础科学学报	227	1915	0.583	1112	58.1	337
A537	科学技术与工程	6204	50	0.564	1162	58.1	337

表 8　2019 年中国科技核心期刊综合评价总分排名（自然科学）（续）

CODE	刊名	核心总被引频次		核心影响因子		综合评价总分*	
		数值	排名	数值	排名	数值	排名
G488	针灸临床杂志	2416	305	0.926	489	58.1	337
H205	中国油料作物学报	1562	589	1.274	230	58.1	337
H057	土壤通报	3575	142	1.167	283	58.0	341
F024	遗传	1690	529	1.153	292	58.0	341
M015	JOURNAL OF MATERIALS SCIENCE & TECHNOLOGY	1717	514	1.329	209	57.9	343
P011	燃烧科学与技术	516	1443	0.629	1000	57.9	343
D013	CHINESE JOURNAL OF CATALYSIS	1973	418	1.229	251	57.8	345
H222	农业现代化研究	1343	704	1.260	236	57.7	346
G716	中国卫生政策研究	1267	747	1.192	271	57.7	346
M628	中国冶金	989	947	1.211	261	57.7	346
G266	口腔医学研究	1203	788	0.689	863	57.6	349
G188	细胞与分子免疫学杂志	1355	699	0.722	798	57.6	349
F023	植物学报	1677	536	1.400	187	57.6	349
T949	应用化工	1709	518	0.481	1378	57.5	352
E313	中国海洋大学学报自然科学版	1283	736	0.372	1671	57.3; 49.3; 51.0	353
G644	中国医药导报	5457	68	0.660	930	57.3	353
H001	茶叶科学	1014	925	1.049	375	57.2	355
A004	华中师范大学学报自然科学版	438	1554	0.356	1692	57.2	355
S003	系统仿真学报	2878	233	0.535	1242	57.2	355
G221	中国临床心理学杂志	2725	256	1.159	289	57.2	355
E045	暴雨灾害	814	1099	1.201	266	25.0; 57.1	359
G846	中国中西医结合肾病杂志	2078	383	0.628	1005	21.8; 57.1	359
Z552	中国安全生产科学技术	2241	341	0.923	493	56.9	361
G273	中国实用儿科杂志	1654	548	1.096	323	56.9	361
Y019	复合材料学报	2659	265	0.982	435	56.8	363
J051	工程科学与技术	1348	701	0.856	581	56.8	363
G362	国际检验医学杂志	3422	160	0.547	1207	56.8	363
L518	天然气地球科学	3032	209	1.355	198	56.8	363
M050	钢铁	1856	459	1.407	185	56.7	367
N059	中国机械工程	3895	123	0.739	771	56.7	367
G194	中华医院感染学杂志	9229	23	1.109	313	56.6	369
G800	胃肠病学	1309	725	1.017	406	56.5	370
A036	中山大学学报自然科学版	1005	934	0.545	1211	56.4	371
H037	棉花学报	1034	907	1.596	132	56.2	372
F250	现代生物医学进展	4731	89	0.558	1180	56.2	372
A109	中国科学 技术科学	1256	753	0.740	768	56.2	372
E009	地质论评	3171	193	1.626	124	56.1	375
H003	华中农业大学学报	1209	786	0.977	442	56.1	375
A107	中国科学 生命科学	1084	856	0.801	669	56.1	375
A636	中国科学院院刊	1699	523	1.832	84	56.1	375
U005	食品工业科技	11390	13	0.935	480	56.0	379
G422	中国脑血管病杂志	990	946	1.545	152	56.0	379

表 8　2019 年中国科技核心期刊综合评价总分排名（自然科学）（续）

CODE	刊名	核心总被引频次		核心影响因子		综合评价总分*	
		数值	排名	数值	排名	数值	排名
G429	中国食品卫生杂志	1397	674	1.117	308	56.0	379
M045	矿冶工程	1159	815	0.696	848	55.9	382
B015	数学的实践与认识	1892	448	0.242	1933	55.9	382
G728	中华骨质疏松和骨矿盐疾病杂志	749	1159	2.092	56	55.9	382
G195	中华超声影像学杂志	1614	561	0.820	631	55.8	385
G012	安徽医科大学学报	1534	607	0.578	1119	55.7	386
N039	功能材料	1952	430	0.410	1561	55.7	386
N021	焊接学报	2685	261	0.716	808	55.7	386
G048	解放军医学杂志	1560	592	1.383	192	55.7	386
G068	复旦学报医学版	659	1269	0.613	1038	55.5	390
T019	中国医药工业杂志	1037	901	0.437	1494	25.8; 55.5	390
A106	中国科学 化学	1203	788	0.595	1079	55.4	392
S016	计算机应用研究	4940	79	0.962	453	55.3	393
Z028	生态学杂志	7879	27	1.644	119	55.3	393
G787	中国健康教育	1962	426	1.014	409	55.3	393
G174	中华检验医学杂志	1536	606	1.031	396	55.3	393
H748	麦类作物学报	2523	291	1.064	356	55.2	397
E126	石油实验地质	2064	386	2.381	30	55.2	397
V529	国际城市规划	1134	827	1.266	234	55.1	399
A016	兰州大学学报自然科学版	1074	867	0.717	805	55.1	399
R036	电子科技大学学报	767	1146	0.624	1012	55.0; 43.2	401
H006	东北农业大学学报	1429	667	0.742	764	55.0	401
G390	口腔疾病防治	473	1513	0.649	957	55.0	401
T017	林产化学与工业	658	1271	0.652	947	50.2; 55.0	401
G030	广州中医药大学学报	1568	585	0.985	433	54.9	405
S157	国际生殖健康/计划生育杂志	501	1466	0.736	780	54.9	405
Q911	国际眼科杂志	2133	368	0.589	1098	54.9	405
P004	内燃机学报	684	1238	0.747	754	54.9	405
V051	建筑材料学报	1825	473	0.794	678	54.8	409
J032	同济大学学报自然科学版	2348	317	0.484	1370	54.8	409
Q008	原子能科学技术	1026	914	0.338	1742	54.7	411
G743	中华耳科学杂志	1129	829	0.929	486	54.7	411
Z002	环境科学研究	3234	184	1.288	225	54.6	413
G452	疾病监测	1950	431	1.468	167	54.5	414
H051	森林与环境学报	735	1180	1.057	368	54.5	414
S825	中国软科学	3997	113	1.988	67	54.5	414
A058	河南师范大学学报自然科学版	430	1568	0.511	1318	54.4	417
G077	华中科技大学学报医学版	650	1281	0.636	983	54.4	417
X030	西安交通大学学报	1994	412	0.772	716	54.4	417
G769	中国病毒病杂志	513	1447	1.314	215	54.4; 54.4	417
G186	重庆医科大学学报	1073	869	0.514	1307	54.3	421
M030	工程科学学报	1589	572	0.769	719	54.3	421
G882	环境与职业医学	1299	730	1.069	349	54.3	421

表 8 2019 年中国科技核心期刊综合评价总分排名（自然科学）（续）

CODE	刊名	核心总被引频次		核心影响因子		综合评价总分*	
		数值	排名	数值	排名	数值	排名
H740	林业工程学报	1070	875	0.837	604	54.3	421
D027	煤炭转化	585	1366	0.685	872	54.3	421
S029	计算机应用	3780	127	1.069	349	54.2	426
H223	热带作物学报	2220	348	0.693	855	54.2	426
R083	中国图象图形学报	2145	366	1.494	163	54.2	426
G062	山东大学学报医学版	829	1085	0.577	1123	54.1	429
L532	中国石油勘探	1451	653	3.553	6	54.1	429
H049	环境昆虫学报	1020	920	0.591	1092	43.8; 54.0	431
R566	水资源保护	1231	769	1.732	103	54.0	431
G517	中国微生态学杂志	1903	446	0.784	695	18.9; 54.0	431
L001	中国石油大学学报自然科学版	1927	439	0.958	455	52.2; 53.9	434
G853	中国实验诊断学	2444	299	0.596	1072	53.9	434
G410	标记免疫分析与临床	1459	648	0.841	601	53.8	436
R026	光电工程	974	957	0.879	557	53.8	436
N084	摩擦学学报	1254	755	1.168	282	53.8	436
W012	河海大学学报自然科学版	1091	851	1.128	304	53.7; 49.6	439
A054	华东师范大学学报自然科学版	403	1613	0.266	1883	53.7	439
G091	浙江大学学报医学版	438	1554	0.513	1310	53.6	441
Z010	海洋环境科学	1196	792	0.676	891	41.8; 53.5	442
G168	中华消化杂志	1735	506	0.982	435	53.5	442
E591	国土资源遥感	1241	764	1.101	315	53.4	444
G886	介入放射学杂志	1840	467	1.049	375	53.4	444
F255	中国生物工程杂志	951	972	0.513	1310	53.4	444
G832	中国中医药信息杂志	2837	242	0.791	686	53.4; 43.3	444
J030	北京工业大学学报	1284	735	0.710	820	53.3	448
Y017	航空动力学报	2875	235	0.595	1079	53.3	448
H042	核农学报	3355	166	1.720	106	53.2	450
U007	中国食品学报	3743	129	1.076	339	53.2	450
T008	过程工程学报	853	1071	0.466	1420	53.1	452
F003	生物工程学报	1049	887	0.650	954	53.1	452
G320	中国肺癌杂志	1443	656	1.730	104	53.1	452
H283	江西农业大学学报	1407	671	0.709	822	53.0	455
R049	水力发电学报	1846	463	1.010	411	53.0	455
S015	模式识别与人工智能	987	949	1.199	268	52.9	457
E113	沉积学报	3155	194	1.135	299	52.8	458
K022	金属矿山	2631	271	0.596	1072	52.8	458
E642	热带海洋学报	742	1168	0.629	1000	52.8	458
H909	玉米科学	2190	354	0.968	447	52.8	458
E155	海洋地质与第四纪地质	1564	588	0.745	758	52.7; 33.3	462
F010	水生生物学报	1996	411	0.925	490	52.7	462
E600	测绘科学	2359	316	0.809	653	52.6	464
Z025	环境科学与技术	3355	166	0.727	794	52.6	464
G756	中国循证儿科杂志	702	1214	0.993	428	52.6; 50.2; 51.3	464

表 8　2019 年中国科技核心期刊综合评价总分排名（自然科学）（续）

CODE	刊名	核心总被引频次		核心影响因子		综合评价总分*	
		数值	排名	数值	排名	数值	排名
I201	CHINESE MEDICAL JOURNAL	3346	170	0.688	865	52.5	467
A117	食品科学技术学报	601	1349	1.366	196	52.5	467
G206	中国介入影像与治疗学	853	1071	1.067	351	52.5	467
H208	中国烟草科学	1487	634	1.378	194	52.5	467
G036	郑州大学学报医学版	865	1060	0.744	761	52.4	471
G057	东南大学学报医学版	923	1002	0.769	719	52.2	472
H068	南方水产科学	1000	937	1.166	285	52.2	472
G946	上海中医药大学学报	915	1009	0.638	979	52.2	472
G109	中国临床药理学杂志	3629	136	0.958	455	52.1	475
H270	西南林业大学学报	958	967	0.945	467	52.0; 39.7	476
C034	质谱学报	627	1309	1.000	421	42.9; 52.0	476
G876	中华老年心脑血管病杂志	2003	407	0.873	565	51.7; 52.0	476
A064	西南师范大学学报自然科学版	1011	927	0.366	1680	51.9	479
G097	中国超声医学杂志	2367	315	1.053	371	51.9	479
G325	口腔医学	793	1119	0.523	1277	51.8	481
G812	中医药学报	1585	574	0.782	701	51.8; 42.3	481
S006	计算机科学	3398	163	0.757	736	51.7	483
X017	武汉理工大学学报交通科学与工程版	899	1029	0.533	1250	51.7; 28.7	483
L504	油气地质与采收率	1740	504	2.241	43	51.7	483
R038	高电压技术	8421	26	2.158	49	51.6	486
R724	电子设计工程	2931	224	0.677	887	51.5	487
F043	动物学杂志	886	1037	0.398	1608	51.5	487
G552	磁共振成像	779	1135	0.879	557	51.4	489
E601	古地理学报	1499	630	1.274	230	51.4	489
A032	西北大学学报自然科学版	686	1235	0.415	1550	51.4	489
T004	硅酸盐通报	2586	279	0.512	1312	51.3	492
G945	中国职业医学	1360	697	1.555	147	51.3	492
G271	临床放射学杂志	2395	308	0.691	858	51.2	494
G373	中国微创外科杂志	2207	352	1.087	329	51.2	494
H024	沈阳农业大学学报	1107	841	0.742	764	51.1	496
G973	中国呼吸与危重监护杂志	782	1131	0.685	872	51.1	496
G867	中国实用口腔科杂志	780	1133	0.719	802	51.1	496
G541	中国卫生资源	679	1247	1.133	301	51.1	496
G367	中华实用诊断与治疗杂志	2222	347	1.083	334	51.1	496
Z021	环境工程学报	4986	77	0.805	658	51.0	501
G222	临床麻醉学杂志	2560	285	1.201	266	51.0	501
H035	浙江大学学报农业与生命科学版	886	1037	0.573	1135	51.0	501
G193	中国医学影像学杂志	1511	618	0.953	459	51.0	501
G011	CHINESE JOURNAL OF CANCER	798	1113	0.810	649	50.9	505
G304	中国临床医学影像杂志	1257	752	0.701	840	50.9	505
E006	海洋科学进展	545	1412	0.802	668	50.8	507
Z317	中国科学 信息科学	786	1128	0.631	996	48.6; 50.8	507
A102	中国科学院大学学报	508	1453	0.519	1292	50.8	507

表 8　2019 年中国科技核心期刊综合评价总分排名（自然科学）（续）

CODE	刊名	核心总被引频次		核心影响因子		综合评价总分*	
		数值	排名	数值	排名	数值	排名
G597	中西医结合心脑血管病杂志	3889	124	0.637	982	45.8; 50.8	507
E145	海洋科学	1526	612	0.348	1720	50.7	511
G906	世界科学技术-中医药现代化	2167	362	0.663	923	50.7; 43.0	511
H015	水土保持通报	2675	263	0.882	553	50.7	511
X521	铁道工程学报	1052	886	0.411	1559	50.7	511
G211	中国糖尿病杂志	1963	425	0.945	467	50.7	511
G009	中国药学杂志	3391	164	0.924	491	50.7	511
G264	肠外与肠内营养	869	1054	1.234	247	50.6	517
G234	中国动脉硬化杂志	1366	694	0.904	523	50.6	517
S725	中国卫生经济	2141	367	1.101	315	50.6	517
X006	上海交通大学学报	1763	495	0.448	1465	50.5	520
G719	吉林中医药	2541	289	0.911	509	50.4; 40.0	521
Y026	南京航空航天大学学报	854	1069	0.528	1263	50.4; 37.8	521
H199	江苏农业学报	1720	511	1.189	273	50.3	523
K009	煤田地质与勘探	1594	567	0.963	451	50.3	523
X532	汽车安全与节能学报	284	1820	0.568	1149	50.3	523
H210	中国农业气象	1767	493	1.529	155	49.9; 50.3	523
G591	中华医院管理杂志	1770	491	1.129	303	50.3	523
I159	JOURNAL OF ZHEJIANG UNIVERSITY SCIENCE B	523	1437	0.665	915	37.3; 50.2	528
S818	科学学与科学技术管理	2876	234	1.551	149	50.2	528
H043	土壤	3077	203	1.509	159	50.1	530
G326	胃肠病学和肝病学杂志	1556	594	0.720	800	50.1	530
B020	应用数学和力学	650	1281	0.643	970	31.1; 50.1	530
H567	中国农业科技导报	1393	677	0.861	578	50.1	530
E024	地球化学	1763	495	0.905	519	50.0	534
H032	华北农学报	2153	365	1.017	406	50.0	534
H245	基因组学与应用生物学	2673	264	0.613	1038	50.0	534
A061	南京师大学报自然科学版	287	1813	0.249	1914	50.0	534
F225	微生物学杂志	726	1186	0.645	964	50.0	534
T063	现代化工	1718	513	0.462	1430	50.0	534
G817	协和医学杂志	498	1472	1.593	136	50.0	534
X633	船舶力学	931	995	0.354	1699	49.9; 22.1	541
G389	上海中医药杂志	2469	294	0.729	790	49.9; 40.5	541
F029	JOURNAL OF INTEGRATIVE PLANT BIOLOGY	1822	476	0.825	622	49.8	543
J033	华中科技大学学报自然科学版	1514	617	0.618	1025	49.8	543
A025	南京大学学报自然科学版	618	1325	0.422	1535	49.8	543
G120	中国药科大学学报	720	1192	0.610	1047	49.8; 38.4	543
E102	成都理工大学学报自然科学版	877	1046	0.500	1343	36.9; 49.7	547
F001	生理学报	482	1504	0.667	912	39.2; 49.7	547
G224	实用口腔医学杂志	1061	880	0.787	691	49.7	547
G112	中国人兽共患病学报	1262	749	0.766	726	49.7	547
G283	上海口腔医学	622	1317	0.571	1139	49.6	551
A078	福建师范大学学报自然科学版	290	1805	0.295	1827	49.5	552

表 8　2019 年中国科技核心期刊综合评价总分排名（自然科学）（续）

CODE	刊名	核心总被引频次		核心影响因子		综合评价总分*	
		数值	排名	数值	排名	数值	排名
D020	高等学校化学学报	2009	402	0.690	861	49.5	552
G187	解放军医学院学报	1188	800	0.608	1050	49.5	552
K005	煤炭科学技术	4524	96	1.587	138	49.5	552
G237	中国现代医学杂志	3664	134	0.753	743	49.5	552
G685	中医学报	3043	207	0.809	653	49.5	552
F019	MOLECULAR PLANT	1762	497	1.618	125	49.4	558
F027	四川动物	745	1166	0.442	1480	49.4	558
G243	中国医院药学杂志	3462	155	0.902	524	49.4	558
E150	地震地质	1565	586	0.928	488	49.3	561
G089	营养学报	1364	695	0.792	683	49.3	561
G277	中国内镜杂志	1701	522	1.031	396	49.3	561
G689	中华妇幼临床医学杂志电子版	616	1328	0.684	876	34.3; 49.3	561
I122	CHINESE JOURNAL OF AERONAUTICS	1219	780	0.763	729	49.2	565
T001	高分子材料科学与工程	1964	422	0.629	1000	49.2	565
X032	西南交通大学学报	1415	670	0.862	576	49.2	565
G645	中国循证心血管医学杂志	1735	506	0.819	632	43.4; 49.2; 48.8	565
J028	东南大学学报自然科学版	1246	759	0.426	1522	49.1	569
G671	解放军医药杂志	1592	569	1.037	390	49.1	569
C001	力学学报	1656	547	1.988	67	49.1	569
X634	隧道建设	1120	833	0.823	623	28.4; 49.1	569
G337	中国感染与化疗杂志	1594	567	2.699	19	49.1	569
G608	放射学实践	1915	441	0.970	444	49.0	574
E140	空间科学学报	337	1728	0.279	1855	49.0; 16.4	574
X021	桥梁建设	982	951	1.016	408	49.0	574
G328	新乡医学院学报	1006	933	0.814	640	49.0	574
H045	干旱地区农业研究	2916	227	0.939	474	48.9	578
S012	计算机工程	3602	139	0.844	593	48.9	578
C103	固体力学学报	439	1553	0.569	1145	48.7	580
G503	护理学杂志	6491	49	1.230	249	48.7	580
G607	临床儿科杂志	1469	640	0.642	973	48.7	580
H069	南方农业学报	2401	307	1.107	314	48.7	580
G555	中华急诊医学杂志	2432	301	1.258	237	48.7	580
D021	高分子学报	1296	731	1.043	385	48.6	585
G586	实用妇产科杂志	2022	398	0.989	431	48.6	585
A105	中国科学 数学	309	1775	0.108	2056	48.5	587
G564	中药新药与临床药理	1501	628	1.100	318	48.5	587
N085	兵器材料科学与工程	622	1317	0.382	1645	48.4	589
A030	东北师大学报自然科学版	384	1644	0.292	1831	48.4	589
A055	湖南师范大学自然科学学报	227	1915	0.410	1561	48.4	589
E106	矿床地质	2613	273	1.058	366	48.4	589
G651	微生物与感染	193	1960	0.564	1162	48.4	589
H288	西北农业学报	2425	304	0.848	590	48.4	589
G524	中国中医急症	3977	116	0.773	714	48.4	589

表 8 2019 年中国科技核心期刊综合评价总分排名（自然科学）（续）

CODE	刊名	核心总被引频次		核心影响因子		综合评价总分*	
		数值	排名	数值	排名	数值	排名
G858	中华肿瘤防治杂志	2176	358	1.046	383	48.4	589
S759	经济管理	2003	407	1.709	108	44.4; 48.3	597
G075	中华眼科医学杂志电子版	114	2038	0.455	1450	48.3	597
G028	广西医科大学学报	1244	760	0.562	1168	48.2	599
T016	高校化学工程学报	939	986	0.596	1072	48.1	600
G034	航天医学与医学工程	445	1545	0.575	1130	48.1	600
A024	武汉大学学报理学版	389	1637	0.419	1541	48.1	600
U010	现代食品科技	3985	115	0.946	464	48.1	600
G035	河北医科大学学报	1574	582	0.850	586	48.0	604
N089	中国工程机械学报	336	1731	0.388	1630	48.0	604
G135	中华病理学杂志	1479	637	0.822	626	48.0	604
W018	管理科学	1262	749	2.056	58	47.9	607
K030	中国矿业	1712	517	0.577	1123	47.9	607
Y014	航空制造技术	1745	503	0.538	1232	47.8	609
F018	菌物学报	1357	698	1.071	347	47.8	609
Q908	临床肺科杂志	2819	246	0.766	726	47.8	609
N023	流体机械	1497	632	1.344	206	47.8	609
U035	食品与发酵工业	4889	83	1.116	309	47.8	609
E023	天文学报	151	2004	0.310	1796	47.8	609
G520	中成药	5185	72	1.036	393	47.8	609
V036	中国给水排水	3228	185	0.483	1372	47.8	609
G105	中国寄生虫学与寄生虫病杂志	1222	776	1.563	143	47.8	609
G183	中药材	5035	76	0.827	618	47.8	609
N069	机床与液压	2610	276	0.344	1726	47.7	619
N005	火力与指挥控制	1890	449	0.600	1064	47.6	620
N071	热加工工艺	3942	120	0.329	1765	47.6	620
E308	地球物理学进展	3344	171	0.865	573	47.5	622
X020	交通信息与安全	552	1396	0.764	728	47.5	622
N759	生命科学仪器	168	1986	0.220	1968	47.5	622
G087	药物分析杂志	3104	198	1.072	344	47.5	622
A580	应用基础与工程科学学报	877	1046	0.625	1009	47.5	622
W514	科学学研究	4246	103	1.778	94	47.4	627
M022	中国稀土学报	872	1052	1.059	363	47.4	627
H700	江苏农业科学	5968	58	0.559	1176	47.3	629
G281	医学研究生学报	1965	421	1.248	242	47.3	629
G623	中国现代神经疾病杂志	842	1081	0.797	674	47.3	629
G254	中华普通外科杂志	1910	443	0.931	484	47.3	629
R090	电力自动化设备	5071	75	2.179	46	47.2	633
W502	水利水电科技进展	933	991	1.088	328	47.2	633
N017	爆破	713	1200	0.830	615	47.1	635
J024	大连理工大学学报	707	1206	0.568	1149	47.1	635
E311	海洋通报	995	942	0.767	722	47.1	635
J004	华南理工大学学报自然科学版	1168	807	0.316	1787	47.1	635

表 8 2019 年中国科技核心期刊综合评价总分排名（自然科学）（续）

CODE	刊名	核心总被引频次		核心影响因子		综合评价总分*	
		数值	排名	数值	排名	数值	排名
G056	免疫学杂志	992	945	1.111	310	47.1	635
G648	中华骨与关节外科杂志	810	1103	0.996	426	47.1	635
G150	中华老年医学杂志	1682	532	0.821	627	47.1	635
A112	江西师范大学学报自然科学版	314	1766	0.357	1690	47.0	642
G664	临床和实验医学杂志	3102	200	0.784	695	47.0	642
M020	有色金属冶炼部分	888	1036	0.605	1054	47.0	642
M053	中国材料进展	799	1112	0.477	1391	47.0	642
E004	地球科学与环境学报	719	1193	1.072	344	46.9	646
E127	地质通报	3946	119	0.749	751	46.9	646
G498	国际骨科学杂志	500	1468	0.665	915	46.9	646
E563	热带地理	919	1007	0.865	573	46.9	646
G633	中国血液净化	1158	816	0.717	805	46.9; 28.9	646
J075	ENGINEERING	357	1704	0.919	500	46.8	651
F016	生物化学与生物物理进展	702	1214	0.436	1496	46.8	651
V039	中国园林	2007	405	0.823	623	43.3; 46.8	651
R559	重庆邮电大学学报自然科学版	491	1481	0.759	733	46.7; 41.1	654
X025	哈尔滨工程大学学报	1530	610	0.604	1056	46.7	654
G746	实用肝脏病杂志	1503	625	1.304	218	46.7	654
A041	天津大学学报	994	943	0.545	1211	46.7	654
G122	中国药理学与毒理学杂志	913	1012	0.559	1176	46.7	654
A052	华南师范大学学报自然科学版	417	1583	0.372	1671	46.6	659
F203	生理科学进展	620	1322	0.717	805	46.6	659
R009	西安电子科技大学学报自然科学版	859	1065	0.805	658	46.6; 33.2	659
G262	中华肝胆外科杂志	1518	616	1.277	229	46.6	659
A199	电力建设	1589	572	1.323	213	46.5	663
J021	重庆大学学报自然科学版	1096	847	0.564	1162	46.4	664
A002	浙江大学学报理学版	488	1488	0.467	1418	46.4	664
N050	机械科学与技术	1595	566	0.539	1230	46.3	666
D003	无机材料学报	1115	839	0.544	1215	46.3	666
F008	植物科学学报	1074	867	1.000	421	46.3	666
E026	地质力学学报	739	1174	1.131	302	38.3; 46.2	669
Y016	空气动力学学报	1017	922	0.753	743	46.2	669
E549	地球与环境	1030	911	0.951	460	46.1	671
G249	中国骨与关节损伤杂志	2505	293	0.918	501	46.1	671
A645	科技导报	2129	371	0.738	773	46.0	673
A063	厦门大学学报自然科学版	579	1373	0.340	1735	46.0	673
S024	遥感信息	915	1009	0.711	818	46.0	673
Y010	振动测试与诊断	1053	885	0.596	1072	46.0	673
N104	中国惯性技术学报	1037	901	0.943	469	46.0	673
R532	传感器与微系统	2241	341	0.661	929	45.9	678
G940	国际心血管病杂志	406	1605	0.544	1215	45.9	678
G775	动物医学进展	1324	716	0.446	1471	45.8	680
B021	系统科学与数学	533	1420	0.413	1554	9.7; 45.8	680

表 8　2019 年中国科技核心期刊综合评价总分排名（自然科学）（续）

CODE	刊名	核心总被引频次		核心影响因子		综合评价总分*	
		数值	排名	数值	排名	数值	排名
G814	中国临床医生杂志	2215	350	1.097	320	45.8	680
G064	山西医科大学学报	850	1075	0.408	1567	45.7	683
G484	世界中西医结合杂志	2388	309	0.729	790	45.7	683
G613	中国慢性病预防与控制	1562	589	0.971	443	45.7	683
E301	第四纪研究	2701	258	2.119	52	45.6	686
V572	规划师	1788	486	1.066	353	45.5	687
G857	中国骨与关节杂志	742	1168	0.702	838	45.5	687
G166	中华物理医学与康复杂志	2008	403	0.946	464	45.5	687
L004	东北石油大学学报	881	1041	1.285	226	39.7; 45.4	690
L037	海相油气地质	504	1460	0.831	614	45.4	690
G384	河北中医	1870	456	0.592	1090	45.4	690
N057	机械强度	1152	821	0.537	1236	45.4	690
V019	土木与环境工程学报（中英文）	646	1287	0.426	1522	45.3	694
H201	浙江农业学报	1577	579	0.655	937	45.3	694
A007	中国科学技术大学学报	495	1475	0.373	1669	45.3	694
G870	中国临床药理学与治疗学	1575	580	0.885	548	45.3	694
F025	中国细胞生物学学报	853	1071	0.473	1401	45.3	694
H002	安徽农业大学学报	856	1068	0.536	1239	45.2	699
N672	机电工程	965	962	0.609	1048	45.2	699
A045	暨南大学学报自然科学与医学版	363	1688	0.512	1312	44.6; 45.2	699
W590	南水北调与水利科技	1075	865	0.821	627	45.2	699
R533	内燃机工程	586	1364	0.431	1507	45.2	699
L007	新疆石油地质	1638	555	1.411	184	45.2	699
G663	中国骨质疏松杂志	2931	224	1.563	143	45.2	699
G311	中国皮肤性病学杂志	1509	620	0.466	1420	45.2	699
Q001	核技术	568	1377	0.339	1738	45.1	707
E101	山地学报	1335	708	1.045	384	45.1	707
H385	西部林业科学	712	1202	0.758	734	45.1	707
G159	中华精神科杂志	813	1102	0.979	439	45.1	707
V011	沈阳建筑大学学报自然科学版	562	1383	0.390	1626	45.0; 35.6	711
E123	应用海洋学学报	568	1377	0.652	947	45.0	711
I142	JOURNAL OF IRON AND STEEL RESEARCH, INTERNATIONAL	716	1196	0.313	1791	44.9	713
H850	水生态学杂志	1045	892	0.803	664	26.7; 44.9	713
E540	水文	920	1006	0.655	937	44.9	713
E027	现代地质	2069	384	0.939	474	44.9	713
G980	新疆医科大学学报	1160	814	0.530	1256	44.9	713
H350	中国土地科学	2290	330	2.284	37	44.9	713
G184	肿瘤	916	1008	0.804	663	44.9	713
G780	CANCER BIOLOGY & MEDICINE	158	1999	0.767	722	44.8	720
J023	东北大学学报自然科学版	1390	681	0.349	1718	44.8	720
R028	激光杂志	964	964	0.351	1711	44.8	720
T500	弹性体	427	1573	0.440	1485	44.8	720

表8 2019 年中国科技核心期刊综合评价总分排名（自然科学）（续）

CODE	刊名	核心总被引频次		核心影响因子		综合评价总分*	
		数值	排名	数值	排名	数值	排名
T611	天然产物研究与开发	2679	262	0.994	427	44.8	720
H061	西南农业学报	2959	221	0.767	722	44.8	720
L002	西南石油大学学报自然科学版	1244	760	0.704	833	44.0; 44.8	720
G265	医学影像学杂志	2548	288	0.648	960	44.8	720
T100	CHINESE JOURNAL OF CHEMICAL ENGINEERING	938	987	0.502	1341	44.7	728
N015	光学技术	693	1226	0.665	915	44.7; 36.7	728
G350	临床与病理杂志	1009	930	0.431	1507	44.7	728
M036	有色金属工程	680	1245	0.482	1375	44.7	728
G543	中国耳鼻咽喉头颈外科	895	1032	0.620	1021	44.7	728
H295	中国水土保持科学	1214	785	0.921	496	44.7	728
G661	国际医学放射学杂志	582	1370	0.890	542	44.6	734
W531	科研管理	3654	135	1.781	93	44.6	734
M101	矿冶	558	1389	0.427	1519	44.6	734
A022	西北师范大学学报自然科学版	269	1838	0.212	1980	44.6	734
G103	中国骨伤	2028	396	1.126	305	44.6	734
G115	中国生物医学工程学报	545	1412	0.654	941	44.6	734
U563	中国食物与营养	1555	595	0.745	758	38.5; 44.6	734
G232	中国胸心血管外科临床杂志	941	982	0.713	814	44.6	734
G992	长春中医药大学学报	1987	416	0.729	790	44.5	742
A001	复旦学报自然科学版	402	1616	0.362	1685	44.5	742
G031	贵州医科大学学报	741	1170	0.467	1418	44.5	742
E021	气候变化研究进展	1103	845	1.121	306	44.5	742
A512	重庆师范大学学报自然科学版	352	1710	0.316	1787	44.4	746
H845	分子植物育种	2636	270	0.666	913	44.4	746
E358	高校地质学报	1462	645	0.753	743	44.4	746
W007	管理工程学报	1278	740	1.024	401	44.4	746
L505	特种油气藏	1800	483	1.560	145	44.4	746
R034	信号处理	1036	904	0.810	649	44.4	746
S821	研究与发展管理	1062	879	1.686	110	44.4	746
A015	应用科学学报	301	1785	0.523	1277	44.4	746
Y004	振动工程学报	1142	825	0.578	1119	37.1; 44.4	746
E124	中国沙漠	3323	174	1.513	157	44.4	746
G528	中国中西医结合消化杂志	1460	646	1.217	259	44.4; 43.4	746
W008	管理科学学报	2053	389	1.947	72	44.3	757
F044	生物资源	454	1535	1.067	351	44.3	757
L010	西安石油大学学报自然科学版	705	1211	0.502	1341	44.3; 37.9	757
G632	中国中医基础医学杂志	3456	156	0.617	1027	44.3	757
G660	国际消化病杂志	487	1493	0.936	477	44.2	761
V013	建筑科学与工程学报	499	1470	0.527	1269	44.2	761
G423	临床肾脏病杂志	532	1423	0.706	825	44.2	761
H382	森林工程	486	1494	0.687	870	44.2; 37.6	761
G747	中国新药杂志	2999	214	0.798	672	44.2	761
H242	中国畜牧杂志	1823	475	0.541	1224	44.2	761

表 8　2019 年中国科技核心期刊综合评价总分排名（自然科学）（续）

CODE	刊名	核心总被引频次		核心影响因子		综合评价总分*	
		数值	排名	数值	排名	数值	排名
G235	中华高血压杂志	2094	376	0.901	526	44.2	761
G419	心血管病学进展	865	1060	0.702	838	44.1	768
G366	中国社会医学杂志	687	1232	0.573	1135	44.1	768
X012	中国造船	608	1340	0.481	1378	44.1	768
N590	工程设计学报	404	1608	0.516	1303	44.0	771
S052	智能系统学报	673	1254	0.784	695	44.0	771
G754	中国临床研究	1524	615	0.586	1107	44.0	771
G727	中国性科学	1714	515	0.563	1167	44.0	771
G185	肿瘤防治研究	950	973	0.668	910	44.0	771
G316	解放军护理杂志	2464	295	0.840	602	43.9	776
V568	中国粉体技术	360	1696	0.335	1753	43.9	776
E146	大地构造与成矿学	1591	571	0.917	503	43.8	778
H269	云南农业大学学报	1082	859	0.525	1274	43.8	778
G974	中国临床医学	746	1164	0.601	1061	43.8	778
U647	中国烟草学报	1268	745	1.057	368	43.8	778
E504	矿物岩石地球化学通报	1394	676	0.934	481	43.7	782
D001	物理化学学报	1849	462	0.598	1069	43.7	782
S918	心理科学	1889	451	0.557	1186	43.7	782
Z551	植物资源与环境学报	628	1307	0.735	785	43.7	782
G269	中国普外基础与临床杂志	1435	662	0.712	816	43.7	782
G629	中国热带医学	1766	494	0.930	485	43.7	782
T505	合成树脂及塑料	506	1457	0.518	1298	43.6	788
S022	计算机工程与设计	2564	281	0.643	970	43.6	788
G218	ACTA PHARMACEUTICA SINICA B	548	1404	1.553	148	43.5	790
E312	海洋湖沼通报	620	1322	0.338	1742	43.5	790
G768	实用预防医学	2768	255	1.193	270	43.5	790
W004	水动力学研究与进展 A	797	1115	0.391	1624	43.5	790
G335	中华航海医学与高气压医学杂志	580	1371	1.096	323	43.5	790
T002	高分子通报	1220	779	0.730	789	43.4	795
V010	工业建筑	1527	611	0.356	1692	43.3	796
Z019	环境污染与防治	1708	519	0.699	843	43.3	796
G574	山东中医杂志	1507	622	0.607	1052	43.3	796
T064	橡胶工业	798	1113	0.670	905	43.3	796
U001	中国粮油学报	2784	252	0.883	551	43.3; 41.0	796
W025	管理评论	3402	162	1.789	88	43.2	801
N111	现代制造工程	877	1046	0.322	1778	43.2	801
G692	中华临床感染病杂志	511	1451	0.834	608	43.2	801
G263	中华行为医学与脑科学杂志	1728	509	1.085	331	43.2	801
Z031	环境与健康杂志	1874	455	0.505	1335	43.1	805
J042	吉林大学学报工学版	1401	673	0.511	1318	43.1	805
F002	中国生物化学与分子生物学报	757	1154	0.596	1072	43.1	805
H233	中国土壤与肥料	2093	377	1.444	176	43.1	805
G773	中华实验眼科杂志	1056	884	0.677	887	43.1	805

表 8　2019 年中国科技核心期刊综合评价总分排名（自然科学）（续）

CODE	刊名	核心总被引频次		核心影响因子		综合评价总分*	
		数值	排名	数值	排名	数值	排名
N026	材料热处理学报	1784	487	0.543	1219	43.0	810
R769	电力工程技术	938	987	2.261	38	43.0	810
E105	干旱区研究	2370	314	1.816	86	43.0	810
G071	沈阳药科大学学报	1035	906	0.522	1284	43.0; 32.2	810
H225	中国兽医学报	1696	525	0.799	671	43.0	810
G060	中华结直肠疾病电子杂志	505	1458	1.195	269	43.0	810
F034	ACTA BIOCHIMICA ET BIOPHYSICA SINICA	657	1273	0.613	1038	42.9	816
M100	ACTA METALLURGICA SINICA	778	1136	0.943	469	42.9	816
E527	地理与地理信息科学	1537	605	1.154	291	42.9	816
R072	智慧电力	1468	641	2.246	41	42.9	816
G825	中国儿童保健杂志	1939	435	0.691	858	42.9; 40.7	816
M007	中国腐蚀与防护学报	782	1131	0.530	1256	42.9	816
G753	中国预防医学杂志	1114	840	0.694	853	42.9	816
M006	材料科学与工艺	559	1385	0.440	1485	42.8	823
H356	河南农业科学	2373	313	0.933	482	42.8	823
S013	计算机辅助设计与图形学学报	1813	478	0.891	539	42.8	823
G455	疑难病杂志	1554	597	1.072	344	42.8	823
G065	中华肾病研究电子杂志	172	1980	0.432	1505	42.8	823
Z027	JOURNAL OF ENVIRONMENTAL SCIENCES	2598	277	0.871	567	42.7	828
E360	工程地质学报	2294	328	1.464	171	42.7	828
T076	化学工业与工程	345	1717	0.399	1606	42.7	828
H243	吉林农业大学学报	1179	803	1.095	325	42.7	828
W570	水资源与水工程学报	1380	688	0.849	587	42.7	828
G453	江苏大学学报医学版	410	1595	0.651	952	42.6	833
H292	上海海洋大学学报	1118	836	0.830	615	42.6; 40.9	833
G519	中国医药	2000	410	1.003	414	42.6	833
I041	JOURNAL OF ZHEJIANG UNIVERSITY SCIENCE A	363	1688	0.535	1242	42.5	836
G665	宁夏医科大学学报	908	1020	0.318	1784	42.5	836
T020	北京化工大学学报自然科学版	413	1589	0.321	1780	42.4; 31.3	838
R046	华北电力大学学报	459	1526	0.424	1526	42.4; 34.7	838
R025	激光技术	1007	931	0.985	433	42.4	838
N061	图学学报	565	1380	0.582	1114	42.4	838
R004	微电子学与计算机	1077	864	0.507	1326	42.4; 28.8	838
G101	CHINESE JOURNAL OF NATURAL MEDICINES	791	1123	0.695	851	42.3	843
R005	数据采集与处理	655	1275	0.527	1269	42.3	843
V018	西安建筑科技大学学报自然科学版	525	1433	0.250	1910	42.3; 34.6	843
E163	岩性油气藏	1501	628	2.114	54	42.3	843
M655	NANOTECHNOLOGY AN PRECISION ENGINEERING	242	1898	0.459	1438	42.2	847
E139	地质科学	1613	562	0.593	1086	42.2	847
E149	海洋学研究	322	1753	0.347	1722	42.2	847
N052	压力容器	910	1017	0.993	428	42.2	847
Q006	辐射防护	344	1720	0.377	1657	42.1	851

表 8 2019 年中国科技核心期刊综合评价总分排名（自然科学）（续）

CODE	刊名	核心总被引频次		核心影响因子		综合评价总分*	
		数值	排名	数值	排名	数值	排名
C037	光子学报	1677	536	0.689	863	42.1	851
G041	湖南中医药大学学报	1947	432	0.884	550	42.1	851
G594	口腔生物医学	101	2042	0.340	1735	42.1	851
U617	食品研究与开发	5548	65	0.812	643	42.1	851
I218	CHINESE JOURNAL OF MECHANICAL ENGINEERING	630	1304	0.528	1263	42.0	856
J035	江苏大学学报自然科学版	644	1290	0.685	872	42.0	856
S762	经济理论与经济管理	1022	918	1.146	296	44.1; 42.0	856
G053	昆明医科大学学报	1180	802	0.498	1347	42.0	856
A141	山东科技大学学报自然科学版	415	1586	0.557	1186	42.0	856
W011	水利水电技术	1332	710	0.654	941	42.0	856
G441	中国口腔颌面外科杂志	411	1592	0.555	1192	42.0	856
E131	海洋工程	926	999	0.552	1197	41.9	863
G638	检验医学	1280	738	0.843	596	41.9	863
Q910	临床肿瘤学杂志	1328	712	0.741	767	41.9	863
E361	气候与环境研究	1251	757	0.722	798	41.9	863
D002	燃料化学学报	1695	527	0.739	771	36.5; 41.9	863
G757	中国中西医结合皮肤性病学杂志	685	1237	0.590	1096	23.9; 41.9	863
G725	陕西中医	3582	141	0.816	637	41.8	869
V087	现代城市研究	1045	892	0.595	1079	41.8	869
E157	岩石矿物学杂志	1463	644	0.844	593	41.8	869
M023	冶金分析	1083	858	0.704	833	41.8	869
M504	有色金属科学与工程	712	1202	0.796	676	41.8	869
Q918	中国医院	1663	543	0.861	578	41.8	869
G670	成都医学院学报	525	1433	0.517	1300	41.7	875
I168	INTERNATIONAL JOURNAL OF COAL SCIENCE & TECHNOLOGY	347	1714	1.324	211	41.6	876
H038	大豆科学	1300	729	0.672	900	41.6	876
G542	毒理学杂志	470	1515	0.445	1476	41.6	876
G241	中国急救医学	1424	669	0.780	705	41.6	876
T580	塑性工程学报	957	968	0.803	664	41.5	880
G114	中国神经精神疾病杂志	1137	826	0.740	768	41.5	880
G446	中华神经医学杂志	1237	766	0.805	658	41.5	880
Q931	分子影像学杂志	127	2030	0.250	1910	41.4	883
G485	世界临床药物	634	1301	0.653	944	41.4	883
G301	河北中医药学报	380	1652	0.593	1086	41.3; 33.3	885
Z512	生态科学	1172	806	0.918	501	41.3	885
G626	天津中医药	1320	718	0.672	900	41.3; 32.6	885
G619	中国眼耳鼻喉科杂志	378	1654	0.527	1269	41.3	885
G018	病毒学报	667	1259	0.636	983	41.2	889
G480	医学研究杂志	1629	558	0.445	1476	41.2	889
H989	杂草学报	438	1554	1.000	421	41.2	889
E020	干旱区地理	2023	397	1.063	358	41.1	892

表 8　2019 年中国科技核心期刊综合评价总分排名（自然科学）（续）

CODE	刊名	核心总被引频次		核心影响因子		综合评价总分*	
		数值	排名	数值	排名	数值	排名
G288	脑与神经疾病杂志	528	1430	0.537	1236	41.1	892
Y521	战术导弹技术	504	1460	0.737	776	41.1	892
N001	北京理工大学学报	1387	683	0.598	1069	41.0	895
R018	北京邮电大学学报	437	1557	0.536	1239	41.0; 35.5	895
G933	国际药学研究杂志	716	1196	0.539	1230	41.0	895
X013	汽车技术	616	1328	0.591	1092	41.0	895
S795	外国经济与管理	1277	742	1.292	223	37.8; 41.0	895
B001	应用数学学报	267	1844	0.246	1920	41.0	895
G546	中国 CT 和 MRI 杂志	2244	339	1.023	402	41.0	895
W021	中国管理科学	3277	179	1.713	107	41.0	895
Q920	中华医学超声杂志电子版	950	973	0.427	1519	41.0	895
F224	生物技术通讯	533	1420	0.325	1772	40.9	904
I050	RARE METALS	703	1212	0.797	674	40.8	905
B525	国际输血及血液学杂志	212	1935	0.245	1923	40.8; 35.9	905
Z005	环境工程	2036	395	0.777	709	40.8	905
G961	解放军预防医学杂志	1178	804	0.608	1050	40.8	905
A056	上海大学学报自然科学版	310	1773	0.341	1733	40.8	905
U609	中国酿造	3691	131	1.152	295	40.8	905
G294	华西医学	1397	674	0.536	1239	40.7	911
R008	南京邮电大学学报自然科学版	253	1883	0.397	1611	40.7; 37.8	911
T094	兵器装备工程学报	1296	731	0.586	1107	40.6	913
H286	农业生物技术学报	1192	794	0.812	643	40.6	913
F048	中国比较医学杂志	1068	876	0.679	884	40.6	913
G529	中国卒中杂志	1044	895	0.835	607	40.6	913
M019	钢铁研究学报	1105	844	0.693	855	40.4	917
G659	国际妇产科学杂志	791	1123	0.705	829	40.4	917
G641	河北医学	1913	442	0.550	1201	40.4	917
G881	临床军医杂志	1475	638	0.705	829	40.4	917
F228	热带亚热带植物学报	697	1222	0.670	905	40.4	917
G006	生物医学工程学杂志	791	1123	0.483	1372	40.4	917
G534	实用放射学杂志	2863	239	0.705	829	40.4	917
G884	职业与健康	3087	201	0.633	990	40.4	917
G531	中国医药生物技术	290	1805	0.571	1139	40.4	917
G502	中华保健医学杂志	601	1349	0.662	926	40.4	917
G824	中华临床营养杂志	463	1524	0.815	639	40.4	917
X014	北京交通大学学报	577	1374	0.478	1388	40.3	928
U535	轻工机械	291	1803	0.368	1676	40.3	928
A006	四川大学学报自然科学版	734	1182	0.600	1064	40.3	928
G675	中国血吸虫病防治杂志	1585	574	1.202	264	40.3	928
S030	计算机集成制造系统	3022	212	1.305	216	40.2	932
T010	离子交换与吸附	276	1829	0.374	1668	40.2	932
H862	饲料工业	1668	541	0.507	1326	40.2	932
A029	福州大学学报自然科学版	373	1664	0.245	1923	40.1	935

表 8 2019 年中国科技核心期刊综合评价总分排名（自然科学）（续）

CODE	刊名	核心总被引频次		核心影响因子		综合评价总分*	
		数值	排名	数值	排名	数值	排名
A031	河北大学学报自然科学版	266	1846	0.325	1772	40.1	935
Q002	核化学与放射化学	247	1893	0.377	1657	17.9; 40.1	935
G880	临床超声医学杂志	944	980	0.611	1043	40.1	935
A038	云南大学学报自然科学版	555	1392	0.462	1430	40.1	935
G108	中国临床解剖学杂志	1039	898	0.681	882	40.1	935
G412	肿瘤学杂志	664	1262	0.497	1348	40.1	935
R088	电机与控制学报	1818	477	1.047	380	40.0	942
G942	临床误诊误治	1304	726	0.609	1048	40.0	942
K504	煤矿开采	649	1285	0.423	1532	40.0	942
A615	石河子大学学报自然科学版	455	1532	0.378	1652	40.0	942
T103	涂料工业	789	1127	0.520	1291	40.0	942
R055	电子测量技术	1964	422	0.693	855	39.9	947
F033	兽类学报	627	1309	0.561	1173	39.9	947
L013	中国海上油气	1321	717	0.849	587	39.9	947
G741	蚌埠医学院学报	1073	869	0.354	1699	39.8	950
H525	草地学报	2557	286	1.296	222	39.8	950
E510	测绘通报	2436	300	0.929	486	39.8	950
N757	重庆理工大学学报自然科学版	868	1057	0.538	1232	39.8	950
A042	广西大学学报自然科学版	586	1364	0.264	1888	39.8	950
V005	建筑科学	1116	838	0.464	1426	39.8	950
W014	武汉大学学报工学版	929	998	0.409	1564	39.8	950
A019	郑州大学学报理学版	257	1869	0.594	1084	39.8	950
I063	JOURNAL OF GEOGRAPHICAL SCIENCES	1133	828	1.083	334	39.7	958
I137	NANO RESEARCH	1382	684	0.618	1025	39.7	958
A652	北华大学学报自然科学版	409	1599	0.415	1550	39.7	958
X029	重庆交通大学学报自然科学版	867	1059	0.421	1537	39.7; 26.2	958
G027	广东药学院学报	683	1240	0.382	1645	39.7; 34.3	958
J014	河南科技大学学报自然科学版	378	1654	0.550	1201	39.7	958
R086	三峡大学学报自然科学版	337	1728	0.259	1897	39.7; 32.5	958
U025	陕西科技大学学报	372	1669	0.269	1874	39.7	958
L016	石油地球物理勘探	2385	310	1.659	112	39.7	958
M009	材料研究学报	657	1273	0.561	1173	39.6	967
W016	管理学报	2452	297	1.534	154	39.6	967
R535	红外技术	909	1019	0.658	932	39.6	967
G521	中国疼痛医学杂志	1747	502	1.058	366	39.6	967
G380	中国心血管杂志	747	1162	1.321	214	39.6	967
G679	中国医疗设备	2277	332	0.697	846	39.6	967
H228	广东农业科学	2944	222	0.511	1318	39.5	973
T018	合成橡胶工业	396	1623	0.350	1714	39.5	973
J020	昆明理工大学学报自然科学版	364	1686	0.210	1984	39.5	973
G204	临床检验杂志	1047	889	0.750	750	39.5	973
J011	太原理工大学学报	516	1443	0.308	1799	39.5	973
G090	云南中医学院学报	610	1337	0.424	1526	39.5	973

表 8　2019 年中国科技核心期刊综合评价总分排名（自然科学）（续）

CODE	刊名	核心总被引频次		核心影响因子		综合评价总分*	
		数值	排名	数值	排名	数值	排名
G907	中国计划生育学杂志	1034	907	0.818	635	39.5	973
G020	大连医科大学学报	403	1613	0.359	1689	39.4	980
G207	公共卫生与预防医学	1312	722	1.241	245	39.4	980
G734	护士进修杂志	2970	219	0.564	1162	39.4	980
Y018	实验流体力学	583	1369	0.400	1600	39.4	980
G038	武汉大学学报医学版	627	1309	0.400	1600	39.4	980
G751	中华健康管理学杂志	590	1361	0.924	491	39.4	980
Q716	MILITARY MEDICAL RESEARCH	62	2058	0.384	1642	39.3	986
D018	化学通报	693	1226	0.440	1485	39.3	986
W002	泥沙研究	1021	919	0.593	1086	39.3	986
A014	山西大学学报自然科学版	252	1885	0.261	1891	39.3	986
G300	现代妇产科进展	1282	737	0.783	700	39.3	986
E135	冰川冻土	3200	190	1.181	275	39.2	991
A067	河南大学学报自然科学版	334	1733	0.450	1461	39.2	991
F028	广西植物	1265	748	0.706	825	39.1	993
P006	热能动力工程	903	1024	0.509	1324	39.1	993
U011	制冷学报	688	1230	0.617	1027	39.1	993
G595	器官移植	342	1722	0.736	780	39.0	996
S020	中文信息学报	1226	772	0.923	493	39.0	996
G549	癌变・畸变・突变	356	1706	0.459	1438	38.9	998
M105	粉末冶金工业	650	1281	1.000	421	38.9	998
G938	国际呼吸杂志	1219	780	0.587	1102	38.9	998
G898	河北医药	3215	187	0.549	1204	38.9	998
N083	金属热处理	2430	303	0.567	1155	38.9	998
G588	西部医学	1543	604	0.601	1061	38.9	998
G447	中国临床保健杂志	750	1158	0.638	979	38.9	998
H062	HORTICULTURAL PLANT JOURNAL	61	2059	0.629	1000	38.8	1005
H213	中国草地学报	1673	539	1.449	173	38.8	1005
E143	地震学报	1107	841	0.392	1621	38.7	1007
R740	电光与控制	1071	872	0.580	1118	38.7	1007
M039	粉末冶金技术	351	1712	0.445	1476	38.7	1007
S034	计算机工程与科学	1273	743	0.654	941	38.7	1007
H701	江西农业学报	1759	501	0.619	1023	38.7	1007
H393	山西农业大学学报自然科学版	547	1407	0.405	1576	38.7	1007
U547	食品与机械	2644	267	0.770	718	38.7	1007
G076	天津医药	1166	810	0.524	1276	38.7	1007
G067	现代免疫学	360	1696	0.653	944	38.7	1007
G809	中国医刊	1572	584	0.809	653	38.7	1007
A003	安徽大学学报自然科学版	227	1915	0.270	1873	38.6	1017
A009	安徽师范大学学报自然科学版	224	1920	0.242	1933	38.6	1017
Y563	导航定位与授时	361	1694	1.226	253	38.6	1017
A062	广西师范大学学报自然科学版	258	1868	0.344	1726	38.6	1017
R683	国外电子测量技术	1151	822	0.738	773	38.6	1017

表 8　2019 年中国科技核心期刊综合评价总分排名（自然科学）（续）

CODE	刊名	核心总被引频次		核心影响因子		综合评价总分*	
		数值	排名	数值	排名	数值	排名
G553	局解手术学杂志	647	1286	0.500	1343	38.6	1017
G047	南昌大学学报医学版	532	1423	0.361	1687	38.6	1017
Z030	中国环境监测	1547	602	1.110	311	38.6	1017
I173	CHINESE JOURNAL OF CHEMISTRY	678	1248	1.080	338	38.5	1025
D015	分子催化	514	1446	1.175	278	38.5	1025
K018	工矿自动化	1236	767	0.916	504	38.5	1025
A028	湖南大学学报自然科学版	1187	801	0.523	1277	38.5	1025
B014	计算数学	115	2036	0.246	1920	38.5	1025
G145	中华核医学与分子影像杂志	923	1002	0.812	643	38.5	1025
H268	福建农林大学学报自然科学版	664	1262	0.469	1414	38.4	1031
H265	福建农业学报	1016	923	0.452	1458	38.4	1031
R521	激光与红外	1433	664	0.662	926	38.4	1031
R069	压电与声光	722	1188	0.435	1498	38.4	1031
E047	亚热带资源与环境学报	262	1856	0.521	1286	38.4	1031
D016	应用化学	807	1107	0.383	1644	38.4	1031
G639	中华老年多器官疾病杂志	755	1156	0.789	689	38.4	1031
E118	地震工程与工程振动	1713	516	0.523	1277	38.3	1038
H244	河北农业大学学报	945	978	0.562	1168	38.3	1038
H804	山东农业科学	1812	479	0.547	1207	38.3	1038
F042	生命的化学	595	1355	0.473	1401	38.3	1038
G236	中国医学计算机成像杂志	654	1277	0.798	672	38.3	1038
R001	电子显微学报	566	1379	0.832	611	38.2	1043
H203	湖北农业科学	3404	161	0.313	1791	38.2	1043
G397	江苏中医药	1810	480	0.576	1129	38.2	1043
K008	辽宁工程技术大学学报自然科学版	876	1049	0.245	1923	38.2	1043
G843	中国中西医结合急救杂志	1079	860	0.878	560	36.6; 38.2	1043
G286	中华风湿病学杂志	1314	721	0.353	1704	38.2	1043
M003	腐蚀科学与防护技术	869	1054	0.633	990	38.1	1049
G274	临床与实验病理学杂志	1937	436	0.803	664	38.1	1049
L043	石油科学通报	90	2049	0.495	1352	38.1	1049
Y023	西北工业大学学报	804	1110	0.479	1386	38.1	1049
G160	中华神经外科杂志	2010	401	0.915	506	38.1	1049
H410	作物研究	794	1118	0.574	1134	38.1	1049
C035	红外与毫米波学报	665	1261	0.458	1441	38.0	1055
G560	中国计划生育和妇产科	740	1173	0.583	1112	38.0; 17.7	1055
G323	中国康复	1039	898	0.965	449	38.0	1055
G849	中国现代应用药学	2194	353	1.048	378	38.0	1055
F013	JOURNAL OF GENETICS AND GENOMICS	821	1090	0.506	1330	37.9	1059
M035	JOURNAL OF RARE EARTHS	1072	871	0.855	583	37.9	1059
R024	半导体光电	493	1478	0.402	1588	35.1; 37.9	1059
H005	大连海洋大学学报	941	982	0.941	472	37.9; 35.6	1059
H060	湖南农业大学学报自然科学版	883	1040	0.508	1325	37.9	1059
K525	矿产保护与利用	608	1340	0.803	664	37.9	1059

表 8　2019 年中国科技核心期刊综合评价总分排名（自然科学）（续）

CODE	刊名	核心总被引频次		核心影响因子		综合评价总分*	
		数值	排名	数值	排名	数值	排名
U634	现代纺织技术	203	1950	0.265	1886	37.9	1059
G796	中国输血杂志	1988	415	0.632	992	15.9; 37.9	1059
G285	中华消化内镜杂志	1544	603	0.871	567	37.9	1059
G191	中华眼底病杂志	738	1175	0.585	1109	37.9	1059
H046	PEDOSPHERE	881	1041	0.711	818	37.8	1069
E569	海洋地质前沿	631	1303	0.535	1242	37.8	1069
L586	含能材料	999	938	0.529	1260	37.8	1069
A084	黑龙江大学自然科学学报	236	1910	0.248	1917	37.8	1069
G836	药物评价研究	1560	592	0.921	496	37.8	1069
G163	中华实验外科杂志	1931	438	0.407	1571	37.8	1069
I282	ASIAN JOURNAL OF ANDROLOGY	638	1296	0.432	1505	37.7	1075
R071	电力系统及其自动化学报	1698	524	1.341	207	37.7	1075
G317	临床泌尿外科杂志	1259	751	0.833	609	37.7	1075
G896	现代中医临床	634	1301	0.886	547	37.7	1075
G471	中国医学前沿杂志电子版	1554	597	0.645	964	37.7	1075
R067	电子技术应用	1436	660	0.664	920	37.6	1080
X003	华东交通大学学报	363	1688	0.528	1263	37.6; 24.9	1080
S773	经济与管理研究	880	1043	0.951	460	40.9; 37.6	1080
Q913	临床眼科杂志	450	1541	0.470	1410	37.6	1080
G834	实用药物与临床	1339	705	0.645	964	37.6	1080
S081	信息安全学报	61	2059	0.521	1286	37.6	1080
G255	中国肿瘤生物治疗杂志	738	1175	0.854	584	37.6	1080
G954	国际外科学杂志	551	1398	0.471	1406	37.5	1087
A035	吉林大学学报理学版	596	1354	0.418	1544	37.5	1087
A656	济南大学学报自然科学版	190	1964	0.249	1914	37.5	1087
T542	精细石油化工	318	1759	0.255	1904	37.5; 35.4	1087
J022	山东大学学报工学版	470	1515	0.455	1450	37.5	1087
R089	现代电力	426	1574	0.847	592	37.5	1087
G094	中风与神经疾病杂志	996	941	0.454	1454	37.5	1087
G013	安徽中医药大学学报	889	1035	0.623	1015	37.4	1094
J058	河北科技大学学报	276	1829	0.350	1714	37.4	1094
H011	河南农业大学学报	950	973	0.715	812	37.4	1094
G395	兰州大学学报医学版	311	1771	0.629	1000	37.4	1094
G238	听力学及言语疾病杂志	864	1063	0.562	1168	37.4	1094
A018	湘潭大学自然科学学报	208	1944	0.282	1851	37.4	1094
G240	中国中医骨伤科杂志	1381	686	0.735	785	37.4	1094
G691	中华关节外科杂志电子版	814	1099	0.715	812	37.4	1094
I065	RICE SCIENCE	176	1977	0.373	1669	37.3	1102
G816	广西医学	1654	548	0.446	1471	37.3	1102
H282	上海农业学报	660	1267	0.355	1697	37.3	1102
G070	神经解剖学杂志	421	1580	0.447	1467	37.3	1102
R116	电网与清洁能源	1120	833	1.052	372	37.2	1106
G024	福建医科大学学报	298	1792	0.404	1581	37.2	1106

表 8　2019 年中国科技核心期刊综合评价总分排名（自然科学）（续）

CODE	刊名	核心总被引频次		核心影响因子		综合评价总分*	
		数值	排名	数值	排名	数值	排名
N108	中国舰船研究	508	1453	0.516	1303	37.2	1106
A040	国防科技大学学报	819	1093	0.463	1428	37.1	1109
L025	石油钻探技术	1428	668	1.500	161	37.1	1109
R511	中国电力	2431	302	1.167	283	37.1	1109
K558	煤矿安全	2409	306	0.486	1367	37.0	1112
G667	中国综合临床	681	1243	0.406	1572	37.0	1112
H219	排灌机械工程学报	1189	797	0.880	556	36.9	1114
G432	川北医学院学报	654	1277	0.495	1352	36.8	1115
E354	矿物岩石	913	1012	0.705	829	36.8	1115
X038	上海海事大学学报	222	1923	0.329	1765	36.8; 24.1	1115
G486	现代中药研究与实践	659	1269	0.562	1168	36.8	1115
G844	医药导报	1839	468	0.775	711	36.8	1115
H998	渔业科学进展	1193	793	1.000	421	36.8	1115
W010	长江科学院院报	1732	508	0.577	1123	36.7	1121
G033	哈尔滨医科大学学报	436	1559	0.378	1652	36.7	1121
J053	合肥工业大学学报自然科学版	879	1045	0.262	1889	36.7	1121
Z550	环境工程技术学报	365	1681	0.696	848	36.7	1121
G309	临床神经病学杂志	721	1190	0.582	1114	36.7	1121
B007	数学进展	208	1944	0.139	2045	36.7	1121
D023	无机化学学报	1253	756	0.627	1007	36.7	1121
A060	西南民族大学学报自然科学版	324	1749	0.276	1864	36.7	1121
T929	现代塑料加工应用	317	1761	0.402	1588	36.7	1121
G598	中国媒介生物学及控制杂志	1490	633	0.991	430	36.7	1121
G305	中国实用护理杂志	2890	232	0.634	987	36.7	1121
B031	工程数学学报	198	1955	0.198	2000	29.7; 36.6	1132
C003	计算力学学报	806	1108	0.603	1057	36.6	1132
T070	日用化学工业	591	1360	0.475	1395	36.6	1132
N029	润滑与密封	1720	511	0.534	1248	36.6	1132
G742	山东大学耳鼻喉眼学报	526	1431	0.623	1015	36.6; 27.1	1132
G387	实验动物与比较医学	204	1947	0.288	1840	25.2; 36.6	1132
S813	卫生软科学	544	1415	0.505	1335	36.6	1132
N074	仪表技术与传感器	1381	686	0.606	1053	36.6	1132
E604	中国地质灾害与防治学报	797	1115	0.575	1130	30; 36.6	1132
R062	JOURNAL OF SEMICONDUCTORS	387	1641	0.239	1937	36.5; 30.3	1141
R010	电工电能新技术	1024	917	1.569	140	36.5	1141
G287	临床口腔医学杂志	859	1065	0.611	1043	36.5	1141
A020	山东大学学报理学版	490	1484	0.301	1810	36.5	1141
F229	生物技术	500	1468	0.335	1753	36.5	1141
G760	实用医院临床杂志	1250	758	0.556	1189	36.5	1141
T025	化学工程	691	1228	0.327	1769	36.4	1147
G605	医疗卫生装备	1760	500	0.614	1035	36.4	1147
R033	应用激光	597	1352	0.525	1274	36.4	1147
Q949	中华老年骨科与康复电子杂志	181	1972	0.893	535	36.4	1147

表 8　2019 年中国科技核心期刊综合评价总分排名（自然科学）（续）

CODE	刊名	核心总被引频次		核心影响因子		综合评价总分*	
		数值	排名	数值	排名	数值	排名
Q004	核动力工程	706	1210	0.193	2002	36.3	1151
G457	实用骨科杂志	1158	816	0.680	883	36.3	1151
U030	西安工程大学学报	622	1317	1.061	360	36.3	1151
M102	新型炭材料	404	1608	0.486	1367	36.3	1151
D025	有机化学	1553	600	0.785	694	36.3	1151
F208	JOURNAL OF RESOURCES AND ECOLOGY	209	1942	0.457	1447	36.2	1156
A012	海南大学学报自然科学版	200	1953	0.300	1816	36.2	1156
H284	海洋渔业	676	1251	0.821	627	36.2	1156
L008	石油钻采工艺	1390	681	1.071	347	36.2	1156
E114	天文学进展	83	2053	0.131	2047	36.2	1156
G153	中华麻醉学杂志	1653	550	0.558	1180	36.2	1156
N004	弹道学报	437	1557	0.408	1567	36.1	1162
V031	地下空间与工程学报	1835	470	0.676	891	36.1	1162
K032	河北工程大学学报自然科学版	159	1998	0.119	2053	36.1; 26.7	1162
F204	生物加工过程	305	1781	0.656	934	36.1	1162
Y025	推进技术	1689	530	0.519	1292	36.1	1162
B008	应用概率统计	136	2015	0.153	2038	36.1	1162
C052	应用声学	538	1418	0.526	1273	36.1	1162
G322	创伤外科杂志	911	1014	0.676	891	36.0	1169
E362	地质科技情报	1960	427	0.743	763	36.0	1169
E564	海洋技术学报	468	1520	0.326	1771	36.0	1169
T553	化学与生物工程	646	1287	0.323	1776	28.4; 36.0	1169
T105	热固性树脂	341	1723	0.463	1428	36.0	1169
G440	药学实践杂志	563	1382	0.578	1119	36.0	1169
L516	可再生能源	1852	460	1.002	417	35.9	1175
H218	畜牧与兽医	1122	831	0.353	1704	35.9	1175
G270	中国耳鼻咽喉颅底外科杂志	534	1419	0.695	851	35.9	1175
H017	JOURNAL OF INTEGRATIVE AGRICULTURE	1075	865	0.641	976	35.8	1178
G690	肝胆胰外科杂志	738	1175	0.978	441	35.8	1178
N014	计量学报	869	1054	1.023	402	35.8	1178
Y522	舰船电子工程	905	1023	0.214	1977	35.8	1178
W006	水利水运工程学报	545	1412	0.568	1149	35.8	1178
V035	土木工程与管理学报	485	1496	0.559	1176	35.8	1178
I154	CHINESE GEOGRAPHICAL SCIENCE	476	1508	0.675	895	35.7	1184
E133	地层学杂志	897	1031	0.544	1215	35.7	1184
G936	国际儿科学杂志	613	1334	0.484	1370	35.7	1184
Z017	环境保护科学	508	1453	0.341	1733	35.7	1184
G523	内科理论与实践	191	1963	0.218	1973	35.7	1184
F046	生命科学研究	330	1739	0.349	1718	35.7	1184
S591	中国医学装备	1704	521	0.682	880	35.7	1184
H099	中国预防兽医学报	988	948	0.634	987	35.7	1184
G169	中华小儿外科杂志	1244	760	0.619	1023	34.5; 35.7	1184
I243	FRONTIERS OF MATERIALS SCIENCE	79	2055	0.277	1860	35.6	1193

表 8 2019 年中国科技核心期刊综合评价总分排名（自然科学）（续）

CODE	刊名	核心总被引频次		核心影响因子		综合评价总分*	
		数值	排名	数值	排名	数值	排名
H275	贵州农业科学	2108	373	0.387	1635	35.6	1193
G656	环球中医药	1958	428	0.647	962	35.6; 26.9	1193
G615	诊断学理论与实践	383	1646	0.413	1554	35.6	1193
F050	植物研究	1190	795	0.901	526	35.6	1193
G579	中华口腔医学研究杂志电子版	211	1937	0.482	1375	35.6	1193
G165	中华微生物学和免疫学杂志	620	1322	0.582	1114	35.6	1193
G649	影像诊断与介入放射学	372	1669	0.567	1155	35.5	1200
N830	中国测试	899	1029	0.495	1352	35.5	1200
G506	中华损伤与修复杂志电子版	448	1542	0.545	1211	35.5	1200
E112	地震研究	680	1245	0.970	444	35.4	1203
G874	法医学杂志	508	1453	0.274	1866	35.4	1203
D026	分析科学学报	771	1141	0.602	1060	35.4	1203
H226	灌溉排水学报	2103	374	1.609	130	35.4	1203
H105	农学学报	847	1076	0.644	968	35.4	1203
G341	现代泌尿外科杂志	903	1024	0.675	895	35.4	1203
H207	中国蔬菜	1443	656	0.447	1467	35.4	1203
S050	计算机测量与控制	2454	296	0.388	1630	35.3	1210
H240	家畜生态学报	846	1077	0.466	1420	35.3	1210
G082	中华新生儿科杂志	602	1348	0.755	740	35.3	1210
G442	JOURNAL OF INTEGRATIVE MEDICINE	886	1037	0.402	1588	35.2	1213
T241	断块油气田	1581	577	1.446	175	35.2	1213
R547	广东电力	1554	597	1.637	122	35.2	1213
L009	太阳能学报	2255	335	0.475	1395	35.2	1213
H276	新疆农业科学	1637	556	0.506	1330	35.2	1213
A079	中国基础科学	247	1893	0.385	1639	35.2	1213
G171	中华胸心血管外科杂志	778	1136	0.490	1361	35.2	1213
I129	PROTEIN & CELL	401	1618	0.687	870	35.1	1220
T078	高科技纤维与应用	282	1823	0.207	1989	35.1	1220
A504	天津师范大学学报自然科学版	203	1950	0.337	1746	35.1	1220
R098	微纳电子技术	320	1756	0.339	1738	35.1	1220
J018	武汉理工大学学报信息与管理工程版	361	1694	0.305	1804	35.1; 25.5	1220
U562	烟草科技	2090	378	1.025	400	35.1	1220
G479	预防医学	1826	472	1.037	390	35.1	1220
D031	CHINESE CHEMICAL LETTERS	1738	505	1.040	387	35.0	1227
H838	食用菌学报	551	1398	0.569	1145	35.0; 34.0	1227
B006	数学学报	312	1770	0.128	2048	35.0	1227
J025	燕山大学学报	362	1692	0.646	963	35.0	1227
T924	农药科学与管理	521	1438	0.288	1840	24.1; 34.9	1231
A515	深圳大学学报理工版	253	1883	0.269	1874	34.9	1231
U031	天津科技大学学报	251	1887	0.283	1849	34.9	1231
V573	西部人居环境学刊	262	1856	0.670	905	34.9	1231
G957	腹部外科	319	1758	0.591	1092	34.8	1235
S049	计算机仿真	4029	110	0.614	1035	34.8	1235

表 8　2019 年中国科技核心期刊综合评价总分排名（自然科学）（续）

CODE	刊名	核心总被引频次		核心影响因子		综合评价总分*	
		数值	排名	数值	排名	数值	排名
E110	热带气象学报	1432	665	1.243	243	34.8	1235
G609	热带医学杂志	1509	620	0.699	843	34.8	1235
G100	中国法医学杂志	593	1356	0.216	1975	34.8	1235
X039	中国航海	415	1586	0.398	1608	34.8	1235
E151	地质与勘探	2053	389	1.581	139	34.7	1241
S085	计算机科学与探索	683	1240	0.912	508	34.7	1241
G242	中国神经免疫学和神经病学杂志	483	1500	0.603	1057	34.7	1241
I165	CHINA FOUNDRY	155	2001	0.448	1465	34.6	1244
G338	腹腔镜外科杂志	1034	907	0.843	596	34.6	1244
G415	国际内分泌代谢杂志	347	1714	0.310	1796	34.6	1244
G965	同济大学学报医学版	455	1532	0.512	1312	34.6	1244
M032	武汉科技大学学报自然科学版	245	1896	0.296	1822	34.6	1244
G333	医学分子生物学杂志	279	1828	0.456	1449	34.6	1244
G107	中国抗生素杂志	1158	816	0.874	564	34.6	1244
H326	中国兽医科学	1019	921	0.642	973	34.6	1244
C059	CHINESE PHYSICS LETTERS	1273	743	0.337	1746	34.5	1252
I202	PARTICUOLOGY	533	1420	0.385	1639	34.5	1252
G556	分子诊断与治疗杂志	314	1766	0.744	761	34.5	1252
L015	石油化工	1167	809	0.469	1414	34.5	1252
G260	心脏杂志	424	1575	0.367	1679	34.5	1252
G110	中国麻风皮肤病杂志	793	1119	0.393	1618	34.5	1252
G622	中国医学物理学杂志	697	1222	0.461	1432	34.5; 27.1	1252
G251	中华放射肿瘤学杂志	1084	856	0.738	773	34.5	1252
G461	中华普通外科学文献电子版	406	1605	0.732	787	34.5	1252
I255	NATIONAL SCIENCE REVIEW	257	1869	0.543	1219	34.4	1261
E144	大地测量与地球动力学	1392	678	0.458	1441	29.3; 34.4	1261
A076	河北师范大学学报自然科学版	167	1987	0.123	2049	34.4	1261
T077	膜科学与技术	554	1394	0.354	1699	34.4	1261
N011	南京理工大学学报自然科学版	725	1187	0.813	641	34.4	1261
G061	青岛大学医学院学报	394	1627	0.247	1918	34.4	1261
C503	液晶与显示	660	1267	0.819	632	25.9; 34.4	1261
Y020	宇航材料工艺	640	1295	0.366	1680	34.4	1261
W005	中国农村水利水电	1770	491	0.435	1498	27.0; 34.4	1261
I105	JOURNAL OF ENERGY CHEMISTRY	493	1478	0.496	1350	34.3	1270
Y022	测控技术	1460	646	0.616	1031	34.3	1270
A191	杭州师范大学学报自然科学版	198	1955	0.221	1965	34.3	1270
J052	沈阳工业大学学报	676	1251	0.892	536	34.3	1270
L005	石油物探	1333	709	1.399	188	34.3	1270
L012	石油学报石油加工	874	1051	0.587	1102	34.3	1270
M544	钛工业进展	356	1706	0.505	1335	34.3	1270
G250	中国新药与临床杂志	1011	927	0.827	618	34.3	1270
G055	中华肩肘外科电子杂志	223	1922	1.010	411	34.3	1270
G463	中华腔镜外科杂志电子版	447	1543	0.892	536	34.3	1270

表 8　2019 年中国科技核心期刊综合评价总分排名（自然科学）（续）

CODE	刊名	核心总被引频次		核心影响因子		综合评价总分*	
		数值	排名	数值	排名	数值	排名
I232	NEURAL REGENERATION RESEARCH	1243	763	0.751	748	34.2	1280
R586	吉林大学学报信息科学版	276	1829	0.415	1550	34.2; 25.4	1280
M051	金属功能材料	405	1607	0.951	460	34.2	1280
H097	乳业科学与技术	261	1861	0.594	1084	34.2	1280
A150	西安科技大学学报	806	1108	0.796	676	34.2	1280
H908	新疆农业大学学报	400	1619	0.246	1920	34.2	1280
C109	应用光学	903	1024	0.817	636	34.2	1280
G681	中医药导报	3104	198	0.543	1219	34.2; 25.7	1280
G167	中华显微外科杂志	1967	420	1.548	151	34.1	1288
G343	GENERAL PSYCHIATRY	430	1568	0.429	1515	34.0	1289
U004	河南工业大学学报自然科学版	677	1249	0.512	1312	30.5; 34.0	1289
T567	化学工程师	518	1442	0.225	1958	34.0	1289
G003	基础医学与临床	979	953	0.435	1498	34.0	1289
G810	浙江医学	1531	609	0.479	1386	34.0	1289
I200	CHINESE JOURNAL OF TRAUMATOLOGY	293	1801	0.438	1491	33.9	1294
M008	材料科学与工程学报	1037	901	0.405	1576	33.9	1294
S009	计算机应用与软件	2060	387	0.422	1535	33.9	1294
G426	国际神经病学神经外科学杂志	614	1332	0.713	814	33.8	1297
G627	循证医学	287	1813	0.290	1836	26.7; 33.8	1297
G889	INTERNATIONAL JOURNAL OF DERMATOLOGY AND VENEREOLOGY	269	1838	0.244	1927	33.7	1299
K004	矿产综合利用	628	1307	0.460	1435	33.7	1299
B018	系统工程学报	941	982	0.908	512	33.7	1299
G314	中国疫苗和免疫	1434	663	1.303	219	33.7	1299
G095	VIROLOGICA SINICA	254	1881	0.514	1307	33.6	1303
Q906	安徽医药	2810	249	0.652	947	33.6	1303
N019	低温工程	248	1892	0.222	1962	33.6	1303
G937	国际肿瘤学杂志	394	1627	0.231	1948	33.6	1303
A026	内蒙古大学学报自然科学版	309	1775	0.234	1942	33.6	1303
F213	生物学杂志	697	1222	0.408	1567	33.6	1303
C106	CHINESE PHYSICS B	2871	237	0.480	1384	33.5	1309
I184	INTERNATIONAL JOURNAL OF MINING SCIENCE AND TECHNOLOGY	747	1162	0.656	934	33.5	1309
C071	发光学报	758	1153	0.611	1043	33.5	1309
C097	光散射学报	217	1927	0.481	1378	33.5	1309
G971	环境卫生学杂志	617	1327	0.813	641	33.5	1309
Q940	中国癌症防治杂志	241	1903	0.578	1119	33.5	1309
G475	中国肝脏病杂志电子版	332	1737	0.587	1102	33.5	1309
G758	中国中西医结合外科杂志	817	1095	0.548	1206	29.6; 33.5	1309
A110	宁夏大学学报自然科学版	136	2015	0.185	2012	33.4	1317
G748	食品与药品	547	1407	0.551	1200	33.4; 31.4	1317
T072	无机盐工业	1061	880	0.528	1263	33.4	1317
G308	医学与哲学	2830	244	0.682	880	33.4; 52.7	1317

表 8　2019 年中国科技核心期刊综合评价总分排名（自然科学）（续）

CODE	刊名	核心总被引频次		核心影响因子		综合评价总分*	
		数值	排名	数值	排名	数值	排名
A905	自然杂志	519	1441	0.483	1372	33.4	1317
D503	功能高分子学报	422	1577	0.960	454	33.3	1322
T532	化工科技	284	1820	0.269	1874	33.3	1322
S520	计算机技术与发展	1674	538	0.546	1210	33.3	1322
G063	山东中医药大学学报	1011	927	0.572	1137	33.3	1322
G914	天津中医药大学学报	580	1371	0.683	879	33.3	1322
B028	系统工程	1364	695	0.408	1567	33.3	1322
G402	中国分子心脏病学杂志	256	1873	0.286	1845	33.3	1322
A550	中南民族大学学报自然科学版	256	1873	0.424	1526	33.3	1322
A039	湖北大学学报自然科学版	215	1930	0.262	1889	33.2	1330
H665	花生学报	394	1627	0.794	678	33.2	1330
G058	南京医科大学学报自然科学版	949	976	0.340	1735	33.2	1330
Z016	水处理技术	1804	482	0.634	987	33.2	1330
G527	药学与临床研究	629	1305	0.541	1224	33.2	1330
G701	组织工程与重建外科杂志	357	1704	0.487	1365	33.2	1330
R095	供用电	923	1002	1.596	132	33.1	1336
K016	湖南科技大学学报自然科学版	269	1838	0.197	2001	33.1	1336
R588	科技进步与对策	3521	152	0.871	567	33.1	1336
E120	南京信息工程大学学报自然科学版	217	1927	0.439	1488	33.1	1336
G438	现代临床护理	846	1077	0.612	1041	33.1	1336
F014	ZOOLOGICAL SYSTEMATICS	268	1841	0.049	2067	33.0	1341
G500	北京口腔医学	378	1654	0.612	1041	33.0	1341
J017	河北工业大学学报	240	1904	0.152	2039	33.0	1341
G987	护理学报	3139	196	1.074	340	33.0	1341
R119	密码学报	144	2007	0.522	1284	33.0	1341
Y555	上海航天	365	1681	0.458	1441	33.0	1341
G092	浙江中医药大学学报	1440	659	0.710	820	33.0	1341
R117	南方电网技术	1047	889	0.981	437	32.9	1348
T013	人工晶体学报	1071	872	0.353	1704	32.9	1348
L034	石油化工高等学校学报	408	1603	0.628	1005	32.9	1348
P007	水电能源科学	2238	343	0.477	1391	26.4; 32.9	1348
Y561	现代防御技术	627	1309	0.447	1467	32.9	1348
G229	卒中与神经疾病	461	1525	0.449	1462	32.9	1348
H064	THE CROP JOURNAL	137	2014	0.397	1611	32.8	1354
H417	现代农药	375	1660	0.398	1608	21.2; 32.8	1354
A514	扬州大学学报自然科学版	129	2027	0.193	2002	32.8	1354
G088	医用生物力学	608	1340	0.897	530	22.6; 32.8	1354
G239	中国介入心脏病学杂志	911	1014	1.064	356	32.8	1354
E158	CHINA OCEAN ENGINEERING	340	1725	0.421	1537	32.7	1359
G620	北京中医药	1953	429	0.627	1007	32.7; 23.8	1359
E091	大气科学学报	1329	711	1.379	193	32.7	1359
Y029	海军航空工程学院学报	306	1780	0.301	1810	32.7; 26.4	1359
A111	内蒙古师范大学学报自然科学汉文版	204	1947	0.120	2050	32.7	1359

表 8 2019 年中国科技核心期刊综合评价总分排名（自然科学）（续）

CODE	刊名	核心总被引频次		核心影响因子		综合评价总分*	
		数值	排名	数值	排名	数值	排名
U056	丝绸	488	1488	0.404	1581	32.7	1359
H041	特产研究	329	1740	0.674	898	32.7	1359
M041	稀土	859	1065	0.523	1277	32.7	1359
G124	中国医疗器械杂志	495	1475	0.588	1100	32.7	1359
J057	工业工程	313	1769	0.305	1804	32.6	1368
G256	临床外科杂志	1226	772	0.840	602	32.6	1368
X533	水道港口	458	1529	0.506	1330	32.6	1368
I012	INSECT SCIENCE	285	1818	0.308	1799	32.5	1371
F007	PLANT DIVERSITY	941	982	0.214	1977	32.5	1371
R512	电子器件	741	1170	0.446	1471	32.5	1371
E048	干旱气象	1503	625	1.472	166	32.5; 27.6	1371
V021	给水排水	1555	595	0.457	1447	32.5	1371
S503	控制工程	1631	557	0.566	1157	32.5	1371
X500	汽车工程学报	162	1993	0.250	1910	32.5	1371
G069	上海医学	681	1243	0.491	1357	32.5	1371
W557	中国水利水电科学研究院学报	341	1723	0.410	1561	32.5	1371
K002	非金属矿	702	1214	0.482	1375	32.4	1380
A021	华侨大学学报自然科学版	359	1698	0.350	1714	32.4	1380
H071	农产品质量与安全	442	1548	0.905	519	24.1; 27.7; 32.4	1380
G879	肝胆外科杂志	597	1352	0.554	1193	32.3	1383
Y034	航天返回与遥感	504	1460	0.549	1204	32.3	1383
C056	高压物理学报	374	1662	0.402	1588	32.2	1385
J019	河北工业科技	237	1909	0.377	1657	32.2	1385
K526	河南理工大学学报自然科学版	499	1470	0.342	1731	32.2	1385
G310	临床精神医学杂志	713	1200	0.587	1102	32.2	1385
F257	实验动物科学	512	1450	0.489	1362	32.2	1385
G476	心脑血管病防治	605	1344	0.568	1149	32.0; 32.2	1385
X693	应用科技	286	1815	0.305	1804	32.2	1385
G878	中国药师	2563	284	0.652	947	32.2	1385
I071	CHINESE OPTICS LETTERS	851	1074	0.856	581	32.1; 26.7	1393
S051	JOURNAL OF COMPUTER SCIENCE AND TECHNOLOGY	266	1846	0.406	1572	32.1	1393
G525	华南预防医学	655	1275	0.736	780	32.1	1393
F045	激光生物学报	338	1726	0.370	1673	32.1	1393
G700	实用老年医学	808	1104	0.441	1483	32.1	1393
G104	中国海洋药物	422	1577	0.427	1519	32.1	1393
G582	中国煤炭工业医学杂志	818	1094	0.330	1763	32.1	1393
G715	中国生育健康杂志	373	1664	0.475	1395	32.1	1393
Y556	航空兵器	384	1644	0.665	915	32.0; 29.5	1401
G315	解放军医院管理杂志	1216	783	0.535	1242	32.0	1401
K554	矿业安全与环保	976	955	0.755	740	32.0	1401
G575	四川医学	1189	797	0.454	1454	32.0	1401
G601	外科理论与实践	399	1621	0.352	1707	32.0	1401

表 8　2019 年中国科技核心期刊综合评价总分排名（自然科学）（续）

CODE	刊名	核心总被引频次		核心影响因子		综合评价总分*	
		数值	排名	数值	排名	数值	排名
G456	中国妇产科临床杂志	808	1104	0.740	768	32.0	1401
G845	中国小儿血液与肿瘤杂志	194	1959	0.343	1728	27.5; 32.0; 24.1	1401
U521	包装与食品机械	546	1410	1.101	315	31.9	1408
J059	空军工程大学学报自然科学版	395	1626	0.393	1618	31.9	1408
T011	南京工业大学学报自然科学版	485	1496	0.321	1780	31.9	1408
G761	中华危重症医学杂志电子版	394	1627	0.754	742	31.9	1408
I018	JOURNAL OF FORESTRY RESEARCH	454	1535	0.378	1652	31.8	1412
K553	洁净煤技术	687	1232	0.645	964	31.8	1412
V032	暖通空调	1446	655	0.424	1526	31.8	1412
C054	声学学报	1177	805	0.660	930	31.8	1412
J002	西安理工大学学报	390	1634	0.491	1357	31.8	1412
N990	装甲兵工程学院学报	297	1794	0.222	1962	31.8; 20.7	1412
U528	上海纺织科技	381	1650	0.166	2029	31.7	1418
N907	水下无人系统学报	316	1762	0.556	1189	31.7	1418
S002	信息与控制	769	1143	1.181	275	31.7	1418
X001	大连交通大学学报	359	1698	0.296	1822	31.6; 22.0	1421
Y585	导航与控制	178	1975	0.466	1420	31.6	1421
C033	声学技术	589	1363	0.431	1507	31.6	1421
G339	中国病原生物学杂志	1457	651	0.901	526	31.6	1421
G278	NEUROSCIENCE BULLETIN	414	1588	0.761	731	31.5	1425
R428	电气工程学报	129	2027	0.275	1865	31.5	1425
G975	国际麻醉学与复苏杂志	804	1110	0.569	1145	31.5	1425
Y033	航天器工程	669	1258	0.504	1339	31.5	1425
V057	建筑钢结构进展	257	1869	0.444	1479	31.5	1425
H939	中国稻米	954	969	0.704	833	31.5	1425
G377	中国现代中药	1859	458	0.908	512	31.5	1425
X010	船舶工程	613	1334	0.287	1843	31.4	1432
A053	云南师范大学学报自然科学版	196	1958	0.377	1657	31.3	1433
U635	中国食品添加剂	1574	582	0.684	876	31.3	1433
G540	中国卫生信息管理杂志	780	1133	1.049	375	31.3	1433
G755	中国药业	2913	228	0.521	1286	31.3	1433
H067	中国真菌学杂志	390	1634	0.631	996	31.3	1433
I120	JOURNAL OF OCEAN UNIVERSITY OF CHINA	301	1785	0.253	1908	30.6; 31.2	1438
B013	运筹学学报	92	2047	0.294	1829	31.2	1438
J012	郑州大学学报工学版	488	1488	0.557	1186	31.2	1438
R684	电信科学	923	1002	0.716	808	31.1	1441
M505	腐蚀与防护	1153	820	0.510	1323	31.1	1441
E363	世界地震工程	629	1305	0.401	1597	31.1	1441
G897	中华移植杂志电子版	166	1988	0.540	1226	31.1	1441
I229	JOURNAL OF MARINE SCIENCE AND APPLICATION	149	2005	0.295	1827	31.0	1445
G786	安徽医学	1658	546	0.662	926	31.0	1445
V048	风景园林	555	1392	0.745	758	31.0	1445

表 8　2019 年中国科技核心期刊综合评价总分排名（自然科学）（续）

CODE	刊名	核心总被引频次		核心影响因子		综合评价总分*	
		数值	排名	数值	排名	数值	排名
M033	桂林理工大学学报	562	1383	0.521	1286	31.0	1445
U029	食品与生物技术学报	1370	691	0.464	1426	31.0	1445
G964	医学与社会	1464	643	0.862	576	31.0	1445
A077	贵州大学学报自然科学版	254	1881	0.252	1909	30.9	1451
Z521	环境科学与管理	1503	625	0.255	1904	30.9	1451
N028	机械设计与制造	3194	191	0.328	1767	30.9	1451
A008	南开大学学报自然科学版	213	1932	0.166	2029	30.9	1451
W555	人民黄河	1652	552	0.391	1624	30.9	1451
G745	四川中医	3532	150	0.569	1145	30.9	1451
G841	中国现代普通外科进展	945	978	0.568	1149	30.9	1451
G765	中国小儿急救医学	768	1144	0.540	1226	30.9	1451
N024	车用发动机	265	1851	0.280	1853	30.8	1459
D062	分析仪器	410	1595	0.360	1688	30.8	1459
G495	国际病毒学杂志	345	1717	0.775	711	30.8	1459
T009	化学反应工程与工艺	232	1912	0.202	1998	30.8	1459
M018	勘察科学技术	219	1926	0.184	2013	30.8	1459
G491	岭南心血管病杂志	455	1532	0.402	1588	30.8	1459
E053	岩矿测试	1280	738	1.146	296	30.8	1459
G847	中华现代护理杂志	5246	71	1.005	413	30.8	1459
R020	电子元件与材料	559	1385	0.232	1946	30.7	1467
X579	公路	1600	564	0.254	1906	30.7	1467
E578	国土资源科技管理	238	1908	0.338	1742	30.7	1467
T931	化学与粘合	334	1733	0.267	1881	30.7; 21.1	1467
U037	林产工业	823	1088	1.172	280	30.7	1467
G347	中国中西医结合耳鼻咽喉科杂志	416	1584	0.475	1395	15.2; 30.7	1467
G505	中华乳腺病杂志电子版	347	1714	0.650	954	30.7	1467
G842	中西医结合肝病杂志	609	1338	0.556	1189	28.0; 30.7	1467
H364	广西林业科学	382	1648	0.409	1564	30.6	1475
U533	木材工业	433	1563	0.591	1092	30.6	1475
Y006	飞行力学	532	1423	0.347	1722	30.5	1477
G673	临床药物治疗杂志	592	1358	0.568	1149	30.5	1477
V088	上海城市规划	440	1551	0.554	1193	30.5	1477
X673	现代隧道技术	1046	891	0.515	1305	30.5	1477
W030	WATER SCIENCE AND ENGINEERING	119	2035	0.558	1180	30.4	1481
E307	地震工程学报	1150	823	1.003	414	30.4	1481
R007	电波科学学报	530	1429	0.266	1883	30.4	1481
G930	国际流行病学传染病学杂志	262	1856	0.388	1630	30.4; 11.8	1481
G054	中华肝脏外科手术学电子杂志	328	1742	0.592	1090	30.4	1481
M004	机械工程材料	932	993	0.356	1692	30.3	1486
T012	青岛科技大学学报自然科学版	249	1891	0.327	1769	30.3	1486
G890	实用肿瘤杂志	731	1184	0.899	529	30.3	1486
C036	数学物理学报	251	1887	0.267	1881	30.3; 27.7	1486
S027	小型微型计算机系统	1783	488	0.727	794	30.3	1486

表 8　2019 年中国科技核心期刊综合评价总分排名（自然科学）（续）

CODE	刊名	核心总被引频次		核心影响因子		综合评价总分*	
		数值	排名	数值	排名	数值	排名
G900	中华烧伤杂志	974	957	0.907	516	30.3	1486
J008	兰州理工大学学报	651	1280	0.343	1728	30.2	1492
N091	指挥控制与仿真	601	1349	0.362	1685	30.2	1492
H103	种子	2168	361	0.585	1109	30.2	1492
I067	JOURNAL OF CENTRAL SOUTH UNIVERSITY	817	1095	0.381	1647	30.1	1495
G345	临床急诊杂志	756	1155	0.800	670	30.1	1495
G996	皖南医学院学报	351	1712	0.350	1714	30.1	1495
U052	中国乳品工业	997	940	0.688	865	30.1	1495
Q954	中华重症医学电子杂志	81	2054	0.338	1742	30.1	1495
U645	保鲜与加工	893	1033	0.805	658	24.7; 30.0	1500
A013	南昌大学学报理科版	301	1785	0.306	1803	30.0	1500
W504	人民长江	2277	332	0.500	1343	30.0	1500
E302	湿地科学	1312	722	1.438	177	30.0	1500
A808	渤海大学学报自然科学版	88	2051	0.157	2036	29.9	1504
E543	测绘工程	672	1255	0.552	1197	29.9	1504
G855	临床消化病杂志	411	1592	0.461	1432	29.9	1504
B004	数学年刊 A	130	2026	0.120	2050	29.9	1504
A506	宁波大学学报理工版	225	1918	0.200	1999	29.8	1508
G631	中国感染控制杂志	1659	545	1.354	200	29.8	1508
H221	中国农业资源与区划	2315	323	1.254	239	29.8; 44.9	1508
G926	中国数字医学	1511	618	0.575	1130	29.8	1508
G464	中国血管外科杂志电子版	246	1895	0.631	996	29.7	1512
T067	合成纤维	307	1779	0.207	1989	29.6	1513
Z009	化工环保	721	1190	0.749	751	29.6	1513
D501	化学研究	305	1781	0.469	1414	29.6	1513
V047	建筑学报	722	1188	0.337	1746	29.6	1513
X516	交通运输研究	261	1861	0.190	2007	29.6	1513
K025	矿产与地质	615	1330	0.191	2005	29.6	1513
U626	粮油食品科技	682	1242	0.565	1159	29.6	1513
E359	气象科学	1227	771	0.784	695	29.6	1513
C134	热科学与技术	259	1867	0.280	1853	21.5; 29.6	1513
U017	天津工业大学学报	280	1826	0.389	1629	29.6	1513
K580	有色金属选矿部分	694	1225	0.718	804	29.6	1513
G736	中华内分泌外科杂志	326	1746	0.449	1462	29.6	1513
N027	电加工与模具	261	1861	0.259	1897	29.5	1525
Z013	工业水处理	1641	554	0.615	1032	29.5	1525
T021	华东理工大学学报自然科学版	485	1496	0.332	1761	29.5	1525
H415	热带生物学报	272	1833	0.411	1559	29.5	1525
N043	探测与控制学报	424	1575	0.406	1572	29.5	1525
J036	西安工业大学学报	318	1759	0.169	2025	29.5	1525
G706	中国优生与遗传杂志	1810	480	0.523	1277	29.5	1525
T941	当代化工	1579	578	0.416	1549	29.4	1532
Y554	航空发动机	483	1500	0.239	1937	29.4	1532

表 8　2019 年中国科技核心期刊综合评价总分排名（自然科学）（续）

CODE	刊名	核心总被引频次		核心影响因子		综合评价总分*	
		数值	排名	数值	排名	数值	排名
S509	计算机系统应用	1278	740	0.506	1330	29.4	1532
H263	北京农学院学报	367	1679	0.465	1425	29.3	1535
Y571	飞航导弹	973	959	0.577	1123	29.3	1535
G478	骨科	251	1887	0.512	1312	29.3	1535
S745	管理现代化	335	1732	0.300	1816	29.3	1535
E500	盐湖研究	354	1708	0.379	1649	29.3	1535
H273	中国南方果树	1029	912	0.439	1488	29.3	1535
G752	中国卫生质量管理	865	1060	0.723	797	29.3	1535
G526	中华全科医师杂志	932	993	0.595	1079	29.3	1535
I209	ACTA OCEANOLOGICA SINICA	558	1389	0.320	1783	29.2	1543
I207	CHINESE HERBAL MEDICINES	267	1844	0.748	753	29.2	1543
V033	工程抗震与加固改造	474	1510	0.318	1784	29.2	1543
Y013	固体火箭技术	838	1082	0.438	1491	29.2	1543
G334	湖北中医药大学学报	915	1009	0.664	920	29.2	1543
H031	山东农业大学学报自然科学版	615	1330	0.269	1874	29.2	1543
A023	首都师范大学学报自然科学版	260	1864	0.203	1994	29.2	1543
N044	无损检测	700	1218	0.339	1738	29.2	1543
C100	噪声与振动控制	1005	934	0.401	1597	29.2	1543
H080	生物安全学报	286	1815	0.779	706	29.1	1552
H215	中国果树	785	1129	0.550	1201	29.1	1552
N088	组合机床与自动化加工技术	1653	550	0.519	1292	29.1	1552
Y032	航天器环境工程	494	1477	0.260	1894	28.9	1555
G548	湖南师范大学学报医学版	947	977	0.600	1064	28.9	1555
K010	矿业研究与开发	1079	860	0.587	1102	28.9	1555
T079	塑料助剂	204	1947	0.234	1942	28.9	1555
A510	信阳师范学院学报自然科学版	292	1802	0.491	1357	28.9	1555
E316	震灾防御技术	311	1771	0.402	1588	28.9; 20.9	1555
G838	肿瘤影像学	242	1898	0.648	960	28.9	1555
G439	脊柱外科杂志	451	1540	0.758	734	28.8	1562
V089	南方建筑	331	1738	0.512	1312	28.8	1562
E012	JOURNAL OF OCEANOLOGY AND LIMNOLOGY	549	1403	0.242	1933	28.7	1564
A098	中国科技论坛	1592	569	0.832	611	28.7	1564
G098	中华地方病学杂志	1339	705	1.110	311	28.7	1564
G085	创伤与急危重病医学	285	1818	0.671	903	28.6	1567
N007	火炸药学报	816	1097	0.442	1480	28.6	1567
A033	四川师范大学学报自然科学版	257	1869	0.207	1989	28.6	1567
G702	温州医科大学学报	548	1404	0.481	1378	28.6	1567
C108	原子核物理评论	135	2019	0.149	2040	22.8; 28.6	1567
I051	ACTA MATHEMATICAE APPLICATAE SINICA	95	2043	0.061	2065	28.5	1572
J013	哈尔滨理工大学学报	550	1400	0.466	1420	28.5	1572
D037	化学研究与应用	1079	860	0.506	1330	28.5	1572
G292	寄生虫与医学昆虫学报	136	2015	0.481	1378	28.5	1572
U055	粮食与饲料工业	981	952	0.399	1606	23.1; 25.9; 28.5	1572

表 8　2019 年中国科技核心期刊综合评价总分排名（自然科学）（续）

CODE	刊名	核心总被引频次		核心影响因子		综合评价总分*	
		数值	排名	数值	排名	数值	排名
G469	实用器官移植电子杂志	192	1961	0.480	1384	28.5	1572
G856	实用肿瘤学杂志	358	1701	0.747	754	28.5	1572
S023	制造业自动化	1222	776	0.290	1836	28.5	1572
G833	中华老年口腔医学杂志	281	1825	0.518	1298	28.5	1572
G126	CHINESE MEDICAL SCIENCES JOURNAL	161	1994	0.305	1804	28.4	1581
H040	淡水渔业	925	1001	0.751	748	28.4	1581
N037	工业仪表与自动化装置	337	1728	0.351	1711	28.4	1581
N053	机械与电子	409	1599	0.273	1867	28.4	1581
G049	解剖学报	503	1463	0.558	1180	28.4	1581
Q957	首都公共卫生	435	1560	0.784	695	28.4	1581
G482	医学动物防制	1015	924	0.431	1507	28.4	1581
G175	中华医学遗传学杂志	1097	846	0.624	1012	28.4	1581
B003	高校应用数学学报	112	2040	0.110	2055	28.3	1589
G349	国际泌尿系统杂志	496	1473	0.300	1816	28.3	1589
N076	焊接	666	1260	0.328	1767	28.3	1589
Y051	空间控制技术与应用	171	1983	0.229	1952	28.3	1589
R060	控制理论与应用	2011	400	0.842	598	28.3	1589
U049	食品安全质量检测学报	3562	145	0.868	571	28.3	1589
G149	中华劳动卫生职业病杂志	1302	728	0.540	1226	28.3	1589
E049	JOURNAL OF ARID LAND	242	1898	0.470	1410	28.2	1596
G401	生物骨科材料与临床研究	371	1671	0.640	977	28.2	1596
T073	香料香精化妆品	402	1616	0.335	1753	28.2	1596
G130	中国应用生理学杂志	738	1175	0.943	469	28.2	1596
G720	遵义医学院学报	444	1546	0.523	1277	28.2	1596
C072	RESEARCH IN ASTRONOMY AND ASTROPHYSICS	358	1701	0.214	1977	28.1	1601
V014	建筑结构	1845	464	0.232	1946	28.1	1601
H022	上海交通大学学报农业科学版	489	1485	0.376	1662	28.1	1601
N035	液压与气动	1453	652	0.920	498	28.1	1601
G497	国际放射医学核医学杂志	153	2002	0.212	1980	28.0	1605
T501	能源化工	212	1935	0.227	1957	28.0	1605
E633	气象与环境学报	1156	819	1.707	109	28.0	1605
E125	西北地质	900	1028	0.651	952	28.0	1605
G290	中国防痨杂志	1670	540	0.894	533	28.0	1605
I254	LIGHT SCIENCE & APPLICATIONS	585	1366	0.672	900	27.9	1610
M005	材料保护	1221	778	0.412	1556	27.9	1610
B002	高等学校计算数学学报	51	2063	0.190	2007	27.9	1610
S014	计算机与应用化学	503	1463	0.234	1942	27.9	1610
N034	装备环境工程	793	1119	0.412	1556	27.9	1610
H340	桉树科技	134	2021	0.392	1621	27.8	1615
T508	电镀与精饰	469	1519	0.436	1496	27.8	1615
G894	口腔颌面修复学杂志	288	1811	0.535	1242	27.8	1615
S082	网络与信息安全学报	157	2000	0.366	1680	27.8	1615
G518	预防医学情报杂志	1028	913	0.685	872	27.8	1615

表 8　2019 年中国科技核心期刊综合评价总分排名（自然科学）（续）

CODE	刊名	核心总被引频次		核心影响因子		综合评价总分*	
		数值	排名	数值	排名	数值	排名
I059	ACTA GEOLOGICA SINICA ENGLISH EDITION	1664	542	1.037	390	27.7	1620
Y015	航天控制	369	1673	0.400	1600	27.7	1620
B012	数学杂志	142	2009	0.092	2061	27.7	1620
N100	现代科学仪器	321	1754	0.046	2068	27.7	1620
A654	云南民族大学学报自然科学版	185	1968	0.269	1874	27.7	1620
T075	中国胶粘剂	584	1368	0.474	1400	27.7	1620
G474	中华肺部疾病杂志电子版	654	1277	0.558	1180	27.7	1620
R063	半导体技术	369	1673	0.302	1809	27.6	1627
R058	电气自动化	365	1681	0.257	1902	27.6	1627
Y040	火箭推进	515	1445	0.632	992	27.6	1627
S048	计算机与数字工程	901	1027	0.287	1843	27.6	1627
G866	微创泌尿外科杂志	290	1805	0.544	1215	27.6	1627
G303	中国男科学杂志	642	1293	0.560	1175	27.6	1627
H317	中国兽药杂志	625	1314	0.455	1450	27.6	1627
G576	中国肿瘤外科杂志	315	1763	0.545	1211	27.6	1627
G915	中华医学图书情报杂志	456	1531	0.356	1692	13.6; 16.3; 27.6	1627
G599	中南药学	1562	589	0.642	973	27.6	1627
S712	工程管理学报	435	1560	0.400	1600	2.6; 27.5	1637
T065	合成纤维工业	383	1646	0.400	1600	27.5	1637
H516	热带农业科学	1025	915	0.451	1459	27.5	1637
G158	中华器官移植杂志	531	1428	0.453	1457	27.5	1637
I008	WUHAN UNIVERSITY JOURNAL OF NATURAL SCIENCES	25	2069	0.020	2070	27.4	1641
R730	兵工自动化	823	1088	0.473	1401	27.4	1641
R044	电气传动	613	1334	0.430	1512	27.4	1641
E007	极地研究	255	1877	0.388	1630	27.4	1641
A115	实验室研究与探索	3022	212	0.447	1467	27.4	1641
U033	中国造纸学报	213	1932	0.312	1795	27.4	1641
I062	ADVANCES IN ATMOSPHERIC SCIENCES	1236	767	0.596	1072	27.3	1647
E570	地球环境学报	181	1972	0.417	1547	27.3	1647
J055	海军工程大学学报	489	1485	0.296	1822	27.3	1647
D014	影像科学与光化学	127	2030	0.356	1692	27.3	1647
G407	转化医学杂志	224	1920	0.412	1556	27.3	1647
I139	CHEMICAL RESEARCH IN CHINESE UNIVERSITIES	404	1608	0.403	1584	27.2	1652
D017	CHINESE JOURNAL OF POLYMER SCIENCE	459	1526	0.671	903	27.2	1652
E615	测绘科学技术学报	686	1235	0.571	1139	27.1	1654
U512	大连工业大学学报	294	1800	0.301	1810	27.1	1654
S741	地域研究与开发	1969	419	1.204	263	27.1	1654
G134	中国组织化学与细胞化学杂志	333	1736	0.402	1588	27.1	1654
S507	计算技术与自动化	197	1957	0.244	1927	27.0	1658
G210	微循环学杂志	255	1877	0.470	1410	27.0	1658
S505	系统仿真技术	114	2038	0.323	1776	27.0	1658

表 8　2019 年中国科技核心期刊综合评价总分排名（自然科学）（续）

CODE	刊名	核心总被引频次		核心影响因子		综合评价总分*	
		数值	排名	数值	排名	数值	排名
V056	新型建筑材料	1168	807	0.402	1588	27.0	1658
G403	药物不良反应杂志	707	1206	0.596	1072	27.0	1658
Y003	中国空间科学技术	421	1580	0.472	1404	27.0	1658
G536	中国临床神经科学	501	1466	0.500	1343	27.0	1658
Q929	肿瘤代谢与营养电子杂志	299	1791	0.719	802	27.0	1658
T563	工业催化	550	1400	0.278	1857	26.9	1666
G291	临床骨科杂志	973	959	0.946	464	26.9	1666
G321	现代口腔医学杂志	328	1742	0.337	1746	26.9	1666
G451	现代消化及介入诊疗	1092	849	0.696	848	26.9	1666
G962	眼科	388	1639	0.393	1618	26.9	1666
G162	中华实验和临床病毒学杂志	552	1396	0.635	985	26.9	1666
Z554	环境监测管理与技术	702	1214	1.020	405	26.8	1672
G196	肿瘤药学	354	1708	0.471	1406	26.8	1672
I710	CHINA COMMUNICATIONS	546	1410	0.631	996	26.7	1674
G953	精神医学杂志	470	1515	0.461	1432	26.7	1674
R064	微电子学	298	1792	0.219	1970	26.7	1674
G144	中华航空航天医学杂志	203	1950	0.167	2026	26.7	1674
E626	CT 理论与应用研究	284	1820	0.390	1626	26.6	1678
E052	微体古生物学报	430	1568	0.375	1665	26.6	1678
L033	油田化学	1039	898	0.789	689	26.6	1678
S055	大数据	136	2015	0.417	1547	26.5	1681
B017	模糊系统与数学	465	1523	0.228	1955	26.5	1681
G513	内蒙古医科大学学报	396	1623	0.446	1471	26.5	1681
E548	世界地质	790	1126	0.442	1480	26.5	1681
T074	天然气化工	368	1676	0.221	1965	26.5; 23.2	1681
H016	扬州大学学报农业与生命科学版	430	1568	0.515	1305	26.5	1681
E525	地质与资源	377	1659	0.277	1860	26.4	1687
R711	测试技术学报	263	1855	0.279	1855	26.3	1688
N063	机械设计与制造工程	481	1505	0.225	1958	26.3	1688
R671	西安邮电大学学报	264	1852	0.333	1758	26.3; 24.9	1688
G877	药物流行病学杂志	658	1271	0.565	1159	26.3	1688
G848	中华手外科杂志	1662	544	0.902	524	26.3	1688
I166	CHINESE JOURNAL OF ACOUSTICS	176	1977	0.438	1491	26.2	1693
F021	JOURNAL OF MOLECULAR CELL BIOLOGY	264	1852	0.418	1544	26.2	1693
G016	北京医学	1348	701	0.547	1207	26.2	1693
X034	都市快轨交通	474	1510	0.339	1738	26.2	1693
G792	西北药学杂志	1091	851	0.844	593	26.2	1693
G313	中国医师杂志	1350	700	0.470	1410	26.2	1693
G136	中华传染病杂志	937	989	0.588	1100	26.2	1693
V049	结构工程师	559	1385	0.297	1821	26.1	1700
G507	解剖科学进展	433	1563	0.553	1195	26.1	1700
G261	临床心血管病杂志	1320	718	0.896	532	26.1	1700
G223	现代医学	968	961	0.530	1256	26.1	1700

表 8　2019 年中国科技核心期刊综合评价总分排名（自然科学）（续）

CODE	刊名	核心总被引频次		核心影响因子		综合评价总分*	
		数值	排名	数值	排名	数值	排名
U032	中国油脂	2271	334	0.782	701	26.1	1700
Q905	中华解剖与临床杂志	338	1726	0.428	1518	26.1	1700
U014	东华大学学报自然科学版	368	1676	0.217	1974	26.0	1706
E022	古生物学报	775	1139	0.396	1613	26.0	1706
N047	机械设计	1310	724	0.519	1292	26.0	1706
S501	自动化与仪表	483	1500	0.335	1753	21.6; 26.0	1706
R011	电力电子技术	977	954	0.313	1791	25.9	1710
G797	临床输血与检验	513	1447	0.488	1363	20.0; 25.9	1710
G312	西南国防医药	1118	836	0.354	1699	25.9	1710
G578	心血管康复医学杂志	636	1299	0.611	1043	25.9	1710
G885	中国现代手术学杂志	260	1864	0.477	1391	25.9	1710
G693	中华临床免疫和变态反应杂志	308	1777	0.530	1256	25.9	1710
G319	神经损伤与功能重建	662	1264	0.600	1064	25.8	1716
G652	实用皮肤病学杂志	334	1733	0.395	1614	25.8	1716
T916	有机硅材料	381	1650	0.527	1269	25.8	1716
G695	肿瘤预防与治疗	431	1567	1.345	205	25.8	1716
E306	地震	467	1522	0.406	1572	25.7	1720
R754	电讯技术	763	1150	0.519	1292	25.7	1720
A586	沈阳师范大学学报自然科学版	210	1939	0.223	1960	25.7	1720
G248	中国药物依赖性杂志	324	1749	0.435	1498	25.7	1720
G913	中国药事	1007	931	0.537	1236	25.6	1724
X635	船海工程	575	1375	0.237	1940	25.5	1725
E566	气象科技	1687	531	0.908	512	25.5	1725
M043	轧钢	671	1256	0.794	678	25.5	1725
G180	中日友好医院学报	326	1746	0.424	1526	25.5	1725
N075	铸造	1061	880	0.496	1350	25.5	1725
B023	CHINESE ANNALS OF MATHEMATICS SERIES B	91	2048	0.044	2069	25.4	1730
Q933	康复学报	242	1898	0.665	915	25.4	1730
G514	药物生物技术	472	1514	0.558	1180	25.4	1730
E303	中国岩溶	1268	745	1.178	277	25.4	1730
G682	中南医学科学杂志	543	1416	0.570	1144	25.4	1730
I726	FRONTIERS OF PHYSICS	143	2008	0.222	1962	25.3	1735
G802	临床神经外科杂志	410	1595	0.534	1248	25.3	1735
G565	徐州医学院学报	296	1795	0.171	2023	25.3	1735
M047	冶金能源	172	1980	0.160	2034	25.3	1735
H026	竹子学报	295	1797	0.331	1762	25.3	1735
I220	FRONTIERS OF EARTH SCIENCE	135	2019	0.260	1894	25.2	1740
S812	科技管理研究	3469	154	0.625	1009	25.2	1740
B027	系统管理学报	1061	880	0.842	598	25.2	1740
G703	中华实验和临床感染病杂志电子版	532	1423	0.585	1109	25.2	1740
H070	山地农业生物学报	548	1404	0.615	1032	25.1	1744
G721	新医学	749	1159	0.595	1079	25.1	1744
Q707	WORLD JOURNAL OF TRADITIONAL CHINESE MEDICINE	26	2068	0.170	2024	25.0	1746

表8 2019年中国科技核心期刊综合评价总分排名（自然科学）（续）

CODE	刊名	核心总被引频次		核心影响因子		综合评价总分*	
		数值	排名	数值	排名	数值	排名
G004	北京生物医学工程	389	1637	0.517	1300	25.0	1746
D036	电化学	301	1785	0.437	1494	25.0	1746
C009	实验力学	714	1198	0.532	1251	25.0	1746
G220	中国药物化学杂志	314	1766	0.294	1829	25.0	1746
G462	中华普外科手术学杂志电子版	815	1098	1.355	198	25.0	1746
G050	解剖学杂志	642	1293	0.528	1263	24.9	1752
G293	临床血液学杂志	771	1141	0.691	858	24.9; 13.8	1752
G470	中华细胞与干细胞杂志电子版	93	2044	0.301	1810	24.9	1752
G869	结直肠肛门外科	454	1535	0.471	1406	24.8	1755
L019	石油机械	1328	712	0.577	1123	24.8	1755
G296	中华围产医学杂志	1163	813	0.779	706	24.8	1755
I116	CHINESE JOURNAL OF ELECTRONICS	409	1599	0.363	1684	24.7	1758
N092	FRICTION	121	2033	0.529	1260	24.7	1758
T512	聚氨酯工业	442	1548	0.677	887	24.7	1758
G297	中国美容整形外科杂志	984	950	0.808	657	24.7	1758
Y012	航空精密制造技术	266	1846	0.210	1984	24.6	1762
G044	华西药学杂志	1088	853	0.617	1027	24.6	1762
G083	心肺血管病杂志	1088	853	0.794	678	24.6	1762
I720	CSEE JOURNAL OF POWER AND ENERGY SYSTEMS	140	2011	0.615	1032	24.5	1765
Q907	空军医学杂志	416	1584	0.688	865	24.5	1765
G259	诊断病理学杂志	727	1185	0.394	1615	19.7; 24.5	1765
G625	中国医院用药评价与分析	1107	841	0.375	1665	24.5	1765
C070	CHINESE JOURNAL OF CHEMICAL PHYSICS	164	1991	0.220	1968	24.4	1769
E537	JOURNAL OF EARTH SCIENCE	623	1315	1.214	260	24.4	1769
R019	电源技术	1607	563	0.324	1775	24.4	1769
C032	量子电子学报	359	1698	0.511	1318	24.4	1769
T060	煤化工	264	1852	0.268	1879	24.4	1769
Y504	气体物理	45	2066	0.273	1867	24.4; 20.8	1769
J045	西华大学学报自然科学版	234	1911	0.266	1883	24.4	1769
E159	新疆地质	743	1167	0.379	1649	24.4	1769
G244	中国工业医学杂志	735	1180	0.528	1263	24.4	1769
G306	中国医师进修杂志	962	966	0.495	1352	24.4	1769
W015	JOURNAL OF HYDRODYNAMICS SERIES B	550	1400	0.418	1544	24.3	1779
G340	华南国防医学杂志	592	1358	0.384	1642	24.3	1779
U641	食品与发酵科技	627	1309	0.455	1450	24.3	1779
H272	广东海洋大学学报	496	1473	0.543	1219	18.8; 24.2	1782
N515	机械制造与自动化	637	1297	0.204	1993	24.2	1782
G329	神经疾病与精神卫生	393	1631	0.257	1902	24.2	1782
Y031	航空计算技术	510	1452	0.301	1810	24.1	1785
X053	JOURNAL OF TRAFFIC AND TRANSPORTATION ENGINEERING ENGLISH EDITION	72	2056	0.261	1891	24.0	1786
E132	地质找矿论丛	486	1494	0.386	1637	24.0	1786

表 8　2019 年中国科技核心期刊综合评价总分排名（自然科学）（续）

CODE	刊名	核心总被引频次		核心影响因子		综合评价总分*	
		数值	排名	数值	排名	数值	排名
M048	贵金属	305	1781	0.468	1417	24.0	1786
C093	现代应用物理	87	2052	0.268	1879	24.0	1786
G544	中国临床药学杂志	321	1754	0.431	1507	24.0	1786
D035	分子科学学报	169	1985	0.335	1753	23.9	1791
W567	节水灌溉	1436	660	0.675	895	23.9	1791
N064	工具技术	926	999	0.291	1834	23.7	1793
G983	国际免疫学杂志	364	1686	0.430	1512	23.7	1793
M631	黄金	755	1156	0.325	1772	23.7	1793
N040	机械传动	1369	693	0.429	1515	23.7	1793
G227	中国药物警戒	1095	848	0.679	884	23.7	1793
I132	FRONTIERS OF OPTOELECTRONICS	51	2063	0.161	2033	23.6	1798
Y503	导弹与航天运载技术	492	1480	0.284	1847	23.6	1798
T006	化工机械	323	1752	0.164	2031	23.6	1798
E138	物探与化探	1459	648	0.562	1168	23.6	1798
J016	浙江工业大学学报	671	1256	0.605	1054	23.6	1798
G444	中国体外循环杂志	291	1803	0.531	1255	23.6	1798
R037	高压电器	2701	258	0.653	944	23.5	1804
E304	古脊椎动物学报	210	1939	0.188	2010	23.5	1804
C094	计算物理	475	1509	0.497	1348	23.5	1804
K517	煤矿机械	2227	345	0.290	1836	23.5	1804
R013	中国激光医学杂志	251	1887	0.632	992	23.5	1804
A011	河南科学	564	1381	0.229	1952	23.4	1809
A637	山东科学	280	1826	0.291	1834	23.4	1809
B029	复杂系统与复杂性科学	288	1811	0.505	1335	23.3	1811
R654	电力科学与技术学报	483	1500	0.777	709	23.2	1812
G934	国际中医中药杂志	717	1194	0.352	1707	23.2; 16.7	1812
Q009	核科学与工程	363	1688	0.162	2032	23.2	1812
T953	消防科学与技术	1599	565	0.517	1300	16.1; 23.2	1812
I226	DEFENCE TECHNOLOGY	133	2022	0.388	1630	23.1	1816
H227	东北农业科学	768	1144	0.851	585	23.1	1816
N054	机械设计与研究	1200	791	0.699	843	23.1	1816
I227	JOURNAL OF CHINESE PHARMACEUTICAL SCIENCES	276	1829	0.282	1851	23.0	1819
L027	油气储运	1621	559	0.887	545	23.0	1819
C038	真空与低温	199	1954	0.278	1857	23.0	1819
H009	蚕业科学	703	1212	0.460	1435	22.9	1822
V030	工程勘察	876	1049	0.337	1746	22.9	1822
E521	气象与环境科学	854	1069	1.468	167	22.8	1824
N065	特种铸造及有色合金	1121	832	0.366	1680	22.8	1824
M010	材料开发与应用	408	1603	0.272	1870	22.7	1826
C055	低温物理学报	109	2041	0.210	1984	22.7	1826
C008	应用力学学报	965	962	0.663	923	22.7	1826
U604	皮革与化工	147	2006	0.337	1746	22.6	1829

表 8　2019 年中国科技核心期刊综合评价总分排名（自然科学）（续）

CODE	刊名	核心总被引频次		核心影响因子		综合评价总分*	
		数值	排名	数值	排名	数值	排名
Q003	同位素	182	1970	0.351	1711	22.6	1829
Y057	载人航天	396	1623	0.347	1722	22.6	1829
G713	中国药物应用与监测	513	1447	0.704	833	22.6	1829
L018	钻井液与完井液	1127	830	0.939	474	22.6	1829
A083	科技通报	1166	810	0.298	1820	22.5	1834
E136	物探化探计算技术	412	1590	0.205	1992	22.5	1834
G280	中华口腔正畸学杂志	205	1946	0.402	1588	22.5	1834
G178	中华整形外科杂志	963	965	0.701	840	22.5	1834
T057	合成材料老化与应用	327	1744	0.313	1791	22.4	1838
L017	测井技术	773	1140	0.296	1822	22.3	1839
K014	矿山机械	844	1079	0.258	1901	22.3	1839
H864	饲料研究	976	955	0.369	1675	22.3	1839
T015	炭素技术	262	1856	0.179	2017	22.3	1839
R087	现代雷达	880	1043	0.394	1615	22.3	1839
E141	华北地震科学	184	1969	0.368	1676	22.2	1844
N764	JOURNAL OF BIONIC ENGINEERING	303	1784	0.624	1012	22.1	1845
T598	电镀与涂饰	732	1183	0.433	1504	22.1	1845
R016	绝缘材料	952	971	0.644	968	22.1	1845
G977	药学服务与研究	433	1563	0.357	1690	22.1	1845
Y009	强度与环境	295	1797	0.318	1784	22.0	1849
H390	山西农业科学	2119	372	0.742	764	22.0	1849
R524	中国能源	409	1599	0.514	1307	22.0	1849
C060	波谱学杂志	243	1897	0.712	816	21.9	1852
Q909	临床小儿外科杂志	645	1289	0.564	1162	21.9	1852
G610	中华胰腺病杂志	390	1634	0.403	1584	21.9	1852
I222	GENOMICS PROTEOMICS & BIOINFORMATICS	161	1994	0.424	1526	21.8	1855
Z500	环境技术	266	1846	0.283	1849	21.8	1855
Z506	环境科技	362	1692	0.488	1363	21.8	1855
N048	金刚石与磨料磨具工程	344	1720	0.259	1897	21.8	1855
G718	中国心血管病研究	908	1020	0.577	1123	21.8	1855
G873	中华眼视光学与视觉科学杂志	661	1266	0.590	1096	21.8	1855
N106	人类工效学	239	1907	0.203	1994	21.7	1861
R085	微特电机	643	1291	0.348	1720	21.7	1861
H538	草原与草坪	607	1343	0.725	796	21.6	1863
L508	储能科学与技术	470	1515	0.775	711	21.6	1863
R045	电机与控制应用	765	1148	0.638	979	21.6	1863
R750	电力需求侧管理	412	1590	1.050	374	21.6	1863
R587	水利经济	385	1643	0.882	553	21.6	1863
V531	陶瓷学报	352	1710	0.314	1789	21.6	1863
D602	合成化学	365	1681	0.211	1983	21.5	1869
G835	职业卫生与应急救援	454	1535	0.478	1388	21.5	1869
R050	水力发电	828	1086	0.292	1831	21.4	1871
R745	电力信息与通信技术	1025	915	0.940	473	21.3	1872

表 8 2019 年中国科技核心期刊综合评价总分排名（自然科学）（续）

CODE	刊名	核心总被引频次		核心影响因子		综合评价总分*	
		数值	排名	数值	排名	数值	排名
A080	高技术通讯	459	1526	0.403	1584	21.3	1872
H102	林业调查规划	428	1572	0.212	1980	21.3	1872
L021	石油化工设备技术	165	1990	0.182	2015	21.2	1875
G771	武警后勤学院学报医学版	386	1642	0.156	2037	21.2	1875
G699	西部中医药	1964	422	0.540	1226	21.2; 13.3	1875
K013	有色金属矿山部分	378	1654	0.375	1665	21.2	1875
G458	传染病信息	687	1232	1.324	211	21.1	1879
N110	工业工程与管理	746	1164	0.674	898	21.1	1879
H261	辽宁农业科学	491	1481	0.277	1860	21.1	1879
G603	生物医学工程与临床	295	1797	0.355	1697	21.1	1879
I090	JOURNAL OF WUHAN UNIVERSITY OF TECHNOLOGY MATERIALS SCIENCE EDITION	368	1676	0.146	2043	21.0; 19.7	1883
D604	化学分析计量	547	1407	0.404	1581	21.0	1883
R070	微波学报	444	1546	0.439	1488	21.0	1883
X528	水运工程	1120	833	0.261	1891	20.9	1886
B030	ACTA MATHEMATICA SINICA ENGLISH SERIES	213	1932	0.107	2057	20.8	1887
R082	光电子技术	133	2022	0.305	1804	20.8	1887
M021	上海金属	271	1834	0.243	1929	20.8	1887
L026	中国海洋平台	256	1873	0.134	2046	20.8	1887
P009	工业加热	163	1992	0.120	2050	20.6	1891
C105	ACTA MECHANICA SINICA	481	1505	0.640	977	20.5	1892
I219	CHINESE JOURNAL OF POPULATION, RESOURCES AND ENVIRONMENT	37	2067	0.100	2058	20.5	1892
C010	JOURNAL OF ROCK MECHANICS AND GEOTECHNICAL ENGINEERING (JRMGE)	320	1756	0.386	1637	20.5	1892
G920	儿科药学杂志	892	1034	0.566	1157	14.1; 20.5	1892
R097	光学与光电技术	300	1789	0.272	1870	20.5; 17.4	1892
H333	经济动物学报	268	1841	0.521	1286	20.5	1892
S500	计算机与现代化	700	1218	0.409	1564	20.3	1898
H217	陕西农业科学	942	981	0.278	1857	20.3	1898
G473	中华腔镜泌尿外科杂志电子版	520	1439	0.810	649	20.3	1898
R775	中兴通讯技术	172	1980	0.503	1340	20.3	1898
G939	国际脑血管病杂志	828	1086	0.655	937	20.2	1902
S046	信息网络安全	707	1206	0.916	504	20.2	1902
U501	中国调味品	2564	281	0.876	561	20.2	1902
G203	中国心脏起搏与心电生理杂志	520	1439	0.507	1326	20.2	1902
I230	JOURNAL OF MOUNTAIN SCIENCE	457	1530	0.352	1707	20.1	1906
R003	电池	403	1613	0.535	1242	20.1	1906
G199	发育医学电子杂志	122	2032	0.532	1251	20.1	1906
E651	海洋测绘	675	1253	0.460	1435	14.4; 20.1	1906
F206	微生物学免疫学进展	345	1717	0.441	1483	20.1	1906
I735	FRONTIERS OF COMPUTER SCIENCE	132	2024	0.219	1970	20.0	1911
I017	TRANSACTIONS OF NANJING UNIVERSITY OF AERONAUTICS & ASTRONAUTICS	175	1979	0.184	2013	20.0; 14.4	1911

表 8 2019 年中国科技核心期刊综合评价总分排名（自然科学）（续）

CODE	刊名	核心总被引频次		核心影响因子		综合评价总分*	
		数值	排名	数值	排名	数值	排名
R652	太赫兹科学与电子信息学报	434	1562	0.330	1763	20.0	1911
R057	微电机	604	1345	0.333	1758	20.0	1911
X043	城市轨道交通研究	835	1084	0.203	1994	19.9	1915
H891	中国动物传染病学报	315	1763	0.425	1525	19.9	1915
G258	中国生物制品学杂志	793	1119	0.377	1657	19.9	1915
X539	中外公路	1209	786	0.419	1541	19.9	1915
G803	肝脏	1071	872	0.538	1232	19.8	1919
H204	中国沼气	524	1436	0.476	1394	19.8; 18.2	1919
X046	城市交通	399	1621	0.390	1626	19.7	1921
C101	力学季刊	391	1633	0.451	1459	19.7	1921
V023	中国非金属矿工业导刊	326	1746	0.236	1941	19.7	1921
A074	沈阳大学学报自然科学版	268	1841	0.543	1219	19.6	1924
U602	皮革科学与工程	379	1653	0.449	1462	19.5	1925
B011	应用数学	138	2013	0.190	2007	19.5	1925
E315	地理信息世界	411	1592	0.459	1438	19.4	1927
G025	工业卫生与职业病	474	1510	0.423	1532	19.4	1927
E108	海洋预报	393	1631	0.435	1498	19.4	1927
R096	雷达科学与技术	382	1648	0.423	1532	19.4	1927
C095	COMMUNICATIONS IN THEORETICAL PHYSICS	324	1749	0.174	2021	19.3	1931
G944	东南国防医药	688	1230	0.632	992	19.3	1931
A535	广西科学	358	1701	0.387	1635	19.3	1931
I225	JOURNAL OF ACUPUNCTURE AND TUINA SCIENCE	89	2050	0.210	1984	19.2	1934
M031	安徽工业大学学报自然科学版	128	2029	0.099	2059	19.2	1934
T933	石化技术与应用	255	1877	0.203	1994	19.2; 18.6	1934
S031	遥测遥控	186	1967	0.343	1728	19.2	1934
H293	杂交水稻	710	1204	0.380	1648	19.2	1934
H212	中国麻业科学	378	1654	0.650	954	19.2	1934
C058	CHINESE PHYSICS C	371	1671	0.243	1929	19.1	1940
L030	石油炼制与化工	1216	783	0.623	1015	19.1	1940
R081	照明工程学报	488	1488	0.678	886	19.1	1940
N013	自动化仪表	868	1057	0.597	1071	14.8; 19.0	1943
Z553	净水技术	553	1395	0.370	1673	18.9	1944
V052	粉煤灰综合利用	232	1912	0.187	2011	18.8	1945
D011	化学试剂	759	1151	0.458	1441	18.8	1945
V523	建筑节能	558	1389	0.230	1949	18.8	1945
Q937	消化肿瘤杂志电子版	190	1964	0.670	905	18.8	1945
Q950	中华神经创伤外科电子杂志	187	1966	0.472	1404	18.7	1949
T146	化工设备与管道	255	1877	0.321	1780	18.6	1950
Z034	生态毒理学报	1201	790	0.792	683	18.6	1950
H048	土壤与作物	289	1810	1.051	373	18.6	1950
G707	武警医学	820	1091	0.392	1621	18.6	1950
M013	钢铁钒钛	440	1551	0.354	1699	18.5	1954

表 8 2019 年中国科技核心期刊综合评价总分排名（自然科学）（续）

CODE	刊名	核心总被引频次		核心影响因子		综合评价总分*	
		数值	排名	数值	排名	数值	排名
U020	中国皮革	609	1338	0.234	1942	18.4	1955
Z007	四川环境	603	1347	0.458	1441	18.3	1956
H081	中国热带农业	373	1664	0.259	1897	18.3	1956
G428	中国美容医学	2060	387	0.589	1098	18.1	1958
I124	ADVANCES IN POLAR SCIENCES	20	2070	0.086	2062	18.0	1959
L507	天然气与石油	491	1481	0.419	1541	18.0	1959
G798	现代泌尿生殖肿瘤杂志	209	1942	0.405	1576	17.9	1961
G637	中国国境卫生检疫杂志	256	1873	0.260	1894	17.9	1961
N105	工程爆破	419	1582	0.400	1600	17.8	1963
X015	江苏科技大学学报自然科学版	375	1660	0.286	1845	17.8	1963
X042	石家庄铁道大学学报自然科学版	178	1975	0.180	2016	17.8; 10.1	1963
G750	中国病案	1507	622	0.658	932	17.8	1963
R611	自动化与仪器仪表	1370	691	0.403	1584	14.1; 17.8	1963
G899	海军医学杂志	559	1385	0.429	1515	17.7	1968
S816	科学管理研究	736	1179	0.582	1114	17.7	1968
G230	临床皮肤科杂志	1078	863	0.292	1831	17.7	1968
E103	华南地震	270	1837	0.622	1019	17.6	1971
F041	人类学学报	503	1463	0.481	1378	17.6	1971
K505	黑龙江科技大学学报	252	1885	0.288	1840	17.5	1973
G332	生物医学工程研究	221	1925	0.511	1318	17.4	1974
T569	粘接	441	1550	0.385	1639	17.4	1974
G892	中华心律失常学杂志	525	1433	0.736	780	17.4	1974
N067	电焊机	684	1238	0.223	1960	17.3	1977
S590	中华医学教育探索杂志	698	1221	0.379	1649	17.3	1977
G705	中华医学教育杂志	593	1356	0.426	1522	17.3	1977
N046	制造技术与机床	1003	936	0.296	1822	17.2	1980
R047	固体电子学研究与进展	161	1994	0.191	2005	17.1	1981
G628	老年医学与保健	404	1608	0.491	1357	17.1	1981
G284	中国消毒学杂志	1533	608	0.655	937	17.1	1981
Z015	电镀与环保	290	1805	0.265	1886	17.0	1984
U036	棉纺织技术	690	1229	0.337	1746	17.0	1984
N056	长春理工大学学报自然科学版	532	1423	0.446	1471	16.9	1986
A034	甘肃科学学报	222	1923	0.149	2040	16.9	1986
K036	中国锰业	271	1834	0.167	2026	16.9	1986
I248	FRONTIERS OF CHEMICAL SCIENCE AND ENGINEERING	139	2012	0.299	1819	16.8	1989
Q956	肝癌电子杂志	56	2061	0.421	1537	16.8	1989
E636	湿地科学与管理	225	1918	0.571	1139	16.8	1989
T104	印染助剂	366	1680	0.307	1802	16.8	1989
V054	矿产勘查	635	1300	0.471	1406	16.7	1993
N022	轴承	650	1281	0.243	1929	16.6	1994
R737	自动化技术与应用	618	1325	0.239	1937	16.6	1994
G358	解剖学研究	329	1740	0.415	1550	16.5	1996

表 8 2019 年中国科技核心期刊综合评价总分排名（自然科学）（续）

CODE	刊名	核心总被引频次		核心影响因子		综合评价总分*	
		数值	排名	数值	排名	数值	排名
N107	模具技术	170	1984	0.314	1789	16.5	1996
R519	信息技术	844	1079	0.346	1725	16.5	1996
V574	岩土工程技术	180	1974	0.243	1929	16.4	1999
G472	中华疝和腹壁外科杂志电子版	468	1520	0.690	861	16.4	1999
P001	汽轮机技术	388	1639	0.308	1799	16.1	2001
H844	甘蔗糖业	282	1823	0.272	1870	16.0	2002
K035	中国钨业	369	1673	0.322	1778	16.0	2002
G616	ONCOLOGY AND TRANSLATIONAL MEDICINE	50	2065	0.070	2064	15.6	2004
G677	颈腰痛杂志	808	1104	0.553	1195	15.5	2005
F039	JOURNAL OF SYSTEMATICS AND EVOLUTION	621	1320	0.485	1369	15.3	2006
X011	机车电传动	410	1595	0.219	1970	15.2	2007
Y008	宇航计测技术	240	1904	0.176	2018	15.2	2007
C096	ACTA MATHEMATICA SCIENTIA	308	1777	0.230	1949	15.1; 14.5	2009
T231	磷肥与复肥	453	1539	0.241	1936	15.1	2009
U640	制冷与空调(四川)	217	1927	0.175	2019	15.1	2009
U643	造纸科学与技术	182	1970	0.247	1918	15.0	2012
H072	农业工程	400	1619	0.174	2021	14.8	2013
B022	CHINESE QUARTERLY JOURNAL OF MATHEMATICS	65	2057	0.056	2066	14.7	2014
F005	ENTOMOTAXONOMIA	121	2033	0.250	1910	14.7	2014
H128	北方水稻	262	1856	0.216	1975	14.7	2014
N079	液压气动与密封	784	1130	0.368	1676	14.7	2014
K037	中国煤炭地质	759	1151	0.376	1662	14.7	2014
P018	动力学与控制学报	315	1763	0.623	1015	14.6	2019
G959	中国微侵袭神经外科杂志	709	1205	0.620	1021	14.6	2019
N012	爆破器材	215	1930	0.273	1867	14.4	2021
H211	中国棉花	820	1091	0.532	1251	14.4	2021
G489	中华医学美学美容杂志	623	1315	0.720	800	14.4	2021
N624	焊接技术	526	1431	0.160	2034	14.3	2024
U504	酿酒科技	2245	337	0.625	1009	14.3	2024
M014	硬质合金	310	1773	0.405	1576	14.1	2026
G522	肿瘤研究与临床	699	1220	0.666	913	13.9	2027
G737	中华生物医学工程杂志	231	1914	0.333	1758	13.7	2028
E050	GEOSCIENCE FRONTIERS	488	1488	0.487	1365	13.6	2029
G257	临床内科杂志	935	990	0.716	808	13.6	2029
G298	中国斜视与小儿眼科杂志	240	1904	0.376	1662	13.6; 12.1	2029
G740	中华卫生杀虫药械	677	1249	0.394	1615	13.5	2032
P010	小型内燃机与车辆技术	115	2036	0.094	2060	13.4	2033
E635	沙漠与绿洲气象	777	1138	1.173	279	9.0; 13.3	2034
G672	口腔材料器械杂志	161	1994	0.434	1503	13.2	2035
G307	中华医学科研管理杂志	300	1789	0.458	1441	13.2	2035
G794	中国临床神经外科杂志	871	1053	0.572	1137	13.1	2037
R051	大电机技术	286	1815	0.254	1906	13.0	2038

表 8 2019 年中国科技核心期刊综合评价总分排名（自然科学）（续）

CODE	刊名	核心总被引频次		核心影响因子		综合评价总分*	
		数值	排名	数值	排名	数值	排名
E639	地理空间信息	748	1161	0.301	1810	13.0; 12.9	2038
A081	中国科学基金	505	1458	0.772	716	12.9	2040
I250	FRONTIERS OF MATHEMATICS IN CHINA	93	2044	0.149	2040	12.5	2041
G587	中国辐射卫生	933	991	0.828	617	12.5	2041
G749	中国中医眼科杂志	543	1416	0.378	1652	12.5	2041
E616	测绘地理信息	571	1376	0.519	1292	12.4	2044
K038	煤炭工程	1880	452	0.529	1260	12.0	2045
H220	渔业现代化	485	1496	0.571	1139	11.9	2046
I725	FRONTIERS OF STRUCTURAL AND CIVIL ENGINEERING	54	2062	0.119	2053	11.7	2047
G852	中国急救复苏与灾害医学杂志	1044	895	0.559	1176	11.7	2047
H584	植物检疫	637	1297	0.309	1798	11.6	2049
N086	真空	266	1846	0.146	2043	11.1	2050
C092	核聚变与等离子体物理	142	2009	0.245	1923	10.7	2051
T955	精细化工中间体	242	1898	0.230	1949	10.7	2051
S086	单片机与嵌入式系统应用	446	1544	0.284	1847	10.4	2053
G662	内科急危重症杂志	614	1332	0.706	825	10.2	2054
S017	网络新媒体技术	131	2025	0.277	1860	9.5	2055
L587	节能技术	433	1563	0.478	1388	9.1	2056
T054	盐科学与化工	373	1664	0.249	1914	9.1	2056
K020	铀矿冶	210	1939	0.193	2002	9.1	2056
X035	中国港湾建设	365	1681	0.209	1988	9.0	2059
G580	立体定向和功能性神经外科杂志	166	1988	0.229	1952	8.7	2060
N101	变压器	1045	892	1.073	342	8.6	2061
Z032	工业用水与废水	590	1361	0.614	1035	8.6	2061
G437	中国听力语言康复科学杂志	260	1864	0.352	1707	1.9; 8.6	2061
C104	力学与实践	662	1264	0.405	1576	8.4	2064
G496	国际老年医学杂志	211	1937	0.401	1597	8.2	2065
P005	工业炉	93	2044	0.078	2063	7.9	2066
S033	微型电脑应用	327	1744	0.228	1955	6.0	2067
Z035	环境卫生工程	271	1834	0.175	2019	5.6	2068
K550	中国钼业	296	1795	0.221	1965	3.5	2069
C509	物理与工程	153	2002	0.167	2026	2.8; 2.2	2070

* 对复分入多个学科的期刊，在不同学科内计算的综合评价总分不同，以自然科学领域学科较高的一个总分分值参加排名。

9　2019 年中国科技核心期刊目录

表 9-1　2019 年中国科技核心期刊（中文）目录

CODE	刊名	学科分类	主编
E626	CT 理论与应用研究	工程与技术科学基础学科	王椿镛
G549	癌变・畸变・突变	肿瘤学	程书钧
A003	安徽大学学报自然科学版	自然科学综合大学学报	胡舒合
M031	安徽工业大学学报自然科学版	工程技术大学学报	葛芦生
H002	安徽农业大学学报	农业大学学报	宛晓春
A009	安徽师范大学学报自然科学版	自然科学师范大学学报	王伦
G012	安徽医科大学学报	医药大学学报	张学军
G786	安徽医学	医学综合	高开焰
Q906	安徽医药	医学综合	徐恒秋
G013	安徽中医药大学学报	中医药大学学报	马宗华
Z549	安全与环境学报	安全科学技术	冯长根
H340	桉树科技	林学	谢耀坚
R024	半导体光电	电子技术；光电子学与激光技术	蒋志伟
R063	半导体技术	电子技术	赵小宁
G741	蚌埠医学院学报	医药大学学报	祝延
U521	包装与食品机械	食品科学技术	李善为
U645	保鲜与加工	农业工程；园艺学	王莉
E045	暴雨灾害	大气科学；安全科学技术	宇如聪
N017	爆破	兵器科学与技术	梁开水
N012	爆破器材	兵器科学与技术	吕春绪
N006	爆炸与冲击	兵器科学与技术	刘仓理
H128	北方水稻	农艺学	姜存松
A652	北华大学学报自然科学版	自然科学综合大学学报	吕洪斌
G002	北京大学学报医学版	医药大学学报	韩启德
A005	北京大学学报自然科学版	自然科学综合大学学报	赵光达
J030	北京工业大学学报	工程技术大学学报	隋允康
Y001	北京航空航天大学学报	航空、航天科学技术；工程技术大学学报	赵沁平
T020	北京化工大学学报自然科学版	化学工程综合；工程技术大学学报	汪文川
X014	北京交通大学学报	工程技术大学学报	宁滨
G500	北京口腔医学	口腔医学	王邦康
N001	北京理工大学学报	工程技术大学学报	梅凤翔
H025	北京林业大学学报	林学；农业大学学报	贺庆棠
H263	北京农学院学报	农业大学学报	王有年
G004	北京生物医学工程	生物医学工程学	孙衍庆
A010	北京师范大学学报自然科学版	自然科学师范大学学报	陈浩元
G016	北京医学	医学综合	何瑞祥
R018	北京邮电大学学报	通信技术；工程技术大学学报	刘杰
G620	北京中医药	中医学；中药学	屠志涛

表 9-1　2019 年中国科技核心期刊（中文）目录（续）

CODE	刊名	学科分类	主编
G017	北京中医药大学学报	中医药大学学报	王永炎
N101	变压器	电气工程	刘杰
G410	标记免疫分析与临床	核医学、医学影像学	田亚平
T098	表面技术	精细化学工程	吴护林
E135	冰川冻土	地理学	程国栋
N008	兵工学报	兵器科学与技术	高修柱
R730	兵工自动化	兵器科学与技术	黄荔
N085	兵器材料科学与工程	兵器科学与技术	赵宝荣
T094	兵器装备工程学报	兵器科学与技术	彭熙
G018	病毒学报	微生物学、病毒学	侯云德
C060	波谱学杂志	物理学	刘买利
A808	渤海大学学报自然科学版	自然科学综合大学学报	曹万鹏
M005	材料保护	材料科学综合	张建设
M103	材料导报	材料科学综合	黄维
Y007	材料工程	材料科学综合	曹春晓
M010	材料开发与应用	材料科学综合	王其红
M008	材料科学与工程学报	材料科学综合	赵新兵
M006	材料科学与工艺	材料科学综合	冯吉才
N026	材料热处理学报	材料科学综合	周敬恩
M009	材料研究学报	材料科学综合	叶恒强
K512	采矿与安全工程学报	矿山工程技术	曹胜根
H009	蚕业科学	畜牧、兽医科学	郭锡杰
H525	草地学报	草原学	洪绂曾
H234	草业科学	草原学	侯扶江
H527	草业学报	草原学	南志标
H538	草原与草坪	草原学	师尚礼
E616	测绘地理信息	测绘科学技术	李清泉
E543	测绘工程	测绘科学技术	顾建高
E600	测绘科学	测绘科学技术	林宗坚
E615	测绘科学技术学报	测绘科学技术	张卫强
E510	测绘通报	测绘科学技术	白泊
E152	测绘学报	测绘科学技术	陈俊勇
L017	测井技术	石油天然气工程	陆大卫
Y022	测控技术	航空、航天科学技术	金钢
R711	测试技术学报	工程与技术科学基础学科	温廷敦
H001	茶叶科学	园艺学	陈宗懋
X036	长安大学学报自然科学版	公路运输；工程技术大学学报	马建
N056	长春理工大学学报自然科学版	工程技术大学学报	于光伟
G992	长春中医药大学学报	中医药大学学报	曲晓波
W010	长江科学院院报	水利工程	林绍忠
Z029	长江流域资源与环境	环境科学技术及资源科学技术	许厚泽
G264	肠外与肠内营养	普通外科学、胸外科学、心血管外科学	黎介寿
N024	车用发动机	动力工程	段金栋

表 9-1 2019 年中国科技核心期刊（中文）目录（续）

CODE	刊名	学科分类	主编
E113	沉积学报	地质学	孙枢
E102	成都理工大学学报自然科学版	地球科学综合；自然科学综合大学学报	刘家铎
G670	成都医学院学报	医药大学学报	余小平
V050	城市规划	建筑科学与技术	吴良镛
V028	城市规划学刊	建筑科学与技术	董鉴泓
X043	城市轨道交通研究	铁路运输	孙章
X046	城市交通	公路运输	王静霞
J021	重庆大学学报自然科学版	工程技术大学学报	孙才新
X029	重庆交通大学学报自然科学版	交通运输工程；工程技术大学学报	王昌贤
N757	重庆理工大学学报自然科学版	自然科学综合大学学报	刘全利
A512	重庆师范大学学报自然科学版	自然科学师范大学学报	杨新民
G186	重庆医科大学学报	医药大学学报	陈运贞
G225	重庆医学	医学综合	夏永鹏；屈谦
R559	重庆邮电大学学报自然科学版	通信技术；工程技术大学学报	李银国
L508	储能科学与技术	能源科学综合	丁玉龙
G432	川北医学院学报	医药大学学报	康健
N060	传感技术学报	电子技术	黄庆安
R532	传感器与微系统	电子技术	刘学林
G458	传染病信息	感染性疾病学、传染病学	王永怡
X010	船舶工程	水路运输	闻雪友
X633	船舶力学	水路运输；力学	沈泓萃
X635	船海工程	水路运输	刘祖源
G322	创伤外科杂志	烧伤外科学、整形外科学	蒋耀光
G085	创伤与急危重病医学	临床医学综合	侯明晓
G552	磁共振成像	核医学、医学影像学	戴建平
E144	大地测量与地球动力学	地球物理学；测绘科学技术	姚运生
E146	大地构造与成矿学	地质学	夏斌
R051	大电机技术	电气工程	陶星明
H038	大豆科学	农艺学	刘忠堂
U512	大连工业大学学报	工程技术大学学报	刘贵伟
X024	大连海事大学学报	水路运输；工程技术大学学报	袁林新
H005	大连海洋大学学报	水产学；农业大学学报	姚杰
X001	大连交通大学学报	交通运输工程；工程技术大学学报	杨德新
J024	大连理工大学学报	工程技术大学学报	程耿东
G020	大连医科大学学报	医药大学学报	赵杰
E109	大气科学	大气科学	黄荣辉
E091	大气科学学报	大气科学	管兆勇
S055	大数据	计算机科学技术	郑纬民
S086	单片机与嵌入式系统应用	计算机科学技术	何立民
H040	淡水渔业	水产学	魏开金
N004	弹道学报	兵器科学与技术	王中原
T941	当代化工	化学工程综合	王雪丽
Y503	导弹与航天运载技术	航空、航天科学技术	樊灵芳

表 9-1　2019 年中国科技核心期刊（中文）目录（续）

CODE	刊名	学科分类	主编
Y563	导航定位与授时	航空、航天科学技术	罗列
Y585	导航与控制	航空、航天科学技术	陈东生
N019	低温工程	机械制造工艺与设备	杨思锋
C055	低温物理学报	物理学	赵忠贤
E133	地层学杂志	地质学	周志炎
E130	地理科学	地理学	朱颜明
E584	地理科学进展	地理学	廖小罕
E639	地理空间信息	测绘科学技术；地理学	张建仁
E315	地理信息世界	地理学	陈军
E305	地理学报	地理学	刘昌明
E310	地理研究	地理学	刘纪远
E527	地理与地理信息科学	地理学	孙立汉
E024	地球化学	地球科学综合	涂光炽
E570	地球环境学报	地球科学综合	安芷生
E142	地球科学	地球科学综合	王亨君
E115	地球科学进展	地球科学综合	程国栋
E004	地球科学与环境学报	地球科学综合	刘建明
E153	地球物理学报	地球物理学	刘光鼎
E308	地球物理学进展	地球物理学	刘光鼎
E656	地球信息科学学报	测绘科学技术	陈述彭
E300	地球学报	地球科学综合	董树文
E549	地球与环境	地球科学综合	欧阳自远
V031	地下空间与工程学报	土木工程	张永兴
E357	地学前缘	地球科学综合	翟裕生
S741	地域研究与开发	地理学	冯德显
E306	地震	地球物理学	张国民
E150	地震地质	地球物理学	马瑾
E307	地震工程学报	地球物理学	王兰民
E118	地震工程与工程振动	地球物理学	谢礼立
E143	地震学报	地球物理学	陈运泰
E112	地震研究	地球物理学	晏凤桐
E362	地质科技情报	地质学	姚书振
E139	地质科学	地质学	刘嘉麒
E026	地质力学学报	地质学；力学	陈庆宣
E009	地质论评	地质学	任纪舜
E127	地质通报	地质学	肖序常
E010	地质学报	地质学	陈毓川
E151	地质与勘探	地质学	王京彬
E525	地质与资源	地质学	马德有
E132	地质找矿论丛	地质学	余和勇
G005	第二军医大学学报	医药大学学报	吴孟超
G021	第三军医大学学报	医药大学学报	钱桂生
E301	第四纪研究	地质学	丁仲礼

表 9-1　2019 年中国科技核心期刊（中文）目录（续）

CODE	刊名	学科分类	主编
R007	电波科学学报	通信技术	董庆生
R003	电池	电气工程	文力
Z015	电镀与环保	环境科学技术及资源科学技术	姚锡禄
T508	电镀与精饰	化学工程综合	赵达均
T598	电镀与涂饰	精细化学工程	谢素玲
R010	电工电能新技术	电气工程	林良真
R043	电工技术学报	电气工程	严陆光
R740	电光与控制	航空、航天科学技术	刘红漫
N067	电焊机	机械制造工艺与设备	彭亚萍
D036	电化学	化学	田昭武
R088	电机与控制学报	电气工程	戈宝军
R045	电机与控制应用	电气工程	黄坚
N027	电加工与模具	机械制造工艺与设备	叶军
R011	电力电子技术	电气工程	吕庆敏
R769	电力工程技术	电气工程	薛一如
A199	电力建设	电气工程	郑宝森
R654	电力科学与技术学报	电气工程	曾祥君
N102	电力系统保护与控制	电气工程	姚志清
R071	电力系统及其自动化学报	电气工程	李林川
S019	电力系统自动化	电气工程	薛禹胜
R745	电力信息与通信技术	电气工程	郭剑波
R750	电力需求侧管理	电气工程	陈江华
R090	电力自动化设备	电气工程	郭效军
R044	电气传动	电气工程	赵相宾
R428	电气工程学报	电气工程	程明
R058	电气自动化	电气工程	黄建民
R039	电网技术	电气工程	吴玉生
R116	电网与清洁能源	电气工程	衣立东
R684	电信科学	通信技术	梁海滨
R754	电讯技术	通信技术	喻光正
R019	电源技术	电气工程	黄才勇
R055	电子测量技术	电子技术	孙圣和
R021	电子测量与仪器学报	电子技术	崔建平
R067	电子技术应用	电子技术	余莲
R036	电子科技大学学报	电子技术；工程技术大学学报	周小佳
R512	电子器件	电子技术	雷威
R724	电子设计工程	电子技术	金戈
R001	电子显微学报	电子技术	张泽
R006	电子学报	电子技术	王守觉
R022	电子与信息学报	电子技术	朱敏慧
R020	电子元件与材料	电子技术	钟彩霞
J023	东北大学学报自然科学版	工程技术大学学报	左良
H262	东北林业大学学报	林学；农业大学学报	李坚

表 9-1　2019 年中国科技核心期刊（中文）目录（续）

CODE	刊名	学科分类	主编
H006	东北农业大学学报	农业大学学报	李庆章
H227	东北农业科学	农业综合	张世忠
A030	东北师大学报自然科学版	自然科学师范大学学报	薛康
L004	东北石油大学学报	石油天然气工程；工程技术大学学报	阎铁
U014	东华大学学报自然科学版	工程技术大学学报	孙福良
G057	东南大学学报医学版	医药大学学报	朱正娥
J028	东南大学学报自然科学版	工程技术大学学报	毛善锋
G944	东南国防医药	医学综合	曹文献
P003	动力工程学报	动力工程	严宏强
P018	动力学与控制学报	力学	赵跃宇
F043	动物学杂志	昆虫学、动物学	马勇
G775	动物医学进展	畜牧、兽医科学	张彦明
F231	动物营养学报	畜牧、兽医科学	卢德勋
X034	都市快轨交通	铁路运输	施仲衡
G542	毒理学杂志	预防医学与公共卫生学综合	高星
T241	断块油气田	石油天然气工程	孔凡群
G920	儿科药学杂志	药学；儿科学	李廷玉
C071	发光学报	物理学	范希武
G199	发育医学电子杂志	儿科学	封志纯
G874	法医学杂志	军事医学与特种医学	朱广友
U013	纺织高校基础科学学报	纺织科学技术	高勇
U053	纺织学报	纺织科学技术	尹耐冬
G608	放射学实践	核医学、医学影像学	郭俊渊；胡道予；Paul Gerhardt
Y571	飞航导弹	兵器科学与技术	李文杰
Y006	飞行力学	航空、航天科学技术	张东卫
K002	非金属矿	矿山工程技术	贾茂荣
D022	分析测试学报	化学；仪器仪表技术	程志青
D005	分析化学	化学	汪尔康
D026	分析科学学报	化学	程介克
D004	分析试验室	化学；冶金工程技术	屠海令
D062	分析仪器	仪器仪表技术	臧公玉
D015	分子催化	化学	李树本
D035	分子科学学报	化学	孙家钟
Q931	分子影像学杂志	核医学、医学影像学	陈敏生
G556	分子诊断与治疗杂志	临床诊断学	李明
H845	分子植物育种	农艺学	张启发
V052	粉煤灰综合利用	建筑科学与技术	王长荣
M105	粉末冶金工业	冶金工程技术	杨树森
M039	粉末冶金技术	冶金工程技术	王尔德
V048	风景园林	建筑科学与技术	王向荣
Q006	辐射防护	核科学技术	李德平
Q005	辐射研究与辐射工艺学报	核科学技术	李景烨
H268	福建农林大学学报自然科学版	农业大学学报	郑金贵

表 9-1　2019 年中国科技核心期刊（中文）目录（续）

CODE	刊名	学科分类	主编
H265	福建农业学报	农业综合	王景辉
A078	福建师范大学学报自然科学版	自然科学师范大学学报	朱鹤健
G024	福建医科大学学报	医药大学学报	林建银
A029	福州大学学报自然科学版	自然科学综合大学学报	魏可镁
M003	腐蚀科学与防护技术	材料科学综合	王福会
M505	腐蚀与防护	材料科学综合	杨武
G068	复旦学报医学版	医药大学学报	曹世龙
A001	复旦学报自然科学版	自然科学综合大学学报	杨福家
Y019	复合材料学报	材料科学综合	益小苏
B029	复杂系统与复杂性科学	信息科学与系统科学	李天恒
G957	腹部外科	普通外科学、胸外科学、心血管外科学	陈孝平
G338	腹腔镜外科杂志	普通外科学、胸外科学、心血管外科学	姜希宏；寿楠海
A034	甘肃科学学报	自然科学综合	李枝蒽
H844	甘蔗糖业	农艺学	安玉兴
Q956	肝癌电子杂志	肿瘤学	蔡建强；董家鸿
G879	肝胆外科杂志	普通外科学、胸外科学、心血管外科学	吴孟超
G690	肝胆胰外科杂志	普通外科学、胸外科学、心血管外科学	施维锦
G803	肝脏	消化病学	姚光弼
H045	干旱地区农业研究	农业综合	贾志宽
E048	干旱气象	大气科学；地理学	张书余
E020	干旱区地理	地理学	黄文房
E105	干旱区研究	地理学	夏训诚
M050	钢铁	金属材料	翁宇庆
M013	钢铁钒钛	金属材料	古隆建
M019	钢铁研究学报	金属材料	干勇
D020	高等学校化学学报	化学	周其凤
B002	高等学校计算数学学报	数学	陈志明
R038	高电压技术	电气工程	杨迎建
T001	高分子材料科学与工程	材料科学综合	徐僖
T002	高分子通报	化学	黄志镗
D021	高分子学报	化学	王佛松
A080	高技术通讯	自然科学综合	张旭
T078	高科技纤维与应用	高聚物工程	罗益锋
E358	高校地质学报	地质学	王德滋
T016	高校化学工程学报	化学工程综合	岑沛霖
B003	高校应用数学学报	数学	李大潜；林正炎
R037	高压电器	电气工程	薛晔
C056	高压物理学报	物理学	经福谦
E005	高原气象	大气科学	文军
V021	给水排水	建筑科学与技术	关兴旺
N105	工程爆破	工程与技术科学基础学科	张梅花
E360	工程地质学报	地质学	王思敬
S712	工程管理学报	管理学；建筑科学与技术	王要武

表 9-1 2019 年中国科技核心期刊（中文）目录（续）

CODE	刊名	学科分类	主编
V030	工程勘察	土木工程	方鸿琪
V033	工程抗震与加固改造	建筑科学与技术	王亚勇
M030	工程科学学报	工程与技术科学基础学科	徐金梧
J051	工程科学与技术	工程与技术科学基础学科	谢和平
C002	工程力学	工程与技术科学基础学科；力学	袁驷
C073	工程热物理学报	动力工程；物理学	蔡睿贤
N590	工程设计学报	机械工程设计	冯培恩
B031	工程数学学报	工程与技术科学基础学科；数学	李大潜
T003	工程塑料应用	高聚物工程	孙安垣
N064	工具技术	工程与技术科学基础学科	辛节之
K018	工矿自动化	矿山工程技术	胡穗延
T563	工业催化	化学工程综合	房根祥
J057	工业工程	工程与技术科学基础学科	孙友松
N110	工业工程与管理	管理学	饶芳权
P009	工业加热	动力工程	范超英
V010	工业建筑	建筑科学与技术	白云
P005	工业炉	动力工程	曹田力
Z013	工业水处理	环境科学技术及资源科学技术	刘燕飞
G025	工业卫生与职业病	流行病学、环境医学	李涛
N037	工业仪表与自动化装置	仪器仪表技术	印建安
Z032	工业用水与废水	环境科学技术及资源科学技术	韩玲
G207	公共卫生与预防医学	预防医学与公共卫生学综合	孙昌松
X579	公路	公路运输	谭昌富
N039	功能材料	材料科学综合	赵光明
D503	功能高分子学报	化学	林嘉平
R095	供用电	电气工程	余贻鑫
E601	古地理学报	地质学	冯增昭
E304	古脊椎动物学报	地质学	张弥曼
E022	古生物学报	地质学	李星学
G478	骨科	骨外科学	陈安民
R047	固体电子学研究与进展	电子技术	林金庭
Y013	固体火箭技术	航空、航天科学技术	何晓兴
C103	固体力学学报	力学	郑泉水
W007	管理工程学报	管理学	许庆瑞
W018	管理科学	管理学	于渤
W008	管理科学学报	管理学	郭重庆
W025	管理评论	管理学	石勇
S744	管理世界	管理学	李志军
S745	管理现代化	管理学	周子康
W016	管理学报	管理学	张金隆
H226	灌溉排水学报	农业工程	庞鸿宾
R026	光电工程	光电子学与激光技术	罗先刚
R082	光电子技术	光电子学与激光技术	陈向真

表 9-1 2019 年中国科技核心期刊（中文）目录（续）

CODE	刊名	学科分类	主编
C091	光谱学与光谱分析	化学; 物理学	黄本立
C097	光散射学报	物理学	杨经国
N015	光学技术	光电子学与激光技术; 物理学	揭德尔
N033	光学精密工程	仪器仪表技术	曹健林
C050	光学学报	物理学	徐至展
R097	光学与光电技术	光电子学与激光技术; 物理学	潘德彬
C037	光子学报	物理学	侯洵
R547	广东电力	电气工程	何宏明
H272	广东海洋大学学报	水产学; 农业大学学报	刘楚吾
H228	广东农业科学	农业综合	蒋宗勇
G027	广东药学院学报	医药大学学报; 药学	朱家勇
A042	广西大学学报自然科学版	自然科学综合大学学报	戴牧民
A535	广西科学	自然科学综合	罗海鹏
H364	广西林业科学	林学	袁铁象
A062	广西师范大学学报自然科学版	自然科学师范大学学报	梁宏
G028	广西医科大学学报	医药大学学报	黄光武
G816	广西医学	医学综合	杨光业
F028	广西植物	植物学	李锋
G030	广州中医药大学学报	中医药大学学报	陈蔚文
V572	规划师	建筑科学与技术	雷翔
T004	硅酸盐通报	化学工程综合	闫法强
T005	硅酸盐学报	化学工程综合	黄勇
M048	贵金属	金属材料	侯树谦
A077	贵州大学学报自然科学版	自然科学综合大学学报	李坚石
H275	贵州农业科学	农业综合	刘远坤
A527	贵州师范大学学报自然科学版	自然科学师范大学学报	卢家鑫
G031	贵州医科大学学报	医药大学学报	梁贵友
M033	桂林理工大学学报	工程技术大学学报	阮百尧
A040	国防科技大学学报	工程技术大学学报	卢锡城
G495	国际病毒学杂志	微生物学、病毒学	庄辉
V529	国际城市规划	建筑科学与技术	夏宗轩
G936	国际儿科学杂志	儿科学	李书琴
G497	国际放射医学核医学杂志	核医学、医学影像学	樊飞跃
G659	国际妇产科学杂志	妇产科学	郎景和
G498	国际骨科学杂志	骨外科学	杨庆铭
G938	国际呼吸杂志	呼吸病学、结核病学	凌亦凌
G362	国际检验医学杂志	临床诊断学	府伟灵
G997	国际口腔医学杂志	口腔医学	巢永烈
G496	国际老年医学杂志	保健医学	孙连坤
G930	国际流行病学传染病学杂志	流行病学、环境医学; 感染性疾病学、传染病学	毛江森
G975	国际麻醉学与复苏杂志	外科学综合	曾因明
G349	国际泌尿系统杂志	泌尿外科学	朱冬三
G983	国际免疫学杂志	基础医学	李殿俊

表 9-1　2019 年中国科技核心期刊（中文）目录（续）

CODE	刊名	学科分类	主编
G939	国际脑血管病杂志	神经病学、精神病学	田增民
G415	国际内分泌代谢杂志	内分泌病学与代谢病学、风湿病学	陆再英
G426	国际神经病学神经外科学杂志	神经病学、精神病学	刘运生; 杨期东
S157	国际生殖健康/计划生育杂志	优生学、计划生育学	王一飞; 周福刚
B525	国际输血及血液学杂志	血液病学、肾脏病学; 临床医学综合	廖清奎
G954	国际外科学杂志	外科学综合	刘建
G660	国际消化病杂志	消化病学	邱德凯
G940	国际心血管病杂志	心血管病学	沈卫峰
Q911	国际眼科杂志	眼科学	惠延年
G933	国际药学研究杂志	药学	刘克良
G661	国际医学放射学杂志	核医学、医学影像学	刘筠
G934	国际中医中药杂志	中医学; 中药学	曹洪欣
G937	国际肿瘤学杂志	肿瘤学	韩金祥
E578	国土资源科技管理	地理学	黄宗理
E591	国土资源遥感	测绘科学技术	张炳熹
R683	国外电子测量技术	电子技术	陈光(礻禹)
H028	果树学报	园艺学	王宇霖
T008	过程工程学报	化学工程综合	刘会洲
X025	哈尔滨工程大学学报	工程技术大学学报	杨士莪
J003	哈尔滨工业大学学报	工程技术大学学报	段广仁
J013	哈尔滨理工大学学报	工程技术大学学报	张礼勇
G033	哈尔滨医科大学学报	医药大学学报	杨宝峰
J055	海军工程大学学报	工程技术大学学报	李泽良
Y029	海军航空工程学院学报	航空、航天科学技术; 工程技术大学学报	钟阳春
G899	海军医学杂志	医学综合	管柏林
A012	海南大学学报自然科学版	自然科学综合大学学报	许文深
G416	海南医学院学报	医药大学学报	刘军保
L037	海相油气地质	石油天然气工程	熊湘华
E651	海洋测绘	测绘科学技术; 海洋科学、水文学	翟国君
E569	海洋地质前沿	海洋科学、水文学	张训华
E155	海洋地质与第四纪地质	海洋科学、水文学; 地质学	张光威
E131	海洋工程	海洋科学、水文学	左其华
E312	海洋湖沼通报	海洋科学、水文学	王彬华
Z010	海洋环境科学	环境科学技术及资源科学技术; 海洋科学、水文学	丁德文
E564	海洋技术学报	海洋科学、水文学	罗续业
E145	海洋科学	海洋科学、水文学	周百成
E006	海洋科学进展	海洋科学、水文学	袁业立
E311	海洋通报	海洋科学、水文学	王宏
E003	海洋学报	海洋科学、水文学	巢纪平
E149	海洋学研究	海洋科学、水文学	王康墡
H284	海洋渔业	水产学	庄平
E008	海洋与湖沼	海洋科学、水文学	相建海
E108	海洋预报	海洋科学、水文学	余宙文

表 9-1　2019 年中国科技核心期刊（中文）目录（续）

CODE	刊名	学科分类	主编
L586	含能材料	兵器科学与技术	黄辉
N076	焊接	机械制造工艺与设备	王守业
N624	焊接技术	机械制造工艺与设备	胡胜
N021	焊接学报	机械制造工艺与设备	王亚
A191	杭州师范大学学报自然科学版	自然科学师范大学学报	叶高翔
Y556	航空兵器	兵器科学与技术；航空、航天科学技术	樊会涛
Y027	航空材料学报	航空、航天科学技术	颜鸣皋
Y017	航空动力学报	航空、航天科学技术	陶智
Y554	航空发动机	航空、航天科学技术	蔚夺魁
Y031	航空计算技术	航空、航天科学技术	牛文生
Y012	航空精密制造技术	航空、航天科学技术	吴晓峰
Y002	航空学报	航空、航天科学技术	孙晓峰
Y014	航空制造技术	航空、航天科学技术	刘柱
Y034	航天返回与遥感	航空、航天科学技术	刘兆军
Y015	航天控制	航空、航天科学技术	齐春棠
Y033	航天器工程	航空、航天科学技术	彭成荣
Y032	航天器环境工程	航空、航天科学技术	张润卿
G034	航天医学与医学工程	军事医学与特种医学	陈善广
T057	合成材料老化与应用	材料科学综合	杨育农
D602	合成化学	化学	彭宇行
T505	合成树脂及塑料	高聚物工程	洪定一
T067	合成纤维	纺织科学技术	金立国
T065	合成纤维工业	纺织科学技术	戴立平
T018	合成橡胶工业	高聚物工程	朱景芬
J053	合肥工业大学学报自然科学版	工程技术大学学报	何晓雄
A031	河北大学学报自然科学版	自然科学综合大学学报	孙汉文
K032	河北工程大学学报自然科学版	建筑科学与技术；工程技术大学学报	李万庆
J017	河北工业大学学报	工程技术大学学报	夏巨敏
J019	河北工业科技	工程与技术科学基础学科	靳占忠
J058	河北科技大学学报	自然科学综合大学学报	李强
H244	河北农业大学学报	农业大学学报	王慧军
A076	河北师范大学学报自然科学版	自然科学师范大学学报	李有成
G035	河北医科大学学报	医药大学学报	温进坤
G641	河北医学	医学综合	孟庆仁
G898	河北医药	医学综合	狄岩
G384	河北中医	中医学	李立
G301	河北中医药学报	中医学；中药学	宗全和
W012	河海大学学报自然科学版	水利工程；工程技术大学学报	郭志平
A067	河南大学学报自然科学版	自然科学综合大学学报	李小建
U004	河南工业大学学报自然科学版	食品科学技术；工程技术大学学报	吴成福
J014	河南科技大学学报自然科学版	自然科学综合大学学报	苏娟华
A011	河南科学	自然科学综合	姜俊
K526	河南理工大学学报自然科学版	工程技术大学学报	邹友峰

表 9-1　2019 年中国科技核心期刊（中文）目录（续）

CODE	刊名	学科分类	主编
H011	河南农业大学学报	农业大学学报	王艳玲
H356	河南农业科学	农业综合	张新友
A058	河南师范大学学报自然科学版	自然科学师范大学学报	李红星
Q004	核动力工程	核科学技术	罗琦
Q002	核化学与放射化学	化学；核科学技术	沈兴海
Q001	核技术	核科学技术	盛康龙
C092	核聚变与等离子体物理	物理学	李正武
Q009	核科学与工程	核科学技术	阮可强
H042	核农学报	农业综合	温贤芳
A084	黑龙江大学自然科学学报	自然科学综合大学学报	陈念陔
K505	黑龙江科技大学学报	工程技术大学学报	赵国刚
R535	红外技术	光电子学与激光技术	苏君红
C035	红外与毫米波学报	物理学	褚君浩
R084	红外与激光工程	光电子学与激光技术	孙再龙
A039	湖北大学学报自然科学版	自然科学综合大学学报	吴传喜
H203	湖北农业科学	农业综合	昌炎新
G334	湖北中医药大学学报	中医药大学学报	王华
E111	湖泊科学	海洋科学、水文学	施雅风
A028	湖南大学学报自然科学版	工程技术大学学报	王道平
K016	湖南科技大学学报自然科学版	工程技术大学学报	许中坚
H060	湖南农业大学学报自然科学版	农业大学学报	官春云
G548	湖南师范大学学报医学版	医药大学学报	符晓华
A055	湖南师范大学自然科学学报	自然科学师范大学学报	谭容培
G041	湖南中医药大学学报	中医药大学学报	尤昭玲
G987	护理学报	护理学	周春兰
G503	护理学杂志	护理学	刘义兰
G654	护理研究	护理学	王斌全；王益锵
G734	护士进修杂志	护理学	过慧谨
H665	花生学报	农艺学	段淑芬
E141	华北地震科学	地球物理学	罗兰格
R046	华北电力大学学报	电气工程；工程技术大学学报	阎维平
H032	华北农学报	农业综合	李广敏
X003	华东交通大学学报	交通运输工程；工程技术大学学报	王全金
T021	华东理工大学学报自然科学版	工程技术大学学报	刘洪来
A054	华东师范大学学报自然科学版	自然科学师范大学学报	王建磐
E103	华南地震	地球物理学	王正尚
G340	华南国防医学杂志	医学综合	江建荣
J004	华南理工大学学报自然科学版	工程技术大学学报	李元元
H013	华南农业大学学报	农业大学学报	庞雄飞
A052	华南师范大学学报自然科学版	自然科学师范大学学报	翁佩萱
G525	华南预防医学	预防医学与公共卫生学综合	杨杏芬
A021	华侨大学学报自然科学版	自然科学综合大学学报	吴承业
G043	华西口腔医学杂志	口腔医学	周学东

表 9-1 2019 年中国科技核心期刊（中文）目录（续）

CODE	刊名	学科分类	主编
G044	华西药学杂志	药学	张志荣
G294	华西医学	医学综合	李为民
G077	华中科技大学学报医学版	医药大学学报	田玉科
J033	华中科技大学学报自然科学版	工程技术大学学报	李培根
H003	华中农业大学学报	农业大学学报	邓秀新
A004	华中师范大学学报自然科学版	自然科学师范大学学报	邱紫华
Z009	化工环保	环境科学技术及资源科学技术	杨再鹏
T006	化工机械	化学工程综合	朱越
T101	化工进展	化学工程综合	黄丽娟
T532	化工科技	化学工程综合	鲁建春
T146	化工设备与管道	化学工程综合	叶文邦
T007	化工学报	化学工程综合	李静海
T009	化学反应工程与工艺	化学工程综合	洪定一
D604	化学分析计量	化学	孙安恒
T025	化学工程	化学工程综合	程惠亭
T567	化学工程师	化学工程综合	尚影
T076	化学工业与工程	化学工程综合	韩金玉
D506	化学进展	化学	王夔
D011	化学试剂	化学	李建华
D018	化学通报	化学	朱道本
D030	化学学报	化学	沈延昌
D501	化学研究	化学	倪嘉缵
D037	化学研究与应用	化学	赵华明
T931	化学与粘合	精细化学工程; 化学	白雪峰
T553	化学与生物工程	生物工程; 化学	刘安强
Z017	环境保护科学	环境科学技术及资源科学技术	王振宇
Z005	环境工程	环境科学技术及资源科学技术	翁仲颖
Z550	环境工程技术学报	环境科学技术及资源科学技术	孟伟
Z021	环境工程学报	环境科学技术及资源科学技术	冯宗炜
D024	环境化学	环境科学技术及资源科学技术; 化学	汪桂斌
Z500	环境技术	电子技术	康志萍
Z554	环境监测管理与技术	环境科学技术及资源科学技术	朱琦琦
Z506	环境科技	环境科学技术及资源科学技术	孙菱
Z004	环境科学	环境科学技术及资源科学技术	赵进才
Z003	环境科学学报	环境科学技术及资源科学技术	汤鸿宵
Z002	环境科学研究	环境科学技术及资源科学技术	刘鸿亮
Z521	环境科学与管理	环境科学技术及资源科学技术	王泽斌
Z025	环境科学与技术	环境科学技术及资源科学技术	纪洪盛
H049	环境昆虫学报	植物保护学; 昆虫学、动物学	庞雄飞
Z035	环境卫生工程	环境科学技术及资源科学技术	张范
G971	环境卫生学杂志	预防医学与公共卫生学综合	金银龙
Z019	环境污染与防治	环境科学技术及资源科学技术	李全胜
Z031	环境与健康杂志	流行病学、环境医学	王撷秀

表 9-1 2019 年中国科技核心期刊（中文）目录（续）

CODE	刊名	学科分类	主编
G882	环境与职业医学	流行病学、环境医学	张胜年
G656	环球中医药	中医学；中药学	张伯礼
M631	黄金	金属材料	韦华南
Y040	火箭推进	航空、航天科学技术	旷武岳
N005	火力与指挥控制	兵器科学与技术	高英武
N007	火炸药学报	兵器科学与技术	覃光明
X011	机车电传动	铁路运输	丁荣军
N069	机床与液压	机械制造工艺与设备	闵新和
N672	机电工程	机械工程设计	赵群
S004	机器人	信息与系统科学相关工程与技术	王越超
N040	机械传动	机械工程设计	王长路
M004	机械工程材料	机械工程设计	杨武
N051	机械工程学报	机械工程设计	宋天虎
N050	机械科学与技术	机械工程设计	周宗锡
N057	机械强度	机械制造工艺与设备	王长路
N047	机械设计	机械工程设计	王庆禹
N054	机械设计与研究	机械工程设计	邹慧君
N028	机械设计与制造	机械工程设计	甄星耀
N063	机械设计与制造工程	机械工程设计	汤文成
N053	机械与电子	机械工程设计	付建平
N515	机械制造与自动化	机械工程设计	易红
G003	基础医学与临床	医学综合	陈孟勤
H245	基因组学与应用生物学	生物学基础学科	李宁
R025	激光技术	光电子学与激光技术	曹三松
F045	激光生物学报	生物学基础学科	胡能书
R514	激光与光电子学进展	光电子学与激光技术	范滇元
R521	激光与红外	光电子学与激光技术	耿林
R028	激光杂志	光电子学与激光技术	程正学
E116	吉林大学学报地球科学版	地球科学综合；自然科学综合大学学报	林学钰
J042	吉林大学学报工学版	工程技术大学学报	任露泉
A035	吉林大学学报理学版	自然科学综合大学学报	裘式纶
R586	吉林大学学报信息科学版	电子技术；工程技术大学学报	刘大有
G014	吉林大学学报医学版	医药大学学报	李玉林
H243	吉林农业大学学报	农业大学学报	肖振铎
G719	吉林中医药	中医学；中药学	曲晓波
E007	极地研究	海洋科学、水文学	刘瑞源
G452	疾病监测	流行病学、环境医学	祁国明
G439	脊柱外科杂志	骨外科学	贾连顺
N014	计量学报	工程与技术科学基础学科	赵晓娜
S050	计算机测量与控制	信息与系统科学相关工程与技术	荀永明
S049	计算机仿真	计算机科学技术	吴连伟
S013	计算机辅助设计与图形学学报	计算机科学技术	吴恩华
S012	计算机工程	计算机科学技术	游小明

表 9-1　2019 年中国科技核心期刊（中文）目录（续）

CODE	刊名	学科分类	主编
S034	计算机工程与科学	计算机科学技术	王志英
S022	计算机工程与设计	计算机科学技术	沈志达
S025	计算机工程与应用	计算机科学技术	怀进鹏
S030	计算机集成制造系统	计算机科学技术	杨海成
S520	计算机技术与发展	计算机科学技术	王守智
S006	计算机科学	计算机科学技术	陈国良
S085	计算机科学与探索	计算机科学技术	何新贵
S509	计算机系统应用	计算机科学技术	苏振泽
S018	计算机学报	计算机科学技术	高文
S021	计算机研究与发展	计算机科学技术	樊建平
S029	计算机应用	计算机科学技术	张景中
S016	计算机应用研究	计算机科学技术	刘营
S009	计算机应用与软件	计算机科学技术	朱三元
S048	计算机与数字工程	计算机科学技术	马中
S500	计算机与现代化	计算机科学技术	刘波平
S014	计算机与应用化学	计算机科学技术	温浩
S507	计算技术与自动化	信息与系统科学相关工程与技术	罗安
C003	计算力学学报	力学	钟万勰
B014	计算数学	数学	石钟慈
C094	计算物理	物理学	沈隆钧
A656	济南大学学报自然科学版	自然科学综合大学学报	赵锡平
G292	寄生虫与医学昆虫学报	基础医学	吴厚永
A045	暨南大学学报自然科学与医学版	自然科学综合大学学报；医药大学学报	陈光潮
H240	家畜生态学报	畜牧、兽医科学	陈玉林
G638	检验医学	临床诊断学	吕元
V051	建筑材料学报	建筑科学与技术	王培铭
V057	建筑钢结构进展	建筑科学与技术	孙飞飞
V523	建筑节能	建筑科学与技术	邹庆堂
V014	建筑结构	建筑科学与技术	张幼启
V044	建筑结构学报	建筑科学与技术	王有为
V005	建筑科学	建筑科学与技术	赵基达
V013	建筑科学与工程学报	建筑科学与技术	周绪红
V047	建筑学报	建筑科学与技术	周畅
Y522	舰船电子工程	水路运输	王小非
Y564	舰船科学技术	水路运输	张素芳
G453	江苏大学学报医学版	医药大学学报	许化溪
J035	江苏大学学报自然科学版	工程技术大学学报	杨继昌
X015	江苏科技大学学报自然科学版	工程技术大学学报	朱仁英
H700	江苏农业科学	农业综合	常有宏
H199	江苏农业学报	农业综合	严少华
G397	江苏中医药	中医学	黄亚博
H283	江西农业大学学报	农业大学学报	石庆华
H701	江西农业学报	农业综合	戴星照

表 9-1 2019 年中国科技核心期刊（中文）目录（续）

CODE	刊名	学科分类	主编
A112	江西师范大学学报自然科学版	自然科学师范大学学报	颜长青
X020	交通信息与安全	交通运输工程	徐凯声
X672	交通运输工程学报	交通运输工程	陈荫三
X685	交通运输系统工程与信息	交通运输工程	张国伍
X516	交通运输研究	交通运输工程	石宝林
L587	节能技术	能源科学综合	尚德敏
W567	节水灌溉	农业工程	燕在华
K553	洁净煤技术	能源科学综合	解强
V049	结构工程师	建筑科学与技术	吕西林
G869	结直肠肛门外科	普通外科学、胸外科学、心血管外科学	高枫
G316	解放军护理杂志	护理学	李树贞
G187	解放军医学院学报	医药大学学报	周定标
G048	解放军医学杂志	医学综合	盛志勇
G671	解放军医药杂志	医学综合	赵会懂
G315	解放军医院管理杂志	卫生管理学、健康教育学	黄伟灿
G961	解放军预防医学杂志	预防医学与公共卫生学综合	晁福寰
G507	解剖科学进展	基础医学	方秀斌
G049	解剖学报	基础医学	章静波
G358	解剖学研究	基础医学	姚志彬
G050	解剖学杂志	基础医学	黄瀛
G886	介入放射学杂志	核医学、医学影像学	陈星荣
N048	金刚石与磨料磨具工程	机械制造工艺与设备	王琴
M051	金属功能材料	金属材料	王新林
K022	金属矿山	矿山工程技术	黄礼富
N083	金属热处理	机械制造工艺与设备	徐跃明
M012	金属学报	金属材料	柯俊
E599	经济地理	地理学	陆大道
H333	经济动物学报	畜牧、兽医科学	刘忠军
S759	经济管理	经济学综合；管理学	黄群慧
S762	经济理论与经济管理	经济学综合；管理学	方福前
H266	经济林研究	林学	胡芳名
S773	经济与管理研究	经济学综合；管理学	戚聿东
G953	精神医学杂志	神经病学、精神病学	卢传华
T102	精细化工	精细化学工程	邵玉昌
T955	精细化工中间体	精细化学工程	王晓光
T542	精细石油化工	精细化学工程；石油天然气工程	王立新
G677	颈腰痛杂志	骨外科学	李嘉寿
Z553	净水技术	水利工程	吴今明
G553	局解手术学杂志	外科学综合	张绍祥
T512	聚氨酯工业	化学工程综合	张骥红
R016	绝缘材料	材料科学综合	李耀星
G052	军事医学	军事医学与特种医学	吴祖泽
F018	菌物学报	微生物学、病毒学	戴玉成

表 9-1　2019 年中国科技核心期刊（中文）目录（续）

CODE	刊名	学科分类	主编
C325	菌物研究	园艺学；微生物学、病毒学	李玉
M018	勘察科学技术	矿山工程技术	杨书涛
Q933	康复学报	保健医学	陈立典
A645	科技导报	自然科学综合	冯长根
S812	科技管理研究	管理学	蔡齐祥；黎懋明
R588	科技进步与对策	管理学	穆荣平
A083	科技通报	自然科学综合	温树伟
S816	科学管理研究	管理学	云涛
A537	科学技术与工程	工程与技术科学基础学科	马阳
A075	科学通报	自然科学综合	周光召；朱作言
W514	科学学研究	管理学	方新
S818	科学学与科学技术管理	管理学	柳卸林
W531	科研管理	管理学	穆荣平
L516	可再生能源	能源科学综合	张大雷
E140	空间科学学报	天文学；地球物理学	肖佐
Y051	空间控制技术与应用	航空、航天科学技术	张笃周
J059	空军工程大学学报自然科学版	工程技术大学学报	张建业
Q907	空军医学杂志	医学综合	马中立
Y016	空气动力学学报	航空、航天科学技术	唐志共
S503	控制工程	信息与系统科学相关工程与技术	柴天佑
R060	控制理论与应用	信息科学与系统科学	陈翰馥
S001	控制与决策	信息科学与系统科学	张嗣瀛
G672	口腔材料器械杂志	口腔医学	薛淼
G894	口腔颌面修复学杂志	口腔医学	王邦康
G390	口腔疾病防治	口腔医学	兰泽栋
G594	口腔生物医学	口腔医学	陈宁；王松灵
G325	口腔医学	口腔医学	王林
G266	口腔医学研究	口腔医学	樊明文
K525	矿产保护与利用	矿山工程技术	张克仁
V054	矿产勘查	矿山工程技术	王思敬
K025	矿产与地质	矿山工程技术	贾国相
K004	矿产综合利用	矿山工程技术	陈炳炎
E106	矿床地质	地质学	宋叔和
K014	矿山机械	矿山工程技术	刘汉卿
E350	矿物学报	矿山工程技术	涂光炽
E354	矿物岩石	地质学	兰江华
E504	矿物岩石地球化学通报	地球科学综合	欧阳自远
M101	矿冶	冶金工程技术	朱穗玲
M045	矿冶工程	冶金工程技术	曾维勇
K554	矿业安全与环保	矿山工程技术	谢和平
K010	矿业研究与开发	矿山工程技术	周爱民
F015	昆虫学报	昆虫学、动物学	黄大卫
J020	昆明理工大学学报自然科学版	自然科学综合大学学报	王华

表 9-1　2019 年中国科技核心期刊（中文）目录（续）

CODE	刊名	学科分类	主编
G053	昆明医科大学学报	医药大学学报	冯忠堂
G395	兰州大学学报医学版	医药大学学报	陈晓峰
A016	兰州大学学报自然科学版	自然科学综合大学学报	苏力
J008	兰州理工大学学报	工程技术大学学报	孙品一
G628	老年医学与保健	保健医学	王传馥
R096	雷达科学与技术	通信技术	朱庆明
R758	雷达学报	通信技术	吴一戎
T010	离子交换与吸附	化学工程综合	张全兴
M001	理化检验化学分册	冶金工程技术	吴诚
C101	力学季刊	力学	范立础
C001	力学学报	力学	杨卫
C104	力学与实践	力学	李俊峰
G580	立体定向和功能性神经外科杂志	神经病学、精神病学	汪业汉
U055	粮食与饲料工业	食品科学技术；农业工程；畜牧、兽医科学	王杭
U626	粮油食品科技	食品科学技术	李福君
C032	量子电子学报	物理学	龚和本
K008	辽宁工程技术大学学报自然科学版	自然科学综合大学学报	邵良杉
H261	辽宁农业科学	农业综合	李正德
G850	辽宁中医药大学学报	中医药大学学报	康廷国
G646	辽宁中医杂志	中医学	康廷国
U037	林产工业	林学	许方荣
T017	林产化学与工业	林学；化学工程综合	宋湛谦
H740	林业工程学报	林学	施季森
H280	林业科学	林学	沈国舫
H281	林业科学研究	林学	盛炜彤
H102	林业调查规划	林学	曹善寿
T231	磷肥与复肥	化学工程综合	汤建伟
G880	临床超声医学杂志	核医学、医学影像学	杨浩
G607	临床儿科杂志	儿科学	吴圣楣
G276	临床耳鼻咽喉头颈外科杂志	耳鼻咽喉科学	孔维佳；黄选兆
G271	临床放射学杂志	核医学、医学影像学	冯敢生
Q908	临床肺科杂志	呼吸病学、结核病学	孙耕耘
G501	临床肝胆病杂志	消化病学	贾继东
G291	临床骨科杂志	骨外科学	戴尅戎；江曙
G664	临床和实验医学杂志	临床医学综合	刘建
G345	临床急诊杂志	临床医学综合	彭南生
G204	临床检验杂志	临床诊断学	武建国
G310	临床精神医学杂志	神经病学、精神病学	侯钢
G881	临床军医杂志	临床医学综合	薛蓬
G287	临床口腔医学杂志	口腔医学	陈卫民
G222	临床麻醉学杂志	外科学综合	张国楼；徐建国
G317	临床泌尿外科杂志	泌尿外科学	肖传国
G257	临床内科杂志	内科学综合	宋善俊

表 9-1　2019 年中国科技核心期刊（中文）目录（续）

CODE	刊名	学科分类	主编
G230	临床皮肤科杂志	皮肤病学	赵辨
G309	临床神经病学杂志	神经病学、精神病学	张贞浏
G802	临床神经外科杂志	神经病学、精神病学	刘宏毅
G423	临床肾脏病杂志	血液病学、肾脏病学	徐钢
G797	临床输血与检验	临床医学综合；血液病学、肾脏病学	权循珍
G256	临床外科杂志	外科学综合	邹声泉
G942	临床误诊误治	临床医学综合	陈晓红
G855	临床消化病杂志	消化病学	易粹琼
Q909	临床小儿外科杂志	儿科学	梅海波
G261	临床心血管病杂志	心血管病学	廖玉华
G293	临床血液学杂志	血液病学、肾脏病学；临床医学综合	宋善俊；陆道培；胡丽华
Q913	临床眼科杂志	眼科学	陈逖
G673	临床药物治疗杂志	药学	方来英
G350	临床与病理杂志	基础医学	李元建
G274	临床与实验病理学杂志	基础医学	孟刚
Q910	临床肿瘤学杂志	肿瘤学	秦叔逵
G491	岭南心血管病杂志	心血管病学	林曙光
N023	流体机械	机械工程设计	宋东岚
H748	麦类作物学报	农艺学	张改生
T060	煤化工	应用化学工程	闫少伟
K558	煤矿安全	矿山工程技术	罗海珠
K517	煤矿机械	矿山工程技术	卢盛春
K504	煤矿开采	矿山工程技术	宁宇
K038	煤炭工程	能源科学综合	黄忠
K005	煤炭科学技术	能源科学综合	王金华
K017	煤炭学报	能源科学综合	刘峰
D027	煤炭转化	应用化学工程	谢克昌
K009	煤田地质与勘探	矿山工程技术	王丽
R119	密码学报	安全科学技术	裴定一
U036	棉纺织技术	纺织科学技术	阎磊
H037	棉花学报	农艺学	李付广
G056	免疫学杂志	基础医学	朱锡华
B017	模糊系统与数学	数学	刘应明
N107	模具技术	机械制造工艺与设备	阮雪榆
S015	模式识别与人工智能	信息与系统科学相关工程与技术	戴汝为
T077	膜科学与技术	化学工程综合	刘宪秋
N084	摩擦学学报	机械工程设计	薛群基
U533	木材工业	林学	姜征
A013	南昌大学学报理科版	自然科学综合大学学报	徐冬荣
G047	南昌大学学报医学版	医药大学学报	傅克刚
R117	南方电网技术	电气工程	饶宏
V089	南方建筑	建筑科学与技术	何镜堂
H069	南方农业学报	农业综合	李杨瑞

表 9-1　2019 年中国科技核心期刊（中文）目录（续）

CODE	刊名	学科分类	主编
H068	南方水产科学	水产学	徐泽智
G023	南方医科大学学报	医药大学学报	陈敏生
A025	南京大学学报自然科学版	自然科学综合大学学报	龚昌德
T011	南京工业大学学报自然科学版	工程技术大学学报	陆小华
Y026	南京航空航天大学学报	航空、航天科学技术；工程技术大学学报	宣益民
N011	南京理工大学学报自然科学版	工程技术大学学报	宣益民
H033	南京林业大学学报自然科学版	林学；农业大学学报	余世袁
H021	南京农业大学学报	农业大学学报	郑小波
A061	南京师大学报自然科学版	自然科学师范大学学报	陈凌孚
E120	南京信息工程大学学报自然科学版	工程技术大学学报	李刚
G058	南京医科大学学报自然科学版	医药大学学报	陈琪
R008	南京邮电大学学报自然科学版	通信技术；工程技术大学学报	黄维
G059	南京中医药大学学报	中医药大学学报	范欣生
A008	南开大学学报自然科学版	自然科学综合大学学报	程津培
S776	南开管理评论	管理学	李维安
W590	南水北调与水利科技	水利工程	徐振辞
G288	脑与神经疾病杂志	神经病学、精神病学	毛俊雄
G662	内科急危重症杂志	内科学综合	陆再英
G523	内科理论与实践	内科学综合	王振义；陈家伦
A026	内蒙古大学学报自然科学版	自然科学综合大学学报	罗辽复
A111	内蒙古师范大学学报自然科学汉文版	自然科学师范大学学报	董祥林
G513	内蒙古医科大学学报	医药大学学报	程立新
R533	内燃机工程	动力工程	金东寒
P004	内燃机学报	动力工程	苏万华
T501	能源化工	石油天然气工程	单居正
W002	泥沙研究	水利工程	杜国翰
U504	酿酒科技	食品科学技术	黄平
A506	宁波大学学报理工版	自然科学综合大学学报	冯志敏
A110	宁夏大学学报自然科学版	自然科学综合大学学报	李星
G665	宁夏医科大学学报	医药大学学报	孙涛
H071	农产品质量与安全	农业综合；农业工程；食品科学技术	翟虎渠
H105	农学学报	农业综合	刘旭
T034	农药	植物保护学；应用化学工程	刘长令
T924	农药科学与管理	植物保护学；应用化学工程	隋鹏飞
H404	农药学学报	植物保护学；应用化学工程	王道全
H072	农业工程	农业工程	张品纯
H279	农业工程学报	农业工程	杨邦杰
Z008	农业环境科学学报	农业工程；环境科学技术及资源科学技术	李文华
H278	农业机械学报	农业工程	诸慎友
H286	农业生物技术学报	农业综合	武维华
H222	农业现代化研究	农业工程	王克林
H773	农业资源与环境学报	农业工程；环境科学技术及资源科学技术	高尚宾
V032	暖通空调	建筑科学与技术	王曙明

表 9-1 2019 年中国科技核心期刊（中文）目录（续）

CODE	刊名	学科分类	主编
H219	排灌机械工程学报	农业工程	袁寿其
U602	皮革科学与工程	应用化学工程	单志华
U604	皮革与化工	应用化学工程	贾宏春
G595	器官移植	外科学综合	陈规划
E021	气候变化研究进展	大气科学	秦大河
E361	气候与环境研究	大气科学	曾庆存
Y504	气体物理	航空、航天科学技术；物理学	李锋
E352	气象	大气科学	矫梅燕
E566	气象科技	大气科学	徐祥德
E359	气象科学	大气科学	余志豪
E001	气象学报	大气科学	丁一汇
E521	气象与环境科学	大气科学	王建国
E633	气象与环境学报	大气科学	刘晶淼
X532	汽车安全与节能学报	公路运输	柳百成
X018	汽车工程	公路运输	孟嗣宗
X500	汽车工程学报	公路运输	郭正康
X013	汽车技术	公路运输	朱兴泽
P001	汽轮机技术	动力工程	张秋鸿
Y009	强度与环境	航空、航天科学技术	王梦魁
C007	强激光与粒子束	核科学技术	张维岩
X021	桥梁建设	水路运输	胡贵琼
G061	青岛大学医学院学报	医药大学学报	谢俊霞
T012	青岛科技大学学报自然科学版	自然科学综合大学学报	马连湘
U535	轻工机械	机械制造工艺与设备	李德芳
J001	清华大学学报自然科学版	工程技术大学学报	梁恩忠
D002	燃料化学学报	能源科学综合；化学	房倚天
P011	燃烧科学与技术	动力工程	尧命发
E563	热带地理	地理学	许自策
E642	热带海洋学报	海洋科学、水文学	施平
H516	热带农业科学	农业综合	邱小强
E110	热带气象学报	大气科学	薛纪善
H415	热带生物学报	生物学基础学科	许文深
F228	热带亚热带植物学报	植物学	黄宏文
G609	热带医学杂志	流行病学、环境医学	余新炳
H223	热带作物学报	农艺学	余让水
T105	热固性树脂	化学工程综合	王永红
N071	热加工工艺	机械制造工艺与设备	张社会
C134	热科学与技术	物理学；动力工程	王补宣
R501	热力发电	电气工程；动力工程	蒋敏华
P006	热能动力工程	动力工程	邹积国
T013	人工晶体学报	材料科学综合	沈德忠
N106	人类工效学	工程与技术科学基础学科	金会庆
F041	人类学学报	生物学基础学科	吴新智

表 9-1 2019 年中国科技核心期刊（中文）目录（续）

CODE	刊名	学科分类	主编
W555	人民黄河	水利工程	薛松贵
W504	人民长江	水利工程	金兴平
T070	日用化学工业	化学工程综合	曹玉英
H097	乳业科学与技术	食品科学技术	郭本恒
S011	软件学报	计算机科学技术	李明树
N029	润滑与密封	工程与技术科学基础学科	贺石中
R086	三峡大学学报自然科学版	水利工程；工程技术大学学报	王康平
D012	色谱	化学	卢佩章
H382	森林工程	林学；农业工程	王立海
H051	森林与环境学报	林学	洪伟
E635	沙漠与绿洲气象	大气科学；地理学	魏文寿
H070	山地农业生物学报	农业综合	金道超
E101	山地学报	地理学	钟祥浩
G742	山东大学耳鼻喉眼学报	耳鼻咽喉科学；医药大学学报	栾信庸
J022	山东大学学报工学版	工程技术大学学报	李术才
A020	山东大学学报理学版	自然科学综合大学学报	靳光华
G062	山东大学学报医学版	医药大学学报	龚瑶琴
A141	山东科技大学学报自然科学版	自然科学综合大学学报	张士强
A637	山东科学	自然科学综合	王英龙
H031	山东农业大学学报自然科学版	农业大学学报	温孚江
H804	山东农业科学	农业综合	仲崇高
G511	山东医药	医学综合	邱源
G063	山东中医药大学学报	中医药大学学报	皋永利
G574 ,	山东中医杂志	中医学	皋永利
A014	山西大学学报自然科学版	自然科学综合大学学报	陈兆斌
H393	山西农业大学学报自然科学版	农业大学学报	董常生
H390	山西农业科学	农业综合	扆锁成
G064	山西医科大学学报	医药大学学报	郭政
U025	陕西科技大学学报	自然科学综合大学学报	李志健
H217	陕西农业科学	农业综合	白志礼
A066	陕西师范大学学报自然科学版	自然科学师范大学学报	黄春长
G725	陕西中医	中医学	杨世兴
V088	上海城市规划	建筑科学与技术	张玉鑫
A056	上海大学学报自然科学版	自然科学综合大学学报	周邦新
U528	上海纺织科技	纺织科学技术	胡申伟
X038	上海海事大学学报	水路运输；工程技术大学学报	黄有方
H292	上海海洋大学学报	水产学；农业大学学报	程裕东
Y555	上海航天	航空、航天科学技术	李同顺
X006	上海交通大学学报	工程技术大学学报	郑杭
H022	上海交通大学学报农业科学版	农业大学学报	沈为平
G066	上海交通大学学报医学版	医药大学学报	沈晓明
M021	上海金属	金属材料	翟启杰
G283	上海口腔医学	口腔医学	张志愿

表 9-1 2019 年中国科技核心期刊（中文）目录（续）

CODE	刊名	学科分类	主编
H282	上海农业学报	农业综合	徐新春
G069	上海医学	医学综合	汤钊猷
G596	上海针灸杂志	针灸、中医骨伤	黄琴峰
G946	上海中医药大学学报	中医药大学学报	谢建群
G389	上海中医药杂志	中医学；中药学	谢建群
A515	深圳大学学报理工版	工程技术大学学报	阮双琛
G329	神经疾病与精神卫生	神经病学、精神病学	崔德华；吴中学；贾建平
G070	神经解剖学杂志	基础医学	李云庆
G319	神经损伤与功能重建	神经病学、精神病学	王伟
A074	沈阳大学学报自然科学版	自然科学综合大学学报	王少洪
J052	沈阳工业大学学报	工程技术大学学报	郭雨梅
V011	沈阳建筑大学学报自然科学版	建筑科学与技术；工程技术大学学报	谭静文
H024	沈阳农业大学学报	农业大学学报	张玉龙
A586	沈阳师范大学学报自然科学版	自然科学师范大学学报	张辉
G071	沈阳药科大学学报	医药大学学报；药学	吴春福
G202	肾脏病与透析肾移植杂志	泌尿外科学	黎磊石
F203	生理科学进展	生物学基础学科	范少光
F001	生理学报	生物学基础学科；基础医学	赵志奇
F042	生命的化学	生物学基础学科	祁国荣
F215	生命科学	生物学基础学科	林其谁
F046	生命科学研究	生物学基础学科	梁宋平
N759	生命科学仪器	仪器仪表技术	张玉奎
Z034	生态毒理学报	生态学	王子健
H784	生态环境学报	生态学；环境科学技术及资源科学技术	李定强
Z512	生态科学	生态学	段舜山
Z014	生态学报	生态学	冯宗炜
Z028	生态学杂志	生态学	孙铁珩
Z023	生态与农村环境学报	农业工程；环境科学技术及资源科学技术	蔡道基
H080	生物安全学报	农业综合	龙民生；万方浩；Gabor L.Lovei
F049	生物多样性	生物学基础学科	马克平
F003	生物工程学报	生物工程	焦瑞身
G401	生物骨科材料与临床研究	骨外科学	陈安民
F016	生物化学与生物物理进展	生物学基础学科	王大成
F229	生物技术	生物工程	张介池
F214	生物技术进展	生物工程	林敏
F205	生物技术通报	生物工程	路铁刚
F224	生物技术通讯	生物工程	黄培堂
F204	生物加工过程	生物工程	欧阳平凯
F213	生物学杂志	生物学基础学科	罗家驿
G006	生物医学工程学杂志	生物医学工程学	陈槐卿
G332	生物医学工程研究	生物医学工程学	王勤；康永军
G603	生物医学工程与临床	生物医学工程学	宋继昌
F044	生物资源	生物学基础学科	何光存

表 9-1　2019 年中国科技核心期刊（中文）目录（续）

CODE	刊名	学科分类	主编
G624	生殖医学杂志	优生学、计划生育学	肖碧莲
C033	声学技术	物理学	张淑英
C054	声学学报	物理学	马大猷
E302	湿地科学	地理学	陈宜瑜
E636	湿地科学与管理	地理学	彭镇华
A615	石河子大学学报自然科学版	自然科学综合大学学报	向本春
T933	石化技术与应用	应用化学工程；石油天然气工程	殷茜
X042	石家庄铁道大学学报自然科学版	铁路运输；工程技术大学学报	王岳森
L016	石油地球物理勘探	石油天然气工程	钱荣钧
L015	石油化工	石油天然气工程	乔金樑
L034	石油化工高等学校学报	石油天然气工程	仲崇民
L021	石油化工设备技术	石油天然气工程	尹朝曦
L019	石油机械	石油天然气工程	贺会群
L031	石油勘探与开发	石油天然气工程	戴金星
L043	石油科学通报	石油天然气工程	陈勉
L030	石油炼制与化工	石油天然气工程	汪燮卿
E126	石油实验地质	地质学	叶德燎
L005	石油物探	石油天然气工程	管路平
L028	石油学报	石油天然气工程	赵宗举
L012	石油学报石油加工	石油天然气工程	汪燮卿
L006	石油与天然气地质	石油天然气工程	王庭斌
L008	石油钻采工艺	石油天然气工程	董范
L025	石油钻探技术	石油天然气工程	马开华
U049	食品安全质量检测学报	食品科学技术	吴永宁
F257	实验动物科学	昆虫学、动物学	荣瑞章
G387	实验动物与比较医学	基础医学；昆虫学、动物学	刘瑞三
C009	实验力学	力学	方如华
Y018	实验流体力学	航空、航天科学技术	乐嘉陵
A115	实验室研究与探索	工程与技术科学基础学科	夏有为
G534	实用放射学杂志	核医学、医学影像学	鱼博浪；宦怡
G586	实用妇产科杂志	妇产科学	王世阆
G746	实用肝脏病杂志	消化病学	周天仇
G457	实用骨科杂志	骨外科学	卫小春
G224	实用口腔医学杂志	口腔医学	赵铱民
G700	实用老年医学	保健医学	刘昕曜
G652	实用皮肤病学杂志	皮肤病学	杨蓉娅
G469	实用器官移植电子杂志	外科学综合	沈中阳
G766	实用心脑肺血管病杂志	心血管病学；普通外科学、胸外科学、心血管外科学	朱曼璐；袁湘芷
G834	实用药物与临床	药学	滕卫平
G324	实用医学杂志	临床医学综合	苏焕群
G760	实用医院临床杂志	临床医学综合	韩盛玺
G768	实用预防医学	预防医学与公共卫生学综合	罗普泉
G856	实用肿瘤学杂志	肿瘤学	庞达

表 9-1 2019 年中国科技核心期刊（中文）目录（续）

CODE	刊名	学科分类	主编
G890	实用肿瘤杂志	肿瘤学	张苏展
U005	食品工业科技	食品科学技术	张铁鹰
U006	食品科学	食品科学技术	孙勇
A117	食品科学技术学报	食品科学技术	孙宝国
U617	食品研究与开发	食品科学技术	赵丽
U035	食品与发酵工业	食品科学技术	朱庆裴
U641	食品与发酵科技	食品科学技术	陈功
U547	食品与机械	食品科学技术	黄寿恩
U029	食品与生物技术学报	食品科学技术	裘松良
G748	食品与药品	食品科学技术；药学	凌沛学
H838	食用菌学报	园艺学；食品科学技术	吴爱忠
E363	世界地震工程	地球物理学	孙柏涛
E548	世界地质	地质学	孙革
G906	世界科学技术-中医药现代化	中医学；中药学	陈凯先
G485	世界临床药物	药学	周斌
G484	世界中西医结合杂志	中西医结合医学	路志正
G483	世界中医药	中医学；中药学	李振吉
Q957	首都公共卫生	预防医学与公共卫生学综合	梁万年
A023	首都师范大学学报自然科学版	自然科学师范大学学报	梅向明
G073	首都医科大学学报	医药大学学报	王晓民
F033	兽类学报	昆虫学、动物学	王德华
R005	数据采集与处理	通信技术	贲德
W009	数理统计与管理	数学；管理学	杨振海
B015	数学的实践与认识	数学	林群
B007	数学进展	数学	李亦
B004	数学年刊 A	数学	李大潜
C036	数学物理学报	数学；物理学	丁夏畦
B006	数学学报	数学	王跃飞；张立群
B012	数学杂志	数学	齐民友
H008	水产学报	水产学	黄硕琳
Z016	水处理技术	环境科学技术及资源科学技术	高从堦
X533	水道港口	水路运输	赵冲久
P007	水电能源科学	能源科学综合；水利工程	鄢凤山；张勇传
W004	水动力学研究与进展 A	水利工程	周连第
W013	水科学进展	水利工程	刘国纬
R050	水力发电	水利工程	马连城
R049	水力发电学报	水利工程	谷兆祺
R587	水利经济	水利工程	郑垂勇
W011	水利水电技术	水利工程	王海锋
W502	水利水电科技进展	水利工程	顾冲时
W006	水利水运工程学报	水利工程	张瑞凯
W003	水利学报	水利工程	程晓陶
F010	水生生物学报	生物学基础学科	桂建芳

表 9-1　2019 年中国科技核心期刊（中文）目录（续）

CODE	刊名	学科分类	主编
H850	水生态学杂志	生态学；水产学	常剑波
H015	水土保持通报	农业工程	李锐
H287	水土保持学报	农业工程	邵明安
H056	水土保持研究	农业工程	刘国彬
E540	水文	海洋科学、水文学	邓坚
E154	水文地质工程地质	海洋科学、水文学；地质学	陈梦熊
N907	水下无人系统学报	兵器科学与技术	杨芸
X528	水运工程	水路运输	吴澎
R566	水资源保护	水利工程	汪德爟
W570	水资源与水工程学报	水利工程	蔡焕杰
U056	丝绸	纺织科学技术	宣友木
G045	四川大学学报医学版	医药大学学报	张肇达
A006	四川大学学报自然科学版	自然科学综合大学学报	刘应明
F027	四川动物	昆虫学、动物学	岳碧松
Z007	四川环境	环境科学技术及资源科学技术	叶宏
A033	四川师范大学学报自然科学版	自然科学师范大学学报	周一阳
G575	四川医学	医学综合	卓凯星
G745	四川中医	中医学	方连举
H862	饲料工业	畜牧、兽医科学	聂春宵
H864	饲料研究	畜牧、兽医科学	李寰旭
T106	塑料	高聚物工程	杨明锦
T014	塑料工业	高聚物工程	张志平
T536	塑料科技	高聚物工程	于文杰
T079	塑料助剂	高聚物工程	杨明
T580	塑性工程学报	机械制造工艺与设备	陆辛
X634	隧道建设	公路运输；铁路运输	张炜
R652	太赫兹科学与电子信息学报	电子技术	李幼平
L009	太阳能学报	能源科学综合	石定寰
J011	太原理工大学学报	工程技术大学学报	谢克昌
M544	钛工业进展	金属材料	周廉
T500	弹性体	高聚物工程	蔡小平
T015	炭素技术	化学工程综合	解治友
N043	探测与控制学报	兵器科学与技术	张龙山
V531	陶瓷学报	化学工程综合	秦锡麟
H041	特产研究	农业综合	沈育杰
L505	特种油气藏	石油天然气工程	张方礼
N065	特种铸造及有色合金	机械制造工艺与设备	袁振国
A041	天津大学学报	工程技术大学学报	龚克
U017	天津工业大学学报	工程技术大学学报	杨庆新
U031	天津科技大学学报	工程技术大学学报	王学魁
A504	天津师范大学学报自然科学版	自然科学师范大学学报	高玉葆
G076	天津医药	医学综合	张愈
G626	天津中医药	中医学；中药学	张伯礼

表 9-1　2019 年中国科技核心期刊（中文）目录（续）

CODE	刊名	学科分类	主编
G914	天津中医药大学学报	中医药大学学报	张伯礼
T611	天然产物研究与开发	中药学	李伯刚
L518	天然气地球科学	石油天然气工程	戴金星
L029	天然气工业	石油天然气工程	冉隆辉
T074	天然气化工	应用化学工程；石油天然气工程	古共伟
L507	天然气与石油	石油天然气工程	郭成华
E023	天文学报	天文学	甘为群
E114	天文学进展	天文学	候金良
X521	铁道工程学报	铁路运输	何宁
X007	铁道科学与工程学报	铁路运输	胡湘陵
X005	铁道学报	铁路运输	王德
G238	听力学及言语疾病杂志	耳鼻咽喉科学	陶泽璋；韩德民；韩东一
R065	通信学报	通信技术	杨义先
G965	同济大学学报医学版	医药大学学报	傅继梁
J032	同济大学学报自然科学版	工程技术大学学报	李杰
Q003	同位素	核科学技术	罗顺忠
N061	图学学报	机械工程设计	童秉枢
T103	涂料工业	精细化学工程	竺玉书
V029	土木工程学报	土木工程	徐培福
V035	土木工程与管理学报	土木工程	丁烈云
V019	土木与环境工程学报（中英文）	土木工程	黄宗明
H043	土壤	土壤学	赵其国
H057	土壤通报	土壤学	须湘成
H012	土壤学报	土壤学	史学正
H048	土壤与作物	土壤学	张福锁
Y025	推进技术	航空、航天科学技术	郑日恒
S795	外国经济与管理	经济学综合；管理学	樊丽明
G601	外科理论与实践	外科学综合	林言箴；李宏为
G996	皖南医学院学报	医药大学学报	李朝品
S017	网络新媒体技术	计算机科学技术	倪宏
S082	网络与信息安全学报	计算机科学技术	方滨兴
R070	微波学报	通信技术	杨乃恒
G866	微创泌尿外科杂志	泌尿外科学	张旭；孙颖浩
R057	微电机	电气工程	牒正文
R064	微电子学	电子技术	成福康
R004	微电子学与计算机	电子技术；计算机科学技术	李新龙
R098	微纳电子技术	电子技术	李和委
F004	微生物学报	微生物学、病毒学	李季伦
F206	微生物学免疫学进展	微生物学、病毒学	朱莉萍
F011	微生物学通报	微生物学、病毒学	何忠效
F225	微生物学杂志	微生物学、病毒学	张忠泽
G651	微生物与感染	感染性疾病学、传染病学	闻玉梅
R085	微特电机	电气工程	施进浩

表 9-1　2019 年中国科技核心期刊（中文）目录（续）

CODE	刊名	学科分类	主编
E052	微体古生物学报	地质学	穆西南
S033	微型电脑应用	计算机科学技术	朱仲英
G210	微循环学杂志	基础医学	李艳
S813	卫生软科学	卫生管理学、健康教育学	蔡仁华
G079	卫生研究	卫生管理学、健康教育学	段国兴
G800	胃肠病学	消化病学	萧树东
G326	胃肠病学和肝病学杂志	消化病学	段芳龄
G702	温州医科大学学报	医药大学学报	吕帆
D003	无机材料学报	材料科学综合	郭景坤
D023	无机化学学报	化学	游效曾
T072	无机盐工业	化学工程综合	刘红光
N044	无损检测	机械制造工艺与设备	王务同
W014	武汉大学学报工学版	工程技术大学学报	刘经南
A024	武汉大学学报理学版	自然科学综合大学学报	刘经南
E107	武汉大学学报信息科学版	测绘科学技术；自然科学综合大学学报	刘经南
G038	武汉大学学报医学版	医药大学学报	刘经南
M032	武汉科技大学学报自然科学版	工程技术大学学报	刘光临
X017	武汉理工大学学报交通科学与工程版	交通运输工程；工程技术大学学报	李腊元
J018	武汉理工大学学报信息与管理工程版	电子技术；工程技术大学学报	程森成
G771	武警后勤学院学报医学版	医药大学学报	李宏伟
G707	武警医学	医学综合	李小萍
D001	物理化学学报	化学	唐有祺
C006	物理学报	物理学	王乃彦
C509	物理与工程	物理学；高等教育学	顾牡；王青
E136	物探化探计算技术	地质学	贺振华
E138	物探与化探	地质学	熊盛青
R009	西安电子科技大学学报自然科学版	电子技术；工程技术大学学报	梁昌洪
U030	西安工程大学学报	工程技术大学学报	高岭
J036	西安工业大学学报	工程技术大学学报	刘卫国
V018	西安建筑科技大学学报自然科学版	建筑科学与技术；工程技术大学学报	赵鸿铁
X030	西安交通大学学报	工程技术大学学报	陶文铨
G081	西安交通大学学报医学版	医药大学学报	闫剑群
A150	西安科技大学学报	工程技术大学学报	伍永平
J002	西安理工大学学报	工程技术大学学报	刘宏昭
L010	西安石油大学学报自然科学版	石油天然气工程；工程技术大学学报	屈展
R671	西安邮电大学学报	通信技术；工程技术大学学报	温小郑
A032	西北大学学报自然科学版	自然科学综合大学学报	赵重远
E125	西北地质	地质学	夏林圻
Y023	西北工业大学学报	工程技术大学学报	胡沛泉
H224	西北林学院学报	林学；农业大学学报	范升才
H018	西北农林科技大学学报自然科学版	农业大学学报	赵忠
H288	西北农业学报	农业综合	宋继学
A022	西北师范大学学报自然科学版	自然科学师范大学学报	赵更吉

表 9-1 2019 年中国科技核心期刊（中文）目录（续）

CODE	刊名	学科分类	主编
G792	西北药学杂志	药学	杨世民
F020	西北植物学报	植物学	胡正海
H385	西部林业科学	林学	郎南军
V573	西部人居环境学刊	建筑科学与技术	赵万民
G588	西部医学	医学综合	李光明
G699	西部中医药	中医学；中药学	潘文
J045	西华大学学报自然科学版	工程技术大学学报	罗中先
H004	西南大学学报自然科学版	自然科学综合大学学报	向仲怀
G312	西南国防医药	医学综合	王国建
X032	西南交通大学学报	工程技术大学学报	翟婉明
H270	西南林业大学学报	林学；农业大学学报	刘惠民
A060	西南民族大学学报自然科学版	自然科学综合大学学报	曾明
H061	西南农业学报	农业综合	李跃建
A064	西南师范大学学报自然科学版	自然科学师范大学学报	李明
L002	西南石油大学学报自然科学版	石油天然气工程；工程技术大学学报	杜志敏
M041	稀土	材料科学综合	杨占峰
M029	稀有金属	金属材料	屠海令
M052	稀有金属材料与工程	金属材料	殷为宏
S505	系统仿真技术	信息与系统科学相关工程与技术	万钢
S003	系统仿真学报	信息与系统科学相关工程与技术	李伯虎；赵沁平
B028	系统工程	信息科学与系统科学	陈收
B025	系统工程理论与实践	信息科学与系统科学	陈光亚
B018	系统工程学报	信息科学与系统科学	刘豹
R059	系统工程与电子技术	电子技术；信息与系统科学相关工程与技术	施荣
B027	系统管理学报	信息科学与系统科学	王浣尘
B021	系统科学与数学	信息科学与系统科学；数学	陈翰馥
G188	细胞与分子免疫学杂志	基础医学	金伯泉
A063	厦门大学学报自然科学版	自然科学综合大学学报	张鸿斌
V087	现代城市研究	建筑科学与技术	叶菊华
E027	现代地质	地质学	邓军
R089	现代电力	电气工程	宋永华
R748	现代电子技术	电子技术	郝跃；许蒲；李明远
Y561	现代防御技术	兵器科学与技术	李文军
U634	现代纺织技术	纺织科学技术	陈建勇
G300	现代妇产科进展	妇产科学	江森
T063	现代化工	化学工程综合	张立萍
N100	现代科学仪器	仪器仪表技术	胡柏顺
G321	现代口腔医学杂志	口腔医学	俞光岩
R087	现代雷达	通信技术	陈玲
G438	现代临床护理	护理学	张振路
G798	现代泌尿生殖肿瘤杂志	肿瘤学	那彦群；叶章群
G341	现代泌尿外科杂志	泌尿外科学	贺大林
G067	现代免疫学	基础医学	周光炎

表 9-1 2019 年中国科技核心期刊（中文）目录（续）

CODE	刊名	学科分类	主编
H417	现代农药	植物保护学；应用化学工程	张湘宁
F250	现代生物医学进展	医学综合	赵长久
U010	现代食品科技	食品科学技术	李琳
T929	现代塑料加工应用	高聚物工程	顾越峰
X673	现代隧道技术	公路运输	梅志荣
G451	现代消化及介入诊疗	消化病学	张万岱
G223	现代医学	医学综合	孙载阳
C093	现代应用物理	物理学	邱爱慈
G963	现代预防医学	预防医学与公共卫生学综合	马骁
N111	现代制造工程	机械制造工艺与设备	徐大湧
G951	现代中西医结合杂志	中西医结合医学	戴砚田
G486	现代中药研究与实践	中药学	胡世林；赵国胜
G896	现代中医临床	中医学	王永炎
G826	现代肿瘤医学	肿瘤学	李树业
T073	香料香精化妆品	精细化学工程	金其璋
A018	湘潭大学自然科学学报	自然科学综合大学学报	黄云清
T064	橡胶工业	高聚物工程	何晓玫
T953	消防科学与技术	安全科学技术；建筑科学与技术	王铁强
Q937	消化肿瘤杂志电子版	肿瘤学	何裕隆
P010	小型内燃机与车辆技术	动力工程	何海生
S027	小型微型计算机系统	计算机科学技术	林浒
G817	协和医学杂志	医学综合	赵玉沛
G083	心肺血管病杂志	心血管病学	陈宝田
S918	心理科学	心理学	李其维
S919	心理科学进展	心理学	隋南
E046	心理学报	心理学	林文娟
G476	心脑血管病防治	心血管病学；神经病学、精神病学	金宏义
G419	心血管病学进展	心血管病学	赵聪
G578	心血管康复医学杂志	心血管病学	刘江生
G260	心脏杂志	心血管病学	裴建明
E159	新疆地质	地质学	李向东
H908	新疆农业大学学报	农业大学学报	雒秋江
H276	新疆农业科学	农业综合	戴健
L007	新疆石油地质	石油天然气工程	夏明生
G980	新疆医科大学学报	医药大学学报	哈木拉提·吾甫尔
G328	新乡医学院学报	医药大学学报	乔汉臣
V056	新型建筑材料	建筑科学与技术	张美强
M102	新型炭材料	材料科学综合	成会明
G721	新医学	医学综合	陈规划
R034	信号处理	通信技术	龙腾
S081	信息安全学报	计算机科学技术	方滨兴
R519	信息技术	信息与系统科学相关工程与技术	张丽丽
S046	信息网络安全	计算机科学技术	关非

表 9-1　2019 年中国科技核心期刊（中文）目录（续）

CODE	刊名	学科分类	主编
S002	信息与控制	信息科学与系统科学	王天然
A510	信阳师范学院学报自然科学版	自然科学师范大学学报	李俊
G565	徐州医学院学报	医药大学学报	吴永平
H023	畜牧兽医学报	畜牧、兽医科学	文杰
H218	畜牧与兽医	畜牧、兽医科学	石放雄
G627	循证医学	临床诊断学；流行病学、环境医学	吴一龙
R069	压电与声光	光电子学与激光技术	胡少勤
N052	压力容器	机械制造工艺与设备	王冰
E047	亚热带资源与环境学报	环境科学技术及资源科学技术	张新时
U562	烟草科技	园艺学	谢剑平
E053	岩矿测试	地质学	尹明
E157	岩石矿物学杂志	地质学	沈其韩
C005	岩石力学与工程学报	土木工程；力学	冯夏庭
E309	岩石学报	地质学	从柏林
V574	岩土工程技术	土木工程	常士骠
V037	岩土工程学报	土木工程	蔡正银
C004	岩土力学	土木工程；力学	白世伟
E163	岩性油气藏	石油天然气工程	刘金新
S821	研究与发展管理	管理学	骆品亮
E500	盐湖研究	海洋科学、水文学	高世扬
T054	盐科学与化工	化学工程综合	夏万顺
G962	眼科	眼科学	徐亮
G554	眼科新进展	眼科学	杨尊之
J025	燕山大学学报	工程技术大学学报	张福成
H016	扬州大学学报农业与生命科学版	农业大学学报	顾铭洪
A514	扬州大学学报自然科学版	自然科学综合大学学报	郭荣
S031	遥测遥控	信息与系统科学相关工程与技术	李艳华
Z543	遥感技术与应用	测绘科学技术	姜景山
S024	遥感信息	测绘科学技术	陈述彭
Z006	遥感学报	测绘科学技术	顾行发
G403	药物不良反应杂志	药学	程经华
G087	药物分析杂志	药学	涂国士
G877	药物流行病学杂志	药学	曾繁典
G836	药物评价研究	药学	汤立达
G514	药物生物技术	药学	吴梧桐
G977	药学服务与研究	药学	胡晋红
G440	药学实践杂志	药学	姜远英
G008	药学学报	药学	王晓良
G527	药学与临床研究	药学	王明时
M023	冶金分析	冶金工程技术	贾云海
M047	冶金能源	冶金工程技术	罗文泉
C503	液晶与显示	物理学；电子技术	郭海成
N079	液压气动与密封	工程与技术科学基础学科	李运华

表 9-1 2019 年中国科技核心期刊（中文）目录（续）

CODE	刊名	学科分类	主编
N035	液压与气动	机械工程设计	宋京其
G605	医疗卫生装备	卫生管理学、健康教育学	孙景工
G482	医学动物防制	流行病学、环境医学	段利国
G333	医学分子生物学杂志	基础医学	邓耀祖
G281	医学研究生学报	医学综合	史兆荣
G480	医学研究杂志	医学综合	赵瑞芹
G265	医学影像学杂志	核医学、医学影像学	武乐斌
G964	医学与社会	医学综合	刘建凡
G308	医学与哲学	医学综合；哲学	胡大一；赵明杰
G860	医学综述	医学综合	刘桂蕊
G844	医药导报	药学	曾繁典
G088	医用生物力学	力学；基础医学	戴克戎
N074	仪表技术与传感器	仪器仪表技术	刘凯
N066	仪器仪表学报	仪器仪表技术	张钟华
F024	遗传	生物学基础学科	黄勋
G455	疑难病杂志	临床医学综合	马智
T104	印染助剂	精细化学工程	许关荣
G089	营养学报	预防医学与公共卫生学综合	郭长江
D014	影像科学与光化学	化学	佟振合
G649	影像诊断与介入放射学	核医学、医学影像学	孟悛非
B008	应用概率统计	数学	陈希孺
C109	应用光学	物理学	王小鹏
E123	应用海洋学学报	海洋科学、水文学	张金标
T949	应用化工	化学工程综合	朱明道
D016	应用化学	化学	黄葆同
A580	应用基础与工程科学学报	工程与技术科学基础学科	杨卫
R033	应用激光	光电子学与激光技术	王之江
X693	应用科技	信息与系统科学相关工程与技术	朱齐丹
A015	应用科学学报	通信技术	黄宏嘉
F035	应用昆虫学报	昆虫学、动物学	王琛柱
C008	应用力学学报	力学	陈宜亨
E122	应用气象学报	大气科学	周秀骥
Z018	应用生态学报	生态学	沈善敏
C052	应用声学	物理学	应崇福
B011	应用数学	数学	陈庆益
B020	应用数学和力学	力学；数学	周哲玮
B001	应用数学学报	数学	丁夏畦
F100	应用与环境生物学报	环境科学技术及资源科学技术；生物学基础学科	吴宁
M014	硬质合金	金属材料	张忠健
L027	油气储运	石油天然气工程	杨祖佩
L504	油气地质与采收率	石油天然气工程	刘中云
L033	油田化学	石油天然气工程	徐僖
K020	铀矿冶	矿山工程技术	张飞凤

表 9-1 2019 年中国科技核心期刊（中文）目录（续）

CODE	刊名	学科分类	主编
T916	有机硅材料	化学工程综合	杨晓勇
D025	有机化学	化学	陈庆云
M036	有色金属工程	金属材料	金开生
M504	有色金属科学与工程	金属材料	罗嗣海
K013	有色金属矿山部分	矿山工程技术	朱穗玲
K580	有色金属选矿部分	矿山工程技术	朱穗玲
M020	有色金属冶炼部分	冶金工程技术	朱穗玲
H998	渔业科学进展	水产学	唐启升
H220	渔业现代化	水产学	徐皓
Y020	宇航材料工艺	航空、航天科学技术	顾兆栴
Y008	宇航计测技术	航空、航天科学技术	孙海燕
Y024	宇航学报	航空、航天科学技术	杜善义
H909	玉米科学	农艺学	赵化春
G479	预防医学	预防医学与公共卫生学综合	丛黎明
G518	预防医学情报杂志	预防医学与公共卫生学综合	康均行
H039	园艺学报	园艺学	李树德
C108	原子核物理评论	物理学；核科学技术	靳根明
Q008	原子能科学技术	核科学技术	赵志祥
A038	云南大学学报自然科学版	自然科学综合大学学报	张克勤
A654	云南民族大学学报自然科学版	自然科学综合大学学报	张桥贵
H269	云南农业大学学报	农业大学学报	朱有勇
A053	云南师范大学学报自然科学版	自然科学师范大学学报	曾华
G090	云南中医学院学报	中医药大学学报	吴永贵
B013	运筹学学报	数学	越民义
B522	运筹与管理	数学；管理学	俞嘉第
H989	杂草学报	植物保护学	强胜
H293	杂交水稻	农艺学	袁隆平
E148	灾害学	地球物理学；安全科学技术	胡斌
Y057	载人航天	航空、航天科学技术	周建平
U643	造纸科学与技术	应用化学工程	陈嘉翔
C100	噪声与振动控制	机械工程设计	严济宽
M043	轧钢	冶金工程技术	张海军
T569	粘接	精细化学工程	章锋
Y521	战术导弹技术	兵器科学与技术	张冬青
R081	照明工程学报	电子技术	戴德慈
A017	浙江大学学报工学版	工程技术大学学报	岑可法
A002	浙江大学学报理学版	自然科学综合大学学报	郑小明
H035	浙江大学学报农业与生命科学版	农业大学学报	张国平
G091	浙江大学学报医学版	医药大学学报	来茂德
J016	浙江工业大学学报	工程技术大学学报	马淳安
H019	浙江农林大学学报	林学；农业大学学报	周国模
H201	浙江农业学报	农业综合	陈剑平
G810	浙江医学	医学综合	李兰娟

表 9-1　2019 年中国科技核心期刊（中文）目录（续）

CODE	刊名	学科分类	主编
G092	浙江中医药大学学报	中医药大学学报	肖鲁伟
G093	针刺研究	针灸、中医骨伤	朱兵
G488	针灸临床杂志	针灸、中医骨伤	孙申田
N086	真空	工程与技术科学基础学科	李玉英
C038	真空与低温	物理学	罗崇泰
G259	诊断病理学杂志	临床诊断学；基础医学	李维华
G615	诊断学理论与实践	临床诊断学	王鸿利
Y010	振动测试与诊断	航空、航天科学技术	赵淳生
Y004	振动工程学报	力学；机械工程设计	刘人怀
N030	振动与冲击	机械工程设计	恽伟君
E316	震灾防御技术	安全科学技术；地球物理学	高孟潭
J012	郑州大学学报工学版	工程技术大学学报	辛世俊
A019	郑州大学学报理学版	自然科学综合大学学报	辛世俊
G036	郑州大学学报医学版	医药大学学报	辛世俊
G835	职业卫生与应急救援	预防医学与公共卫生学综合	王祖兵
G884	职业与健康	流行病学、环境医学	王撷秀
H577	植物保护	植物保护学	吴孔明
H014	植物保护学报	植物保护学	彩万志
H052	植物病理学报	植物保护学	曾士迈
H584	植物检疫	植物保护学	张立
F008	植物科学学报	植物学	李绍华
F038	植物生理学报	植物学	张景六
F009	植物生态学报	植物学	马克平
F023	植物学报	植物学	种康
F050	植物研究	植物学	祖元刚
H238	植物遗传资源学报	农艺学	刘旭
H890	植物营养与肥料学报	土壤学	金继运
Z551	植物资源与环境学报	环境科学技术及资源科学技术	夏冰
N091	指挥控制与仿真	兵器科学与技术	秦立富
U011	制冷学报	动力工程	吴元炜
U640	制冷与空调(四川)	动力工程	雷波
N046	制造技术与机床	机械工程设计	梁玉
S023	制造业自动化	信息与系统科学相关工程与技术	黎晓东
C034	质谱学报	化学；仪器仪表技术	赵墨田
R072	智慧电力	电气工程	张剑
S052	智能系统学报	信息与系统科学相关工程与技术	李德毅
G007	中草药	中药学	汤立达
G520	中成药	中药学	陶建生
G546	中国 CT 和 MRI 杂志	核医学、医学影像学	王成林
Q940	中国癌症防治杂志	肿瘤学	黎乐群
G538	中国癌症杂志	肿瘤学	沈镇宙
G985	中国艾滋病性病	皮肤病学	沈洁
G129	中国安全科学学报	安全科学技术	徐德蜀

表 9-1　2019 年中国科技核心期刊（中文）目录（续）

CODE	刊名	学科分类	主编
Z552	中国安全生产科学技术	安全科学技术	邢娟娟
F048	中国比较医学杂志	基础医学	秦川
N103	中国表面工程	机械制造工艺与设备	刘世参
G750	中国病案	卫生管理学、健康教育学	刘爱民
G769	中国病毒病杂志	微生物学、病毒学；预防医学与公共卫生学综合	庄辉
G096	中国病理生理杂志	基础医学	李楚杰
G339	中国病原生物学杂志	微生物学、病毒学	庄辉
M053	中国材料进展	材料科学综合	周廉
H213	中国草地学报	草原学	侯向阳
N830	中国测试	工程与技术科学基础学科	高洁
G097	中国超声医学杂志	核医学、医学影像学	李建国
G529	中国卒中杂志	神经病学、精神病学	王拥军
G901	中国当代儿科杂志	儿科学	杨于嘉
H939	中国稻米	农艺学	钱前
E654	中国地质	地质学	李廷栋
E604	中国地质灾害与防治学报	地质学；安全科学技术	张咸恭
R040	中国电机工程学报	电气工程	郑健超
R511	中国电力	电气工程	刘建明
G234	中国动脉硬化杂志	心血管病学	杨永宗
H891	中国动物传染病学报	畜牧、兽医科学	童光志
G825	中国儿童保健杂志	儿科学；保健医学	杨玉凤
G270	中国耳鼻咽喉颅底外科杂志	耳鼻咽喉科学	孙虹；赵素萍
G543	中国耳鼻咽喉头颈外科	耳鼻咽喉科学	韩德民
G100	中国法医学杂志	军事医学与特种医学	刘耀
G290	中国防痨杂志	呼吸病学、结核病学	张立兴
V023	中国非金属矿工业导刊	矿山工程技术	陈正国
G320	中国肺癌杂志	肿瘤学	周清华
G402	中国分子心脏病学杂志	心血管病学	惠汝太
V568	中国粉体技术	建筑科学与技术	胡荣泽
G587	中国辐射卫生	预防医学与公共卫生学综合	潘自强；韩金祥
M007	中国腐蚀与防护学报	材料科学综合	柯伟
G456	中国妇产科临床杂志	妇产科学	魏丽惠
G475	中国肝脏病杂志电子版	消化病学	毛羽；张永利；成军
G631	中国感染控制杂志	感染性疾病学、传染病学	吴安华
G337	中国感染与化疗杂志	感染性疾病学、传染病学	汪复
X035	中国港湾建设	水路运输	刘亚平
V036	中国给水排水	建筑科学与技术	丁堂堂
N089	中国工程机械学报	机械制造工艺与设备	徐宝富
N754	中国工程科学	工程与技术科学基础学科	钟志华
G244	中国工业医学杂志	流行病学、环境医学	周安寿；阎波
G102	中国公共卫生	预防医学与公共卫生学综合	王宇
X031	中国公路学报	公路运输	王秉纲
G103	中国骨伤	针灸、中医骨伤	尚天裕

表 9-1　2019 年中国科技核心期刊（中文）目录（续）

CODE	刊名	学科分类	主编
G249	中国骨与关节损伤杂志	骨外科学	刘大雄；郭林新
G857	中国骨与关节杂志	骨外科学	徐万鹏
G663	中国骨质疏松杂志	内分泌病学与代谢病学、风湿病学	张萌萌
W021	中国管理科学	管理学	蔡晨
N104	中国惯性技术学报	工程与技术科学基础学科	刘飞
C099	中国光学	光电子学与激光技术；物理学	王家骐
G637	中国国境卫生检疫杂志	流行病学、环境医学	罗荣杰
H215	中国果树	园艺学	米文广
L013	中国海上油气	石油天然气工程	姜伟
E313	中国海洋大学学报自然科学版	海洋科学、水文学；水产学；自然科学综合大学学报	文圣常
L026	中国海洋平台	石油天然气工程	陈祖宇
G104	中国海洋药物	药学	关美君
X039	中国航海	水路运输	黄蕴和
G973	中国呼吸与危重监护杂志	呼吸病学、结核病学	刘春涛
G417	中国护理管理	护理学	严谓然
Z030	中国环境监测	环境科学技术及资源科学技术	丁中元
Z001	中国环境科学	环境科学技术及资源科学技术	王文兴
N059	中国机械工程	机械工程设计	周佑启
A079	中国基础科学	自然科学综合	林泉
R066	中国激光	光电子学与激光技术	周炳琨
R013	中国激光医学杂志	临床医学综合	顾瑛
G852	中国急救复苏与灾害医学杂志	医学综合	李宗浩
G241	中国急救医学	临床医学综合	单静
G192	中国脊柱脊髓杂志	骨外科学	张光铂；候树勋
G105	中国寄生虫学与寄生虫病杂志	基础医学	汤林华
G560	中国计划生育和妇产科	优生学、计划生育学；妇产科学	甘华平
G907	中国计划生育学杂志	优生学、计划生育学	付伟
G787	中国健康教育	卫生管理学、健康教育学	陶茂萱
N108	中国舰船研究	水路运输	徐青
T075	中国胶粘剂	精细化学工程	刘芳
G233	中国矫形外科杂志	烧伤外科学、整形外科学	宁志杰
G239	中国介入心脏病学杂志	心血管病学	霍勇
G206	中国介入影像与治疗学	核医学、医学影像学	邹英华
G323	中国康复	保健医学	黄晓琳
G400	中国康复理论与实践	保健医学	吴弦光；李建军
G106	中国康复医学杂志	保健医学	励建安
G107	中国抗生素杂志	药学	谭仁祥
A098	中国科技论坛	管理学	王元；潘令珊
A108	中国科学 地球科学	地球科学综合	周光召；孙枢
A106	中国科学 化学	化学	周光召；徐光宪
A109	中国科学 技术科学	工程与技术科学基础学科	周光召；严陆光
A107	中国科学 生命科学	生物学基础学科	周光召；梁栋材
A105	中国科学 数学	数学	周光召；杨乐

表 9-1 2019 年中国科技核心期刊（中文）目录（续）

CODE	刊名	学科分类	主编
A103	中国科学 物理学力学天文学	物理学；力学；天文学	周光召
Z317	中国科学 信息科学	信息科学与系统科学；计算机科学技术	李未
A081	中国科学基金	自然科学综合	朱作言
A007	中国科学技术大学学报	自然科学综合大学学报	王水
A102	中国科学院大学学报	自然科学综合大学学报	陈希孺
A636	中国科学院院刊	自然科学综合	白春礼
Y003	中国空间科学技术	航空、航天科学技术	侯深渊
G441	中国口腔颌面外科杂志	口腔医学	邱蔚六
K030	中国矿业	矿山工程技术	王燕国
K015	中国矿业大学学报	矿山工程技术；工程技术大学学报	骆振福
U001	中国粮油学报	食品科学技术；农业工程	胡承淼
G447	中国临床保健杂志	保健医学	胡世莲
G108	中国临床解剖学杂志	基础医学	徐达传
G536	中国临床神经科学	神经病学、精神病学	蒋雨平
G794	中国临床神经外科杂志	神经病学、精神病学	马廉亭
G221	中国临床心理学杂志	心理学	姚树桥
G754	中国临床研究	临床医学综合	徐肇敏
G870	中国临床药理学与治疗学	药学	黄志力
G109	中国临床药理学杂志	药学	韩启德
G544	中国临床药学杂志	药学	王永铭
G814	中国临床医生杂志	临床医学综合	胡国臣
G974	中国临床医学	临床医学综合	杨秉辉
G304	中国临床医学影像杂志	核医学、医学影像学	郭启勇
G110	中国麻风皮肤病杂志	皮肤病学	张福仁
H212	中国麻业科学	农艺学	熊和平
G613	中国慢性病预防与控制	预防医学与公共卫生学综合	王撷秀
G598	中国媒介生物学及控制杂志	流行病学、环境医学	刘起勇
K037	中国煤炭地质	能源科学综合	赵克荣
G582	中国煤炭工业医学杂志	医学综合	栾奕
G428	中国美容医学	临床医学综合	朱宏亮
G297	中国美容整形外科杂志	临床医学综合	高景恒
K036	中国锰业	金属材料	周柳霞
H211	中国棉花	农艺学	喻树迅
G111	中国免疫学杂志	基础医学	田志刚
K550	中国钼业	金属材料	姚云芳
G303	中国男科学杂志	性医学	江鱼
H273	中国南方果树	园艺学	王应旭
G422	中国脑血管病杂志	神经病学、精神病学	刘承基；凌锋
G277	中国内镜杂志	外科学综合	雷光华
R524	中国能源	能源科学综合	韩文科
U609	中国酿造	食品科学技术	赵燕
W005	中国农村水利水电	农业工程；水利工程	茆智
H958	中国农学通报	农业综合	石元春

表 9-1 2019 年中国科技核心期刊（中文）目录（续）

CODE	刊名	学科分类	主编
H027	中国农业大学学报	农业大学学报	段若兰
H567	中国农业科技导报	农业综合	范云六
H030	中国农业科学	农业综合	万建民
H210	中国农业气象	农业综合；大气科学	张厚瑄
H221	中国农业资源与区划	农业综合；生态农业经济学	唐华俊
G311	中国皮肤性病学杂志	皮肤病学	彭振辉
U020	中国皮革	应用化学工程	谢衡
G226	中国普通外科杂志	普通外科学、胸外科学、心血管外科学	吕新生
G269	中国普外基础与临床杂志	普通外科学、胸外科学、心血管外科学	严律南
G776	中国全科医学	临床医学综合	梁万年
H081	中国热带农业	农业综合	吴恩熙
G629	中国热带医学	流行病学、环境医学	潘先海
Z546	中国人口资源与环境	环境科学技术及资源科学技术	王伟中
G112	中国人兽共患病学报	流行病学、环境医学	严延生
U052	中国乳品工业	食品科学技术	刘鹏
S825	中国软科学	管理学	赵志耘
E124	中国沙漠	地理学	王涛
G366	中国社会医学杂志	卫生管理学、健康教育学	卢祖洵
G114	中国神经精神疾病杂志	神经病学、精神病学	曾进胜
G242	中国神经免疫学和神经病学杂志	神经病学、精神病学	陈海波；胡学强
H555	中国生态农业学报	农业综合	刘昌明
H044	中国生物防治学报	植物保护学	杨怀文
F255	中国生物工程杂志	生物工程	张树庸
F002	中国生物化学与分子生物学报	生物学基础学科	张迺蘅
G115	中国生物医学工程学报	生物医学工程学	刘德培
G258	中国生物制品学杂志	生物医学工程学	封多佳
G715	中国生育健康杂志	优生学、计划生育学	任爱国
L001	中国石油大学学报自然科学版	石油天然气工程；工程技术大学学报	陈淑娴
L532	中国石油勘探	石油天然气工程	赵文智
F047	中国实验动物学报	昆虫学、动物学	秦川
G604	中国实验方剂学杂志	中药学	吴以岭
G883	中国实验血液学杂志	血液病学、肾脏病学	唐佩弦
G853	中国实验诊断学	临床诊断学	孙荣武；高忠礼；王鸿利
G273	中国实用儿科杂志	儿科学	薛辛东
G228	中国实用妇科与产科杂志	妇产科学	张淑兰
G305	中国实用护理杂志	护理学	王国强
G867	中国实用口腔科杂志	口腔医学	路振富
G267	中国实用内科杂志	内科学综合	康健
G272	中国实用外科杂志	外科学综合	刘永锋
U635	中国食品添加剂	食品科学技术	齐庆中
G429	中国食品卫生杂志	卫生管理学、健康教育学	李小芳
U007	中国食品学报	食品科学技术	罗云波
U563	中国食物与营养	食品科学技术；预防医学与公共卫生学综合	许世卫

表 9-1　2019 年中国科技核心期刊（中文）目录（续）

CODE	刊名	学科分类	主编
H317	中国兽药杂志	畜牧、兽医科学	刘业兵
H326	中国兽医科学	畜牧、兽医科学	才学鹏
H225	中国兽医学报	畜牧、兽医科学	王哲
H207	中国蔬菜	园艺学	孙日飞
G796	中国输血杂志	临床医学综合；血液病学、肾脏病学	王憬惺
G926	中国数字医学	核医学、医学影像学	李包罗；李华才
H290	中国水产科学	水产学	曾一本
H020	中国水稻科学	农艺学	程式华
W557	中国水利水电科学研究院学报	水利工程	陈厚群
H295	中国水土保持科学	农业工程	关君蔚
T022	中国塑料	高聚物工程	杨惠娣
G211	中国糖尿病杂志	内分泌病学与代谢病学、风湿病学	纪立农
G521	中国疼痛医学杂志	临床医学综合	韩济生
G444	中国体外循环杂志	外科学综合	龙村
U501	中国调味品	食品科学技术	杨旭
X004	中国铁道科学	铁路运输	阳建鸣
G437	中国听力语言康复科学杂志	保健医学；耳鼻咽喉科学	聂滨
R083	中国图象图形学报	计算机科学技术	李小文
H350	中国土地科学	土壤学	程烨
H233	中国土壤与肥料	土壤学	黄鸿翔
G373	中国微创外科杂志	外科学综合	侯宽永
G959	中国微侵袭神经外科杂志	神经病学、精神病学	王伟民
G517	中国微生态学杂志	生态学；基础医学	康白
S725	中国卫生经济	卫生管理学、健康教育学	蔡仁华
G253	中国卫生统计	卫生管理学、健康教育学	陈育德
G540	中国卫生信息管理杂志	卫生管理学、健康教育学	张学高
G716	中国卫生政策研究	卫生管理学、健康教育学	代涛
G752	中国卫生质量管理	卫生管理学、健康教育学	曹荣桂
G541	中国卫生资源	卫生管理学、健康教育学	郝模
K035	中国钨业	金属材料	孔昭庆
M022	中国稀土学报	材料科学综合	徐光宪
F025	中国细胞生物学学报	生物学基础学科	郭礼和
G841	中国现代普通外科进展	普通外科学、胸外科学、心血管外科学	寿楠海
G623	中国现代神经疾病杂志	神经病学、精神病学	只达石
G885	中国现代手术学杂志	外科学综合	李永国
G237	中国现代医学杂志	医学综合	陈子华
G849	中国现代应用药学	药学	李连达
G377	中国现代中药	中药学	赵润怀
G284	中国消毒学杂志	预防医学与公共卫生学综合	张文福
G765	中国小儿急救医学	儿科学	赵群
G845	中国小儿血液与肿瘤杂志	儿科学；血液病学、肾脏病学；肿瘤学	胡亚美；袁伯伦
G298	中国斜视与小儿眼科杂志	眼科学；儿科学	任华明
G117	中国心理卫生杂志	心理学	于欣

表 9-1 2019 年中国科技核心期刊（中文）目录（续）

CODE	刊名	学科分类	主编
G718	中国心血管病研究	心血管病学	屈正
G380	中国心血管杂志	心血管病学	何青
G203	中国心脏起搏与心电生理杂志	普通外科学、胸外科学、心血管外科学	黄从新
G250	中国新药与临床杂志	药学	唐希灿
G747	中国新药杂志	药学	桑国卫
G727	中国性科学	性医学	胡佩诚
G232	中国胸心血管外科临床杂志	普通外科学、胸外科学、心血管外科学	石应康
G118	中国修复重建外科杂志	烧伤外科学、整形外科学	杨志明
H294	中国畜牧兽医	畜牧、兽医科学	李琍
H242	中国畜牧杂志	畜牧、兽医科学	呙于明
G908	中国学校卫生	卫生管理学、健康教育学	陶芳标
G464	中国血管外科杂志电子版	普通外科学、胸外科学、心血管外科学	王深明
G675	中国血吸虫病防治杂志	流行病学、环境医学	周晓农
G633	中国血液净化	血液病学、肾脏病学；临床医学综合	王梅
G119	中国循环杂志	心血管病学	胡盛寿
G756	中国循证儿科杂志	儿科学；流行病学、环境医学；临床诊断学	桂永浩
G645	中国循证心血管医学杂志	心血管病学；流行病学、环境医学；临床诊断学	魏万林；胡大一
G396	中国循证医学杂志	临床诊断学；流行病学、环境医学	李幼平
H208	中国烟草科学	园艺学	王元英
U647	中国烟草学报	园艺学	袁行思
E303	中国岩溶	地质学	刘再华
G619	中国眼耳鼻喉科杂志	耳鼻咽喉科学	王正敏；王文吉；张重华
G318	中国药房	药学	马劲
G120	中国药科大学学报	医药大学学报；药学	彭司勋
G121	中国药理学通报	药学	魏伟；李俊
G122	中国药理学与毒理学杂志	药学	张永祥
G878	中国药师	药学	江德元
G913	中国药事	药学	桑国卫
G220	中国药物化学杂志	药学	张礼和
G227	中国药物警戒	药学	金少鸿
G248	中国药物依赖性杂志	药学	陆林
G713	中国药物应用与监测	药学	郭代红
G009	中国药学杂志	药学	周海钧
G755	中国药业	药学	刘斌
M628	中国冶金	冶金工程技术	洪及鄙
G809	中国医刊	临床医学综合	刘益清
G123	中国医科大学学报	医药大学学报	闻德亮
G124	中国医疗器械杂志	卫生管理学、健康教育学	胡宗泰
G679	中国医疗设备	卫生管理学、健康教育学	姜远海
G306	中国医师进修杂志	临床医学综合	林三仁
G313	中国医师杂志	临床医学综合	周智广
G236	中国医学计算机成像杂志	核医学、医学影像学	陈星荣
G125	中国医学科学院学报	医药大学学报	刘德培

表 9-1　2019 年中国科技核心期刊（中文）目录（续）

CODE	刊名	学科分类	主编
G471	中国医学前沿杂志电子版	医学综合	霍勇; 沈琳
G622	中国医学物理学杂志	基础医学; 生物医学工程学	邓亲恺
G127	中国医学影像技术	核医学、医学影像学	李坤成; 姜玉新
G193	中国医学影像学杂志	核医学、医学影像学	蔡幼铨; 周诚
S591	中国医学装备	卫生管理学、健康教育学	崔泽实
G519	中国医药	临床医学综合	杨秋
G644	中国医药导报	医学综合	张虎林
T019	中国医药工业杂志	药学; 应用化学工程	周伟澄
G531	中国医药生物技术	生物医学工程学	赵铠
Q918	中国医院	卫生管理学、健康教育学	张宝库
G454	中国医院管理	卫生管理学、健康教育学	王环增
G243	中国医院药学杂志	药学	陈华庭
G625	中国医院用药评价与分析	药学	马劲
G314	中国疫苗和免疫	生物医学工程学	訾维廉
G130	中国应用生理学杂志	生物学基础学科	范明
G706	中国优生与遗传杂志	优生学、计划生育学	左伋
H205	中国油料作物学报	农艺学	王汉中
U032	中国油脂	食品科学技术	秦长泽
M028	中国有色金属学报	金属材料	黄伯云
H099	中国预防兽医学报	畜牧、兽医科学	孔宪刚
G753	中国预防医学杂志	预防医学与公共卫生学综合	庄辉
V039	中国园林	林学; 建筑科学与技术	王绍增
X012	中国造船	水路运输	吴有生
U033	中国造纸学报	应用化学工程	朱尹策
H204	中国沼气	农业工程; 能源科学综合	王锡吾
G600	中国针灸	针灸、中医骨伤	刘炜宏
H067	中国真菌学杂志	临床医学综合	温海
G945	中国职业医学	流行病学、环境医学	黄汉林
G347	中国中西医结合耳鼻咽喉科杂志	中西医结合医学; 耳鼻咽喉科学	杨和钧; 唐有法
G843	中国中西医结合急救杂志	中西医结合医学; 临床医学综合	王今达
G757	中国中西医结合皮肤性病学杂志	中西医结合医学; 皮肤病学	秦万章
G846	中国中西医结合肾病杂志	中西医结合医学; 血液病学、肾脏病学	陈孝文
G758	中国中西医结合外科杂志	中西医结合医学; 外科学综合	吴咸中
G528	中国中西医结合消化杂志	中西医结合医学; 消化病学	危北海; 李乾构; 陈泽民
G182	中国中西医结合杂志	中西医结合医学	陈可冀
G132	中国中药杂志	中药学	肖培根
G240	中国中医骨伤科杂志	针灸、中医骨伤	李同生
G632	中国中医基础医学杂志	中医学	孟庆云
G524	中国中医急症	中医学	晁恩祥
G749	中国中医眼科杂志	中医学	亢泽峰
G832	中国中医药信息杂志	中医学; 中药学	叶祖光
G642	中国肿瘤	肿瘤学	赵平
G133	中国肿瘤临床	肿瘤学	郝希山

表 9-1　2019 年中国科技核心期刊（中文）目录（续）

CODE	刊名	学科分类	主编
G255	中国肿瘤生物治疗杂志	肿瘤学	曹雪涛
G576	中国肿瘤外科杂志	肿瘤学	唐金海；曾庆琪
G667	中国综合临床	临床医学综合	袁聚祥
G299	中国组织工程研究	生物医学工程学	刘昆
G134	中国组织化学与细胞化学杂志	基础医学	熊希凯
G502	中华保健医学杂志	保健医学	范利
G135	中华病理学杂志	基础医学	郑杰
G195	中华超声影像学杂志	核医学、医学影像学	张运
G136	中华传染病杂志	感染性疾病学、传染病学	翁心华
G408	中华创伤骨科杂志	骨外科学	裴国献
G137	中华创伤杂志	烧伤外科学、整形外科学	王正国
G098	中华地方病学杂志	流行病学、环境医学	孙殿军
G138	中华儿科杂志	儿科学	杨锡强
G139	中华耳鼻咽喉头颈外科杂志	耳鼻咽喉科学	韩德民
G743	中华耳科学杂志	耳鼻咽喉科学	杨伟炎；韩东一
G140	中华放射学杂志	核医学、医学影像学	戴建平
G141	中华放射医学与防护杂志	军事医学与特种医学	孙全富
G251	中华放射肿瘤学杂志	肿瘤学	徐国镇
G474	中华肺部疾病杂志电子版	呼吸病学、结核病学	钱桂生
G286	中华风湿病学杂志	内分泌病学与代谢病学、风湿病学	栗占国
G142	中华妇产科杂志	妇产科学	郎景和
G689	中华妇幼临床医学杂志电子版	妇产科学；儿科学	毛萌
G262	中华肝胆外科杂志	普通外科学、胸外科学、心血管外科学	刘永雄
G231	中华肝脏病杂志	消化病学	任红
G054	中华肝脏外科手术学电子杂志	消化病学	陈规划
G235	中华高血压杂志	心血管病学	胡大一
G143	中华骨科杂志	骨外科学	邱贵兴
G648	中华骨与关节外科杂志	骨外科学	邱贵兴
G728	中华骨质疏松和骨矿盐疾病杂志	内分泌病学与代谢病学、风湿病学	孟迅吾
G691	中华关节外科杂志电子版	骨外科学	邱贵兴；余楠生
G335	中华航海医学与高气压医学杂志	军事医学与特种医学	褚新奇
G144	中华航空航天医学杂志	军事医学与特种医学	卢志平
G145	中华核医学与分子影像杂志	核医学、医学影像学	匡安仁
G146	中华护理杂志	护理学	吴欣娟
G555	中华急诊医学杂志	临床医学综合	江观玉
G302	中华疾病控制杂志	预防医学与公共卫生学综合	叶冬青
G055	中华肩肘外科电子杂志	骨外科学	姜保国
G174	中华检验医学杂志	临床诊断学	尚红
G751	中华健康管理学杂志	卫生管理学、健康教育学	白书忠
G147	中华结核和呼吸杂志	呼吸病学、结核病学	钟南山
G060	中华结直肠疾病电子杂志	普通外科学、胸外科学、心血管外科学	王锡山
Q905	中华解剖与临床杂志	外科学综合	周建生
G159	中华精神科杂志	神经病学、精神病学	张明园

表 9-1 2019 年中国科技核心期刊（中文）目录（续）

CODE	刊名	学科分类	主编
G579	中华口腔医学研究杂志电子版	口腔医学	凌均棨
G148	中华口腔医学杂志	口腔医学	王兴
G280	中华口腔正畸学杂志	口腔医学	傅民魁
G149	中华劳动卫生职业病杂志	流行病学、环境医学	王生
G639	中华老年多器官疾病杂志	保健医学	张和起
Q949	中华老年骨科与康复电子杂志	保健医学	张英泽
G833	中华老年口腔医学杂志	口腔医学	刘洪臣
G876	中华老年心脑血管病杂志	心血管病学；神经病学、精神病学	林运昌
G150	中华老年医学杂志	保健医学	王建业
G692	中华临床感染病杂志	感染性疾病学、传染病学	李兰娟
G693	中华临床免疫和变态反应杂志	内分泌病学与代谢病学、风湿病学	张宏誉；张奉春
G824	中华临床营养杂志	预防医学与公共卫生学综合	蒋朱明
G152	中华流行病学杂志	流行病学、环境医学	李立明
G153	中华麻醉学杂志	外科学综合	罗爱伦
G154	中华泌尿外科杂志	泌尿外科学	孙颖浩
G282	中华男科学杂志	性医学	黄宇峰
G155	中华内分泌代谢杂志	内分泌病学与代谢病学、风湿病学	潘长玉
G736	中华内分泌外科杂志	外科学综合	任国胜
G156	中华内科杂志	内科学综合	王海燕
G157	中华皮肤科杂志	皮肤病学	陈洪铎
G461	中华普通外科学文献电子版	普通外科学、胸外科学、心血管外科学	王深明
G254	中华普通外科杂志	普通外科学、胸外科学、心血管外科学	杜如昱
G462	中华普外科手术学杂志电子版	普通外科学、胸外科学、心血管外科学	李世拥
G158	中华器官移植杂志	外科学综合	陈实
G473	中华腔镜泌尿外科杂志电子版	泌尿外科学	高新；孙颖浩
G463	中华腔镜外科杂志电子版	普通外科学、胸外科学、心血管外科学	刘荣；郑民华
G526	中华全科医师杂志	临床医学综合	戴玉华
G515	中华全科医学	临床医学综合	王福生
G505	中华乳腺病杂志电子版	普通外科学、胸外科学、心血管外科学	孙燕；姜军
G900	中华烧伤杂志	烧伤外科学、整形外科学	黄跃生
Q950	中华神经创伤外科电子杂志	神经病学、精神病学	徐如祥
G197	中华神经科杂志	神经病学、精神病学	秦震
G160	中华神经外科杂志	神经病学、精神病学	王忠诚
G446	中华神经医学杂志	神经病学、精神病学	徐如祥
G065	中华肾病研究电子杂志	血液病学、肾脏病学	刘志红
G161	中华肾脏病杂志	血液病学、肾脏病学	陈香美
G737	中华生物医学工程杂志	生物医学工程学	钟南山
G072	中华生殖与避孕杂志	优生学、计划生育学	高尔生
G162	中华实验和临床病毒学杂志	微生物学、病毒学	洪涛
G703	中华实验和临床感染病杂志电子版	感染性疾病学、传染病学	毛羽；张永利；成军
G163	中华实验外科杂志	外科学综合	杨镇
G773	中华实验眼科杂志	眼科学	王丽娅
G875	中华实用儿科临床杂志	儿科学	郭学鹏

表 9-1　2019 年中国科技核心期刊（中文）目录（续）

CODE	刊名	学科分类	主编
G367	中华实用诊断与治疗杂志	临床诊断学	马保根
G848	中华手外科杂志	骨外科学	顾玉东
G506	中华损伤与修复杂志电子版	烧伤外科学、整形外科学	孙永华
G739	中华糖尿病杂志	内分泌病学与代谢病学、风湿病学	杨文英
G164	中华外科杂志	外科学综合	黄洁夫
G165	中华微生物学和免疫学杂志	基础医学	沈心亮
G116	中华危重病急救医学	临床医学综合	沈中阳
G761	中华危重症医学杂志电子版	临床医学综合	郑树森
G296	中华围产医学杂志	妇产科学	杨慧霞
G740	中华卫生杀虫药械	流行病学、环境医学	姜志宽
G793	中华胃肠外科杂志	普通外科学、胸外科学、心血管外科学	汪建平
G166	中华物理医学与康复杂志	保健医学	郭正成
G470	中华细胞与干细胞杂志电子版	基础医学	谭建明
G167	中华显微外科杂志	外科学综合	庞水发
G847	中华现代护理杂志	护理学	沈黎
G285	中华消化内镜杂志	消化病学	张齐联
G978	中华消化外科杂志	普通外科学、胸外科学、心血管外科学	董家鸿
G168	中华消化杂志	消化病学	谢渭芬
G169	中华小儿外科杂志	儿科学；外科学综合	袁继炎
G892	中华心律失常学杂志	心血管病学	陈新
G170	中华心血管病杂志	心血管病学	胡大一
G082	中华新生儿科杂志	儿科学	冯琪
G263	中华行为医学与脑科学杂志	神经病学、精神病学	白波
G171	中华胸心血管外科杂志	普通外科学、胸外科学、心血管外科学	朱晓东
G172	中华血液学杂志	血液病学、肾脏病学	阮长耿
G191	中华眼底病杂志	眼科学	严密
G075	中华眼科医学杂志电子版	眼科学	王宁利
G173	中华眼科杂志	眼科学	赵堪兴
G873	中华眼视光学与视觉科学杂志	眼科学	瞿佳
S590	中华医学教育探索杂志	卫生管理学、健康教育学	雷寒
Q920	中华医学超声杂志电子版	核医学、医学影像学	姜玉新；唐杰
G705	中华医学教育杂志	卫生管理学、健康教育学	程伯基
G307	中华医学科研管理杂志	卫生管理学、健康教育学	罗长坤
G489	中华医学美学美容杂志	临床医学综合	张其亮
G915	中华医学图书情报杂志	情报学；图书馆学、文献学；卫生管理学、健康教育学	陈锐
G175	中华医学遗传学杂志	基础医学	张思仲
G176	中华医学杂志	医学综合	高润霖
G194	中华医院感染学杂志	感染性疾病学、传染病学	刘运喜
G591	中华医院管理杂志	卫生管理学、健康教育学	金大鹏
G610	中华胰腺病杂志	消化病学	许国铭
G897	中华移植杂志电子版	外科学综合	郑树森
G177	中华预防医学杂志	预防医学与公共卫生学综合	陈育德
G178	中华整形外科杂志	烧伤外科学、整形外科学	祁佐良

表 9-1　2019 年中国科技核心期刊（中文）目录（续）

CODE	刊名	学科分类	主编
G859	中华中医药学刊	中医学；中药学	康廷国
G910	中华中医药杂志	中医学；中药学	佘靖
G858	中华肿瘤防治杂志	肿瘤学	于金明
G179	中华肿瘤杂志	肿瘤学	赵平
G472	中华疝和腹壁外科杂志电子版	普通外科学、胸外科学、心血管外科学	陈杰
Q954	中华重症医学电子杂志	临床医学综合	邱海波
G039	中南大学学报医学版	医药大学学报	李桂源
K001	中南大学学报自然科学版	工程技术大学学报	黄伯云
H053	中南林业科技大学学报	林学；农业大学学报	吴晓芙
A550	中南民族大学学报自然科学版	自然科学综合大学学报	李金林
G599	中南药学	药学	李焕德
G682	中南医学科学杂志	医学综合	文格波
G180	中日友好医院学报	医学综合	谌贻璞
G181	中山大学学报医学科学版	医药大学学报	徐杰
A036	中山大学学报自然科学版	自然科学综合大学学报	王建华
X539	中外公路	公路运输	刘玉兰
S020	中文信息学报	信息与系统科学相关工程与技术	孙茂松
G842	中西医结合肝病杂志	中西医结合医学；消化病学	王伯祥
G597	中西医结合心脑血管病杂志	中西医结合医学；心血管病学	王斌全；吕吉元
R775	中兴通讯技术	通信技术	谢大雄
G183	中药材	中药学	元四辉
G564	中药新药与临床药理	中药学	王宁生
G685	中医学报	中医学	郑玉玲；李俊德
G681	中医药导报	中医学；中药学	袁长津
G812	中医药学报	中医学；中药学	匡海学
G010	中医杂志	中医学	曹洪欣
G184	肿瘤	肿瘤学	高玉堂
Q929	肿瘤代谢与营养电子杂志	肿瘤学	石汉平；李薇
G185	肿瘤防治研究	肿瘤学	陈焕朝
G412	肿瘤学杂志	肿瘤学	毛伟敏
G522	肿瘤研究与临床	肿瘤学	梁小波
G196	肿瘤药学	肿瘤学	任华益
G838	肿瘤影像学	肿瘤学	常才；刘士远；章英剑
G695	肿瘤预防与治疗	肿瘤学	郎锦义
H103	种子	农艺学	张太平
G094	中风与神经疾病杂志	神经病学、精神病学	史玉泉
N022	轴承	机械制造工艺与设备	杜迎辉
H026	竹子学报	林学	王树东
N075	铸造	机械制造工艺与设备	葛晨光
G407	转化医学杂志	医学综合	钱阳明
N034	装备环境工程	机械制造工艺与设备	唐伦科
N990	装甲兵工程学院学报	兵器科学与技术；工程技术大学学报	徐滨士
Z022	资源科学	环境科学技术及资源科学技术	成升魁

表 9-1　2019 年中国科技核心期刊（中文）目录（续）

CODE	刊名	学科分类	主编
R737	自动化技术与应用	信息与系统科学相关工程与技术	吴冈
S026	自动化学报	信息与系统科学相关工程与技术	王飞跃
N013	自动化仪表	信息与系统科学相关工程与技术；仪器仪表技术	孙叔平
S501	自动化与仪表	信息与系统科学相关工程与技术；仪器仪表技术	高明璋
R611	自动化与仪器仪表	信息与系统科学相关工程与技术；仪器仪表技术	孙怀义
A905	自然杂志	自然科学综合	董远达
E137	自然灾害学报	安全科学技术；地球科学综合	谢礼立
Z012	自然资源学报	环境科学技术及资源科学技术	李文华
G229	卒中与神经疾病	神经病学、精神病学	曾庆杏；张兆辉
N088	组合机床与自动化加工技术	机械工程设计	宋鸿升
G701	组织工程与重建外科杂志	烧伤外科学、整形外科学	曹谊林
L018	钻井液与完井液	石油天然气工程	张健庚
G720	遵义医学院学报	医药大学学报	李春鸣
H034	作物学报	农艺学	辛志勇
H410	作物研究	农艺学	官春云
H202	作物杂志	农艺学	赵明

表 9-2　2019 年中国科技核心期刊（英文）目录

CODE	刊名	学科分类	主编
F034	ACTA BIOCHIMICA ET BIOPHYSICA SINICA	生物学基础学科	张友尚
I059	ACTA GEOLOGICA SINICA ENGLISH EDITION	地质学	侯增谦
C096	ACTA MATHEMATICA SCIENTIA	数学; 物理学	丁夏畦
B030	ACTA MATHEMATICA SINICA ENGLISH SERIES	数学	李炳仁
I051	ACTA MATHEMATICAE APPLICATAE SINICA	数学	丁夏畦
C105	ACTA MECHANICA SINICA	力学	程耿东
M100	ACTA METALLURGICA SINICA	金属材料	柯俊
I209	ACTA OCEANOLOGICA SINICA	海洋科学、水文学	陈大可
G218	ACTA PHARMACEUTICA SINICA B	药学	蒋建东
G001	ACTA PHARMACOLOGICA SINICA	药学	陈凯先
I062	ADVANCES IN ATMOSPHERIC SCIENCES	大气科学	吕达仁; 朱江; Ming XUE
I124	ADVANCES IN POLAR SCIENCES	海洋科学、水文学	杨惠根; Ian Allison
I282	ASIAN JOURNAL OF ANDROLOGY	性医学	王一飞
G780	CANCER BIOLOGY & MEDICINE	肿瘤学	郝希山
I072	CELL RESEARCH	生物学基础学科	姚鑫
I139	CHEMICAL RESEARCH IN CHINESE UNIVERSITIES	化学	周其凤
I710	CHINA COMMUNICATIONS	通信技术	陈俊亮
I165	CHINA FOUNDRY	机械制造工艺与设备	娄延春
E158	CHINA OCEAN ENGINEERING	海洋科学、水文学	柯俊
B023	CHINESE ANNALS OF MATHEMATICS SERIES B	数学	李大潜
D031	CHINESE CHEMICAL LETTERS	化学	梁晓天
I154	CHINESE GEOGRAPHICAL SCIENCE	地理学	朱颜明
I207	CHINESE HERBAL MEDICINES	中药学	肖培根
I166	CHINESE JOURNAL OF ACOUSTICS	物理学	王小民
I122	CHINESE JOURNAL OF AERONAUTICS	航空、航天科学技术	朱自强
G011	CHINESE JOURNAL OF CANCER	肿瘤学	曾益新
I037	CHINESE JOURNAL OF CANCER RESEARCH	肿瘤学	鄂征
D013	CHINESE JOURNAL OF CATALYSIS	化学	林励吾
T100	CHINESE JOURNAL OF CHEMICAL ENGINEERING	化学工程综合	廖叶华
C070	CHINESE JOURNAL OF CHEMICAL PHYSICS	化学	杨学明
I173	CHINESE JOURNAL OF CHEMISTRY	化学	麻生明
I116	CHINESE JOURNAL OF ELECTRONICS	电子技术	王守觉
I218	CHINESE JOURNAL OF MECHANICAL ENGINEERING	机械工程设计	宋天虎
G101	CHINESE JOURNAL OF NATURAL MEDICINES	药学	吴晓明
D017	CHINESE JOURNAL OF POLYMER SCIENCE	化学	冯新德

表 9-2　2019 年中国科技核心期刊（英文）目录（续）

CODE	刊名	学科分类	主编
I219	CHINESE JOURNAL OF POPULATION, RESOURCES AND ENVIRONMENT	环境科学技术及资源科学技术	刘燕华
I200	CHINESE JOURNAL OF TRAUMATOLOGY	烧伤外科学、整形外科学	王正国
I201	CHINESE MEDICAL JOURNAL	医学综合	钱贻简
G126	CHINESE MEDICAL SCIENCES JOURNAL	医学综合	刘德培
I071	CHINESE OPTICS LETTERS	光电子学与激光技术；物理学	徐至展
C106	CHINESE PHYSICS B	物理学	欧阳钟灿
C058	CHINESE PHYSICS C	物理学	马基茂
C059	CHINESE PHYSICS LETTERS	物理学	朱邦芬
B022	CHINESE QUARTERLY JOURNAL OF MATHEMATICS	数学	胡和生
C095	COMMUNICATIONS IN THEORETICAL PHYSICS	物理学	何祚庥
I720	CSEE JOURNAL OF POWER AND ENERGY SYSTEMS	电气工程	周孝信
J075	ENGINEERING	工程与技术科学基础学科	周济; Reddy Raj
F005	ENTOMOTAXONOMIA	昆虫学、动物学	张雅林
N092	FRICTION	工程与技术科学基础学科	雒建斌
I248	FRONTIERS OF CHEMICAL SCIENCE AND ENGINEERING	化学工程综合	王静康；薛群基；曹湘洪
I735	FRONTIERS OF COMPUTER SCIENCE	计算机科学技术	李未；陆汝钤
I220	FRONTIERS OF EARTH SCIENCE	地球科学综合	高炜
I243	FRONTIERS OF MATERIALS SCIENCE	材料科学综合	顾秉林
I250	FRONTIERS OF MATHEMATICS IN CHINA	数学	张恭庆
I237	FRONTIERS OF MEDICINE	医学综合	陈赛娟；杨宝峰；陈孝平
I132	FRONTIERS OF OPTOELECTRONICS	光电子学与激光技术	周炳坤
I726	FRONTIERS OF PHYSICS	物理学	赵光达
I725	FRONTIERS OF STRUCTURAL AND CIVIL ENGINEERING	土木工程	沈祖炎；周福霖；Surendra P. Shah
G343	GENERAL PSYCHIATRY	神经病学、精神病学	王祖承
I222	GENOMICS PROTEOMICS & BIOINFORMATICS	生物学基础学科	于军
E050	GEOSCIENCE FRONTIERS	地球科学综合	莫宣学
H062	HORTICULTURAL PLANT JOURNAL	园艺学	孙日飞
I012	INSECT SCIENCE	昆虫学、动物学	王牧牧
I168	INTERNATIONAL JOURNAL OF COAL SCIENCE & TECHNOLOGY	能源科学综合	彭苏萍
G889	INTERNATIONAL JOURNAL OF DERMATOLOGY AND VENEREOLOGY	皮肤病学	吴晓初
I184	INTERNATIONAL JOURNAL OF MINING SCIENCE AND TECHNOLOGY	矿山工程技术	骆振福
I225	JOURNAL OF ACUPUNCTURE AND TUINA SCIENCE	针灸、中医骨伤	陈汉平
E049	JOURNAL OF ARID LAND	地理学	陈曦
N764	JOURNAL OF BIONIC ENGINEERING	机械工程设计	任露泉
I226	DEFENCE TECHNOLOGY	兵器科学与技术	冯长根
I067	JOURNAL OF CENTRAL SOUTH UNIVERSITY	工程技术大学学报	黄伯云

表 9-2 2019 年中国科技核心期刊（英文）目录（续）

CODE	刊名	学科分类	主编
I227	JOURNAL OF CHINESE PHARMACEUTICAL SCIENCES	药学	张礼和
S051	JOURNAL OF COMPUTER SCIENCE AND TECHNOLOGY	计算机科学技术	李国杰
E537	JOURNAL OF EARTH SCIENCE	地球科学综合	王亨君
I105	JOURNAL OF ENERGY CHEMISTRY	石油天然气工程	包信和; ALEXIS T. BELL
Z027	JOURNAL OF ENVIRONMENTAL SCIENCES	环境科学技术及资源科学技术	汤鸿霄
I018	JOURNAL OF FORESTRY RESEARCH	林学	杨传平
F013	JOURNAL OF GENETICS AND GENOMICS	生物学基础学科	薛勇彪
I063	JOURNAL OF GEOGRAPHICAL SCIENCES	地理学	郑度
W015	JOURNAL OF HYDRODYNAMICS SERIES B	水利工程	周连第
H017	JOURNAL OF INTEGRATIVE AGRICULTURE	农业综合	万建民
G442	JOURNAL OF INTEGRATIVE MEDICINE	中西医结合医学	赵伟康
F029	JOURNAL OF INTEGRATIVE PLANT BIOLOGY	植物学	刘春明
I142	JOURNAL OF IRON AND STEEL RESEARCH, INTERNATIONAL	金属材料	田志凌
I229	JOURNAL OF MARINE SCIENCE AND APPLICATION	水路运输	边信黔
M015	JOURNAL OF MATERIALS SCIENCE & TECHNOLOGY	材料科学综合	王中光
F021	JOURNAL OF MOLECULAR CELL BIOLOGY	生物学基础学科	李党生
I230	JOURNAL OF MOUNTAIN SCIENCE	地理学	崔鹏
I120	JOURNAL OF OCEAN UNIVERSITY OF CHINA	海洋科学、水文学; 自然科学综合大学学报	文圣常
E012	JOURNAL OF OCEANOLOGY AND LIMNOLOGY	海洋科学、水文学	曾呈奎
M035	JOURNAL OF RARE EARTHS	材料科学综合	徐光宪
F208	JOURNAL OF RESOURCES AND ECOLOGY	环境科学技术及资源科学技术	李文华
C010	JOURNAL OF ROCK MECHANICS AND GEOTECHNICAL ENGINEERING (JRMGE)	土木工程	钱七虎
R062	JOURNAL OF SEMICONDUCTORS	电子技术; 物理学	王守武
F039	JOURNAL OF SYSTEMATICS AND EVOLUTION	植物学	杨亲二
X053	JOURNAL OF TRAFFIC AND TRANSPORTATION ENGINEERING ENGLISH EDITION	交通运输工程	Richard Kim
I090	JOURNAL OF WUHAN UNIVERSITY OF TECHNOLOGY MATERIALS SCIENCE EDITION	材料科学综合; 工程技术大学学报	张清杰
I041	JOURNAL OF ZHEJIANG UNIVERSITY SCIENCE A	自然科学综合大学学报	杨卫
I159	JOURNAL OF ZHEJIANG UNIVERSITY SCIENCE B	生物学基础学科; 自然科学综合大学学报	段树民; 巴德年
I254	LIGHT SCIENCE & APPLICATIONS	物理学	曹健林
Q716	MILITARY MEDICAL RESEARCH	军事医学与特种医学	付小兵
F019	MOLECULAR PLANT	植物学	许大全
I137	NANO RESEARCH	材料科学综合	戴宏杰; 薛其坤
M655	NANOTECHNOLOGY AN PRECISION ENGINEERING	机械工程设计	胡小唐
I255	NATIONAL SCIENCE REVIEW	自然科学综合	白春礼
I232	NEURAL REGENERATION RESEARCH	神经病学、精神病学	苏国辉; 徐晓明
G278	NEUROSCIENCE BULLETIN	神经病学、精神病学	路长林

表 9-2 2019 年中国科技核心期刊（英文）目录（续）

CODE	刊名	学科分类	主编
G616	ONCOLOGY AND TRANSLATIONAL MEDICINE	肿瘤学	陈安民; 于世英; A.D.Ho
I202	PARTICUOLOGY	化学工程综合	郭慕孙
H046	PEDOSPHERE	土壤学	周健民
F007	PLANT DIVERSITY	植物学	Sergei Volis; 周浙昆
I129	PROTEIN & CELL	生物学基础学科	饶子和
I050	RARE METALS	金属材料	屠海令
C072	RESEARCH IN ASTRONOMY AND ASTROPHYSICS	天文学	汪景琇; 景益鹏
I065	RICE SCIENCE	农艺学	程式华
H064	THE CROP JOURNAL	农艺学	万建民
I017	TRANSACTIONS OF NANJING UNIVERSITY OF AERONAUTICS & ASTRONAUTICS	航空、航天科学技术; 工程技术大学学报	宣益民
M104	TRANSACTIONS OF NONFERROUS METALS SOCIETY OF CHINA	金属材料	黄伯云
G095	VIROLOGICA SINICA	微生物学、病毒学	陈新文
W030	WATER SCIENCE AND ENGINEERING	水利工程	吴中如; Vijay P. SINGH
Q707	WORLD JOURNAL OF TRADITIONAL CHINESE MEDICINE	中医学	果德安; 韩晶岩
I008	WUHAN UNIVERSITY JOURNAL OF NATURAL SCIENCES	自然科学综合大学学报	舒红兵
F022	ZOOLOGICAL RESEARCH	昆虫学、动物学	张亚平
F014	ZOOLOGICAL SYSTEMATICS	昆虫学、动物学	冯祚建

10 期刊变更表

表10 期刊名称变更表

CODE	2020 年版刊名	2019 年版刊名
D013	CHINESE JOURNAL OF CATALYSIS	催化学报
G343	GENERAL PSYCHIATRY	上海精神医学
G889	INTERNATIONAL JOURNAL OF DERMATOLOGY AND VENEREOLOGY	国际皮肤性病学杂志
M655	NANOTECHNOLOGY AN PRECISION ENGINEERING	纳米技术与精密工程
F014	ZOOLOGICAL SYSTEMATICS	动物分类学报
V019	土木与环境工程学报（中英文）	土木建筑与环境工程

11 新入选中国科技核心期刊

表 11-1 2020 年新入选中国科技核心期刊（中文）目录（中国科技论文统计源期刊）

CODE	刊名	CODE	刊名
E625	安全与环境工程	E655	世界地理研究
V062	城乡规划	H847	水产科学
R673	电测与仪表	G653	现代检验医学杂志
Z544	防灾减灾工程学报	Q368	新发传染病电子杂志
E546	高原山地气象研究	S087	信息安全研究
X022	公路工程	Q958	血管与腔内血管外科杂志
G336	护理管理杂志	H200	亚热带农业研究
W543	华北水利水电大学学报自然科学版	E051	铀矿地质
V560	混凝土	N094	指挥与控制学报
G246	口腔颌面外科杂志	G687	中国妇幼健康研究
K570	能源与环保	H793	中国森林病虫
F040	生物信息学	G686	中国实用神经疾病杂志
Q919	实用临床医药杂志	Q948	中华介入放射学电子杂志

表 11-2　2020 年新入选中国科技核心期刊（英文）目录（中国科技论文统计源期刊）

CODE	刊名	CODE	刊名
G212	CHRONIC DISEASES AND TRANSLATIONAL MEDICINE	K045	INTERNATIONAL JOURNAL OF MINERALS, METALLURGY AND MATERIALS
Q744	GLOBAL ENERGY INTERCONNECTION	Q213	INTERNATIONAL JOURNAL OF ORAL SCIENCE
Z037	GREEN ENERGY & ENVIRONMENT	H029	JOURNAL OF ANIMAL SCIENCE AND BIOTECHNOLOGY
R589	IEEE/CAA JOURNAL OF AUTOMATICA SINICA	E092	JOURNAL OF METEOROLOGICAL RESEARCH
Q709	INFECTIOUS DISEASES OF POVERTY	I239	WORLD JOURNAL OF ACUPUNCTURE-MOXIBUSTION